U0632568

集人文社科之思 刊专业学术之声

陕西师范大学人文科学高等研究院 陕西历史博物馆 陕西师范大学历史文化学院 编

丝绸之路研究集刊

JOURNAL OF THE SILK ROAD STUDIES

第十三辑

沙武田 主编

甘肃教育出版社

甘肃·兰州

图书在版编目（CIP）数据

丝绸之路研究集刊. 第十三辑 / 沙武田主编；陕西师范大学人文科学高等研究院，陕西历史博物馆，陕西师范大学历史文化学院编. -- 兰州：甘肃教育出版社，2024. 12. -- ISBN 978-7-5423-6124-0

Ⅰ. K928. 6-55

中国国家版本馆CIP数据核字第20241SB400号

丝绸之路研究集刊 · 第十三辑

沙武田　主编

陕西师范大学人文科学高等研究院

陕西历史博物馆

陕西师范大学历史文化学院　编

责任编辑　张　静

封面设计　石　璞

出　版　甘肃教育出版社

社　址　兰州市读者大道 568 号　730030

网　址　www.gseph.cn　E-mail　gseph@duzhe.cn

电　话　0931-8436105（编辑部）　0931-8773056（发行部）

传　真　0931-8435009

发　行　甘肃教育出版社　印　刷　深圳市国际彩印有限公司

开　本　889 毫米 ×1194 毫米　1/16　印　张 27.75　字　数 643 千

版　次　2024 年 12 月第 1 版

印　次　2024 年 12 月第 1 次印刷

书　号　ISBN 978-7-5423-6124-0　定　价 148.00 元

图书若有破损、缺页可随时与印厂联系：0931-2607208

本书所有内容经作者同意授权，并许可使用

未经同意，不得以任何形式复制转载

《丝绸之路研究集刊》编委会

主办单位 陕西师范大学历史文化学院　陕西历史博物馆　陕西师范大学人文科学高等研究院

主　　编 沙武田 陕西师范大学历史文化学院

编　　委（以姓氏字母排序）

陈国科　甘肃省文物考古研究所

陈怀宇　美国亚利桑那州立大学

葛承雍　中国文化遗产研究院　陕西师范大学人文科学高等研究院

葛乐耐　（F.Grenet）法国法兰西学院

郭　物　中国社会科学院考古研究所

侯宁彬　陕西历史博物馆

霍　巍　四川大学考古文博学院

李秉忠　陕西师范大学历史文化学院

李化成　陕西师范大学人文科学高等研究院

黄维忠　中国人民大学国学院

刘进宝　浙江大学历史学院

刘中玉　中国社会科学院大学历史学院

罗　丰　西北大学文化遗产学院

MatteoCompareti（康马泰）　首都师范大学历史学院

Maria Marinova　保加利亚索菲亚大学

ПΛВЕ Л ЛуPbE（PavelLuje）　俄罗斯冬宫博物馆东方馆

庞雅妮　陕西历史博物馆

荣新江　北京大学中国古代史研究中心

沙武田　陕西师范大学历史文化学院

尚永琪　宁波大学人文与传媒学院

沈睿文　北京大学考古文博学院

松井太　日本大阪大学大学院文学研究科

孙英刚　浙江大学历史学院

王建新　西北大学文化遗产学院

王子今　中国人民大学国学院

杨　蕤　北方民族大学民族学学院

于志勇　新疆维吾尔自治区博物馆

张德芳　甘肃简牍博物馆

张建林　陕西省考古研究院

张元林　敦煌研究院

张小刚　敦煌研究院

郑炳林　兰州大学敦煌学研究所

周伟洲　西北大学历史学院

编辑成员　李　昀　吴雪梅　黄秀健　郜鹏飞　董梦真　史文文　白　日

朱晓兰　乔梓桐　蔡艺源　刘慧娟　江卓熹　黄纾帆　陈江燕

本期执行编辑　吴雪梅

目录

工艺与图像中的文化互动：中国西北与欧亚草原的早期动物纹金饰

刘 艳[1] 于建军[2] 阿尔曼·贝瑟诺夫(Arman Beisenov)[3]

(1. 西北工业大学文化遗产研究院；2. 新疆文物考古研究所；3. 哈萨克斯坦马古兰考古研究所)

前 言

对于早期中国的统治精英来说，黄金制品的使用和制作都是全新的概念。在商周时期，玉器和青铜器更受中原精英阶层珍视①，而在欧亚草原，价值高昂、易于携带的黄金制品一直深受游牧族群青睐。尤其在西北地区农牧交错地带，被中西方学界颇为关注的“半月带”（“中国弧”）区域，这个地区是从东部渤海湾、辽宁和吉林部分地区，今河北、陕西和山西、内蒙古部分地区，鄂尔多斯和河西走廊，然后向南穿越四川到云南。新近的考古发现表明，至少在公元前4世纪西北地区的黄金制品开始兴盛。②奢侈黄金工艺品的生产、消费和交换在跨越地理距离和文化边界的社会群体交流中发挥了关键作用，一直为考古学家和人类学家们所关注。③④⑤⑥公元前一千纪的范围内，主体年代在公元前8—前3世纪，相当于中国中原地区的东周时期。这一时期，骑马术普及，欧亚草原上兴起多支游牧部落，由西往东有南俄罗斯草原、克里米亚半岛和北高加索地区的斯基泰文化（Scythian Culture），伏尔加和乌拉尔山之间的萨夫罗马泰文化（Sauromatian Culture）和后继的萨尔玛泰文化（Sarmatian Culture），中亚

* 本文为国家社科基金西部项目“长安—雅典”丝绸之路沿线汉代金银器的考古学研究（项目编号：21XKG005）、陕西省“一带一路”文化遗产科技保护国际联合研究中心阶段性成果。文章中的部分数据和观点曾发表在 Liu, Y., Tan, P.P., Yang, J.C., Ma, J. 2022. Social agency and prestige technology: Serial production of gold appliqués in Northwest China and the Eurasian Steppes. World Archaeology 53（3）:pp.1-21.

① Bunker E., *Gold in the Ancient Chinese World: A Cultural Puzzle*, Artibus Asiae, 53（1/2）, 1993, pp.27-50.

② Rawson J., *Steppe Weapons in Ancient China and the Role of Hand-to-hand Combat*, The National Palace Museum Research Quarterly, 33, 2015, pp. 1-60.

③ Schiffer M.B., *Social theory and history in behavioural archaeology*, Expanding Archaeology, Salt Lake City: University of Utah Press, 1995, pp. 22-35.

④ 马健：《黄金制品所见中亚草原与中国早期文化交流》，《西域研究》2009年第3期，第50—64页。

⑤ So J.F. & Bunker E., *Traders and raiders on China' s northern frontier*. Washington, D.C.: Arthur M. Sackler Gallery, Smithsonian Institution; Seattle: University of Washington Press, 1995.

⑥ Yang J.H. & K.M. Linduff, *A contextual explanation for "foreign" or "steppic" factors exhibited in burials at the Majiayuan cemetery and the opening of the Tianshan Mountain corridor*, Asian Archaeology, 1, 2013, pp. 73-84.

草原的萨卡文化 （Saka Culture），阿尔泰地区的巴泽雷克文化（Pazyryk Culture）和西萨彦岭的乌尤克文化（Uyuk Culture），南西伯利亚米努辛斯克盆地的塔加尔文化 （Tagar Culture）。[①②]这时整个欧亚草原进入了早期铁器时代，即早期游牧时代，也是欧亚草原各地以金属为典型交往媒介的草原之路的鼎盛时代。从广阔的中亚草原到中国西北边地，伴随着欧亚大陆的早期游牧化，广泛的互动网络已初步形成。[③④⑤]考古遗存中一些工艺相通、图像相近的黄金饰品，见证着跨地区文化交流的频度。

近年中国西北地区出土的春秋战国时期的墓葬，如新疆维吾尔自治区阿尔泰东塔勒德墓地、哈密巴里坤墓地和甘肃的张家川马家塬、清水刘坪等遗址出土了大量制作精湛的黄金饰片，装饰着各类动物形象，如大角鹿、雪豹、野山羊等，无论工艺或图像，都体现出与欧亚草原之间的密切联系。[⑥⑦]以往研究把制作这种浅浮雕图案的技术描述为捶揲（repouss é）[⑧]，即用锤子之类的工具在器物背面敲打，敲出的可以是器形，也可以是图案。[⑨]北京大学在对甘肃张家川马家塬金饰的科学分析中，首次指出一些图案重复、风格相同的金饰片可能采用模具制成。[⑩]自 2015 年以来，我们对新疆东塔勒德和巴里坤墓地发现的一些动物纹金器分别进行了无损检测和工艺研究，发现一些浅浮雕状金饰片，采用了模压（敲花）工艺制成，器物背后并无直接捶打或錾刻的加工痕迹。[⑪⑫]模压工艺起源于西亚，是一种外来技术。公元前三千纪左右，近东地区的金器中开始使用模具或敲花工具制作图案重复的浅浮雕纹饰。[⑬]一些学者根据地中海地区发现的一些工具和黄金遗存，认为模压金器的制作主要有两种方式：一种是将捶好的金、银片放在装饰图案的模具上按压，可呈现浅浮雕式花纹；另一种用一头带有花纹的金属工具从金箔片的背面捶压，使其凸显花纹。[⑭⑮]在

---

① 杨建华、邵会秋、潘玲：《欧亚草原东部的金属之路——丝绸之路与匈奴联盟的孕育过程》，上海古籍出版社，2016 年，第 270—455 页。

② 马健：《公元前 8—前 3 世纪的萨彦—阿尔泰——早期铁器时代欧亚东部草原文化交流》，《欧亚学刊》第 8 辑，中华书局，2006 年，第 38—84 页。

③ Davis-Kimball J., Bashilov V., and Yablonsky L., *Nomads of the Eurasian Steppes in the Early Iron Age*. Berkeley: Zinat Press, 1995, pp.50-52, 244-245.

④ Rolle R., *The World of the Scythians*, Berkeley: University of California Press, 1989.

⑤ Honeychurch W., *Alternative Complexities: The Archaeology of Pastoral Nomadic States*, Journal of Archaeological Research, 22 （4）, 2014, pp. 277-326.

⑥ 杨建华：《张家川墓葬草原因素寻踪——天山通道的开启》，《西域研究》2010 年第 4 期，第 51—56 页。

⑦ 于建军、马健：《新疆哈巴河东塔勒德墓地初步研究》，《文物》2013 年第 3 期，第 53—57 页。

⑧ 甘肃省文物考古研究所、清水县博物馆：《早期秦文化系列考古报告之二：清水刘坪》，文物出版社，2014 年，第 22—23 页。

⑨ 尚刚：《隋唐五代工艺美术史》，人民美术出版社，2005 年，第 163 页。

⑩ 黄维、陈建立、王辉等：《马家塬墓地金属制品技术研究——兼论战国时期西北地区文化交流》，北京大学出版社，2013 年，第 50—51 页。

⑪ 谭盼盼、纪娟、杨军昌等：《新疆哈密巴里坤西沟遗址 1 号墓出土部分金银器的科学分析》，《文物》2016 年第 5 期，第 85—91 页。

⑫ Liu Y., Xi T.Y., Ma J. et al. *Art historical and archaeometric analyses of animal style gold and silver ornaments （4th-3rd century BCE） found in north-west China*, Archaeometry, 63 （5）, 2021, pp.1-27.

⑬ Laffineur R., Polychrysos Mykene: Toward a Definition of Mycenaean Goldwork, Ancient Jewelery and Archaeology, Bloomington and Indianapolis: Indiana University Press, 1996, pp. 89-116.

⑭ Higgins R.A., *Greek and Roman Jewellery*. 2nd ed. London: British Museum,1994. b. Williams D. & Ogden J., *Greek Gold, Jewellery of the Classical World*, London: British Museum Press, 1980, pp.18-19.

⑮ Treister M.Y., *Hammering Techniques in Greek and Roman Jewellery and Toreutics* （*Colloquia Pontica 8*）, Leiden: Brill, 2001, pp.17-23.

欧亚草原，成批制作的模压金饰最早出现在南西伯利亚图瓦共和国阿尔赞一、二号王陵（前 9—前 7 世纪），哈萨克斯坦的叶列克萨兹墓地（前 8—前 7 世纪），塔尔迪墓地（前 7—前 6 世纪）和黑海地区的斯基泰贵族墓（前 8—前 7 世纪），丰富多变的动物题材成为其装饰主流。①②③

自 19 世纪末 20 世纪初以来，关于动物纹的起源、传播及其象征意涵的研究在欧亚考古领域广受关注。④⑤⑥“动物风格（Animal Style）”一般以特定的方式表现一些动物形象，包括鹿、狮子、大角野山羊、老虎、雪豹和猛禽等，有的单独出现，有的则成组出现。如常见的野兽争斗，有些则是虚幻的神兽形象，如格里芬和有角神兽。从公元前 7 世纪开始，动物纹装饰在欧亚大草原流行，其分布自中国西北和北方地区到中亚草原、南乌拉尔地区一直到黑海地区，与武器、马具一起被称为“斯基泰三要素”，⑦⑧⑨成为一种普遍的艺术现象。在中国北方，装饰着马、羊、鹿、鹰等动物纹的青铜器在商代晚期至西周早期就已出现，被称为“鄂尔多斯青铜器”。⑩国外文献常以“斯基泰—萨卡动物纹（Scytho-Saka animal style）”或“斯基泰—西伯利亚动物纹（Scytho-Siberian animal style）”一语概之。⑪

近年邵会秋等学者提出“欧亚草原动物纹”这一概念，⑫并对欧亚草原中东部（涵盖中国北方、蒙古高原、萨彦阿尔泰和天山地区，以及乌拉尔山以东的哈萨克草原）发现的动物纹装饰进行了梳理分析，认为其发展传播有两个不同的方向：从公元前 9—前 6 世纪，起源于米努辛斯克盆地和萨彦阿尔泰地区的写实性早期动物纹装饰，向南部哈萨克斯坦和七河等地传播；而从公元前 5 世纪开始，起源于南部波斯文化的超自然神兽和野兽搏斗等题材的动物纹经萨卡文化向北传播，在阿尔泰的巴泽雷克文化中达到了顶峰。⑬关于欧亚草原动物纹在中国境内的传播，一般认为中国北方的神兽纹和后肢翻转 180°的动物纹出现在战国晚期，可能从阿尔泰巴泽雷克文化经蒙古传入，新疆地区并未形

---

① Yablonsky L.T., *New excavations of the early nomadic burial ground at Filippovka (southern Ural region, Russia)*, American Journal of Archaeology 114, 2010, pp. 129-143.

② Yablonsky L.T., *Unusual new findings at Filippovka-1 burial mound 1, southern Urals*. Archaeology, Ethnology and Anthropology of Eurasia, 43（2）, 2015, pp. 97 - 108.

③ Cugunov K.V., H. Parzinger & A. Nagler, *Der skythenzeitliche Fürstenkurgan Arzan 2 in Tuva*. Mainz: von Zabern, 2010, pp.30-59.

④ Hanc˘ar F., *The Eurasian animal style and the Altai complex*. Artibus Asiae 15（1/2）, 1952, pp. 171-194.

⑤ Loehr, M., *The stag image in Scythia and the Far East*. Achieves of the Chinese art Society of America, 9, 1955, pp. 63-76.

⑥ Tolstoĭ, I. I., & Kondakov N. P., *Russkie drevnosti v pamyatnikakh iskusstva*. Ⅱ, Drevnosti skifo-sarmatskie（Russian Antiquities in Monuments of Arts Ⅱ, Scytho-Sarmatian Antiquities）, St Petersburg（in Russian）, 1889.

⑦ Cunliff B., *The Scythians: Nomad Warriors of the Steppe*. Oxford: Oxford University Press, 2019.

⑧ Emma B. with contributions by James C.Y. Watt, *Sun Z.X. Nomadic Art of the Eastern Eurasian Steppes*. The Eugene V. Thaw and Other New York Collections. New York: The Metropolitan Museum of Art; New Haven and London: Yale University Press, 2002.

⑨ Jacobson E., *The Deer Goddess of Ancient Siberia: A Study in the Ecology of Belief*. Leiden, New York and Köln: Brill 1993.

⑩ 乌恩：《我国北方古代动物纹饰》，《考古学报》1981 年第 1 期，第 45—61 页。

⑪ Cunliff B., *By Steppe, Desert, and Ocean, the Birth of Eurasia*. Oxford: Oxford University Press, 2015, pp.172-190.

⑫ 邵会秋、杨建华：《早期斯基泰文化及欧亚草原的动物纹起源问题的探讨——从〈斯基泰—伊朗动物纹风格的起源〉一文谈起》，《西域研究》2006 年第 4 期，第 73—77 页。

⑬ 邵会秋：《欧亚草原中部区早期游牧文化动物纹装饰研究》，《边疆考古研究》2016 年第 1 期，第 229—256 页。

成有自身特色的动物纹装饰风格，有些题材直接由中国北方和欧亚草原地区输入。[①②]甘肃马家塬发现的动物纹金饰片与哈萨克斯坦东南的伊塞克墓葬所出具有许多相似性，很可能通过天山—河西走廊一线传入；[③]或从阿尔泰巴泽雷克文化顺着阿尔泰山南麓经由蒙古、鄂尔多斯再向南进入马家塬。[④]目前关于溯源和传播的推论，大多基于与境外实物资料的类比和相关考古发现的早晚关系，尚无关于早期动物纹金饰的技术特征和工艺内涵的专题研究。本文通过揭示早期动物纹金器的技术特征、工艺内涵，以及黄金制品在游牧社会经济、政治、文化中的关键作用，试图为工艺相通、图像相近的人工制品提供一种新的解读方法。

为明确材料属性和技术特征，我们选取了东塔勒德3号墓和巴里坤西沟1号墓出土的40件动物纹金饰进行了无损分析和工艺研究，使用的仪器包括便携式显微镜和便携式XRF光谱仪，三维数码显微系统（HIROX KH-7700, Japan）、带能谱分析仪的扫描电子显微镜（SEM, ZEISS EVOMA25, Germany）。我们认为早期欧亚大陆黄金制作的专业知识和技术实践代表着一种显赫技术（prestige technology），“显赫技术”或“威望技术”这一概念来自加拿大考古学家海登（Brian Hyden）对人类技术的定义，显赫技术与为了解决生存与基本舒适等现实问题的实用技术（practical technology）不同，是为了展示财富、地位和权力的技术，仅限于掌控着贵重金属资源和贸易路线的统治精英。[⑤]在古代社会，黄金的开采、冶炼及制作需要专业的知识与技术，对贵金属资源的掌控、利用往往掌握在统治精英手中。对技术能动性的关注，尤其是通过探寻技术传播和文化互动的深层动因，有助于了解古代世界的人们如何通过物质文化来建构新的社会关系和身份认同。[⑥]通过模压金器这一典型案例，本研究揭示了特定技术和图像的传播是早期欧亚大陆物质文化交流互动的重要表征之一，比人群与器物的流动更重要的、更不易识别的，是知识与观念的跨区域传播，基于技术实践的手工业考古，为探寻草原丝路文明与早期文化交流开辟了新的研究途径，也使我们对人工制品在建构古代社会文化传统的重要作用有了新的认识。

一 新疆东塔勒德、巴里坤遗址的考古发现

2011年新疆文物考古研究所和哈巴河县文物局对阿尔泰山南麓的东塔勒德墓地进行了发

① 邵会秋：《中国北方、新疆和欧亚草原文化的交往——以动物纹装饰为视角》，《西域研究》2018年第2期，第43—56页。

② 杜正胜：《欧亚草原动物文饰与中国古代北方民族之考察》，台北“中研院”《历史语言研究所集刊》第六十四本第二分，1993年，第231—408页。

③ 杨建华、邵会秋、潘玲：《欧亚草原东部的金属之路——丝绸之路与匈奴联盟的孕育过程》，第431—438页。

④ 吴晓筠：《山巅上的雄鹿、猛虎与野山羊：马家塬马车草原装饰的来源与传播途径》，《故宫学术季刊》2016年第34卷第1期，第1—51页。

⑤ Hayden B., *Practical and Prestige Technologies: The Evolution of Material Systems*, Journal of Archaeological Method and Theory, 5（1），1998, pp. 1-55.

⑥ Dobres M.A. & Hoffman, C.R., *Social Agency and the Dynamics of Prehistoric Technology*, Journal of Archaeological Method and Theory, 1（3），1994, pp. 211-258.

掘。该墓地位于新疆维吾尔自治区阿勒泰地区的哈巴河县，被一道西北—东南走向的山岭分为两个区域，共发现61处墓葬。其中至少六座墓葬（Ⅰ区M3、Ⅱ区M3、M5、M6、M7、M32）随葬金器，共出土800多件，包括黄金垂饰、耳环、金珠饰品和以野猪、大角野山羊、雪豹造型的模压金饰以及狼、大角鹿等镂空金饰片（图1）。Ⅱ区3号墓由东西长径约15.3米、高约0.4米的椭圆形石封堆组成。墓室开口位于封堆下的中部位置，墓地砌有石椁，石椁东端发现有朽木痕迹。尽管这处墓地早年被盗，仍有不少黄金饰品从劫掠中幸存下来。墓内原葬有一成年女性和一未成年女孩，填土中出土了大量的金箔饰件，木棺内头骨及盆骨以上位置出土大量金箔饰件，以雪豹造型居多，还发现有金指环和几何纹金饰。[①]北京大学对东塔勒德墓地的人骨样本的碳十四测年结果表明，墓地年代在公元前9世纪末到公元前7世纪中叶。

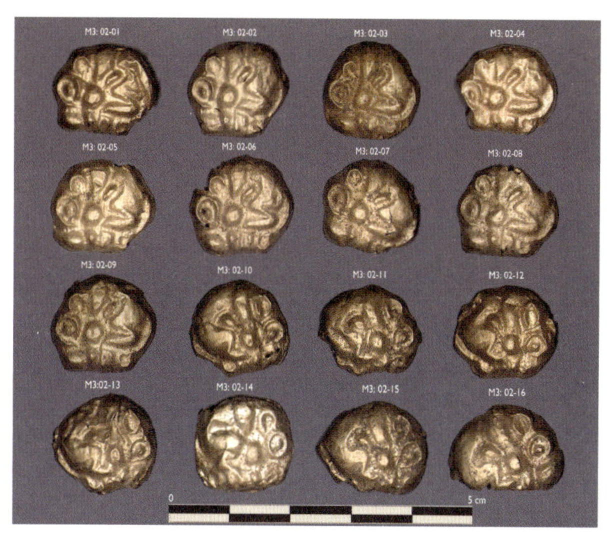

图1　东塔勒德墓M3出土的雪豹金饰片

2012年西北大学文化遗产学院和哈密地区文物局、巴里坤县文物局对新疆维吾尔自治区哈密地区巴里坤西沟遗址进行了发掘。西沟1号墓地表有石筑封堆，下方有殉马坑。墓圹东西长4.21米，南北宽3.95米，深6.59米。墓坑底部是长方形椁室，放置一重石椁和一重木椁，顶部以扁平片状石块封盖，四壁用河卵石混合沙土垒砌而成，木椁为松木。墓葬发现279件随葬器物，包括陶器、金银器、铁器、玻璃器及绿松石和红玛瑙等。金银器共133件，以12件虎形金饰和14件盘羊纹金饰最引人注目（图2）：前者装饰侧卧虎形，面颊圆鼓、眼睛为杏仁状，耳桃形，前爪向前伸出，后腿作蹲踞状，呈浅浮雕状，其中7件虎头朝向左方，尾下垂，后端外卷；后者为盘羊首的侧面形象，羊角从头顶盘绕至耳后，羊角及脖颈下的鬃毛以蜿蜒起伏的凸棱纹表现，金饰片厚为0.08—0.35mm。这两类饰片的边缘都有穿孔，原先可能缝缀在衣物、冠饰或腰带上。[②]对1号墓马骨和人骨的碳十四测年表明，年代为公元前3世纪到前2世纪，而随葬品中的金器，可能年代略早，约为公元前4世纪到前3世纪。[③]西沟1号墓祭祀坑出土的马骨脊椎异常现象，为长期骑乘所致，表明马匹在日常生活中扮演了十分重要的角色。一些学者认为墓主人可能为在伊犁河上游活动

① 新疆文物考古研究所：《新疆哈巴河东塔勒德墓地发掘简报》，《文物》2013年第3期，第4—14页。

② 西北大学文化遗产学院、哈密地区文物局、巴里坤县文物局：《新疆哈密巴里坤西沟遗址1号墓发掘简报》，《文物》2016年第5期，第15—31页。

③ Liu Y., Tan P.P., Yang J.C., Ma J., *Social agency and prestige technology: serial production of gold appliqués in Iron Age north-west China and the Eurasian steppes*, World Archaeology, 53 (3), 2022, pp. 1-21.

图 2　巴里坤西沟 1 号墓出土的部分虎纹和盘羊首纹金饰

的月氏或乌孙，为游牧族群的精英阶层。①

与东塔勒德和西沟类似的金饰，在战国晚期（前 4—前 3 世纪）甘肃张家川马家塬墓地和清水刘坪墓地也有发现。马家塬墓地出土了大量的黄金首饰、腰带、臂钏和车马饰等，包括一些风格相近、图案重复出现的黄金牌饰，装饰着盘羊首纹、大角鹿、野山羊等动物形象，体现出精湛的制作工艺。②张家川以北的清水刘坪墓地（前 4—前 3 世纪）虽早年被盗，仍发现 160 多件金银饰片，与一些青铜车马器共出。大量金银饰品表面装饰凸起的动物形象，有虎噬羊、猛禽纹和双龙纹、蛇纹，还有动物咬斗纹，一些装饰题材体现出与马家塬金银饰的密切联系。马家塬地处南北、东西交流的交通要道，与北方草原地带接壤，墓地中包含大量北方青铜文化和欧亚草原中西部的因素。③据历史文献记载，甘肃清水和张家川遗址可能属于西戎部落首领及贵族的墓地。西戎是生活在西北边地的半农耕半游牧的部落，在马家塬墓地发现的不同文化来源的器物表明，这里的统治精英通过成功地维持与欧亚大草原各地区的贸易和外交关系，获得了较高的社会地位。④

甘肃、新疆天山北部战国墓出土的一些黄金饰品与中亚草原的考古发现相比，在造型和装饰上有一些共同的特点。这种共性表明在公元前 2 世纪汉代丝绸之路凿通之前，张家川等地和中亚草原之间就存在着新疆北部的交流渠道，而且中国黄河、长江流域的一些丝织品、铜镜和陶器也传入欧亚草原。这些交往网络在器物和人的流动，以及物质文化交流和技术传播中发挥了重要作用。⑤目前仍有一些问题尚未厘清：这些工艺相通、面貌相似的黄金制品，蕴含了关于早期欧亚大陆物质文化交流与技术

① 李悦、尤悦、刘一婷等：《新疆石人子沟与西沟遗址出土马骨脊椎异常现象研究》，《考古》2016 年第 1 期，第 108—120 页。

② 甘肃省文物考古研究所：《西戎遗珍：马家塬战国墓地出土文物》，文物出版社，2014 年，第 36—39、46—47 页。

③ Wang H., *On the Issues Relevant to the Majiayuan Cemetery in Zhangjiachuan County*, Chinese Archaeology, 11, 2011, pp. 60-64.

④ Wu X.H., *Culture hybridity and social status: elite tombs on China's Northern Frontier during the third century BC.*, Antiquity, 87, 2013, pp. 121-136.

⑤ 韩建业：《早期东西文化交流的三个阶段》，《考古学报》2021 年第 3 期，第 317—338 页。

传播的哪些具体信息？对黄金工艺技术实践的专题研究，有助于了解早期游牧社会的哪些方面？黄金制作的专业知识以及技术的交流与传播是通过何种方式实现的？

二 模压金器的科学分析

自2019年以来，我们分别对东塔勒德3号墓和巴里坤西沟1号墓出土的共40件黄金制品进行了科学分析和工艺研究。先用超景深显微镜对金器的表面加工痕迹和装饰细节进行观察和拍照。在显微观察的基础上，再以扫描电子显微镜对一些特殊相片进行更细致地观察，并利用便携式XRF光谱仪和EDS能谱仪对文物本体及典型部位进行元素采集分析，以获取相关检测部位的元素信息。每件饰件的正反面都做检测，每面至少取三个区域或点进行测试，求其平均值。最后，在观察与检测分析的基础上，进行综合研究，以明确文物本体的材质属性与加工工艺。

东塔勒德M3的16件雪豹纹金饰高11.55毫米，宽14.69毫米左右，重约0.10克，这组金器包括头部朝左雪豹9件，另7件头部朝右。显微镜下，正面凸起部位的表面平滑规整（图3a），背面对应的凹陷处也比较平滑，并无任何錾刻或捶揲的加工痕迹（图3b）。在M3:2-02雪豹眼睛及耳朵部位出现裂痕，这可能是由于雪豹纹金饰在成形过程中因金片过薄造成的撕裂现象（图3c，d）。对金片金属成分分析显示，含金量为67.65wt%—90.74wt%，银为5.49wt%—28.59wt%，含有1.04wt%—2.95wt%铜和0.69wt%—3.25wt%铁，元素分布不均匀，采用自然金制作，成分分析结果显示出较大的差异，可能在制作中采用了不同的金料（表1）。

图3　东塔勒德M3：2-02雪豹纹金饰：(a)正面；(b)背面；(c)眼睛背面细节；(d)耳朵部位裂纹

西沟M1的12件盘羊首纹金饰高15毫米，宽24.2毫米左右，重约0.45克，可分为6件两组，呈镜像设计。显微镜下，表面未见任何捶

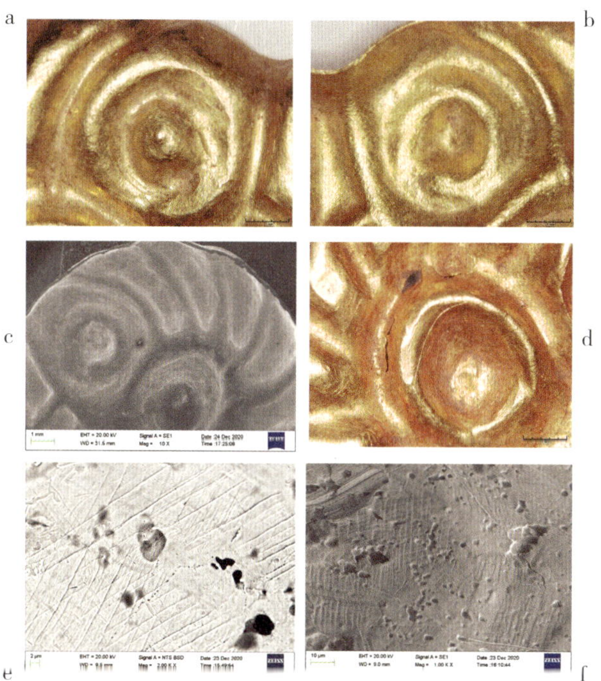

图4　西沟XGM1:7盘羊首纹金饰：(a)眼部正面和(b)背面；(c)羊角背面；(d)XGM1：41羊耳正面扫描电镜图像；(e)XGM1:11背面滑移带(BSE)；(f)XGM1:48背面滑移带(SE)

打或錾刻的加工痕迹。在样品 XGM1:7 盘羊首纹金饰眼部的正、反面，可见浅浮雕状花纹的起伏处外观光滑，没有任何錾刻痕迹（图 4 a，b）。在扫描电镜下，可以看到暗区为凹陷部分的背面，图像亮区为凸起部分，羊角处的正、反面也平整光滑，没有任何捶打或錾刻的痕迹（图 4 c）。从图 4 d 可以看出，在XGM1: 41 羊耳的边缘有轻微裂纹，可能由于过度用力捶压造成。在显微镜下可以看到盘羊耳朵正面有一些抛光痕迹，说明进行了表面处理，让表面更有光泽、更光滑。在扫描电镜下，这 6 件盘羊纹金器纹饰起伏处的背面观察到滑移带的存在，说明产生了塑性变形，如样品 XGM1:11 背散射（BSE，图 4 e）和 XGM1:48 二次电子图像（SE，图 4 f）里的滑移带，表现为规则定向的平行线，这是冷加工的典型特征。[①]

西沟 M1 卧虎纹金饰片高 17.2—18 毫米，宽 31—34.5 毫米，重约 1.31 克，选取的 12 件样品中7 件虎头朝右，其余 5 件朝左。老虎的耳朵、脸颊、前肢和臀部正面凸起，显微镜下可见背面对应的凹陷处显得非常平整。样品 XGM1:34 虎纹金饰背面的线条轮廓看起来非常清晰锐利，底面比较粗糙，没有经过打磨或抛光（图 5 a，b）。二次电子成像（SE）里可以看到边缘非常规整，没有叠压痕迹（图 5 c），很可能是一次成形。放大图像中可以看到一些滑移带存在（图 5 d），这是冷加工产生塑性变形的典型特征。相同的尺寸、形貌和技术特征表明，XGM1:10、31、34 这几件虎纹金饰可构成同一组，以相同的模具或敲花工具制成；XGM1:14、

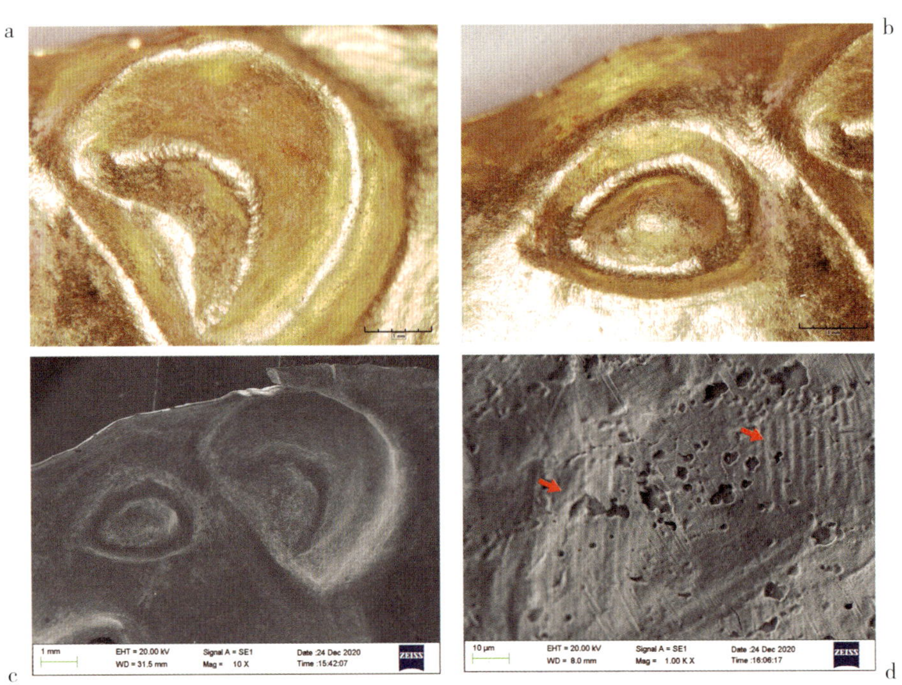

图 5　西沟 XGM1: 34 虎纹金饰:(a) 耳朵背面;(b) 眼睛背面显微图像;(c) 耳朵背面(SE);(d) 背面滑移带(SE)

① Liu Y., Tan P.P., Yang J.C., Ma J., *Social agency and prestige technology: serial production of gold appliqués in Iron Age north-west China and the Eurasian steppes*, World Archaeology, 53 (3), 2022, pp. 1-21.

15、21、22为第二组；第三组包括XGM1:17、24。每组器物尺寸相同，面貌略有细微差异，整体呈现出一种标准化趋势。西沟M1虎纹和盘羊首纹饰片使用的金薄片具有相同厚度，为0.17±0.03毫米（表1），也许是同一批次制作的。

马家塬金饰的金相分析结果显示，盘羊首纹金饰片（图6a，b）的制作采用了热锻工艺。在扫描电镜下，清晰可见孪晶和滑移带。[①]这说明金饰片的塑性变形是通过冷加工完成的，即在退火后再使用模具或敲花工具捶压，这种热锻—淬火的工艺流程可防止金薄片在捶打过程中发生脆性断裂。清水刘坪发现的蟠虺纹金饰片在显微镜下观察，可见表面起伏处光滑平整，背面并无錾刻或捶击痕迹，与马家塬狮噬鹿金牌饰（图6c）的形貌特征一样，同样采用模压工艺制作。

表1 东塔勒德M3和西沟M1出土金饰尺寸

遗址	器物	高（mm）	宽（mm）	重量（g）	金薄片厚度(mm)
东塔勒德M3	雪豹纹金饰(n=12)	11.55±0.40	14.69±0.63	0.10±0.01	0.15±0.01
西沟M1	虎纹金饰（n=12）	17.11±0.36	33.14±1.27	1.31±0.10	0.17±0.03
	盘羊首纹金饰(n=14)	14.91±0.33	24.21±0.20	0.45±0.07	0.17±0.03

基于西沟M1、马家塬金饰观察结果的高度相似性，我们得以复原西沟金饰的工艺流程(图6d)：先将金块或金锭捶打成厚度为0.1—0.4毫米的金薄片，加热锻打后再退火，如此反复，直至捶打成需要的形状和厚度，然后将金薄片放置在有凸起纹样的模具上按压，或以带图案的特制工具捶压成形，最后裁切成最终形状。在捶压过程中，金薄片通常被放在沥青或铅制衬垫上。由于目前中国境内尚未发现模压工具的实物遗存，使用何种材质的工具尚不清楚。

图6 (a)(b)马家塬M15盘羊首纹金饰;(c)虎噬鹿纹金牌饰;(d)模压虎纹金饰工艺流程复原(Jack Ogde 绘)

① 黄维、陈建立、王辉等：《马家塬墓地金属制品技术研究——兼论战国时期西北地区文化交流》，第36—43页。

与新疆考古遗址发现的动物纹金饰相比，马家塬的装饰风格更多元化，如狮噬鹿牌饰除模压成型外，表面还以錾刻手法表现动物毛发和装饰细节，形象写实、栩栩如生。此外，马家塬盘羊首纹金饰在眼睛、耳朵部位填嵌彩色玻璃（古人可能视为宝石）。这种装饰手法也见于猛禽纹金饰片，在模压成型的基础上比新疆考古遗址发现的金饰多了一些加工步骤：将金片打至所需厚度，进行打磨抛光后模压成型，将不需要的部分直接凿刻掉形成镂空纹样，一些填嵌宝石或颜料的部位在模压时预留出空缺部分（带槽或坑），然后进行填充。①

上述技术特征体现了西北地区发现的动物纹金饰具有一些相同的工艺传统，在制作中均采用了模压工艺，但在装饰风格上有细微差异。金属成分分析结果表明，新疆东塔勒德 3 号墓、巴里坤西沟 1 号墓金饰的合金成分与甘肃马家塬和清水刘坪大不相同。便携式 XRF 测试分析结果表明，东塔勒德雪豹的含金量高达90.74wt%（表 2），西沟墓地的卧虎和盘羊首纹金饰中含有 90.59wt%—91.99wt%金和 7.36wt%—8.68 wt%银，并含有 0.28wt%—0.51wt%铜和 0.11wt%—

表 2　新疆东塔勒德 M3 出土金器元素分析表 p-XRF(wt%)

器物号	器类	Au	Ag	Cu	Fe
M3:2-01	雪豹纹金饰 01	84.39	11.06	1.86	2.69
M3:2-02	雪豹纹金饰 02	80.17	16.85	2.14	0.84
M3:2-03	雪豹纹金饰 03	73.56	23.87	1.04	1.53
M3:2-04	雪豹纹金饰 04	69.71	27.68	1.92	0.69
M3:2-05	雪豹纹金饰 05	79.79	16.37	2.06	1.78
M3:2-06	雪豹纹金饰 06	90.74	5.49	2.29	1.48
M3:2-07	雪豹纹金饰 07	77.29	17.47	1.99	3.25
M3:2-08	雪豹纹金饰 08	71.85	24.66	2.33	1.16
M3:2-09	雪豹纹金饰 09	71.89	24.26	2.17	1.68
M3:2-10	雪豹纹金饰 10	84.53	11.12	1.51	2.84
M3:2-11	雪豹纹金饰 11	85.44	10.71	1.87	1.98
M3:2-12	雪豹纹金饰 12	71.62	24.59	2.47	1.32
M3:2-13	雪豹纹金饰 13	85.94	11.19	1.79	1.08
M3:2-14	雪豹纹金饰 14	67.65	28.59	2.95	0.81
M3:2-15	雪豹纹金饰 15	85.20	11.14	1.86	1.80
M3:2-16	雪豹纹金饰 16	71.43	24.56	2.49	1.52

① 黄维、陈建立、王辉等：《马家塬墓地金属制品技术研究——兼论战国时期西北地区文化交流》，第 50—51 页。

表 3 西沟 M1 出土金器元素分析表 p-XRF(wt%)

器物号	器类	Au	Ag	Cu	Fe
XGM1:20	盘羊首金饰 08	90.63	8.52	0.48	0.37
XGM1:28	盘羊首金饰 09	91.99	7.36	0.47	0.18
XGM1:29	盘羊首金饰 10	91.53	7.82	0.51	0.14
XGM1:30	盘羊首金饰 11	91.26	8.15	0.35	0.24
XGM1:32	盘羊首金饰 12	91.07	8.35	0.42	0.16
XGM1:33	盘羊首金饰 13	91.18	8.16	0.37	0.29
XGM1:14	虎纹金饰 05	91.26	8.29	0.32	0.13
XGM1:15	虎纹金饰 06	90.88	8.68	0.31	0.13
XGM1:17	虎纹金饰 07	90.88	8.65	0.32	0.15
XGM1:21	虎纹金饰 08	91.32	8.21	0.34	0.13
XGM1:22	虎纹金饰 09	90.59	8.63	0.41	0.37
XGM1:24	虎纹金饰 10	91.42	8.19	0.28	0.11

0.37wt%铁（表 3），元素分布不均匀，这些金器都采用自然金制作。马家塬金器含有 5.8wt%—16.8 wt%银和少量铜[①]，而清水刘坪金器含有 76.8wt%—79.5wt%金和 19.6wt%—22.5wt% 银。[②]这几处金器在金属成分、技术特征与装饰风格上的差异，都指向不同的产地来源。

考古资料和科学分析结果都表明，至少在公元前 7—前 4 世纪，模压技术已成为西北地区金饰制作中最流行的新工艺。与捶揲、錾刻工艺不同，模压（敲花）技术借助模具可一次成型，省时省力，有利于制作纹饰相同、风格一致的系列金饰片，从而实现一定程度的批量生产，与传统的铸造技术相比，还节省大量金料。新疆东塔勒德和巴里坤、甘肃马家塬和清水刘坪出土的模压动物纹金饰均采用金薄片制成，精巧轻盈，极具观赏性。装饰题材以各种写实或虚幻的动物形象为主，体现了时人的审美喜好、宗教信仰和人与自然界之间的互动。

三 图像与技术的传播

公元前一千纪的早期铁器时代，在里海东部的中亚草原地带生活着多支部落。这些早期游牧人群阿契美尼德王朝的贝希斯登（Behistun）在铭文中被称为“Saka”（萨卡）。萨卡属于大流士一世所辖二十三区之中的一员。大流士同头戴尖帽的萨卡人之间产生过战斗，在《汉书》中萨卡人被称为“塞种”。[③]早期萨卡文化的考古遗存分布在今哈萨克斯坦中部、东部，天山七河和费尔干纳及帕米尔等地，以哈萨克草原上的塔斯莫拉（Tasmola）、叶列克萨兹墓地

① 黄维、陈建立、王辉等：《马家塬墓地金属制品技术研究——兼论战国时期西北地区文化交流》，第 53—62 页。
② 甘肃省文物考古研究所、清水县博物馆：《早期秦文化系列考古报告之二：清水刘坪》，第 24—27 页。
③ 余太山：《塞种史研究》，商务印书馆，2012 年，第 16—17 页。

(Eleke Sazy) 和基奇加诺 (Kichigino) 墓地等遗址为典型代表。2009—2010 年期间，哈萨克斯坦考古学家阿尔曼·贝瑟诺夫 (Arman Z. Beisenov) 对哈萨克斯坦中部的塔斯莫那文化遗址 70 个墓地 210 多座墓葬和 50 个生活遗址陆续进行了发掘，这些遗址的年代在前 8 世纪—前 5 世纪之间。哈萨克斯坦中部的塔尔迪 (Taldy) 二号墓地包含 7 个大型坟冢，大多被盗掘，其中 2 号和 5 号墓中发现 200 多件黄金首饰和 22000 件小饰品，包括猛禽和卧虎形象的模压金饰片 (图 7a)。[①] 该地区的 Karashoki 墓地和 Sherubai-1 墓地也出土了一些精美的黄金饰品，其中四件金饰装饰卧虎纹。[②]

2018 年哈萨克斯坦东部塔尔巴哈台山 (Tarbagatai) 的叶列克萨兹墓地 (前 8—前 6 世纪) 的两座墓葬都出土了数量丰富的黄金饰品。四号墓为男女合葬墓，男性墓主人佩带的刀鞘和弓箭袋上包金，上面还装饰着金珠和绿松石。衣物上缝缀着动物纹金饰片，金鹿采用模压工艺制成，鹿首朝向前方，为侧面形象，在眼睛、口鼻等部位镶嵌绿松石点缀，还有一些镂空的大角鹿金箔，与塔斯莫拉和新疆东塔勒德出土的金鹿风格一致[③]；年轻女性墓主人佩戴着一组山毛榉果造型的金垂饰、耳环、彩色串珠和一些弹簧状的金丝残件。金饰中的卧虎以金箔模压而成 (图 7b)，与塔斯莫拉遗址和东塔勒德墓地 (图 7c) 发现的风格完全相同。[④]类似的发现还见于 2008 年南乌拉尔大学考古队在南乌拉尔山脉东麓乌韦利卡河 1.5 公里以西发掘的基奇加诺一号墓地。基奇加诺一号墓地共发现 10 座墓葬，其中 5 号冢 (前 7 世纪) 为男性墓，墓主人腰部有成套青铜带饰和铁剑，金器有镂空的鸟喙纹金箔、锥形金管饰、金饰片以及一组造型相同的浅浮雕卧虎纹金饰片 (图

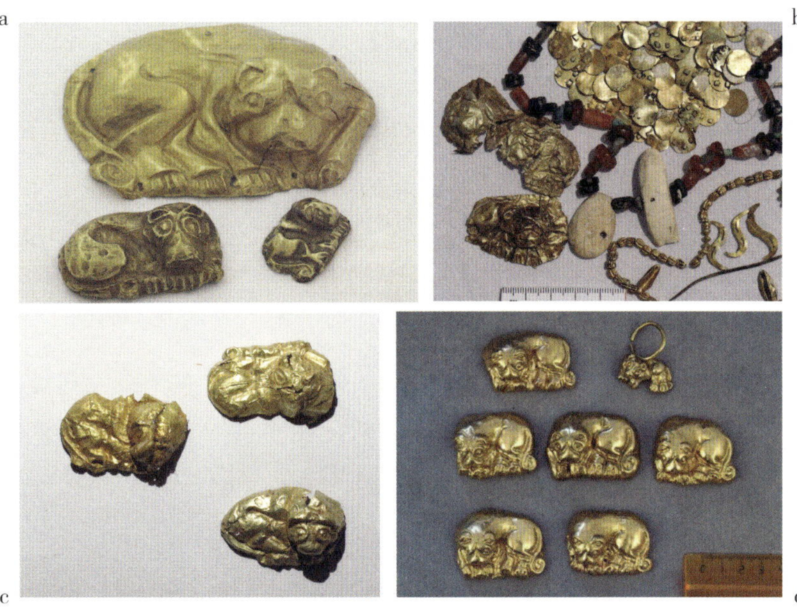

图 7 卧虎纹金饰片 (a) 塔尔迪；(b) 叶列克萨兹；(c) 东塔勒德；(d) 基奇加诺

① Beisenov A., *Tasmola: A Ray of Gold, Glittering in the Steppe*, History and Archaeology of Turan, 5, 2020, pp. 138-162.

② Bazarbayeva G, Jumabekova G., *Zoomorphic Image from Ashutasta: to the Study of the Artistic Culture of the Saryarka Ancient Population*, Samara Journal of Science, 6 (3), 2017, pp. 233-237.

③ Samashev Z. et al., *Golden Warrior from Sak Barrows of Tarbagaray*, Moscow University Anthropology Bulletin, 4, 2019, pp. 126-139.

④ Samashev Z. et al. *The Culture of Early Sakas in Tarbagaty, Altai: Golden Cradle of the Turkic World*, Ust-Kamenogorsk, Ust-Kamenogorsk (Kazakh), 2018, pp. 109-117.

7d)。[①]新疆东塔勒德、哈萨克斯坦的塔斯莫拉、叶列克萨兹以及南乌拉尔的基奇加诺出土金器中卧虎形象金饰片风格非常相似，都表现为后肢蜷缩，耳朵向上立起，双目圆睁，尾巴下垂略向后卷曲。

东塔勒德遗址的雪豹纹金饰（图 8 a）也多见于中亚草原的早期萨卡文化或萨尔马泰文化遗址。1998 年，哈萨克斯坦东部布赫塔玛（Bukhtarma）河谷的塔纳苏（Tarasu，前 6—前 5 世纪）墓地发现的一位女性身着缀满金饰片的衣服，佩戴着锥形耳饰，以及铜镜和铜刀。金饰片为蹲踞的雪豹形象，眼睛圆睁，耳朵呈杏仁状，长尾向后卷起，前爪微蜷（图 8 b）[②]；西哈萨克斯坦的凯里奥巴（Kyryk-Oba）二号墓地的 12 号墓（前 5 世纪）也发现类似的雪豹纹金饰片（图 8 c）[③]，都为侧面表现，风格略有不同，雪豹的前爪和后爪前伸，耳朵呈弧形，眼睛以凸起线条勾勒，简洁粗犷。除了这类模压动物纹金饰片，东塔勒德发现的山毛榉果形黄金垂饰、圆锥形耳坠、金珠饰品和动物纹耳饰等都与哈萨克斯坦的叶列克萨兹墓地、塔斯莫拉遗址和图瓦的阿尔赞二号王陵出土的同类金器有着千丝万缕的联系。[④]

至少从公元前 4 世纪开始，中国西北和北方地区的黄金制品已十分兴盛，不少动物纹金饰体现出浓厚的草原风格。西沟 1 号墓、内蒙古鄂尔多斯地区阿鲁柴登墓（前 4—前 3 世纪）卧虎纹金饰与南乌拉尔地区波克罗夫卡 2 号墓（Pokrovka，前 6 世纪左右）发现的卧虎金饰如出一辙。其他典型实例还包括甘肃地区金器上的猛禽纹（图 9 a），这类猛禽纹多见于哈萨克斯坦塔克塞（Taksai）一号墓地 6 号冢出土的金饰（前 6—前 5 世纪），两者都有尖利的钩状喙和羽毛卷曲的翅膀，以纵向凸棱纹表现灵动丰

a

b

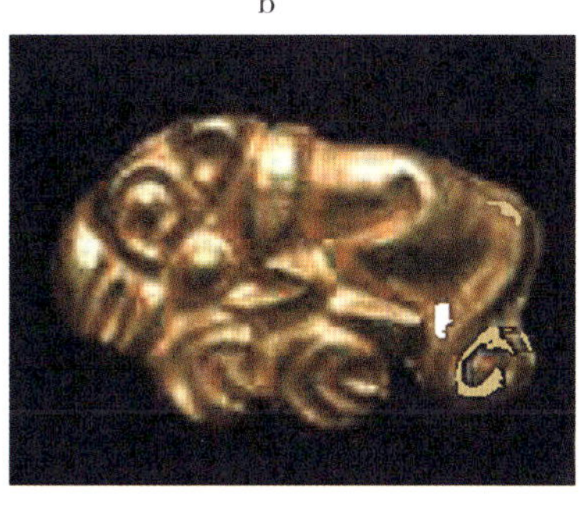

c

图 8　(a) 新疆东塔勒德雪豹金饰;(b) 哈萨克斯坦塔纳苏墓地出土雪豹金饰;(c) 凯里奥巴墓地出土雪豹金饰

① Tairov A., *The early Saka complex in the kurgan 5 Kichigino I cemetery* (*South Trans-Urals*), *Sak Culture of Saryarka in the Context of the Study of Ethnic and Socialcultural Process of Steppe Eurasia*, Almaty: Begazy-Tasmola, 2015, pp.300-319.

② Samashev Z., *The Illustrious Culture of the Early Nomads in the Kazakh Altai, Gold of the Great Steppe*, Cambridge: The Fitzwilliam Museum, East Kazakhstan Regional Museum of Local History, pp. 33, 2022. 俄语文献参见 Samashev Z., Ermolaeva A.S., Jumabekova G.S. *Kazakh Altai in the 1st millennium BC., Kazakhstan in the Saka era*, Almaty: Institute of Archaeology; Begazy-Tasmola Research Center, 2017, pp. 101-156.

③ Gutsalov S.Yu. *Ethnocultural specifics of the Kryk-Oba* Ⅱ *burial ground*. Russian archaeology. 2011, No. 1, pp. 81-96.

④ Liu Y., Yu J.J., Yang J.C., Li W.Y., *Long-distance relationship with the Mediterranean world? Gold beech-nut pendants found in the Early Iron Age China and the Eurasian steppe*. Mediterranean Archaeology and Archaeometry, 21 (2), 2021, pp. 259-280.

满的羽翼，曲线流畅（图9 b）。[①]这类浅浮雕状动物纹一般以金薄片在模具上按压，或用特制工具捶压而成。金器背面不见捶打和錾刻加工痕迹，体现出与西北模压金器相同的技术特征。西沟1号墓和马家塬发现的盘羊首形象在中亚草原地区十分流行。[②]西沟1号墓与哈萨克斯坦西部塔克塞墓地的盘羊首纹金饰片形象相同（图9c）。羊角盘旋向后，从头顶盘回鼻梁处，下颌至颈部有一列鬃毛，羊角、鬃毛均以凸棱纹表现。这种盘羊形象或单独出现，或成对出现，类似设计也见于年代稍晚的阿尔泰巴泽雷克文化的波莱尔（Berel）坟冢（前4—前3世纪，图9 d），大量木制车马饰装饰着盘羊首纹，表面贴饰金箔。[③]

在鄂尔多斯和甘肃马家塬战国墓发现的动物纹金饰片中，还流行以双面刻划工艺生成浅浮雕状动物形象。近年来，我们对内蒙古自治区鄂尔多斯市准格尔旗西沟畔2号墓（前4—前3世纪）出土的金银饰进行了科学分析，发现金饰片上凸起的卧马纹、大角鹿和兽纹都采用双面刻划工艺制成，大角鹿金饰片上可以看到明显的回刀痕迹，双兽纹金饰片上有一些裂纹，应为被刻透的痕迹。根据器物上的汉字铭记，一些学者认为同墓中出土的“少府”银节约出自赵国的官府作坊，金牌饰铭记的风格和衡制单位则被认为与秦国有密切的关系[④]，罗丰认为它们甚至可能就是在秦地制造。[⑤]双面刻划工艺在清水刘坪和马家塬出土的金银饰中也比较常见，与同时期新疆巴

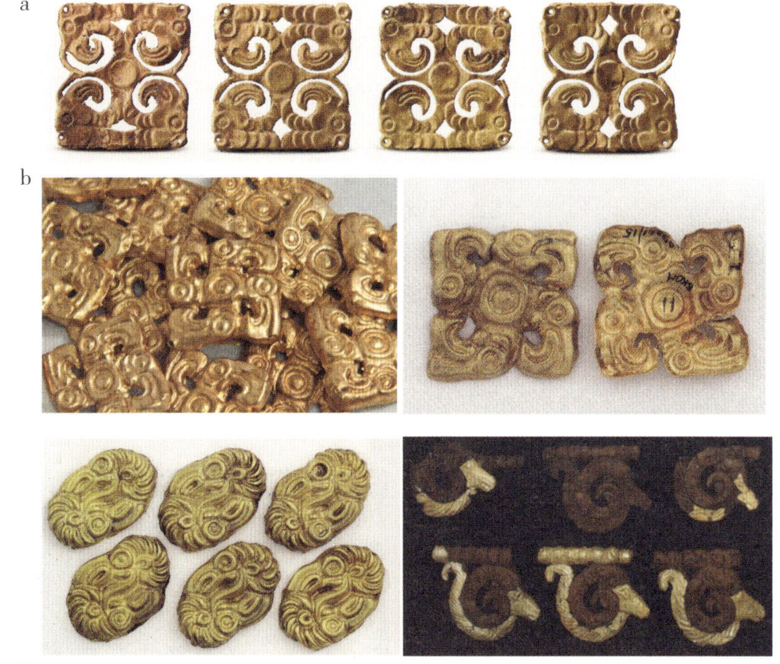

图9 （a）清水刘坪猛禽纹金饰；（b）塔克塞猛禽纹金饰；（c）塔克塞盘羊首纹金饰；（d）波莱尔包金马饰

① Onggaruly A., *Heritage of the Great Steppe: Masterpieces of Jewelery Art Vol.V. Art Language*. The Exhibition Catalogue. Nur-Sultan: National Museum of the Republic of Kazakhstan, 2018, pp. 210-213.

② Lukpanova J., *A Woman Shinning with the Gold of Eternity* （*Russian & Kazakh*）, *Gold of the Elite of the Kazakh Steppes*, Nur-Sultan: National Museum of the Republic of Kazakhstan. Seoul: National Research Institute of Cultural Heritage of Republic of Korea, 2018, pp. 132-155.

③ Francfort H. P., *The Gold of the Griffins: Recent Excavation of a Frozen Tomb in Kazakhstan, The Golden Deer of Eurasia*, Perspectives on the Steppe Nomads of the Ancient World, edited by Aruz, J., Farkas, A. & E.V. Fino, New York: Metropolitan Museum of Art. New Haven: Yale University Press, 2006, pp.114-127.

④ 田广金、郭素新：《西沟畔匈奴墓反映的诸问题》，《文物》1980年第7期，第13—17页。

⑤ 罗丰：《中原制造——关于北方动物纹金属牌饰》，《文物》2010年第3期，第56—63页。

里坤等地发现的模压金饰不同，却与礼县大堡子山秦墓金饰（前8—前6世纪）颇有渊源，后者在表面同样能看到刻划的纹饰，很可能为秦人的工艺传统。[①]

欧亚草原东部的模压金饰中，除了现实生活中常见的雪豹、盘羊、卧虎、卧马和大角鹿等题材，中国西北及北方地区的动物纹金器还流行虚幻的神兽形象。它们或单独出现，或组合在一起常表现搏斗、对峙场景，前者如西沟畔2号墓出土的有角神兽金饰，采用双面刻划工艺制成，后者如新疆巴里坤东黑沟12号墓出土的一组长方形金、银牌饰，中部是一蜷伏的钩喙蹄足动物，头上有角，角的末端有一个个钩喙有耳的猛禽头，怪兽腹部有一只小兽，是北方草原和阿尔泰地区常见的动物咬斗纹。[②]这种钩喙有角蹄足动物，被一些学者称为“鹿首格里芬”或者“有角神兽”，广泛流行于欧亚草原，与内蒙古自治区阿鲁柴登、陕西省神木市纳林高兔等战国墓和巴泽雷克2号冢男性身上刺青中的后肢翻转180°的神兽十分相似，头上都有向后延伸的鹿角，每个角都以猛禽头或格里芬结尾。

按一些学者的研究，模压技术在公元前两千纪开始在西亚出现。但考古资料显示，模压金器最早见于北高加索地区的迈科普宝藏（公元前第三千年下半叶），年代略晚于黑海地区的瓦尔纳宝藏和希腊的埃伊纳宝藏（前4400—前4100年）。[③]在欧亚大陆东部，模压金器最早出现在位于欧亚大陆中部的阿尔泰山地区，连接着当今的哈萨克斯坦、俄罗斯、蒙古国和中国。新疆阿尔泰山南麓哈巴河县东塔勒德墓地发现的300多件黄金制品中，有不少装饰着野猪、雪豹、回首鹿和大角野山羊等动物纹的黄金饰片，大多模压成型，年代在前9—前7世纪。在俄罗斯图瓦共和国北境西萨彦岭支脉土兰诺乌尤克盆地的阿尔赞二号王陵（前7世纪）共发现5700多件金饰（图10a），女性身上的雪豹金饰以模压工艺制成（图10b），而属于男性的雪豹金饰则为铸造而成（图10c）。[④][⑤]阿尔赞一号王陵年代为公元前9—前8世纪，虽早年被盗掘，也有一些模压金饰出土。

南乌拉尔地区菲利波夫卡（Filippovka）的萨夫罗马泰文化遗址（前5—前4世纪）发现的大量动物纹金饰，见证着模压技术在欧亚草原的向西传播。南乌拉尔地区波克罗夫卡墓地曾发现一件装饰着卧虎纹的骨制模具，上面的浅浮雕动物纹与同一墓地出土的两件卧虎纹金饰如出一辙（图10 d，e），年代可追溯至公元前

① Liu Y., Li, R., Yang, J.C. et al., *China and the steppe: technological study of precious metalwork from Xigoupan Tomb 2 (4th-3rd c. BCE) in the Ordos region*, Inner Mongolia, Heritage Science, 9 (46), 2021.

② 新疆文物考古研究所、西北大学文化遗产与考古研究中心：《2006年新疆巴里坤东黑沟遗址发掘》，《新疆文物》2007年第2期，第31—60页。

③ John Aruz ed. *Art of the Frist Cities: The Third Millennium B.C. from the Mediterranean to the Indus*, New York: Metropolitan Museum of Art, 2003, pp. 294, Fig.194a-d.

④ Armbruster B., *Gold technology of the ancient Scythians-gold from the kurgan Arzhan 2*, Tuva, ArcheoSciences, 33, 2009, pp.187-193.

⑤ Gryaznov M.P., *Arzhan-Tsarkiy kurgan ranneskifskoyo vremeri [Arzhan-Royal Mound of Early Scythian Period]*, Leningrad: Naukam, 1980.

6—前 4 世纪。[①]制作模压金器的工具在域外考古遗址中屡有出土，黑海地区德拉戈沃（Dragoevo）色雷斯墓葬发现的青铜敲花工具，一端为浅浮雕花纹，相似图案的金器在保加利亚北部的克拉列沃（Kralevo）色雷斯墓葬有发现，可与之对应。与波克罗夫卡虎纹骨模相似的青铜模具也见于乌克兰基辅（Kyiv）的斯基泰墓，上面的动物形象与黑海北岸克莱门兹（Kelermes）斯基泰王族墓发现的虎纹金饰非常相似（图 10 f，g）。此外还有科洛缅斯科（Kosharskoe）遗址（前 4 世纪末至前 3 世纪初）发现的装饰野猪头和玫瑰花的石制模具，与前 7—前 5 世纪斯基泰墓的金饰几乎一模一样。[②][③]在位于塞古拉河谷卡贝萨卢塞罗（Cabezo Lucero）（前 5—前 4 世纪）的一座伊比利亚金匠墓中发现了制作黄金饰品的成套工具，包括饰有动物纹或人物形象的铜模、一端饰有几何纹的敲花工具，用于制作大量重复图案的模压金饰，还有不同形制的錾刀、锤子和用来制作和焊接金珠的坩埚、吹管和镊子等。[④]

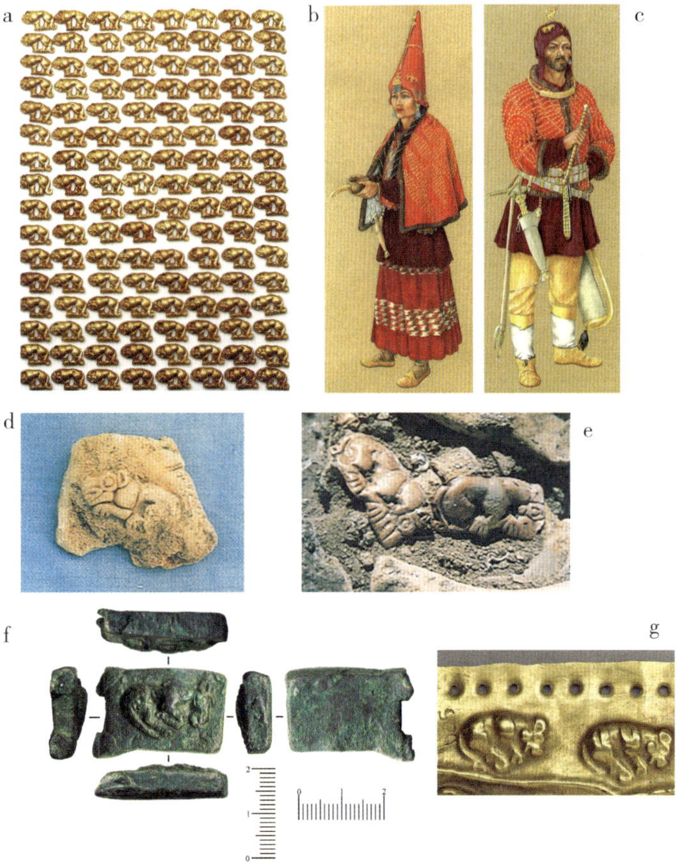

图 10 （a）阿尔赞二号王陵女性墓雪豹金饰；（b）阿尔赞二号王陵女性墓主人服饰复原图；（c）阿尔赞二号王陵男性墓主人服饰复原图；（d）波克罗夫卡墓地出土卧虎纹骨模；（e）波克罗夫夫墓地出土卧虎纹金饰；（f）基辅斯基泰墓发现的青铜模具；（g）克莱门兹虎纹金饰

从目前的考古发现来看，阿尔泰山地区很可能是欧亚草原动物纹模压金饰的发源地。阿尔赞王陵等遗址出土的图案相同、风格一致的金饰片，代表着中亚草原早期模压金器的最高水平，而新疆东塔勒德墓地的最新发现，表明公元前 9 世纪模压技术就已在阿尔泰山北麓出现。[⑤]东塔勒德金饰片上的雪豹、大角野山羊和野猪等形象也见于中亚草原的阿尔赞二号王

① So J.F. & Bunker E., *Traders and raiders on China' s northern frontier. Washington*, D.C.: Arthur M. Sackler Gallery, Smithsonian Institution; Seattle: University of Washington Press, 1995, pp.62.

② Alekseev, A.Y., *Gold of Scythian Kings in the Hermitage Collection* （*Russian*）. SPB: Publishing House of the State, 2012, pp.106.

③ Zimovets, R., S. Skory, and V. Okatenko. *Bronze Matrix from Bilsk Forthill: About Central Asian Motifs in Early Scythian Animal Style of Northern Black Sea Coast* （*Russian*）. Tyragetia 2018 （12）, pp. 219 - 236.

④ Perea A. & Armbruster B., *Tomb 100 at Cabezo Lucero: new light on goldworking in fourth-century BC Iberia*, Antiquity, 85, 2011, pp. 158-171.

⑤ 新疆文物考古研究所：《新疆哈巴河东塔勒德墓地发掘简报》，《文物》2013 年第 3 期，第 4—14 页。

陵、叶列克萨兹墓地和塔尔迪墓地。这些工艺相通、风格相似的动物纹金饰，表明从中国西北、萨彦—阿尔泰地区和哈萨克斯坦到南乌拉尔的广袤地区，存在着广泛的文化交往，一些学者由此认为阿尔赞王陵出土的金器是中国新疆或北方诸国的工匠制作的。[①]由于黄金文物的稀缺性，目前的研究分析仅限于无损检测，采集数据的仪器主要为 EDXRF、便携式 XRF 光谱仪和 EDS 能谱仪，误差在 0.2%—20%之间，只能了解表面的各类金属元素，合金成分之间的异同仅限于同种仪器分析结果的比较分析，产地溯源不易。从已刊布的便携式 XRF 数据来看，南西伯利亚的阿尔赞二号王陵和哈萨克斯坦境内的塔尔迪、伊塞克和齐列科塔墓发现的一些金器具有不同的金属成分，[②]与中国西北地区马家塬、清水刘坪和巴里坤出土的金器成分也都不同(图 11)，[③]加上装饰手法之间的风格差异，表明并非出自同一作坊，可能存在不同的生产中心。

由上述分析可知，西北地区模压金饰中的动物纹题材大致可分为两种：一种装饰风格趋于写实，如东塔勒德墓地发现的雪豹纹、盘羊纹和野猪纹金饰；另一种为虚幻的动物形象，如东黑沟等地的鹿首格里芬和有角神兽，均体现出与欧亚草原的渊源关系。从年代和地域分布来看，前 9—前 7 世纪，新疆东塔勒德发现的动物纹金饰与中亚草原萨卡文化关系密切，制作工艺以模压技术为主流；前 4—前 3 世纪，新疆巴里坤、阿拉沟和甘肃马家塬、清水刘坪和内蒙古自治区鄂尔多斯地区出土的动物纹金饰受来自阿尔泰山巴泽雷克文化、哈萨克斯坦和南乌拉尔地区萨马尔特文化的诸多影响。甘肃和鄂尔多斯地区出土的战国时期动物纹金饰片中，模压（敲花）技术和双面刻划工艺同时流行，一些工艺相通、图像相近的黄金饰品体现出东天山、陇西与鄂尔多斯地区之间的区域文化互动。

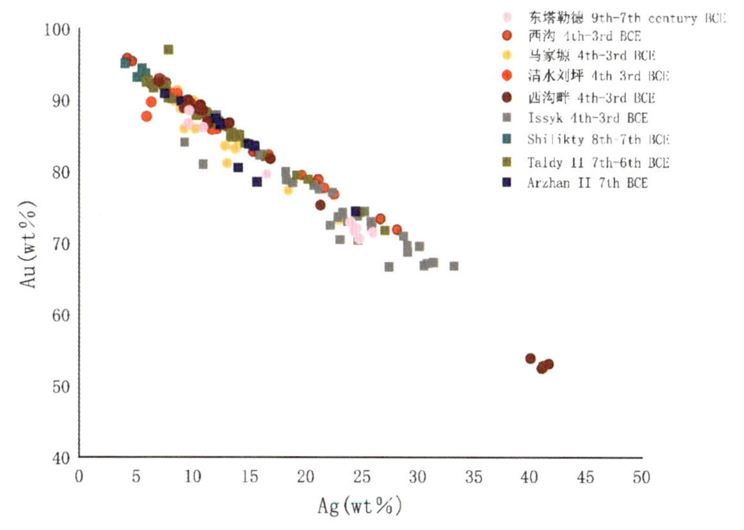

图 11　中国西北、北方地带和欧亚草原地区出土金器金属成分比较

① Kisel V.A., *Funeral Paraphernalia from Kurgan Arzhan-2: Décor, Technologies, Authorship, Camera Praehistorica*, 2（3）, 2019, pp. 93-123.

② Tairov A., Beisenov A., *Ancient gold of Kazakhstan, Sak Culture of Saryarka in the Context of the Study of Ethnic and Sociocultural Processes of Steppe Eurasia*, Alamaty: Begazy-Tasmola Publication, 2015, pp. 320-335.

③ Liu Y., Xi T.Y., Ma J. et al. *Art historical and archaeometric analyses of ‘animal style’ gold and silver ornaments （4th-3rd century BCE） found in north-west China*, Archaeometry, 63 （5）, 2021, pp.1-27.

四 黄金制品与游牧生活

在本文讨论的地域范围内，成批制作的动物纹金饰在本地统治精英的墓葬中大量出现，以贵重金属作为人体装饰这一风习在欧亚大陆东部蔚然成风，也伴随着奢侈黄金工艺的新知识、新技术的涌入。公元前一千纪左右，随着矿藏开采、金属冶炼和加工技术的发展，中亚草原的游牧族群开始大量使用黄金制品，除了人体装饰，还用来装饰马具、武器。欧亚大陆从亚北方期干热的气候骤变为亚大西洋期湿冷的气候，中北部森林退化为草原，南部许多半干旱地区的植被开始茂盛起来，形成优良草场。[①]这一时期游牧经济已经普遍化，也是动物风格艺术的重要发展时期。

在中亚草原，一些保存较好的墓葬为了解这一丧葬习俗提供了生动的案例。在阿尔赞二号王陵，数以千计的小雪豹金饰以曲线排列的方式缝在墓主人衣服的前胸、后背以及袖子上，表明使用大量动物纹金饰片作为人体装饰，至少在公元前7世纪就已开始流行。[②]哈萨克斯坦东部阿拉木图向东50公里的伊塞克冢（前5—前3世纪），也被称为“金武士”墓，发现了4000多件黄金饰品。墓主人身上头戴锥形金冠，装饰着翼虎、大角野山羊、栖息在山林中的鸟和抽象的羽毛纹、鸟喙纹。他的上衣、腰带、靴子上也缀满各种动物纹金饰片（图12 a，b），包括后肢翻转180°的马和驼鹿。[③]这些丰富的黄金遗存体现了当地统治精英积累贵金属和珠宝等形式的财产的程度。他们非常重视生前和死后的身份表达，死后不仅佩戴奢华漂亮的金饰，通常还随葬带缰绳的马匹和武器。这些墓葬所展示的丧葬品表

图12 (a)伊塞克金武士服饰复原图;(b)伊塞克出土黄金饰品

① B.van Geel. et al., *Climate change and the expansion of the Scythian culture after 850 BCE: a hypothesis*, Journal of Archaeological Science, 31 (12) , 2004, pp. 1735-1742.

② Cugunov K.V., H. Parzinger & A. Nagler, *Der skythenzeitliche Fürstenkurgan Arzan 2 in Tuva*. Mainz: von Zabern, 2010, pp.30-38.

③ Onggaruly A., *Barrow of the Saka Prince from Zhetysu (Russian and Kazakh)* , *Gold of the Elite of the Kazakh Steppes*, Nur-Sultan: National Museum of the Republic of Kazakhstan. Seoul: National Research Institute of Cultural Heritage of Republic of Korea, 2018, pp. 212-233.

明，中亚草原的游牧统治精英同样也是一些大权在握的军事首领，掌控着贵金属资源和贸易往来。

中亚草原一些身份尊贵的女性墓中也发现了丰富的黄金遗存。如哈萨克斯坦西部塔克塞1号墓地的6号冢（前6—前5世纪），一位贵族妇女随葬有丰富的黄金首饰，头戴锥形高帽，冠顶部装饰着一只大角野山羊。羊角卷曲，富有立体感，在它的脖子两端延伸出两条长长的细窄金片，构成一个圆锥形。墓主人的两鬓处悬挂着缀有山毛榉果和其他植物果实造型的黄金垂饰，颈部有金项圈，手腕上戴着镶嵌狼牙的金珠串饰和盘羊纹手镯。动物纹金饰片作为她的外套和冠饰的主要装饰元素，以环绕着肩部排列的猛禽纹金饰最富有特色（图13 a，b）。一些金饰片上有早期修补的痕迹，耳坠上也有明显磨损的迹象，表明它们并非仅为丧葬而制，应为墓主人日常生活中使用过的，而且已被佩戴了很长时间。①

从装饰风格和技术来看，中亚草原与南部波斯阿契美尼德帝国之间有着频繁的交往，一些波斯和希腊文化因素也融入黄金制作中。②伊塞克金饰中狮子、格力芬、翼兽、后肢翻转180°的虎等动物题材，体现出鲜明的波斯艺术因素，同时还具有萨卡金器的一些典型特征，如动物肩膀和大腿上以“逗号”形留白来显现肌肉，用同样的方式表现嘴、鼻孔和眼睛。此外，动物的腿部弯曲，头部向后转动的形态，通常与被捕猎的状态相关。③萨马耶夫等学者认为，欧亚草原古代游牧族群使用的武器、马具和服饰上各种动物图像的风格特征、艺术手法和佩戴位置都有着特殊意义。动物图像的组成、它们在世界观系统中的位置，以及每只动物所要表达的寓意都被严格定义，具有一定规范性。譬如在哈萨克

a

b

c

图13 （a）（b）塔克塞出土猛禽纹金饰和墓主人服饰复原图；（c）马家塬出土金带饰

① Lukpanova J., *A Woman Shinning with the Gold of Eternity* (*Russian & Kazakh*), *Gold of the Elite of the Kazakh Steppes*, Nur-Sultan: National Museum of the Republic of Kazakhstan. Seoul: National Research Institute of Cultural Heritage of Republic of Korea, 2018, pp. 132-155.

② 马健：《公元前8—前3世纪的萨彦—阿尔泰——早期铁器时代欧亚东部草原文化交流》，《欧亚学刊》第8辑，第38—84页。

③ Samashev Z., Onggaruly A., *Gold of the lords of the steppe*, in *Heritage of the Great Steppe: Masterpieces of Jewelry Art*, Astana: Ministry of Culture and sport of the Republic of Kazakhstan, National Museum of the Republic of Kazakhstan, The National heritage research institute, 2018, pp. 27-41.

斯坦塔尔巴哈台县希里科特（Shilikti）早期萨卡墓葬中，鹰、猫科掠食者的对称图像出现在死者礼服的左右两侧。[①]对于这些从战争或贸易中获利的游牧部落首领而言，黄金制品体现了持有者的权力、财富和政治权威。

越来越多的证据表明，黄金在中国西北地区个人和群体游牧或半游牧生活中的重要性。巴里坤、马家塬和清水刘坪墓地墓主人的衣物上缝制了大量金饰，体现出金饰作为人体装饰的功用及其在随葬器物中的重要性。近年对马家塬墓地的精细发掘工作为了解黄金制品如何使用提供了丰富的文物信息。马家塬战国墓地M4内棺中发现了成套的腰带，死者腰部附近发现的动物纹黄金牌饰原先由红玉髓、费昂斯和玻璃珠串联而成（图13c）。马家塬14号墓出土的一组猛禽纹金片，与在哈萨克斯坦西部塔克塞坟冢发现的服装上缝制的同类金片不同，被用作腰带上的装饰。其中，整套带饰由2件黄金带扣和15件较小的黄金牌饰组成：带扣上为狮噬鹿的动物咬斗纹，较小的牌饰上装饰着猛禽纹，每件牌饰的边缘都有穿孔，表明最初是附着在皮革或织物上的。[②]有意味的是，在今甘肃、宁夏两省区的北部地区发现了同类草原风格的青铜牌饰，由铸造而成，既有草原风格，也有中原特色。林嘉琳等学者推断，它们可能由秦国工匠专门为公元前4世纪后期居住在该地区的牧民制作。[③④]西安北郊战国铸铜工匠墓中发现25件陶模具，上面装饰着一些斯基泰—西伯利亚风格动物纹，如怪兽纹（图9e）、鹿角格里芬、大角野山羊和鹰虎搏斗纹都具有浓厚的草原风格[⑤]。这些具有草原文化特征的陶模具和相关的黄金文物，为秦等北方诸国为邻近游牧族群制作符合其审美趣味的奢侈工艺品这一推论，提供了有力的佐证。

贵金属资源的开发、利用和制作是高度专业化的活动。模压技术在欧亚草原上的广泛流行，与奢侈黄金工艺品制作背后的社会需求密切相关。对于逐水草而居的游牧族群而言，黄金价值高昂、易于携带，是积累和展示财富的重要方式。在公元前一千纪，奢侈工艺品的制作、消费与流通，往往服务于政治经济和统治精英的需求。欧亚草原的游牧族群对黄金的热爱，也基于它的高度流动性与稀缺性。目前从中国西北、中亚草原到南乌拉尔地区墓葬中发现的所有奢侈黄金制品，几乎都为当地统治精英所有，拥有制作精湛的黄金饰品，已成为这一广袤地区游牧或半游牧精英群体权力和身份表达的一部分。[⑥]

---

① Samashev Z., Onggaruly A., *Gold of the lords of the steppe, in Heritage of the Great Steppe: Masterpieces of Jewelry Art*, Astana: Ministry of Culture and sport of the Republic of Kazakhstan, National Museum of the Republic of Kazakhstan, The National heritage research institute, 2018, pp. 27–41.

② 早期秦文化联合考古队：《张家川马家塬战国墓地2007—2008年发掘简报》，《文物》2009年第10期，第25—51页。

③ Bunker, E. *Nomadic art of the eastern Eurasian steppes*, the Eugene V. thaw and other New York collections. Metropolitan Museum of Art, 2002, pp.28–29.

④ Linduff, K., *Production of signature artifacts for the nomad market in the state of Qin during the late Warring States period in China*. In J. Mei & T. Rehren (Eds.), Metallurgy and civilisation: Eurasia and beyond archetype, Archetype Publications Ltd, 2009, pp. 90–97.

⑤ 陕西省考古研究所：《西安北郊战国铸铜工匠墓发掘简报》，《文物》2003年第9期，第4—14页。

⑥ Wells P.S., Mobility, *Art, and Identity in Early Iron Age Europe and Asia, The Golden Deer of Eurasia Perspectives on the Steppe Nomads of the Ancient World*, New York: Metropolitan Museum of Art. New Haven: Yale University Press, 2016, pp.18–23.

囿于相关文献的匮乏，中国西北地区的统治精英在多大程度上采用了中亚游牧族群的葬仪和宗教信仰，尚未可知。考古发现的丰硕成果表明，奢侈黄金工艺品和华丽的人体装饰，在公元前一千纪左右已成为尊贵地位与财富的重要标识。这些奢华金饰很可能是在分布于欧亚草原不同地区的当地作坊中制作的，而一些中原工匠也专门为游牧精英提供奢侈品。①②③在内蒙古鄂尔多斯地区发现的草原风格的动物纹金饰实际上是在秦国、赵国的官府作坊中制造的。④公元前4世纪—前3世纪之间，秦、赵等强大的北方政权与游牧邻国在贸易往来、军事征服、外交朝聘和婚姻结盟等方面有着诸多联系。北方诸国的金器作坊为迎合中国西北和欧亚草原游牧精英的喜好，很可能采用欧亚草原风格的动物题材和一些外来技术来生产享有盛誉的黄金制品。模压工艺在黄金制作中的广泛应用，则使相关技术、装饰题材和观念得以传播到很远的地方。

由于中国西北和中亚草原地区尚未发现相关工具遗存，目前很难追溯模压技术的具体传播途径。除黑海地区发现不少动物纹石制、骨制和青铜工具外，易腐难存的木制模具在中亚草原可能被普遍使用，特别是在阿尔泰地区，包金的木质车马饰在公元前4—前3世纪的巴泽雷克墓葬中占据着主导地位。⑤这些木制车马饰以高度娴熟的技巧雕刻而成，猛禽纹的表面以错落有致的凸棱纹表现丰满的羽翼。值得注意的是，巴泽雷克木雕上包裹的金箔脱落后，表面的形貌特性与一些模压金器高度相似，不排除不同材质工艺品之间的互相借鉴。阿尔泰山、天山自古以来金矿资源丰富，新疆东塔勒德、西沟墓发现的黄金制品都采用纯度很高的自然金制作，对金料来源的探讨，还有待后继工作中对当地金矿进行数据采集和成分分析。作为可随身携带的财富，黄金在古代欧亚大陆流通极广，在阿尔泰、哈萨克斯坦或南乌拉尔地区开采的黄金不仅被当地游牧族群使用，而且可能已经进入了黑海北部和中亚草原定居的农业中心。⑥

结　论

早期黄金制作的技术实践，使参与物质文化生产与使用的不同人群的资源、知识、技能与意识形态结合在一起，这对了解中国西北边地与欧亚草原之间的文化互动十分重要。本文所讨论的模压（敲花）技术特别值得关注，因为这类技术更有利于进行黄金制品的成批生产

---

① Linduff, K.M., *Production of signature artifacts for the nomad market in the state of Qin during the late Warring States period in China (4th–3rd century BCE)*, Metallurgy and Civilization: Eurasia and Beyond, London: Archetype, 2009, pp. 90–96.

② 邢义田：《立体的历史——从图像看古代中国与域外文化》，生活·读书·新知三联书店，2014年，第44—47页。

③ Bunker, E. *Nomadic art of the eastern Eurasian steppes*, the Eugene V. thaw and other New York collections. Metropolitan Museum of Art, 2002, pp. 28–29.

④ 黄盛璋：《新出土战国金银器铭文研究（三题）》，《古文字研究》1985年第12期，第345页。

⑤ Samashev Z., *The Berel Kurgans: Some Results of Investigation*, Nomads and Networks: The Ancient Art and Culture of Kazakhstan, Princeton and Oxford: Princeton University Press, 2012, pp.31–49.

⑥ Zaikov V.V., Tairov A.D., Zaikova E.V. et al. *Noble metals in ores and ancient gold products of Central Eurasia (Russian)*, Chelyabinsk: Kamennyy poyas, 2016, pp. 251.

和特定艺术风格、技术的跨区域传播。考古资料显示，至少在公元前 9 世纪，模压金器在阿尔泰山地区开始流行，并广泛分布于中亚草原的精英墓葬中，向东延伸至中国西北部，向西延伸至乌拉尔南部。在公元前 4 世纪和前 3 世纪之间，欧亚大陆东部的金器制作十分兴盛，这一时期游牧统治精英正在经历着一个巩固政权、树立权威的过程。模压工艺、动物纹装饰，以及使用贵重黄金作为身体装饰的丧葬习俗，在早期铁器时代中国西北、哈萨克斯坦和南西伯利亚游牧或半游牧统治精英权力与身份的物质体现中已形成一整套体系。基于游牧经济的高度流动性和复杂的交流互动网络，使奢侈黄金的制作技术、动物纹题材和相关作品在欧亚草原得以广泛传播。

表 4　西沟 M1 出土金器元素分析表 EDS(wt%)

器物号	器类	Au	Ag	Cu	Fe
XGM1:5	盘羊首金饰 01	94.60	5.40	–	–
XGM1:7	盘羊首金饰 02	95.05	4.95	–	–
XGM1:8	盘羊首金饰 03	93.33	6.67	–	–
XGM1:11	盘羊首金饰 04	94.31	5.69	–	–
XGM1:41	盘羊首金饰 06	93.77	6.23	–	–
XGM1:48	盘羊首金饰 07	93.28	6.72	–	–
XGM1:10	虎纹金饰 01	92.76	6.40	–	0.84
XGM1:16	虎纹金饰 02	93.59	6.41	–	–
XGM1:31	虎纹金饰 03	92.55	7.45	–	–
XGM1:34	虎纹金饰 04	92.62	7.38	–	–

附记：新疆东塔勒德 M3 和巴里坤 M1 金器的数据采集得到了新疆文物考古研究所李文瑛所长、新疆维吾尔自治区博物馆于志勇馆长、西北大学文化遗产学院马健教授、哈密市博物馆严枫馆长、陕西省文物保护研究院纪娟女士、西北农林科技大学谭盼盼博士等人的协助，文中模压金器的工艺流程复原图为英国伯明翰城市大学 Jack Ogden 教授特意为本项目绘制，南乌拉尔国立大学 Alexandra Tairov 教授曾慷慨赠予部分俄语资料，论文撰写中还得到匹兹堡大学林嘉琳（Kath eryn M. Linduff）、纽约大学 Karen Rubinson 两位前辈学者的帮助，在此致以诚挚的谢意。

2023年新疆尼勒克县加勒库勒墓地考古发掘收获及初步认识

鲁礼鹏[1]　鲁艳峰[2]

（1. 新疆维吾尔自治区文物考古研究所；2. 新疆维吾尔自治区博物馆）

2023年8月—11月，为配合伊犁州尼勒克县喀拉苏乡加勒库勒工程建设项目的顺利推进，新疆维吾尔自治区文物考古研究所对该建设项目所涉及的古墓葬进行了考古发掘。

一　墓地位置及墓葬分布概况

加勒库勒墓地位于尼勒克县喀拉苏乡加林郭勒村东北部约8公里的加勒库勒沟（出山口后又称喀拉苏河）的出山口，海拔1231.67米。

加勒库勒墓地的墓葬分布很有特点，墓葬分布以加勒库勒沟东、西两侧的山梁为单位，呈片状分布。项目涉及需要发掘的墓葬主要分布在加勒库勒沟东的一座山梁和沟西的两座山梁上，另有一处分布在沟东山梁所在山脊东侧的山坡上。为了便于发掘，将加勒库勒沟西北侧山梁的墓葬分布区命名为Ⅰ号发掘点，南侧山梁的墓葬分布区命名为Ⅱ号发掘点。沟东山梁的墓葬分布区命名为Ⅲ号发掘点，Ⅲ号发掘点所在山脊东侧山坡的墓葬分布点命名为Ⅳ号发掘点，项目涉及的Ⅳ号发掘点的墓葬属于乌拉斯台沟1号墓群的一部分。本次发掘完成了Ⅰ、Ⅱ号发掘点的发掘任务（图1），Ⅲ、Ⅳ号发掘点计划次年发掘。

二　葬制、葬俗

加勒库勒墓地的墓葬从地表堆积情况来看，可分为四种：石圈土堆墓、石圈石堆墓、石圈墓和无堆积墓。以石圈土堆墓为主，石圈墓次之，少量石圈石堆墓和无堆积墓。通过解剖封堆，其墓葬营建方式是，首先挖好墓室，把逝者下葬后建好棚架，然后在墓室填黄土或土石混合土，并在墓室口原生土上及周围堆土形成

图1　加勒库勒墓地发掘点位图

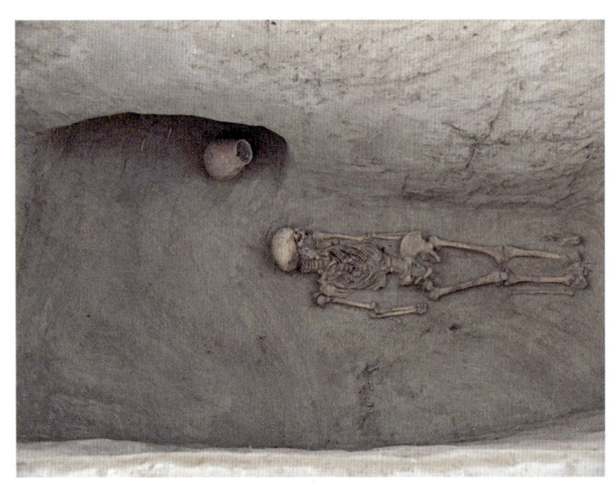
图 2　M58 墓室壁龛

图 3　M48 单室墓单人葬

图 4　M63 双室墓

图 5　M45 三室墓

一个或大或小的圆形封堆，最后沿着封堆四周，压着封堆边缘建起石圈。目前发掘的 70 座墓葬中，仅 M7、M13、M26 等没有石圈，是个例外。

2023 年在加勒库勒墓地清理墓葬 70 座，从发掘情况来看，不仅墓葬地表封堆形式单一，而且墓室形制也比较单一，均为圆角长方形竖穴土坑墓。唯一有点差异的就是其中 4 座墓葬在墓室西端北侧或南侧带有小壁龛（M45A、M58、M61、M63A）（图 2）；填土为黄土或土石混合土；葬式上以单人仰身直肢葬为主，但也出现了左屈右直、右屈左直或双腿左右屈肢呈罗圈腿状的情况。

绝大部分墓葬为一次葬，个别疑为二次葬。同时也存在双室墓和三室墓的情况，并有单室双人、三人或四人合葬的现象。在清理后的 70 座墓葬中，单室墓 55 座（图 3），双室墓 11 座（M1、M7、M8、M33、M38、M44、M46、M49、M50、M63、M68）（图 4），三室墓 4 座（M4、M45、M56、M64）（图 5）。另外，单室双人合葬有 5 座（M38B、M39、M45C、M63A、M67）（图 6），单室 3 人合葬墓 1 座（M66）（图 7），单室 4 人合葬墓 2 座（M6、M44A），可惜因盗扰没有完整骨殖。

图 6　M39 单室墓双人葬

图 7　M66 单室墓 3 人葬

图 8　M35 B 型斜搭棚架

图 9　M59 C 型斜搭棚架

墓地出土个体骨殖总体情况保存不是太好，主要是扰乱严重，另外墓室填土潮湿也是一个很重要的原因。其中有 2 座墓葬（M1、M54）没有出土个体骨殖，存在迁葬的可能；而 M29、M42、M53 等墓葬的墓底仅有少量残损的个体骨殖，如 M29 墓室底部东南偏北角仅残存了一段个体的胫骨和腓骨；M42 墓葬个体颅骨不见，其余骨殖朽烂严重；M53 墓底仅存一根尺骨、一根桡骨、一根锁骨和左、右股骨及几根肋骨等。

墓葬个体头的朝向比较一致，基本上均向西，都在第三、第四象限围绕 270° 上、下摇摆。

加勒库勒墓地普遍存在使用简易尸床和棚架的现象。尸床为仅在个体身体两侧或颅骨顶端各放一根原木围起来，身下横向放置木条，组成简易尸床。而在墓室中或墓口使用原木搭成的棚架，从结构上来分，可分为斜搭型和平铺型两种。

斜搭型棚架就是用原木一端搭在墓室北壁墓口，另一端斜插在墓底南侧，一般放置两层原木。根据具体结构差异可分三型：A 型是在北侧墓壁垂直放置原木，与南北向排列的斜搭原木在北侧墓口间隔相交，另一端斜抵墓室南侧墓壁旁，其上有的还横向放置一根原木压住，有些则不放；B 型是用原木南北向直接一端斜搭在墓口北侧壁上，另一端斜抵在墓底南侧墓壁旁，其上也是有些放横木，有些不放（图 8）；

图 10 M69 A 型平铺棚架

图 11 M60 B 型平铺棚架

C 型是底层棚架用原木南北向一端斜搭在墓口北侧，另一端斜抵墓室南壁旁，而上层棚架原木呈东西向放置，与底层棚架原木垂直（图 9）。从发掘实际情况来看，只有第二、第三种棚架残存较好，虽然棚架坍塌了，但是结构还是非常清楚的。

平铺型棚架的结构根据差异也可分为两型，A 型就是在墓口南北两侧的二层台上用原木南北向平铺两层（图 10）；B 型是在墓口南北两侧的二层台上用原木南北向平铺一层，其上再东西向平铺一层原木，与底层棚架原木垂直（图 11）。

随葬器物组合上不太固定，从另一个角度来说就是出土遗物非常匮乏。但是随葬动物骨骼却很普遍。一般在个体颅骨左侧靠近墓室北壁随葬有羊脊椎骨、羊骶骨、牛骶骨和牛荐椎，多是羊脊椎骨和牛荐椎或羊骶骨、牛骶骨等动物骨骼的组合。牛荐椎是经过吉林大学考古学院专门从事动物骨骼研究的博士生鉴定确认的；大部分还随葬一把铁刀放在牛骶骨上，但铁刀锈蚀残损较严重，少数墓葬还随葬有一个羊髀石。

三 出土遗物

在加勒库勒墓地Ⅰ、Ⅱ号发掘点发掘的 70 座墓葬中，仅有 44 座墓葬出土有遗物，多者 10 件（组）左右，少者 1—3 件（组），共计出土遗物 135 件（组）。出土遗物多为生活用品和装饰品之类，日常生活用品多随葬在个体头部附近，装饰品多出土在随身佩戴的位置。出土遗物数量虽少，但是遗物质地种类却比较丰富，有 10 余种。包括铁、铜、陶、骨、金、木、石饰品等，其他有少量的玻璃器、贝饰及炭精、玛瑙珠饰等。其中铁器占比最多，达 43 件；铜器次之，有 23 件；另外陶器 22 件，石质类 16 件（组），骨器类 14 件（组），金器类 10 件，其他玻璃器、贝饰及炭精类等物数量较少，每类仅有 1—3 件。

从器形来看，除陶器外，其余质地遗物的器形都很单一。其中铁器出土数量虽然占比最大，但是因锈蚀严重而残碎，器形主要是铁刀（图 12）和铁簪，个别为铁环。铜器主要是以铜簪为主（图 13），个别为铜坠饰、铜耳勺、铜戒指和铜环等；陶器虽然才出土了 22 件，但是器形比较多，有陶罐、陶釜、陶钵、陶杯和残陶缸形器等，其中以单耳陶罐最多，包括 2 件单耳管流陶罐；另有双耳陶罐 2 件，其中 1 件为彩陶（图 14）；此外，还有 4 件陶钵，陶釜、陶杯各 1 件。

石质类遗物主要是石珠和石坠饰等，石珠

图 12　残铁刀（M57：2）

图 13　铜簪（M2：6）

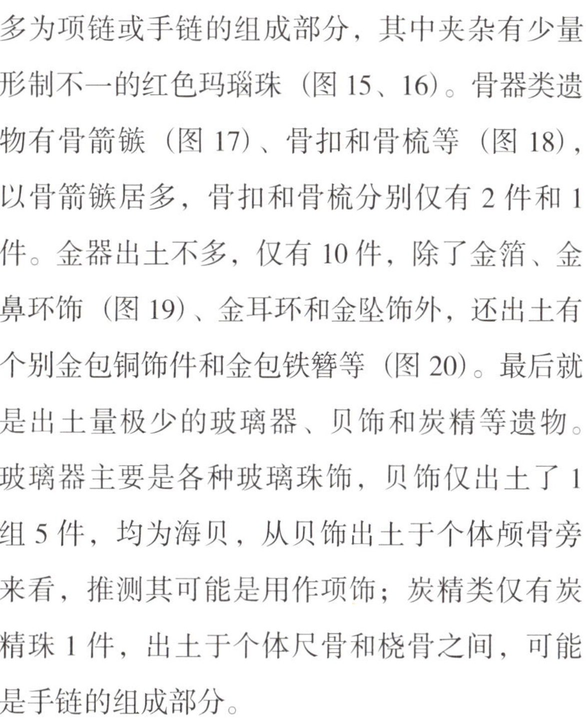
多为项链或手链的组成部分，其中夹杂有少量形制不一的红色玛瑙珠（图 15、16）。骨器类遗物有骨箭镞（图 17）、骨扣和骨梳等（图 18），以骨箭镞居多，骨扣和骨梳分别仅有 2 件和 1 件。金器出土不多，仅有 10 件，除了金箔、金鼻环饰（图 19）、金耳环和金坠饰外，还出土有个别金包铜饰件和金包铁簪等（图 20）。最后就是出土量极少的玻璃器、贝饰和炭精等遗物。玻璃器主要是各种玻璃珠饰，贝饰仅出土了 1 组 5 件，均为海贝，从贝饰出土于个体颅骨旁来看，推测其可能是用作项饰；炭精类仅有炭精珠 1 件，出土于个体尺骨和桡骨之间，可能是手链的组成部分。

四　几点认识

以上介绍了加勒库勒墓地的位置及墓葬分布情况、葬制及葬俗，以及墓地出土遗物的数量、质地和器物种类等。下面根据该墓地的墓葬形制和出土遗物的特征，谈谈对该墓地的几点认识。

（一）墓葬年代

前文在葬制中已经提到，加勒库勒墓地发掘的 70 座墓葬的葬制非常统一，均为竖穴土坑墓。墓室内填土或土石混合，墓地流行单人单室仰身直肢葬，但也有个别墓葬可能是仰身上屈肢葬，后因肌肉腐烂向两侧或一侧偏塌而形成罗圈式或一侧屈肢

图 14　双耳彩陶罐（M57：1）

图 15　项链（M60：1）

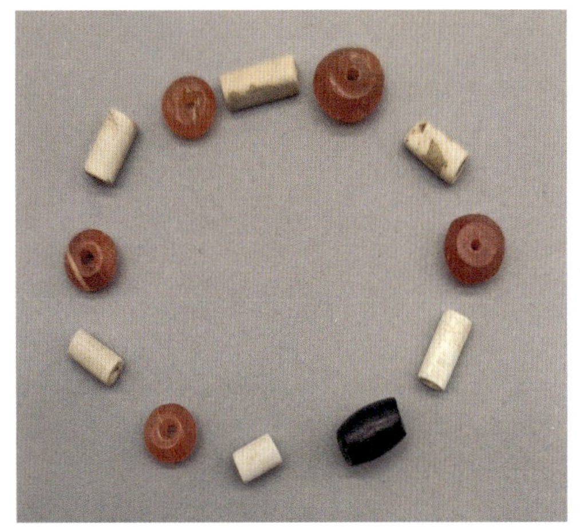

图 16　手链（M28：2）

图 17　两翼分叉 骨箭镞（M64B：1）

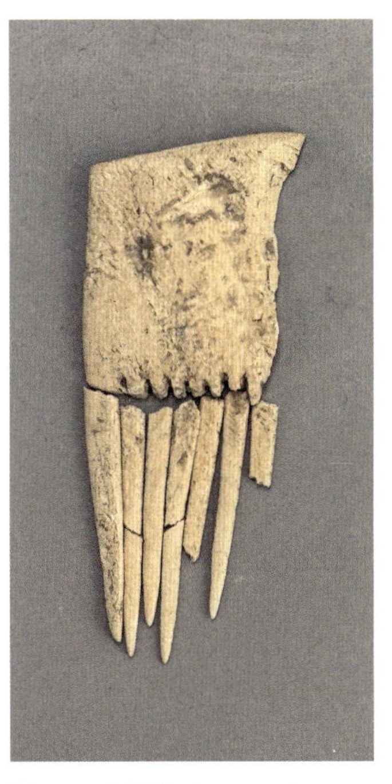

图 18　残骨梳（M52：1）

图 19　金鼻环饰（M21：2）

图 20　包金铁簪（M52：C1）

式，也有部分墓葬因扰乱而出现异类葬式等。随葬品出土非常贫乏，虽然种类有 10 余种，但从出土随葬品总量和发掘墓葬的数量来看还是显得不匹配。

从墓葬形制来看，从公元前 11 世纪末开始，竖穴土坑墓就已经出现在伊犁河谷地区，是伊犁河谷地区比较常见的一种墓葬形制。因此，单纯想依靠墓葬形制来判定墓地的年代，是无法实现的，只能依靠出土随葬品来推定墓地的年代。

我们根据墓地出土随葬品的特征，以及参考尼勒克县周邻的考古资料，初步推定这批墓葬的年代在战国至西汉时期。

随葬铁刀和牛、羊骶骨或椎骨组合的风俗在伊犁河流域早期铁器时代是一种非常普遍的现象，早在察布查尔县战国时期的索墩布拉克文化[①]及比索墩布拉克村文化更早的穷科克一号墓地中就已经有了[②]，加勒库勒墓地也流行这种随葬组合的习俗，但年代应更接近于索墩布拉克文化的年代。

从出土器物来看，陶器共出土22件，均为实用器，器腹或器底多有使用后留下的黑烟炱；主要是素面陶，以圜底器为主，仅有2件为平底；彩陶仅有1件，器形为双耳彩陶罐；同墓还出土有1件铁刀和1件骨箭镞，这些特征与索墩布拉克墓地的情况也非常相似。[③]早期铁器时代，伊犁河谷出土的陶器既有彩陶，也有素面陶；彩陶多为黄陶衣红褐彩或黄白陶衣红彩，少见红陶衣黑彩或红陶衣紫红彩的。彩陶纹样流行垂带纹、直线几何纹、网格纹、三角纹、菱格纹等纹样。而加勒库勒墓地出土彩陶为双耳彩陶罐，口微侈，圆唇，高领，微束，双耳对称位于肩部两侧，球腹，圜底。黄白陶衣上从口部至腹部饰红褐彩，口沿内、外两侧饰一周条带纹，其下至肩部纵向饰满连续折线纹，腹部饰宽条带纹，一侧还残存使用过的黑烟炱。同时，该墓伴随出土的还有1件铁刀和1枚骨箭镞。

从器形来看，伊犁河谷基本上很少见到双耳彩陶器的出土。从目前的考古发掘看，双耳彩陶器主要出现在新疆东部的哈密盆地，如天山北路墓地、焉不拉克墓地、五堡墓地、艾斯克霞尔南墓地等多有出土。而和铁器共存的彩陶年代，应属早期铁器时代，约相当于战国时期。[④]

从纹样来看，加勒库勒墓地出土的双耳彩陶罐没有继承伊犁河谷流行的三角纹、菱格纹、平行线纹、直线几何纹等纹样的传统，而是装饰不太完整的、连续的纵向折线纹。翻检整个伊犁河谷，还没有发现与加勒库勒墓地双耳彩陶罐器表纹样布局相同的彩绘纹样，但是在哈密盆地南湾墓地出土的双耳平底彩陶罐的肩、腹部、尼勒克县什布克其一号墓地出土彩陶壶的腹部，以及尼勒克县阿克布早沟墓地M25出土彩陶壶的肩、腹部和M15出土彩陶罐的器表均饰有纵向的曲线纹，加勒库勒墓地出土唯一的双耳彩陶罐纹样与之很相似，仅有曲线和折线之分。其中哈密南湾墓地的年代为青铜时代，[⑤]什布克其一号墓地的年代为公元前8世纪—前3世纪，[⑥]阿克布早沟墓地的年代为早期铁器时代，[⑦]可见这种曲线纹是由东向西传播的。而加勒库勒墓地出土双耳彩陶罐的2023YNJM57墓葬个体的碳十四测年为公元前4世纪初—前3世纪末，属于早期铁器时代的末期，说明加勒库勒墓地出土双耳彩陶罐上的这种折线纹已经到了伊犁河谷彩陶的衰落期。

2023YNJM57出土有1件包金铁簪，圆球形柄，簪体为圆柱状，除柄部包金完整外，簪体

---

① 新疆文物考古研究所：《新疆察布查尔县索墩布拉克古墓群》，《考古》1999年第8期，第26页。
② 新疆文物考古研究所：《尼勒克县穷科克一号墓地考古发掘报告》，《新疆文物》2002年第3、4期合刊，第51页。
③ 新疆文物考古研究所：《新疆察布查尔县索墩布拉克古墓群》，《考古》1999年第8期，第25页。
④ 穆舜英、祁小山编著：《新疆彩陶》，文物出版社，1998年，第16页。
⑤ 出土资料在整理中，现存新疆维吾尔自治区博物馆。
⑥ 新疆文物考古研究所：《尼勒克县一级电站墓地考古发掘简报》，《新疆文物》2012年第2期，第47、49页。
⑦ 新疆文物考古研究所编著：《新疆吉林台》，文物出版社，2020年，第414页。

残存部分包金。此件包金铁簪与 2020 年新源县哈勒哈西特墓地 M4 出土的包金铁簪形制基本一致，该墓测年为距今 2319—2146 年（校正年代），即 369BC—196BC。[①]而加勒库勒墓地 M52 墓主个体的测年为公元前 4 世纪初—前 3 世纪末，比新源县哈勒哈西特墓地 M4 的测年稍晚，为战国中期至西汉初期。

另外，加勒库勒墓地也出土了一种两翼分叉的骨箭镞，很有特点。这种骨箭镞与尼勒克县境内墩那高速公路尼勒克段沿线墓葬出土的骨箭镞和尼勒克一级水电站东麦里墓地出土的骨箭镞在形制上基本一致。墩那高速公路尼勒克段沿线墓葬出土骨箭镞的年代为公元前 5 世纪—前 3 世纪，[②]而尼勒克一级水电站东麦里墓地的年代为公元前 8 世纪—前 3 世纪，[③]说明加勒库勒墓地出土的几件两翼分叉骨箭镞的年代至少应该在公元前 5 世纪—前 3 世纪。类似的、分叉较长的属于青铜时代晚期的骨箭镞早在新疆乌鲁木齐市南郊萨恩萨依墓地的第三组墓葬中已有出土，此类墓葬的年代为公元前 10 世纪—前6 世纪；[④]萨恩萨依墓地出土的这种分叉较长的骨箭镞与伊犁地区尼勒克县境内出土的分叉骨箭镞在镞体上形制是相同的，截面均为菱形，只是分叉长短不同而已，说明其在由东向西传播的过程中，其尾部分叉在有偿变短。另外，与萨恩萨依墓地分叉骨箭镞相似的蒙古国早期匈奴墓中也有出土，只不过在镞体截面呈菱形的基础上，还出现了镞体截面呈三角形、圆形的分叉骨箭镞。该墓出土人骨的碳十四年代数据为距今 2170 ± 35 年，属于西汉早期。[⑤]

在发掘过程中，我们和兰州大学资源环境学院西部环境教育部重点实验室在同位素测定、环境考古等方面进行了合作，并分两批选了 15 个个体标本进行了碳十四测年，其中 Ⅰ 号发掘点选了 3 个（M9、M10、M13），Ⅱ 号发掘点选了 12 个（M17、M21、M28、M35、M38A、M44A、M52、M56B、M57、M60、M66、M69）；根据碳十四测年，15 个标本中，测年数据中最早的是 M69（402BC—210BC），最晚的是 M52（360BC—171BC），年代范围在战国至西汉早期，与我们推定的年代相符。

（二）此地存在早期人群在此活动的痕迹

在发掘的过程中，我们在 M1A 墓室口填土中发现了早期夹砂灰陶片，在 M35 封堆中不仅发现了早期夹砂灰陶片，还发现夹砂残灰陶器，器底有圈足和平底之分。

两处出土的夹砂灰陶片均为器物的口部残片，在口部残片的外侧均刻划了一周网格纹。夹砂灰陶器和这种刻划在口沿外侧的网格纹在新疆主要见于青铜时代，在距今 3100 年的克里

① 该墓地资料正在整理中，资料现存新疆文物考古研究所。该墓测年数据为新疆文物考古研究所阮秋荣教授提供，在此表示感谢。

② 新疆文物考古研究所、中国人民大学考古文博系、伊犁州文物局、尼勒克县文物局：《新疆伊犁州墩那高速公路尼勒克段沿线古代墓葬的发掘》，《考古》2020 年 12 期，第 18、19 页。

③ 新疆文物考古研究所：《尼勒克县一级电站墓地考古发掘简报》，《新疆文物》2012 年第 2 期，第 36 页。

④ 新疆文物考古研究所编著：《新疆萨恩萨伊墓地》，文物出版社，2013 年，第 14、153、171 页。

⑤ 内蒙古自治区文物考古研究所、蒙古国游牧文化研究国际学院、蒙古国国家博物馆：《蒙古国后杭爱省浩腾特苏木胡拉哈山谷匈奴墓的发掘》，《考古》2009 年 6 期，第 55 页。

雅河北方青铜居址出土的残陶器口沿外侧、塔城市东郊下卡浪古尔村遗址采集的早期的残陶器口沿残片外侧都刻划有这种相同的纹样。其中下卡浪古尔村遗址的调查者根据采集的残陶片遗物，初步推定“这些遗物属青铜时代，与安德罗诺沃文化的东部类型密切相关”。[①]

M35 封堆中出土的 2 件残陶器均仅剩器底和部分腹部，1 件为平底，1 件为圈足；通过观察 2 件残陶器的器形，应为平底罐形器和圈足罐形器；这种平底罐形器和圈足罐形器共出现在带有安德罗诺沃文化特征的尼勒克县穷科克遗址[②]、汤巴勒萨伊墓地早期墓葬、阔克苏西 2 号墓群、乌吐兰墓地等遗址或墓地。

汤巴勒萨伊墓地的发掘者认为“其年代属于安德罗诺沃文化中晚期，初步推断其年代在公元前 13 世纪左右。”[③]阔克苏西 2 号墓群的发掘者结合所测得碳十四数据，认为“墓葬的年代应属于安德罗诺沃文化的中晚期，年代在公元前 15 世纪—公元前 13 世纪。”[④]乌吐兰墓地的发掘者认为，在乌吐兰墓地中，存在平底罐形器和圈足罐形器出土于同一座墓葬的现象，这类墓葬的年代为青铜时代“……属于汤巴勒萨伊类型的文化范畴，其时代在公元前 15 世纪前后。”[⑤]因此，基本可以推定加勒库勒墓地 M35 封堆中出土的这种平底罐形器和圈足罐形器的年代应该与上述墓地的年代相近。

（三）颅骨穿孔现象

在加勒库勒墓地共发现了 2 例颅骨穿孔的个体，分别是 M55、M68A 墓室的个体。

M55 为圆角长方形竖穴土坑墓，盗扰。墓室埋葬有一位 40—45 岁的男性个体，虽然个体骨殖保存较差，但是颅骨保存还是非常完整的。根据合作单位新疆大学历史学院考古文博研究所王安琦老师的鉴定，M55 个体颅顶骨左侧有一圆形穿孔，边缘光滑，应当为个体生前所为，且穿孔后个体生存了一段时间，该孔内直径为 14—14.5 毫米。同时，顶骨近前囟点处有一条形压痕，疑似个体生前所受创伤。根据该处状态判断应当不是致命伤，长度约 34.5 毫米，宽度约 21.36 毫米。根据这个鉴定结果，M55 个体颅骨上不止一处创伤，我们认为其颅骨穿孔应该是出于救治的目的；而且穿孔的边缘非常圆润，说明在个体死亡之前成骨细胞还工作了一段时间。

M68A 墓室埋葬了一位 15—20 岁的男性个体，该个体从眉骨开始一直到脚部被 8 根截面为长方形的条木覆盖，有些条木上有未穿的孔，其身体四周用原木围成长方形，内铺木条，似尸床，个体就放在其上；头向西北，面朝东；颅骨左前侧和左后侧各有 1 个圆形穿孔，前侧比后侧的孔稍小。创面没有不规则、尖锐的边缘，亦没有愈合的痕迹（图 21）。

① 于志勇：《塔城市二宫乡下喀浪古尔村古遗址调查》，《新疆文物》1998 年第 2 期，第 36、38 页。
② 刘学堂：《伊犁河上游史前考古新发现及其初步研究》，《新疆文物》2011 年第 1 期，第 86 页。
③ 新疆文物考古研究所：《尼勒克县汤巴勒萨伊墓地考古发掘报告》，《新疆文物》2012 年第 2 期，第 10、19 页。
④ 新疆文物考古研究所：《特克斯县阔克苏西 2 号墓群考古发掘简报》，《新疆文物》2012 年第 2 期，第 55、62 页。
⑤ 新疆文物考古研究所：《尼勒克县乌吐兰墓地考古发掘报告》，《新疆文物》2014 年第 1 期，第 47、56 页。

图 21　M68A 墓室个体颅骨穿孔

根据新疆大学王安琦老师的鉴定：认为M68A 个体是围死期死亡，即指濒死至刚死亡这段时间内，有四种可能：1.个体在穿孔中死亡；2.个体在穿孔后死亡；3.个体濒死时为了救治或举行仪式进行了穿孔，个体未存活；4.个体刚死亡，骨骼尚新鲜时进行了穿孔。所以说，围死期形成的创伤比较难以判断具体的时间。但是从个体两个穿孔来看，并没有出现不规则和尖锐的边缘，与死后穿孔截然不同，也应该是生前救治所为。

在伊犁河谷流域历年考古发掘中，这种颅骨穿孔的现象多有出现，诸如吉林台墓群、别特巴斯陶、吉仁托海墓地、巩留山口墓地、昭苏夏台墓地等亦有此类现象。疆内其他地方如柴窝堡墓地、察吾呼沟四号墓地、洋海墓地等都有发现。如何判定这种现象到底是治疗、巫术，还是作为一种宗教文化现象，这都需要我们根据具体情况具体对待，并做进一步深入的研究。

（四）生业形态

根据北京大学张芷妍博士对加勒库勒墓地 5 个个体牙结石蛋白质样品检测的结果，4 个个体的牙结石样品中检测到牛奶蛋白，3 个个体牙结石中检测到绵羊奶蛋白，同时在 M10 个体的牙结石中检测到了绵羊角蛋白，可能与羊毛加工有关。

牙结石蛋白质组学分析显示，加勒库勒墓地所代表的人群可能高度依赖以牛和绵羊为主的畜牧业经济，并广泛消费它们的乳制品，且加工绵羊毛。值得注意的是，并未检测到马奶的使用，与墓葬中不见马骨随葬的现象一致，暗示此时马在畜牧经济中可能尚不占据重要地位。

尼勒克县域内的喀什河谷是伊犁河谷五大地理单元之一，位于北天山和阿布热勒山之间，上游为唐布拉草原，中游和下游多山前台地，也是中亚早期游牧民族的重要活动区域。该地水草丰茂、土壤肥沃，谷地宜作冬牧场，是理想的放牧之地。本次发掘的 70 座墓葬中普遍随葬牛、羊等动物骨骼，以及出土较多的骨箭镞、铁刀等，而陶器非常少；结合墓地个体牙结石蛋白质样品的检测，证实了当时的经济形态不仅比较稳定，而且养羊、养牛的畜牧业在当时的社会经济生活中的占比是非常明显的。

进入 21 世纪以来，特别是 2017 年被评为“中国十大考古发现”的吉木乃通天洞遗址的发掘，不仅填补了新疆史前洞穴考古的空白，同时揭开了新疆人类发展史的神秘面纱，把新疆考古推向了一个新的高潮。伊犁河谷作为一个独立的地理单元，在将近 25 年的时间里，在伊犁河谷河流两岸山前平坦的坡地上，发掘了大量史前时期的墓葬。其中青铜时代中晚期以前的墓葬只有少量发现，大部分墓葬则属于早期铁器时代（公元前 1000 年至西汉），而加勒库勒墓地就属于这一阶段。

加勒库勒墓地从墓葬形制、丧葬习俗、出土遗物上表现出墓葬形制的单一性，丧葬习俗的统一性，随葬遗物的相似性，反映了墓葬人群的一致性。加勒库勒墓地的发掘，不仅为研究该墓地人群的族属提供了资料，而且为进一步研究伊犁河流域考古学文化补充了新的资料，夯实了基础。

试论贵霜王权与迦毕试风格造像的关系

张傅城
（西安文理学院历史文化旅游学院）

国际学术界通常认为，犍陀罗艺术中的迦毕试风格造像是公元3—4世纪古典主义石刻技艺衰退期的产物。因此，迦毕试风格造像也被认为处于犍陀罗石刻造像转变为灰泥造像的过渡阶段。以上有关迦毕试风格造像年代的论说，给本文的立论带来了挑战，但这并不妨碍本文在较为宽广的时空背景下，运用多学科视角对贵霜王权与迦毕试风格造像之间的潜隐关系进行考察，进而在贵霜王权、贵霜的宗教艺术、迦毕试风格造像以及贵霜的王权统治史之间建立起逻辑的线索，以期能够显现迦毕试风格造像与贵霜王权之间的内在关联。

一　贵霜王权的类型

从宗教人类学的研究经验来看，古代社会中存在两种基本的王权类型。第一类是“神圣王权”，“王”除了具有统治社会的职能，还兼有“巫术—宗教”的超自然能力，是族群共同体中最理想的“大祭司”，肩负着维护宇宙秩序和自然丰产的责任。[①]另一类型的王权以“印式王权”为代表，即在印度社会中，婆罗门是世间终极价值或绝对真理的担当者，能够在宗教层面对整个社会进行解释和整合，而印度的王权是一种基本丧失了神圣属性的世俗化王权，虽能够享有世俗的政治权力，却不得不仰赖于婆罗门提供的宗教服务。[②]

如果我们将贵霜与印度的王权类型进行对比，可以看到贵霜王权属于古代社会中常见的神圣王权类型。关于这点，我们可以从贵霜的钱币、碑铭和神庙遗址的相关材料中得到印证：

（一）贵霜钱币是王权与宗教神圣感之间关系的重要表征

贵霜初代王丘就却发行的钱币基本是对希腊—巴克特里亚王国或罗马钱币的粗拙模仿。

① ［英］弗雷泽：《金枝——巫术与宗教之研究》，汪培基等译，商务印书馆，2019年，第22—25、146—158页。

② 印度的世俗王权在具体的宗教实践中更能体现出其自身的局限性。例如，祭司和王都可以向神供奉祭品，但主导祭祀仪式的必须是婆罗门出身的“王家祭司”，神可以在祭司缺席祭祀仪式的情况下拒绝来自王的祭品。需要注意的是，印度的王权在早期的吠陀经典的描述中具备一定的神圣属性，某些神话描述了婆罗门对刹帝利王权的侵夺，这可能是对印度王权逐渐丧失神圣属性的侧面反映。参见［法］路易·杜蒙：《阶序人：卡斯特体系及其衍生现象》，王志明译，浙江大学出版社，2017年，第436—439页。

钱币背面有佉卢文（Kharosthi）称号："贵霜翕侯（chiefdom）、大王、众王之王、神之子、信法或坚信真法"。[①]阎膏珍在位期间发行了一种新型钱币，并为后世之君所效仿。钱币正面采用贵霜王与火祭坛相结合的图像组合，反面则会表现一位来自印度、伊朗或希腊文化的神祇。钱币上的佉卢文铭文显示，王的称号有"众王之王、伟人、救世主"。[②]该型钱币是我们观察与贵霜王相关的宗教艺术形象及其性格的重要图像材料，其中王的形象有以下特征：其一，王手持着三叉戟、身旁立有带尖刺的大棒、腰间佩剑，或身穿草原大衣、束脚裤和战甲，均反映了贵霜王是来自草原的征服者；其二，王多有头光，肩部有火焰纹，再加上王与火坛的空间仪式关系，都反映了贵霜王自身携带的神性。"光—火"是古印度—伊朗宗教信仰中最为神圣的元素，贵霜的宗教艺术将王权神授观念转化为火焰的形式[③]；其三，钱币中的贵霜王有华冠，手持在欧亚大陆传播范围甚广的权杖和狮子王座，这些都表明贵霜王在现实政治中的绝对统治与权威。贵霜时期还发行过一种特殊的钱币，被学术界称为"无名王"（The Nameless King）类型，该类钱币无明确王名，只有"伟大的救世主"（Soter Megas）的赞语。[④]

（二）神灵是贵霜王权取得统治合法性的神圣源头

与贵霜王权相关的碑文都是在反复阐述王与神之间的特殊关系，例如在塔克西拉发现了一块阿泽西（Azes）136 纪年（可能对应公元 79 或 91 年）的银卷，其中的铭文记载了一位身份不明的高等级人物，其称号为"大王、众王之王、神之子"。[⑤]有研究指出，这位高等级人物可能是贵霜王丘就却。[⑥]1993 年在阿富汗北部地区，当地人发现了著名的罗巴塔克碑文（Rabatak Inscription），碑中有以下内容与本文讨论的贵霜王权直接相关。第 1 行碑文"……伟大的救世主，贵霜的迦腻色伽，正义者，公正者，君主，值得崇拜的神"；第 2 行碑文"他已从娜娜（Nana）及诸神那里获得了王权，如神所愿，他开创了纪元"；第 15 行碑文"诸神之子迦腻色伽下达的命令……"；第 19 行碑文"祝愿王、诸神之子，从即位元年到千岁，一直统治整个印度"；第 21 行碑文"……遵照王命，许多祭礼被举行，侍从群集……"；第 22 行碑文"……王把礼物献给诸神，关于他们的赠物……"。[⑦]

---

① 据研究，丘就却称号中"信法或坚信真法"应该是指丘就却信仰湿婆神，而不是先前学界所认为的丘就却信仰佛教。作为战神的湿婆可能会对游牧征服者产生很强的宗教吸引力，前中期的贵霜王阎膏珍和胡韦色迦，以及后期的国王们都是湿婆神的崇拜者，只有迦腻色伽一世将希腊—巴克特里亚和伊朗宗教信仰作为宗教政策的核心。参见［匈］雅诺什·哈尔马塔主编：《中亚文明史》第 2 卷，徐文勘等译，中国对外翻译出版公司，2002 年，第 248—251 页；丘就却去世后得到的称号可能有"救世主、胜利者、法者、世界之主"。参见袁炜：《丘就却王号研究》，《西域研究》2019 年第 2 期，第 12 页。

② ［匈］雅诺什·哈尔马塔主编：《中亚文明史》第 2 卷，第 215—216 页。

③ J.M. Rosenfield, *The Dynastic Arts of The Kushans*, Berkeley and Los Angeles: University of California Press, 1967, pp.197—201.

④ 杨巨平：《"Soter Megas"考辨》，《历史研究》2009 年第 4 期，第 140 页。

⑤ ［匈］雅诺什·哈尔马塔主编：《中亚文明史》第 2 卷，第 189 页。

⑥ 余太山：《贵霜史研究》，商务印书馆，2015 年，第 34—35 页。

⑦ ［日］小谷仲男：《大月氏——寻找中亚谜一样的民族》，王仲涛译，商务印书馆，2017 年，第 99—103 页。

（三）贵霜神庙中的守护神灵

由于贵霜王自认为受到神灵的庇护而获得王权，因此为了在帝国境内对异质文化的人群实施有效统治，供奉来自多元文明的神祇以及神化王的形象，似乎也成了统治策略的必然选择。丘就却在位时期已经信奉印度的湿婆。阎膏珍不仅将中亚的希腊神庙改造为湿婆神庙，还开始在巴克特里亚的苏尔赫·科塔尔（Surkh Kotal）和印度秣菟罗附近的马特（Mat）修建王室神庙（devakula）。①迦腻色伽一世时期完成了苏尔赫·科塔尔神庙的建造工作，神庙除了供奉之前就有的湿婆神，还增加了来自希腊—巴克特里亚和伊朗宗教信仰中的神祇，如来自希腊的太阳神（Helios）、月神（Selene）、火神（Hephaistos）和娜娜生命女神。在阎膏珍之后，人们通常会将去世的贵霜王的雕像安放在王室神庙（devakula）之中，成为祭祀崇拜的对象，享受神庙的日常供奉。在两个皇家神庙遗址的考古发掘中均发现了不同时期的贵霜王雕像，如阎膏珍、迦腻色伽、胡韦色迦。其中，胡韦色迦（Huvishka）作为贵霜中期的王，他的雕像可能在其还活着的时候就已经放进神庙了。在马特发现的胡韦色迦像的基座铭文，更清楚地显示了湿婆神与贵霜王的关系，他将自己的宗教态度描述为“坚信真法”（与丘就却的称号相同），并将王位的获得归结于湿婆神（Sarva）和月神旃陀毗拉（Candavira）的授予。②

至此，我们可以看到贵霜王权将先验的神圣性与世俗权力集于一身，贵霜王普遍有着“神之子”（devaputra）的称号，可以亲自主持对神的祭祀仪式，但对世间统治权力的合法性也来自神的授予。贵霜王的塑像可以列于神庙之中，成为得到供奉崇拜的“人神”，这些都是印度世俗王权不可能达到的宗教高度。因此，需要注意到，贵霜的神圣王权也会在一定程度上影响与王权相关的宗教艺术的表现。

二 贵霜宗教艺术的形成机制与外在表征

目前，我们从贵霜钱币和国王雕像为主的图像材料中见到的神灵形象，如要回溯其表现方式或视觉逻辑的形成过程，一个可行的观察角度是巴克特里亚地区在遭受“月氏—贵霜”游牧人群侵入之前宗教艺术的发展情况。

（一）多元异质信仰对贵霜宗教艺术的形塑

当时的希腊—巴克特里亚地区流行着多种宗教信仰，以受伊朗影响的前琐罗亚斯德教③和希腊人的多神信仰为主④。随着时间的推移，两种宗教在同一地区的不断接触中，对彼此的存在有了更为深入的了解，两者的宗教观念和神灵信仰开始有了互融的趋势，但希腊人的宗教解释体系显得更为灵活主动，在之后的宗教互

① ［匈］雅诺什·哈尔马塔主编：《中亚文明史》第2卷，第248—251页。

② ［匈］雅诺什·哈尔马塔主编：《中亚文明史》第2卷，第200—201页。

③ “前琐罗亚斯德教”与后来形成的“正统琐罗亚斯德教”之间一个重要区别就是，对偶像崇拜有着截然不同的态度。参见张小贵：《中古粟特祆神崇拜及其源流考辨》，余太山等主编：《欧亚学刊》第8辑，中华书局，2008年，第115—122页。

④ 来自考古与钱币学的证据表明，当时的希腊—巴克特里亚王国崇拜的希腊诸神有宙斯、波塞冬、阿波罗、赫利俄斯、赫拉克勒斯、狄俄尼索斯、雅典娜、阿尔特弥斯、尼刻等。参见《丝路艺术》编辑部编：《丝路艺术——大夏》，漓江出版社，2017年，第48—88页。

动中占据了话语的主导地位，即形成了“希腊化阐释”（Hellenistic interpretation）。[①]例如，生活在巴克特里亚的希腊文化人群开始在希腊与中亚的神灵信仰之间进行衔接，将宙斯对应为阿胡拉马兹达（Ahura Mazda），还将赫拉克勒斯（Hercules）与凡雷思拉格纳（Verethragna）、阿波罗（Apollo）与密特拉（Mithra）、阿尔特弥斯（Artemis）与娜娜（Nana）等来自两个宗教系统的神灵进行逐一地对应，伊朗系神灵的图像学外观在此基础上得以发展。不仅如此，希腊化的宗教建筑与宗教艺术同样影响了伊朗系神庙的形制风格，甚至在巴克特里亚伊朗神庙祭坛上发现了希腊系的神像和铭文内容。[②]这也从侧面说明了中亚地区希腊化宗教对异质宗教信仰的吸引力。

当“月氏—贵霜”人通过军事征服占领巴克特里亚地区之后，在中亚希腊化文化因素的影响下，我们可以了解到“月氏—贵霜”人在宗教观念等方面发生的新变化。中亚考古学者施伦贝格尔（D. Schlumberger）认为贵霜存在着一种混合了“希腊—巴克特里亚”和“希腊—伊朗”风格的艺术流派。贵霜的宗教艺术又可划分出“王权艺术”和“佛教艺术”两类，其中的“王权艺术”以贵霜王像为主。[③]本文所讨论的贵霜“王权艺术”，明显受到当时混合主义艺术风格的形塑。

学术界一般认为，今天乌兹别克斯坦的哈尔恰扬（Khalchayan）宫殿遗址位于当时尚处在部落联盟状态的“月氏—贵霜”人群活动的核心区域之中。宫殿遗址大厅内的墙壁上有宽阔的浮雕装饰带，其中人物像的尺寸比真人略小，组成若干独立的叙事场景（图 1）。正中的浮雕人物为坐在王座上的王和王后，左右排列着王室成员和贵族，人物的上方为有翼的胜利女神尼刻、雅典娜和赫拉克勒斯。这是在有意模仿希腊—巴克特里亚国王采用过的宗教信仰和艺术表现，这些希腊式的神灵现在都成了贵霜的保护神。[④]贵霜王权已经完全接受希腊化的宗教视觉形式，即用希腊式神灵的形象来包装贵霜

图 1　哈尔恰扬宫殿中人物浮雕复原图
（采自 M.J.Olbrycht, *Arsacid Iran And The Nomads Of Central Asia—ways Of Cultural Transfer Some Preliminaries*, Edited by Jan Bemmann, Michael Schmauder, *Bonn Contributions to Asian Archaeology*, vol. 7, 2015, p.348, Fig10.）

---

① 本文中的“希腊化阐释”意指贵霜能够对异质宗教中的神灵进行贵霜式改造，使得这些神灵的外观保持不变，但与神灵相关的宗教阐释，却会随着贵霜王族的现实需要而变动。

② ［匈］雅诺什·哈尔马塔主编：《中亚文明史》第 2 卷，第 244—245 页。

③ D. Schlumberger, *Descendants non—méditerranéens de l'art grec*, In: Syria, vol. 37（1—2），1960, pp.131—166.

④ 中亚希腊化时代的早期雕塑多为贴墙而立的圆雕，偶有高浮雕，这一宗教艺术的表现形式可能受制于黏土、石膏材料本身的属性，也可能受到宗教建筑形制的影响，即雕塑需配合神庙的内部空间结构。参见［苏］普加琴科娃、列穆佩：《中亚古代艺术》，陈继周、李琪译，新疆美术摄影出版社，1994 年，第 27—28 页。

式的宗教内涵，贵霜的神灵都掩藏在希腊神的外表装束之中。[①]"月氏—贵霜"人在侵入中亚之前，他们信仰着带有自然神因素的前琐罗亚斯德教神灵，即可能将阿胡拉马兹达视作与草原太阳神相同内涵的天神来信奉。尤其是宫殿中的神灵形象生动地体现了希腊化视觉元素与贵霜在宗教信仰方面的融合，其中可见一种有太阳神特征、面容有胡须的希腊式神灵形象（宙斯），但他在贵霜的宗教语境中却很可能是在指代阿胡拉马兹达。同样在"月氏—贵霜"人侵入之前可能已经信奉了密特拉神，而在哈尔恰扬宫殿中发现的戴着"圆锥形"帽子的密特拉，被认为是融合希腊、伊朗和贵霜三种文化因素的产物（图 2）。[②]至此，我们需要留意贵霜宗教艺术中神人形象的呈现，继承了"希腊化阐释"的传统，可以对异质宗教的神灵进行贵霜式的改造。其中能够授予贵霜王权合法性与承担王权守护功能的神灵，始终是贵霜王权最为看重的信仰因素。

图 2　密特拉头像
（采自 Benjamin Rowland, *Graeco—Bactrian Art and Gandhāra: Khalchayan and the Gandhāra Bodhisattvas*, In: Archives of Asian Art, vol. 25, 1971, p.33, Fig12.）

（二）贵霜王权因素影响下的犍陀罗艺术

这里存在的问题是，在公元 1 世纪犍陀罗艺术产生之后，贵霜王权对异质神灵形象的改造传统是否还有延续，或者又有了什么样的新变化？本文认为，犍陀罗艺术中的贵霜王权因素可粗略分为三个部分：其一是菩萨像的塑造与贵霜王族相貌之间的联系；其二是犍陀罗的佛像或菩萨像采用了某些具有王权象征意义的装饰物，如宝冠、飘带、瓔珞珠串、交脚坐和狮子座等；其三是王以具象的供养人身份出现在礼敬佛陀的浮雕场景中。

以普加琴科娃（Pugachenkova）为代表的苏联学者在中亚地区的考古工作，使得国际学术界开始重视中亚艺术与兴都库什山南部艺术之间的关联，在塔克西拉（Taxila）和哈达（Hadda）等遗址中发现的雕塑与绘画，均被视为希腊—巴克特里亚艺术的某种程度的延续。[③]本杰明·罗兰德（Benjamin Rowland）曾经注意到位于中亚的哈尔恰扬宫殿雕塑的后续发展问题，其中比较重要的影响是，哈尔恰扬宫殿内的雕塑艺术可能会对犍陀罗艺术的兴起产生积极的影响。他指出，"月氏—贵霜"王族的面部（图 3）充满男子的活力与气概，同时也显现出

① ［匈］雅诺什·哈尔马塔主编：《中亚文明史》第 2 卷，第 249 页。
② ［匈］雅诺什·哈尔马塔主编：《中亚文明史》第 2 卷，第 247—248 页。
③ ［苏］普加琴科娃、列穆佩著：《中亚古代艺术》，第 26—30 页。

图 3 哈尔恰扬遗址中的贵霜王侯胸像
（采自［日］田辺勝美、前田耕作：『世界美術大全集』「中央アジア·東洋編（15）」小学館，1999，第 130 页）

图 4 弥勒菩萨像
（作者自摄，东京国立博物馆版权所有）

明显的种族特征。据已有的图像材料来看，贵霜王族与犍陀罗独尊菩萨像的面容之间存在着联系，即贵霜王族的形象已经融入犍陀罗艺术的万神殿之中。而且，为了适应一般神灵的形象，犍陀罗的菩萨面容已经作了适当的调整，但仍然保留着“月氏—贵霜”王族肖像中的现实主义痕迹（图 4）。①

贵霜王头冠后的两条飘带是其身份的外在标识之一，但这一图像传统可以追溯到亚历山大东征之后的希腊化时代。希腊化王国发行的钱币表明（图 5），国王大多有头后系飘带的图像特征，这一时期的头带已经是王权的象征物。②同样，我们可以在犍陀罗艺术中看到某些菩萨像的素面头光中有飘带的存在。如图 6 所示，按照宫治昭先生对犍陀罗菩萨身份的图像学识别，该尊像头戴宝冠、左手持莲花，尊格可能是观音菩萨。③再者如图 7，该尊菩萨像的手臂已经残损，无法判断具体的手持物，但该尊像头戴宝冠，冠后有飘带，该菩萨像在栗田功先生编录的图册中被识别为释迦菩萨。④不论是观音菩萨，或是释迦菩萨，他们都与印度现实社会中的刹帝利——国王或武士阶层有着紧密的联系。⑤飘带作为王权的象征物，能够很好地契合这类菩萨像的尊格。至于交脚坐式菩萨像的

① Benjamin Rowland, *Graeco—Bactrian Art and Gandhāra: Khalchayan and the Gandhāra Bodhisattvas*, In: Archives of Asian Art, vol. 25, 1971, pp.29—35.
② 《丝路艺术》编辑部编：《丝路艺术——大夏》，第 48—88 页。
③［日］宫治昭：《涅槃和弥勒的图像学：从印度到中亚》，李萍等译，文物出版社，2009 年，第 518—520 页。
④［日］栗田功：《大美之佛像：犍陀罗艺术》，唐启山等译，文物出版社，2017 年，第 38 页。
⑤［日］宫治昭：《犍陀罗美术寻踪》，李萍译，人民美术出版社，2007 年，第 160—161 页。

图5 希腊化时期的国王欧提德莫斯二世（Euthydemus Ⅱ）
（采自《丝路艺术》编辑部编：《丝路艺术——大夏》，第5期，第65页）

图6 交脚菩萨坐像
（作者自摄，东京国立博物馆版权所有）

尊格问题，虽然这种坐式大多与弥勒菩萨相关，但交脚坐可能并不是弥勒菩萨所独有的坐式，有少量的观音菩萨像和不特定身份的菩萨像也会采用此种坐式。[①]除此之外，交脚坐式可能还是识别“转轮王”身份的重要图像特征。[②]观察哈尔恰扬宫殿内的人物浮雕群，当时已有采用交脚坐式的“月氏—贵霜”王侯的坐像，但这种交脚坐式也要在广阔的中亚草原的文化背景中考察其起源。

另有图8中的浮雕画面表现了贵霜王与随行布施的场景，但学术界对浮雕中人物的具体身份的辨识仍有所差异，如栗田功认为浮雕中最重要的人物分别是贵霜的王族信徒与弥勒菩萨。[③]近年也有研究认为浮雕中的贵霜王就是胡韦色迦，但未作具体考证。[④]回到本文，我们需要辨析浮雕中前排右起第二位人物的身份，可以看到他的头冠近似于钱币中胡韦色迦，且头冠后有飘带，脖子上有圆形项圈，肩部系有披风，腰带有绶带垂下，脚踝处有靴扣[⑤]等贵霜国王独有的图像特征。首先可以确定这位人物的身份是贵霜王，并非普通的王族成员。至于这位贵霜王能否精准地对应胡韦色迦，本文认为还存在一定的困难。另外，浮雕最右侧高大人物的尊格辨识也存在一定困难。通常来说，在犍陀罗艺术中礼敬供养佛陀是较为常见的题材，

① ［日］肥塚隆：《莫高窟第275窟交脚菩萨像与犍陀罗的先例》，邬利明译，《敦煌研究》1990年第1期，第16—22页。
② ［新加坡］古正美：《贵霜佛教政治传统与大乘佛教》，允晨文化出版公司，1993年，第589页。
③ ［日］栗田功：『ガンダーラ美術Ⅱ·佛陀の世界』，東京二玄社，2003年，第277页。
④ 杨富学、米小强：《靴扣：贵霜王朝建立者源自大月氏新证》，《敦煌研究》2020年第5期，第15页。
⑤ 杨富学、米小强：《靴扣：贵霜王朝建立者源自大月氏新证》，第13—16页。

图 7　释迦菩萨像
（采自［日］栗田功：《大美之佛像：犍陀罗艺术》，第 38 页图版 44）

图 8　贵霜王布施佛陀，都灵东方艺术博物馆收藏
（采自孙英刚、何平：《犍陀罗文明史》，第 119 页图 3—12）

但此处人像肩部似有垂下的头发，脖子上佩戴着犍陀罗的菩萨像特有的“龙头璎”项链，一反佛陀像束发和无额外装饰的图像传统。因此，栗田功先生认为此像为弥勒菩萨的看法是有一定道理的。古正美教授有关贵霜造像模式的研究也可供我们参考，她认为贵霜王在政治统治方面采取了佛教式的治国意识形态，国王能够成为转轮王的重要性得到大乘佛教的空前强调，相应的在佛教造像方面形成了“一佛、一转轮王”的模式。[①]该浮雕中前呼后拥的随行，虽部分表现了贵霜王的世俗权威，但浮雕呈现的视觉焦点却在贵霜王布施将来成佛的弥勒菩萨（而不是犍陀罗艺术中常见的释迦佛）的行动之中。可见，在犍陀罗艺术的视觉逻辑中淡化了世俗意义上的王权，侧重于表现贵霜王还具有大乘佛教所倡导的“转轮王”的护教身份。或许至此，我们才能在一定程度上消减该浮雕在图像学辨识方面的困难。

曾有研究者对犍陀罗菩萨的形象提出疑问，即菩萨本应是断绝一切世俗拖累的修行者，可为什么他们总以王侯的形象出现，而且身上配有种类繁多的装饰品。[②]如果我们从宗教艺术赞助人的角度去思考，由于贵霜帝国掌控着丝绸中亚南段的贸易路线，贵霜王族可能是犍陀罗佛教艺术最有政治影响和经济支持能力的赞助人。从世界范围内宗教艺术的产生背景来看，宗教艺术需在一定程度上迎合最重要赞助人的

① ［新加坡］古正美：《贵霜佛教政治传统与大乘佛教》，第 4—20 页。
② ［日］栗田功：《大美之佛像：犍陀罗艺术》，第 37 页。

喜好，并且献给王的艺术与奉献给宗教的艺术之间有很多相近之处。

三　迦毕试风格造像与王权隐喻

（一）迦毕试地区神秘主义造像题材的分类与再阐释

迦毕试地区位于中亚南缘兴都库什山南麓的河间地带，曾是贵霜王朝的夏都贝格拉姆（Begram）的所在地，区域内比较重要的佛寺遗址有绍托拉克（Shadolaku）、派特瓦（Paitara）、哈姆扎尕尔（Hamuzagar）和艾娜克（Aynak）。在这些佛寺遗址中发现的造像普遍缺乏良好的形体比例感，即佛像的身躯矮胖，有着硕大的头部和手部，衣褶的边缘较为硬直和宽厚，这些形式特征均突出了造像的体积感和重量感。[①]虽然迦毕试地区与犍陀罗核心区的造像在风格或表现力等方面有着明显的差异，但迦毕试地区流行的神秘主义造像题材仍旧属于犍陀罗佛教艺术的有机组成部分。近来的新发现表明，两者之间可能存在着超出原有认识的发展关系。[②]因而，就迦毕试风格造像的时代问题而言，或存在预期外的探究空间。犍陀罗核心区的佛陀形象通常以人间导师的面目出现，具有明显的人文主义色彩，而迦毕试风格造像均以突出佛的神圣性和威严感为首要的着力点，具备“反写实主义”的风格特征。本杰明·罗兰德认为迦毕试的佛陀彻底转变为神通无限的神灵形象，带有浓厚的神秘主义色彩。[③]

这里，我们可以对迦毕试地区流行的带有神秘主义色彩的造像题材做一简明分类：

1.神秘主义造像题材之一：“燃灯佛授记”

第一类造像题材以邻近迦毕试的贾拉拉巴德（Jalalabad）发生的“燃灯佛授记”为代表。该类造像主动弱化了相关的故事情节，佛的身形高大，双肩处装饰着对称的火焰纹，其中每束火苗都呈现出升腾的态势。依据该地“燃灯佛授记”在造像细节方面的差异，又可分为三

图 9　燃灯佛授记
（日本美秀美术馆版权所有）

① ［日］宫治昭：《犍陀罗美术寻踪》，第 188—189 页。

② 近来有学者撰文称，在犍陀罗核心区发现了三件犍陀罗浮雕造像，并认为“涅槃与弥勒图像组合及其象征的末法与传法思想，以及双神变与大神变合成的舍卫城神变图像率先出现在犍陀罗中心地区”。参见李静杰、何平：《三件新出犍陀罗浮雕造像述论》，《敦煌研究》2021 年第 5 期，第 34—47 页。

③ Benjamin Rowland, *Gandhara and Late Antique Art: The Buddha Image*, In: American Journal of Archaeology, vol.46 (2) , 1942, pp. 223—236; Benjamin Rowland, *Gandhara Sculpture from Pakistan Museum*, New York: The Asia Society, 1960, pp.8—15.

图 10　燃灯佛授记，阿富汗国家博物馆藏（采自孙英刚、何平：《犍陀罗文明史》，第 285 页图 6–34）

个亚型。

第一个亚型如图 9 所示，高大健硕的燃灯佛站在饰有火焰纹的巨大背光之前，发饰为波浪状，神情严肃，其头部、双手和双脚的体积感突出。穿着边缘硬直厚重的通肩大衣，双肩有火焰燃起。按照“燃灯佛授记”的故事顺序，图像的右下角是儒童向少女买花的情节，左下角分别是儒童礼佛撒花和布发掩泥两个情节，左上角是儒童得到燃灯佛预言后悬浮在空中的情节，右上角还有手执金刚杵的帝释天。承托的基座较为厚重，无题材雕刻。

第二个亚型是绍托拉克佛教遗址出土的“燃灯佛授记”像（图 10），燃灯佛的身体比例显得更为短粗。在图像样式方面，有两个值得注意的变动：其一，该造像在右下角省略了儒童向少女买花的情节，转而以释迦菩萨的立像为代替。这一图像细节也表明了迦毕试风格造像有主像与其叙事性背景相互脱离的表现趋势，进而使背景故事情节完全成为点缀主尊的存在。其二，该造像在基座上表现了施说法印的弥勒菩萨坐像，两侧是手持莲花、以身体正面示人的供养人像。宫治昭先生认为，该造像以燃灯佛授记的故事为媒介，在过去、现在和将来的时间刻度上放置了燃灯佛、释迦菩萨和弥勒菩萨，整个过程体现了神学性的继承谱系，相应地采用了正面性、等级性与威严感的表现手法。①

第三个亚型是近些年在艾娜克遗址发现的燃灯佛授记像（图 11），该造像的整体风格与前两者基本保持一致，新的变化在于简化了佛陀背光边缘细密的火焰纹，用较为简洁的锯齿纹替代，燃灯佛左侧部分不再表现任何故事人物。②更为重要的是，承托基座中以佛钵象征着弥勒菩萨的存在，该造像是唯一将佛钵信仰和燃灯佛授记结合在一起的实物证据。③

2.神秘主义造像题材之二：“水火双神变”

第二类神秘主义题材以派特瓦遗址出土的

---

① ［日］宫治昭：《犍陀罗美术寻踪》，第 190—191 页。

② 需要注意的是，艾娜克的燃灯佛授记浮雕的背面还有表现初次说法的彩绘，与浮雕正面的燃灯佛授记和代表弥勒的佛钵结合成一个表达传法思想的图像整体。参见孙英刚、何平：《犍陀罗文明史》，生活·读书·新知三联书店，2018 年，第 285 页。

③ 孙英刚、何平：《犍陀罗文明史》，第 283 页。

图 11　阿富汗国家博物馆藏燃灯佛授记像（左—正面）与初转法轮彩绘（右—背面）
（采自孙英刚、何平：《犍陀罗文明史》第 282 页图 6-32、6-33）

图 12　水火双神变像，法国吉美博物馆藏
（采自［日］田辺勝美、前田耕作：『世界美術大全集』「中央アジア·東洋編（15）」小学館，1999，第 116 页）

“水火双神变”（Yamaka—pratiharya）像为代表（图 12），学术界一般认为其对应着佛陀在舍卫城施展奇迹，进而降伏宗教竞争对手的佛传故事。该像主要有“肩上出火，脚下生水”的视觉特征，就细节而言，佛有着圆盘状的锯齿纹头光，头光上部对称分布着手持伞盖、呈飞行状态的梵天和帝释天。佛像的面部宽大，着通肩大衣，衣纹的边缘硬直厚重，双肩有细小火焰组成的焰肩，右手施无畏印且掌心刻有法轮，左手抓握衣纹，脚下为细线状的水流，两侧是合掌蹲跪的供养人像。佛像靠背从上到下依次对称地装饰着施禅定印的焰肩佛、金刚手和持丰饶角的诃利蒂（Hariti），以及鹰嘴狮身的格里芬（Griffin），其中大多是具有跨文化意义的雕刻题材。纹饰则以规整的几何纹和台座上莲花纹为主。

从视觉构图的角度看，佛的双脚下生出喷涌的水流，对佛陀起着托举和悬浮的视觉作用。迦毕试风格造像中的水、火元素分隔了佛陀身体上、下部位的神圣空间，这种对佛像身体与空间关系重新构造的表现手法，可能反映了时人对“神变”概念的感性认识。以水、火元素为主要特征的神变图像，在早期佛教美术的雕刻中已经有所体现，如山奇第一塔东门的“频婆娑罗王访佛”浮雕，其中以“宝座”符号象征着佛陀的存在，佛陀为了消除众生对迦叶三兄弟是否诚心皈依佛教的疑虑，遂让弟子迦叶在众人面前展现了“水火双神变”。[①]在犍陀罗艺术中，该题材以克利夫兰艺术博物馆收藏的“水火双神变”佛传浮雕为代表（图 13），画面

① ［日］宫治昭：《犍陀罗美术寻踪》，第 187 页。

图 13　水火双神变浮雕，克利夫兰艺术博物馆藏
（采自孙英刚、何平：《犍陀罗文明史》，第 185 页图 4-19）

中心是正在施展奇迹的佛陀，双肩腾起的火焰如同张开的双翼一般，脚下生出三角状的水流漩涡。佛身两侧分立着婆罗门、俗人和蹲跪着的佛弟子，他们向佛陀合掌礼拜或做吃惊状。该浮雕在一定程度上突破了犍陀罗地区叙事性佛传浮雕的表现惯习，转而强调佛陀的超自然能力，或许可以视为迦毕试神秘主义风格造像的前奏。

3.神秘主义造像题材之三："佛钵与弥勒"

第三类神秘主义造像题材主要以佛钵和弥勒菩萨为代表。为了说明佛钵出现的宗教背景与意义，这里需要对佛钵信仰进行简要的梳理。我们可以从"四天王奉钵""降伏毒龙""猕猴奉蜜""度化鬼子母"和"阿育王施土因缘"等在印度发生的佛教故事中看到，早期的佛钵本是佛陀接受供养、教化众生之用，还不具备受人供养和礼拜的内涵。[①]随着佛教的传播发展，公元 1—2 世纪，佛钵信仰开始在西北印度得以确立（图 14）。据《马鸣菩萨传》和《法显传》载，北印度小月氏王进攻中印度，以得到佛钵和辩才比丘马鸣为和谈条件，最终得以罢兵。[②]兴兵抢夺佛钵的小月氏王可能对应的是迦腻色伽一世，随后又在贵霜王城弗楼沙国（白沙瓦）起塔建寺并供养佛钵，大概反映了西北印度佛钵信仰兴起的历史背景，而该地的佛钵信仰可能延续至公元 5 世纪中期，后为侵入的北方游牧人群所打断。[③]

在上文中，我们可以看到迦毕试流行的"燃灯佛授记"可与"弥勒"或"佛钵"结成图像组合。此外，还存在佛钵与弥勒菩萨的图像组合，如图 15 所示，长方形浮雕的正中刻画了

图 14　传法主题浮雕，拉合尔博物馆藏
（采自孙英刚、何平：《犍陀罗文明史》，第 224 页图 5-4）

① 李静杰：《佛钵信仰与传法思想及其图像》，《敦煌研究》2011 年第 2 期，第 42—43 页。
② ［日］桑山正进：《巴米扬大佛与中印交通路线的变迁》，王钺编译，《敦煌学辑刊》1991 年第 1 期，第 86 页。
③ 李静杰：《佛钵信仰与传法思想及其图像》，第 43 页。

图 15 弥勒菩萨与佛钵浮雕
(作者自摄，东京国立博物馆版权所有)

一口巨型佛钵，两侧分立着合掌敬拜的供养人。以佛钵为对称中心，在其左右可能表现了弥勒菩萨在兜率天说法的场景，弥勒菩萨结说法印，呈交脚坐姿，天台和立柱之间的人物应是执花敬拜的天人和供养人。有学者认为，迦毕试地区的佛钵与弥勒菩萨的图像组合已经超出了一般性的供养意义，着重强调了弥勒菩萨传承释迦佛法的传法思想，佛钵可作为佛法的象征。[①]即在佛陀涅槃后的未来，弥勒菩萨作为在小乘和大乘经典中皆承认的未来佛，继承了作为传法信物的佛钵，成为新的弥勒佛。另外，佛钵也与佛教政治理想中的圣君有关，转轮王负有守护和传承佛法的宗教义务。

综合迦毕试风格造像中神秘主义题材的表现情况，其背后都有着浓厚的佛法教化和传法思想作为支撑。除了宗教思想方面的变化，还需注意的问题是，为何会在迦毕试地区流行偏重神秘主义色彩的造像题材，何种社会群体在支持迦毕试风格造像的生产，以及他们支持行为背后的潜在诉求是什么？如要回答这一问题，存在着一个重要的判断前提，即将宗教造像视为“能指”符号，那么对于不同的社会群体来说，可能会有着截然不同的“所指”意义，即宗教造像艺术的内涵与外延在不同的社会群体中得到了符合其现实诉求或心境的延伸。如果我们站在贵霜王权统治利益的角度，结合当时的社会历史等背景信息，再去观察迦毕试地区神秘主义造像题材及其组合，其中可能暗含着作为重要造像赞助力量的贵霜王权的政治诉求。也就是说，贵霜王权可能遭遇了统治权力的危机，伴随着强烈的现实诉求和危机感，在佛教的信仰体系中寻求超自然力量的支持。由上文的分析可知，贵霜王权与宗教艺术相互结合的现象，可以看作贵霜王权寻求异域神灵守护传统的再延续。如果我们运用神话学的分析方法，可以发现迦毕试流行的“燃灯佛授记”题材实

① 李静杰：《佛钵信仰与传法思想及其图像》，第 47 页。

际在关心继承者的合法性问题，“水火双神变”实际在向人们说明如何战胜来自竞争者的挑战，而“弥勒与佛钵信仰”则是展望一个可以期待的未来。对于当时遭遇内部分裂危机的贵霜王族来说，可能会看到一个完全不同的意义图景，即从“燃灯佛授记”中强调自身统治权力取得的合法性，“水火双神变”等同于贵霜王战胜来自政治、军事方面的竞争者，“弥勒与佛钵信仰”等同于行使转轮王的使命，在贵霜王所统治的土地上建立起理想国度的愿景。下文将做进一步的说明。

（二）迦毕试风格造像的年代问题

相较于犍陀罗艺术核心区多元化的造像题材，本文认为在迦毕试地区流行的“燃灯佛授记”“水火双神变”和“弥勒与佛钵信仰”等题材被人为有意地强调和放大。艺术史研究的一般规律表明，在一定时空内宗教艺术题材和视觉形式的显著变化，其背后的原因通常都会牵涉到社会政治的变动。因此，迦毕试风格造像并没有纯粹地存在于僧团和信徒所构成的宗教信仰的维度之内，我们还需认真地考虑当时的社会政治气氛或王权实践等因素对迦毕试风格造像所施加的额外影响。至此，如能明确迦毕试风格造像的年代问题，对进一步讨论上述题材组合所处的社会历史背景，都有着至关重要的作用。下文将对迦毕试风格造像的年代问题进行适当的辨析。

1941—1942 年间，基尔什曼（R.Ghirshmam）博士对“迦毕试—贝格拉姆”的新旧都城遗址进行了考古学挖掘，他是较早借助考古地层学的方法，探究“贵霜—迦毕试地区”历史分期情况的学者。他将贵霜统治时期的“迦毕试—贝格拉姆”的文化地层分为三层：最早的第一地层对应着中亚希腊化王国和贵霜第一王朝的人群活动时期，时间大约从公元前 2 世纪至 143 年；第二地层的时间从贵霜第二王朝的开创者迦腻色伽一世算起，如果迦腻色伽一世即位于公元 2 世纪的前半期，[①]那么第二地层的时间下限则可能在 241 年。这是因为，基尔什曼发现在第二地层与第三地层之间存在由火灾导致的断绝层，第二层出土的贵霜钱币截至瓦苏提婆一世（Vasudeva Ⅰ）的统治时期，这也说明贵霜第二王朝的末期遭受了来自萨珊国王沙普尔一世（Shapur I）的入侵（241—245）。他还证明了在萨珊东征过后，贵霜在迦毕试地区并没有丧失统治力，很快重新建立了贵霜第三王朝，241 年也是第三地层所能达到的时间上限。这次入侵的冲击并非没有代价，它使贵霜政治版图分裂为南北两个部分。[②]

可以看到，关于迦毕试地区的历史文化分期问题，基尔什曼博士已经为我们提供了较为关键的地层信息，但具体到迦毕试风格造像的年代判断还存在诸多困难。症结在于缺少全面的考古挖掘，至今尚不能完整地掌握迦毕试地区地层中的文化信息，同时也无法利用寺院内的文化遗物去直接证明造像所处的文化地层，

① 目前学术界关于迦腻色伽一世即位的时间仍存在较多争议，从公元前 58 至公元 248 年的各个时间节点皆有研究者进行主张，本文倾向于认定迦腻色伽一世即位于公元 2 世纪的前半期，大约在 127—144 年之间，而不太可能早至公元 1 世纪。

② R.Ghirshmam, Bêgram（M.D.A.F.A.t.Ⅻ）, *Le problème de la Chronologoe des Kouchans*, In: Cahiers d' histoire mondiale, vol.Ⅲ, 1946, pp.155—177.

故而导致学者们对迦毕试风格造像的年代判断产生较大分歧。有两种在时间取向上截然不同的观点：

第一种观点强调历时性的事物发展序列，认为犍陀罗艺术的繁盛期与公元 1—3 世纪贵霜在中亚丝路南线的经营时间保持一致。犍陀罗艺术兴盛期的造像与迦毕试地区流行的造像都在使用片岩，虽然造像材质的本身就带有时间的因素，[①]但迦毕试风格造像表现出的硬直视感、人体比例的失调、脱离人文主义的神秘感，以及表现正身供养人的风格特征，这些都被视为古典主义雕刻技法的衰退，故而被许多学者认为是公元 3—4 世纪古典石刻艺术衰退期的产物。[②]宫治昭先生经过地域样式的对比之后，他认为迦毕试风格造像中存在笈多造像因素的影响，具有超凡神秘性质的迦毕试释迦像，与更为晚期的巴米扬、克孜尔和云冈石窟有着密切的关系，所以迦毕试风格造像可能产生于公元 4—5 世纪。但考虑到迦毕试风格造像的特殊性，他也同意其年代问题还有继续讨论的余地。[③]

第二种观点更为看重社会群体稳定的审美传统和佛教造像之间的共时性影响，本文也倾向于在此基础上进行探究。例如，田边胜美先生认为迦毕试风格造像虽有反古典主义的特征，但不能就此认为迦毕试风格造像就是犍陀罗艺术中石质造像的最终阶段。迦毕试风格造像可能流行于公元 2—3 世纪的前半期，是贵霜王朝鼎盛期（第二王朝）的产物。[④]基于基尔什曼博士的地层学研究，田边胜美将迦毕试地区存在的两个不同时期的人群艺术活动加以区分，即最初造像的风格样式与犍陀罗艺术核心区基本保持一致，后一阶段起始于迦腻色伽一世开创的贵霜第二王朝。目前所见的迦毕试的神秘主义造像，是一种已经融入了贵霜王族审美意识之后的艺术，与苏尔赫·科塔尔神庙（Surkh Kotal）和马图拉（Mathura）所见硬直的贵霜王雕塑之间存在密切的关联。[⑤]如果再将钱币中贵霜王的形象因素考虑进去，可以说，迦毕试风格造像与犍陀罗艺术核心区的古典雕刻艺术分别来自不同的文化传统，贵霜王族可能与受到希腊化影响的伊朗系民族共享相近的艺术风格。[⑥]

在宏观的时代风格特征之外，通过对迦毕试风格造像细部特征的观察，也能帮助我们获取更多的时间线索。例如，犍陀罗艺术核心区的造像都有头光，缺少身背光，但贵霜第二王朝创立后迦毕试地区产生的造像却兼而有之。我们所熟知的迦腻色伽一世金币的背面表现了

---

① 国际学术界的普遍的认识是，早期的犍陀罗艺术多以古典主义雕刻技法影响的石刻艺术为主，晚期的犍陀罗艺术完全是以哈达和塔克西拉的灰泥佛像为代表，即灰泥佛像是石质佛像衰落后的替代品，而迦毕试地区的造像则被视为犍陀罗艺术从石刻转向灰泥造像的过渡阶段。

② Benjamin Rowland, *Gandhara and Late Antique Art: The Buddha Image*, In: American Journal of Archaeology, vol.46（2）, 1942, pp. 223-236.

③ ［日］宫治昭：《犍陀罗美术寻踪》，第 202 页。

④ ［日］田边勝美：「迦畢試国出土の仏教彫刻の製作年代について」『オリエント』（15—2），第 116—117 页。

⑤ ［日］田边勝美：「迦畢試国出土の仏教彫刻の製作年代について」『オリエント』（15—2），第 97—108 页。

⑥ J.M. Rosenfield, *The Dynastic Arts of The Kushans*, pp.30—32 and pp.148-154.

有头光和身背光的佛陀像，或能说明钱币上出现的图像样式大概率是当时已经存在的事物。[①]迦毕试的焰肩佛与贵霜钱币中右肩生焰的国王形象之间存在紧密的图像学联系，但也需注意贵霜第三王朝在国王钱币中逐渐弃用了象征王权的火焰。[②]这可能反映了后期的贵霜王权已经弱化了游牧征服者性格和相关神灵系统的支持，而信仰中的印度化特征却有所加深。此外，迦毕试第二期造像所见的弥勒菩萨两侧的贵霜供养人都以正身示人（图 16），是一种名为“正面律”的表现原则。公元 1—3 世纪的帕提亚艺术，同样以“正面律”的原则表现浮雕人物，可见这是当时中亚邻近区域共同的艺术特点，而不是犍陀罗艺术历时性发展的必然结果，即不能视为犍陀罗艺术古典技艺衰退的结果。[③]

（三）迦毕试风格造像流行期的背景信息分析

上文推测迦毕试流行的三类神秘主义造像题材，可能反映了贵霜王权对正统合法性的强烈需求。对此，我们还可以借助一些材料去验证这一假设。大约在公元 1 世纪中期，贵霜于中亚南缘至印度西北部一带进行军事扩张。至公元 1 世纪末期，其领土已经北抵阿姆河（Amu Darya）、锡尔河流域和咸海东南一带，在东

图 16　弥勒菩萨与供养人像，阿富汗国家博物馆藏
（采自［日］田辺勝美、前田耕作：『世界美術大全集』「中央アジア·東洋編（15）」小学館，1999，第 133 页）

① 田边胜美认为，迦毕试的焰肩佛不太可能产生于火焰象征主义衰微的贵霜第三王朝，反倒与贵霜第二王朝时期有着紧密的关联。迦腻色伽一世金币背面的单尊立佛形象，可能就是参照这一时期的焰肩佛而定型的。参见［日］田辺勝美：「迦畢試国出土の仏教彫刻の製作年代について」『オリエント』（15—2），第 104—106 页。

② J.M. Rosenfield, *The Dynastic Arts of The Kushans*, p.113.

③ ［日］田辺勝美：「迦畢試国出土の仏教彫刻の製作年代について」『オリエント』（15—2），第 116—117 页。

南方向，更是扩张至印度传统的核心——恒河中部流域。贵霜王朝统治下的中亚地区和印度恒河流域，有着截然不同的文化人群和地理面貌，贵霜王朝也因跨异质文化地域的征服统治，使得王朝具有了政治统治结构上的二元属性。据《大唐西域记》记载，迦腻色伽统治时期的贵霜军事实力强悍，迫使邻近的小国向贵霜抵押王族为人质，以示政治上的归附。迦腻色伽对各小国的王族人质施行优待政策，特意迁移居住地以适应季节的变化，冬季住在中印度温暖地带，夏季再到凉爽的迦毕试，春、秋季节则以犍陀罗为主要的居住地。[①]本文认为产生这一政治中心迁徙现象的原因，并不能完全归结于迦腻色伽的外交优待政策，贵霜统治人群在不同地域的都城之间往返迁移，也不完全是地理气候影响下的被动选择。如果从政治治理的结构与功能的角度来看，贵霜帝国内部可能面临着整合异质文化人群和跨地域的政治利益的需要。一方面，贵霜是从中亚一带壮大的游牧征服者，他们的政治文化根基在中亚。另一面，贵霜又是新征服土地——印度恒河流域定居农业人群的新主人。使得贵霜王需要注意构成帝国自身力量的二元因素，在游牧与定居的异质文化之间做到统一和协调。这种跨地域的二元性文化甚至会在佛教雕刻中有所体现。高桥尧昭曾指出，早期印度本土的佛教雕刻已经与象征“水”的意象（莲花、摩羯 Makara 和那迦 Naga 等）紧密相关，表现了印度文化将水视为万物根基的世界观。不同于印度的季风气候区，中亚地区少雨的大陆性气候，促使当地文化又在佛教雕刻中添加了“火（光）”的意象，甚至是印度“水”文化与中亚“火”文化的结合（水火双神变像）。[②]因此，我们可以看到贵霜王权施行多元包容的宗教政策，符合统治利益的现实需要。贵霜的初代国王丘就却和阎膏珍都是湿婆的信奉者，却没有独尊湿婆，但是迦腻色伽一世之后的贵霜王向着越来越深的印度化方向发展。[③]这或许为之后贵霜帝国内部政治权力的失衡和对峙埋下了的隐患。

另据艾尔坦（Ayrtam）、坎姆拉（Kamra）和秣菟罗（Mathura）的残存铭文显示，在迦腻色伽纪元 30 年左右曾有过一段“三王”并存的时期，这三位贵霜王可能是指瓦湿色迦（Vasiska）、迦腻色伽二世（Kanishka Ⅱ）和胡韦色迦（Huviska）。迦腻色伽一世的王位继承人是其子瓦湿色迦（Vasishka），他与长子迦腻色伽二世共同执政，而瓦湿色迦与胡韦色迦（Huvishka）可能是兄弟关系。从之后的情况来看，胡韦色迦明显比迦腻色伽二世更为长寿，但不太可能超过迦腻色伽纪元 60 年。[④]也有研究认为在迦腻色伽纪元 20 年时，北方的瓦湿色迦开始脱离迦腻色伽一世的政治管控，如在坎姆拉和

① （唐）玄奘：《大唐西域记》，董志翘译注，中华书局，2017 年，第 83—84 页。

② ［日］高橋堯昭：「火（光）と水の文化類型」『印度學佛教學研究』，1998（47—1），第 107—113 页。

③ 例如，第二贵霜的末代君王有着一个完全印度化的名字——“波调”（Vasudeva）。贵霜各代君王钱币中保护神的变化，是我们观察贵霜宗教政治生活变迁的一面镜子，波调放弃了之前贵霜钱币中表现中亚地区保护神的传统，转而专门崇奉湿婆神，这也是贵霜王朝印度化加深的一种表现。

④ ［匈］雅诺什·哈尔马塔主编：《中亚文明史》第 2 卷，第 252—255 页。

山奇(Sanchi)的铭文中僭越称王，称号有“贵霜大王、众王之王、至高无上的瓦湿色迦”。[①]

目前还未见到瓦湿色迦时期发行的贵霜钱币，发行贵霜新王钱币的工作可能是其子迦腻色伽二世完成的。在犍陀罗地区发现的阿拉(Ara)铭文中，迦腻色伽二世拥有“大王、众王之王、神之子、凯撒”的头衔。[②]在迦腻色伽二世称王之后，胡韦色迦继续在贵霜的南部(政治中心在印度的秣菟罗)称王，自此开启了贵霜政治史上的南北朝时期，南北政治势力范围的分界可能在犍陀罗地区的白沙瓦一带，双方至少对峙了十年之久。[③]

研究贵霜南北双方在政治对峙时期的宗教生活，也是观察双方政治权力竞争状态的一扇窗口。迦腻色伽二世重建了贵霜的王家神庙——苏尔赫·科塔尔(Surkh Kotal)，并恢复了这里的多神崇拜。[④]相似的是，胡韦色迦也在秣菟罗修缮了贵霜王阎膏珍时期建造圣殿。胡韦色迦的塑像供奉其中，有“众王之王”的头衔，并且定期在圣殿的集会厅设宴款待婆罗门。[⑤]从迦腻色伽二世与胡韦色迦都有重建统治地区王家神庙或圣殿的行为来看，这种相似行为的背后，或许有着相近的政治动机：对峙双方都在寻求权力合法性的资源，都希望将自身塑造为贵霜王朝的正统继承人。南北双方对权力合法性资源的争夺不限于此，瓦湿色迦(Vasiska)和迦腻色伽二世的碑文使用了贵霜传统的官方文字——佉卢文(Kharosthi)，这是在书写体系方面与使用婆罗米文(Brahmi Script)且趋于印度化的贵霜南朝展开竞争和文化区隔。[⑥]从钱币材料来看，迦腻色伽二世的钱币中除了继承了旧有的贵霜保护神，钱币中还出现了法罗(Pharro)、马瑙巴果(Manaobago)、阿多索(Ardoxso)和博多(Boddo)等一系列新的保护神祇。[⑦]胡韦色迦作为贵霜南部的实际统治者，钱币同样为他统治时期的宗教生活提供了可供研读的资料。该期钱币中包含了贵霜常见的保护神，还出现了较多的琐罗亚斯德教神和地方神，至少显示了胡韦色迦对来自不同文化传统的宗教神祇采用了实用主义的态度，借助包容性的宗教政策来扩大自身的统治基础。值得注意的是，以上材料和相关记载虽能表明胡韦色迦是支持佛教的，但佛陀的形象却从胡韦色迦的钱币中消失了。这并不意味着胡韦色迦忽视了佛教，而是这一时期的钱币倾向于表现被佛教吸收的地方神。[⑧]本文认为，还存在另外的解

---

① 参见 B.N.Mukherjee, *Indian Museum Bulletin*, vol.Ⅷ—2，1973, pp.111—117; K.Walton Dobbins, *The Kamra Kharosthi Inscription of Vasiska*, EW, vol.15, 1965, pp.231—176. 转引自林梅村：《西域文明——考古、民族、语言和宗教新论》，东方出版社，1995年，第63页注3。

② 林梅村：《西域文明——考古、民族、语言和宗教新论》，第35页。

③ 林梅村：《西域文明——考古、民族、语言和宗教新论》，第36页。

④ [匈] 雅诺什·哈尔马塔主编：《中亚文明史》第2卷，第253—255页。

⑤ [匈] 雅诺什·哈尔马塔主编：《中亚文明史》第2卷，第255页。

⑥ 林梅村：《西域文明——考古、民族、语言和宗教新论》，第34页。

⑦ 迦腻色伽二世的钱币中引入法罗神，可能与他在周边区域取得的军事胜利有关。法罗神源于帕提亚，并与帕提亚的王族之间有着紧密的宗教联系，而贵霜钱币中出现的法罗神，可能体现了作为王室荣耀的法罗神祇青睐胜利者，同时也会抛弃落败者。或许正是基于这样的宗教政治信念，法罗神也就成为新的贵霜守护神祇中的一员。参见 [匈] 雅诺什·哈尔马塔主编：《中亚文明史》第2卷，第253—254页。

⑧ [匈] 雅诺什·哈尔马塔主编：《中亚文明史》第2卷，第256页。

释可能，也就是说贵霜北朝将佛教神灵作为实现政治诉求的保护神之一，而胡韦色迦王时期的钱币中恰巧缺乏佛陀形象，这一现象是否从侧面说明了分裂对抗的双方各自拥有排他性的保护神：贵霜南朝在争夺合法性资源的过程中，可能主动放弃了北朝已经敬奉的神秘主义色彩浓厚的佛教系统神灵。虽然双方似乎有这样实践的理由和条件，但还需要更多的材料予以佐证。

贵霜南北王族的对峙局面，最终以南方的胜利宣告终结，典型的标志是胡韦色迦的铭文（迦腻色伽纪元 51 年）出现在阿富汗喀布尔流域。[①]本文所进行的讨论，能够做到的只是基于有限的考古历史信息对贵霜复杂的历史文化面貌做一番大致的推测，还有很多棘手的问题没有明确的辩答。例如，将迦腻色伽纪元 30 年作为贵霜南北双方政治分裂的时间起点，将迦腻色伽纪元 51 年作为双方结束对抗的时间。迦毕试地区神秘主义的造像题材或许可以在南北分裂的 20 年间初步流行起来，但最终的胜利者毕竟是来自南朝的胡韦色迦。随之而来的问题是，反映贵霜北朝王族政治意图的迦毕试风格造像，如何在贵霜北朝王权全面落败的情况下得以存续，至少没有招致胡韦色迦报复性的毁弃行为。除了胡韦色迦施行宗教宽容政策的一般性解释之外，可能需要考虑到当时活跃在西北印度至中亚一带的僧团，他们能够主动迎合贵霜王族的信仰需要，并在此过程中壮大僧团的力量。这里可以在普遍符号学方法的指导下，对此做一推测，如果该地佛教僧团能够在迦毕试神秘主义造像外观保持不变的情况下，对造像题材中的政治隐喻进行重新解释，那么作为最终胜利者的胡韦色迦，就有可能被僧团重新包装为唯一掌握贵霜王权统治的合法性和通过战胜对手证明自身神圣性的“转轮王”。这样看来，在时空局势变迁之后，当地僧团可能实践着具有较强弹性的宗教解释策略，同样可以符合胡韦色迦战胜来自贵霜北朝王权竞争者的信仰需要。迦毕试风格造像对于僧团来说，也反映了佛教政治观中对理想型世俗统治者——“转轮圣王”的期盼。当时僧团在面对不确定的社会政治环境时，可以借助弹性的宗教策略助其自身渡过难关。这也体现出肩负传法使命的僧团，将佛教这类地方性宗教转变为世界性宗教时的自我适应能力。[②]

小　结

本文想要阐明的核心观点是，公元 2—3 世纪的迦毕试地区之所以能够流行神秘主义色彩的造像题材，甚至这些造像题材可以构成逻辑自洽的宗教阐释组合，进而隐喻贵霜王权的兴败，实际都与贵霜统治阶层内部的南、北政治势力的相互对峙有着内在的关联。换句话说，只有贵霜南、北王权均处于对统治合法性的竞

---

① S.Konow, *Kharosthi Inscriptions*, In: Corpus Inscriptionum Indicarum, vol.1, Calcutta, 1929. 转引自林梅村：《西域文明——考古、民族、语言和宗教新论》，第 63 页注 7。

② 贵霜统治的犍陀罗地区是佛教发展的重要转折期，在佛教理念与视觉表征方面均产生了重大的变化，佛教也开始具备世界宗教的相关特质。参见孙英刚、何平：《犍陀罗文明史》，第 7—10 页。

争的状态，神秘主义的造像题材才能在迦毕试地区寻找到适合自身发展的社会政治氛围，从而具备反映现实政治格局的功能。

如从更广阔的时空层面来观察，贵霜王权与宗教神秘主义相结合的现象，均可视作贵霜王权艺术传统的自然延续。贵霜王权属于神圣王权的类型，较为看重神灵与王权在合法性及神圣性之间的让渡关系，而迦毕试神秘主义造像题材中的潜在政治隐喻，则从宗教信仰的层面圆满地回应了贵霜王权的现实关切。从贵霜王权的视角看来，佛本生题材“燃灯佛授记”关系到权力继承者的合法性问题，佛传题材“水火双神变”实际在传达贵霜王如何挫败来自政治和军事方面的挑战者，“弥勒与佛钵信仰”则等同于贵霜王行使转轮王的使命，在所统治的土地上建立起理想国度的愿景。因此，作为贵霜帝国版图内政治对峙参与方的贵霜北朝，将王权政治排他性愿景的实现，部分地寄托在了迦毕试神秘主义造像之上，其中的历史文化根源大抵就在“月氏—贵霜”人在中亚—巴克特里亚地区形成的“希腊化阐释”的传统之中。贵霜帝国建立后，其对异质神灵加以改造的传统仍在延续。对峙时期的贵霜北朝更多地延续了中亚—巴克特里亚的文化因素，这也是其宗教文化得以立身的根基所在。至此，迦毕式风格造像也可以视为南亚次大陆西北部尚处于小乘佛教至大乘佛教转轨期的佛教与受到中亚—巴克特里亚文化形塑的贵霜王权艺术的有机结合。

陇东石窟北魏洞窟的营建与供养人*

陈悦新

（首都师范大学历史学院）

陇东黄土高原东起子午岭，西至六盘山，南起陇县、长武一线以北，北至环县北端，包括今天甘肃省庆阳市辖区全部和平凉市辖区大部。由于此地南临汉唐王朝都城所在的关中地区，加之这里又是北方草原民族从河套地区南下关中的主要通道，所以是历代中原王朝大力经营的西北边疆地区[①]。

陇东黄土高原，海拔1100—1800米之间，黄土厚达100米，境内沟壑纵横，在被河流冲刷及沟壑深切的黄土层下面，暴露出沉积岩的地质结构。这种沉积岩又称红砂岩，砂石柔细，易于斧凿，宜于雕刻。多数石窟都选择在河流两岸及沟壑崖间红砂岩断面上开凿[②]。

陇东石窟主要分布在泾河两岸及陇山和子午岭中，其中规模较大的是庆阳市北石窟寺，平凉市泾川县王母宫石窟、南石窟寺；此外还有平凉市泾川县罗汉洞石窟、丈八寺石窟，华亭县石拱寺石窟，庄浪县陈家洞石窟、云崖寺石窟和主林寺石窟；庆阳市镇原县石空寺石窟，合水县保全寺石窟、张家沟门石窟和莲花寺石窟等中小型石窟[③]。

本文选择泾河流域北魏时期较为大型的王母宫石窟、南石窟寺和北石窟寺，以及陇山余脉的石拱寺石窟、陈家洞石窟等内容较为丰富的五处地点，在考古学分期基础上，结合文献资料，讨论不同文化因素与供养人问题。

一 陇东历史地理

陇东泾河流域的王母宫石窟、南石窟寺、北石窟寺和陇山余脉的石拱寺石窟、陈家洞石窟，地属泾、豳二州。

泾州，《禹贡》雍州之域，秦属北地郡，汉分北地郡置安定郡，北魏神䴥三年（430）置泾州，隋大业三年（607）改为安定郡；唐武德元

---

* 本文系2019年度国家社会科学基金一般项目《甘宁北朝石窟寺的营建与供养人研究》（项目批准号：19BKG024）阶段性成果。

① 侯丕勋：《西北边疆历史地理概论》，甘肃人民出版社，2008年，第25—26页。

② 甘肃省文物工作队、庆阳北石窟文物保管所：《陇东石窟》，文物出版社，1987年，第1页。

③ 甘肃省文物工作队、庆阳北石窟文物保管所：《陇东石窟》，第1—21页。

年（618）改安定郡为泾州[①]。宋元明清因之，属平凉府，金改安定县为泾川县；泾州"连络中外，翼带东西，诚关中襟要也"[②]。汉安定郡领有安定县[③]。北魏太武帝时（423—452）有安定镇，文成帝时（452—465）仍在，北周置泾州总管府[④]。

豳州，《禹贡》雍州之域，古西戎地，秦属北地郡，为义渠旧地，汉因之；北魏延兴二年（472）设三县镇，孝文帝太和十一年（487）改置班州，十四年（490）改为邠州，二十年（496）改"邠"为"豳"；西魏废帝三年（554）改豳州为宁州，以抚宁戎狄为名；北周改为北地郡；隋唐复为宁州[⑤]。明初改属庆阳府，明清仍曰宁州，宁州"连络关、陇，襟带邠、岐，川谷高深，地形险固"[⑥]。

泾州是西北重镇之一，地处丝绸古道要冲，汉唐长安通凉州的北道驿程途经泾州，这条路线即丝绸之路东段北道。大致路线由长安都亭驿西北行，渡渭水至咸阳，继续西北行经礼泉、乾县、永寿达彬县，由彬县西北行循泾水河谷而上，经长武入甘肃境内泾川抵平凉，再西北行进入宁夏境内，过汉萧关故城地区至原州，又向西达甘肃靖远，在靖远沿黄河东岸西北行至景泰县渡黄河抵武威[⑦]。

泾州地区开凿的石窟主要有泾川县王母宫石窟、南石窟寺、华亭县石拱寺石窟和庄浪县陈家洞石窟，豳州地区开凿的石窟主要有庆阳市西峰区北石窟寺[⑧]。

二 北魏洞窟的考古学分期

（一）20世纪80年代以来的考古学分期

1. 王母宫石窟

王母宫石窟位于平凉市泾川县西0.5千米汭河和泾河交汇处西岸的宫山脚下，是一座中心柱窟。1923年美国人华尔纳第一次组织福格艺术博物馆考察队在中国西北考察时发现王母宫石窟。华尔纳在1926年出版的《在中国漫长的古道上》第四章记录了发现及调查王母宫石窟的情况，并附有一张平面线图[⑨]。1925年华尔纳第二次组织福格艺术博物馆考察队，在中国西北考察时北京大学陈万里随行。1926年出版的陈万里所撰《西行日记》，有王母宫石窟的相

① （东汉）班固：《汉书》卷二八《地理志》，中华书局，2006年，第1615页。（唐）李吉甫，《元和郡县图志》卷二《关内道》，中华书局，1983年，第55—56页。

② （清）顾祖禹：《读史方舆纪要》，贺次君、施合金点校，中华书局，2005年，第2792页。

③ （北齐）魏收：《魏书》卷一〇六《地形志下》，中华书局，1974年，第2618页。

④ 严耕望：《中国地方行政制度史》乙部《魏晋南北朝地方行政制度·下册》，台湾"中研院"历史语言研究所，1990年，第727—728、454—455页。

⑤ 《元和郡县图志》卷三《关内道》，第64页。

⑥ 《读史方舆纪要》，第2768页。

⑦ 严耕望：《唐代交通图考》第2卷《河陇碛西区》，上海古籍出版社，2007年，第341—419页。《唐代长安西通凉州两道驿程考》原载香港中文大学：《中国文化研究所学报》第4卷1期，1971年。

⑧ 据考，北石窟寺也可能属泾州安定郡临泾县辖地。参见李红雄：《北石窟寺摇篮——泾河上游地区建置沿革及历史大事记略》，李红雄、宋文玉主编：《北石窟寺》，甘肃文化出版社，1999年。

⑨ Warner L, *The Long old road in China*. Garden City, New York: Doubleday, Page & Company, 1926. ［美］兰登·华尔纳：《在中国漫长的古道上》，姜洪源、魏宏举译，新疆人民出版社，2001年，第33—39页。

关内容①。参加福格艺术博物馆考察的美国霍勒斯于1929年刊文介绍王母宫石窟②。

20世纪80年代甘肃省文物工作者对其进行了较全面的调查和研究，推论王母宫石窟大约创建于北魏太和末或景明初，即公元5世纪末到6世纪初③。

2. 南石窟寺

南石窟寺位于平凉市泾川县东7.5千米泾河北岸崖壁上，现编号5个洞窟。根据《南石窟寺之碑》的记载，1号窟为北魏永平三年（510）泾州刺史奚康生所建，是一个大型的佛殿窟。1925年华尔纳第二次组织福格艺术博物馆考察队在中国西北考察时发现南石窟寺。1926年出版的陈万里所撰《西行日记》有南石窟寺的相关记载④。参加考察的美国人霍勒斯1929年刊文对南石窟寺进行介绍⑤。

20世纪80年代甘肃省文物工作者对南石窟寺进行了较为全面的调查和研究⑥。

3. 北石窟寺

北石窟寺位于庆阳市西南25千米的覆钟山下蒲、茹二河交汇的东岸二级阶地上。蒲河东岸是北石窟寺的主窟群，其窟龛集中雕刻在覆钟山西麓高20米、南北长120米的岩石崖体上。主窟群以南1.5千米处分布有石道坡、花鸨崖、石崖东台三处石窟，主窟群以北1.9千米的蒲河西岸有楼底村1号石窟。主窟群294个窟龛，其他四处14个窟龛，总计308个窟龛。

1925年陈万里调查泾川南石窟寺，预言与南石窟寺相对应必然有北石窟寺⑦。1935年出版的甘肃学者慕寿祺（号少堂）所撰《重修镇原县志》中指出南、北石窟寺的位置⑧。

1959—1960年，甘肃省博物馆文物工作队陈贤儒、赵之祥在陇东地区进行文物古迹普查时发现了北石窟寺⑨，进行了初步的调查研究⑩。20世纪80年代甘肃省文物部门对北石窟寺进行了系统调查和研究，将北朝洞窟分为北魏、西魏、北周三个时期。北魏时期的洞窟有：第113窟、165窟、229窟、237龛、244龛、250龛，楼底村1窟，共7个窟龛；西魏时期的洞窟有第135龛、44龛、70窟，共3个窟龛；北

① 陈万里：《西行日记》，杨晓斌点校，甘肃人民出版社，2002年，第40页。

② Horace H. F. Jayne, *The Buddhist caves of the Ching Ho Valley*, In: Eastern Art, Vol.1, 1929. No.3, pp.157—173.
［美］霍勒斯·H.F杰恩：《泾河流域的佛教石窟》，梁旭萍译，李崇峰校，《敦煌学辑刊》1992年第1—2期合集，第109—114页。

③ 甘肃省博物馆：《甘肃泾川王母宫石窟调查报告》，《考古》1984年第7期，第622—626页。甘肃省文物工作队、庆阳北石窟文物保管所：《陇东石窟》，第8—9页。

④ 陈万里：《西行日记》，杨晓斌点校，第40—45页。

⑤ Horace H .F. Jayne, *The Buddhist caves of the Ching Ho Valley*, In: Eastern Art,Vol.1,1929.No.4, pp.243—261.
［美］霍勒斯H·F杰恩：《泾河流域的佛教石窟》，陈月莹译，《陇右文博》2016年第3期，第58—67页。

⑥ 甘肃省博物馆：《甘肃泾川南石窟调查报告》，《考古》1983年第10期，第908—914页。甘肃省文物工作队、庆阳北石窟文物保管所：《陇东石窟》，第8—9页。

⑦ 陈万里：《西行日记》，杨晓斌点校，第40—45页。

⑧ 焦国理、慕寿祺总纂，贾秉机总编：《重修镇原县志》，《中国地方志丛书·华北地方·第五五八号》，成文出版社有限公司，1976年，第400页（据1935年铅印本影印）。卷三“寺观”条：“石窟寺在县东九十里，北魏宣武帝永平二年（509年）泾州刺史奚侯建，刻石为龛，内有唐宋人题咏，俱磨灭不可读……镇原石窟寺在泾州之北，是为北石窟寺。泾州南十五里永宁里王家沟地方，亦有石窟寺，是为泾州南石窟寺。”

⑨ 陈贤儒：《甘肃庆阳、镇原等县发现三处石窟》，《文物》1961年第2期，第35页。

⑩ 邓健吾：《庆阳寺沟石窟“佛洞”介绍》，《文物》1963年第7期，第26—36页。

周时期的窟龛有第60窟、122窟、240窟、71龛、86龛、87龛、96龛、106龛、119龛、184龛、197龛、199龛、208龛，共13个窟龛[①]。

21世纪以来，全面的内容总录工作仍沿袭上述分期，洞窟数量有所增加，如北魏增加第28窟，西魏增加第87龛、191龛、199龛、202龛、206龛、211龛、225龛、227龛等8个龛，北周增加第103龛、105龛、116龛、117龛、194龛等5个龛。其中，对20世纪80年代分期的个别洞窟进行了调整，如原北周第87龛、199龛调整为西魏，原北周第86龛调整为时代不详[②]。

4. 石拱寺石窟

石拱寺石窟位于平凉市华亭市东南41千米的上关乡半川村北侧山梁崖面上，石窟群所在的山峰为六盘山南延部分关山（或称陇山、小陇山）的较大支岭三乡山。石窟开凿于向南的崖壁上，距地表5—10米，东西长120米，共有15个窟龛。

20世纪80年代，甘肃省文物部门对石拱寺石窟寺进行了初步调查[③]。21世纪初对石拱寺石窟进行了较为详细的调查记录，将石拱寺石窟分为两期。第一期为北魏晚期（约520年），包括第8窟、9窟、11窟、12窟、13窟、14窟、6窟和第5龛等8个窟龛；第二期为北周时期（557—581），或可晚至隋代，包括第4龛、7龛、10龛及第2窟4个窟龛[④]。

5. 陈家洞石窟

陈家洞石窟位于庄浪县东北30千米处，西南靠近通化乡陈家堡。一条崎岖的峡谷称作洞峡，石窟就坐落在洞峡内龙眼山崖上，又名龙眼山石窟。一条源于陇山分水岭的清溪绕过窟前直泄而下。石窟在距地面2—4米的石崖上，面对清溪，山间的小道起着沟通陇山南北交通的作用。陈家洞石窟现存三身北魏浮雕立佛，每身高5米左右，形体高大、保存完整。20世纪80—90年代，甘肃省文物部门对陈家洞石窟进行了初步调查研究[⑤]。

6. 陇东石窟分期

暨远志《世族与泾州地区北朝石窟》《北朝豳宁地区部族石窟的分期与思考》《泾州地区北朝石窟分期试论》《北朝泾州地区部族、世族石窟的甄别、分期与思考》等文[⑥]，根据洞窟形制、造像布局、主像组合、造像形制及装饰特点，将泾川王母宫石窟、南石窟、华亭石拱寺石窟和庆阳北石窟寺北朝洞窟分为五期，

① 甘肃省文物工作队、庆阳北石窟文物保管所：《庆阳北石窟寺》，文物出版社，1985年，第40—49页。
② 甘肃北石窟寺文物保护研究所：《庆阳北石窟寺内容总录》（上），文物出版社，2013年。
③ 甘肃省文物工作队、庆阳北石窟文物保管所：《陇东石窟》，第11—12页。
④ 魏文斌：《甘肃华亭石拱寺石窟调查简报》，《敦煌研究》2007年第3期，第1—11页。
⑤ 甘肃省文物工作队、庆阳北石窟文物保管所：《陇东石窟》，第13页。程晓钟、杨富学：《庄浪石窟》，甘肃文化出版社，1999年，第39页。
⑥ 暨远志：《世族与泾州地区北朝石窟》，重庆大足石刻艺术博物馆、大足县文物保管所：《大足石刻研究文集》，重庆出版社，2005年，第377—389页。暨远志、宋文玉：《北朝豳宁地区部族石窟的分期与思考》，云冈石窟研究院编：《2005年云冈国际学术研讨会论文集·研究卷》，文物出版社，2006年，第76—109页。暨远志：《泾州地区北朝石窟分期试论》，《考古与文物》2009年第6期，第36—45页。暨远志：《北朝泾州地区部族、世族石窟的甄别、分期与思考》，麦积山石窟艺术研究所编：《麦积山石窟研究》，文物出版社，2010年，第347—387页。

其中北魏石窟分为三期[①]。分期情况见表 1。

表 1　暨远志分期

分期与年代	泾州地区北朝石窟	豳宁地区北朝石窟
一期（494—500）	泾川王母宫石窟	庆阳楼底村 1 窟
二期（509—510）	泾川南石窟寺第 1 窟	庆阳北石窟第 165 窟
三期（516—529）		庆阳北石窟第 113、237、244、250 窟
四期（530—549）	石拱寺石窟第 11、12、13、14 窟，5、7 龛	庆阳北石窟第 28、44、70、135、229 窟
五期（550—581）	石拱寺石窟第 2、6、8、9 窟，4 龛	庆阳北石窟第 240 窟龛

（二）本文考古学分期

以上对陇东地区北朝石窟寺的分期断代研究，基本厘清了时代面貌，西魏和北周时期的窟龛保存差、数量少、规模小，相关的文献记载亦极为有限，难以进一步讨论营建与供养人问题。本文在上述研究的基础上，对陇东北魏时期王母宫石窟、南石窟寺、北石窟寺、石拱寺石窟及陈家洞石窟，共计 18 个窟龛，进行洞窟形制、题材布局、佛衣样式三项标志的考古类型学归纳总结，加强对佛衣样式特点的分析。

佛衣由三层从里向外披覆的长方形衣组成，名为“三衣”。里层第一衣称安陀会，意译下衣，其覆下体；中层第二衣称郁多罗僧，意译中衣，其覆全身；外层第三衣称僧伽梨，意译上衣，亦覆全身。根据印度和汉地佛教造像中三衣的披覆形式，首先，从层次上分为上衣外覆类和中衣外露类。上衣外覆类仅表现上衣的披覆形式，中衣外露类则既表现上衣也表现中衣的披覆形式。其次，上衣外覆类据上衣披覆形式可分为通肩式、袒右式、覆肩袒右式、搭肘式、露胸通肩式五种类型；中衣外露类据上衣及中衣披覆形式可分为上衣搭肘式、上衣重层式、中衣搭肘式三种类型[②]。

本文北魏分期与前述暨远志分期基本一致，个别洞窟的时代略有调整[③]。见表 2。

1. 第一期

中心柱窟的形制、题材布局、佛衣样式与云冈石窟第 6 窟较为相似（图 7）[④]，早在 20

① 暨远志：《北朝泾州地区部族、世族石窟的甄别、分期与思考》，麦积山石窟艺术研究所编：《麦积山石窟研究》，第 366 页。

② 关于佛衣样式的描述，参见陈悦新：《5—8 世纪汉地佛像着衣法式》，社会科学文献出版社，2014 年，第 9—38 页。

③ 如暨远志分期中，将石拱寺石窟的始凿年代置于北魏末至西魏时期，根据调查简报及洞窟形制与佛衣特点，本文分期仍推定为北魏末期。

④ 北石窟寺楼底村 1 号中心柱上方与窟顶相接处浮雕交龙，与云冈石窟第 1 窟相似。

表 2　本文北魏洞窟分期

特点 窟号	洞窟形制	题材布局	佛衣样式	分期
北石窟寺楼底村1号窟、泾川王母宫石窟	中心柱窟。壁面分层开龛，中心柱两层，下层方形，上层八角形，每面均开龛（图1）	造像组合以一佛二菩萨为主，个别二佛并坐像。中心柱下层龛外浮雕佛传故事或胁侍菩萨、弟子	佛衣有覆肩袒右式（图2：1）、上衣搭肘式。上衣搭肘式有两种形式，一种是中衣和上衣的披覆形式一致（图2：2—3），另一种不一致（图2：4）	第一期 （494—500）
南石窟寺1窟、北石窟寺第165窟、陈家洞石窟	佛殿窟。覆斗顶，壁前设坛基（图3）	正侧壁雕七佛及胁侍菩萨，前壁二交脚菩萨，窟顶、壁面浮雕本生、佛传、经变故事等。三佛立像	上衣搭肘式佛衣，承袭第一期上衣搭肘式的两种形式。一种是中衣和上衣的披覆形式一致（图4：1），另一种是不一致（图4：2—5）	第二期 （509—510）
北石窟寺第28、113、229、237、244窟龛，石拱寺石窟第5、6、8、9、11、12、13、14窟龛	佛殿窟。三壁设坛，新出现三壁三龛、正壁一龛、无龛几种形制（图5）	造像组合一佛二菩萨为主，个别为一佛二弟子，及二佛并坐像	上衣搭肘式佛衣，承袭第一、第二期的两种形式，一种是中衣和上衣的披覆形式一致（图6：1—3），另一种是不一致（图6：4—5）	第三期 （516—528）

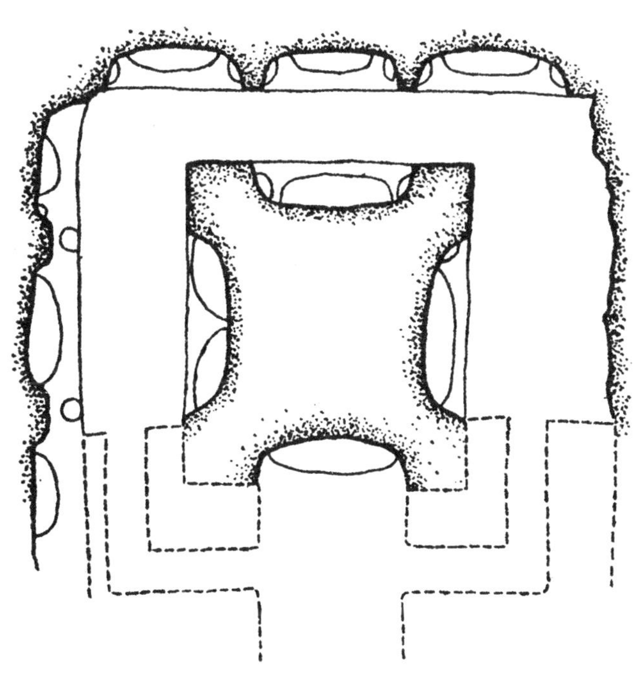

1

2

3

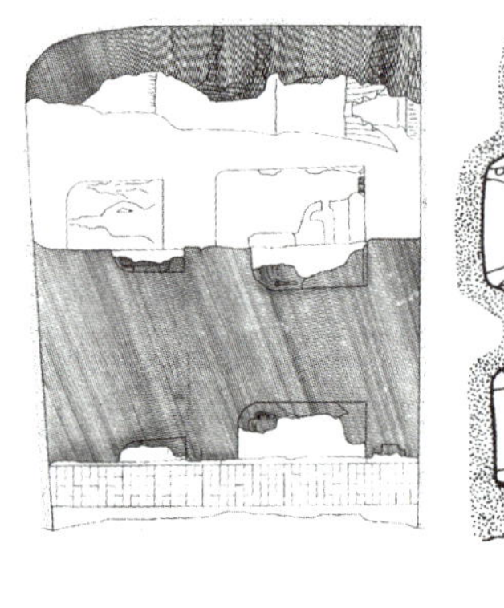

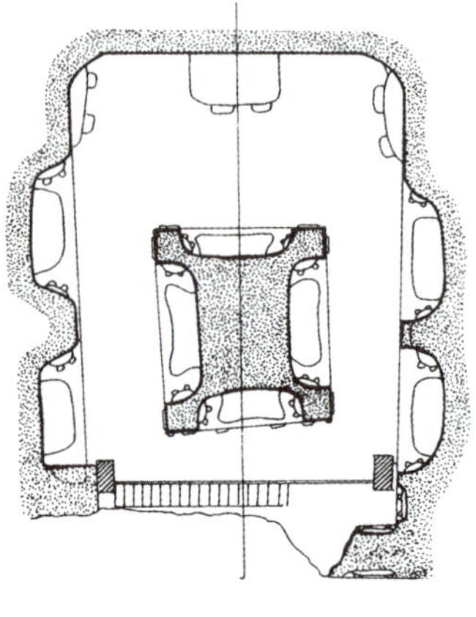

4

东（正）面　　南面　　西面　　北面

5

图 1　北魏第一期洞窟形制

1　王母宫石窟平面图（采自《陇东石窟》，第 9 页）

2　王母宫石窟南壁立面图（采自《陇东石窟》，第 9 页）

3　王母宫石窟中心柱南面（采自《陇东石窟》，第 10 页）

4　北石窟寺楼底村 1 号窟平、剖面图（采自《庆阳北石窟寺内容总录》，第 244、247 页）

5　北石窟寺楼底村 1 号窟中心柱立面图，东（正）面—南面—西面—北面（采自《庆阳北石窟寺内容总录》，第 248、249 页）

图2　北魏第一期佛像（作者绘）

1　北石窟寺楼底村1号窟中心柱东面（正面）佛像

2　北石窟寺楼底村1号窟中心柱西面（后面）佛像

3　泾川王母宫石窟右壁上层里龛佛像

4　北石窟寺楼底村1号窟中心柱北面（左面）佛像

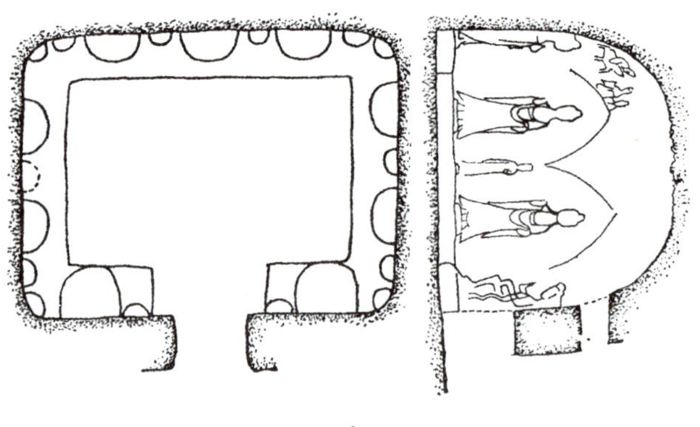

1

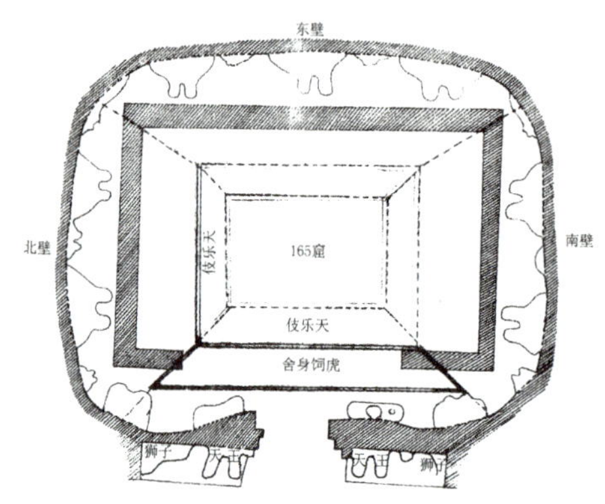

2

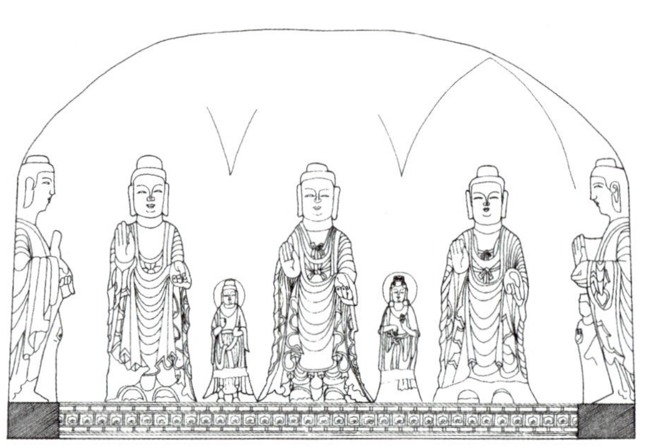

3

图 3　北魏第二期洞窟形制

1　南石窟寺平、剖面图

（采自《甘肃泾川南石窟调查报告》，《考古》1983 年第 10 期，第 909 页）

2　北石窟寺第 165 窟平面图

（采自《庆阳北石窟寺内容总录》，第 152 页）

3　北石窟寺第 165 窟东壁（正壁）立面图

（采自《庆阳北石窟寺内容总录》，第 153 页）

图4　北魏第二期佛像（作者绘）

1　陈家洞石窟中间佛像

2　南石窟寺正壁中间佛像

3　南石窟寺左壁里侧佛像

4　北石窟寺正壁中间佛像

5　北石窟寺左壁里侧佛像

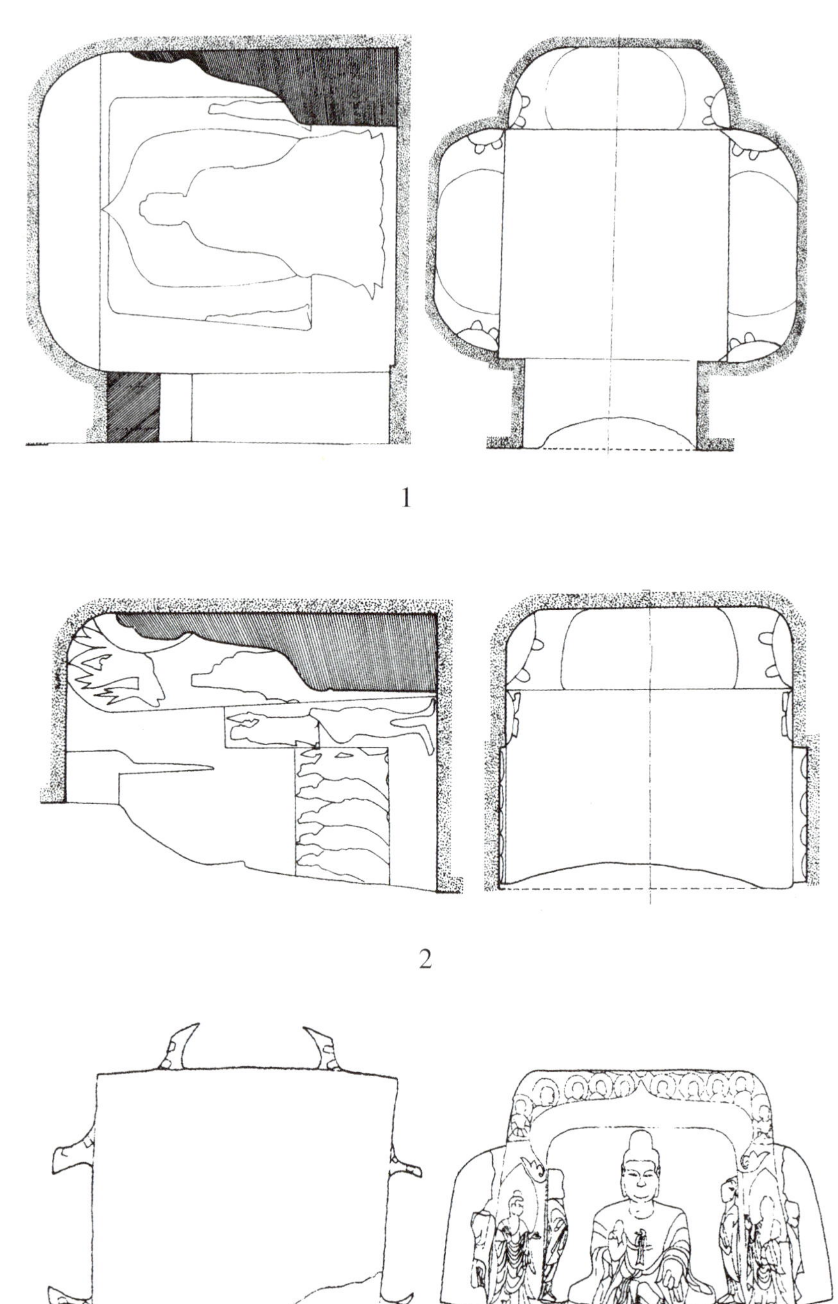

图5　北魏第三期洞窟形制

1　北石窟寺第229窟（采自《庆阳北石窟寺内容总录》，第204页）

2　北石窟寺第244窟（采自《庆阳北石窟寺内容总录》，第215页）

3　石拱寺第11窟（采自魏文斌《甘肃华亭石拱寺石窟调查简报》，《敦煌研究》2007年第3期，第6页）

图6　北魏第三期佛衣（作者绘）

1　北石窟寺第229窟正壁龛佛像
2　北石窟寺第229窟左壁龛佛像
3　北石窟寺第229窟右壁龛佛像
4　石拱寺第11窟右壁龛佛像
5　石拱寺第12窟正壁龛佛像

世纪 20 年代华尔纳在西北考察时即已注意到，1980 年以来的调查与研究对此已有较为充分的论述[①]。此处将佛衣样式的细节进一步阐明。

第一期佛衣既有覆肩袒右式，又有上衣搭肘式。上衣搭肘式有两种形式，一种是中衣和上衣的披覆形式一致，另一种是不一致。

图 7 云冈石窟第 6 窟中心柱西壁
（采自《中国石窟·云冈石窟》，文物出版社，1991 年，第 237 页）

覆肩袒右式：只表现外层上衣的披覆形式，上衣自身后通覆两肩，右衣角由右腋下方绕过搭左肩，露出右胸和右臂的样式。如楼底村 1 号窟中心柱前壁佛衣（图 2：1）。

上衣搭肘式佛衣：一种形式为上衣自身后通覆两肩，右衣角自胸腹前横过搭左肘的样式，中衣与上衣披覆形式一致。如楼底村 1 号窟中心柱后壁佛衣、泾川王母宫石窟右壁中层里侧佛衣（图 2：2—3）。楼底村 1 号窟的佛衣没有表现出中衣。泾川王母宫石窟的佛衣虽然残破较甚，但与云冈石窟第 6 窟的佛衣（图 8：1）如出一辙，外层的上衣右衣角可见自腹部横过搭左肘，佛衣底端三层，三衣的关系清楚。上身胸部均露出遮覆上体、袒右披覆的僧祇支。为防止汗渍弄污三衣，在披覆三衣前，需要先衬僧祇支[②]。

另一种形式为上衣自身后通覆两肩，右衣角自胸腹前横过搭左肘的样式，中衣与上衣的披覆形式不一致，中衣做露胸通肩披覆，即右衣角搭至左肩，颈下衣缘呈“U”形下垂，露出里面的僧祇支。如北石窟寺楼底村 1 号窟中心柱北面佛像（图 2：4）。

覆肩袒右式佛衣是云冈石窟第一期（460—470）流行的样式，上衣搭肘式佛衣的一种形式

① Horace H. F. Jayne, *The Buddhist caves of the Ching Ho Valley*, Eastern Art, Vol.1, 1929. No.3, p.157—173. No.4, p.242—261.［美］霍勒斯·H.F 杰恩：《泾河流域的佛教石窟》，梁旭萍译，李崇峰校，《敦煌学辑刊》1992 年第 1—2 期合集。张宝玺：《北魏太和时期的中心柱窟》，云冈石窟研究院编：《2005 年云冈国际学术研讨会论文集·研究卷》，文物出版社，2006 年，第 519—524 页。暨远志：《泾州王母宫石窟窟主及开凿时代考》，敦煌研究院编：《2004 年石窟研究国际学术会议论文集（下）》，上海古籍出版社，2006 年，第 923—936 页。李静杰：《陕北陇东北魏中晚期之际部分佛教石窟造像考察》，麦积山石窟艺术研究所编：《麦积山石窟研究》，第 338—344 页。董华峰：《陇东北朝佛教造像研究》，甘肃教育出版社，2020 年，第 20—34 页。

② 陈悦新：《5—8 世纪汉地佛像着衣法式》，第 15—17 页。

是云冈石窟第二期（471—494）后段太和改制以后流行的样式[①]，最早见于南朝齐永明元年（483）造像[②]。上衣搭肘式佛衣的另一种形式，最早见于南朝栖霞山石窟，始凿时间约在永明二年（484）以后，建武四年（497）或永元二年（500）之前，即5世纪末期[③]，如第24窟正壁佛像（图8：2）。

据第一期洞窟与云冈石窟第二期后段第6窟的佛衣样式的相似性，将第一期推定为北魏迁洛以后的太和末期（494—500）。

2. 第二期

南、北石窟寺大型的七佛[④]窟形制和题材不见于其他石窟[⑤]，其仍与云冈第11、13窟的七身立佛有关；陈家洞存三身立佛。佛衣承袭第一期上衣搭肘式的两种形式。一种形式为陈家洞三身立像的佛衣，上衣与中衣披覆形式一致（图4：1）；另一种形式为南、北石窟寺立像的佛衣，上衣与中衣披覆形式不一致（图4：2—5）。

其中，南石窟寺左壁里侧佛衣的衣纹与云冈第7、8窟的衣纹相同；其他6尊立像的佛衣，系中衣的带子垂于胸前；7尊立像左手均握衣角。北石窟寺左壁里侧佛衣，系中衣的带子垂于胸前，与南石窟寺的6尊相同，其他6

1

2

① 宿白：《云冈石窟分期试论》《平城实力的集聚和“云冈模式”的形成与发展》，氏著《中国石窟寺研究》，文物出版社，1996年，第76—88、114—144页。

② 陈悦新：《5—8世纪汉地佛像着衣法式》，第52—74页。

③ 宿白：《南朝龛像遗迹初探》，《考古学报》1989年第4期，第389—413页。宿白：《中国石窟寺研究》，第176—179页。

④ 杜斗城教授以笔名“木十戊”发表的文章中，提出七佛题材也可能是为道武帝至宣武帝七位皇帝的造像。木十戊：《奚康生与南、北石窟寺》，《敦煌学辑刊》1993年第2期，第64—68页。

⑤ 第二期的佛传故事仍有云冈余绪。参见暨远志：《泾州地区南、北石窟寺与云冈二期石窟的比较分析》，《深圳文博论丛》2005、2006年合刊，文物出版社，2007年。

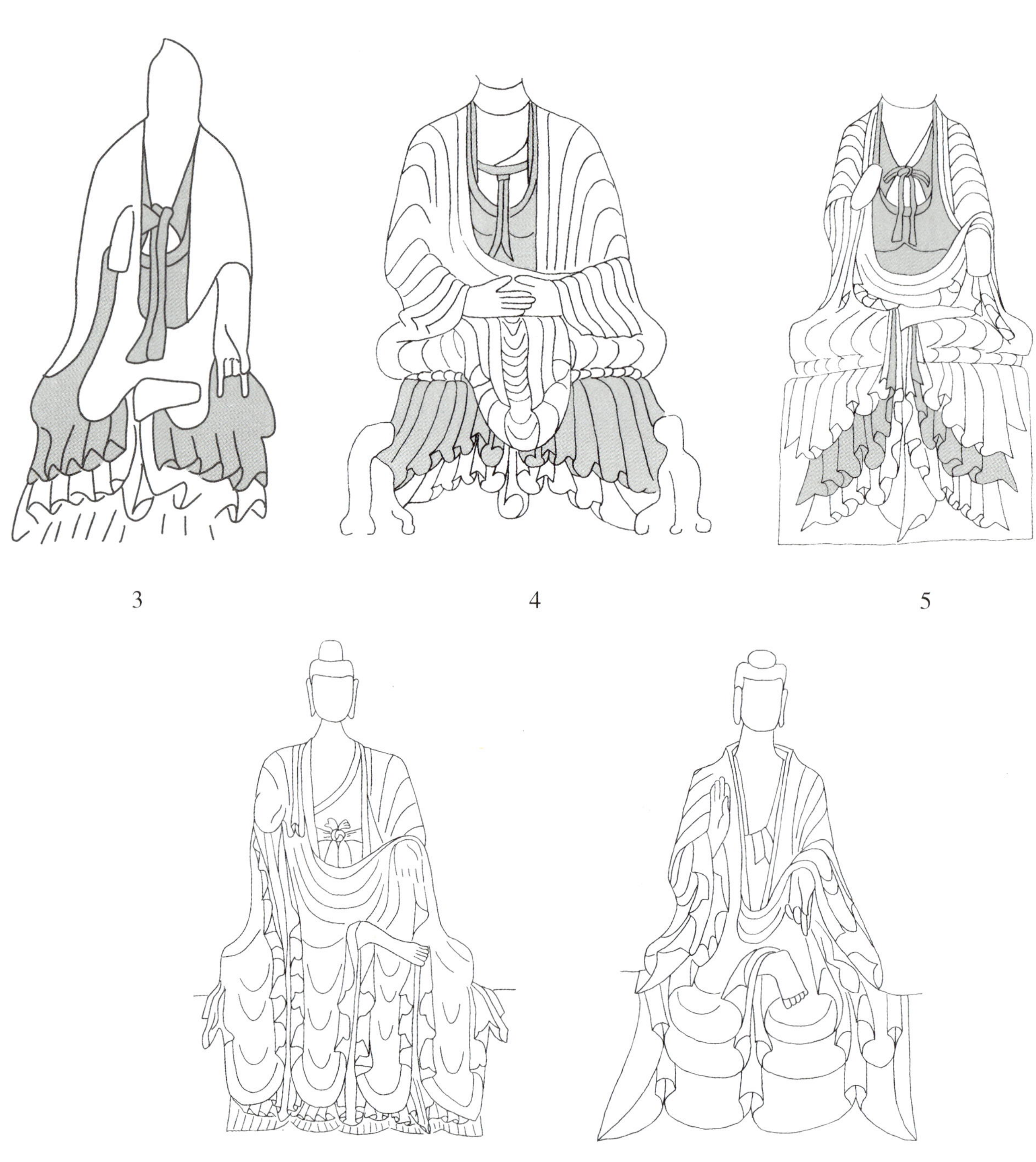

图 8　其他石窟佛衣（作者绘）

1　云冈石窟第 6 窟右壁上层外侧

2　栖霞山石窟第 24 窟正壁

3　古阳洞右壁上方安定王元燮造像龛

4　古阳洞左壁第三层由外向内数第 4 龛

5　古阳洞右壁第 2 层里侧小龛

6　麦积山石窟第 142 窟正壁

7　炳灵寺石窟第 126 窟正壁右侧

尊系中衣的带子均未垂于上衣外面；左手未握衣角；衣纹表现较为繁丽。从以上几点看，南石窟寺的佛衣较之北石窟寺为早[①]。

南北石窟寺的上衣搭肘式佛衣的形式，在龙门石窟古阳洞正壁大像及小龛中也有所表现，如西壁上方北魏正始四年（507）安定王元燮造像[②]、北壁第三层由外向里数第4龛造像（图8：3—5）。第二期的佛衣样式与龙门石窟古阳洞中的佛衣更为接近，其中僧衹支做对襟结带的样式，除龙门石窟和南北石窟寺外，他处鲜见。但其作为主尊像，可能也有南朝石窟流行的佛衣样式的间接影响。

根据《南石窟寺之碑》记载和北石窟寺第165窟内宋代残碑、清乾隆六十年（1795）《重修石窟寺诸神庙碑记》[③]，及甘肃学者慕少堂1935年撰《重修镇原县志》的间接材料[④]，可推知南、北石窟寺由北魏泾州刺史奚康生主持开凿。

现藏王母宫石窟文管所院内碑亭的《南石窟寺之碑》，碑记尾书："大魏永平三年（510），岁在庚寅，四月壬寅朔，十四日乙卯。使持节都督经州诸军事平西将（军）口口泾（贰）州刺史、安武县开国男奚康生造。"[⑤]这是南石窟寺创建的可靠依据。

奚康生建南石窟寺的碑记不仅是南石窟寺始建的佐证，而且为考证北石窟寺提供了根据。依照北石窟第257窟武则天证圣元年（695）宁州丰义县令安守筠造像铭记："于宁州北石窟寺造窟一所。"证明在唐代称作"北石窟寺"，唐代离北魏不远，其时北石窟寺属宁州辖境，地理位置并不在宁州之北，显然是沿用了北魏创建时的名称[⑥]。

此外，还有一些间接资料，也可辅助说明奚康生创建北石窟寺第165窟的情况。现存北石窟寺第165窟内的一方残断宋碑云："泾州节度使奚侯创置。"清乾隆六十年（1795）《重修石窟寺诸神庙碑记》："元魏永平二年（509）泾原节度使奚侯创建。"[⑦]1935年甘肃学者慕少堂的《重修镇原县志》更正了宋碑记、清碑记所记官职的讹误，指出北石窟寺为永平二年（509）泾州刺史奚侯所建，明确了南、北石窟寺的位置[⑧]。

根据南石窟寺佛衣表现形式早于北石窟寺的情况，永平二年（509）开凿北石窟寺似有所

---

① 陈悦新：《5—8世纪汉地佛像着衣法式》，第275—281页。
② 刘景龙编著：《古阳洞》，科学出版社，2001年，图版19。
③ 碑文见甘肃北石窟寺文物保护研究所：《庆阳北石窟寺内容总录》上，第306—311，258、259，263—265页。
④ 焦国理、慕寿祺总纂，贾秉机总编：《重修镇原县志》，《中国地方志丛书·华北地方·第五五八号》，成文出版社有限公司，1976年，第400页（据1935年铅印本影印），卷三"寺观"条。
⑤ 释读采用党燕妮：《〈南石窟寺碑〉校录研究》，《敦煌学辑刊》2005年第2期，第221—231页。
⑥ 甘肃省文物工作队、庆阳北石窟文物保管所：《陇东石窟》，第2—3页。据历史地图，北石窟寺位于唐代宁州西界。见谭其骧主编：《中国历史地图集》第5册《隋唐五代十国时期》，中国地图出版社，1982年，第40—41页。
⑦ 甘肃北石窟寺文物保护研究所：《庆阳北石窟寺内容总录》（上），第258、263页。
⑧ 焦国理、慕寿祺总纂，贾秉机总编：《重修镇原县志》，《中国地方志丛书·华北地方·第五五八号》，成文出版社有限公司，1976年，第400页（据1935年铅印本影印）。卷三"寺观"条。

矛盾，但北石窟寺规模较之南石窟寺大，也存在开凿时间早，完成时间晚的可能性。故第二期的开凿时间仍从上述直接或间接的文献记载，推定为永平二年至三年之间（509—510）。

3. 第三期

洞窟形制以中小型窟为主，有沿袭二期的壁前设坛窟，出现三壁三龛窟、三壁一龛窟。上衣搭肘式佛衣仍然沿袭了第一、二期已出现的两种形式，一种是上衣与中衣披覆形式一致（图 6：1—3），另一种是上衣与中衣披覆形式不一致（图 6：4—5），但两种形式的底端四分，为新出现的共同特点。

龙门石窟北魏胡太后时期的三壁设坛窟如慈香洞，三壁三龛窟如魏字洞、普泰洞及有孝昌三年（527）题记的皇甫公窟[①]；麦积山石窟北魏后期（景明时期 500—503 年至北魏灭亡 534 年）如第 142 窟[②]，炳灵寺石窟有延昌二年（513）题记的第 126 窟，上衣搭肘式佛衣的底端四分（图 8：6—7）。第三期洞窟的形制与龙门石窟相似，佛衣底端形式则与麦积山和炳灵寺石窟有共同之处。

推定第三期的开凿时间为胡太后执政时期（516—528）。

三　北魏洞窟与北朝文化中心

“汉以安定名郡，说者曰：‘郡外阻河朔，内当陇口，襟带秦、凉，拥卫畿辅，关中安定，系于此也。’”[③]充分说明了泾州地理位置的重要性。北魏很重视对泾州的经营，北魏神䴥三年（430）置泾州，泾州刺史多由像狄子玉、张鸾旗、抱嶷、元祐、奚康生、高绰、陆希道、元谭这样的权臣来担任。另外，泾州和北魏皇室的关系也值得重视，北魏都平城和洛阳时期，泾州刺史的身份，多与皇族有关，或与皇家关系密切。见表 3。

表中检出的 17 位泾州刺史，迁洛前 6 位，迁洛后 11 位。北魏都平城时任泾州刺史的身份多为与皇家攀亲的外戚、豪族、贵幸的宦官；迁都洛阳后任泾州刺史的，身份与此前相同外，还增加了宗室成员，如元祐、元谭。

宦官安定石唐人抱嶷，得到孝文帝、文明太后赏识，出入从驾，参侍左右，位极公侯，并以冯太后兄冯熙子为养子。与宦官王遇“并为文明太后所宠，前后赐以奴婢数百人，马牛羊他物称是，二人俱号富室”[④]。又如安定石唐人张祐，冯太后临朝，“祐以左右供承合旨，

① 宿白：《洛阳地区北朝石窟的初步考察》，龙门文物保管所、北京大学考古系编著：《中国石窟· 龙门石窟（一）》，文物出版社、株式会社平凡社，1991 年，第 225—239 页。宿白：《中国石窟寺研究》，第 153—158 页。

② 陈悦新：《从佛像服饰和题材布局及仿帐、仿木构再论麦积山石窟北朝窟龛分期》，《考古学报》2013 年第 1 期，第 29—56 页。

③ 《读史方舆纪要》卷五八《陕西七》“平凉府”条，第 2774 页。

④ 《魏书》卷九四《阉官· 王遇传》，第 2024 页。

表 3　泾州刺史表

时间	姓名	籍贯	家世	资料来源
延和二年（433）	狄子玉	平凉	羌将	《魏书》卷四〇《陆俟传》第 901 页“平凉休屠金崖、羌狄子玉等叛”。《魏书》卷四《世祖纪》第 82 页“（延和二年）二月庚午……征西将军金崖与安定镇将延普及泾州刺史狄子玉争权构隙……驱掠平民，据险自固”。
文成帝年间（452—465）	李峻	梁国蒙县	外戚	《魏书》卷八三《外戚上·李峻传》第 1824 页“元皇后兄也……拜峻镇西将军、泾州刺史、顿丘公”。
	尉长寿	代	豪族	《魏书》卷二六《尉古真传》第 655、659 页，尉古真后人“高宗时，除泾州刺史”。
献文帝年间（465—471）	王树	广宁	贵戚	《魏书》卷三〇《王建传》第 709、711 页“祖姑为平文后，生昭成皇帝。……建曾孙树，以善射有宠于显祖……出为平西将军、泾州刺史”。
	陆石跋	代	豪族	《魏书》卷四〇《陆俟传》第 901、907 页，陆俟曾孙“石跋，泾州刺史”。
孝文帝太和年间（477—499）	张鸾旗	河南巩	宦官	《魏书》卷九四《阉官·张宗之传》第 2018、2019 页“宗之兄鸾旗……出为散骑常侍、冠军将军、泾州刺史，进爵为侯”。
孝文帝太和十二年（488）后、太和十九年（495）前	抱嶷	安定石唐	宦官	《魏书》卷九四《阉官·抱嶷传》第 2021、2022 页“赐爵安定公……乃以为镇西将军、泾州刺史，特加右光禄大夫”。
宣武帝年间（499—515）	元祐	河南洛阳	宗室	《魏书》卷二〇《文成五王·齐郡王简传》第 528 页，元祐为简之子“祐位泾州刺史”。
宣武帝永平年间（508—512）	高乘信	勃海	外戚	《魏书》卷八三《外戚下·高肇传》第 1829 页，乘信为高肇叔，高肇为“文昭皇太后之兄也……（肇）父飏……与弟乘信及其乡人韩内、冀富等入国，拜厉威将军、河间子，乘信明威将军，俱待以客礼”。 《古今图书集成·方舆汇编职方典》中华书局影印本，1934 年，卷五五三，第一〇五册第 30 页“高峰寺，在州南五里笔锋山顶，魏永平年泾、平二州刺史高乘造，唐开国伯段归文重修”。
宣武帝永平二年、三年（509—510）	奚康生	河南洛阳	豪族	《南石窟寺之碑》“永平三年”，北石窟第 165 窟内宋代残碑，清乾隆六十年（1795）。 《重修石窟寺诸神庙碑记》“永平二年”，《魏书》卷七三《奚康生传》第 1629—1633 页“世为部落大人……转泾州刺史”。

续表

时间	姓名	籍贯	家世	资料来源
宣武帝延昌年间（512—515）	高绰	勃海	豪族	《魏书》卷四八《高允传》第1067、1090、1091页，高允之孙“行泾州刺史。延昌初，迁尚书右丞，参议《壬子历》”。
孝明帝正光四年（523）及之前	陆希道	代	豪族	《魏书》卷四〇《陆俟传》第901、914页，陆俟后人“希道善于驭边，甚有威略，转平西将军、泾州刺史”。
孝明帝正光五年（524）前	李世哲	顿丘	贵戚	《魏书》卷六六《李崇传》第1465、1474、1475页，李崇为“文成元皇后第二兄诞之子……（李崇）长子世哲……后除镇西将军、泾州刺史，赐爵卫国子。正光五年七月卒”。
孝明帝孝昌元年（525）之后	元谭	河南洛阳	宗室	《魏书》卷九《肃宗纪》第238页“孝昌元年（525年）春正月庚申，徐州刺史元法僧据城反”。《魏书》卷二一《献文六王列传第九上》第545页，赵郡王干之子“元法僧外叛，诏谭为持节、假左将军、别将以讨之。徐州平，迁光禄少卿、行南兖州事、征虏将军、泾州刺史。入为武卫将军”。
孝明帝孝昌年间（525—527）	杨昱	恒农华阴	豪族	《魏书》卷五八《杨播传》第1279、1293页，杨播侄“寻除征虏将军、泾州刺史”。
	胡宁	安定临泾	贵戚	《魏书》卷八三《外戚下·胡国珍传》第1833—1836页，灵太后父胡国珍之孙“（胡宁）历岐泾二州刺史”。
孝静帝兴和三年（542）前	胡虔	安定临泾	贵戚	《魏书》卷八三《列传外戚·胡国珍传》第1833—1836页，灵太后父胡国珍曾孙“出为泾州刺史，封安阳县侯”。

宠幸冠诸阉官……进爵陇东公”[①]。

豪族奚康生，骁勇善战，颇得孝文帝任用，南征北讨，战功赫赫，封安武县开国男，食邑二百户。其子媳为宗亲元义妹夫之女，元义与其通姻，深相委托[②]。可见奚康生与皇室间也有一定关系。

景穆皇帝之子拓跋休，皇兴二年（468）封安定王[③]。拓跋休之子元燮袭爵[④]，在龙门石窟古阳洞南壁上方，有正始四年（507）《安定王元燮造释迦像记》[⑤]。

① 《魏书》卷九四《阉官·张祐传》，第2020页；卷一〇六下《地形志下》陇东郡属泾州，第2618、2019页。
② 《魏书》卷七三《奚康生传》，第1629—1633页。
③ 《魏书》卷一九《景穆十二王·安定王休传》，第517页。卷一〇六《地形志下》安定郡属泾州，第2618页。
④ 《魏书》卷一九《景穆十二王·安定王休传》，第518页。
⑤ 龙门石窟研究所：《龙门石窟碑刻题记汇录》，中国大百科全书出版社，1998年，第509—510页。

此外，永平二年（509）北魏王朝在泾州敕建嵩显寺，《敕赐嵩显寺碑记》有赞颂宣武帝后之辞①。陇东宁县发现的《大代豳州刺史山公寺碑颂》②，主要记述了北魏正始元年（504）时任豳州刺史的山累以祖父、父亲及其本人名义为孝文皇帝在豳州立追献寺的事迹。

以上文献材料进一步表明，陇东的北魏第一、第二期洞窟分别与平城和洛阳的政治文化中心关系密切，第二期南、北石窟寺七佛窟的佛衣样式，源头可溯至南朝，似也受到长江下游文化中心建康直接或间接的影响。第三期佛衣样式沿袭第一、第二期的传统，但佛衣底端呈四分的形式，与周边麦积山、炳灵寺北魏后期的相似，约是长江上游成都地区佛衣（图9）影响下形成的地方特点。

四 北魏洞窟与供养人

陇东王母宫、南北石窟寺与华亭石拱寺石窟及陈家洞北魏18个窟龛，分作三期。第一、第二期洞窟的文化因素分别与平城和洛阳关系密切，第三期洞窟的文化因素主要承袭前两期，并继续受到洛阳的影响。

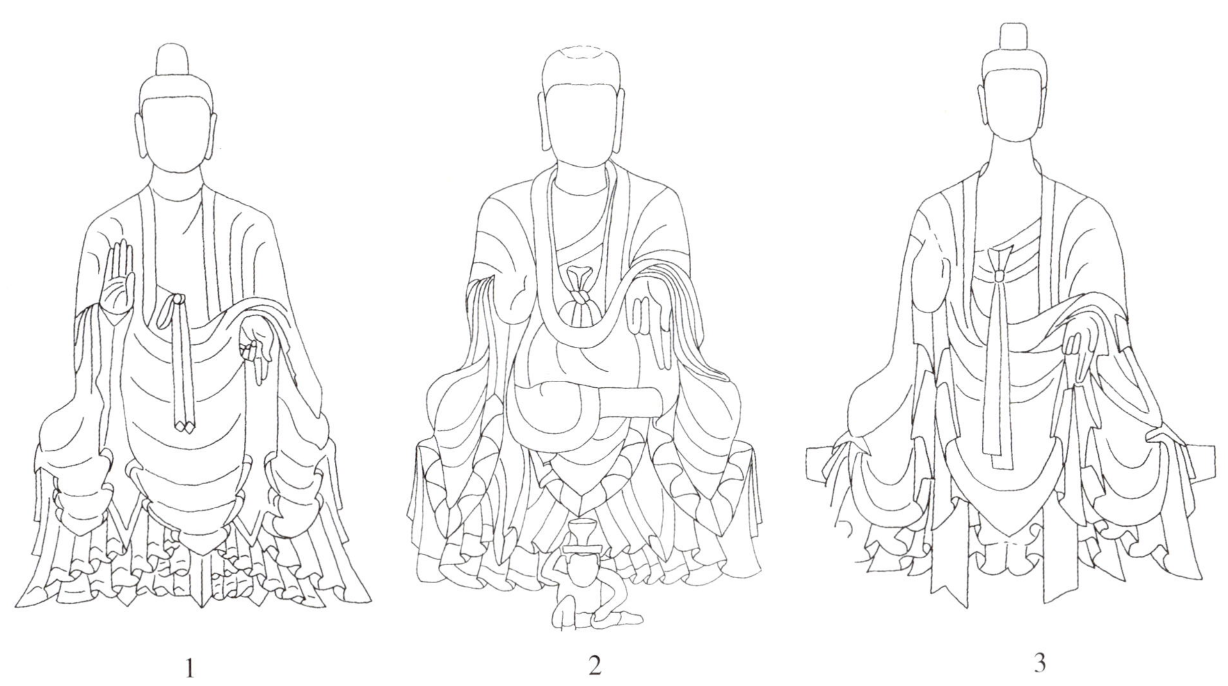

图9 成都地区石刻造像（作者绘）
1 茂县永明元年（483）造像碑正面
2 茂县永明元年（483）造像碑背面
3 西安路永明八年（490）背光式造像

① 该碑已佚失。碑文见甘肃省文物工作队、庆阳北石窟文物保管所：《陇东石窟》，第10页，“图版目录”第14—16页。
② 吴荭、张陇宁、尚海啸：《新发现的北魏〈大代持节豳州刺史山公寺碑〉》，《文物》2007年第7期，第89—96页。

以下根据洞窟面阔、进深、通高尺寸[①]，对洞窟规模分类，再参照文化因素，结合文献资料，探讨出资营建洞窟的供养人。

（一）第一期洞窟与供养人

第一期洞窟的尺寸列如表4。

据表4，可将第一期两个洞窟按规模分为两类，第一类为大型洞窟，面阔、进深、通高在10米以上[②]；第二类为中型洞窟，面阔、进深、通高约5米。

表4 第一期洞窟尺寸表

窟号（名）	面阔（米）	进深（米）	通高（米）	洞窟规模
王母宫石窟	12.60	8.00（残）	11.00	面阔、进深、通高在10米以上
楼底村1号	4.77	6.60	4.93	面阔、进深、通高约5米

1. 地方最高长官所开窟

第一类大型窟泾川王母宫石窟，其开凿者，据《金石录》卷二和卷二十一的记载与考证，"《后魏化政寺石窟铭》，杞嶷造"，"《北史》及《魏书》有《宦官者抱嶷传》，云嶷终于泾州刺史，自言其先姓杞，后避祸改焉。今此《碑》题'泾州刺史杞嶷造'，疑后复改从其本姓尔"[③]。

学界对王母宫石窟的开凿者与年代基本形成了较为一致的意见，推断为北魏泾州刺史抱嶷于太和（477—499）末年开凿兴建的"化政寺石窟"，完工或在景明（500—503）年间[④]，并进一步推测，抱嶷很可能与云冈石窟第5、6窟的开凿关系密切[⑤]。

2. 世家大族与少数族上层所开窟

泾州安定郡多有汉族世家大族聚居，汉晋北朝有皇甫氏、卢氏、梁氏、张氏、胡氏、鲍氏、席氏等。北魏非皇室成员进封安定公或安定侯的安定人，太安二年（456）以来有韩茂、邓宗庆、抱嶷、胡国珍、皇甫度等。其中，胡氏、皇甫氏和梁氏之间又多为联姻，权倾朝野[⑥]。安定临泾为北魏灵太后胡氏郡望[⑦]，其父胡国珍"加侍中，封安定郡公"[⑧]，安定胡氏家族成为北魏后期统治阶级最高权力的核心所在。

胡灵太后临朝听政达十三年之久，"位总禁要，手握王爵"；一生尊崇佛教，"太后性聪

① 王母宫石窟、石拱寺石窟洞窟尺寸采自甘肃省博物馆：《甘肃泾川王母宫石窟调查报告》，《考古》1984年第7期，第622—626页；魏文斌：《甘肃华亭石拱寺石窟调查简报》，《敦煌研究》2007年第3期，第1—11页。南石窟和庆阳石窟采自甘肃北石窟寺文物保护研究所：《庆阳北石窟寺内容总录》（上），2013年。

② 王母宫石窟在接近中心柱正壁处晚期砌墙，这堵墙占去了很大面积，使窟内左右壁前半部，及中心柱前半部分的一部分文物罩到墙内。从中心柱正壁到原窟门处的距离估计在2米以上，如此推算，加上测图的残深8米，进深在10米以上。

③ （宋）赵明诚：《金石录校证》，金文明校证，广西师范大学出版社，2005年，第34、369页。

④ 温玉成：《中国石窟与文化艺术》，上海人民美术出版社，1993年，第176—177页。暨远志：《泾川王母宫石窟窟主及开凿时代考》，敦煌研究院编：《2004年石窟研究国际学术会议论文集（下）》，上海古籍出版社，2006年，第923—936页。

⑤ 暨远志：《泾川王母宫石窟窟主及开凿时代考》，敦煌研究院编：《2004年石窟研究国际学术会议论文集（下）》，上海古籍出版社，2006年，第934页。

⑥ 暨远志：《北朝泾州地区部族、世族石窟的甄别、分期与思考》，麦积山石窟艺术研究所编：《麦积山石窟研究》，第347—357页。

⑦ 《魏书》卷一三《宣武灵皇后胡氏传》，第337页。

⑧ 《魏书》卷八三《外戚下·胡国珍传》，第1833页。

悟，多才艺，姑既为尼，幼相依托，略得佛经大义”；“寻幸永宁寺，亲建刹于九级之基，僧尼士女赴者数万人”[①]。在洛阳立“秦太上君寺”为母追福[②]。孝昌三年（527），胡灵太后母舅皇甫度在龙门石窟开凿皇甫公窟[③]。凡此种种，对陇东地区的佛教发展影响深远。

又据《南石窟寺之碑》《敕赐嵩显寺碑记》《大代豳州刺史山公寺碑颂》捐款芳名的分析，少数族官吏占有一定比例[④]。

第二类中型窟楼底村 1 号，形制与泾川王母宫石窟极其相似，但规模略小，很可能是陇东地区世家大族与少数族上层人士所开凿。

（二）第二期洞窟与供养人

第二期 3 个洞窟的尺寸列如表 5。

据表 5，北魏第二期 3 个洞窟也可以分为两类，第一类为面阔 17.20 米—21.70 米、进深 15 米左右、通高 11 米—14 米的大型窟；第二类为通高 5 米左右的中型造像。

第一类大型窟由地方高官泾州刺史奚康生倡导主持开凿。奚康生“本姓达奚，其先居代，世为部落大人”[⑤]。“达奚”为北魏宗族十姓，“太和（477—499）以前，国之丧葬祠礼，非十族不得与也”[⑥]。其家世颇具地位。

奚康生信佛，“久为将，及临州尹，多所杀戮。而乃信向佛道，数舍其居宅以立寺塔。凡历四州，皆有建置……康生于南山立佛图三层”[⑦]。曾征讨南朝义阳、寿春，拔梁城、合肥、洛口三戍。以功迁征虏将军，封安武县开国男，食邑二百户，又救彭城、徐州之围。

《南石窟寺之碑》记“寻案经教，追访法图”，似表明第二期洞窟除洛阳新风外，亦模仿南朝制度。南北石窟寺七佛大像的佛衣，源头溯至南朝，也可作为说明材料。

第二类中型窟陈家洞石窟以其规模，也应与地方高官及世家大族相关。

表 5　第二期洞窟尺寸表

窟号（名）	面阔（米）	进深（米）	通高（米）	洞窟规模
南石窟寺 1 窟	17.20	14.50	11.00	面阔 17.20—21.70 米、进深 15 米左右、通高 11—14 米
北石窟寺 165 窟	21.70	15.70	14.00	
陈家洞石窟	—	—	约 5	通高约 5 米

① 《魏书》卷一三《宣武灵皇后胡氏传》，第 337—339 页。
② 范祥雍校注：《洛阳伽蓝记校注》，上海古籍出版社，1958 年，第 94—99 页。
③ 皇甫公窟外右侧刻孝昌三年（527）太尉公皇甫公石窟碑，龙门石窟研究所主编：《龙门石窟碑刻题记汇录》，第 572—573 页。马世长：《龙门皇甫公窟》，龙门文物保管所、北京大学考古系编著：《中国石窟·龙门石窟（一）》，文物出版社、株式会社平凡社，1991 年，第 240—253 页。
④ 暨远志：《北朝泾州地区部族、世族石窟的甄别、分期与思考》，麦积山石窟艺术研究所编：《麦积山石窟研究》，第 372—377 页。
⑤ 《北史》卷三七《奚康生传》，中华书局，1974 年，第 1359 页。姚薇元：《北朝胡姓考》，中华书局，1962 年，第 298—299 页。
⑥ 《魏书》卷一一三《官氏志》，第 3006 页。
⑦ 《魏书》卷七三《奚康生传》，第 1633 页。

表 6 第三期窟龛尺寸表

<table>
<tr><th colspan="2">窟龛号</th><th>面阔（米）</th><th>进深（米）</th><th>通高（米）</th><th>洞窟规模</th></tr>
<tr><td rowspan="8">石拱寺石窟</td><td>6</td><td>8.20</td><td>7.40</td><td>7.90</td><td>面阔、进深、通高约 8 米</td></tr>
<tr><td>8</td><td>2.60</td><td>2.55</td><td>2.00</td><td rowspan="12">面阔、进深、通高 3 米以下</td></tr>
<tr><td>9</td><td>2.37</td><td>1.87</td><td>1.85</td></tr>
<tr><td>11</td><td>2.25</td><td>2.40</td><td>2.40</td></tr>
<tr><td>12</td><td>1.65</td><td>1.30（残）</td><td>1.85</td></tr>
<tr><td>13</td><td>2.02</td><td>0.50（残）</td><td>1.95</td></tr>
<tr><td>14</td><td>2.54</td><td>1.25（残）</td><td>2.10</td></tr>
<tr><td>5</td><td>0.62</td><td>0.10</td><td>0.65</td></tr>
<tr><td rowspan="5">庆阳北石窟寺</td><td>28</td><td>2.88</td><td>2.29</td><td>3.24</td></tr>
<tr><td>113</td><td>1.20</td><td>0.86</td><td>1.70</td></tr>
<tr><td>229</td><td>1.50</td><td>1.30</td><td>2.10</td></tr>
<tr><td>237</td><td>1.80</td><td>1.00</td><td>1.65</td></tr>
<tr><td>244</td><td>1.16</td><td>0.75</td><td>1.55</td></tr>
</table>

（三）第三期洞窟与供养人

第三期 13 个窟龛的尺寸列如表 6。

据表 6，可将第三期窟龛规模分为两类。第一类洞窟面阔和通高约为 8 米；第二类窟龛面阔、进深、通高在 3 米以下。

第三期文献材料较少，难以对供养人情况有更多判断。就分类而言，第一类大型洞窟只有石拱寺石窟第 6 窟，占比较小，从其体量看，可能有地方高级官吏参与了营建。第二类中小型窟龛，体量都在 3 米以下，大约是一般官吏与社会阶层所开窟。

附记：调研得到甘肃省文物考古研究所、王母宫石窟文物管理所、南石窟寺文物管理所、北石窟寺文物管理所的支持和王辉、宋文玉、曹应强、陈善学、郑海龙等先生的帮助；北京大学历史学系王楚宁博士核查资料，北京联合大学孟丽老师翻译英文摘要、研究生屈傲雪调整文图格式，房山石经与云居寺文化研究中心魏来先生清绘部分线图，谨致谢忱！

汉传佛教文化圈内褒衣博带佛衣的传播

费　泳
（南京艺术学院）

褒衣博带，本是对中原华夏民族一种传统儒服的称谓，因其具有长襟大袖、腰束宽带等特征而得名。后被广泛应用于佛像服饰中，典型的“褒衣博带式”佛衣①，佛像上身内着僧祇支，外披袈裟，下身着涅槃僧（裙），胸腹部系带结，袈裟左领襟自然下垂，右领襟敷搭于左肘（图1），其外观与当时士大夫的衣着相似，民族化特征非常鲜明。5世纪末至6世纪中期，“褒衣博带式”佛衣，以建康为中心，呈跨地域传播，在南北方盛极一时。6世纪上半叶（约萧梁初期），“褒衣博带式”佛衣开始发生变化，形成了“褒衣博带演化式”佛衣，将之前敷搭左肘的右领襟上移至左肩，连同左臂一并覆盖（图2），其传播范围几乎囊括了除东魏、北齐政

图1　四川茂汶齐永明元年（483）造像碑正背面像

图2　震旦文教基金会藏山东北齐立佛正背面像

① 与传统儒服不同，佛教律典中规定的佛及沙门服饰，平展开来多为一块长方形大布，而非成衣。

治中心以外的所有汉地石窟寺①。这两种形式同属褒衣博带佛衣的范畴，并影响朝鲜半岛和日本。实物资料显示，汉传佛教文化圈形成之际，海东地区的佛教造像②，即是以褒衣博带佛像为主体。

一 “褒衣博带式”佛衣在海东地区的传播

由于孝文帝改制推行汉化政策，创自建康的“褒衣博带式”佛像，于5世纪末至6世纪初，北上相继影响云冈、龙门、巩县石窟寺佛像，并于稍晚传至麦积山和莫高窟。

有关“褒衣博带式”佛衣影响北方造像的观点，杨泓在《试论南北朝前期佛像服饰的主要变化》一文中认为：

从齐永明元年（483）造像所代表的南朝风格，清楚地提出太和年间北魏佛像服饰的新变化，正是受了南朝的影响，应是学习了南朝造型艺术传统后所创造出来的。同时在接受南朝影响方面，也因各个石窟所处的地区不同，而有不同的表现，例如在麦积山的北魏造像中，可以找到和永明造像风格完全相同的标本。③

宿白在《〈大金西京武州山重修大石窟寺碑〉的发现与研究——与日本长广敏雄教授讨论有关云冈石窟的某些问题》一文中认为：

（云冈）新服制的造像和新风格的造型与技法，并不是平城本地开创的，它的渊源应是南朝。以褒衣博带式服饰为例，从近年在南京等地的东晋至南齐时期的墓葬壁画上发现的竹林七贤与荣启期模印画砖中，知道这种服饰，本是南朝上层人物的衣着。从四川省博物馆所藏成都北原茂县（今茂汶羌族自治县）出土的有齐永明元年（483）造无量寿、当来弥勒成佛二

图3 高句丽延嘉七年（539）金铜佛像

① 6世纪中期，北方东魏、北齐政治中心附近石窟寺，诸如下都山西晋阳（太原市）附近的天龙山石窟，上都邺城（河北临漳）附近的响堂山、安阳诸窟，佛衣样式主体为“敷搭双肩下垂式”。

② 佛教正式传入高句丽，据金富轼《三国史记》卷一八《高句本纪》载，于小兽林王二年（372）前秦苻坚遣使送浮屠，同年东晋高僧顺道送佛像至高句丽。四年（374）东晋高僧阿道传法至高句丽，这些事件被视为“海东佛法之始”。佛教传入百济，据《三国史记》卷二四《百济本纪》载，百济枕流王元年（384）由来自东晋的胡僧摩罗难陀传入。佛教传入新罗，据《三国史记》卷四《新罗本记》载，于法兴王十五年（528）从萧梁传入。日本佛教传入，据《元亨释书》载，南梁人司马达止于继体元年（522）传入。据《上宫圣德法王帝说》载，佛教经由百济圣明王于钦明天皇七年（538）正式传入。由此可见，海东诸国佛教多由东晋、南朝直接传入或再传。

③ 杨泓：《试论南北朝前期佛像服饰的主要变化》，《考古》1963年第6期，第336页。

图 4　高句丽癸未（563）铭佛三尊像

图 5　新罗传庆州皇龙寺址出土佛立像

世尊像铭的褒衣博带式的立佛和坐佛像，又可知道在孝文帝极力推行汉化的情况下，云冈太和十年（486）以后出现的新服制的佛像，很可能是北魏匠师根据至少是参考了南朝造像设计、雕造出来的。[①]

宿白在《洛阳地区北朝石窟的初步考察》一文中提出：

通过与南朝遗物的对比，可以清晰看到：包括佛教形象在内的洛阳北朝时期的造型艺术受到南朝的深刻影响是毋庸置疑的。[②]

实物资料显示，在朝鲜半岛出现风格鲜明的佛像，一开始就呈现以“褒衣博带式”佛衣为代表的中国“南式”造像特征，例如高句丽延嘉七年（539）金铜佛像（图 3）、高句丽癸未（563）铭佛三尊像（图 4）主尊，百济忠清南道扶余郡出土郑智远铭金铜三尊像主尊、忠南瑞山郡云山面普愿寺址出土金铜立佛，以及新罗传庆州皇龙寺址出土佛立像（图 5）等，这些佛像袈裟右领襟均敷搭左肘，右手施无畏印，左手伸二指或施与愿印。

在日本，纯粹的“褒衣博带式”佛衣极为少见[③]，而法隆寺金堂丁卯（607）药师佛像、

---

① 宿白：《〈大金西京武州山重修大石窟寺碑〉的发现与研究——与日本长广敏雄教授讨论有关云冈石窟的某些问题》，《北京大学学报（哲学社会科学版）》1982 年第 2 期，第 40 页。

② 宿白：《洛阳地区北朝石窟的初步考察》，龙门文物保管所、北京大学考古系编：《中国石窟·龙门石窟（一）》，文物出版社、株式会社平凡社，1991 年，第 238 页。

③ 爱媛兴隆寺白凤时期的释迦金铜立佛，是日本为数不多的“褒衣博带式”佛衣像例。

图 6 法隆寺金堂癸未（623）铭释迦三尊像

图 7 南京德基广场出土梁大通元年（527）三尊像

法隆寺金堂癸未（623）铭释迦三尊像（图 6）主尊、法隆寺戊子（628）铭三尊像主尊、法隆寺献纳宝物第 145 号造像等，其佛衣正面看似与中国的“褒衣博带式”无异，但从背面看实则为“褒衣博带式”与“褒衣博带演化式”的融合样式（后详）。

5 世纪末至 6 世纪中期，创自南朝的“褒衣博带式”和“褒衣博带演化式”佛像在海东地区的传播，无论是由南朝直传，或经由北朝再传，均显示南式佛衣已成为朝鲜半岛和日本佛像最为重要的表现形式。从早期有铭或年代明确的佛像来看，朝鲜半岛先有“褒衣博带式”，后有“褒衣博带演化式”，不同的是日本“褒衣博带演化式”的发生时间要略早于“褒衣博带式”。

二 “褒衣博带演化式”佛衣在海东地区的传播

南朝由齐入梁后，“褒衣博带式”佛衣开始发生转变，出现“褒衣博带演化式”（图 7）。伴随这次佛衣变化，佛像体态较之前趋于丰满，容貌也由“秀骨清像”变为“面短而艳”，又一次引发汉传佛教文化圈内佛衣样式的变化。“褒衣博带演化式”佛衣的外观，在一定程度上与天竺“通肩式”佛衣的外观相似，但根本区别在于，通肩着衣，袈裟的右上角依律应严格敷搭在左肩，与左臂无涉（图 8），而“褒衣博带演化式”佛衣的右领襟是连同左肩臂一并覆盖。释迦在制定释门着衣法式时，为如何安置好袈裟右上角“凡经四制”，最终确立了将袈裟右上角安置在左肩上的规制[①]。

6世纪中后期，以建康为中心辐射形成一条由“褒衣博带演化式”佛衣为主导，流行于建康、成都、青州、麦积山、莫高窟沿线的“南式佛装造像带”[②]。大体来看，此造像带在西北已涵盖了西魏、北周辖区的主要石窟寺，并在东魏、北齐辖区由青州向定州有延伸之势，与东魏、北齐政治中心同期涌现的“敷搭双肩下垂式”佛衣形成对峙局面。“褒衣博带演化式”佛像经由东部沿海对朝鲜半岛三国时期和日本飞鸟时期的佛像产生了深刻的影响（表1）。

佛像传入日本应涉及两个传入渠道，一是由南梁人司马达止在继体天皇十六年（522）以佛教私传的形式进入日本，并被其孙司马止利所继承；二是伴随钦明天皇七年（538）佛教公传由百济传入。同一种佛像样式，或在不同的时间经由不同的路径，殊途同归传入日本。6世纪中期，中国的“褒衣博带演化式”佛衣传至日本，成为日本正式接受佛教后，较早传入的佛衣样式之一，这一点与朝鲜半岛有所不同。朝鲜半岛正式传入佛教在高句丽是小兽林王二年(372)，在百济是枕流王元年（384）。时“褒衣博带式”佛衣尚未被创造出来，传入朝鲜半岛的佛像更应是“通肩式”，如首尔纛岛出土的4世纪金铜坐佛（图9）。而新罗接受佛教时，褒衣博带佛衣式已在南朝被创造出来。

现存实物资料显示，朝鲜半岛和日本出现“褒衣博带演化式”佛像的时间接近。朝鲜半岛

图8　成都西安路出土阿育王正背面像

图9　首尔纛岛出土的4世纪金铜坐佛

① 费泳：《中国佛教艺术中的佛衣样式研究》，中华书局，2012年，第28—31页。

② 费泳：《论南北朝后期佛像服饰的演变》，《敦煌研究》2002年第2期，第77—80页。

表 1 朝鲜半岛与日本的“褒衣博带演化式”佛像

国家或地区		像例	时间	出处	佛像特征
朝鲜半岛	高句丽	 金铜无量寿佛三尊像主尊	571 年	黄海道谷山郡	磨光肉髻
		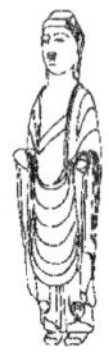 立佛	6 至 7 世纪	江原道阳平	螺发
	百济	 滑石坐佛①	6 世纪后半叶	忠清南道扶余郡军守里	磨光肉髻，裳悬座
		 摩崖三尊像②	公元 600 年左右	忠清南道瑞山郡泰安	磨光肉髻
	新罗	 摩崖三尊像主尊③	公元 620 年	瑞山郡云山	磨光肉髻
		 金铜立佛④	7 世纪	宿水寺址	磨光肉髻

① ［日］菊竹淳一、吉田宏志：《世界美術大全集·東洋編 10》，小学馆，1998 年，第 125 页。

② ［日］松原三郎：《飛鳥白鳳佛源流考》（一），《國華》931 号（1971 年）。

③ ［日］松原三郎：《飛鳥白鳳佛源流考》（一），《國華》931 号（1971 年）。

④ 《三国时代佛教雕刻》，韩国国立中央博物馆，1990 年，图 64、65、66、67，均为宿水寺址出土 7 世纪“褒衣博带演化式”金铜立佛。

续表

国家或地区		像例	时间	出处	佛像特征
朝鲜半岛	新罗	 弥勒三尊像主尊①	7世纪中叶	庆尚北道庆州市南山	磨光肉髻
		 阿弥陀佛三尊像主尊②	7世纪后半叶	庆州市拜里	螺发，佛衣样式为“半披式”与“褒衣博带演化式”的叠加披着
		 立佛	7世纪后半叶	韩国湖岩美术馆藏	螺发
日本		 飞鸟大佛	推古十七年（609）	飞鸟寺安居院	螺发，交领内衣
		 金铜三尊像主尊③	6至7世纪	法隆寺献纳143号	水波纹肉髻
		 金铜立佛	6至7世纪	法隆寺献纳150号	螺发

① ［日］菊竹淳一、吉田宏志：《世界美術大全集·東洋編10》，小学馆，1998年，第131页。

② ［日］菊竹淳一、吉田宏志：《世界美術大全集·東洋編10》，小学馆，1998年，第346页。吴焯：《朝鲜半岛美术》，中国人民大学出版社，2004年，第156页。

③ 小林刚认为，钦明天皇十三年（552）佛教正式由百济传入时，该金铜释迦佛像约在这一时期由百济传入。他认为这是日本最早的佛像传播，意义十分重大。参见［日］小林刚：《御物金銅佛像》，东京国立博物馆，1947年，第76—77页。

续表

国家或地区	像例	时间	出处	佛像特征
日本	金铜立佛①	6至7世纪	法隆寺献纳151号	磨光肉髻

以黄海道谷山郡出土高句丽辛卯（571）铭金铜三尊像（图10）及忠清南道扶余郡军守里出土百济6世纪后半叶坐佛为代表。日本有建于推古十七年（609）的飞鸟大佛，也有发生时间可能早至6世纪后半叶的法隆寺献纳143号三尊像。问题是，促成日本“褒衣博带演化式”佛像的产生，可能不仅有来自朝鲜半岛的影响，也应考虑由中国直接输入。以往学界在考察日本飞鸟时期佛像的来源，多限于中国北朝—朝鲜半岛—日本这条路线。但当海东地区佛像的诸多样式特征在南朝被发现时，学界对传入路径会有新的认识。特别是针对飞鸟大佛服饰呈现的一些造像因素，与中国“南式佛装造像带”上的佛像特征高度一致，并且这些造像因素中有些非半岛所特有，突出反映在以下几方面：

图10　高句丽辛卯（571）铭金铜三尊像

1. 交领内衣。交领内衣是飞鸟大佛衣着特征之一。以往在朝鲜半岛三国时代的佛像中可以见到，如忠清南道礼山郡百济6世纪后半叶四面石佛正面坐佛（图11）、高句丽6世纪金铜如来坐佛（图12）等。

研究发现在中国“南式佛装造像带”上亦能见到，如南京栖霞山千佛岩石窟019窟（双佛窟）正壁西侧坐佛（图13），成都商业街出土的南梁天监十年（511）王州子造像，青州东魏时期“褒衣博带演化式”佛像，麦积山北魏第114窟正壁主尊（图14），莫高窟隋代佛像着交

① 该作品被认为是飞鸟时期从朝鲜半岛传入。

图 11　忠清南道礼山郡百济 6 世纪后半叶四面石佛正面坐佛

图 12　高句丽 6 世纪金铜如来坐佛

图 13　南京栖霞山千佛岩石窟 019 窟（双佛窟）正壁西侧坐佛

图 14　麦积山北魏第 114 窟正壁主尊

领内衣更是屡见不鲜。这些汉地佛像的交领与飞鸟大佛相同，均为右衽。飞鸟大佛交领内衣的本源应在南朝，其传播路线为建康—山东半岛—忠清南道—日本，但也不排除由南朝直接传至日本的可能。

2. 螺发。螺发在南朝齐梁年间佛像中较为普遍，如南京千佛岩石窟南朝龛像、成都地区出土的萧梁造像，也是“南式佛装造像带”上常见的佛像特征。而在位于北魏政治中心的云冈石窟、龙门石窟、巩县石窟造像中较为罕见。即便进入到6世纪中期，在东魏、北齐政治中心附近兴建的较大规模的石窟寺中，螺发依然很少见[①]。朝鲜半岛三国时期的佛像少有螺发，日本飞鸟时期佛作螺发，和内衣作交领一样，不能排除从中国直接传入。

3. 裳悬座。裳悬座在中国6世纪中期整体上趋于式微，特别是在“南式佛装造像带”上许多“褒衣博带演化式”佛像衣襞多不覆坛。如成都西安路梁大同十一年（545）张元造像及同址出土的编号H1:6的三佛像[②]，麦积山石窟第141窟右壁及左壁后部北周坐佛，山东诸城编号ⅢC（SZF:70）的北齐坐佛[③]。另有少数造像仍在延续之前衣襞覆坛的裳悬座形式，如上海博物馆藏梁中大同元年（546）慧影造像，诸城北齐天保三年（552）僧济本造像等。这两种不同的衣襞表现方式在海东较早见于飞鸟大佛和忠清南道扶余郡军守里出土坐佛，其中飞鸟大佛不表现裳悬座，与当时中国“南式佛装造像带”上佛像的整体发展更相契合。

4. 水波纹肉髻。日本法隆寺献纳143号造像主尊水波纹肉髻的来源，主要还是直接来自中国。佛作水波纹肉髻，在现存朝鲜半岛三国时期的佛像中几乎看不到。在中国，佛作水波纹肉髻，在北朝佛像中较为常见，较早的如云冈石窟第6窟及巩县石窟寺遗址出土的北魏佛像（图15）等，这应是从犍陀罗波浪纹发髻变化而来。

图15　巩县石窟寺遗址出土的北魏佛像

① 进入6世纪中期，当“南式佛装造像带”上形成了以“褒衣博带演化式”为主体的佛像表现形式，同期以东魏、北齐政治中心邺（今河北临漳西，河南安阳北）和晋阳（今山西太原）附近的响堂山、安阳诸窟，以及天龙山石窟等，佛衣样式以“敷搭双肩下垂式”为主体。但这两个体系中的造像因素也互相交流和渗透，在北响堂山三窟可以见到饰螺发的主尊。在安阳小南海中窟东、西壁主尊立佛亦着“褒衣博带演化式”佛衣，这也是北齐政治中心附近为数不多的“褒衣博带演化式”像例。

② 成都市文物考古工作队、成都市文物考古研究所：《成都市西安路南朝石刻造像清理简报》，《文物》1998年第11期，第4—20页。

③ 杜在忠、韩岗：《山东诸城佛教石造像》，《考古学报》1994年第2期，图版11-2。

在“南式佛装造像带”沿线，似只有青州地区佛像有水波纹肉髻，如青州龙兴寺东魏天平三年（536）智明造像主尊，南京尚未发现饰水波纹的南朝佛像，河北曲阳修德寺址出土东魏时期着“褒衣博带式”佛像有饰水波纹肉髻的像例[①]，但与该地相距最近的海域是渤海湾，难以实施渡海东传。晋宋之际已有僧人经青州东莱郡和长广郡两个出海港口，与天竺、扶南等国进行佛事交流，这也是考察中国佛教造像东传可能存在的多种途径之一。

三　海东地区褒衣博带佛衣的类型特点

褒衣博带范畴佛衣在汉传佛教文化圈内具体呈现三种着衣类型（表 2），其中“褒衣博带式”与“褒衣博带演化式”在袈裟披着上的区别还是容易辨识：前者是将袈裟右领襟敷搭于左肘（图 16），后者是将袈裟右领襟敷搭左肩臂。较难辨认的是第三类佛衣的特点，这类佛像目前多出自日本飞鸟时代，从造像正面看，其着衣方式与中国“褒衣博带式”无异，表现为右领襟敷搭左肘，胸腹部系带结（图 17），但

图 16　保利藏青州风格立佛

图 17　法隆寺献纳 149 号释迦像正面

图 18　法隆寺献纳 149 号释迦像背面

① 胡国强：《故宫收藏曲阳造像》，紫禁城出版社，2009 年，图版 16，第 32 页。

表 2　5 至 7 世纪中国及海东地区褒衣博带佛衣的三种类型

<table>
<tr><th>类型</th><th>佛衣样式</th><th>典型像例</th><th>国家或地区</th><th>佛衣外观特征</th><th>备注</th></tr>
<tr><td rowspan="3">一</td><td rowspan="3">“褒衣博带式”</td><td>云冈第 6 窟佛像；成都万佛寺梁大同三年（537）侯朗造像</td><td>中国</td><td rowspan="3">袈裟左领襟自然下垂，右领襟敷搭左肘</td><td rowspan="3">水野敬三郎认为日本不见纯粹的此类佛像。笔者认为在 7 世纪后半叶，日本还是出现了“褒衣博带式”佛衣，如爱媛兴隆寺金铜释迦如来立像①</td></tr>
<tr><td>延嘉七年（539）金铜佛立像</td><td>高句丽</td></tr>
<tr><td colspan="2">“褒衣博带式”佛像，现存最早的纪年像是四川茂县出土的齐永明元年（483）释玄嵩造像</td></tr>
<tr><td rowspan="4">二</td><td rowspan="4">“褒衣博带演化式”</td><td>成都万佛寺梁中大通元年（529）佛立像</td><td>中国</td><td rowspan="4">袈裟左领襟自然下垂，右领襟敷搭左肩臂</td><td rowspan="4"></td></tr>
<tr><td>辛卯（571）铭三尊像主尊</td><td>高句丽</td></tr>
<tr><td>飞鸟大佛（约 609）；法隆寺献纳 151 号像；法隆寺献纳 143 号主尊</td><td>日本</td></tr>
<tr><td colspan="2">“褒衣博带演化式”现存最早的纪年像是南京德基广场出土的梁大通元年（527）超越造像</td></tr>
</table>

① 有关爱媛兴隆寺金铜释迦如来立像的时间，久野健推定为白风中期。参见［日］久野健：《古代小金銅仏》，小学馆 1982 年，第 209—210 页。

续表

类型	佛衣样式	典型像例	国家或地区	佛衣外观特征	备注
三	“褒衣博带式”和“褒衣博带演化式”的融合样式	法隆寺金堂癸未（623）铭释迦三尊像主尊；戊子（628）铭三尊像主尊；法隆寺献纳 149 号、145 号像	日本	佛像至少着两层袈裟，左领襟自然下垂，右领襟中内层袈裟敷搭左肩臂，外层袈裟敷搭左肘	水野敬三郎认为中国和朝鲜半岛不见此类造像，名曰“止利式服制”
		此类佛衣最早的纪年像是法隆寺金堂癸未（623）铭释迦三尊像主尊			

从背后看这类像，却又出现与“褒衣博带演化式”背后相同的着衣构造，即袈裟右领襟覆盖左肩臂（图 18），突出反映为佛像正面呈“褒衣博带式”特征，背后呈“褒衣博带演化式”特征。这种将“褒衣博带式”和“褒衣博带演化式”进行融合的样式，未见于中国和朝鲜半岛，因其可能创自司马达止之孙司马止利，所以被水野敬三郎等日本学者称作“止利式服制”[①]。

由表 2 第三类像例的正、背面像（图 19、图 20），可以看出佛像应该至少着两层袈裟，其左领襟自然下垂，在处理右领襟两层袈裟的走向时，靠内的一层敷搭左肩臂，外层则敷搭左肘。这类佛衣在当时的日本已成为一种定式在流行，说明在此之前，“褒衣博带式”和“褒衣博带演化式”均已传至日本，为这种仅见于日本新的融合样式的产生奠定了基础，但纯粹的“褒衣博带式”佛像实例极为少见。

“褒衣博带式”和“褒衣博带演化式”佛像传播至海东地区，有一个现象值得关注，即朝鲜半岛先是出现“褒衣博带式”，随后是出现“褒衣博带演化式”；日本则是“褒衣博带演化式”早于“褒衣博带式”，并创出“褒衣博带式”和“褒衣博带演化式”的融合样式。

止利佛师在造飞鸟大佛时，为何选择了在发源地中国迟出现的“褒衣博带演化式”，而之后的佛像如法隆寺金堂癸未（623）铭释迦像，却是发源地先出现的“褒衣博带式”呢？值得注意的是，这件佛衣从正面看为“褒衣博带式”，从背面我们能看到右领襟敷搭左肩臂（图 21），为“褒衣博带演化式”佛衣的特征，应为“褒衣博带式”与“褒衣博带演化式”的融合样式。这种输入地与发源地两种样式出现时间顺序颠倒的现象，在莫高窟也有发生，如莫高窟西魏时期主尊佛多着“褒衣博带演化式”佛衣，如第 285、248、249 窟。北周年间主尊佛却多着“褒衣博带式”佛衣，如第 290、299、428、

① ［日］水野敬三郎：《法隆寺金堂釈迦三尊像》，岩波书店，1974 年。

图 19 法隆寺献纳宝物 145 号佛像正面

图 20 法隆寺献纳 145 号佛像侧面

图 21 法隆寺金堂癸未（623）铭释迦像背面

图 22 法隆寺献纳 143 号释迦三尊像

430 窟。

从文献来看，飞鸟大佛和法隆寺金堂释迦像均是止利佛师的作品，前者是依据《日本书纪》的记载①，后者依据的是法隆寺金堂三尊像光背铭文中署名“司马鞍首止利佛师造”。这种仅见于日本，并糅合了“褒衣博带式”和“褒衣博带演化式”的佛衣样式，应该正是止利佛师的创造。

司马家族最初从中国南朝带来的佛像样式，以及之后由止利发展出的新样式，都受到了苏我氏的保护和推崇。虽然苏我马子同时也从百济引入佛像，但从日本现存飞鸟时期被认为由朝鲜“渡来佛”的佛衣样式来看，多着“褒衣博带演化式”佛衣。如法隆寺献纳 143 号释迦三尊像（图 22）、151 号佛像，其本源也在南朝，朝鲜半岛成为中国佛教造像传至日本的中转站。

随着南朝陈政权于祯明三年（589）覆灭，南朝与日本、百济等政权对抗北魏形成的包围圈开始崩溃②，之前海东地区对南朝佛教造像的倚重，也逐渐开始转向隋唐或隋唐之母本——北齐、北周造像，虽然这一转变的发生时间略有滞后。在日本，随着鼎力支持司马家族的圣德太子、重臣苏我马子、推古女皇在 622—628 年间相继离世，加之大化元年（645 年）颁布“显扬佛教”的诏文，次年颁布四项诏令，日本开启了引入隋唐政经体制的“大化改新”，自此进入白凤时代。佛像的样式也逐渐转为吸收源自北朝，并在隋唐较常见的佛衣样式，如“敷搭双肩下垂式”③白凤前期山田殿像阿弥陀佛三尊像（图 23）和“半披式”，佛像体态容貌也趋于丰腴④。飞鸟、白凤时代佛衣样式的发展进程

图 23　白凤前期山田殿像阿弥陀佛三尊像

① 《日本书纪》卷二二：“（推古）十三年（605）夏四月辛酉朔，天皇诏，皇太子大臣及诸王诸臣，共同发誓愿，以始造铜绣丈六佛像各一躯。乃命鞍作鸟为造佛之工。”鞍作鸟，即鞍首止利佛师。参见武田祐吉校注：《日本书纪》，朝日新闻社，1966 年，第 239 页。

② 吉村怜：“晋南迁后在江南兴起的各个王朝，为了封锁强大的北魏，加强与其周围各国的联系，形成了一大包围网。首先东联高句丽、百济，并通过百济与新罗、日本联系。接着西联河南国和宕昌国，并通过河南国与漠北大国蠕蠕及西域各国通交。以南朝为中心的文化圈，就是在这样的政治框架下实现的。”［日］吉村怜：《天人诞生图研究——东亚佛教美术史论集》，卞立强、赵琼泽，中国文联出版社，2002 年，第 126 页。

③ 从海东地区现存实物来看，7 世纪中期以前，“敷搭双肩下垂式”佛衣极为罕见，其兴盛程度远不及“褒衣博带式”佛衣，更不及“褒衣博带演化式”佛衣。“褒衣博带演化式”与“敷搭双肩下垂式”在中国产生时间相近，是 6 世纪中国南北方新兴佛衣的代表，但二者向海东地区的传播，却明显出现了先与后、强与弱的变化。

④ 但不能忽略白凤时代的佛像仍延续飞鸟时代流行的南朝色彩很重的螺发、裳悬座中表现带饰、佛左手伸二指及褒衣博带佛衣，特别是将创自中国北方的“半披式”佛衣披着于褒衣博带佛衣之外。

为：7 世纪中期以前多为“褒衣博带演化式”“褒衣博带式”，7 世纪中期以后多为“敷搭双肩下垂式”“半披式”。也就是说，日本佛教造像，在飞鸟时代主要取法南朝样式，进入白凤时代之后主要取法北朝、隋唐。

朝鲜半岛因地接中国辽东，在佛像呈现南式化特征以前，大体与中国十六国时期金铜佛样式相似，其三国时期（313—668）佛衣样式的发展进程为：由“通肩式”到“褒衣博带式”“褒衣博带演化式”，再到“敷搭双肩下垂式”“半披式”。实物资料显示，朝鲜半岛在 6 世纪的佛像主要为南朝创立的“褒衣博带式”和“褒衣博带演化式”。进入 7 世纪以后，特别是南朝覆灭后，创自北朝的佛衣样式，如“敷搭双肩下垂式”“半披式”在朝鲜半岛表现趋于活跃。与此同时，“右袒式”佛像开始涌现，“褒衣博带演化式”佛像在统一新罗时期（669—935）仍有表现，但在中国初唐之后几乎成为绝响。

北魏敦煌、云冈石窟主流图像的差异

于向东[1]　鲍梦蓉[2]

（1.东南大学艺术学院;2.同济大学）

北魏时期，敦煌、云冈石窟的窟龛形制、分层布局、艺术风格样式等有着相似之处，这些方面受到学术界较多关注。云冈石窟位于北魏政治文化中心，其洞窟形制与图像等在北方地区产生广泛的影响。“东自辽宁义县万佛堂石窟，西迄陕、甘、宁各地的北魏石窟，无不有云冈模式的踪迹，甚至远处河西走廊西端、开窟历史早于云冈石窟的敦煌莫高窟亦不例外。云冈石窟影响范围之广和影响延续时间之长，都是任何其它石窟所不能比拟的。”①宿白有关云冈模式及其影响的观点被很多学者接受。李崇峰在探讨敦煌中心柱窟的渊源时，进一步指出，“在东方5世纪末以前两个佛教艺术中心之间，云冈石窟对敦煌的影响较凉州系统石窟要大得多。”②这些观点都指明敦煌、云冈石窟之间存在艺术形式方面的相似性。但是，就主流图像题材内容与组合等而言，敦煌、云冈石窟的差异比较显著，这种差异的具体表现及其成因还没有引起学术界的充分关注。

近几十年来，学术界对于北魏敦煌、云冈石窟图像进行了较为全面的分析，阿部贤次、李玉珉、长广敏雄、李静杰、王友奎等学者对于部分代表性洞窟图像构成做了深入的个案探讨，③为本课题的比较研究奠定了基础。石窟艺术传播，主要涉及艺术样式、风格等（形式）与题材内容、图像组合等（思想）两个不同层面，存在同步与不同步两种可能。两者不同步时，就会导致复杂传播情况的出现，需要具体分析。北魏敦煌、云冈石窟图像之间的关联，就是一个值得探讨的个案。本文拟在比较分析敦煌、云冈石窟主流图像差异的基础上，进一步探讨差异原因等相关问题。

---

① 宿白：《中国石窟寺研究》，文物出版社，1996年，第144页。

② 李崇峰：《中印佛教石窟寺比较研究：以塔庙窟为中心》，北京大学出版社，2003年，第257页。

③ Abe, Stanley Kenji（阿部贤次）.Mogao Cave 254:A *case study in early Chinese Buddhist art*, Ph.D.dissertation, UC Berkeley , 1989；李玉珉：《敦煌莫高窟第二五九窟之研究》，敦煌研究院编：《1994年敦煌学国际研讨会文集·石窟考古编》，甘肃民族出版社，2000年；［日］长广敏雄：《云冈石窟第9、10双窟的特征》，云冈石窟文物保管所：《中国石窟·云冈石窟（二）》，文物出版社，1994年，第193—207页；李静杰：《关于云冈第九、第十窟的图像构成》，《艺术史研究》第10辑，中山大学出版社，2008年；王友奎：《云冈石窟第11—13窟图像构成分析》，《敦煌研究》2017年第4期，第27—38页。

一 北魏敦煌、云冈石窟的营建概述

北魏中后期，敦煌、云冈石窟开窟造像活动都很兴盛。

北魏敦煌石窟的营建主要集中于莫高窟，[①]这一历史阶段的洞窟可以分为前后二期。北魏前期洞窟有第251、254、257、259、260、263、265、487窟，开凿年代大约从公元465年至500年，它们部分继承莫高窟第272窟等早期三窟图像，如壁画上中下的分层布局等，与此同时，也有比较明显的创新之处。[②]北魏后期洞窟有第246、431、435、437窟，洞窟形制及图像与前期一脉相承，虽然局部有所创新，但在总体上比较相似。[③]上述12个洞窟中，除了第259、487窟外，其他都是典型的中心塔柱窟。

图1 莫高窟第254窟平面、剖面图
[采自《中国石窟·敦煌莫高窟（一）》]

北魏时期敦煌流行中心塔柱窟，平面基本呈长方形，后部中央凿出连接窟顶与地面的中心塔柱（图1）。窟室前部是人字披顶，上塑椽子等仿木结构部件，呈现汉化特征。塔柱四面开龛造像，正面（东向面）是一大龛，其余三面都是上、下两层龛。中心塔柱正面以龛内主尊坐佛塑像为中心，辅以或塑或绘的菩萨、弟子等眷属人物。塔柱正面龛内佛像就位置、体量等而言，可以视为洞窟主尊。塔柱两侧面上层一般是阙形龛，其他都是尖楣圆券形龛。中心塔柱与窟室后部两侧壁及后壁之间，形成可以右旋绕行的通道。北魏洞窟四壁采用上、中下分层布局，上层为天宫伎乐，中层以千佛、说法图、故事图像等为主，下层为药叉群像，窟顶通常描绘执莲花的供养天人、斗四莲花忍冬飞天等图像。

此期也有形制特殊的洞窟。莫高窟第259窟后壁中部凿成一前凸的半中心塔柱，仅正面开龛造像，没有可供右旋绕行的通道。第487窟是20

---

① 敦煌石窟中，除了莫高窟外，属于北魏的洞窟还有西千佛洞第7、22窟，这两窟属于此期比较流行的中心塔柱窟，但是塔柱四面仅开一龛，年代可能接近北魏晚期甚至西魏，两窟图像作为本文研究的参考资料，不作重点分析。

② 参见樊锦诗、马世长、关友惠：《敦煌莫高窟北朝洞窟的分期》，敦煌文物研究所编：《中国石窟·敦煌莫高窟（一）》，文物出版社，2011年，第188—191页。

③ 莫高窟第248窟除了中心塔柱没有分层开龛外，其洞窟形制、图像构成等均与北魏中心塔柱十分近似，《敦煌石窟内容总录》将其定为西魏洞窟，本文采用这一观点，将其作为北魏洞窟图像研究的重要参考对象。参见敦煌研究院编：《敦煌石窟内容总录》，文物出版社，1996年，第98—99页。

世纪60年代发掘清理出的，前部人字披顶，后部平顶，南北壁原初各有四个小禅室，正中设低坛，无明窗。[①]莫高窟第487窟无中心塔柱，南北壁原初的禅室设计表明其具有禅窟功能。阿旃陀、克孜尔等石窟中常见塔庙窟与禅窟的组合，第487窟很可能与北魏一些中心塔柱窟（属于塔庙窟）形成类似性质的组合，值得关注。

北魏时期的洞窟中，第259、246窟中心塔柱正龛内均为二佛并坐像，显得比较特别。第263、265窟中心塔柱正面龛内，分别留存西夏、五代塑造的趺坐佛与胁侍弟子、菩萨像，两窟塔柱南、西、北向面现存西夏绘制的壁画，洞窟四壁同样经过西夏大面积维修。虽然在两窟剥出部分北魏塑像、壁画原作，但是就整体图像构成而言，难以深入探讨。

北魏时期的洞窟大多经过后代重修，重修时主要是壁画再绘或塑像制作，洞窟形制基本不变。从现存北魏佛龛、壁画、雕塑来看，这些洞窟原初都有比较周密的设计方案，并得以顺利完工。

云冈石窟位于山西省大同市城西约16公里的武州（周）山南麓，石窟依山开凿，东西绵延约1公里。存有主要洞窟45个，石雕造像51000余躯，年代绝大部分属于北魏。云冈石窟的开凿，从文成帝和平初年起，一直延续至孝明帝正光五年（524）。现存洞窟可以分为东、中、西三区：东区第1窟至第4窟，中区第5窟至第13窟，西区第14窟至第45窟。西区的第16窟至第20窟，即昙曜五窟，属于云冈第一期洞窟。除了昙曜五窟外，西区洞窟大都属于北魏迁都洛阳后的第三期，东区和中区大部分洞窟则属于第二期。云冈石窟流行成组设计、营建的洞窟，第一期的昙曜五窟就有统一的规划设计，到了第二期，云冈石窟进入鼎盛期，双窟等集中出现。

云冈第一期洞窟即昙曜五窟。此期洞窟平面近似椭圆形，窟顶为穹隆顶，主像形体高大，占据窟内大部分面积（图2）。第18、19、20窟一组开凿最早。第19窟可以视为此组的中心，该窟中间有一尊巨大坐佛，两侧耳洞内各有一尊倚坐佛。[②]第20窟是一趺坐佛与二立佛（西侧立佛已毁）组合。第18窟是三立佛组合，位于中间（北壁）的立佛上半身袈裟遍布无数化佛和化生。第17窟是交脚弥勒像与一立佛、一坐佛的组合。第16窟主尊是一身立佛像，尊格应该是释迦佛，该窟门道两侧壁后期补刻两立佛。第一期洞窟中，千佛图像比较流行，同时也出现二佛并坐像。

云冈第二期洞窟营造约在470—494年前后，其间依次开凿第7、8双窟，第9、10双窟（图3），第11—13组窟，第1、2双窟，第5、6双窟等。成组营建是此期洞窟的特点之一，洞窟造像经过周密设计而成。[③]

云冈石窟第7、8窟是第二期最早开凿的双窟，大约完成于孝文帝在位初期。两窟后室后壁上下大龛内的造像，可以视为窟内主尊。第

① 莫高窟第487窟可能经过唐代等改造。南壁现存三个禅室，西端一个为后代将原来的两个合并而成，北壁存四个，东端一个被后代凿成通往第488窟通道。参见敦煌研究院编：《敦煌石窟内容总录》，第194页。

② 杭侃：《云冈第20窟西壁坍塌的时间与昙曜五窟最初的布局设计》，《文物》1994年第10期，第59—61页。

③ 参见宿白：《中国石窟寺研究》，第78—83页。

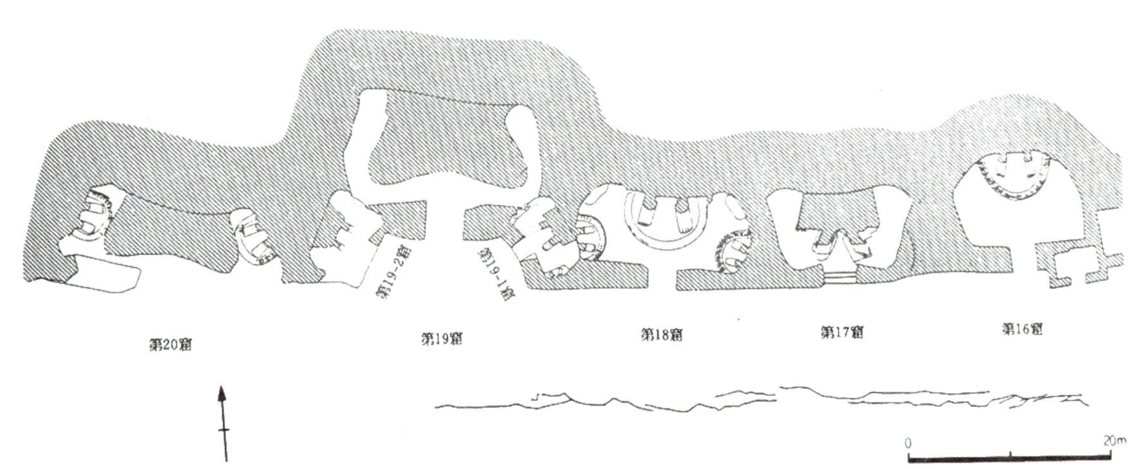

图 2 昙曜五窟平面图
[采自《中国石窟·云冈石窟（二）》，第 241 页]

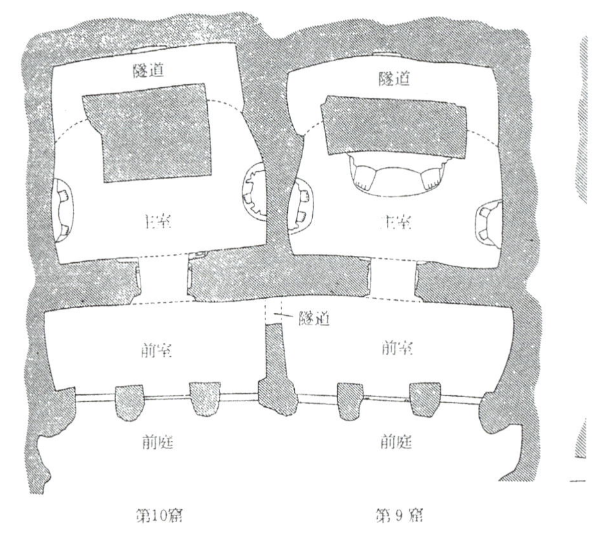

图 3 云冈石窟第 9、10 窟平面图
[采自《中国石窟·云冈石窟（二）》，第 193 页]

7 窟上龛内的主像，居中是交脚菩萨，两侧各有一倚坐佛，下龛主像是二佛并坐像。前后室壁面有较多佛教故事图像，云冈最早的维摩诘经变也出现于此双窟。云冈第 7、8 窟形制及其图像构成对于其后营建的洞窟产生了重要的影响。略晚于上述两窟的第 9、10 窟，后室主尊分别是一坐佛与交脚菩萨像，双窟的壁面大量出现因缘故事与二佛并坐像，引人注目。

第 1、2 窟均为塔庙窟，也是一体设计的双窟，窟内后壁的主尊分别是一交脚菩萨与一坐佛。两窟中心塔四面都分层开龛造像，小龛内造像大多是趺坐佛、交脚菩萨与二佛并坐像。第 5、6 窟也是组窟，第 5 窟正壁为一坐佛，两侧各一立佛，构成三佛组合。第 6 窟是塔庙窟，主像位于后壁上下层龛内，上龛为一坐佛二胁侍菩萨的组合，下层三龛内造像风化严重，疑似一立佛与二站立胁侍菩萨的组合。中心塔分上下层布局，下层四面大龛内，南龛雕坐佛像，西龛雕倚坐佛像，东龛雕交脚菩萨像，北龛则雕二佛并坐像，上层四面各雕一立佛与二胁侍菩萨像，四角各雕一楼阁式塔柱（图 4）。第 11、12、13 窟构成的组窟中，具有前后室的第 12 窟是中心窟，该窟后室后壁分上下龛，上龛内造像风化无存，下龛现存后世补塑的一倚坐佛及二胁侍菩萨。第 11 窟为塔庙窟，后壁风化严重，雕刻无存，中心塔分三层雕刻造像。第 13 窟后壁雕一交脚菩萨像。第 3 窟平面呈横长

图 4 云冈第 6 窟中心塔柱西立面图
[采自《中国石窟·云冈石窟（一）》，第 237 页]

方形，窟分上下两层，上层两侧各雕一塔柱，后室内三身造像为后世雕刻。

云冈第三期洞窟的营建以中小型洞窟为主，与北魏迁都洛阳后赞助人群体的变化直接相关。相比前期洞窟，云冈第三期洞窟造像组合富于变化，中型洞窟大多采用对称法则配置两侧壁龛像，小型洞窟造像配置则相对自由。总体而言，第三期洞窟图像明显受到第二期影响。①

综上所述，北魏敦煌、云冈石窟的营建呈现不同的地域特色。敦煌营建的均为中小型洞窟，没有成组设计建造，中心塔柱窟始终是主流洞窟。洞窟基本形制、塔柱主尊、壁面图像布局方式等前后没有显著变化。云冈第一、二期洞窟经常成组营建，规模宏大，第三期洞窟一般单独营建，洞窟形制、主尊、主流图像及其组合等呈现明显的阶段性变化。总体而言，敦煌属于渐进式发展，云冈则是跳跃性演变，差异十分明显。

二 北魏敦煌、云冈石窟主流图像题材内容的比较

北魏敦煌、云冈石窟主流图像的题材内容有明显的区别。云冈石窟十分常见的二佛并坐像，在敦煌石窟中数量极少，仅有两例，分别出现于莫高窟第 259、246 窟半塔柱或中心塔柱正龛（图 5）。维摩诘经变、过去七佛也是云冈比较流行的图像，它们却没有出现于同时期的敦煌石窟。除此之外，两地石窟图像差异还表现在洞窟主尊、故事图像、千佛图像、护法神像等方面，如下进行具体的比较分析。

（一）洞窟主尊

北魏敦煌石窟主室正壁不开龛，洞窟主尊基本都位于塔柱正面龛内。莫高窟第 259、246 窟塔柱正面龛内均为二佛并坐像，②尊格无疑是

① 王友奎：《云冈石窟第三期洞窟图像组合分析》，《敦煌研究》2020 年第 3 期，第 61 页。
② 关于莫高窟第 246 窟的年代，学术界存在不同看法，也有学者认为是西魏，本文倾向于北魏窟的观点。

图 5 莫高窟第 259 窟半塔柱的二佛并坐像龛
[采自《中国石窟·敦煌莫高窟（一）》]

出自《妙法莲华经》的释迦多宝佛。第 263、265 窟中心塔柱正面龛内分别留存西夏、五代时期塑造的一趺坐佛，原初主尊情况不明。第 487 窟没有塔柱，正壁也不开龛，原初是否供奉尊像难以判断。此期其他 7 窟中心塔柱正面龛内均留存北魏塑造的佛像，第 251 窟龛内为趺坐说法佛，第 254 窟为交脚佛，后者双臂残损，原初应该为常见的说法印（图 6），其他 5 窟塔柱正面龛内均为倚坐说法佛。第 251 窟这一趺坐说法佛，学术界一般认为是释迦佛。而关于其他交脚佛、倚坐说法佛的尊格，争议较大，一种观点认为是弥勒佛，另一种观点是释迦佛。

相比一般趺坐佛、立佛而言，交脚佛与倚坐佛显得比较特别。根据北朝时期造像题记来看，此期不少交脚佛、倚坐佛的尊格是弥勒佛，但是例外的情况也比较常见。贺世哲认为，北魏敦煌石窟塔柱正面龛内的倚坐说法佛以及第 254 窟的交脚佛，表现的可能均为释迦佛，[①]阿部贤次认为第 254 窟交脚佛也是释迦佛。[②]樊锦诗、马世长等则认为除了第 254 窟塔柱正面龛

① 贺世哲：《敦煌图像研究：十六国北朝卷》，甘肃教育出版社，2006 年，第 73 页。

② Abe, Stanley Kenji（阿部贤次）.Mogao Cave 254:*A case study in early Chinese Buddhist art*, Ph.D.dissertation, UC Berkeley, 1989,pp.128–129.

图 6　莫高窟第 254 窟内景
[采自《中国石窟·敦煌莫高窟（一）》]

内为交脚弥勒佛外，倚坐佛皆为倚坐释迦像，[①]也有一些学者认为这些交脚佛、倚坐佛都是弥勒佛。本文认为，无论交脚佛、倚坐佛，北朝时期都没有与弥勒佛建构稳定的关联，必须将其与龛内乃至窟内其他图像关联起来综合考虑，才能判断尊格。上述洞窟中，南、西、北三壁经常描绘降魔变、初转法轮，及本生、因缘故事图像等，几乎都与释迦佛相关。另外，第 254 窟塔柱正面龛内交脚佛左右两侧，描绘成对出现的尼乾子与鹿头梵志，佛经中有关他们的记载也多与释迦佛相关。[②]本文由此推测，北魏敦煌石窟塔柱正面龛内的倚坐说法佛、交脚佛，尊格都有可能是释迦佛。

第 251、435 窟南、北壁人字披下都分别描绘一趺坐佛说法图，南北壁说法图的主尊佛与塔柱正面龛内趺坐佛或倚坐佛之间，由此可能共同组成三壁三佛的三世佛造像组合。[③]第 257 窟南壁前部画一身比较高大的立佛，身边有众

① 樊锦诗、马世长、关友惠：《敦煌莫高窟北朝洞窟的分期》，敦煌文物研究所编：《中国石窟·敦煌莫高窟（一）》，第 189 页。
② 王惠民：《敦煌佛教图像研究》，浙江大学出版社，2016 年，第 24 页。
③ 贺世哲：《敦煌图像研究·十六国北朝卷》，第 152 页。

多菩萨等眷属，立佛袈裟上布满长方形格子纹饰，左手执袈裟一角，包括右手臂在内的大部分画面较为模糊。[①]北壁前部对称位置也描绘一身立佛及眷属人物，画面仅存立佛头部及其右侧部分，残缺较多。联系第251、435窟的塑绘联壁式三佛组合来看，第257窟南北壁此二立佛与中心塔柱正面龛内的倚坐佛也可能是三世佛组合。

综观北魏敦煌洞窟，释迦佛可以说是常见的主尊，第251、257、435窟主尊或许是以释迦佛为中心的三世佛组合。

与敦煌相比，云冈洞窟主尊常以组合造像方式出现，显得比较复杂。第一期洞窟主尊流行三佛或二佛一交脚菩萨等组合。第20窟是一趺坐佛与二立佛组合（图7），坐佛右侧立佛像已损毁，第19窟采用趺坐佛与二倚坐佛组合，第18窟三立佛组合。第17窟是交脚弥勒像与一立佛、一坐佛的组合。第16窟主尊是一身立佛像，该窟门道两侧壁补刻两立佛，也可以视为三佛组合。[②]结合此期佛教文化背景来看，学术界公认第一期洞窟中主尊均为表示过去、现在与未来的三世佛组合。三佛组合样式在犍陀罗艺术中就比较常见，炳灵寺第169窟也有西秦时期的三佛组合造像，云冈第一期洞窟中，主尊三佛组合可能受到这些地区造像的启发。

图7 三世佛（局部）云冈第20窟北壁与东壁
[采自《中国石窟·云冈石窟（二）》]

云冈第二期洞窟基本都是成组营建，洞窟的主尊大多位于主室后壁，少数洞窟例外。此期洞窟主尊比前期更为复杂。譬如，第5窟正壁为一坐佛，两侧各一立佛，主尊可以理解为三世佛，这是对于前期洞窟的继承。第6窟的主尊则分布在后壁上下层龛内，上龛为一坐佛二胁侍菩萨的组合，下层龛内可能也是一佛二胁侍菩萨组合，此窟主尊可能是释迦佛。第7窟后室后壁上下两层龛中，上龛正中为弥勒菩萨，两侧为倚坐佛像，这应是三世佛的另一种组合方式，此龛的下方龛内是二佛并坐像，此窟主尊可以视为三世佛与释迦多宝佛的组合。第8窟正壁也是上下层龛组合，上龛正中是一倚坐佛，下龛造像严重风化，正中依稀可辨为

① 《敦煌石窟内容总录》记载第257窟南壁前部那身立佛为“毗卢舍那佛”，笔者仔细观看现存图像，看不到北齐、北周时期法界人中像袈裟上的那些符号元素。参见敦煌研究院编：《敦煌石窟内容总录》，第103页。

② 此窟主尊背光纹样呈现早期特征，但是主尊佛像与门道两侧立佛均为二期后段甚至更晚时间雕刻，推测原初规划的洞窟主尊很可能也是三佛组合。

一趺坐佛，此窟主尊大概是释迦佛与弥勒佛的组合。从组窟角度来看，这些洞窟中的主尊又进一步形成组合，譬如第 7、8 窟主尊就可以理解为三世佛、释迦多宝、释迦佛、弥勒佛之间的复杂组合。综上所述，云冈第二期洞窟主尊比较多样，其中释迦多宝佛加入后形成的新组合引人瞩目。

云冈第三期洞窟可分为三壁三龛、侧壁双层龛、三壁多层多龛等形式。龛像配置经常采用横向组合，由此为一些洞窟主尊的判断增加了难度。已有学者指出："就第三期诸窟正壁龛像而言，释迦多宝像是中、小型洞窟中共同流行的题材，其他题材的使用则有所差异。体量较大的第 27、29、30、31 窟壁面空间充足，倾向于分层开龛，因而得以在同一壁面表现弥勒（菩萨、佛）与释迦多宝佛或趺坐佛组合；而小型窟则倾向于在正壁雕刻趺坐佛，推测是对释迦佛的集中表现。"①此期洞窟主尊中最为常见的是释迦多宝佛、弥勒（菩萨、佛）、释迦佛及其组合。

北魏时期，敦煌洞窟主尊前后变化不大，配置比较简单，而云冈石窟中的主尊配置多样，不同阶段变化明显。

（二）本生、因缘、佛传故事图像

北魏敦煌、云冈石窟都比较流行本生、因缘、佛传等故事图像，但是在具体的题材内容方面有别。

敦煌洞窟中的故事图像，一般处于接近视平线的醒目位置，画面题材内容特别，艺术表现手法富有新意。北魏敦煌故事图像出现于如下洞窟中。

第 254 窟：降魔变（南壁）、萨埵太子舍身饲虎（南壁）、难陀出家因缘（北壁）、尸毗王本生（北壁）；

第 257 窟：沙弥守戒自杀缘（南壁）、提婆达多破戒缘（南壁）、九色鹿本生图（西壁）（图 8）、须摩提女因缘（西壁、北壁）；

第 260 窟：降魔变（南壁）（图 9）、鹿野苑初转法轮（北壁）；

第 263 窟：降魔变（南壁）、鹿野苑初转法轮（北壁）；

第 431 窟：乘象入胎（塔柱南向面）、逾城

图 8　九色鹿王本生图　莫高窟第 257 窟西壁
［采自《中国石窟·敦煌莫高窟（一）》］

① 王友奎：《云冈石窟第三期洞窟图像组合分析》，《敦煌研究》2020 年第 3 期，第 61 页。

图 9　降魔变　莫高窟第 260 窟南壁前部
[采自《中国石窟·敦煌莫高窟（一）》]

窟南壁西端紧接沙弥守戒自杀缘后的一铺图像，樊锦诗、马世长认为此图为“弊狗因缘”①，其后《敦煌石窟内容总录》采用此说②。近年来樊雪崧对此质疑，认为其表现的应该是与“提婆达多破僧事”的相关情节，即“如佛而卧”“自投于地”“駏驉之喻”等，进而指出，在佛教戒律经典中，这一故事常与九色鹿本生故事等一起出现。③笔者基本认同这一观点，认为此铺图像可以称为“提婆达多破僧缘”（图 10）。

北魏敦煌故事图像中，第 257 窟故事图像采用连环画式构图，注重多情节的线性叙事，可谓特例。其他洞窟的故事图像几乎都是方形构图，一般选取最有表现力的一个或几个场景进行刻画，凸显画面感染力而非线性叙事。

出家（塔柱南向面）。

考虑到此期有些洞窟壁面经过后世重绘，估计其他洞窟原初还可能绘制上述类型故事图像。以上列举的基本可以代表此期敦煌主流故事图像。值得注意的是，释迦苦修像曾出现于第 257、260、431、437 窟塔柱的下层龛中，龛型大多为双树圆券龛，也可以视为佛传苦修故事的一种特殊表现形式。此期故事图像题材内容基本得以释读，也有个别图像例外。第 257

云冈石窟中常见佛本生、佛传与因缘三种故事图像，现存 220 幅左右。根据构图，可以分为连环画式与单幅式两种类型。前者以一系列情节画面，比较完整地表现经典中记载的相关故事内容。后者则是在一个单幅画面中，以比较精练的元素表现故事中一个场景，由于画面简单且没有榜题，且风化较多，导致一些图像需要仔细辨析。

① 樊锦诗、马世长：《莫高窟北朝洞窟本生、因缘故事画补考》，《敦煌研究》1986 年第 1 期，第 29—30 页。
② 敦煌研究院编：《敦煌石窟内容总录》，第 103 页。
③ 樊雪崧：《莫高窟第 257 窟提婆达多图像试论——敦煌“弊狗因缘”献疑》，《敦煌研究》2020 年第 6 期，第 48—56 页。

图 10　提婆达多破僧缘　莫高窟第 257 窟南壁
［采自《中国石窟·敦煌莫高窟（一）》］

第一期洞窟中故事图像已零星出现，譬如，第 19 窟南壁西南隅就有一铺罗睺罗受记因缘（图 11）。故事图像在第二、三期洞窟更为常见。云冈石窟故事图像在各个洞窟中留存的数量并不均衡，相对集中于第二期第 6、7、8、9、10 窟与第三期第 38、41 等洞窟。

图 11　罗睺罗受记因缘　云冈石窟第 19 窟南壁
［采自《中国石窟·云冈石窟（二）》］

云冈第二期洞窟中故事图像十分流行，此期 12 个洞窟中，除了第 3 窟以外，其他洞窟均有发现。第 7 窟前室东壁、第 8 窟前室西壁原初分层雕刻连环画式故事图像，但是风化严重。目前第 7 窟前室东壁 60 幅画面中，仅可以辨识少部分本生故事题材，如睒子本生、慕魄太子本生、昙摩绀闻偈焚身等。第 8 窟前室西壁仅残存两幅，题材难以辨识，此窟后室残存佛传故事图像，值得关注。第 9、10 窟中的故事图像也很丰富，两窟前室壁面损坏严重，本生故事浮雕分布在腰壁处，其中可以辨识的有睒子本生故事（图 12）与儒童本生故事。云冈石窟

图 12　睒子本生故事（摹本）云冈石窟第 9 窟前室西壁
[采自《中国石窟·云冈石窟（二）》，第 201 页]

因缘故事图像比较丰富，目前辨识出 15 种左右，其中有 12 种出现于第 9、10 双窟的前室与后室壁面。其中包括鬼子母失子缘、兄弟二人出家缘、八天次第问法缘、天女华盖供养缘、尼乾子投火缘、须达长者妇获报缘、大光明王始发道心缘、魔王波旬欲来恼佛缘、妇女厌欲出家缘等。东吴支谦译《撰集百缘经》与北魏慧觉等译《贤愚经》等记载不少因缘故事，但是第 9 窟天女华盖供养缘等四个故事以及第 10 窟妇女厌欲出家缘故事，仅见于吉迦夜、昙曜共译的《杂宝藏经》（译于延兴二年，472 年）。由此推测，这一双窟中的因缘故事及睒子本生故事图像，可能都是依据《杂宝藏经》制作而成。[①]然而，第 9、10 双窟这些因缘故事很少在其他洞窟出现。

云冈第 6 窟的佛传故事图像十分丰富，部分风化无存，“第 6 窟最初应有本行故事雕刻画面 46 幅之多……东壁失 3 幅，南壁失 3 幅，西壁全失，计 9 个画幅之多。”[②]本行故事就是指佛传故事。第 6 窟现存包含太子诞生、阿私陀占相、出游四门、逾城出家、降魔成道、鹿野苑说法等 30 多个情节画面，主要分布于中心塔柱以及洞窟壁面上。本窟佛传图像创作依据可能是《普曜经》与《过去现在因果经》。

云冈第三期洞窟中故事图像不如第二期那样盛行，此期都是中小型洞窟，空间有限，没有出现过前期鸿篇巨制式的连环画式故事图像。第 38 窟南壁、北壁雕刻乘象入胎、降魔成道、鹿野苑说法、降伏火龙、三道宝阶、入涅槃等佛传故事图像（图 13）。第 41 窟北壁留存乘象入胎、太子诞生、阿私陀占相、出游四门、逾城出家、佛陀成道等图像，风化严重。云冈第 35、37 窟等少数洞窟也留存零星佛传故事图像。乘象入胎、掷象、三道宝阶是第三期洞窟新出现的佛传图像。有学者统计了第三期洞窟常见故事图像种类与数量，“本期洞窟中，本生故事有舍身饲虎（1 例）和儒童本生（11 例）两种；因缘故事有罗睺罗因缘（2 例）、阿输迦施土缘（15 例）和雕鹫怖阿难入定（1 例）3 种；本行故事有 18 种，共计 50 余幅。”[③]值得关注

① ［日］长广敏雄：《云冈石窟第 9、10 双窟的特征》，云冈石窟文物保管所：《中国石窟·云冈石窟（二）》，文物出版社，1994 年，第 205 页。
② 赵昆雨：《云冈石窟佛教故事雕刻艺术》，江苏美术出版社，2010 年，第 14—16 页。
③ 赵昆雨：《云冈石窟佛教故事雕刻艺术》，第 16—17 页。

图 13　云冈石窟第 38 窟北壁线描图
[采自《中国石窟·云冈石窟（二）》，第 210 页]

的是，儒童本生与阿输迦施土因缘是云冈持续流行的两种故事，在第三期洞窟中十分流行，而且常以对称组合布局出现。

北魏敦煌、云冈石窟流行的故事题材内容并不一致。敦煌洞窟重复出现的仅有属于佛传题材的降魔变、鹿野苑初转法轮，其他本生、因缘故事仅在个别洞窟中出现，不能视为流行故事图像。云冈石窟流行的故事图像较多，属于佛传类的有乘象入胎、商主奉食、白马吻足、鹿野苑说法、降伏火龙、降魔成道等；属于因缘类的有罗睺罗受记因缘与阿育王施土因缘；属于本生类的有儒童本生。通过比较可以发现，除了降魔成道、鹿野苑初转法轮是两地共同流行的故事外，云冈石窟其他常见的故事都不见于同时期敦煌石窟，由此可见，两地石窟设计者对于佛教故事题材内容选择的视角不尽相同。

（三）千佛图像

北魏敦煌、云冈石窟都比较流行千佛图像，

然而它们创作的依据及相关内涵也有差别。甘肃炳灵寺石窟第 169 窟南壁第 24 号千佛图像绘制于西秦时期，其题记明确提及“共造此千佛”，这是最早有题记的千佛图。十六国、北朝时期千佛图像在北方洞窟中持续流行。西晋竺法护译《贤劫经》卷六《千佛名号品》中，就已列举贤劫千佛名号，南北朝时期包括佛名经在内的很多大乘经典经常提及千佛。就佛经而言，千佛可以分为时间序列的三世诸佛与空间序列的十方佛两种类型，由此千佛图像也有时间、空间序列的两种不同内涵。在缺乏题记的情况下，需要根据千佛图像与相关图像的组合进行分析，才能辨别具体内涵。

北魏敦煌石窟的千佛图像持续盛行，洞窟四壁经常大面积描绘千佛图像，大部分题记难以辨识。第 254 窟主室四壁留存 1235 身千佛，783 身旁边留有墨书佛名题记，为千佛定名提供了直接依据。据学者研究，本窟千佛名号抄自《过去庄严劫千佛名经》与《未来星宿劫千佛名经》。[①] 该窟四壁千佛名号中没有发现贤劫千佛。第 254 窟塔柱及壁面佛龛中现存 17 身塑像，贺世哲认为，有的表现释迦佛，有的表现弥勒菩萨，释迦、弥勒都属于贤劫千佛，此窟可能是以塑绘联壁的形式，表现“过去、现在、未来三劫三千佛”或“三世三千佛”。[②]笔者赞同这一观点。此期主尊为一佛的其他中心塔柱窟，窟内千佛图像在主室周壁的分布均与第 254 窟相近，洞窟图像构成也相似。因此，这些千佛或许有着同样的内涵，均属于时间序列的三世三千佛。

第 259 窟主尊释迦多宝佛，其中的千佛内涵可能与第 254 窟有别。已有学者指出，第 259 窟西、南、北三壁描绘的千佛，其与洞窟主尊紧密关联，很可能是《妙法莲华经》记载的释迦分身于十方世界的化佛。[③]

云冈石窟中千佛图像同样流行，在不同阶段的表现不尽相同。第一期昙曜五窟壁面中，千佛图像占有较大面积。但是到了第二期洞窟中，千佛在洞窟壁面占据的面积较小，意味着千佛地位有所下降。第三期少数洞窟中大面积出现千佛图像。

云冈第一期洞窟中，现存壁面都可以看到千佛图像，根据具体样式及其在壁面的分布来看，既有属于原初统一规划雕刻的，又有后期补刻的。第 19 窟东、南、西三壁大部分布满龛式千佛，布局规整，应属于原初规划雕刻的图像，南壁左右上方千佛中间各有一铺 3.6 米高的立佛，立佛与身边的一小人物组合成“罗睺罗受记因缘”图像。值得注意的是，第 17、18、20 窟等中还出现千佛与二佛并坐像的组合，第 17 窟东壁千佛中央留一方空白，其上沿雕刻一小型二佛并坐龛，形成千佛环绕二佛并坐的组合，“这种图像首见于第 18 窟东壁上部……，此时成为本窟西壁上部主要图像。”[④]第二、三期洞窟中，千佛与二佛并坐组合更为常见。

---

① 宁强、胡同庆：《敦煌莫高窟第 254 窟千佛画研究》，《敦煌研究》1986 年第 4 期，第 25—28 页。

② 贺世哲：《敦煌图像研究：十六国北朝卷》，第 73 页。

③ 参见李玉珉：《敦煌莫高窟二五九窟之研究》，敦煌研究院编：《1994 年敦煌学国际研讨会文集——纪念敦煌研究院成立五十周年：石窟考古卷》，甘肃民族出版社，2000 年，第 74—90 页。

④ 王友奎：《云冈昙曜五窟图像组合分析》，《艺术史研究》第 18 辑，中山大学出版社，2016 年，第 242 页。

云冈石窟千佛图像的意涵主要有两种。第一种以第一期第19窟千佛图像为代表，这些千佛图像应与窟内三世佛主尊紧密关联，很可能依据三劫三千佛相关的经典制作，整体上可以称为三世三千佛。第二种类型则是千佛与二佛并坐像形成的组合，学术界大多认为表现的是与《妙法莲华经》相关的释迦十方化身诸佛。

北魏时期，敦煌石窟中属于时间序列的千佛始终占据主流，与法华信仰相关的代表释迦十方化身的千佛图像仅为特例。云冈石窟恰好相反，与法华信仰相关的代表释迦十方化身的千佛图像持续流行，可以说是主流千佛图像。

（四）护法神祇图像

北魏时期，护法神祇图像在敦煌石窟、云冈石窟都比较常见，但是在神祇形象、身份、数量、组合等方面差异显著。

北魏敦煌石窟的护法神祇主要有天王、金刚力士与药叉（图14）。①天王与金刚力士一般出现在佛说法像旁或说法图中，具有护持道场法会的功能。莫高窟第257窟中心塔柱正龛外北侧存天王像一身，身穿盔甲，因双臂残损难以判断原初持物。该窟南壁前部说法图中立佛的左侧，也有一身穿盔甲、持金刚杵的天王。第435窟主尊倚坐说法佛左右两侧各有一身金刚力士像。总体而言，天王、金刚力士在此期洞窟中时有出现，但是同一幅图像中常以单尊出现。

北魏敦煌洞窟最为常见的护法神祇是药叉，普遍绘制于洞窟壁面下层或塔柱的基座周围，

图14　药叉神 莫高窟第251窟南壁
[采自《中国石窟·敦煌莫高窟（一）》]

成排出现，数量众多。药叉是一种有大势神通的鬼，可以分为地行药叉、虚空药叉与天药叉，被吸收为佛教护法后，成为护法神祇的一部分。从药叉在洞窟偏下部位置来看，地位可能低于天王、金刚力士。北魏敦煌洞窟没有出现多首多臂的密教护法神祇。

北魏云冈石窟的护法神祇不仅数量众多，而且身份多样，比敦煌石窟复杂得多。云冈第一期洞窟中，护法神祇图像比较少见，个别洞窟可以见到金刚力士，根据造型特征等来看，很可能是后期补刻。第二期洞窟中护法神祇图像大量出现，种类繁杂，分布于窟门两侧、塔柱龛外、窟顶等处。

二期最先营建的第7、8窟的窟门东西两壁，都采用上下两层布局，下层均为金刚力士，上层则是多首多臂的密教护法神，由此形成以窟门为中心的二金刚力士、二密教天神的对称组合。云冈石窟第8窟窟门东壁上层雕刻一身三头八臂的神祇，坐于卧牛上，学界一般认为是摩

① 北魏天王与金刚力士有时均以手持金刚杵形象出现，表明他们之间的界限比较模糊，只能根据衣饰做些大概推断。

醯首罗天；西壁雕出一身五头六臂的神祇，坐于孔雀上，通常认为是鸠摩罗天。关于两身神祇的身份也有学者持不同观点。[①]第 7、8 窟将金刚力士对称组合于窟门两侧的方式，被第二期其后的洞窟普遍继承，有些洞窟还在后室南壁窟门两侧各增加一身金刚力士，譬如第 9、10 窟（图 15）。第 10 窟前室北壁窟门上方雕刻一须弥山，其左右两侧分别雕刻一身三首四臂、五首六臂的护法神祇，一般认为分别是阿修罗天与鸠摩罗天。

第二期洞窟中，还出现以说法佛为中心的对称组合式护法神祇。譬如，第 6 窟中心塔柱正面下层佛龛的说法佛，其左右两侧共有 4 身护法神祇，不仅有金刚力士的对称组合，还有逆发药叉形神祇的对称组合，后者姿态威武，手持莲蕾状供养物，在护法的同时似乎兼具供养的性质。[②]值得注意的是，第二期部分洞窟后室顶部出现复杂的护法神祇组合。第 6、9、10、12 窟等顶部的长方形或梯形格子内雕刻药叉形神祇以及多面多臂神祇。第 6 窟的窟顶空间被中心柱分割为四份，共 32 棋格（图 16），棋格之间穿插自在飞舞的飞天，每格内有一神祇图像，包括 14 身骑兽天人、8 身多臂天人、10 身双臂天人像，后两者均没有骑兽。其中的骑兽天人通常对称分布于多臂天人两侧，呈拱卫状，两者似乎具有一定的主从关系。多臂天人身份可能是摩醯首罗天、鸠摩罗天之类神格较高的护法神祇，[③]骑兽天人则可能是多臂天神的眷

图 15 云冈石窟第 10 窟后室南壁
[采自《中国石窟·云冈石窟（二）》]

① 陈清香对此定名曾提出不同看法，认为鸠摩罗天为摩醯首罗天眷属，将不同层级的天神放置在拱门左右，有失去平衡之嫌。如果将第 8 窟乘凤鸟护法神定名为那罗延天，其坐骑也符合经典。参见陈清香：《云冈石窟多臂护法神探源——从第 8 窟摩醯首罗天与鸠摩罗天谈起》，云冈石窟研究院编：《2005 年云冈国际学术研讨会论文集（研究卷）》，文物出版社，2006 年，第 293—307 页。王友奎认为云冈石窟中手托日月的多臂天人，形象上并不固定，且与经典描述有一定出入，可能并非基于具体经典，而是时人观念中“诸天大将”的反映。王友奎：《云冈石窟第 11—13 窟图像构成分析》，《敦煌研究》2017 年第 4 期，第 31—32 页。

② ［日］八木春生：《纹样与图像：中国南北朝时期的石窟艺术》，姚瑶等译，上海古籍出版社，2021 年，第 118 页。

③ 八木春生认为这些见于主室窟顶或中心塔柱的多臂护法神或许与交龙一样，都被认为是佛陀的使者，“护法神和力士一样，具有分隔并连接人间和佛国净土的昆仑山等仙山的功能，同时兼具了交龙引导凡人向佛国净土飞升的功能。”［日］八木春生：《纹样与图像：中国南北朝时期的石窟艺术》，第 94 页。这一观点富有启发性，但是鉴于云冈石窟对于供养、护法等设计思想的高度重视，笔者认为多臂护法神与交龙、金刚力士等共同构成了复杂多样的护法神图像，主要功能仍是护持正法、护持道场兼及护国佑民。

图 16　云冈石窟第 6 窟窟顶图像线描图
［采自水野清一、长广敏雄：《云冈石窟（第 3 卷）》，京都大学人文科学研究所，1951—1956 年，实测图］

属，属于神格相对较低的普通天人。他们可以统称为天部护法神。①

云冈石窟第三期洞窟的护法神祇不如第二期那样流行，但不乏创新之处。金刚力士时有出现，数量较少。第 38 窟顶部的护法神祇图像比较特别，该窟门外有金刚力士像，窟顶为平棋顶，中心为复瓣莲花，内有四化生天人；莲花外沿上部浮雕四身顺时针飞行的骑龙天人，龙口衔莲，莲花内各一化生天人；骑龙天人西侧为一身手持棍状物的乘象天人，东侧为一身手托日月的骑凤鸟天人（图 17）。窟内的骑兽天人呈现部分汉化形象特征。第 38 窟窟顶骑凤鸟手托日月的天人、骑象天人，可能分别是阿修罗、帝释天。窟顶的四身骑龙天人或许是龙王，它们与帝释天、阿修罗组合在一起，应该共同

图 17　云冈石窟第 38 窟窟顶
［采自《中国石窟·云冈石窟（二）》］

组合而成该窟护法神祇。②

云冈石窟还有一些形象特殊的护法神祇图像。云冈石窟中心塔柱顶部常雕刻须弥山与窟顶相连，山体以交龙环绕。第 10 窟窟门上方也雕刻二龙缠绕须弥山，这些龙或许可以视为龙部护法神祇。第 9 窟后室南壁窟门两侧金刚力士头顶与门楣之间，分别雕刻一只大鹏金翅鸟。此鸟也叫迦楼罗，一出生就有飞行能力，喙爪坚硬似铁，具有神通，以龙为食。大乘经典中，将其与天神、龙、阿修罗等并列为护法八部众之一。此外，第 9 窟后室南壁第二层西侧佛龛内表现的是鬼子母失子缘（出自《杂宝藏经》卷九），画面中的鬼子母夫妇是古印度流行的护法神祇，也可以将其间接视为洞窟护法神的组成部分。

北魏敦煌、云冈石窟护法神祇图像的区别显而易见。敦煌以药叉最为流行，金刚力士、天王时常单独出现，窟门两侧及窟顶见不到护法神祇。相比而言，云冈石窟的护法神祇种类

① 于向东、陈阿曼：《云冈石窟第 6、38 窟“天人骑兽图”研究》，《美术与设计》2020 年第 4 期，第 83—85 页。
② 于向东、陈阿曼：《云冈石窟第 6、38 窟“天人骑兽图”研究》，《美术与设计》2020 年第 4 期，第 85—86 页。

多样，除了金刚力士外，多首多臂及骑兽天人等神祇经常出现，此外还有阿修罗、大鹏金翅鸟、龙等，似与大乘天龙八部护法体系有一定关联。云冈护法神祇经常以对称组合等方式，出现于窟门、塔柱、壁面以及窟顶等处。

三　北魏敦煌、云冈石窟图像组合与设计思想的比较

除了题材内容外，北魏敦煌、云冈石窟常见的图像组合、设计思想也明显不同。本文所说的图像组合主要是指不同题材内容图像之间形成的稳定组合，它们之间有着视觉上的紧密联系，有时出现于同一壁面，有时以对称形式出现于不同壁面。图像组合具有超越单种图像的内涵，通过对它们的分析，有助于进一步理解洞窟的设计思想。

敦煌洞窟壁面经常可以见到千佛与说法图的组合。此种组合始见于第 272 窟南北壁，北魏以后十分盛行，常分布于洞窟南北壁后部等处。第 257 窟南北壁后部连环画式图像上方的居中位置，分别描绘一阙形塔，塔中均有一立佛，右手举于胸前结说法印，左右两侧各有一身胁侍菩萨。阙形塔左右与上方布满千佛，明显具有一体化的设计规划。在第 254 窟南北壁的同样位置，也有类似的图像组合，区别仅在于说法图主尊佛为趺坐姿。此种组合中，说法图的主尊佛很可能分别是过去、未来千佛的代表，暗示过去、未来千佛都如此宣说妙法。

北魏洞窟南北壁前部人字披下方，通常描绘一铺面积较大的独立说法图，画面构图相似，它们可以视为对称组合图像。说法图的主尊说法佛，有时采用立姿，有时则采用趺坐姿。譬如，第 251 窟南北壁前部人字披下方分别描绘佛说法图（图 18），两铺图像的主尊佛趺坐于水池中的硕大莲花上（莲花座），画面构图及一体莲花座等方面十分相似，强化了两铺图像的关联。第 251、435 窟南、北壁人字披下的佛说法图，呈现同样的联系。此类洞窟南北壁说法图的主尊佛与塔柱正面龛内主尊佛进一步形成图像组合，可能代表三世诸佛都在宣说大乘妙法。莫高窟第 260、263 窟南北壁前部人字披下方，分别绘制降魔变与鹿野苑初转法轮，也可以视为一种组合，由此强调释迦佛降伏魔众的威神力与说法度化众生的慈悲力。

相比敦煌而言，云冈石窟流行的图像组合更为复杂多样。

图 18　佛说法图 莫高窟第 251 窟北壁前部
[采自《中国石窟·敦煌莫高窟（一）》]

云冈石窟中与二佛并坐相关的图像组合比比皆是（图 19），富有特色，类型可以分为如下几种。第一种类型是二佛并坐与千佛的组合，云冈第一期洞窟就已经出现，在第二、第三期洞窟时常出现。此种组合可能表现法华会多宝塔涌现后，释迦十方分身诸佛皆来集会的场景。第二种类型是二佛并坐与趺坐佛、交脚菩萨的组合，该组合始见于第 7、8 窟两窟正壁主尊之间，在云冈石窟中十分流行，仅第 11、13 窟壁面就出现 8 例（图 20）。[①]这一组合中，二佛并坐像是法华信仰最有代表性的象征，趺坐佛大概代表宣说《妙法莲华经》的释迦佛，交脚菩萨是兜率天宫的弥勒菩萨，表示奉行《妙法莲华经》所说的大乘法门，临终之际可以往生兜率天宫面见弥勒菩萨。[②]第三种类型是二佛并坐与交脚菩萨的组合（图 21），此种组合可以视为前一种组合的简化形式，涵义也基本一致。后两种类型的组合中，交脚弥勒菩萨大多出现

图 19　云冈石窟第 18 窟东南角佛龛群
［采自《中国石窟·云冈石窟（二）》］

图 20　云冈石窟第 11 窟西壁佛龛群组合
［采自《中国石窟·云冈石窟（二）》］

① 王友奎：《云冈石窟第 11—13 窟图像构成分析》，《敦煌研究》2017 年第 4 期，第 35 页。
② 《妙法莲华经·普贤菩萨劝发品》记载："若有人受持读诵，解其义趣，是人命终，为千佛授手，令不恐怖，不堕恶趣，即往兜率天上弥勒菩萨所，弥勒菩萨有三十二相，大菩萨众所共围绕……有如是等功德利益。"。（后秦）鸠摩罗什译：《妙法莲华经》卷七，《大正藏》第 9 册，第 61 页。

图 21 第 11 窟南壁第二层佛龛群组合
[采自《中国石窟·云冈石窟（二）》]

于上方位置，暗示上生兜率天宫信仰。

云冈洞窟中，儒童本生与阿输迦施土因缘也是流行的图像组合。它们经常以对称组合的方式出现于洞窟中。譬如，第 12 窟前室东壁第三层北侧雕刻儒童本生，西壁第三层北侧就雕刻阿输迦施土因缘。到了第三期洞窟中，此种图像组合更为常见，有时出现于洞窟同一壁面，如第 13—16 窟西壁；有时对称分布于佛龛两侧，譬如第 38 窟东壁、第 39 窟南壁。图像组合强化了布施获得功德与得佛授记的思想。由于儒童本生与阿输迦施土因缘蕴含的主旨相近，画面元素也比较类似，以至于云冈石窟等中还出现两者混融的图像样式。[①]

云冈第三期洞窟也常见乘象入胎与逾城出家的图像组合，大多以对称方式出现于窟门两侧或佛龛外两端，如第 5—11 窟、第 31 窟。这一组合的形成，很可能与人物乘象、骑马视觉形式的紧密联系有关，图像组合凸显释迦慈悲降生与坚定求道等方面的品质。以上这些图像组合在云冈颇有代表性。

综观北魏敦煌、云冈石窟常见的图像组合，可以发现差异显著。敦煌十分流行的说法图、千佛图像组合在云冈很少出现。与此同时，云冈石窟常见的二佛并坐与趺坐佛、交脚菩萨组合、儒童本生与阿输迦施土因缘组合等，却在敦煌罕有出现。

北魏敦煌、云冈石窟中主流图像题材内容与图像组合的差异，意味着两地石窟的设计思想有着明显的区别。

根据主尊及图像构成等，北魏敦煌洞窟可以分为两种类型，一种是以第 254、257 窟为代表的主流洞窟，塔柱正面龛内主尊均为一佛，壁面分层布局，流行千佛与说法图组合、佛教故事图像等。另一种是以第 259 窟为代表的特殊洞窟，主尊为二佛并坐，壁面没有与释迦佛相关的故事图像。很显然，这两类洞窟有着迥然不同的设计思想。关于第 259 窟图像配置与设计思想，已有学者做过专题探讨，指出此窟

① 参见李静杰：《定光佛授记本生图考补》，《故宫博物院院刊》2001 年第 2 期，第 68—70 页。

从主尊到壁面图像的设计安排，均表现与法华思想与信仰紧密的关联。[①]笔者支持这一观点，并认为，莫高窟第259窟设计者可能根据修持“法华三昧”法门的需要，对于传统的中心塔柱窟做了创造性改变。以半中心塔柱取代中心塔柱，一方面放弃传统“绕塔”这一功能，另一方面也突出观想、礼拜多宝佛塔的重要性。

就以第254、257窟为代表的主流洞窟而言，其图像配置中，释迦佛地位显著，他不仅是此种洞窟常见主尊，塔柱上也时常出现其苦修像，此外，窟内流行的本生、佛传、因缘故事图像也与其有着紧密联系。除了释迦佛以外，交脚或思惟弥勒菩萨是北魏敦煌石窟另一位重要尊像，他频繁出现于塔柱或壁面上层龛内，佛龛大多为阙形，象征其所在的兜率天宫，这与此期盛行的弥勒上生信仰相关联。关于此类洞窟图像配置与设计思想，阿部贤次对于第254窟的个案研究很有代表性，他结合《佛说观佛三昧海经》等详细分析此窟空间布局、图像配置，指出主尊等图像与观佛三昧禅法有关，窟内前部空间便于禅僧礼忏活动，后部可供绕塔经行。[②]无论是其研究视角还是提出的观点，都有助于理解此类中心塔柱窟的功能与设计思想。笔者觉得在此基础上，还可以进一步探讨敦煌僧团禅法传承、信仰等与此类洞窟图像的联系。这些洞窟可供禅经记述的“入塔观像”，便于开展供养、顶礼、忏悔等佛法活动，从而更好配合禅观，并能够于临终往生弥勒菩萨的兜率天宫。北魏敦煌主流石窟的主流设计思想就与此相关。

与敦煌相比，北魏云冈石窟主流的图像配置与设计思想很不一样。

第一期昙曜五窟中，没有敦煌流行的中心塔柱窟，三世佛是云冈石窟一期洞窟的常见主尊，其中的释迦佛、弥勒菩萨占有相对突出的地位。千佛图像流行，其中大部分可能代表三劫三千佛，少部分与二佛并坐形成图像组合，代表释迦十方化身。一期洞窟以三世佛主尊，辅以千佛等的图像，凸显三世佛信仰。

综观5世纪前后传译的有关观佛的禅法经典，比较流行的是观释迦佛（像观、生身观、法身观）、十方佛、二佛并坐、弥勒菩萨等，观过去七佛仅在《佛说观佛三昧海经》偶有提及，三世佛则较少出现。然而，此期流行的多种佛名经中，三世佛却是其中主流。笔者推测，云冈石窟第一期洞窟的三世佛主尊，与禅观关联甚少，而与大乘佛名信仰经典联系密切，其功能主要与供养、顶礼等相关，以便祈福消灾，集资净障。刘宋元嘉年间畺良耶舍译《佛说观药王药上二菩萨经》中，记载“三劫三千佛缘起”，其中提及三劫三千佛都因听闻敬礼五十三佛而成佛，他们之间有着“展转相教”的关系。从这个角度来看，一期洞窟设计蕴含三世诸佛传承有序，永不间断的思想。第19窟南壁雕刻

① 李玉珉：《敦煌莫高窟第二五九窟之研究》，敦煌研究院编：《1994年敦煌学国际研讨会文集——纪念敦煌研究院成立五十周年》，第74—90页。

② Abe, Stanley Kenji（阿部贤次）*Mogao Cave 254:A case study in early Chinese Buddhist art*, Ph.D.dissertation, UC Berkeley , 1989, pp.114–148.

引人瞩目的罗睺罗受记因缘，也隐含设计者期望佛法长久兴盛，绵延不绝的心愿。此种设计可以视为昙曜等高僧的护法宏愿的具体表现。

云冈石窟第二期洞窟基本成组营建，造像题材内容十分丰富，除了补刻的造像外，大部分图像呈现有规律分布，对称组合是此期洞窟图像配置突出的特点。云冈石窟第二期洞窟主尊比较多样，有些继续以传统三世佛为主尊，有些则以释迦佛、弥勒佛组合为主尊，最引人瞩目的是释迦多宝二佛并坐像加入此期洞窟的主尊组合中。二佛并坐像还出现在塔柱龛内、前后室壁面，有些出现于浮雕佛塔上，有些则与释迦佛、弥勒菩萨等形成多种多样的组合。二期洞窟中本生、佛传与因缘故事图像都很流行，占据洞窟较大的面积，与此同时，千佛图像明显减少。此期洞窟中，还出现维摩诘经变、过去七佛及各种护法神祇图像等，图像配置与整体设计比前期更为复杂。

关于第二期洞窟图像配置与设计思想，已有学者做了比较充分的个案分析。李静杰对于第7、8窟的分析很有代表性，他认为此组窟主尊等图像配置蕴含深刻的思想，通过信仰《妙法莲华经》所说的一乘教法，行者临终往生弥勒菩萨的兜率天宫，将来追随弥勒佛下生闻法，最后圆满成就佛道。①笔者赞同这一观点。第7、8窟的设计思想对于其他洞窟产生深远影响，可以视为云冈石窟第二、三期洞窟的主流设计思想。②第二期部分洞窟中维摩诘经变的出现值得关注。维摩诘经变分布于第7窟后室南壁窟门两侧，第6窟南壁窟门正上方以及第1、2窟南壁（图22）。第7窟后室后壁，第6、2窟中心塔柱等重要位置，均有释迦多宝二佛并坐像，其与维摩诘经变之间有着内在观念的关联。可以说，法华、维摩思想的融合对于云冈石窟第二、第三期洞窟设计有

图22　维摩诘经变　云冈石窟第6窟南壁
［采自《中国石窟·云冈石窟（一）》］

① 李静杰：《关于云冈第九、第十窟的图像构成》，《艺术史研究》第10辑，中山大学出版社，2008年，第327—359页。

② 参见王友奎：《大同云冈第1、2窟图像构成分析》，《敦煌学辑刊》2017年第2期，第64—75页；王友奎：《大同云冈第5、6窟图像构成分析》，《敦煌研究》2019年第3期，第17—31页；王友奎：《云冈石窟第11—13窟图像构成分析》，《敦煌研究》2017年第4期，第27—38页。

一定的影响，此种融合的渊源可以追溯到5世纪初的长安僧团（或关河僧团）。[①]

云冈石窟第三期洞窟总体设计不如第二期那样复杂，但是窟内图像组合富于变化，中型洞窟大多采用对称法则配置两侧壁龛像，小型洞窟的图像配置则比较多样，二佛并坐与弥勒菩萨等的组合依然在此期洞窟中占据主导地位，反映出法华信仰与弥勒信仰在云冈的持续盛行。总体而言，第三期洞窟设计思想与第二期比较接近。[②]

通过上述分析，可知北魏敦煌、云冈石窟的图像组合与设计思想差异明显，这既反映两地流行不同的禅法、义学思想，又表明地域政治、社会文化背景对石窟营建有着不可忽视的影响。

四 相关问题探讨

北魏敦煌、平城两地均盛行坐禅风气，根据石窟主流图像与设计思想来看，两地差异一方面可能源于不同的主流禅法及义学思想，另一方面也与地域政治经济文化背景紧密关联。有关北魏敦煌僧团组织及其主流思想等，文献记载相当有限，相比而言，关于云冈僧团的资料比较丰富。

北魏灭北凉前后，随着凉州僧团的主体迁移到平城，一度有着很大的影响。昙曜等来自凉州的高僧受到皇室的尊崇，并直接参与云冈石窟的营建。云冈石窟第一、第二期洞窟可以见到凉州石窟的影响，就与此有关。北魏建都平城后，陆续将山东六州、关中长安、东北和龙等地大量人口集中到平城一带，其中不乏僧侣人士。文成帝复兴佛法后，来自西域以及北方各地的僧侣陆续汇聚于平城一带。在此背景下，源于凉州僧团、长安僧团等的禅法与义学，在平城一带得以比较全面地交融。[③]5世纪早期，鸠摩罗什师徒积极推动法华义学与法华三昧禅法的发展与传播，在北朝时期持续产生影响。云冈第一期洞窟中，二佛并坐及其相关组合图像的出现与发展，就是凉州、长安两系佛法融合的初步反映。

云冈石窟第二期洞窟的营建正值文明太后冯氏与孝文帝执政期间，此期皇室比较重视源自龙城、长安的佛法潮流，与此同时，源自凉州的佛法影响不断减弱。孝文帝重视佛教义学，礼敬高僧僧渊及其弟子昙度、道登等，后两者都比较通达法华义学。[④]云冈石窟第二、三期洞窟中，二佛并坐等与法华紧密关联的图像越来越突出，并且逐步占有主导地位，这些与平城

---

① 郭祐孟指出："透过关河僧团的提点，《维摩经》与《法华经》的本迹思想紧紧地相扣，成为整个南北朝禅观与义学的主流之一。因此，打开《高僧传》《续高僧传》，同时以两部经为礼拜、研修，或禅诵主体的僧侣经常可见！"郭祐孟：《试论麦积山石窟的维摩诘造像》，《2004年佛学研究论文集：麦积山石窟艺术与人间佛教》，财团法人佛光山文教基金会，2005年，第16页。

② 王友奎：《云冈石窟第三期洞窟图像组合分析》，《敦煌研究》2020年第3期，第61页。

③ 凉州僧团以昙无谶为代表，长安僧团则以鸠摩罗什为中心。两地义学的交融早在北凉灭亡前已经开始，凉州高僧道朗曾参与昙无谶主持的《大涅槃经》翻译，其所作《大涅槃经序》（参见《大正藏》第12册，第365页），就有吸收源于长安僧团法华义学的痕迹。但是此种交融的程度比较有限。

④ 参见（梁）慧皎：《高僧传》卷八《释僧渊传》《释昙度传》，《大正藏》第50册，第375页。

一带佛教潮流的发展有着密切联系。

4、5世纪时，凉州一带佛法已很兴盛，相关文献记载较多，但是其中有关敦煌僧团的资料寥寥无几。《魏书·释老志》载："凉州自张轨后，世信佛教。敦煌地接西域，道俗交得，其旧式村坞相属，多有塔寺。"北魏敦煌佛教正是在此基础上发展兴盛的。于敦煌完成的写经S.797《十诵比丘戒本》题记："建初元年岁在乙巳十二月五日戌时，比丘德佑于敦煌城南受具戒。和上僧法性，戒师宝惠，教师惠颖。时同戒场者，道辅、惠御等十二人。"建初元年岁在乙巳即405年，题记明确记述该年十二月城南的一次佛教授戒活动，共有16人参与，据此可知，敦煌此时已有严格意义上的僧团活动。

十六国北魏时期，包括敦煌在内的凉州地区坐禅风气尤其兴盛。与礼忏等不同，禅法特别注重师承。依据有关凉州一带禅师的记载，有助于大概判断北魏敦煌流行的禅法，进而可以探讨其与同时期洞窟图像的关联。据《高僧传》卷三记载，罽宾禅师昙摩密多（356—442）"博贯群经，特深禅法"，南朝宋元嘉元年（424）入蜀前，曾在敦煌、凉州一带传授禅法，"遂度流沙，进到敦煌，于闲旷之地，建立精舍。植㮈千株，开园百亩，房阁池沼，极为严净。顷之复适凉州，仍于公府旧事，更葺堂宇，学徒济济，禅业甚盛。"[①]依据其在敦煌、凉州一带的活动来看，北魏以后敦煌僧团中或许有其一系的禅法传承。昙摩密多后来译出《五门禅经要用法》《观普贤菩萨行法经》等，前者中的"念佛"禅法也称"观佛三昧"，尤其值得关注。

与昙摩密多同时期的佛陀跋陀罗，早年受业于罽宾大禅师佛大先，"以禅律驰名"，后来应智严邀请前来中土弘法，[②]他的禅法传承在5世纪影响最大。佛陀跋陀罗一系禅法应与其翻译的《佛说观佛三昧海经》《达摩多罗禅经》相关，前者中所述的"观佛三昧"与《五门禅经要用法》的"念佛"禅法比较相近。得佛陀跋陀罗禅法真传的玄高是北凉、北魏著名的禅师之一。玄高曾游北凉，受到沮渠蒙逊的敬重。玄高在北凉期间应有禅法传授活动。

昙无谶是北凉时另一位有重要影响的人物，其以翻译《涅槃经》等大乘经典、擅长咒法等闻名于世，同时也熟悉禅法，至于其禅法具体内容，史书记载甚少。《高僧传》卷二有关张掖沙门道进求菩萨戒一事值得关注，道进"乃勠力三年，且禅且忏"，最终"于定中见释迦文佛与诸大士授己戒法"。其后昙无谶欣然"次第于佛像前为说戒相"。[③]笔者推测，道进三年中修持的可能是昙无谶一系的禅法，于定中见释迦佛，暗示该禅法或许就是以释迦佛为对象的"像观"。敦煌与凉州交通便利，玄高、昙无谶等所传的禅法其后流入敦煌是很有可能的。据上所述，上述三系禅法传承虽然有别，但是内容均与罽宾传来的"像观"等"观佛三昧"有关，北魏敦煌石窟主流的图像配置与设计思想应与此种禅法联系密切。

---

① （梁）慧皎：《高僧传》卷三，《大正藏》第50册，第342页。
② （梁）慧皎：《高僧传》卷二，《大正藏》第50册，第334页。
③ （梁）慧皎：《高僧传》卷二，《大正藏》第50册，第336页。

据《佛说观佛三昧海经》等禅经记载，“像观”“生身观”“法身观”“实相观”等之间有着次第深入的结构性关联，然而北魏敦煌洞窟图像配置与构成并没有呈现该种结构性关联。本文认为，设计者没有仅从禅观角度设计洞窟空间与图像布局，而是从禅法、戒律等不同佛经中选取相关题材内容，根据观像、供养、顶礼、忏悔、绕塔等功能需要做了整体设计规划，并付诸实施。此期中心塔柱窟中没有禅室，表明不是坐禅实修之处。据禅经记载，为了配合坐禅，禅僧需要先入塔观像、供养、顶礼、忏悔等。这些洞窟显然适合此类活动。与此同时，洞窟中弥勒菩萨及与其相关的天宫图像，反映出禅僧强烈的弥勒信仰。与云冈石窟相比，北魏敦煌石窟营造出以禅僧为中心的浓郁佛法实修氛围。

云冈石窟图像，一方面与不同阶段流行的义学、禅法等有关联，另一方面，图像题材内容的选择、图像的组合与配置也凸显供养功德、降伏外道、护持正法等思想，这应与平城一带特定的政治社会文化背景相关。儒童本生与阿输迦施土因缘是云冈持续流行的故事图像。据后汉竺大力、康孟祥译《修行本起经》记载，能仁菩萨（即儒童）因供养燃灯佛获得受记，后曾感得“转轮王飞行皇帝，七宝导从”的果报，[①]并最终成佛。对于以北魏皇室贵族等为代表的世俗供养人而言，儒童与阿输迦以花、土虔诚供佛能够获得如此殊胜的果报，容易引起他们的精神共鸣。此外，天女华盖供养缘、须达长者妇获报缘等图像，也从侧面强化此种供养思想。云冈石窟中，降魔成道图像比较流行，此外一些洞窟还有魔王波旬欲来恼佛缘、鬼子母失子缘图像等，此类图像均与降伏魔众及外道思想相关，从中凸显佛陀无与伦比的威德神力。联系北魏比较激烈的佛道相争的背景来看，此类图像题材内容的选择及表现形式应与此相关。

云冈石窟图像还隐含强烈的护持佛法及正法久住思想，依山营建如此巨大规模石窟及造像，本身就是此种思想的一种表现。从三世诸佛隐含的佛法绵延不绝到二佛并坐寓意的“不生不灭”，都表明洞窟设计者有着强烈的护法动机与思想。此外，石窟中流行的罗睺罗授记图像也包含佛法传承不绝、正法久住的观念。与敦煌相比，云冈护法神祇的种类、数量等更为丰富，除了金刚力士外，还有多首多臂及骑兽天人等诸天神祇以及阿修罗、大鹏金翅鸟、龙等。这些神祇经常以对称组合或复杂组合的方式出现于窟门、塔柱、壁面以及窟顶等处（图23），他们共同承担排除干扰，护持正法的职责，设计者以此表达佛教正法神圣不容侵犯的观念。敦煌石窟图像虽然也隐含供养、降伏、护法等思想，但是相比之下，云冈石窟以更为明显的艺术形式表达这些思想，这显然与平城一带特定的政治社会文化背景紧密联系。

本文通过对北魏敦煌、云冈石窟主流图像的多方面比较，涉及题材内容、图像组合与设计思想等等，发现两者之间既有联系（如共同的

① （后汉）竺大力、康孟祥译：《修行本起经》卷上，《大正藏》第3册，第462页。

图 23　护法神祇组合　云冈第 10 窟前室北壁拱门上部
[采自《中国石窟·云冈石窟（二)》]

弥勒信仰)，又有着显著的差异。这种差异既反映出此期两地的主流禅法、义学思想等不尽相同之处，又显示石窟营建与不同地域的政治社会文化背景紧密关联。云冈石窟呈现兼容并包、不断创新的精神，其设计既体现僧团的法华信仰等诉求与强烈护持正法的思想，也兼顾以皇室贵族为代表的世俗供养人的祈福消灾等意愿。而同时期敦煌石窟发展平缓，设计主要体现禅僧实践佛法的需要与信仰诉求。

高车国双王制初探

王维一
（首都师范大学历史学院）

学术界对于高车国的研究由来已久，其中周伟洲的《敕勒与柔然》提出了高车国处于由军事部落联盟向早期国家过渡的看法。[①]薛宗正在《高车与西域》中对高车从起源到衰亡进行了系统的论述，提出了突厥属于父系狼文化，高车属于母系狼文化的观点。[②]本文拟以高车国双王制为中心，试图从高车国的权力分配、组织结构、双王的演变等多个角度论证高车国实行双王制而并非普通的国主与储主制，以及双王制作为一种文化传承在之后的游牧政权存续的现象，以期可以对高车国双王制研究有所贡献。

公元4世纪末至6世纪中期，高车族活动于我国大漠南北和西北的广大区域，是继匈奴与鲜卑后的又一个强大的民族，对我国北方和中亚发生过较大的影响。根据《魏书》记载，“高车，盖古赤狄之余种也，初号为狄历，北方以为敕勒，诸夏为高车、丁零。其语略与匈奴同而时有小异，或云其先匈奴之甥也。”[③]北魏太和十一年（487），原本役属于柔然汗国的高车副伏罗部阿伏至罗与从弟穷奇因反对豆仑犯塞，于是带领部落脱离柔然，西迁至车师前部（今新疆吐鲁番交河故城一带）建立了高车国，一度控制了高昌、焉耆、鄯善等西域众国。高车国自建国伊始就与柔然汗国征战不休，在其存续的54年里，其兴衰命运与北魏和柔然休戚相关。最终为柔然所灭，消失在历史的长河中。

一　高车建国

公元4世纪，漠北的高车族尚处于氏族社会的部落制发展阶段。以血缘关系为纽带的氏族部落，以小家庭为基本单位，是高车族普遍的社会组织形式。根据史书记载，高车的氏族、部落至少包括“六种”和“十二姓”。高车人虽有“六种”“十二姓”，但“无都统大帅，当种各有君长，为性粗猛。”[④]可见，高车族并没有

① 周伟洲：《敕勒与柔然》，广西师范大学出版社，2006年，第38页。
② 薛宗正：《高车与西域》，《喀什师范学院学报（社会科学版）》2000年第3期，第30页。
③（北齐）魏收：《魏书》卷一〇三《高车传》，中华书局，1975年，第2307页。
④（唐）李延寿：《北史》卷九八《高车传》，中华书局，1975年，第3271—3273页。

形成统一的部落联盟，更没有统一的军事首领，而是以“党类同心，至于寇难，翕然相依。斗无行陈，头别冲突，乍出乍入，不能坚战。”[①]的“战则聚，安则散”形式存在。如果说小家庭是高车族最基本的组织单位，那么部落就是其最高的社会组织。各个部落有各自的君长部帅，但需要注意的是这种部落的酋帅是通过原始的军事民主制度选立的，部落的氏族成员保留了一定的民主权利。《魏书》卷六九《袁翻传》记载：“又高车士马虽众，主甚愚弱，上不制下，下不奉上。”[②]也能体现氏族部落之间的分散和氏族成员的原始平等关系。从某种程度上讲，高车建国后，其君主虽然成为了短暂的统一的军事首领，但相较于其他同时期的柔然可汗，其权力和地位都是远不及的，个中缘由跟高车人自身崇尚的天性是分不开的。

5世纪，柔然兴起于大漠南北，在漠北广大区域游牧的高车族均役属于柔然。虽然几十年里总计有六七十万高车人被北魏迁到漠南，但是遗留在漠北地区的高车族仍旧种落殷盛。这些部落不仅要定期向柔然缴纳贡赋，还要参与柔然对外发起的征战。因此，高车部落对于柔然统治者经常对北魏边境进行掠夺战争是不满的。如前文所述高车人天性崇尚自由，对于这种任人驱使的境况早已心存不满，二者之间积怨已深，只等待一个合适的契机。

这样的时机并未等待太久，公元485年，柔然可汗予成死，其子豆仑可汗继位。当时的柔然汗国在北魏的多次进攻下，已然不复当年盛况，加之国内叛乱不断，正是“主奔于上，民散于下”[③]的国力衰退的时候。然而，豆仑仍然于公元485、486年对北魏连年寇边，并妄杀北魏使臣石洛候，夷其三族。柔然主豆仑狂悖如此，高车人自然不愿意继续当其马前卒，于是次年（487年）在豆仑再次寇边时屡次上谏。《魏书》卷一〇三《高车传》：“太和十一年，豆仑犯塞，阿伏至罗等固谏不从，怒，率所部之众西叛，至前部西北，自立为王，国人号之曰‘候娄匐勒’，犹魏言大天子也。穷奇号‘候倍’，犹魏言储主也。二人和穆，分部而立，阿伏至罗居北，穷奇在南。”[④]阿伏至罗和从弟穷奇的率众西走绝非偶然。柔然与高车二者之间是统治者和被统治者之间的关系，积怨已久。崇尚自由的高车人早已受够了压迫，趁柔然与北魏交战之际叛逃，并且在车师前部（今新疆交河故城一带）西北建立了“高车国”（图1）。

关于高车国是否形成了国家，目前由于史

图1　高车人西迁

① （唐）李延寿：《北史》卷九八《高车传》，中华书局，1975年，第3271页。
② （北齐）魏收：《魏书》卷六九《袁翻传》，中华书局，1975年，第1542页。
③ （北齐）魏收：《魏书》卷六九《袁翻传》，中华书局，1975年，第1542页。
④ （北齐）魏收：《魏书》卷一〇三《高车传》，中华书局，1975年，第2310页。

书阙载，还不能下准确的结论，但结合一些零星的史料我们可以稍作推测。周伟洲认为4世纪末的敕勒社会发展比较落后，高车国具有军事联盟的特点。他认为："高车国事实上不过处于军事部落联盟向早期国家过渡的阶段而已。"[①]无独有偶，魏长洪也认为："4世纪末，高车尚处于部落或部落联盟阶段，没有形成统一的国家。"[②]可以看出，他们都赞同高车国属于部落间的军事联盟，或者说是正处于部落间的军事联盟向国家政权的过渡时期。对此，笔者也持相同看法。521年，北魏凉州刺史袁翻上书中说："又高车士马虽众，主甚愚弱，上不制下，下不奉上，唯以掠盗为资，陵夺为业。"[③]可见高车人没有礼法，因此上不拘下，下不奉上。而法律正是国家形成的标志之一。高车人以掠盗为业也正是军事部落联盟的特点。在摩尔根的《古代社会》中关于部落间联盟的建立是这样解释的："凡属有亲属关系和领土毗邻的部落，极其自然地会有一种结成联盟以便于互相保卫的倾向。这种组织起初只是一种同盟，经过实际经验认识的联合起来的优越性以后，就会逐渐凝结为一个联合的整体。"[④]不难想见，高车的这种联盟的建立更多的是为了抵御柔然和自我防卫。

二 双王制度的出现与崩溃

（一）兄弟共国

《魏书》记载，高车建国后，阿伏至罗自立为王，国人称之"候娄匐勒"，犹如魏之大天子，穷奇号"候倍"，犹如魏之储主。关于"大天子"和"储主"的说法，笔者认为是不准确的，以《通典》卷一九七《边防十三·北狄四·高车》中"其酋阿伏至罗率所部之众西叛"[⑤]的"酋"字更为准确。首先"候娄匐勒"和"候倍"都是高车人自创的称号，其准确意思与汉语词汇不能直接画等号。段连勤在《丁零、高车与铁勒》中有言，"候娄匐勒"与"当种各有君长"之"君长"（即部帅）其意为一。[⑥]白鸟库吉认为"候娄"为突厥语，其义为"大"；"匐勒"也是突厥语，其义为"王者"。所以"候娄匐勒"当有"大王"之意。[⑦]两位学者的观点相差无几。"候娄匐勒"可以理解成大君长、大王、酋长的意思。这与《魏书》所说的"大天子"是有些许差异的。因为纵观高车建国五十余年，即使是在高车国力最盛的时候，其国王的权力和统治力都是无法与北魏的君主相提并论的。如前文所说高车国还处于向早期国家过渡的阶段，因此从本质上来讲，将阿伏至罗看作是副伏罗部的军事联盟首领更为妥帖。

① 周伟洲：《敕勒与柔然》，第38页。
② 魏长洪主编：《中国西北少数民族通史·南北朝卷》，民族出版社，2009年，第132页。
③（北齐）魏收：《魏书》卷六九《袁翻传》，第1542页。
④［美］摩尔根：《古代社会》，商务印书馆，1977年，第120页。
⑤（唐）杜佑：《通典》卷一九七《边防十三·北狄四·高车》，中华书局，1988年，第5400页。
⑥ 段连勤：《丁零、高车与铁勒》，广西师范大学出版社，2006年，第154页。
⑦［日］白鸟库吉，方壮猷译：《东胡民族考》下编《羯胡考》，山西人民出版社，2015年，第58—59页。

只不过因为阿伏至罗自立为王，北朝人便以为是一国之王，用汉文词汇描述成大天子。

另外，“候娄匐勒”之下还设“候倍”一职，《魏书》将其称为储主，并由阿伏至罗的从弟穷奇担任。穷奇并非阿伏至罗的直系血亲，却能够担任如此重要的一职，究其原因，《北史》卷九八《高车传》记载：“副伏罗阿伏至罗与从弟穷奇俱统领军高车之众十余万落。”[①]其中的“俱”字甚为关键，可以看出从弟穷奇也应该统领着几万余落，与其说是依附于阿伏至罗，不如说是与阿伏至罗结为了联盟，一起统领副伏罗部的十余万落，随后两兄弟共同建国。穷奇实力不容小觑，当属于高车族内部的“一人之下，万人之上”。因此，高车建国后，作为“二把手”的穷奇被国人称为“候倍”便不难解释了。但是穷奇是否又如北朝人所言是高车的“储主”，却又另当别论了。首先在史书中并没有高车国历任“候娄匐勒”（国主）曾经担任过“候倍”的记载。再者，高车建国之后，便分部而立，阿伏至罗在北，穷奇在南。实际上的高车内部并非统一的集体，而是具有分散性的联盟。穷奇作为南部的最高统治者，实际上是一个具有独立性质的军事首领。而北魏的“储主”则是完全依附于君王的产物，并且多为直系血亲，其虽有部分的行政和军事权力，但是与“候倍”的独立性和自主权是不可以相提并论的。与其说是“储主”，不如说是“副王”。穷奇拥有自己的领地和部落，在实力上并不弱于阿伏至罗。因此在建国之后，阿伏至罗也无法控制住穷奇，只能是“分部而立”。程溯洛在《〈宋史·龟兹传〉补正——兼论高昌回鹘王国中的双王制》中提出“阿尔泰语系民族所建立的政权，其王室宗亲兄弟间常设双王制”。[②]其双王制度的源头可以追溯到高车的“候娄匐勒”和“候倍”。

（二）双王的权力分配

高车的双王制度隐约有着匈奴储副制度的残留，左贤王亦是有着相对较高的独立性，有自己的领地以及部众，对于整个匈奴来说，在单于势弱时便成为了匈奴的离心力。但是又有不同之处：左贤王聚集在单于的统治之下，并未成为单独的个体，从始至终都在挛鞮氏家族的掌控之下；匈奴是确定的国家形式，其政权结构也是形成了固定的体系，单于对于整个帝国的统治是稳固的，而并非高车的“上不制下，下不奉上”“分部而立”。不仅如此，双王制度与突厥的大小可汗制度也有着密不可分的关系。薛宗正在《突厥史》中写道：“突厥曾为高车属国，因此在建国之前曾模仿阿伏至罗、穷奇兄弟共国，推行大小可汗制度。此一制度的雏形仅有两位可汗。”[③]肖爱民的《中国古代北方游牧民族两翼制度研究》：“高车阿伏至罗、穷奇的兄弟共国是两翼制在势力弱小时只有二部的表现形态，作为最高首领的阿伏至罗居北直

① （唐）李延寿：《北史》卷九八《高车传》，第3273页。
② 程溯洛：《〈宋史·龟兹传〉补正——兼论高昌回鹘王国中的双王制》，《历史研究》1987年第3期，第124—133页。
③ 薛宗正：《突厥史》，中国社会科学出版社，1992年，第88—89页。

辖北部，穷奇居南主南部，二部互为犄角对抗柔然。”[①]《资治通鉴》中“高车自阿伏至罗与穷奇分为二部，所谓东、西部敕勒也。”[②]因为地理上北与东相通，南与西相通，故高车国中“候娄匐勒”阿伏至罗居北，“候倍”穷奇主南实际上即是阿伏至罗居西，穷奇主东，符合左右两翼制度的简单形态。

高车以部落联盟的形式建国，在建国后其内部的权力结构是两部分立，共同构成完整的高车国。但是，须知阿伏至罗虽然不能完全控制住穷奇，在名义上仍是高车国的君主。阿伏至罗是整个部落联盟的首领，其威信和地位都是不可撼动，这一点毋庸置疑。在豆仑犯塞时，也是阿伏至罗屡次劝谏。在建国后，豆仑派兵追击，也是阿伏至罗多次击败追兵。《魏书》卷一〇三《高车传》：“豆仑追讨之，频为阿伏至罗所败，乃引众东徙。”[③]阿伏至罗在部落联盟的威望与公信力都是独一无二的，这跟他与穷奇“分部而立”并不矛盾。甚至北朝人在称呼高车国的时候直接将其说成是阿伏至罗国，《魏书》卷八《世宗纪》中有记载：“夏四月，阿伏至罗国遣使朝机。”[④]至少说明，穷奇和北魏对阿伏至罗的国主地位是承认的，要不然也不会是“两人和穆，分部而立”[⑤]。甚至是二人在某种程度上达成协议，穷奇承认阿伏至罗的国主地位，阿伏至罗默认穷奇的“副王”地位，予以其超出一般部落首领的地位和权力。二者在西北地区共同在高车国的旗帜下，分部自立，各统一方。《北史》卷九八《高车传》有载：“十四年，阿伏至罗遣商胡越者至京师，以二箭奉贡。”[⑥]这一记载十分重要，以两箭代之两部，体现出阿伏至罗实际上也认为高车国内部是聚集在反柔然旗帜下分散的两个部分，是对穷奇居南掌控一方领地的现实的承认（图2）。笔者以为这里的两箭可能是后来西突厥的“十箭两厢”制度的滥觞。

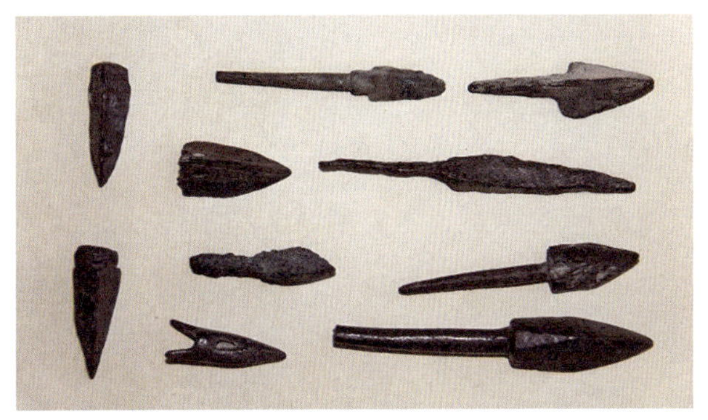

图2　西域出土的青铜箭矢

再者，同书记载“阿伏至罗与穷奇遣使者薄颉随提来朝，贡其方物。诏员外散骑侍郎可足浑和长生复与于提使高车，各赐绣绔褶一具，杂彩百匹。”[⑦]一般这种遣使进贡都是以国家的形式，而高车国却并非单独以国主阿伏至罗的名义，而是与穷奇共同遣使进贡。这一点值得重点注意，说明穷奇在国内的权力与地位已经超出了正常的部落首领的范围，而是与阿伏至

① 肖爱民：《中国古代北方游牧民族两翼制度研究》，人民出版社，2007年，第104页。
② （宋）司马光：《资治通鉴》卷一五〇《梁纪六·武帝普通五年》，中华书局，1956年，第4688页。
③ （北齐）魏收：《魏书》卷一〇三《高车传》，中华书局，1956年，第2310页。
④ （北齐）魏收：《魏书》卷八《世宗纪》，中华书局，1975年，第205页。
⑤ （北齐）魏收：《魏书》卷一〇三《高车传》，第2310页。
⑥ （唐）李延寿：《北史》卷九八《高车传》，第3274页。
⑦ （唐）李延寿：《北史》卷九八《高车传》，第3274页。

罗可以相提并论的“副王”的存在。更有意思的是北魏对于高车国的态度也是十分耐人寻味，对高车国的回赠是“各赐绣绔褶一具”，并未有仪制上的区别。按理说，作为国王的阿伏至罗理应是比穷奇得到的赏赐规格要高，但是北朝人却是一视同仁，并未有所不同。说明北魏的统治者也是清楚高车国内部的权力分配，也默认了穷奇非同一般的地位。这与前例所说的“两箭”相互佐证，坐实了高车国双王制度。这段史料也是说明高车国的“双王制”的最直观证据。

（三）双王制度的崩溃

然而好景不长，在5世纪的最后十年里，高车国经历了一次重新洗牌。双王制并未存在太久便因为穷奇为嚈哒所杀，其子弥俄突也被其所掳，其部众分崩离析，或奔北魏，或投蠕蠕（柔然）。当时的嚈哒正处于强盛时期，控制了葱岭以东的于阗和鄯善，其疆域正与穷奇所统的南部相接。关于穷奇与嚈哒之间的战争，史书只有寥寥几笔“穷奇后为嚈哒所杀，虏其子弥俄突等。”[①]按理说，穷奇作为高车国的“副王”，被嚈哒所破，阿伏至罗理应派兵援助，然而却并没有这方面的记载。再者，穷奇的部众“其众分散，或来奔附，或投蠕蠕。”[②]穷奇的部落作为同是高车族的子民，并没有投奔宗主阿伏至罗，而是转投蠕蠕，也令人疑惑。由于史书阙载，笔者只能根据现有资料进行推测，应是当时的阿伏至罗出现了政局动荡，自顾不暇。对外，此时的柔然主正是对高车“屡有胜捷”的那盖，高车北部的阿伏至罗时刻面临着柔然的军事威胁。加之嚈哒是中亚的强国，当时实力正盛，早在高车建国之前就控制了葱岭、天山一带。高车被二者所包围，处境堪忧，不敢双线作战。对内，阿伏至罗的长子与阿伏至罗的妾室淫乱，企图杀害阿伏至罗，虽最终被阿伏至罗所杀，但可以想见其内部的局势一定是动荡不安。因此才未能顾及与其相隔甚远，远在天山南部的穷奇。

穷奇战死，其子被掳，高车南部的“副王”实际上已经支离破碎。而此时北部的阿伏至罗一脉也正经受惨烈的打击，阿伏至罗杀子平乱，对其势力也是一场血洗。此后的阿伏至罗已经是英雄末路，晚年杀子，种落离叛，疑心甚重，残暴不仁，早已不复当初那个带领族人逃离柔然，多次击退豆仑可汗的联盟首领的英雄形象。最终阿伏至罗为国人所杀，国人拥立宗人跋利延为国主。跋利延在位不久，嚈哒将伐高车，欲扶植弥俄突为高车主。此时的高车国可以说是风雨飘摇，摇摇欲坠。北有柔然的那盖虎视眈眈，南有嚈哒野心勃勃，国内新主刚立根基尚浅。在强大的嚈哒军事威胁下，高车国人竟然复杀跋利延，立弥俄突为主（图3）。《魏书》卷一〇三《高车传》记载：“岁余，嚈哒伐高车，将纳弥俄突，国人杀跋利延，迎弥俄突而立之。”[③]对此，笔者以为，国人杀跋利延而立弥俄突的原因，

① （唐）李延寿：《北史》卷九八《高车传》，第3273页。
② （唐）李延寿：《北史》卷九八《高车传》，第3273页。
③ （北齐）魏收：《魏书》卷一〇三《高车传》，第2310—2311页。

图 3　嚈哒占领高车南部

除了嚈哒的军事威胁之外，应该还有弥俄突是“副王”穷奇之子的原因。比起只是“宗人”的跋利延，无论从血统尊卑还是地位高低来讲，显然“副王”之子弥俄突更有资格继承王位，北朝人称之的“储主”也不无道理。

双王制度下的王位继承应是自成一脉，各自继承各自分部的王位。然而因为阿伏至罗长子谋逆被诛杀，阿伏至罗也被国人杀死，阿伏至罗一脉已经断绝，所以才会选立血缘疏远的“宗人”跋利延。而南部的部众在嚈哒的进攻下四分五裂，分地也被嚈哒侵吞，弥俄突只能将目光放在北部领地。从血缘亲疏来讲，弥俄突是阿伏至罗从弟穷奇之子，是血亲，而跋利延只是宗人。从实力来讲，弥俄突背靠嚈哒，实力强劲，跋利延继位不久根基浅薄。在种种考量之下，国人杀跋利延，立弥俄突为主。此后高车的王位就在穷奇一脉中流转，双王也减为一王。至于弥俄突即位后，是否重新任命“候倍”，恢复“双王并立”，其后的高车国君主是否仍沿用这一体制，由于史书阙载，具体情况都已不得而知。

三　双王制度的启承

（一）双王制度之由来

高车其先匈奴之甥也，在其神话传说中是匈奴母、狼父，高车国与匈奴之间存在着一定的关系。高车国双王制的源头或许可以上溯到匈奴中盛行的储副制度也即左贤王制。左贤王作为单于的第一顺位继承人其权力与地位都是除了单于以外最大的，有单独的领地与部众，对于自己部落的军事和民政都有着最高处理权，只有在涉及关乎整个匈奴的问题上时，才会以单于的意愿为准绳。与高车的“副王”相比其最大的不同是左贤王在单于的旗帜之下，拥护单于的统治。对于整个匈奴帝国来说，他是聚心力，可使单于更好地统治整个匈奴帝国。左贤王也是单于的第一顺位继承人，某种意义上讲相当于汉地的储君。而高车国的双王制度实际上是高车的生产力处于落后阶段时在政治上的反应，是其从部落联盟向早期国家过渡的产物。高车主不能绝对辖制住副王，对整个高车国来说，副王具有相对的离心力，是君主集权路上的阻碍。且高车双王制与匈奴储副制度相比还有一点不同，左贤王是单于继承人，在单于死后可以继承最高汗位，而双王制度中的“候倍”却不是“候娄匐勒”的继承人，二者各自在领地上有直系一脉的继承人。这点不像匈奴反似东突厥与西突厥，虽然南部的穷奇之子弥俄突最终成为北部的国主，但也是在阿伏至罗一脉断绝和嚈哒背后操控的前提下才顺利继位。

（二）突厥汗国

随着高车生产力的发展，高车与北魏的交

流愈加频繁，学习了北魏先进的政治制度，其双王制度的短寿命运是可以预见的。但是双王制度并未随着高车国的覆灭而消逝，而是以另一种方式继续存在。贾敬颜先生说：“游牧民族有它的历史继续性，只是这种继续性若隐若现，不似定居的农耕民族那样显著，那样直接，那样脉络分明，甚而给人们留下的只是些耐人寻味的蛛丝马迹。”“他们创造的一切一切，是以‘隐蔽形式’，似明似暗、无声无息地默默地流传着，这主要表现在一些军政制度、风俗习惯乃至思想观念上的彼此传承。”[①]双王制度也正是如此，短暂地孕育在高车国土壤里的双王制度并未就此凋谢，而是成了阿尔泰语系民族的隐秘烙印，随着民族的融合直接或间接地对北方游牧民族产生了不可忽视的影响。公元546年，高车国的残余部众东击柔然，在路上忽被突厥的酋长土门打退了，降服了其众五万多帐落。这五万多帐落的高车人也被吸纳到了突厥阵营中，其中高车人的一些政治制度和风俗习惯也悄然融入突厥人的生活中。也正是因为高车人带来的双王制度使得突厥建国初期最高汗位权力能够顺利传承，并且在突厥汗国的肥沃土壤下双王制度发展为大小可汗制度。在不同的民族、不同的社会发展时期，双王制度所展现的权力分配和权力传承也是略有不同的。

（三）喀喇汗王朝、高昌回鹘和龟兹回鹘

突厥汗国覆灭后，双王制度的传承还在继续。在公元840年，强大一时的回鹘汗国为黠戛斯所灭，诸部溃散。其中一支在庞特勤的率领下西奔葛逻禄，建立了称霸中亚的喀喇汗王朝，关于喀喇汗王朝的政治制度，不少学者认为就是阿尔泰语系各民族的“双王制度”。具体而言，就是把整个汗国分为两大部分，由汗族的长幼两支分治这两部分。长支为大可汗，称阿斯兰汗，也称狮子汗，理论上是整个汗国的最高首领，首都为巴拉沙衮，后以喀什噶尔为陪都。幼支为副可汗，称博格拉汗，也称公驼汗，驻地先在怛逻斯，后迁喀什噶尔。喀喇汗王朝的双王制度应是高车双王制度的完善和成熟，相比于高车族落后的社会状况，喀喇汗王朝的双王制度是社会经济发展到较好程度之上孕育出来的成果，其权力的分配、继承，以及双王制度下官僚体制的运行都处于稳定发展和完善的状态。

此外，《宋史·龟兹传》中称“其国主自称狮子王，衣黄衣、宝冠，与宰相九人同治国事。”[②]可见龟兹回鹘自称狮子王，而高昌回鹘也于太平兴国六年（981）起，也自称狮子王阿斯兰汗。在此之前“回鹘汗国”的东部——高昌与甘州的统治者与西部喀喇汗王朝的统治者分裂，所以高昌王同喀喇汗王朝的统治者一样在汗位之前也加上尊号阿斯兰汗，以表示自己是全国的大汗，最高首领。程溯洛从官制、服饰、地域等方向考证，龟兹回鹘（也即甘州回鹘）是属于高昌回鹘王国之内，王国中的双王则分在龟兹、高昌两处。可见，高车双王制度

① 贾敬颜：《记游牧民族的文化传承》，《中央民族学院学报》1990年第1期，第55—58页。

② （元）脱脱：《宋史》卷四九〇《龟兹传》，中华书局，1977年，第10480页。

在北方游牧民族中生生不息，也是行国体制下所孕育的独特烙印，以不同的形态或多或少地参与民族的兴衰。

结 语

总之，高车国虽然只存续了短短 54 年，但是在北方游牧民族中的历史地位不容忽视。高车双王制上承匈奴储副制度，下启突厥大小可汗制度。这种隐秘的传承并不会随着一国兴衰而消亡，而是作为一种民族烙印深深地留在了每一个高车人的精神中，无声无息地影响着无数个历史选择。其并非一成不变，而是与不同的民族、不同的风俗、不同的时代相融，创造出新的形式，融合在历史的长河中。

晋唐时期龟兹地区葡萄文化初探*

陈习刚

（河南省社会科学院历史与考古研究所）

龟兹地区在汉代已经立国。龟兹国是当时西域绿洲城邦国中的一个大国，位于今天的渭干河、库车河两河流域。《汉书》卷九六下《西域传下》载："龟兹国，王治延城，去长安七千四百八十里……南与精绝、东南与且末、西南与杅弥、北与乌孙、西与姑墨接……东至都护治所乌垒城三百五十里。"[①]龟兹国都延城，疆域包括有今库车、新和、沙雅、拜城四市县之地。[②]西汉中期以后，特别是魏晋以后，邻近的轮台、乌垒、姑墨、温宿、尉头诸国都役属龟兹国，东西疆域扩展，西到葱岭，东到开都河，南临沙漠，北抵南天山，即相当于今北依天山、南入塔克拉玛干沙漠、东邻焉耆、西接巴楚这一非常辽阔的地区。[③]龟兹地区葡萄文化历史悠久，至迟在西汉时期已有葡萄的种植。[④]此后，葡萄文化逐渐发展和丰富。本文从葡萄的种植、葡萄的加工、葡萄的贸易与消费、社会文化中的影响等方面主要对晋唐时期龟兹地区的葡萄文化作一初步探讨。

一　葡萄的种植

龟兹地区早至汉代已有葡萄栽培。此后的相关记载多见于史籍。前秦建元十九至二十年间（383—384），苻坚部将吕光征服了龟兹国，《晋书》卷一二二《吕光载记》云："（吕光）见其宫室壮丽，命参军京兆段业著《龟兹宫赋》以讥之。胡人奢侈，厚于养生，家有蒲桃酒，或至千斛，经十年不败，士卒沦没酒藏者相继矣。"[⑤]龟兹人饮葡萄酒之盛可见一斑，这也表明龟兹国葡萄种植的规模不小。

到唐代，龟兹地区仍是葡萄的种植地。《新唐书》卷二二一《西域传上》亦云："龟

---

* 基金项目：国家社科基金项目"丝路葡萄文书研究"（19BZS147）阶段性成果。

① （东汉）班固：《汉书》卷九六下《西域传下》，（唐）颜师古注，中华书局，1962 年，第 3911 页。

② 魏晋南北朝时期，龟兹国的都城有过迁移，一度自延城（今库车皮朗古城）迁到今沙雅的羊达克沁古城。约 100 年后，即隋唐之际又迁回延城，并更名为伊罗卢城。参见刘锡淦、陈良伟：《龟兹古国史》，新疆大学出版社，1996 年，第 12—17 页。

③ 这一地区大致为以库车市为中心，囊括了轮台、库车、新和、沙雅、拜城、温宿、阿克苏市、阿瓦提、乌什、阿合奇、柯坪、图木舒克市等 13 市县。

④ 陈习刚：《葡萄、葡萄酒的起源及传入新疆的时代与路线》，《古今农业》2009 年第 1 期，第 51—61 页。

⑤ （唐）房玄龄等：《晋书》卷一二二《吕光载记》，中华书局，1974 年，第 3055 页。

兹，一曰丘兹，一曰屈兹，东距京师七千里而赢，……横千里，纵六百里，土宜麻、麦、粳稻、蒲陶，出黄金。”[①]《大唐西域记》卷一载屈支国（唐龟兹）“宜穈、麦，有粳稻，出蒲萄、石榴，多梨、柰、桃、杏”。[②]7世纪后期，唐安西都护府自西州（高昌）移至龟兹城，并辖龟兹、焉耆（碎叶）、疏勒、于阗四军镇。期间几度移易，到武则天长寿元年（692）复置四镇，以汉军近三万驻屯安西四镇。《资治通鉴》卷二一五唐玄宗天宝元年（742）正月载：“是时，天下声教所被之州三百二十一……羁縻之州八百，置十节度、经略使以备边。安西节度抚宁西域，统龟兹、焉耆、于阗、疏勒四镇，治龟兹城，兵二万四千。”[③]陈国灿指出，从武后朝起，唐王朝在安西都护府常年驻有二至三万人的驻军，驻军来源于全国各地府兵，驻军任务之一就是屯田，为驻军提供后勤供给保障。[④]安西都护府附近驻屯的龟兹军至少有一万之众，“安西二十屯”，每屯“大者五十顷，小者二十顷”，[⑤]分布在龟兹各地。2005年1月，在新和县通古斯巴西古城群的索喀吐尔戍堡遗址附近发现了唐代古葡萄园遗址。新和县通古斯巴西古城是一座保存最为完好，规模最大的军事、屯田古城遗址群，是一个完整的军事体系和屯田区，是唐代龟兹军屯驻之地。以其为中心的戍堡分布之地面积约50平方千米，所在屯田除种植粮食作物外，还种植葡萄等。[⑥]

龟兹地区葡萄的种植技术，史籍未见具体记载，但从吐鲁番出土文书中可见龟兹地区葡萄越冬防寒技术的施行。《唐开元十三年（725）前后西州都督府判为妇人梁氏诉卜安宝违葡萄园契事》（图1），吐鲁番哈拉和卓出土，尺寸为28.7cm×35.9cm，行书，存10行。该文书主要研究有黄文弼、池田温、杨文和等的[⑦]。刘俊文认为本件文书判文部分字体与黄文弼文书H26《唐开元十三年（725）西州未纳征物牒》及黄文弼文书H27、H28《唐开元十三年（725）前后西州都督府典张元璋牒》一致，据此推断本件文书的时间大致在开元十三年（725）前后。兹录文如下：

1 府司：阿梁前件萄为男先安西镇，家无手力，去春租[⑧]

2 与彼城人卜安宝佃，准契合依时覆盖如法，其人至今

3 不共覆盖，今见寒冻。妇人既被下

---

① （北宋）欧阳修、宋祁：《新唐书》卷二二一《西域传上》，中华书局，1975年，第6230页。

② （唐）玄奘、辩机：《大唐西域记校注》（上），季羡林等校注，中华书局，2000年，第54页。

③ （北宋）司马光：《资治通鉴》，（元）胡三省音注，中华书局，1956年，第6847页。

④ 陈国灿：《唐安西都护府驻军研究》，《新疆师范大学学报》2013年第3期，第55—61页。

⑤ （唐）李林甫等撰：《唐六典》卷七“屯田郎中员外郎”条，陈仲夫点校，中华书局，2014年，第223页。

⑥ 邢春林：《丝绸之路上的新和》，中国中外关系史学会编：《“丝绸之路与文明的对话”学术讨论会论文集》，2006年，第110页。

⑦ 黄文弼：《吐鲁番考古记》，中国科学院考古研究所编：《考古学特刊》第三号，中国科学院，1954年，第37页。［日］池田温：《中国古代籍帐研究》，东京大学出版会，1979年，第376页；［日］池田温：《中国古代籍帐研究》，龚泽铣译，中华书局，2007年，第232页。原题名为《府司阿梁状词并批》。杨文和主编：《中国历史博物馆藏法书大观》第11卷《晋唐写经·晋唐文书》，东京柳原书店、上海教育出版社，1999年，第232页，第162、163页。

⑧ 池田温录文，第1行之前标注有“（前缺）”，认为文书前有阙文。

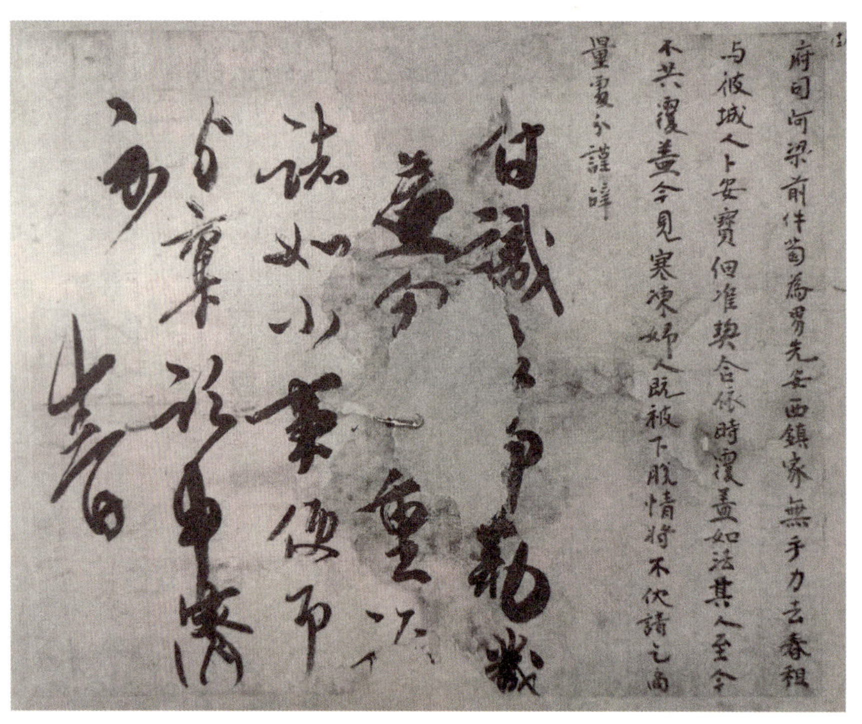
府司阿梁前件萄為男先安西鎮家無手力去春租
与彼城人卜安寶佃准契合依時覆蓋如法其人至今
不共覆蓋今見寒凍婦人既被下脫情將不伏請乞商
量處分謹辞

图 1 《唐开元十三年（725）前后西州都督府判为妇人梁氏诉卜安宝违葡萄园契事》
[采自荣新江、朱玉麒主编：《黄文弼所获西域文书》（下），第 302 页]

脱，情将不伏，请乞商

4 量处分，谨辞。

5 付识□即勒藏[①]

6 盖，分[②]□[③]重□[④]。

7 诸[⑤]如小事，便即

8 与夺[⑥]乞申，济

9 示。

10 十三日[⑦]

据文书，被租葡萄园应该依照时节进行覆盖防冻，因见葡萄到时节没有被覆盖而受寒冻，妇人梁氏特向州府申诉，府司勒令租佃人“藏盖”。“阿梁前件萄为男先安西镇，家无手力”，说明妇人阿梁因儿子在安西镇服兵役，家里无人手管理葡萄园，只得租给卜安宝佃种。如前所述，安西镇军屯不仅种植粮食作物，还栽培葡萄等园艺作物，辟有葡萄园。来自西州（今吐鲁番地区）葡萄种植园主的阿梁男很可能在

① “即”，黄文弼、杨文和录文为“□”。
② “分”，杨文和录文为“匆”。
③ “□”，黄文弼录文为“□□”。
④ “□”，杨文和录文为“咨”。
⑤ “诸”，黄文弼录文为“誌”。
⑥ “夺”，黄文弼录文为“禀”。
⑦ 《唐开元十三年（725）前后西州都督府判为妇人梁氏诉卜安宝违葡萄园契事》为重拟题名。原题名为《唐开元十三年（725）前后西州妇人梁氏辞》，《中国古代籍帐研究》题名为《府司阿梁状词并批》。荣新江、朱玉麒主编：《黄文弼所获西域文书》（上），中西书局，2023 年，第 53 页。

安西镇见识或运用葡萄越冬防寒技术，这从一侧面反映出古代龟兹地区葡萄种植越冬防寒技术的应用。

二 葡萄的加工

葡萄的加工产品一般有葡萄干、葡萄浆（汁）、葡萄酒等，葡萄酒则是葡萄加工产品中最重要的。葡萄的种植与葡萄的加工应该说大致是同时进行的。龟兹地区葡萄的加工当不晚于西汉。

（一）葡萄干、葡萄汁、葡萄酥

龟兹地区的葡萄加工产品葡萄干未见记载，但有葡萄的种植肯定有葡萄干的出产。这从库车出土文书梵文《鲍威尔写本》中可见一斑。《鲍威尔写本》（The Bower Manuscript，简称Bo.），梵文本，1890年2月出土于新疆库车的库木吐喇（Kumtura）石窟前的佛寺。[①]1890年3月，由英属印度陆军第17孟加拉国骑兵团中尉哈密尔顿·鲍威尔（H. Bower，1858—1940）购于库车，属于英藏“霍恩雷收集品”，即1893—1899年由英属印度政府授权德裔英国籍梵文专家霍恩雷（A.F.Rudolf Hoemle，1841—1918）[②]收集的西域文献和文物，1901—1902年由英国牛津大学包德利图书馆（Bodleian Library，Oxford）购存。该写本全部抄写在桦树皮上，由51张大小相同的桦树皮组成，每叶中穿一孔或两孔，用绳子穿孔固定，然后夹在两个木板中间。内容主要有七个部分：前三部分是医书，第四、五部分是骰子占卜书，第六、七部分是咒语书。霍恩雷认为该写本约创作于4世纪，抄写年代推断为350—475年之间；德国著名印度字体学家、文献学家桑德尔认为应该抄写于500—550年之间，成于罽宾（今克什米尔）。后一种观点多为史学界认同。最新研究认为，《鲍威尔写本》有的部分抄写年代 晚至6世纪。这个说法不一定正确，《鲍威尔写本》实际上出自库木吐喇千佛洞谷口区南端的玉其吐尔佛寺遗址。玉其吐尔佛寺遗址的佛塔埋藏有公元5世纪左右笈多体婆罗谜文写本（即《鲍威尔写本》），遗址始建年代不晚于公元4世纪。[③]该写本医学部分共计41叶，为一部医方选集，有1323颂、444个药方。此梵文残卷一、二、三（41叶）的汉译，是陈明据霍恩雷《鲍威尔写本〈影印图版·那迎梨字母释录·罗马字母转写·附注英译〉》[④]的英译翻译而成。[⑤]

《鲍威尔写本》有大量使用葡萄干等葡萄加工品制作的药方，如《鲍威尔写本》残卷一：

---

① 有学者认为《鲍威尔写本》是1889年底于库车库木吐喇石窟附近的一座佛塔中出土的，古代梵语、婆罗谜文写本。参见任曜新：《新疆库车佛塔出土鲍威尔写本骰子占卜辞跋》，《敦煌辑刊》2011年第3期，第123—133页。

② 霍恩雷，王冀青译为霍恩勒。参见王冀青：《霍恩勒与国际“龟兹学”的起源——纪念“库车文书”发现120周年》，新疆龟兹学会专题资料汇编：《龟兹学研究》第五辑，新疆人民出版社，2012年，第587—620页。

③ 林梅村：《鲍威尔写本的发现地》，《读书》2023年第8期，第56—60页。

④ A.F.Rudoll Hoernle（，Ed），The Bower Manuscript：Facsimile Leaves, Nagari Transcript, Romanized Translit-eration and English Translation with Notes，Arc；*haeologic*；*al Survey ol India New Imperial Series*, Vo1.22, Calc；utta：Superintendent Government Printing, India,1893—1912.

⑤ 陈明：《殊方异药：出土文书与西域医学》，北京大学出版社，2005年，第242—310页。

124.将姜、莪术、葡萄干、野漆树、长胡椒和长管大青根，与蜜糖和油混合，所制成的这种“药糖剂”，对治疗由风引起的咳嗽是有益的。[①]

又如《鲍威尔写本》的第二个残卷《精髓（集）》第4章《杂药方》“二十个治衰弱、溃疡以及其他原因导致的咳嗽的药方”（IV）：

435.长胡椒、padmaka（Prunus Pud-dum，一种李属植物）、葡萄干、完全成熟的刺天茄，加上酥和蜜，所配制的止咳药水用于主治衰弱导致的咳嗽。[②]

以上是有葡萄干的相关药方。

葡萄汁既是一种饮品，又是酿造葡萄酒的原料。有葡萄汁的药方，如《鲍威尔写本》的第二个残卷《精髓（集）》第4章《杂药方》“二十个治衰弱、溃疡以及其他原因导致的咳嗽的药方”（IX）：

447b–449.（a）由……稻米和小麦做的食物，（448）加上凉的野味肉汤、葡萄干，或者加凉的煮过的牛奶、酥和糖，[可以进食]；（449）(b) 凉的葡萄汁、糖、余甘子冲剂、葡萄干、鸢尾根、喜马拉雅雪杉、甘蔗，根据[患者的]爱好，可以冲服。[③]

又如《鲍威尔写本》的第二个残卷《精髓（集）》第四章《杂药方》“七条治痛性尿淋沥的药方”（IV）

578.1两郁金（藏红花）的2倍，加葡萄汁，制成浆，允许在水中放置一夜，患者服之，主治痛性尿淋沥。[④]

除使用葡萄干、葡萄汁制成的药方外，还有使用葡萄酥制成的药方。如《鲍威尔写本》的第二个残卷《精髓（集）》第二章《药酥方》（XIV）：

162–165a.取8婆罗的甘草、1升的葡萄干，在1drona的池水中用文火同煎；（163）直到只剩下原量的八分之一，再在1升的酥油中煎熬。待完成后，搅拌，待其冷却后，然后加上（164）8婆罗的糖以及半升的普通蜜蜂的蜜。这剂药宜给那些痔疮、咳嗽、缺少精子、（165a）衰弱和溃疡的患者服用。同时[也可食用]同量的磨成粉的炒谷。[⑤]

这实际上是一种主要以葡萄干为原料制作的葡萄酥药方，葡萄酥应该也是一种葡萄产品。

这些包含葡萄产品原料的药方，当在龟兹

① 陈明：《殊方异药：出土文书与西域医药》，第249页。
② 陈明：《殊方异药：出土文书与西域医药》，第270页。
③ 陈明：《殊方异药：出土文书与西域医药》，第271页。
④ 陈明：《殊方异药：出土文书与西域医药》，第279页。
⑤ 陈明：《殊方异药：出土文书与西域医药》，第258页。

地区得到配制和使用，其中的葡萄产品应为古代龟兹地区当地所产。文书中就见当地药方邑，如库车库木吐喇所出大谷文书中有3件明确载有药方邑文书。其一，大谷8047号《唐大历十六年（781）三月杨三娘举钱契》（图2）：

1 大历十六年三月廿日，杨三娘为□用

2 钱用，遂于药方邑举钱壹阡文，

3 每月纳贰佰文，计六个月，本利并纳

4 足。取钱后，东西逃避，一仰保人等代

5 ［还］。□□钱每斋前纳。如违，其钱请陪。

6 □恐人无信，两共对面平章，画指为

7 记。

8 举钱人杨三娘年卌五

9 保人僧幽通年五十六幽

（后缺）[①]

其二，大谷8056号《唐大历十六年（781）六月米十四举钱契》（图3）：

（前缺）

1 大历十六年六月廿日，米十四为要

2 钱用，遂于药方邑举月抽钱壹仟？

3 □□，每？月纳贰佰文，限六个月不

4 ＿＿＿＿＿□不纳及有外

5 ＿＿＿＿＿钱纳官□□

6 ［两共对面平］章，画指为记

（后缺）[②]

其三，大谷8048号《唐大历十六年（781）七月某人举钱契》（图4）：

（前缺）

1 大历十六年七月＿＿

2 钱用，遂举药方邑举？＿＿

3 限？六个月，抽每月七佰？＿＿

（后缺）[③]

据大谷探险队成员野村荣三郎日记所载，这些文书均出土于库木吐喇废寺遗址。[④]除这三件文书外，大谷8049号《唐代某人举钱契》（图5）、大谷8051号《唐代某人举钱契》（图6）、大谷8055号《唐代某人举钱契》（图7）等文书，也出自库车库木吐喇，虽然残缺，但据文书格式和内容，当亦为药方邑相关文书。

文书中“药方邑”，似是一种以药方“济世活人”的组织，“药方邑当是唐代龟兹地区佛

① ［日］小田义久：《大谷文书集成（叁）》，第220页。
② ［日］小田义久：《大谷文书集成（叁）》，第222页。
③ ［日］小田义久：《大谷文书集成（叁）》，第220页。
④ ［日］小田义久：《大谷文书の研究》，法藏馆，1996年，第84—85页。

图 2　大谷 8047 号《唐大历十六年（781）三月杨三娘举钱契》

［采自《大谷文书集成（叁）》，法藏馆，2003 年，图版二五］

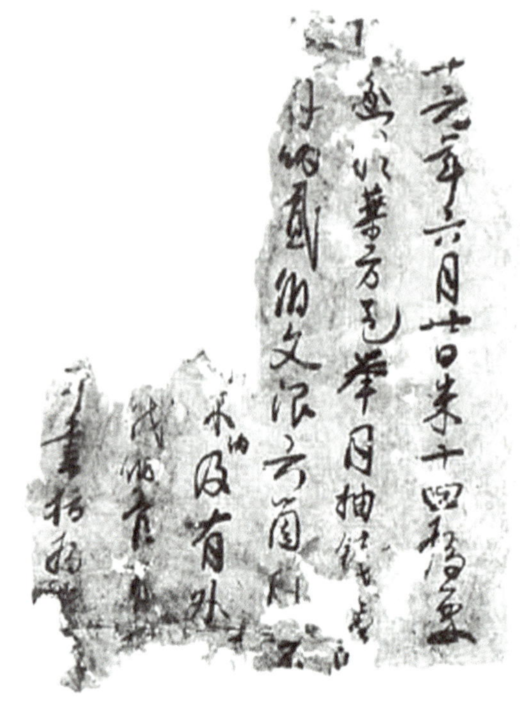

图 3　大谷 8056 号《唐大历十六年（781）六月米十四举钱契》

［采自《大谷文书集成（叁）》，图版二五］

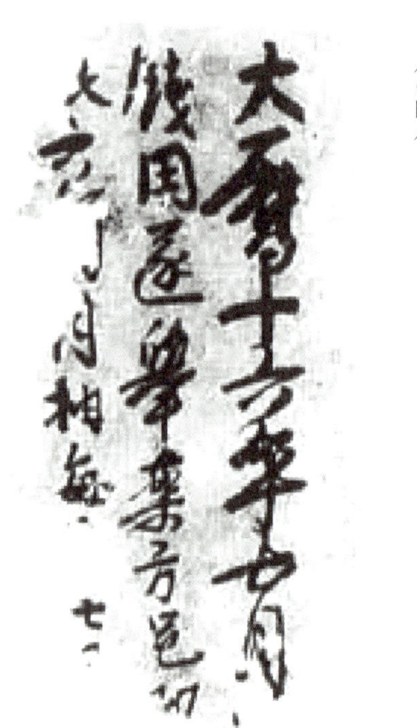

图 4　大谷 8048 号《唐大历十六年（781）七月某人举钱契》

［采自《大谷文书集成（叁）》，图版二五］

图 5　大谷 8049 号《唐代某人举钱契》

［采自《大谷文书集成（叁）》，图版二五］

图 6　大谷 8051 号《唐代某人举钱契》
［采自《大谷文书集成（叁）》，图版二六］

图 7　大谷 8055 号《唐代某人举钱契》
［采自［《大谷文书集成（叁）》，图版二六］

寺内的一种慈善性组织，带有民间社邑性质，其主要活动是治病救人，当然也向贫困者贷借，故利率均不高，这可能源于佛教中的‘无尽藏’，及早期的‘悲田’之设”。[①]传入龟兹地区的《鲍威尔写本》药方，当为药方邑用来治病救人的药方组成部分，而药方中的葡萄产品原料当来自葡萄广泛种植的龟兹地区。庆昭蓉认为这些药方邑残文书“应是日人在玉其吐尔遗址的发掘成果”。[②]如此，这些药方邑文书与梵文文书《鲍威尔写本》出自同一佛寺，即玉其吐尔佛寺遗址。显而易见，这证实了《鲍威尔写本》与药方邑文书内容的关联。

据《龟兹语唐某年龟兹某寺钱润入历》(图 8)，龟兹地区佛寺药方邑还有土地租佃收入，如：

1 utpat cāñi esalyī ketāṣṣi[③] ṣuk yiltse

2 wace trai me ñatse ne Pernais̭e cak ñu tom mlyokotau pleksa （okta） kar yältse piś käṃnte ikäṃtsa.

3 Käsitse Pernais̭e [④]+ mlyokotau pleksa ṣ uktakar （cāneṃ） tsa yältse[⑤]

cäk piś taum　　　　pisāka

4 Pore tarya cakaṃma s̭war tom tsäṅkana pleksa wiyār kaṃnte pśākar cāneṃtsa ok yältse

5 Pernais̭e cak ṣuk tom tsaṅkana pleksa: wiyār käṃnte ps̭ā （kar） ——s̭wārse wi käṃ nte pśā

① 刘安志、陈国灿：《唐代安西都护府对龟兹的治理》，《历史研究》2006 年第 1 期，第 34—48、190 页。
② 庆昭蓉：《库车出土文书所见粟特佛教徒》，《西域研究》2012 年第 2 期，第 54—75 页。
③ 此后有涂改痕迹。
④ 此后有涂改痕迹。
⑤ 此后有涂改痕迹。

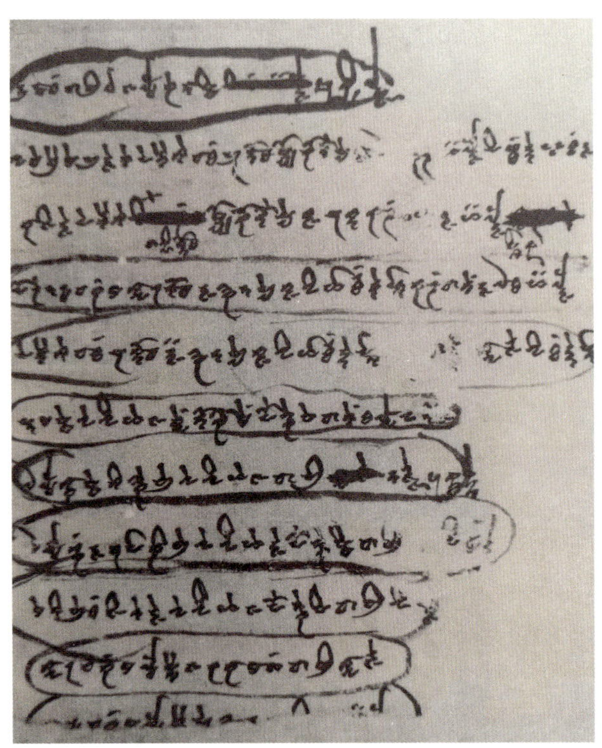

图 8 《龟兹语唐某年龟兹某寺钱润入历》
[采自荣新江、朱玉麒主编：《黄文弼所获西域文书》（下），第 407 页]

6 ptamaṣṣe werwiyesa Kweṃ tokomeṃ pautkeṣe cāneṃ kälwāwa （wiltse）

7 Olyīṣk ā ṣṣe Śiṅkeñe werwiyesa cāñi① tarsse ṣuk känte

8 Olyīṣkamtsa ṣupākiñe werwiyetse pautke ṣṣi cāñi piś käṃnte.

9 Meśiñes Si （t） etse werwiyesa pautkeṣi cāñi wiltse

10 śwār cakaṃma lyekśaisa kakāmaṣ cāñi śwārse

11 （ta） ryaca [ka] ṃmal [y] ek （ś） ai p

[1] eṅ [kuwa] （cāñ） i （–） –·äl （·） e

译文

1 润人（?）钱。境内地产（所生）之钱：七千（文）。

2 二月三日，丕奈栖卖出一石九斗 mlyokotau，（每斗）[八] 十（文），（计）一千五百二十（文）。

3 Kasi★ 的丕奈栖卖出一石五斗 mlyokotau，（每斗）七十（文），计（钱）一千（零）五十（文）。

4 蒲黎卖出三石四斗青稞，（每斗）二百五十（文），（计）八千（文）。

5 丕奈栖卖出一石七斗青稞，（每斗）二百五（十文）……四千二百五（十文）。

6 在"塔园"（?）上，我从昆荼孤处获得佃租之钱；（二千文）。

7 在"小船"地区（?）（Olyīṣka）的胜稽的园田上，钱四千三千七百（文）。

8 在"小船"地区（?），药方园（?）佃租之钱：五百（文）。

9 在 ★Mesi 一族（?）的 Si[t]e★ 的园田上，佃租之钱：二千（文）。

10 四石 lyekśiye 所折换（?）之钱:四千（文）。

11 [我卖了三石 lyekśiye，（得）钱（三千文?）。] ②

① 此后有涂改痕迹。

② 重拟题名，原题名为《唐某年龟兹某寺钱润入历》。录文参见荣新江、朱玉麒主编：《黄文弼所获西域文书（上）》，第 145—146 页。

该文书题解可参见后面《龟兹语唐某年某寺冬季粮、葡萄酒支用案》。文书中“药方园（?）佃租之钱：五百（文）”，表明佛寺药方邑有土地出租，这种租金收入也是药方邑的经济来源。由此，此件文书也是药方邑相关文书，可能也是出自玉其吐尔佛寺遗址。[①]

（二）葡萄酒的酿造术

龟兹地区的葡萄加工产品除上述葡萄干、葡萄汁和葡萄酥外，主要还有葡萄酒。从前引《晋书·吕光载记》可知，魏晋时期龟兹地区葡萄酒的酿造是很普遍的，“家有蒲桃酒，或至千斛”，可见产量也不低。

到唐代，龟兹地区的葡萄酒酿造也是长盛不衰。《旧唐书》卷一九八《西戎传》云：“龟兹国，即汉西域旧地也，在京师西七千五百里……饶蒲萄酒，富室至数百石。”[②]“饶蒲萄酒”，说明到唐代，龟兹地区葡萄酒的产量仍然可观。龟兹地区葡萄酒的酿造，从《鲍威尔写本》药方中葡萄酒的运用亦得佐证，如《鲍威尔写本》残卷一：

> 25.他也可以饮服葡萄酒（mārdvīka, madhu），[③]或者蒸馏的液体与等量的葡萄酒，或者纴婆（Azadirachta Indica，Nīm），或者蔗糖酒（ṣīdhu），或者浓烈的米酒（jagala），或者一种提神的汁液（agaja），或者迷丽耶酒（maireya），[④]或者其他可能有的烈性液体。当时，他服用时要兑水，一次只能喝一种，以免混合。[⑤]

又如《鲍威尔写本》的第二个残卷《精髓（集）》第4章《杂药方》二十个治衰弱、溃疡以及其他原因导致的咳嗽的药方（XVI）：

> 463–464.在患痰性咳嗽时，第一件要做的事情就是服用催吐剂和断食。然后，适宜吃大麦饭、辛的和辣的食物所做的汤。（464）要喝温开水和葡萄酒，可加陈蜜。还应做运动和吐纳，并吃干的、热的东西。[⑥]

如前所述，这些药方中的葡萄加工产品——葡萄酒，也来源于龟兹地区。

龟兹地区有酿造的葡萄酒，但龟兹地区葡萄酒的酿造技术没有明确的记载。不过，从古代西域葡萄酒的酿造术上可得大概。西域的葡萄酒是采用自然发酵法酿造的。金代文学家元好问（1190—1257）《蒲桃酒赋并序》载：

---

① 庆昭蓉指出，“‘药方园’之名易使人联想到大谷库车文书O.8047中‘药方邑’一名。目前缺乏证据证实两者的具体联系”。参见庆昭蓉：《略论黄文弼所发现之四件龟兹语世俗文书》，黄建明等编：《首届中国少数民族古籍文献国际学术研讨会论文集》，民族出版社，2012年，第303—324页。

② （五代）刘昫等：《旧唐书》卷一九八《西戎传》，中华书局，1975年，第5303页。

③ 《一切经音义》卷四七，“末陀酒，谓蒲桃酒也。”参见（唐）释慧琳：《一切经音义三种校本合刊》（中），徐时仪校注，上海古籍出版社，2008年，第1330页。

④ 《一切经音义》卷四七，“迷丽耶酒，谓根、茎、花、果等杂酒也。”（《大正新修大藏经》卷五四，第620页下）“迷丽”又写作“米隶”，参见（唐）释慧琳：《一切经音义三种校本合刊》（中），徐时仪校注，第1330页。

⑤ 陈明：《殊方异药：出土文书与西域医药》，第244页。

⑥ 陈明：《殊方异药：出土文书与西域医药》，第272页。

刘邓州光甫为予言："吾安邑多蒲桃，而人不知有酿酒法。少日，尝与故人许仲祥摘其实，并米炊之。酿虽成，而古人所谓甘而不饴，冷而不寒者，固已失之矣。贞祐中，邻里一民家避寇，自山中归，见竹器所贮蒲桃在空盎上者，枝蒂已干而汁流盎中，薰然有酒气。饮之，良酒也。盖久而腐败，自然成酒耳。不传之秘，一朝而发之，文士多有所述。今以属子，子宁有意乎？"予曰："世无此酒久矣。予亦尝见还自西域者云：'大食人绞蒲桃浆封而埋之，未几成酒，愈久者愈佳，有藏至千斛者。'其说正与此合。物无大小，显晦自有时，决非偶然者。夫得之数百年之后而证数万里之远，是可赋也。"于是乎赋之。[①]

我们知道，唐代至两宋时期中原内地葡萄酒的酿造一直并未停止，元好问所谓"世无此酒久矣""夫得之数百年之后而证数万里之远"便有些言过其实。文中提及葡萄久而腐败自然成酒法，接着又云："予亦尝见还自西域者云：'大食人绞蒲桃浆封而埋之，未几成酒，愈久者愈佳，有藏至千斛者。'"无论是"葡萄久而腐败自然成酒"还是"绞葡萄浆封埋成酒"，都是一种未加曲蘖用自然发酵法酿造的酒。

这从元代西域葡萄酒的酿造技术上也得以佐证。元人熊梦祥《析津志辑佚》物产条载：

葡萄酒，出火州（今吐鲁番地区）穷边极陲之地。酝之时，取葡萄带青者。其酝也，在三五间砖石甃砌干净地上，作甃瓷缺嵌入地中，欲其低凹以聚，其瓮可容数石者。然后取青葡萄，不以数计，堆积如山，铺开，用人以足揉践之使平，却以大木压之，覆以羊皮并毡毯之类，欲其重厚，别无曲药，压后闭其门，十日半月后窥见原压低下，此其验也。方入室，众力拼下毡木，搬开而观，则酒已盈瓮矣。乃取清者入别瓮贮之，此谓头酒。复以足蹑平葡萄滓，仍如其法盖，复闭户而去。又数日，如前法取酒。窨之如此者有三次，故有头酒，二酒，三酒之类。[②]

《本草纲目》卷二五李时珍亦云："葡萄久贮，亦自成酒，芳甘酷烈，此真葡萄酒也。"[③]可见唐以后西域酿造葡萄酒仍用自然发酵酿造技术，这种自然酿造方法不添加曲蘖，简单易行。葡萄自然发酵酿酒法，可分两种：一是分离发酵法，葡萄破碎后及时使果皮、果渣与果汁分离，用果汁发酵，生产出白葡萄酒；二是混合发酵法，即保留果皮、果渣与果汁一起发酵，酿

---

① （金）元好问：《遗山集》卷一，商务印书馆，1985年《四库全书》本，第5、6页。又见（清）陈梦雷辑，蒋廷锡重辑：《古今图书集成·博物汇编草木典》卷113葡萄部，中华书局，1934年影印本，第47页。

② （元）熊梦祥著，北京图书馆善本组辑：《析津志辑佚》，北京古籍出版社，1983年，第239页。

③ （明）李时珍：《本草纲目（第三册）》，人民卫生出版社，1978年，第1568页。

出的为红葡萄酒。[①]元好问《蒲桃酒赋并序》所云“绞蒲桃浆封而埋之”是一种分离发酵法，熊梦祥《析津志辑佚》所载则是一种混合发酵法。

1984年8月至9月，在库车库木吐喇村的西部河岸，即库木吐喇古城址四方形塔院南约800米，当地称之为“达吾子牙”的地方，先后发现16口大陶缸（图9），依东西方向排成四长排，最多一排5口，大部分缸口径40厘米、高140厘米、最大腹径150厘米、一般腹径120厘米、壁厚3厘米，缸口距地表1.5米，细泥红陶，外施米黄色陶衣；缸盖系方砖；其中5号、9号缸内还发现了葡萄籽粒，满布于缸内填实的泥沙中，白色，轻轻一捏即成细末；在水底发现大方砖，与岸上近处发现的砖地坪中的大长方砖大小相似（很可能是缸盖，因洪水冲至水底），岸上发现的砖地坪紧靠缸群，残存9平方米（图10）；年代在唐开元年间，使用下限到9世纪上半叶（表1:4）。[②]张玉忠、刘松柏认为这种大缸、大瓮可能是酿造和储藏葡萄酒的用器。[③]实际上，对照熊梦祥《析津志辑佚》所载，达吾子牙缸群是葡萄混合发酵法酿酒技术的写照。在埋置陶瓮的房间里，地面铺上砖石，即所谓的“砖地坪”；砖石间还铺成有至陶瓮口的稍微倾斜的缝隙或沟形，以便葡萄汁液和酒液流入地面下的陶瓮，“作甃瓷缺嵌入地中，欲其低凹以聚”；陶瓮上也铺盖砖石，即所谓的“砖形缸盖”，铺在陶瓮口上的砖盖应该不是直

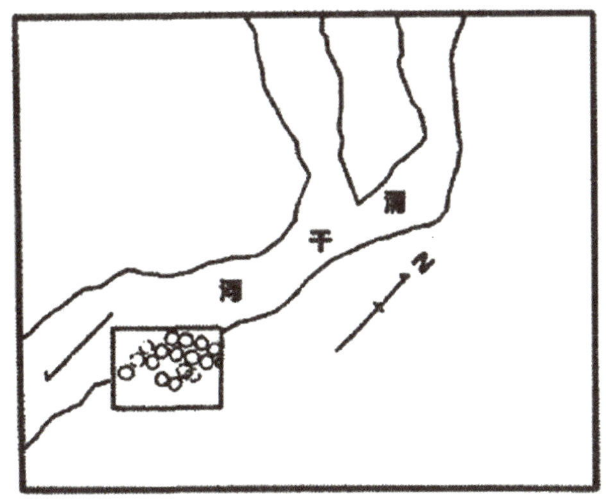

图9　达吾子牙缸群位置示意图
（采自刘松柏：《库车古缸综述》，《新疆文物》1993年第1期，第136页）

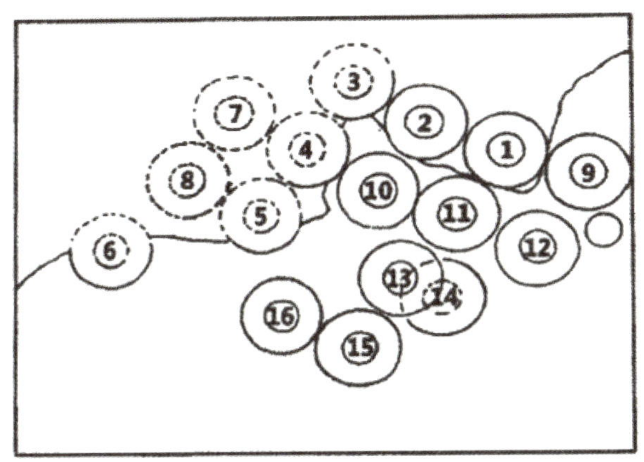

图10　达吾子牙缸群示意图
（采自刘松柏：《库车古缸综述》，《新疆文物》1993年第1期，第137页）

接铺在陶瓮口上，与陶瓮间当有一点缝隙或空间，陶瓮口周围土面可能镶嵌有陶瓷片，以便葡萄汁液和酒液通过陶瓷缺汇入地面下陶瓮中。这样，整个房间地面基本上是一个砖石地面，在上面铺展葡萄，“用人以足揉践之使平，却

① 陈习刚：《唐代葡萄酿酒术探析》，《河南教育学院学报》2001年第4期，第70—72页。
② 刘松柏：《库车古缸综述》，《新疆文物》1993年第1期，第132—140页。
③ 张玉忠：《葡萄及葡萄酒的东传》，《农业考古》1984年第2期；刘松柏：《库车古缸综述》，《新疆文物》1993年第1期，第132—140页。

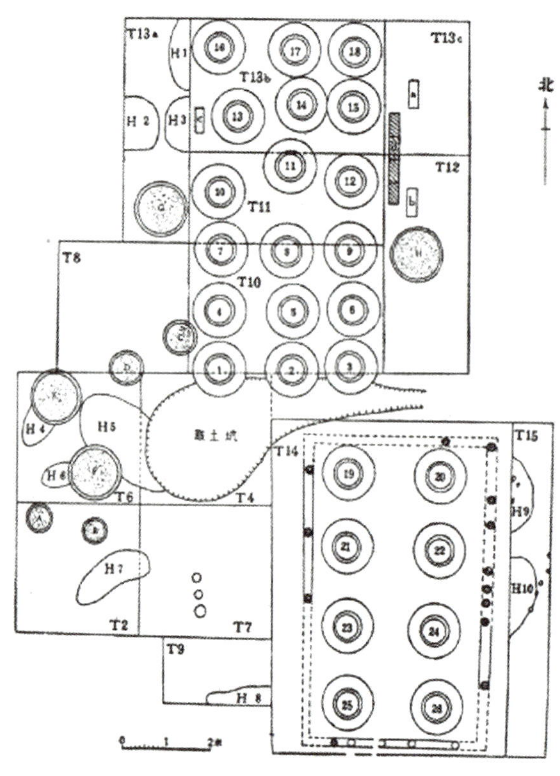

1—26 泥质陶缸 A—H 砂质陶缸 a—c 柱础石
d 砖 o 柱洞、竖木柱

图 11 哈拉墩北区遗址平面示意图
（采自刘松柏：《库车古缸综述》，《新疆文物》1993 年第 1 期，第 132 页）

图 12 哈拉墩北区古缸出土现场（局部）
［采自沈晓文：《新疆地区佛寺遗址储藏设施的考古学研究》，西北大学硕士学位论文，2013 年，第 10 页。原图名为“库车古缸出土照片（2）”］

以大木压之，覆以羊皮并毡毯之类”，不久，葡萄酒就盈瓮了。16 口大陶缸的酿酒房间，应该是一个葡萄酒酿造作坊。

由达吾子牙葡萄酒酿造作坊可知，铺盖有砖石缸盖的陶缸群实际上就是葡萄酒混合发酵法酿造技术的反映，如龟兹故城内东部哈拉墩遗址乙组泥质陶缸，成排分布，排列整齐（图 11）。A 区 6 排（东西排列，南北走向）18 口，每排 3 口，缸间距 0.2—0.8 米不等，占地面积 48 平方米（图 12），均为细泥红陶，轮制口沿外卷，平底，表面磨光，并涂淡青色陶衣，在每缸之外还有一层厚 10 厘米的胶泥，胶泥饰弦纹。缸底在同一高度上距地表 2 米，因缸高低不一（130—150 厘米），所以缸口沿距地表的高度也不一。均有烧砖做的缸盖，包括方砖和花砖。B 区 8 口，缸南北排成两排，每排四口，缸间距从底部算为 0.75—0.95 米，占地面积约 25 平方米。缸形制和埋藏方式与 A 区基本相同。显而易见，A 区和 B 区缸群（表 1:1）都是与达吾子牙葡萄酒酿造作坊类似的酿酒作坊。这种类型的陶瓮实物，完整如库木吐喇古城址的出土陶瓮（表 1:5，图 13）。

龟兹故城内东北缸群（表 1:1），龟兹故城内西城墙内缸群（图 14，表 1:1），库木吐喇古城址四方形塔院南 200 米缸群（表 1:3）等，都有缸群和砖盖的出土，也是使用混合发酵法酿造技术的葡萄酒酿造作坊。

除使用葡萄酒混合发酵法酿造技术的酿酒作坊外，还有使用葡萄酒分离发酵法酿造技术的酿酒作坊。龟兹故城内供电所后园缸群，东西向排列，二排，细泥红陶，米黄色陶衣。有腹径 120 厘米、高 160 厘米、壁厚 2 厘米和腹径 80 厘米、壁厚 1.5 厘米，腹径 50 厘米、高 70 厘米的。另有 1 件圆形缸盖（表 1:1）。从发掘记载来看，未有砖盖，而是圆形缸盖，表明这应该是一处使用葡萄酒分离发酵法酿造技术的酿酒作坊，是绞葡萄浆置于陶瓮中发酵成酒，这种陶瓮不一定“封而埋之”，只是放置于房间地面或半埋于地面，相对于完全埋置在地下且缸口铺砖盖的葡萄酒混合发酵法酿造技术的酿酒来说，要简单而便利。这从吐鲁番西旁景教寺院遗址酒窖亦得佐证。西旁景教寺院遗址位于吐鲁番火焰山南麓（高昌区葡萄沟街道达甫散盖社区北面）一处丘岗上，为中古时期的基督教遗址。2021 年 9—11 月，中山大学社会学与人类学学院与新疆文物考古研究所、新疆吐鲁番学研究院合作的考古发掘基本完成了对岗顶区域建筑的全面揭露，存在三期以上使用过程，可能始建于唐代，主体年代为高昌回鹘时期。房屋 F10 及附属建筑位于岗顶西缘约中部位置，“存在至少两个时期的使用过程，早期为近梯形房屋，门道向西，外有台阶通向外面的平台（PT2）和厕所，该期建筑东南角有部分墙体被 F2 叠压。晚期建筑面积缩小，在早期东、南墙体内侧以土坯砌筑新墙，并封闭西墙，出入口改为房屋东北角，设一道台阶与 F11 等沟通（图 15）。房屋内部包含上、下两层地面，分别与两期墙体对应。上层地面是在下层地面

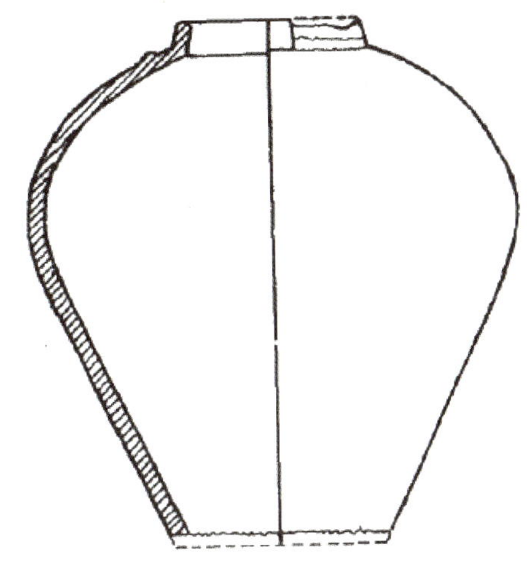

图 13　库木吐喇古城 KKM:307 陶瓮（1/15）
[采自刘松柏：《库车古缸综述》，《新疆文物》1993 年第 1 期，第 137 页]

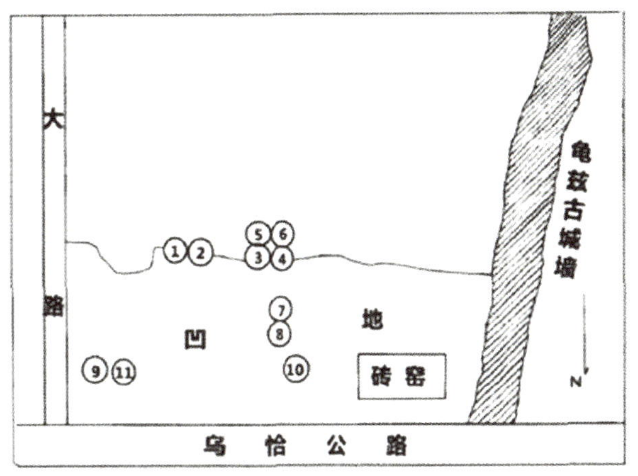

图 14　龟兹故城西城墙内缸群示意图[①]
（采自刘松柏：《库车古缸综述》，《新疆文物》1993 年第 1 期，第 134 页）

基础上通过垫压较厚且紧实的腐殖质层（含大量粪便、植物枝干等）整平后形成，地面上保存有 7 个大型陶瓮或缸底部或坑位，部分缸底有紫红色残留物，推测可能为酿造或储存葡萄酒的酒窖”（图 16）。[②]可以看出，西旁景教寺

① 据刘松柏文描述，图中缸群方位似有误，砖窑方位似应当在南部而不是靠近乌喀公路的北部。
② 刘文锁、王泽祥、王龙：《2021 年新疆吐鲁番西旁景教寺院遗址考古发掘的主要收获与初步认识》，《西域研究》2022 年第 1 期，第 5 页。

图 15　2021 年西旁景教寺院遗址发掘区正射影像及遗迹编号

（采自刘文锁、王泽祥、王龙：《2021 年新疆吐鲁番西旁景教寺院遗址考古发掘的主要收获与初步认识》，《西域研究》2022 年第 1 期，第 3 页）

图 16　吐鲁番西旁景教寺院遗址葡萄酒酒窖

院遗址酒窖中陶瓮是放置于地面上，未见深埋于地下，亦未见砖盖，应该是一种采用葡萄酒分离发酵法酿酒技术的酿酒酒窖。这种类型的陶瓮实物，可见于库车友谊路墓葬出土陶瓮（表 1:1，图 17、18），是用陶盖来封存的，其中 M13 墓所出陶瓮"口部穿有对称的四个小孔"，可能是通过穿孔绳索来固定封存陶瓮的陶盖的。

在古代龟兹地区，这种葡萄酒分离发酵法酿造技术的应用应该更为广泛，是一般家庭采用的葡萄酒酿造技术。龟兹故城内哈拉墩唐代龟兹都督府遗址，位于龟兹王城（今皮朗古城）东门内，上层文化遗址出土有唐代铺地方砖、板瓦、筒瓦、大陶缸等（图 19），北区遗址也出土有晚期砖、瓦、陶器残片等，"龟兹地面建筑使用砖瓦始于唐代，而且只有高等级建筑才使用瓦当、陶水管以及铺地砖"。[①]若此，则在古代龟兹地区，铺有砖石的葡萄酒混合发酵法酿酒技术的应用不早于唐代，也晚于葡萄酒分离发酵法酿酒技术的应用，并且与葡萄酒分离发酵法酿酒技术的应用相比，限于砖石材料而施行的相对少得多。

（三）*葡萄酒的储藏*

如上所述，古代龟兹地区，陶瓮是葡萄酒的酿造用器，但在葡萄酿制成酒的同时，也成

① 林梅村：《龟兹王城古迹考》，《西域研究》2015 年第 1 期，第 48—58、139 页。

图 17 陶瓮（M13:86）
（采自于志勇、党志豪、田小红等：《新疆库车友谊路魏晋十六国墓葬 2010 年发掘报告》，《考古学报》2015 年第 4 期，图版 9）

图 18 陶瓮（M75:1）
（采自新疆文物考古研究所：《新疆库车友谊路墓群 2021 年发掘简报》，《文物》2023 年第 3 期，图三二）

了葡萄酒的储存器。今库车、沙雅等地就有可能用于酿造和储藏葡萄酒的用器——唐代“大陶缸”的出土，“大缸可能是酿酒的用器，大瓮则可用于贮藏葡萄酒”。①如 1958 年，黄文弼在库车县（今库车市）哈拉墩遗址发掘出若干组“陶缸群”，其中 A 区 18 口大缸排列有序，缸通高 130—150 厘米，缸外涂有 10 厘米厚的胶泥，缸盖系烧砖。有人通过比较，认为它们与唐大明宫麟德殿原遗址中发现的大缸相似，大明宫发现的大缸的缸外及口部均涂有泥，缸口封泥并印有文字，注明缸内为酒、蜂蜜等物。因此这 18 口大缸可能当时也是盛酒浆的容器，其时代大致相当于唐代。②如前所述，哈拉墩遗址 A 区 18 口缸群是葡萄酒酿造用器，但也是葡萄酒储存用器。陶瓮的大量与普遍出土，也证实了古代龟兹地区葡萄酒储存的丰富程度（表 1）。

图 19 哈拉墩龟兹都督府遗址出土砖瓦
（采自林梅村：《龟兹王城古迹考》，《西域研究》2015 年第 1 期，图九）

① 张玉忠：《葡萄及葡萄酒的东传》，《农业考古》1984 年第 2 期。
② 黄文弼：《新疆考古的发现》，《考古》1959 年第 2 期，第 76—81 页；张玉忠：《葡萄及葡萄酒的东传》，《农业考古》，1984 年第 2 期。

表 1 龟兹地区古缸、瓮出土情况简表

单位：口

序号	遗址		数量	简介	时代	用途	出土时间	今地	备注
1	库车市龟兹故城内	东部哈拉墩遗址	34	甲组 8 口散布，夹砂灰陶，面涂青色陶衣。距地表深度不一，深则 1.4 米，浅则 0.2—0.5 米 H 缸两竖耳相对有眼可穿绳索抬起，而横耳可供人用手抬移	可能早于唐初，为龟兹国时期①		1958 年 2—4 月	龟兹宾馆的对面，紧靠乌喀公路南侧	整个故城在库车新老城之间
				乙组泥质陶缸，成排分布，排列整齐 A 区 6 排（东西排列，南北走向）18 口，每排 3 口，缸间距 0.2—0.8 米不等，占地面积 48 平方米。均为细泥红陶，轮制口沿外卷，平底，表面磨光，并涂淡青色陶衣，在每缸之外还有一层厚 10 厘米的胶泥，胶泥饰祖弦纹。缸底在同一高度上距地表 2 米，因缸高低不一（130—150 厘米），所以缸口沿距地表也不一。均有烧砖做的缸盖，包括方砖和花砖。1—18 号 B 区 8 口，缸南北排成两排，每排四口，缸间距从底部算为 0.75—0.95 米，占地面积约 25 平方米。缸形制和埋藏方式与 A 区基本相同。19—26 号	A 区为唐代，B 区为同时期或稍晚	黄文弼认为 A 区可能是盛酒浆和腌菜之类的容器 按：葡萄酒混合发酵法酿造作坊			
		东北区域	成排大陶缸	不明。并发现大砖百余块和红陶质的圆形下水管道若干节	唐代	按：葡萄酒混合发酵法酿造作坊	1972 年	今为市委、丝路宾馆、市看守所等单位所在地	

① 此龟兹国时期指唐平定龟兹国之前。唐太宗贞观二十二年（648）平定龟兹，唐高宗显庆三年（658）移设安西都护府至龟兹。因此，早于唐初的龟兹国时期，也可能相当于唐初。

续表

序号	遗址		数量	简介	时代	用途	出土时间	今地	备注
1	库车市龟兹故城内	西城墙内	5	两竖排，东边3口，西边2口，细泥红陶，高度至少1米，有方、圆盖口砖	唐代	西边的2号可能为盛装舍利罐及明器的葬具。按：整个西城墙内缸群可能为一个大型葡萄酒混合发酵法酿造作坊	1982年8月23日	城墙以东50米，乌喀公路以南约50米	
			2	1–2号东西向排列，细泥红陶，地表距缸底1.60米。东边大些，腹径106厘米、底径40厘米、残高100厘米、壁厚1.7厘米。缸口较小。西边极残，小些，残高约0.6米，壁厚1.5厘米，缸内发现一骨灰罐 另有1件细泥灰陶盂。附近不断发现大黄砖和青黄砖	唐代		1984年3月5日至4月6日	以上部位的附近偏北	
			9	细泥红陶，但大小有差。有的高160厘米、口径40厘米、口壁厚3或3.5厘米，腹径90厘米、底径35厘米 编号3–6为先发现，编号7–11为后发现	唐代		1984年5月29日至6月15日	在上述地段	
		供电所后园	6	东西向排列，二排，细泥红陶，米黄色陶衣。有腹径120厘米、高160厘米、壁厚2厘米的和腹径80厘米、壁厚1.5厘米，腹径50厘米、高70厘米的。另有1件圆形缸盖，1件红陶制小酒壶，1件粗砂黑陶葡萄纹舍利罐盖片	唐代	其中有可能为盛装舍利罐及明器的葬具。按：葡萄酒分离发酵法酿造作坊	1986年10月	故城内中部偏南，新城和老城联结大街之北侧	

续表

序号	遗址	数量	简介	时代	用途	出土时间	今地	备注
2	西距龟兹故城西城墙约 150 米窖藏钱币周边	2	不明			2012 年 7 月中旬	库车市	林梅村《龟兹王城古迹考》
3	库木吐喇古城址四方形塔院南 200 米	6	南 200 米 2 组，细泥红陶，缸腹径在 1 米以上，缸底壁厚 1.4 厘米、侧壁厚 1.6 厘米、下渐厚达 2.5 厘米 东南 200 米大量黄色方砖，土堆东南角发现二缸的坑窝，腹径至少 1 米	唐代	按：葡萄酒混合发酵法酿造作坊	1983 年 11 月 14 日	库车市距渭干河龙口约一公里的东岸	
4	库木吐喇古城址四方形塔院南约 800 米的达吾子牙	16	四长排呈东西向排列，最多一排 5 口，其中北面两排从南北或东西向观察都很整齐壮观。大部分大缸口径 40 厘米、高 140 厘米，细泥红陶，米黄色陶衣。最大腹径 150 厘米、一般腹径 120 厘米、壁厚 3 厘米，缸口距地表 1.5 米 另在 9 号与 12 号缸间东侧发现一陶罐。9 号、5 号缸内发现葡萄籽粒，满布于缸内填实的泥沙中。白色，轻轻一捏即成细末 在水底发现大方砖。与岸上近处发现的砖地坪中的大长方砖大小相似（很可能是缸盖，因洪水冲至水底），岸上发现的地坪紧靠缸群，残存 9 平方米	唐开元年间，使用下限到 9 世纪上半叶	酿制和储藏葡萄酒。按：葡萄酒混合发酵法酿造作坊	1984 年 8 月 21 日至 9 月 1 日	库木吐喇村之西部河岸	使用下限为 9 世纪上半叶
5	库木吐喇古城址	1	通高 116 厘米、口径 41 厘米、颈高 7 厘米、最大腹径 98 厘米、底径 44 厘米、壁厚 2.5 厘米。细泥红陶，黄色陶衣。	唐代		1975 年		藏库车市文管所钱币陈列室
6	库车麻扎甫塘村砖窑	1	残高 105 厘米、腹径 95 厘米、底径 42 厘米、壁厚 2.5 厘米，细泥红陶，黄色陶衣	唐代		1974 年		藏库车市文管所钱币陈列室

续表

序号	遗址		数量	简介	时代	用途	出土时间	今地	备注
7	库车市牙哈镇克日希古市遗址		1	细泥红陶。另有小盂陶片等	唐代	储存石膏	1983 年 9 月 14 日至 17 日	帕哈尔墩上之西南腰际	
8	库车市阿艾河谷中的炼铁遗址		1	红陶细泥，底径 38 厘米、壁厚 1.5 厘米	唐代		1983 年 10 月 7 日	北山距阿艾河口与库车河汇流处不远	
9	库车城西三道桥乡科西吐尔烽缝之西南 50 米		1	细泥红陶	唐代		1984 年 10 月 28 日		
10	牙哈镇乇克塔姆古驿站		1	细泥红陶，壁厚 1.5 厘米，黄色陶衣。附近发现 2 件古代玻璃瓶残片	唐代		1989 年 1 月 24 日	库车市	
11	阿克斯聿乡一大队七小队遗址		1	口径 40 厘米，腹径 1 米以上，细泥红陶，黄色肉衣，口距地表约 50 厘米	唐代		1991 年 8 月 23 日	库车市	
12	通古孜巴什古城遗址	城内	不明	地表散露出夹砂红陶、琉璃釉陶的缸、瓮、罐、钵、盆，铺地的方砖等	唐代			位于新和县城西南约 44 公里，地处新和、沙雅二县交界的荒漠中	张平《龟兹考古中所见唐代重要驻屯史迹》①
	通古孜巴什古城遗址	博提巴什戍堡	大量	有大量的陶瓮，内残存着麦、粟农作物，残铁器、钱币等		按：储存粮食等			

① 张平：《龟兹考古中所见唐代重要驻屯史迹》，《龟兹学研究》第二辑，2007 年，第 115—138 页。张平指出："戍堡内普遍出土铁农具、粟、麦、油菜籽等农作物，以及储藏谷物的陶瓮和窖穴。窖穴呈圆形，直径约 100 厘米、深约 130 厘米。陶瓮一般为平唇、敞口、直颈、鼓腹、平底。一般通高 159 厘米、口径 37 厘米、底径 36 厘米；有通高 126 厘米、口径 37 厘米、底径 36 厘米；又有通高 124 厘米、口径 37 厘米、底径 36 厘米，胎厚 2—3 厘米。出土时陶瓮内尚存炭化的粟或麦粒，应是盛储粮食为主的大型陶器。"另，通古孜巴什古城，邢春林作通古孜巴西古城，即通古斯巴西古城。参见邢春林：《丝绸之路上的新和》，中国中外关系史学会编《新疆喀什市举办的"丝绸之路与文明的对话"学术讨论会论文集》，2006 年 8 月，第 110 页。

续表

序号	遗址		数量	简介	时代	用途	出土时间	今地	备注
12	通古孜巴什古城遗址	克孜尔协海尔古城	不明	出土有大陶瓮、陶制排水管、绿釉三耳罐等			近年		张平《龟兹考古中所见唐代重要驻屯史迹》
		乔拉克协海尔戍堡（乔拉克谢）		散露出铺地的方砖、夹砂红陶 多座窑穴，尚保存着很厚的碳化麦粒层。厘米				位于新和县城西南约 44 公里，地处新和、沙雅二县交界的荒漠中	
		埃格麦里央达戍堡	不明	戍堡内东南、西北发现多处排列的大陶瓮，其中一口陶瓮腹部从左至右竖行墨书“薛行军”“监军”		储存粮食。沙雅古城出土的唐代大陶瓮皆为储藏粮食谷物的器皿		位于古城东北 16 公里，现属沙雅县英买力乡原四大队	
13	苏巴什佛寺西寺遗址 T3 房		2	不明	3—10 世纪[①]	储藏		库车市城西北 23 公里的阿格乡艾日克阿热斯村 1.5 公里[②]	沈晓文《新疆地区佛寺遗址储藏设施的考古学研究》
14	克孜尔石窟	第 89–3 窟	2	不明 还有储粮窖，窖底见有粟粒		储水	1989 年	拜城县克孜尔乡	沈晓文《新疆地区佛寺遗址储藏设施的考古学研究》

① 西北大学文化遗产学院、新疆维吾尔自治区库车县文物保护管理局：《新疆库车苏巴什佛寺遗址东寺石窟调查简报》，《西部考古》第 18 辑，2019 年，第 97—112 页。

② 西北大学文化遗产学院、新疆维吾尔自治区库车县文物保护管理局：《新疆库车苏巴什佛寺遗址东寺石窟调查简报》，《西部考古》第 18 辑，2019 年，第 97—112 页。

续表

序号	遗址		数量	简介	时代	用途	出土时间	今地	备注
14	克孜尔石窟	第 89–10 窟	1	泥质红陶、轮制而成、素面敷陶衣，直口、平沿、短颈溜肩、鼓腹、平底，通高 42 厘米、胎厚 1.2 厘米、口径 24 厘米、腹径 41 厘米、底径 18 厘米。出于灶边，半埋入土中		储水器	1989 年	拜城县克孜尔乡	
		第 90–6 窟及西侧附属性洞窟	4	1 个陶缸坑内埋放 西侧一窖穴内土台上方有 3 个陶罐，每个有“网兜”裹住，其中一个上绘有图案和吐火罗语		储藏	1990 年		
		新 1 窟	2	泥质红陶、轮制而成、素面敷陶衣，直口、平沿，腹径大于口径 前室西南部，2 个陶罐中腹以下埋入坑中		储藏			
15	库车龟兹故城穷特音墩遗址		5	瓮 3 件。仅存口部。夹细砂红褐陶，器表均施浅黄色陶衣，轮制，多为敛口 缸 2 件。仅存口部。夹细砂红褐陶，轮制，敞口，宽平沿，圆唇，束颈 器形有瓮、缸、罐、盏、盂、钵、盆、甑、釜、瓶、壶、碗、熏炉、环、饼、器盖、流、耳、器底等	南北朝至唐代①		2017 年 3 至 4 月和 9 至 11 月	龟兹故城北墙外约 150 米处	《新疆库车龟兹故城穷特音墩遗址 2017 年发掘简报》
16	库车友谊路墓葬		1	M13 墓出土，夹砂红陶，外施黄色陶衣。盘口，口部穿有对称的四个小孔，平沿，束颈，弧肩，鼓腹，平底。肩部饰二周刻划波浪纹。口径 20.4 厘米、腹径 36 厘米、底径 19. 2 厘米 1 只陶盏（M13:57），夹砂灰陶，敞口，圆唇，圜底，口径 5.8 厘米、高 2.6 厘米②	魏晋十六国		2010 年 7 至 8 月	库车市友谊路与天山路交汇的北侧	《新疆库车友谊路魏晋十六国墓葬 2010 年发掘报告》

① 后来又认为其主体年代为唐代。参见吴勇：《龟兹故城考古发掘及收获》，《文物天地》2021 年第 7 期，第 94—97 页。

② 于志勇、党志豪、田小红等：《新疆库车友谊路魏晋十六国墓葬 2010 年发掘报告》，《考古学报》2015 年第 4 期，图一九（1）。

序号	遗址	数量	简介	时代	用途	出土时间	今地	备注
16	库车友谊路墓群	1	M305 瓮棺墓。墓室内东西向横置 1 个陶瓮，瓮口朝东，口部用陶盆封盖。墓主人头朝东伸出瓮口外到陶盆内，双腿向外伸张呈菱形。墓主人左手握钱 3 枚，右手握钱 2 枚	魏晋南北朝时期	瓮棺葬	2021 年 9 至 12 月	龟兹故城的东城墙外约 150 米	《新疆库车友谊路墓群 2021 年发掘简报》
		11	敞口，束颈，鼓腹，平底。标本 M75:1，平沿，尖圆唇，口径 28.4 厘米、底径 34 厘米、通高 51.3 厘米、盖直径 27 厘米、纽高 3.8 厘米，盖圆形，盖纽伞形 井底出土陶尖底杯 1 件（J1：3）。侈口，圆沿，斜直腹，尖底。口径 6.8 厘米、残高 5.4 厘米。 踩踏面出土器腹残片，标本 CTM:1 夹砂红褐陶，平沿，器表施黄陶衣，有忍冬纹图案，残高 4.2 厘米	唐代				
		3	瓮棺墓 3 座 陶器有罐、瓮、盆、豆、甑、钵、壶、灯盏等	魏晋南北朝时期	葬具	2022 年 2 至 6 月	库车市新城区与乌恰镇接合部的友谊路南段。南邻天山路，北连文化路	《新疆库车友谊路墓群 2022 年度考古发掘收获与初步认识》

说明：1.此表主要是在刘松柏《库车古缸综述》一文基础上制作的，除注明有文献出处的外，余均出自此文。

2.刘松柏《库车古缸综述》一文所列陶缸、瓮，黄文弼认为均属唐代。不同观点则为刘松柏的观点，他有具体申论。

3.刘松柏认为，除龟兹故城内甲组 8 口为缸外，其余应称作瓮。

4.“按”为笔者注。

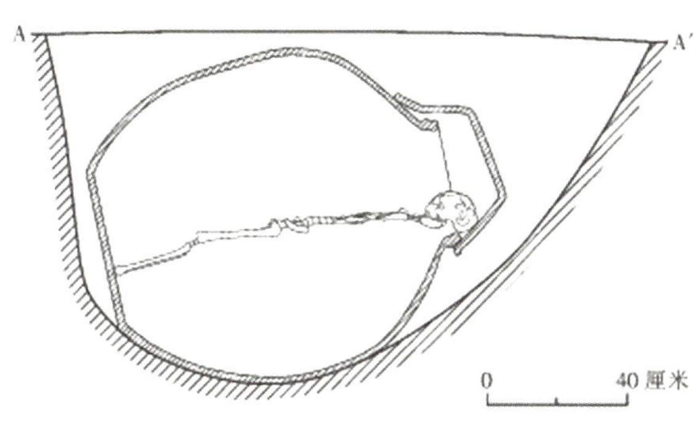

图 20　M305 瓮棺墓剖面图中的陶瓮
（采自新疆文物考古研究所：《新疆库车友谊路墓群 2021 年发掘简报》，《文物》2023 年第 3 期，图一二）

图 21　库车市乌什吐尔遗址储粮仓棚
（采自牛健哲：《2019—2020 年新疆维吾尔自治区库车市乌什吐尔遗址的新发现》，《考古》2020 年第 11 期，图一三）

从表中可见，陶瓮有用作葬具的（表 1:16，图 20），包括盛装舍利罐及明器的葬具（表 1:1）；有用作储存粮食的（表 1:12）；有用作储存水的（表 1:14）；有用作生活用具的，如拜城县克孜尔石窟第 4、178、205、219 窟的甬道壁画所见龟兹石窟早期壁画（3—5 世纪）阿阇世王入浴时浴瓮画面；[①]有用作储存石膏等生产用品的（表 1:7）等。

实际上古代龟兹地区，粮食的储存多用窖穴，还有仓棚。如库车市乌什吐尔遗址 4 号排房东北角发现的 1 座储粮仓棚，这也是乌什吐尔遗址首次发现储粮遗迹，仓棚周围散落较多炭化粮食和植物种子，该遗址年代早至魏晋南北朝时期，主体使用年代为唐代（图 21）。[②]张平指出："近些年我们所调查的安西唐代遗址中，如龟兹故城、乌垒州城、通古斯巴西古城，渭干河口东岸的库木吐喇等遗址都发现贮存谷物的粮仓遗迹，乔拉克海尔戍堡内贮粮的窖穴或盛储谷物的大量陶瓮，反映出多种形式的贮粮方式。"[③]这里认为是盛储谷物的大量陶瓮，则似乎值得怀疑。笔者认为这些陶瓮很可能为葡萄酒的酿酒器和储存器。

前引张玉忠所云"大缸可能是酿酒的用器，大瓮则可用于贮藏葡萄酒"，指出了陶缸与陶瓮用途的区别。但说"大缸可能是酿酒的用器，大瓮则可用于贮藏葡萄酒"显然值得商榷。应该说，陶缸一般用来储水，陶瓮一般用来酿酒和储酒。严格说来，陶缸与陶瓮是有区别的，正如刘松柏《库车古缸综述》一文所指出的，除龟兹故城内甲组 8 口为缸外，其余应称作瓮。储水用器一般应为敞口的大陶缸，而酿酒和储酒的应该为敛口陶器陶瓮。

吴震先生认为这些"大陶缸"就是文献记载中的"罂"或"瓮"，是一种大型储酒器，当

① 刘松柏：《库车古缸综述》，《新疆文物》1993 年第 1 期，第 133—138 页。
② 牛健哲：《2019—2020 年新疆维吾尔自治区库车市乌什吐尔遗址的新发现》，《考古》2020 年第 11 期，第 100—106 页、图十二、十三。
③ 张平：《龟兹考古中所见唐代重要驻屯史迹》，《龟兹学研究》第二辑，2007 年，第 115—138 页。

时称为“姓”；[①]卫斯先生根据《库车古缸综述》，[②]对1958—1986年在库车龟兹古城等地考古发掘的这一时期的“大陶缸”进行了列举，并进一步考证认为，“姓”是一种可容120—180升的大型储酒器，“姓”是“罂”或“瓮”的通假字。[③]在盛行酿造葡萄酒的古代龟兹地区，陶瓮作为一种葡萄酒酿造和储存器皿，是毋庸置疑的。而陶瓮的普遍出土，也佐证了古代龟兹地区葡萄酒的酿造与储存的广泛性。

陶瓮作为储存酒的器皿，在库车出土的法藏龟兹语文书中有记载。法藏长卷Cp.37+36是目前世界上篇幅最长的龟兹语世俗文书，出土于都勒都尔—阿护尔遗址（D.A.）（今称夏合吐尔古城），右边大半焚毁，上半部编号为Cp.37（4页尺幅纸），下半部编号为Cp.36（5页尺幅纸）。目前该文书分开保存，但其实前后文字可以相接，长卷与其说是法庭笔录，更像是状稿，即尚未完成的具名案件陈述，现藏法国国家图书馆。Cp.37+36.73—81：

> 总计 Puttewante 迄今所取物事：
>
> 绢帛：一百九十八（疋）…（值）钱（五万九千）四百（文）。
>
> 钱：…///
>
> 谷麦：六百八十一石五斗。价格是（每斗）五（文）。…（值）钱三万四千七十五（文）。
>
> 酒：五 lwāṅke 又一 tsere 。（每 lwāṅke）售五千五百（文），共（值）钱八千二百五十（文）。
>
> 以上绢帛、钱、谷麦、酒，［换算为］钱之后共计［十］一万一千///[④]

庆昭蓉认为“lwāṅke”可能意为陶瓮或陶缸，“五 lwāṅke 又一 tsere”即5.5 lwāṅke。这说明在古龟兹地区，陶瓮是一种储存酒的器皿。而且，据文书内容，此陶瓮已经作为“酒”的计量单位了，这“酒”一般指葡萄酒（详后）。庆昭蓉进一步推算了1 lwāṅke的数量，“假使Cp.24中每斗16文的价钱可用以估算这件文书，则1 lwāṇke约当34.3石。唯状稿写成时代与其余Cp.文书时代之间的物价波动幅度仍然不明”。这里“34.3石”可能是书写有误，就是说1瓮应该为“34.375斗”，约3.44石。

陶瓮作为一个酒量的计量单位，沿用到北宋初。而这又是与陶瓮在古代龟兹地区作为葡萄酒酿造与储存常用器皿分不开的。如归义军时期，瓮为酒的一种计量单位，兹移录敦煌文书《北宋乾德二年（964）归义军衙府酒破历》第1—3行：

> （前缺）
>
> 1 酒壹瓮。九日，甘州使迎令公支酒壹瓮。十一日，写匠纳鋜酒壹角。十四日，支
>
> 2 打窟人酒半瓮，支令孤留定酒壹斟。（去）叁月贰拾日供两头祇门人逐日

---

① 吴震：《吐鲁番出土“租酒帐”中“姓”字名实辨》，《文物》1988年第3期，第57—61、65页。

② 刘松柏：《库车古缸综述》，《新疆文物》1993年第1期第132—140页。

③ 卫斯：《关于吐鲁番出土文书〈租酒帐〉之解读与“姓”字考》，《西域研究》2003年第2期，第44—52页。

④ 庆昭蓉：《库车出土文书所见粟特佛教徒》，《西域研究》2012年第2期，第54—75页。

酒壹

3 㪷，至肆月拾陆日夜断，中间贰拾柒日，计用酒肆瓮叁㪷。同日，圣寿[①]

（后略）

文书中的“瓮”为酒的计量单位，施萍亭研究认为，文书中作为计量单位的“壹瓮”等于“陆㪷”，[②]这相对于龟兹地区的“壹瓮”，容量似乎大大缩小了。从这里，似乎也揭示出作为葡萄酒计量单位的“瓮”在龟兹文书、吐鲁番文书和敦煌文书间的传播。

我们强调在古代龟兹地区陶瓮作为葡萄酒储存器皿的普遍性，但不能否认葡萄酒储存器皿的多样性。如库车龟兹故城穷特音墩遗址出土器形有瓮、缸、罐、盏、盂、钵、盆、甑、釜、瓶、壶、碗、熏炉、环、饼、器盖、流、耳、器底等（表 1:15），其中瓮、缸、罐、釜、瓶、壶等都有可能作为葡萄酒的临时或常用的储存器皿。

三　葡萄的贸易与消费

葡萄在古代龟兹地区的广泛种植及葡萄酒酿造等的普遍盛行，必然带来葡萄加工产品的买卖流通及相关消费的兴起与发展。这从库车出土文书也可见一斑。如都勒都尔·阿护尔遗址[③]（唐柘厥关）出土《唐安西官府事目历》（图 22）：

（前缺）

1　▭□真状为充捉□□□ ▭

2　▭□□□无纳请不入破事。

3　▭状为请宴设蒲桃酒价值事。

4　▭为请过所事。

5　▭为被停粮事。

6　□海宾状为大井馆步硙一具不堪迴造事。

7　一为请漆器什物等事。

8　范恒恭状 ▭

（后缺）[④]

事目历第 3 行有“▭状为请宴设蒲桃酒价值事”之目，其中“宴设”是指军、州一级所设置的负责招待的机构，此当是安西都护府的招待机构，这一事目“可能是指安西府的‘宴设’机构在柘厥关附近购买葡萄酒，钱未支付，百姓或有关人员乃上状当地有关部门或机

① 施萍亭：《本所藏〈酒帐〉研究》，《敦煌研究》1983 年，第 142—155 页；段文杰主编：《甘肃藏敦煌文献》，甘肃人民出版社，1999 年，第一卷第 1 页、彩插页，第二卷第 166—167 页图版。重拟题名。施氏原题名为《（归义军衙府）酒帐（历）》；《甘肃藏敦煌文献》所拟题名为《归义军衙府酒破历》。

② 施萍亭：《本所藏〈酒帐〉研究》，《敦煌研究》1983 年，第 142—155 页。

③ 夏合吐尔遗址又被译作夏克吐尔、豆勒豆尔—阿库尔遗址、都勒都尔—阿乎尔等，位于今新和县境内渭干河出龙口，东北距库车市城约 20 千米，与玉其吐尔（又称乌什吐尔）遗址隔河相望，遗址以北约 2 公里处有库木吐喇石窟。关于夏合吐尔遗址的性质，学术界有东西昭怙釐、安西都护府、龟兹都督府辖下的世俗行政机构、柘厥关、柘厥寺、阿奢理贰寺等不同观点，概括地说包括三种，一是寺院，一为军事关戍、一是官府，但这里曾作为佛教寺院遗址，是一所大型的庭院式佛教建筑群，唐代改为柘厥关。参见孙丽萍：《夏合吐尔遗址出土文书所见唐代当地寺院生活》，《吐鲁番学研究》2018 年第 1 期，第 15—24 页。林立认为夏合吐尔寺院和乌什吐尔寺院创建于 5 世纪，持续使用至 9 世纪，但在 8 世纪时被改造为唐代关阙。参见林立：《夏合吐尔和乌什吐尔地面佛寺遗址研究》，《西域研究》2005 年第 3 期，第 84—96、134—135 页。

④ 释文有所增补，参见［日］小田义久：《大谷文书集成》（壹），京都：法藏馆，1984 年，第 72—73 页。

图 22 《唐安西官府事目历》
[采自《大谷文书集成(壹)》,图版一三二]

构,请求偿付"。[①]这反映了葡萄酒在龟兹地区的买卖交易活动。

葡萄酒的消费,除安西都护府外,还有寺院。法藏库车都勒都尔—阿护尔遗址(D.A.)出土龟兹语文书 Cp.7:

(前略)

6 正月七日,因为国王的缘故,我们买了蔗糖:四(文)。

7 Wantiṣ̂ke 见,此其画指。

8 ///…斗,共十八(文)。

9 Wantiṣ̂ke 见,此其画指。

10 Oktaṣ̂ke 之日,我们为乐工买酒:五升。Wantiṣ̂ke 知。[②]

此文书是寺院寺账,寺院为招待乐工而购买酒品。

又如法藏库车都勒都尔—阿护尔遗址(D.A.)出土龟兹语文书 Cp.24:

1 …钱:共四十(文)。Wantiṣ̂ke 画指。

2—4 /// 我们买…斗…酒:(每斗)十六(文),共 32(文)钱。

Wantiṣ̂ke 见、知,此其画指。

Laraiyṣ̂e 见、知,此其画指。[③]

这也是寺院寺账一部分,若按每斗 16 文计,32 文就是 2 斗酒价,"买"字后可补"二"字。"酒"字前也有缺字,似乎还有不同品种的酒。检库车出土文书,酒都未标注酒种,一般直接泛称"酒"。

据前引《鲍威尔写本》残卷一第 25 条,药方中有葡萄酒、蔗糖酒、米酒、迷丽(米隶)耶酒,以及其他可能有的烈性液体等,似乎有多种酒类的存在,但就龟兹地区"饶葡萄酒"来说,日常生活中普遍饮用的酒类应该指葡萄酒。

四 葡萄在社会文化中的影响

古代龟兹地区,葡萄在社会文化中有着多方面深远的影响,包括语言文字、文学艺术、医药学、宗教、社会生活等方方面面。

(一)语言文字

在古代龟兹地区,与葡萄有关的语言文字增

① 刘安志:《库车出土唐安西官府事目历考考释》,《西域研究》1997 年第 4 期,第 87—91 页。
② 庆昭蓉:《库车出土文书所见粟特佛教徒》,《西域研究》2012 年第 2 期,第 54—75 页。
③ 庆昭蓉:《库车出土文书所见粟特佛教徒》,《西域研究》2012 年第 2 期,第 54—75 页。

加，丰富了古代葡萄文化。如《鲍威尔写本》中的梵文葡萄加工产品、葡萄酒酒具与计量单位等词汇术语，龟兹语文书中葡萄酒与计量单位词语，汉语文书中葡萄酒及相关药方邑等词汇。

除《晋书》《新唐书》《旧唐书》等正史外，唐玄奘《大唐西域记》、训诂学著作龟兹人释慧琳《一切经音义》[①]等都有龟兹葡萄文化的记载。

（二）文学艺术

葡萄是文学艺术的创作素材，是雕塑、金银器、陶瓷等艺术中的重要纹饰。葡萄图案艺术在古代龟兹地区有着悠久的历史。

库车龟兹故城穷特音墩遗址在 2017 年 3—4 月和 9—11 月的考古发掘中，发现有器腹残片标本（T0304:63）模压葡萄纹陶片，残长 5.6 厘米、宽 3.4 厘米，表面模压缠枝葡萄叶和葡萄纹饰(图 23)，纹饰朴拙形象。该遗址位于龟兹故城北墙外约 150 米处，平面呈长方形，发掘者认为遗址主体年代为南北朝至唐代[②]，后来进一步确定其主体年代为唐代[③]。

图 23　模压葡萄纹残器腹陶片（T0304:63）
（采自新疆文物考古研究所：《新疆库车龟兹故城穷特音墩遗址 2017 年发掘简报》，《文物》2020 年第 8 期，图二三）

穷特音墩遗址还出土了一个 C 型唐代卷草纹模制陶灯盏（T0404○13:1），方唇，平沿稍内斜，口径 11 厘米、沿宽 0.8 厘米、底径 5.2 厘米、高 4 厘米，腹部外壁饰两周凸棱纹分为三组，上、下饰卷云纹，中间饰缠枝花纹样，底部花纹不甚清晰（图 24）。发掘者命名为卷草纹模制陶灯盏。可对比上面模压葡萄纹残器腹陶片纹饰，不难发现中间所饰缠枝花纹样实际上为整片葡萄叶纹饰中左右对称的一半，似乎可视为葡萄叶纹饰。因此，该灯盏当命名为葡萄叶纹模制陶灯盏。

发掘者还指出，其中卷草纹模制灯盏与沙雅县羊达克协海尔遗址、库车市苏巴什佛寺遗址、克孜尔千佛洞出土的同类器物，在形制、纹饰上一致[④]，这说明这种葡萄叶纹模制陶灯盏在沙雅县羊达克协海尔遗址与库车市苏巴什佛寺遗址、克孜尔千佛洞等都有出土。库车友谊路墓群 2021 年发掘，在踩踏面出土有唐代器腹残片标本 CTM:1，夹砂红褐陶，平沿，残高 4.2 厘米，器表施黄陶衣，有忍冬纹图案（图 25）。[⑤]

① （唐）释慧琳：《一切经音义三种校本合刊》（中），徐时仪校注，上海古籍出版社，2008 年。
② 新疆文物考古研究所：《新疆库车龟兹故城穷特音墩遗址 2017 年发掘简报》，《文物》2020 年第 8 期，第 29—52 页。
③ 吴勇：《龟兹故城考古发掘及收获》，《文物天地》2021 年第 7 期，第 94—97 页。
④ 新疆文物考古研究所：《新疆库车龟兹故城穷特音墩遗址 2017 年发掘简报》，《文物》2020 年第 8 期，第 29—52 页。
⑤ 原名为“忍冬纹器腹陶片”，参见新疆文物考古研究所：《新疆库车友谊路墓群 2021 年发掘简报》，《文物》2023 年第 3 期，第 38—63 页。

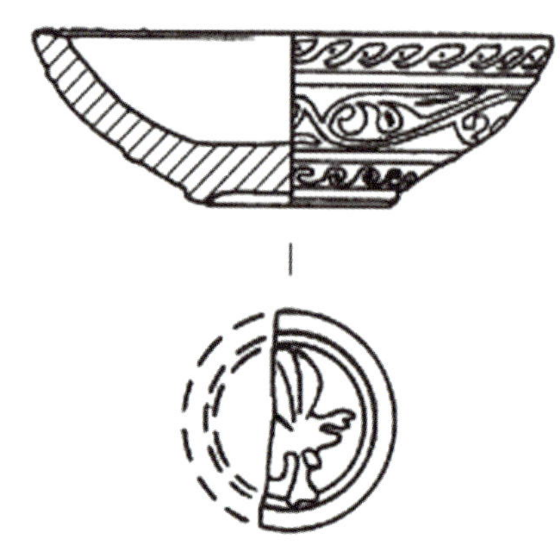

图 24　葡萄叶纹模制陶灯盏（T0404○13:1，C 型）及其平面和剖面图
[采自新疆文物考古研究所：《新疆库车龟兹故城穷特音墩遗址 2017 年发掘简报》，《文物》2020 年第 8 期，图一五、图四二（15）]

图 25　葡萄叶纹器腹陶片（CTM:1）
（新疆文物考古研究所：《新疆库车友谊路墓群 2021 年发掘简报》，《文物》2023 年第 3 期，图五五）

可比对上述模压葡萄纹残器腹陶片纹饰，这所谓“忍冬纹图案”实际上也是半个葡萄叶纹样，因而当命名为葡萄叶纹器腹陶片。

当然，在古代龟兹地区，也有中原地区葡萄图案的传入。位于新和县城西南约 44 公里，地处新和、沙雅二县交界荒漠中的通古斯巴西古城遗址周围戍堡就出土有唐代的瑞兽葡萄纹铜镜。[①]

（三）医药学

刘松柏据库木吐喇石窟寺的第 41 窟千手眼观音像手眼塑契物印相的意义均为除人疾病和却贼伏敌两种内容，认为当时龟兹众生主要苦于这两种祸患。[②]因此，疾病的治疗在古代龟兹地区占有相当重要的地位，而治疗药方的配制与使用则是这种重要地位的确立手段。治疗药方中大量葡萄加工产品的使用体现出葡萄在古代龟兹地区医学方面的重要影响。《鲍威尔写本》中相关药方的配制与使用是这种影响的典型体现。

如上所述，葡萄加工产品，如葡萄干、葡萄汁、葡萄酥、葡萄酒等都是治疗药方的组成材料。《鲍威尔写本》的第二个残卷《精髓（集）》第二章《药酥方》：

(III) “大妙酥”

127b−132. 取耆婆草、rsabhaka、兔尾

① 张平：《龟兹考古中所见唐代重要驻屯史迹》，《龟兹学研究》第二辑，2007 年，第 115—138 页。
② 刘松柏：《库车古代佛教的观世音菩萨》，《敦煌研究》1993 年第 3 期，第 35—45 页。

草、火筒树、莲花叶柄，（128）以及菜豆、钩豆、rddhi、medā，还有千日红、药西瓜、kākodī，（129）芦笋、一种葡萄属植物（harmsa-padī，Vitispedata）、莪术、发痒黧豆籽、肉豆蔻、枣椰子、葡萄干、芒果、余甘子、（130）长胡椒、姜、糖蜜和糖，用所有这些药物所袭成的药膏，应该放入牛奶中，和酥油共煎，熬好并过滤之后，饮服，可治许多病。它主治由风和胆汁所引起的咳嗽，或者溃疡。（132）这种"大妙酥"能治众病，它是阿提耶（Ātreya）的药方，他将它传给了大德 Agastya。[①]

文书中"一种葡萄属植物"，当然包括葡萄植物，就是说不仅葡萄树的果实及其加工产品，而且葡萄的枝蔓、根叶等都是治疗疾病药方的材料。

从《鲍威尔写本》来看，含有葡萄成分的药方广泛应用于各种病症的治疗（表2），反映出葡萄及其产品在医药上的重要作用。

表2 《鲍威尔写本》中葡萄成分药方所治病症简表

文书中序号	葡萄成分	药方名	治疗病症	出处
25	葡萄酒			残卷一，第244页[②]
124	葡萄干	药糖剂	由风引起的咳嗽	残卷一，第249页
20	葡萄干	（Ⅱ-Ⅸ）无名散：润喉止咳糖浆	主治打嗝和哮喘	第二个残卷《精髓（集）》第一章《药散方》，第250页
127b-132	葡萄属植物、葡萄干	（Ⅲ）"大妙酥"	由风和胆汁所引起的咳嗽，或者溃疡	第二个残卷《精髓（集）》第二章《药酥方》，第256页
162-165a	葡萄干	（XⅣ）药剂	痔疮、咳嗽、缺少精子、衰弱和溃疡	第二个残卷《精髓（集）》第二章《药酥方》，第258页
188-200	葡萄干	（XIX）"下生仙人之食"酥	主治咳嗽、哮喘，能促进那些虚弱的人、溃烂的人、老年人和年轻人的身体机能的增长。也能治疗失音、肺病、胸部疾病和心脏病、麻风病、干渴病、尿液和精液失衡。能返老还童	第二个残卷《精髓（集）》第二章《药酥方》，第259页。

① 陈明：《殊方异药：出土文书与西域医药》，第256页。
② 陈明：《殊方异药：出土文书与西域医药》，第244页。表中页码均指该书页码。

续表

文书中序号	葡萄成分	药方名	治疗病症	出处
432+433	葡萄干	二十个治衰弱、溃疡以及其他原因导致的咳嗽的药方（Ⅱ） 止咳药水	溃疡导致的咳嗽	第二个残卷《精髓（集）》第四章《杂药方》，第 270 页
435	葡萄干	二十个治衰弱、溃疡以及其他原因导致的咳嗽的药方（Ⅳ）止咳药水	衰弱导致的咳嗽	第二个残卷《精髓（集）》第四章《杂药方》，第 270 页
441–444a	葡萄干	二十个治衰弱、溃疡以及其他原因导致的咳嗽的药方（Ⅵ）	咳嗽、哮喘和打嗝	第二个残卷《精髓（集）》第四章《杂药方》，第 270 页
446+447a	葡萄干	二十个治衰弱、溃疡以及其他原因导致的咳嗽的药方（Ⅷ） 止咳药水	哮喘和打嗝	第二个残卷《精髓（集）》第四章《杂药方》，第 270 页
447b–449	葡萄干、葡萄汁	二十个治衰弱、溃疡以及其他原因导致的咳嗽的药方（Ⅸ）		第二个残卷《精髓（集）》第四章《杂药方》，第 271 页
450	葡萄干	二十个治衰弱、溃疡以及其他原因导致的咳嗽的药方（Ⅹ）	胆汁性咳嗽	第二个残卷《精髓（集）》第四章《杂药方》，第 271 页
451	葡萄干	二十个治衰弱、溃疡以及其他原因导致的咳嗽的药方（Ⅺ）	胆汁性咳嗽	第二个残卷《精髓（集）》第四章《杂药方》，第 271 页
453	葡萄干	二十个治衰弱、溃疡以及其他原因导致的咳嗽的药方（Ⅷ）	胆汁性咳嗽	第二个残卷《精髓（集）》第四章《杂药方》，第 271 页
454–459	葡萄干	二十个治衰弱、溃疡以及其他原因导致的咳嗽的药方（XⅣ） sama–saktuka 药酥	在身体衰弱、溃疡、少精、出血性失调、贪求女色的情况下，可用该药，能起到壮阳剂的作用，增强体力	第二个残卷《精髓（集）》第四章《杂药方》，第 271–272 页
460–462	葡萄干	二十个治衰弱、溃疡以及其他原因导致的咳嗽的药方（XⅤ）	胆汁性咳嗽，还可治胆汁性的所有疾病	第二个残卷《精髓（集）》第四章《杂药方》，第 272 页

续表

文书中序号	葡萄成分	药方名	治疗病症	出处
463–464	葡萄酒	二十个治衰弱、溃疡以及其他原因导致的咳嗽的药方（XVI）	痰性咳嗽	第二个残卷《精髓（集）》第四章《杂药方》，第 272 页
466	葡萄干	二十个治衰弱、溃疡以及其他原因导致的咳嗽的药方（Ⅷ） 止咳药水	痰性咳嗽	第二个残卷《精髓（集）》第四章《杂药方》，第 272 页
474	葡萄干	八种治咳嗽的药方（I）止咳糖浆	咳嗽	第二个残卷《精髓（集）》第四章《杂药方》，第 273 页
475	葡萄干	八种治咳嗽的药方（Ⅱ和Ⅲ）止咳糖浆	咳嗽	第二个残卷《精髓（集）》第四章《杂药方》，第 273 页
482+483	葡萄干	八种治咳嗽的药方（Ⅷ）药糖剂	咳嗽	第二个残卷《精髓（集）》第四章《杂药方》，第 273 页。
494+495a	葡萄干	六个治热病的药方（I）口服剂	热病	第二个残卷《精髓（集）》第四章《杂药方》，第 274 页
496b–499a	葡萄干	六个治热病的药方（Ⅲ）止咳糖浆	五种咳嗽	第二个残卷《精髓（集）》第四章《杂药方》，第 274–275 页
502+505a	葡萄干	六个治热病的药方（VI）	风性咳嗽	第二个残卷《精髓（集）》第四章《杂药方》，第 275 页
576	葡萄干	七条治痛性尿淋沥的药方（Ⅱ）	痛性尿淋沥	第二个残卷《精髓（集）》第四章《杂药方》，第 279 页
578	葡萄汁	七条治痛性尿淋沥的药方（IV）	痛性尿淋沥	第二个残卷《精髓（集）》第四章《杂药方》，第 279 页。
584	葡萄干	一条治鼻出血的药方	鼻出血	第二个残卷《精髓（集）》第四章《杂药方》，第 279 页
615+616a	葡萄干	主治面色苍白和黄疸（Ⅱ）	面色苍白和黄疸	第二个残卷《精髓（集）》第四章《杂药方》，第 282 页
792	葡萄干	（IX）	解极度的干渴	第二个残卷《精髓（集）》第七章《药粥方》，第 282 页
935	葡萄汁	（V）	作胆汁类的泻药	第二个残卷《精髓（集）》第十一章《诃黎勒的药理》，第 297 页
1048b–1054a	葡萄干	（其他药方）（V）	体虚弱、长得瘦	第二个残卷《精髓（集）》第十四章《童子方》，第 302 页
1054b–1059a	葡萄干	（其他药方）（V）止咳糖浆	少儿哮喘或者咳嗽	第二个残卷《精髓（集）》第十四章《童子方》，第 302 页

（四）宗教

宗教是古代龟兹地区葡萄文化中重要的组成部分。如上所述，佛教寺院中的葡萄酒作坊，大量含葡萄成分药方的梵文本《鲍威尔写本》的出土，佛寺药方邑有关葡萄成分药方的配制与使用，佛寺葡萄酒的支出与招待，等等，都反映出宗教与葡萄生产、加工、消费等方面的紧密联系。

如前引法藏库车都勒都尔—阿护尔遗址（D.A.）出土龟兹语文书 Cp.7 第 10 行所云"Oktaśke 之日，我们为乐工买酒五升。Wantiṣke 知"，其中"Oktaśke"意为"'小八'，也许是一月八日，性质可能相当于佛教'八日斋'或'八筵'"。①寺院在此日买酒招待服务斋日活动的乐工。

（五）社会生活

在古代龟兹地区，葡萄文化浸润于社会生活的方方面面，如官私接待宴请、日常生活用具等方面。

1. 宴设

葡萄酒在招待、宴请中的消费，库车出土文书中有反映。如前述《唐安西官府事目历》所载葡萄酒作为安西都护府宴设中的饮用酒类。《龟兹语唐某年某寺冬季粮、葡萄酒支用案》（图 26）：

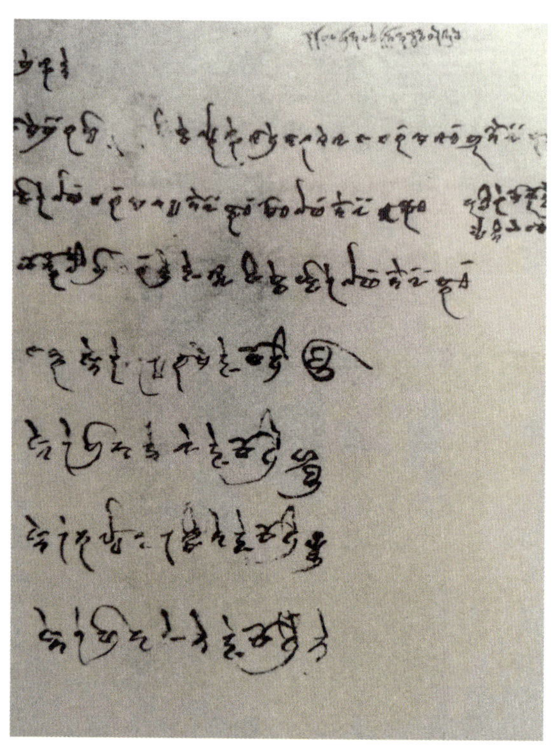

图 26 《龟兹语唐某年某寺冬季粮、葡萄酒支用案》［采自荣新江、朱玉麒主编：《黄文弼所获西域文书》（下），第 404 页］

（一）

1' kapyāres śwatsiṣṣe ā[t]rai kṣunaṣṣe Ñānaca [nd] retse

1 meñe śkance

2 po meñä kapyā (res śwa) [s] iṣṣe lykaśke śātre tāka śeśusa cakaṃnma śak–ñu tauwä ṣuk

3 ys ā re laś cakaṃnma tarya tauwä ṣkas mot laś tauwä ṣkas Suklike Mokotse meñe

4 Yotkolau Ñā (na) [caṃndre] tse ś wasiṣṣe ysāre laś tauwä ṣkas lyekśiye cak

5 Saṅkastere Aryak ā metse ṣotri ā

6 Stere Ñānatewetse otri ñā

① 庆昭蓉：《库车出土文书所见粟特佛教徒》，《西域研究》2012 年第 2 期，第 54—75 页。

7 Stere Kaly ā narakṣitetse ṣotri klyā

8 Stere Ñānasenetse ṣotri ne

译文

1’净人粮食之 ā [t] ral (?)，致年度(当值) 的智月。

1 十月。

2 一整个月，“净人”食用细粮已食十九石七斗。

3 小麦支出三石六斗。 酒支出六斗。首领速利稽之月 (用)

4 “总管僧”（Yotkolau）智月食用小麦支出:六斗。 lyekśiye 一石。

5 “僧上座”圣乐 (Aryakāme) 之署：ā

6 “上座”智神 (Ñānatewe) 之署：ñā

7 “上座”善护 (Kalyānarakṣite) 之署：klyā

8 “上座”智军 (Ñānasene) 之署：ne[①]

文书中“净人”为服务于寺院人众的泛称，“首领”即净人的“首领”，为净人的负责人、统领者。[②]在古代龟兹地区，这里所支出的酒，当为葡萄酒，六斗葡萄酒则是寺院招待净人首领速利稽所用的。

2. 酒具

龟兹地区，葡萄酒的酒具有多种，其中具有特色的则有叵罗（也作“颇罗”）。1997 年 5 月，在龟兹故城内西南，现库车第三小学与供电所之间某地距地表 2.18—3 米深处掘得一兔月纹银颇罗，敞口，口沿稍向内收卷，深 3.5 厘米、径 14 厘米、圆底弧面径长 17 厘米、壁厚 0.15 厘米、口沿壁厚 0.3 厘米，重 225 克，银质，中部錾有月、兔图案，月牙两尖形成的“阙”中包含一白兔，月牙大径 2.9 厘米、小径 1.8 厘米，月牙上阴錾横线 20 道。[③]林梅村认为可能是隋唐时代龟兹王之物（图 27）。[④]在唐代，颇罗一般是指一种葡萄酒酒具。唐代边塞诗人岑参有诗《酒泉太守席上醉后作》就有使用叵罗的记载：

酒泉太守能剑舞，高堂置酒夜击鼓。
胡笳一曲断人肠，座上相看泪如雨。
琵琶长笛曲相和，羌儿胡雏齐唱歌。
浑炙犁牛烹野驼，交河美酒金叵罗。
三更醉后军中寝，无奈秦山归梦何。[⑤]

该诗为作者在肃宗至德元年（756）东归途中所作，“交河美酒”指唐西州的葡萄酒，“金叵罗”即金质饮酒器。“美酒”配“金叵罗”，说明葡萄酒之珍贵。

颇罗作为酒器，史籍记载见于南北朝北齐（550—577）前的中原地区。《北齐书·祖珽

① 重拟题名，原题名为《唐某年某寺冬季粮、酒支用案》。荣新江、朱玉麒主编：《黄文弼所获西域文书》，第 142—143 页。
② 庆昭蓉：《库车出土文书所见粟特佛教徒》，《西域研究》2012 年第 2 期，第 54—75 页。
③ 刘松柏、郭慧林：《库车发现的银颇罗考》，《西域研究》1999 年第 1 期，第 52—55 页。
④ 林梅村：《龟兹王城古迹考》，《西域研究》2015 年第 1 期，第 48—58、139 页。刘松柏、郭慧林则认为属汉代，不晚于公元 1 世纪。参见刘松柏、郭慧林：《库车发现的银颇罗考》，《西域研究》1999 年第 1 期，第 52—55 页。
⑤ （唐）岑参著，刘开扬笺注：《岑参诗集编年笺注》，巴蜀书社，1995 年，第 384 页。

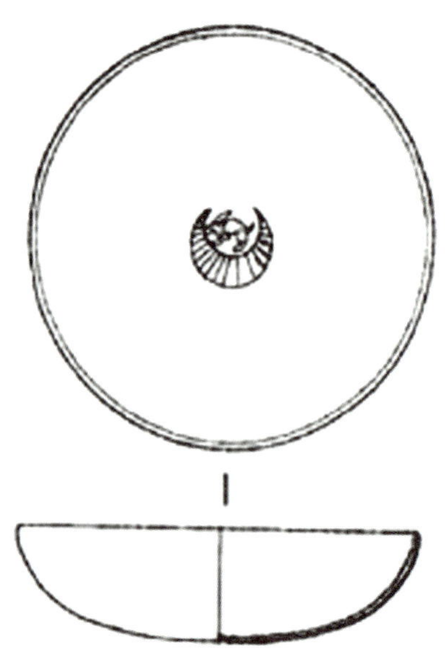

图 27 兔月纹银颇罗
[采自林梅村：《龟兹王城古迹考》，《西域研究》2015 年第 1 期，图三（1）]

传》："神武宴寮属，于坐失金叵罗，窦泰令饮酒者皆脱帽，于珽髻上得之。"神武指北齐王朝奠基人高欢。"于珽髻上得之"，说明此金颇罗形制小。

《鲍威尔写本》的第二个残卷《精髓（集）》第二章《药酥方》（XIX）"下生仙人之食"酥（Cyavana Prāśa）：

> 188–200. 印度枳、臭黄荆、木蝴蝶、白柚木、凌霄花、黄花稔、四种"叶子药"、长胡椒、蒺藜、刺天茄与黄果茄，（189）野漆树、叶下珠、葡萄干、乳山药、puskara、芦荟木、诃黎勒[①]、心叶青牛胆、rddhi、耆婆草、rsabha、莪术、（190）香附子、黄细辛、medā、豆蔻、旃檀、青莲花、七爪龙、鸭嘴花、kākolī、火筒树，（191）以上药物每份 1 婆罗，加上 500 颗余甘子，在 1 斛的水中同煎，（192）直到注入的水完全蒸发掉。再从浓缩的药液中去掉余甘子，去掉果核，磨碎它们，（193）在 12 婆罗的油和酥中。然后[在浓缩的药液和余甘子粉中]加入 50 婆罗的精炼的固体糖蜜（冰糖?），直到整个变成一剂融合的糖浆。（194）当它冷却后，混合 6 婆罗甘草、4 婆罗天竺黄、2 婆罗长胡椒，（195）以及每种 1 婆罗的肉桂、豆蔻、桂叶和铁力木。这是一剂著名的长年药方，叫作"下生仙人之食"酥（Cyavana Prāṣa）[②]。（196）它主治咳嗽、哮喘，据说它特别能促进那些虚弱的人、溃烂的人、老年人和年轻人的身体机能的增长。（197）它也能治疗失音、肺病、胸部疾病和心脏病、麻风病、干渴病、尿液和精液失衡。（198）服用这服药的任何剂量都不会妨害一个人正常的食物消化。当仙人"下生"（Cyavana）[③]很老了的时候，他服用此药后返老还童。（199）智力、记忆力、美貌、健康、长寿、神智的力量、与女性交合的突出的能力，消化力的增强、肤色的改善，以及内风的调整正常，（200）不论一个男人年纪大或者衰老了，但只要服用这剂补

① 诃黎勒，同书第 116 页中作"诃梨勒"。
② （Cyavana Prāśa），同书第 116 页中无。
③ Cyavana，"下生"。他与双马童的传奇见于《百道梵书》和《摩诃婆罗多》。详见 Girindranath Mukhopadhyaya 的《印度医学史》卷二，第 256–259 页。

药，即使是在他的房间里配制这剂药，（上述）所有的那些又可被他获得。他衰老的面容将变成青春少年。[①]

图 28　有银颇罗图像的唐代佛寺壁画残片 今藏法国巴黎吉美亚洲艺术博物馆

[采自林梅村：《龟兹王城古迹考》，《西域研究》2015 年第 1 期，图三（3）]

据此文书，颇罗不仅是一种量器，也是一种计量单位。可盛放固态的，如葡萄干；液态的，如油；半固态的，如糖浆。这种颇罗药物量器可能与药方文书一起传入龟兹。如前所述，《鲍威尔写本》抄写于 5 世纪左右，这也约与北齐颇罗出现的时间契合。但传入龟兹后的颇罗，却作为一种酒器了，特别是与葡萄酒联系在一起了。

《新唐书》卷二二一上《龟兹传》载："（唐高宗）上元中，素稽（龟兹王）献银颇罗、名马。"[②]《册府元龟》卷九七〇《外臣部·朝贡》："上元二年（675）正月，右骁卫大将军、龟兹王白素稽献银颇罗，赠帛以答之。"[③]法国学者伯希和在渭干河西岸都勒都尔·阿护尔（Douldour Aqour）遗址也发现有银颇罗图像的唐代佛寺壁画残片（图 28）。[④]这些表明，不晚于唐代，龟兹地区的颇罗产品特色显著、远近闻名，是龟兹地区的一种重要贡品。

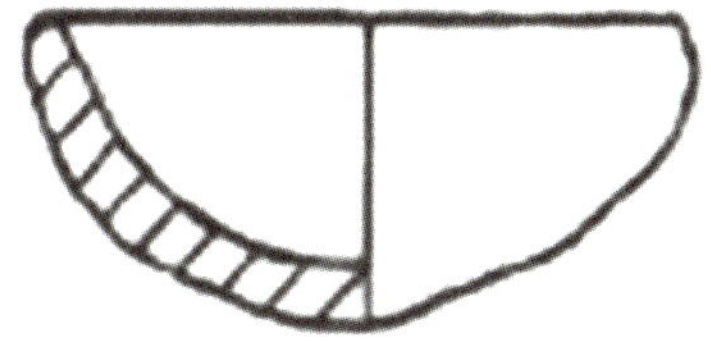

图 29　陶盏（陶颇罗）

[采自：于志勇、党志豪、田小红等：《新疆库车友谊路魏晋十六国墓葬 2010 年发掘报告》，《考古学报》2015 年第 4 期，图一九（1）]

刘松柏、郭慧林认为龟兹有银颇罗，"必有金颇罗、铜颇罗、铁颇罗甚至陶颇罗。龟兹故城及库车诸古遗址时常出土与银颇罗相同形制的小陶盂（有似旧时的点灯草的油灯），库车文管所有收藏，可能就是陶颇罗"。[⑤]这种"小

① 陈明：《殊方异药：出土文书与西域医药》，第 259 页。
② （宋）欧阳修、宋祁：《新唐书》，中华书局，1975 年，第 6232 页。
③ （宋）王钦若等编纂：《册府元龟》（校订本），周勋初等校订，凤凰出版社，2006 年，第 11233 页。
④ 林梅村：《龟兹王城古迹考》，《西域研究》2015 年第 1 期，第 48—58、139 页。
⑤ 刘松柏、郭慧林：《库车发现的银颇罗考》，《西域研究》1999 年第 1 期，第 52—55 页。

陶盂”在龟兹地区又多称灯盏，这种颇罗型的灯盏，或者说陶颇罗实际上是一种陶盏。古代龟兹地区，这种陶盏有不少出土。如新疆库车友谊路魏晋十六国墓葬M13墓出土1只陶盏（M13:57），夹砂灰陶，敞口，圆唇，圜底，口径5.8厘米、高2.6厘米（图29）。

库车龟兹故城穷特音墩遗址2017年出土唐代灯盏26件，为夹细砂红褐陶、夹砂灰陶等，多手制，多素面，器表有烟炱痕，少量有卷云纹、缠枝花卉纹等纹饰。分3型，A型圆底，8件；B型平底，14件；C型圈足（假圈足），4件(图30)。从形制来看，其中A型灯盏就是一种颇罗型陶盏。如标本F5:6，夹细砂灰黄陶，直口微敞、方唇、平沿，口径9.5厘米、沿宽0.7厘米、高4.2厘米（图30:1）。这种陶盏若用来饮用葡萄酒的话，可称之为“葡萄盏”。

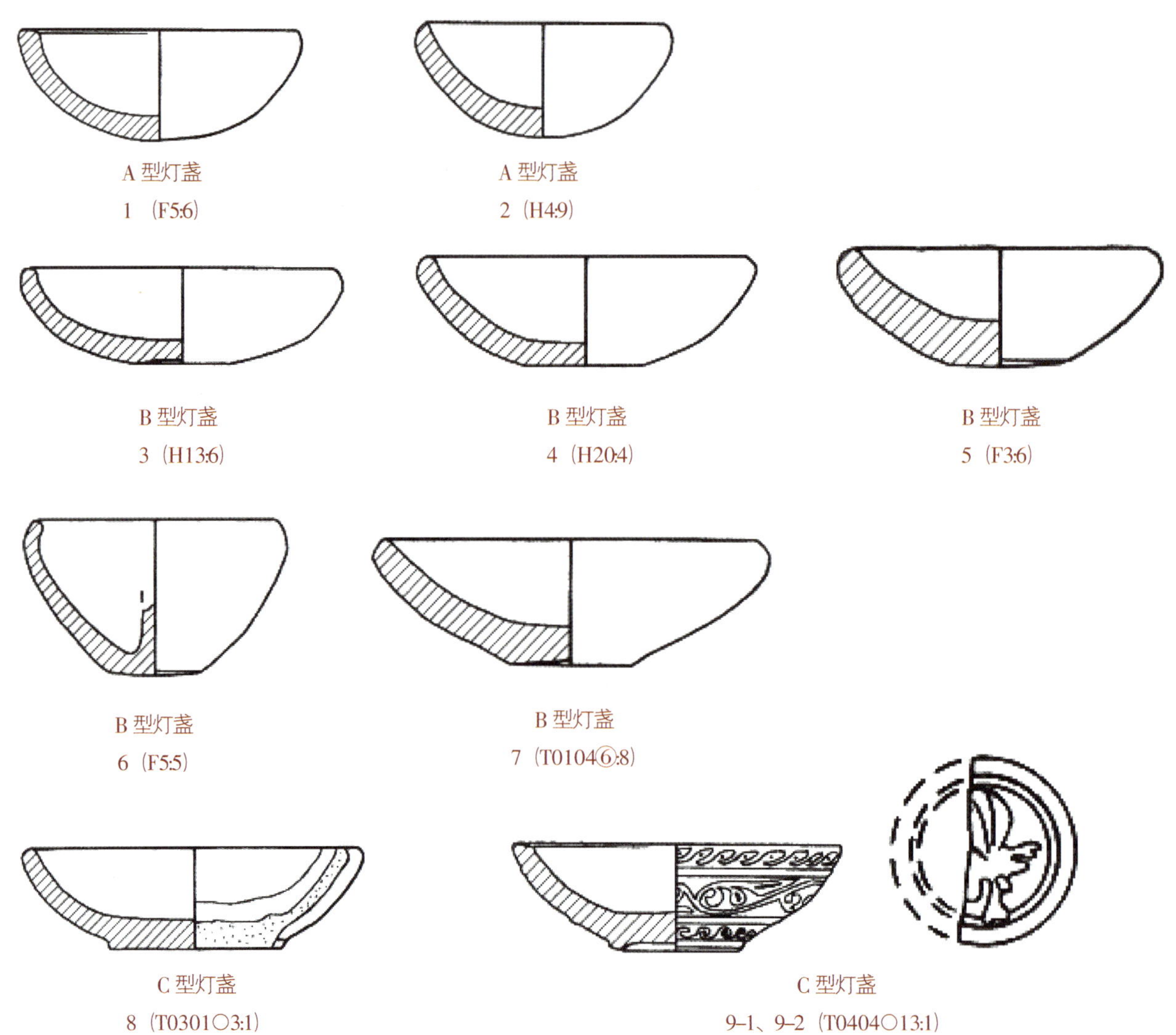

图30 陶灯盏
（采自新疆文物考古研究所：《新疆库车龟兹故城穷特音墩遗址2017年发掘简报》，《文物》2020年第8期，图四二）

唐代葡萄盏包括用来喝葡萄酒的酒盏和有葡萄图案的酒盏。[①]中唐诗人刘言史《王中丞宅夜观舞胡腾（王中丞武俊也）》：

石国胡儿人见少，蹲舞尊前急如鸟。
织成蕃帽虚顶尖，细氎胡衫双袖小。
手中抛下蒲萄盏，西顾忽思乡路远。
跳身转毂宝带鸣，弄脚缤纷锦靴软。
四座无言皆瞪目，横笛琵琶遍头促。
乱腾新毯雪朱毛，傍拂轻花下红烛。
酒阑舞罢丝管绝，木槿花西见残月。[②]

诗中所述胡腾舞者有“手中抛下蒲萄盏”的行为。“蒲萄盏”即“葡萄盏”。因此，用来饮用葡萄酒的颇罗型盏可以称之为“葡萄盏”。这在龟兹地区应该是存在的。因此，在某种意义上说，葡萄盏是颇罗另一种称呼，是其发展演变的结果。

从上述可知，库车龟兹故城穷特音墩遗址2017年出土的唐代C型灯盏中，有一种葡萄叶纹模制陶灯盏（T0404○13:1，图30:9）。若此不误，不论用它来饮酒还是饮水、做灯盏，都是一种真正意义上的葡萄盏实物，也是迄今所见最早的葡萄盏实物。

五 晋唐时期龟兹葡萄文化的地位

在汉代，龟兹是西域三十六国中最大的地方政权，是汉代丝绸之路北道。至隋唐时期，为丝绸之路中道上的重镇，一度是唐安西都护府治所所在，为唐西域政治、经济、社会文化的中心。其中，龟兹地区葡萄文化的发展也有着西域特色。龟兹地区葡萄文化历史悠久，晋唐时期，龟兹地区的葡萄文化赓续发展，亦在我国葡萄文化史上有着重要的历史地位。

葡萄文化载体的多样性。除史籍、专门著作、文书外，有葡萄园遗址，葡萄酒作坊遗址、遗迹，葡萄籽遗物，葡萄酒酒器、酒具，带葡萄图案的金银器、陶器等。可以说，葡萄文化载体的多样性在古代除吐鲁番地区外，就数龟兹地区了。

葡萄文化遗物的重大意义。龟兹地区出土的大规模葡萄酒酒瓮，揭示出古代西域地区葡萄酒混合发酵酿酒技术的实况和应用，从而找到了元人熊梦祥《析津志辑佚》中所载这种技术的源头。也反映出古代龟兹地区葡萄酒酿造技术的先进性。葡萄酒酒器陶瓮在酿酒、储酒中的广泛应用，促使葡萄酒或酒计量单位“瓮”的形成及至吐鲁番、敦煌地区的传播。最早的葡萄盏实物的出土也反映出颇罗至葡萄酒盏的演变轨迹。

葡萄文化的交流、融合、创新、传播的典型性。印度《鲍威尔写本》药方的传入，推进了古代龟兹地区葡萄文化多方面的发展，如相关药方邑的成立、经营，葡萄加工产品的利用

① 陈习刚：《唐诗葡萄长带及相关问题研究》，沙武田主编：《丝绸之路研究集刊》第四辑，商务印书馆，2019年，第79—103页。
② （清）彭定求等编：《全唐诗》卷四六八，中华书局，1960年，第5323—5324页。

和药方的配制使用。量器颇罗的传入也带来了龟兹地区葡萄酒酒具葡萄盏的产生。龟兹地区葡萄酒酒器“瓫”作为量器的应用也一路东传至吐鲁番和敦煌地区，并有了“姓”的称呼。葡萄种植技术、葡萄图案艺术的传播也有迹可循，尤其是葡萄图案、葡萄叶、半叶纹饰的变迁也反映龟兹在葡萄文化上的创新与开拓。龟兹地区饮用葡萄酒的生活风尚也在中原地区流传开来。

莫高窟北朝隋唐时期摩尼宝珠图像研究

申行舟
（西北大学文化遗产学院）

引　言

莫高窟摩尼宝珠图像最早见于西魏时期。但新疆地区比如克孜尔石窟、克孜尔尕哈石窟等早在3、4世纪时就出现了摩尼宝珠。根据摩尼宝珠本体造型的不同，主要分为四棱柱形、球形、环形三种。其中四棱柱形摩尼宝珠，有的无外层，有的外侧表现出一个三角形状出尖，有的外侧表现出三个三角形状出尖和一个圆环，有的外侧表现出四个三角形状出尖。球形摩尼宝珠，有的外层为多出尖火焰，有的外层为背光形，一侧还有圆环，有的外层为三个三角形状出尖。环形摩尼宝珠，一端表现两个飘带状物，分别向两侧飘扬。（图1）后来，北魏时期也出现了不少摩尼宝珠图像。迁洛之前的摩尼宝珠图像，主要分为三种：一，梭形的摩尼宝珠，外层为多出尖火焰，为之前所不见（图2：1、5）；二，外轮廓为六边形的摩尼宝珠，内中是两个“Y”字形尾部相接，这很明显是从四棱柱形演变而来，但外层不再是三角形状出尖或是圆环，而是背光形或火焰形（图2：2、3、6）；三，椭圆形的摩尼宝珠，内中为两个相对的半圆形①，外层为背光形，底端为多个三角形状出尖

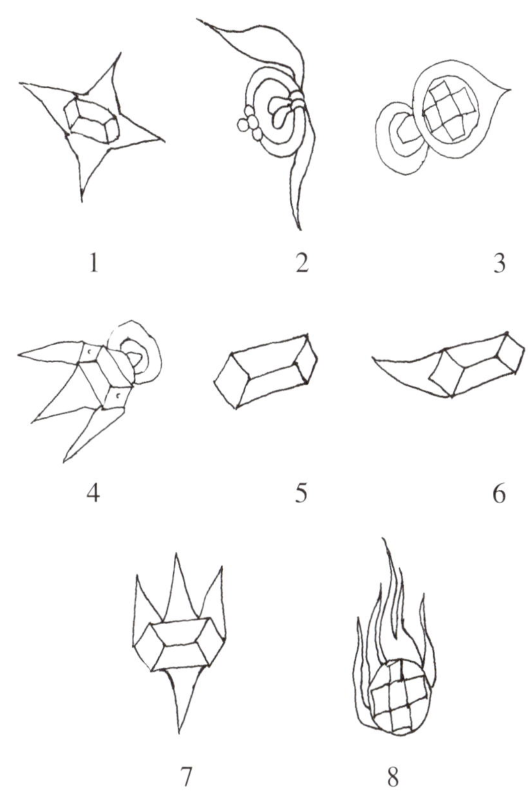

图1　新疆地区石窟寺所见摩尼宝珠（1—4克孜尔石窟第48窟；5—7克孜尔石窟第38窟；8克孜尔石窟第101窟）（笔者绘图）

① 应该是从两个“Y”字形尾部相接这种样式演变而来，但源头都是四棱柱形样式。

图 2　北魏时期摩尼宝珠图像
[1 云冈石窟第 20 窟；2 云冈石窟第 17 窟；3 云冈石窟第 9 窟；4 巩县石窟第 1 窟；5 陕西兴平出土皇兴五年（471）交脚佛；6 张掖金塔寺西寺；7 龙门石窟古阳洞；8 龙门石窟古阳洞]（笔者绘图）

（图 2：4）。迁洛之后，主要包括两种：一，五边形的摩尼宝珠，像是之前四棱柱截掉了一头，外层为背光形（图 2：7）；二，球形的摩尼宝珠，外层呈火焰状，但外轮廓仍为背光形（图 2：8）。

本文探讨的莫高窟北朝隋唐时期所见摩尼宝珠图像，当是承袭前代基础上的进一步发展和演变。

一　莫高窟北朝隋唐时期的摩尼宝珠图像类型

莫高窟北朝隋唐时期所见摩尼宝珠图像，根据摩尼宝珠本体造型的不同，主要分为三型：

A 型　摩尼宝珠呈五边形，像是四棱柱形摩尼宝珠截掉了一头，外层为背光形。

A 型在莫高窟仅见一例，即西魏第 431 窟，位于窟顶位置，最下端向上生出一朵莲花，莲花承托摩尼宝珠，摩尼宝珠之上又生出莲花（图 3）。

B 型　摩尼宝珠呈六边形，内中为两个相对的半圆形。根据摩尼宝珠外层造型的不同，又可以分为两式：

图 3　莫高窟西魏第 431 窟摩尼宝珠

Ⅰ式　外层呈火焰状，但外轮廓仍为背光形，与多出尖火焰形外层不同。如西魏第 288 窟窟顶，最下端向上生出一朵莲花，莲花承托摩尼宝珠，其上又生出莲花。摩尼宝珠上方还表现有北朝至隋代常见的畏兽，兽首人身，双肩生翼，作向前奔跑状（图 4）。

Ⅱ式　外层为背光形。如西魏第 285 窟窟顶出现了两个摩尼宝珠，其中一个是由莲花承托，两侧为飞天，二者均朝向摩尼宝珠，另一个由莲花承托，两侧则是伏羲、女娲持规矩朝向摩尼宝珠。西魏第 249 窟，同样是由莲花承托，其下则是两个力士（天人），壮硕高大，向上托举摩尼宝珠，宝珠两侧还有两个飞天，均面向外（图 5）。西魏第 288 窟窟顶，最下端向上生出一朵莲花，但摩尼宝珠并非像前面那几个由莲花承托，而是由一圆盘状物承托，上端生出一朵莲花，莲花上还有一回首的凤鸟。隋代第 301 窟摩尼宝珠依然是由莲花承托，两侧表现多个飞天。

图 5　莫高窟西魏第 249 窟摩尼宝珠

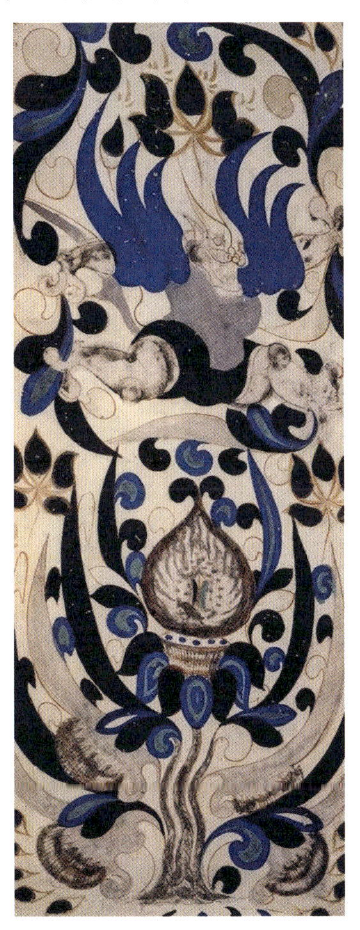
图 4　莫高窟西魏第 288 窟摩尼宝珠

C 型　摩尼宝珠呈球形。根据摩尼宝珠外层造型的不同，又可以分为五式：

Ⅰ式　外层呈火焰状，但外轮廓仍为背光形，与多出尖火焰形外层不同。如北周第 430 窟窟顶，莲花承托摩尼宝珠（图 6），其上又生出一朵莲花。北周第 297 窟佛背光上端的摩尼宝珠。隋代第 427 窟菩萨手中所托摩尼宝珠。隋代第 423 窟所驾龙车，神龙颈后的摩尼宝珠。

Ⅱ式　外层为背光形　北周第 461 窟，两侧各有一飞天。隋代第 303 窟，筌蹄状底座上

图 6 莫高窟北周第 430 窟窟顶莲化承托摩尼宝珠

图 7 莫高窟隋代第 314 窟菩萨身侧的摩尼宝珠

端一株蔓生莲花并承托摩尼宝珠，两侧各有一蹲狮面向摩尼宝珠，表现的应是佛所坐的狮子座。隋代第 301 窟菩萨所戴宝冠上的三个摩尼宝珠。隋代第 314 窟菩萨身侧有一摩尼宝珠，由莲花承托（图 7）。隋代第 305 窟所驾龙车，神龙颈后的摩尼宝珠。

Ⅲ式 外层为多出尖火焰形。如隋代第 295 窟，由缠枝莲花承托。隋代第 392 窟，宝珠两侧还表现有飞天。隋代第 427 窟、第 314 窟菩萨所戴宝冠上的摩尼宝珠。隋代第 430 窟佛华盖上的摩尼宝珠。初唐第 322 窟菩萨所戴宝冠上的摩尼宝珠。初唐第 373 窟天王所戴冠上的摩尼宝珠。初唐第 57 窟、第 372 窟，佛、菩萨华盖上的摩尼宝珠。初唐第 203 窟、第 323 窟帐顶上的摩尼宝珠。初唐第 115 窟佛塔底座上的摩尼宝珠。盛唐第 217 窟菩萨所戴宝冠上的摩尼宝珠。盛唐第 217 窟、第 148 窟、第 320 窟佛、菩萨华盖顶端的摩尼宝珠（图 8）。盛唐第 225 窟佛前台阶上的摩尼宝珠。盛唐第 45 窟多层高塔式建筑顶端的摩尼宝珠。盛唐第 320 窟莲池水面上的摩尼宝珠。盛唐第 444 窟主座尊前香炉盖顶之上的摩尼宝珠。中唐第 154 窟菩萨所托摩尼宝珠。中唐第 112 窟佛华盖顶端的摩尼宝珠。中唐第 145 窟佛前香炉盖顶上的摩尼宝珠。中唐第 158 窟佛前案上香炉盖顶以及香炉两侧的摩尼宝珠。晚唐第 12 窟、第 172 窟，佛、菩萨华盖上的摩尼宝珠。晚唐第 85 窟云间的摩尼宝珠。

Ⅳ式 外层为单出尖火焰形。如初唐第 372 窟菩萨华盖顶端的摩尼宝珠。盛唐第 217 窟、

图 8　莫高窟盛唐第 217 窟菩萨所戴宝冠摩尼宝珠

图 9　莫高窟盛唐第 205 窟摩尼宝珠

图 10　莫高窟初唐第 322 窟佛华盖上的摩尼宝珠

第 148 窟、第 205 窟，佛、菩萨华盖上的摩尼宝珠（图 9）。中唐第 361 窟建筑屋檐顶部的摩尼宝珠。

Ⅴ式　无外层。如莫高窟初唐第 322 窟佛华盖上的摩尼宝珠（图 10）。盛唐第 148 窟、第 320 窟，佛华盖顶端的摩尼宝珠。盛唐第 328 窟佛背光上的摩尼宝珠。盛唐第 171 窟建筑与建筑之间描绘的摩尼宝珠。中唐第 201 窟、第 112 窟，佛、菩萨华盖上的摩尼宝珠。晚唐第 172 窟菩萨华盖顶端的摩尼宝珠。

二　莫高窟北朝隋唐时期摩尼宝珠图像的分期及演变规律

根据上述分型，莫高窟北朝隋唐时期摩尼宝珠图像的发展可以分为三期，见（表 1）：

表 1 莫高窟北朝隋唐时期摩尼宝珠图像类型演变（笔者绘图）

时代 类型	A 型	B 型Ⅰ式	B 型Ⅱ式	C 型Ⅰ式	C 型Ⅱ式	C 型Ⅲ式	C 型Ⅳ式	C 型Ⅴ式
西魏、北周	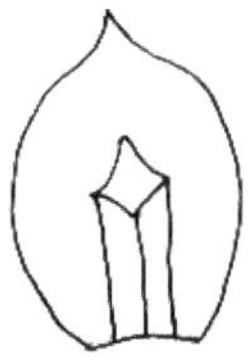							
隋代			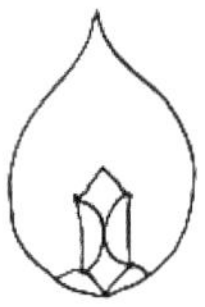					
唐代								

第一期，西魏北周时期，包括 A 型、B 型Ⅰ式、B 型Ⅱ式、C 型Ⅰ式、C 型Ⅱ式；

第二期，隋代，包括 B 型Ⅱ式、C 型Ⅰ式、C 型Ⅱ式、C 型Ⅲ式；

第三期，唐代，包括 C 型Ⅲ式、C 型Ⅳ式、C 型Ⅴ式。

通过分期可知，第一期，西魏、北周时期，A 型，与前述北魏洛阳龙门石窟古阳洞相似。这应是莫高窟对北魏的继承，但位置及组合关系有所改变。古阳洞摩尼宝珠图像是位于佛的背光外侧，而莫高窟则是位于窟顶，且摩尼宝珠上端又生出莲花。B 型Ⅰ式和 B 型Ⅱ式，内中为两个相对的半圆形，这种样式应是源自北魏巩义石窟第 1 窟，但摩尼宝珠底端从多个三角形出尖，变成由莲花或圆盘状物承托，并与飞天、伏羲、女娲、力士（天人）、畏兽、凤鸟等组合，这应是莫高窟的创新和发展。C 型Ⅰ式、C 型Ⅱ式同样也是对北魏的继承和发展，但改由莲花承托，并在顶端又化生出莲花。莫高窟西魏、北周时期的摩尼宝珠图像，都是对北魏时期，且主要是对迁洛以后北魏佛教艺术的承续和改造。即莫高窟西魏、北周时期的摩尼宝珠，在造型上基本承续北魏，而所处位置以及与其他元素的组合关系则是创新和进一步丰富。

第二期，隋代，之前的 A 型和 B 型Ⅰ式不见了，B 型Ⅱ式、C 型Ⅰ式、C 型Ⅱ式仍然可以见到，新出现了 C 型Ⅲ式。也就是说，多边形摩尼宝珠占比减小，而球形摩尼宝珠占比增大，且多于多边形摩尼宝珠。其中，B 型Ⅱ式、C 型Ⅰ式、C 型Ⅱ式是对西魏、北周时期系统的承续和发展。B 型Ⅱ式仍是与飞天组合。C 型Ⅰ

式，前一期是位于窟顶，并由莲花承托，其上又生出莲花，这一期则是由菩萨捧托。C 型Ⅱ式，前一期是与飞天组合，这一期是与狮子座组合，或出现在菩萨所戴宝冠上，或位于菩萨身侧。至于新出现的 C 型Ⅲ式，显然不属于西魏、北周系统，在北魏时期佛教艺术中也找不到源头，倒是与北魏、北齐以及隋代墓葬中常见的多出尖火焰形摩尼宝珠的样式是一致的。比如洛阳北魏元谧石棺两侧所绘青龙、白虎等神兽颈部系一颈箍，颈箍后为多出尖火焰形摩尼宝珠[①]。北齐上承北魏，墓葬壁画中青龙、白虎等神兽颈部，以及尾部同样也都表现有多出尖火焰形摩尼宝珠，比如河北磁县东魏茹茹公主墓[②]、河北磁县湾漳北朝壁画墓[③]、山西忻州九原岗北朝壁画墓[④]、山西寿阳北齐库狄迴洛墓[⑤]等。陕西潼关税村隋代壁画墓石棺前挡的朱雀，颈系颈箍[⑥]，后有多出尖火焰形摩尼宝珠，这无疑是对北魏、北齐墓葬多出尖火焰形摩尼宝珠系统的承续。所以，莫高窟隋代新出现的 C 型Ⅲ式摩尼宝珠，应当是北魏、北齐以及隋代墓葬所见多出尖火焰形摩尼宝珠介入和影响的结果。

第三期，唐代，B 型Ⅱ式、C 型Ⅰ式、C 型Ⅱ式都不见了，新出现了 C 型Ⅳ式、C 型Ⅴ式。C 型Ⅲ式数量明显增多，且占比最大。也就是说，到了唐代，之前西魏、北周和隋代所见的五边形和六边形摩尼宝珠消失了，都变成了球形摩尼宝珠。背光形外层为火焰形外层和无外层所取代，且以火焰形外层为主。从初唐到盛唐再到中晚唐，C 型Ⅲ式、C 型Ⅳ式、C 型Ⅴ式都可以见到。C 型Ⅲ式在隋代由缠枝莲花承托，或与飞天组合，或位于菩萨所戴宝冠上，或位于华盖的顶端。到了唐代，C 型Ⅲ式不再与缠枝莲花或飞天组合，多见于菩萨所戴宝冠上以及佛、菩萨华盖的顶端，此外还见于帐顶、塔、莲池、香炉之上等等。唐代新出现的 C 型Ⅳ式与 C 型Ⅴ式，其中 C 型Ⅳ式位于佛、菩萨华盖之上或是建筑顶部，C 型Ⅴ式也多见于佛、菩萨华盖之上。C 型Ⅲ式、C 型Ⅳ式、C 型Ⅴ式这三式摩尼宝珠也经常相互组合，比如盛唐第 217 窟 C 型Ⅲ式与 C 型Ⅳ式组合，盛唐第 320 窟 C 型Ⅲ式与 C 型Ⅴ式组合，中唐第 159 窟 C 型Ⅳ式与 C 型Ⅴ式组合，中唐第 112 窟 C 型Ⅲ式、C 型Ⅳ式与 C 型Ⅴ式组合等等。

综上，莫高窟所见北朝隋唐时期摩尼宝珠图像的发展演变规律如下：一，摩尼宝珠本体造型上，北朝隋代多边形与球形并存。西魏北周时期多见多边形宝珠。到了隋代，多边形宝珠占比减小，球形宝珠占比增加，且多于多边形宝珠。唐代，多边形宝珠不见了，都变成了

① 中国画像石全集编辑委员会编：《中国画像石全集 8》，河南美术出版社，2000 年，第 48、50 页。
② 磁县文化馆：《河北磁县东魏茹茹公主墓发掘简报》，《文物》1984 年第 2 期，第 1—9、97—102 页。
③ 中国社会科学院考古研究所、河北省文物研究所编著：《磁县湾漳北朝壁画墓》，科学出版社，2003 年，第 163—164 页。
④ 山西省考古研究所、忻州市文物管理处：《山西忻州市九原岗北朝壁画墓》，《考古》2015 年第 7 期，第 51—74、2 页。
⑤ 王克林：《北齐库狄迴洛墓》，《考古学报》1979 年第 3 期，第 377—402、417—428 页。
⑥ 陕西省考古研究院：《陕西潼关税村隋代壁画墓发掘简报》，《文物》2008 年第 5 期，第 4—31+1—2 页。陕西省考古研究院：《陕西潼关税村隋代壁画墓线刻石棺》，《考古与文物》2008 年第 3 期，第 33—47、2 页。陕西省考古研究院编著：《潼关税村隋代壁画墓》，文物出版社，2013 年，第 125 页。

球形宝珠。二，摩尼宝珠外层造型上。西域以及北魏佛教艺术中三角形状出尖不见于莫高窟，莫高窟北朝隋代以背光形外层为主。隋代开始出现多出尖火焰形外层。到了唐代，背光形外层不见了，只见火焰形外层和无外层，且以出尖火焰形外层为主。三，摩尼宝珠所处位置以及与其他元素的组合关系上。北朝隋代组合关系多样，并没有形成相对固定的模式。到了唐代，多见于佛、菩萨华盖之上或建筑、陈设之上。四，摩尼宝珠使用的数量上。从唐代开始，摩尼宝珠的使用数量明显增多，且远多于北朝隋代。

三　莫高窟北朝隋唐时期摩尼宝珠图像的文化内涵

莫高窟北朝隋唐时期摩尼宝珠图像发展演变所反映的社会文化，可以从以下三个方面来谈：

第一，摩尼宝珠本体造型的演变[①]。摩尼宝珠，所谓“摩尼”，是梵文、巴利文“Mani”一词的音译。“Mani”最早见于古印度婆罗门教经典《梨俱吠陀本集》（又作《梨俱吠陀》）(Rigveda)。“Mani”本没有“珠”的内涵[②]，而中国古代译经者将“Mani”译成了“摩尼宝珠”，赋予其“珠”的内涵。这应当说首先在文本层面就被中国化了。而建立在本文（佛经）基础上的艺术表现，同样也经历了中国化。克孜尔石窟、克孜尔尕哈石窟所见四棱柱形，与《增一阿含经》中所述宝珠“有八角”[③]吻合，球形则是借鉴自犍陀罗艺术中佛舍利的造型。北魏新出现了梭形宝珠和球形宝珠。因为《智度论》有言“如意珠（摩尼宝珠），出自佛舍利”[④]，从某种意义上来说，摩尼宝珠与佛舍利是可以画等号的。参见河北定县出土北魏石函中的梭形和球形舍利[⑤]，就会发现梭形和球形摩尼宝珠的造型源自当时的人对舍利的认知。而梭形和球形舍利又来自世俗宝珠体系。西晋时期张华在《博物志》中称琥珀为“江珠”[⑥]，三国时期曹魏鱼豢《魏略》一书中将珠比作“酸枣”[⑦]。参见大同北魏墓葬中出土的梭形和球形玛瑙组合的饰品，同时期的舍利、摩尼宝珠造型与此一致。摩尼宝珠原本并没有规定形状，但中国古人以世俗中的宝珠去象征和表现舍利以及摩尼宝珠，以熟悉的替代不熟悉的，这便是中国化改造。莫高窟从北朝隋代多边形摩尼宝珠和球形摩尼宝珠并存，到唐代摩尼宝珠定格为了球形，相比北魏时期，中国化改造无疑又进了一大步。应当说莫高窟的摩尼宝珠图像在唐代中国化改造正式完成了。这应当与中国

---

① 日本学者八木春生在其著作中也曾探讨过摩尼宝珠的中国化问题。（具体参看［日］八木春生著、姚瑶等译：《纹样与图像：中国南北朝时期的石窟艺术》，上海古籍出版社，2021 年，第 22—26 页。）

② 日本学者长柄行光曾对印度文献中的“Mani”进行过研究，认为“Mani”的材质或为金，或为珍珠，或为圣木，或为各种宝石等，多为球形，也有船形或锄形，并无固定的形状。“Mani”常作为有法力的物品使用，无论其素材如何，都具有护符的意味。“Mani”通常以丝线穿起，挂于颈上，有时还绕在头、臂或手指上。（参看［日］八木春生著、姚瑶等译：《纹样与图像：中国南北朝时期的石窟艺术》，上海古籍出版社，2021 年，第 4 页。）

③ （前秦）三藏昙摩难提译：《增一阿含经》卷三三，（清）雍正敕修《乾隆大藏经》第 29 册，中国书店，2019 年，第 390 页。

④ （后秦）三藏法师鸠摩罗什译：《大智度论》卷一〇，（清）雍正敕修《乾隆大藏经》第 46 册，中国书店，2019 年，第 207 页。

⑤ 河北省文化局文物工作队：《河北定县出土北魏石函》，《考古》1966 年第 5 期，第 268—275、311—313 页。

⑥ （西晋）张华撰、范宁校证：《博物志校证》卷四《药物》，中华书局，2014 年，第 48 页。

⑦ （唐）欧阳询撰、汪绍楹校：《艺文类聚》卷第八四《宝玉部下·珠》，中华书局上海编辑所，1965 年，第 1437 页。

自古对圆形和球形事物的喜爱有关，比如史前到商周时期大量出现的玉璧，再比如汉代可以见到凤鸟衔珠，所衔宝珠就是球形，等等。也就是说，在中国古人的认知中，宝珠大多是球形的。再加上，佛教讲求圆满，中国古代儒家传统强调中庸圆润，二者的追求是相通的，故而会以世俗中“圆润”的球形宝珠去理解和表现佛教中象征“光明、清净、圆满、如意”的摩尼宝珠，当是一种具有中国特色的本土化改造。那么，莫高窟北朝隋唐时期多边形摩尼宝珠逐渐消失，球形摩尼宝珠逐渐增多并占据绝对比重，也就可以理解了。

第二，摩尼宝珠外层造型的演变。一开始西域所见那种四棱柱形或球形的摩尼宝珠，其外侧多见三角形状出尖，《增一阿含经》中言宝珠“四面有大光”[①]，所以这应当是在象征摩尼宝珠发光。莫高窟北朝至隋代，三角形状出尖不见了，摩尼宝珠外层变成了火焰形或背光形。到了唐代，背光形也消失了，火焰形占据了绝对比重。不管是背光形，还是火焰形，仍然是在象征发光。包括佛头光、背光外侧的火焰纹，也都是在象征佛光。古代没有今天的电灯，一般情况下，古人照明都要借助于火焰，火焰能放出光明。所以，表面看上去是在描绘火焰，实则是在表现和象征光明。从三角形状出尖到背光形和火焰形并存，再到火焰形占据主体位置，反映了人们对摩尼宝珠发光的认知的变化。在莫高窟隋代出现、唐代盛行的球形摩尼宝珠，外层为多出尖火焰形这种样式，如果说这是北魏、北齐以及隋代墓葬艺术样式介入和影响的结果，那就说明世俗墓葬受佛教影响创制出来的样式，反过来又影响了佛教相关艺术的发展，并形成了一种相对固定的表现模式。这种模式在日本佛教艺术中也可以见到，足见其影响之深。这同样也能说明莫高窟摩尼宝珠图像在唐代正式完成中国化。另外，还有一点需要注意，莫高窟唐代盛行的火焰形摩尼宝珠，在敦煌文献中还被称作“火珠”[②]，但摩尼宝珠在最早的译经中并不见“火珠”之名。所谓“火珠”之称，很有可能是莫高窟盛行火焰形摩尼宝珠图像后，当时的人经常可以见到，故而又将摩尼宝珠命名为“火珠”。火焰形摩尼宝珠本就是“Mani”的中国化改造和创新，而“火珠”之名则是基于图像和认知习惯对佛经文本的又一种中国化改造。

第三，摩尼宝珠所处位置及内涵寓意的演变。莫高窟西魏、北周时期的摩尼宝珠，多由莲花承托，与莲花关系密切。比如西魏第 249 窟、第 285 窟、第 288 窟的摩尼宝珠图像，宝珠本体都是呈六边形，内中有两个相对的半圆形，有研究认为是“化生之门”——莲子破生门[③]。对于第 249 窟、第 285 窟窟顶的天神托举摩尼宝珠，还有的研究认为可能隐含着太阳崇拜的古老主题[④]。北周第 297 窟佛背光上的摩尼

① （前秦）三藏昙摩难提译：《增一阿含经》卷三三，（清）雍正敕修《乾隆大藏经》第 29 册，中国书店，2019 年，第 390 页。
② 郭俊叶：《敦煌火珠图像探微》，《敦煌研究》2001 年第 4 期，第 43—49 页。
③ 张强：《莲子破生门：从克孜尔到敦煌的摩尼宝珠辨义》，《艺术探索》2022 年第 5 期，第 45—55 页。
④ 张元林：《“太阳崇拜”图像传统的延续——莫高窟第 249 窟、285 窟“天人守护莲华摩尼宝珠”图像及其源流》，《敦煌研究》2022 年第 5 期，第 11—20 页。

宝珠，即为“于轮缘之光上，作宝珠形”[①]。隋代以及唐代菩萨宝冠上的摩尼宝珠，与佛经中菩萨“顶上毗楞伽摩尼宝以为天冠”[②]是吻合的。唐代最常见的佛、菩萨华盖上的摩尼宝珠，可能是起到协同、增强佛光的作用。至于帐顶以及屋檐、佛塔等建筑之上的摩尼宝珠，为前代所少见。《起世经》言摩尼宝珠“应当悬之置于宫内另显光明”“摩尼宝在于幢头光明周遍，普照四方”[③]。《佛说观弥勒菩萨上生兜率天经》提到“一一宝珠自然住在幢旛之上”[④]。《经律异相》：“以此宝珠置高幢上，于夜冥中赍幢出城，其珠光明，照一由旬。”[⑤]可见，摩尼宝珠位于建筑顶端，位于高处，是为了使得佛光普照。还有那些佛前案上香炉盖顶以及两侧的摩尼宝珠，可能与当时佛像供养有关，比如敦煌文献 P.3587《某寺常住什物交割点检历》有“火珠同铃壹”“铜香盖子壹”“长柄香炉一”等等，再比如 P.3432《龙兴寺卿赵石老脚下依蕃籍所附佛像供养具并经目录等数点检历》记“高梨锦屋并者舌锦绣罗木火珠”“大铜金镀旻四脚香炉花叶上有上宝子三个”“金铜香炉壹”“舍利塔相轮上金轮火珠壹”等等[⑥]。以此观之，对比前代，唐代火焰形摩尼宝珠大量出现，多强调其大现光明的作用。当时的人们如此重视和强调摩尼宝珠，可能就像这个时候盛行的西方净土变一样，意在描绘一个光明、清净的佛国世界。上述这些都是古印度佛教中不见的，是中国人自己的创新。这种中国化改造无疑大大丰富了艺术的表现及内涵。

莫高窟北朝隋唐时期所见摩尼宝珠图像造型以及所处位置关系的发展演变，反映了古印度“Mani”不断被改造，直至中国化完成。

结　语

摩尼宝珠图像在中国的发展，在敦煌莫高窟的发展，与其他问题比如须弥座的创造[⑦]等，以及与佛教中国化、世俗化的大趋势应是相一致的。中国佛教虽源于古印度，但经过中国古人的取舍、替换、添加等种种实践[⑧]，佛教美术从形式到内涵都逐渐中国化。佛教中国化无疑是一个很大的课题，而摩尼宝珠虽小，但却可以管窥佛教中国化进程中古人的用心与智慧。

---

① 星云大师监修、慈怡主编：《佛光大辞典》，北京图书出版社，2004 年，第 2178 页。

② 《佛说观无量寿佛经》：“（观世音菩萨）顶上毗楞伽摩尼宝以为天冠，其天冠中有一立化佛……”参见（刘宋）西域三藏法师畺良耶舍译：《佛说观无量寿佛经》，（清）雍正敕修《乾隆大藏经》第二一册，中国书店，2019 年，第 1293 页。

③ （隋）三藏阇那崛多译：《起世经》卷二，（清）雍正敕修《乾隆大藏经》第三一册，中国书店，2019 年，第 26 页。

④ （刘宋）居士沮渠京声译：《佛说观弥勒菩萨上生兜率陀天经》，（清）雍正敕修《乾隆大藏经》第 21 册，中国书店，2019 年，第 1366 页。

⑤ （梁）沙门僧旻、宝唱等奉敕撰：《经律异相》卷二四，（清）雍正敕修《乾隆大藏经》第 65 册，中国书店，2019 年，第 435 页。

⑥ 郭俊叶：《敦煌火珠图像探微》，《敦煌研究》2001 年第 4 期，第 43—49 页。

⑦ 佛经将佛座即佛所坐之处称为狮子座，具有降服一切的象征意义。中国古代人经过长期的摸索，在宋代之时将这种方形或长方形的佛座命名为须弥座，强调佛座稳固如须弥山不可撼动。佛经强调其降服一切，而中国人强调其稳固如须弥山。这与中华文明需要稳定、和平的环境这一文化背景有着密切的关系，是渴望稳定、和平在佛座名称上的反映，在思想层面和名称层面完成了佛教的中国化。参见冉万里《考古教学中的中华文明传承与表达》，《文博》2022 年第 1 期，第 29—38 页。

⑧ 冉万里：《考古教学中的中华文明传承与表达》，《文博》2022 年第 1 期，第 29—38 页。

陕西铜川的道教石窟造像

陈晓捷　董彩琪　任筱虎

（铜川博物馆）

道教自东汉形成后，在很长的时间里并没有偶像崇拜。南北朝时期，受佛教的影响，道教开始有了造像活动[①]。

陕西是道教的重要发源地，不少早期道家思想的代表人物出生或活动于这一地区，一些重要道教事件也在这里发生。而地处关中北部的铜川地区，自古便是陕北和甘宁进入关中的交通要道，被誉为“关辅襟喉”“延庆腰膂”[②]。十六国以来，在民族融合的大潮中，当地的佛道教信仰逐步繁盛。隋唐时期，一代药王孙思邈在华原（今铜川市耀州区）城东磬玉山隐居。在其去世后，磬玉山不仅是他的纪念地，而且还成为宋元以后陕西重要的道教宫观[③]。在道教活动的推动下，铜川的先民们不仅刊刻了数量众多的道教造像和造像碑，还开凿了一批道教石窟和摩崖造像。

根据目前的调查结果，铜川共有道教石窟造像 15 处，在全市各个区县都有分布。时间上起北朝下至明清，跨越了 1500 余年的历史。本文就此类遗迹做一介绍和初步讨论，并祈方家指正。

一　北朝隋唐时期的道教石窟造像

铜川目前发现北朝隋唐时期的道教石窟造像 4 处，分别为福地石窟、牛家庄石窟、秦家河摩崖造像以及金锁关摩崖造像。

（一）福地石窟

福地石窟原位于宜君县五里镇福地水库南侧山崖东面，1990 年迁至宜君县文化馆，现存宜君县博物馆，共一窟。

---

① 陈国符先生云：“唐释法琳《辩证论》卷六自注：‘考梁陈齐魏之前，唯以瓠卢盛经，本无天尊形象……《陶隐居内传》云：在茅山中立佛道二堂，隔日朝礼。佛堂有像，道堂无像。王淳《三教论》云，近世道士，取活无方，欲人归信，乃学佛家制作形像，假号天尊，及左右二真人，置之道堂，以凭衣食。’是刘宋道教，已有形象……梁时道馆立像，尚未甚通行。”又据《魏书·释老志》及《隋书·经籍志》记载，北魏天师道已有形象。见陈国符：《道藏札记·道教形象考原》，氏著：《道藏源流考》（附录二），中华书局，2014 年，第 214—215 页。

② （清）刘於义修，沈青崖纂：《陕西通志》卷七，雍正十三年（1735）刻本。

③ （北宋）宋敏求：《长安志》卷一九“华原县”条载：“孙思邈旧宅，今为僧寺，在县东五里流惠乡惠政坊磬玉山。”北宋崇宁二年（1103），孙思邈祠被赐额“静应庙”，次年孙思邈也被封为“妙应真人”。明末，孙思邈被尊称为药王。清代晚期，其隐居地磬玉山（磬玉山在后世还有东山、五台山等名）也改名为药王山。

石窟左壁下端坍塌无存。平面近似抹角横长方形，顶部略弧[①]。窟内宽 1.78 米，进深 1.25 米，高 1.29 米[②]。（图 1、图 2、图 3）

石窟后壁中央开尖拱形主龛，现仅存主龛右侧局部、右胁侍菩萨下半部及左侧局部。主龛残高 0.58 米，残宽 0.32 米，深 0.08 米。根据李凇调查资料可知，龛中造像为一佛二菩萨。主尊结跏趺坐，施禅定印，后有长瓣莲花形背光。像高 0.56 米。胁侍菩萨分别手持净瓶和宝珠，立于莲台上，高 0.3 米[③]。

图 1　福地石窟原状
（采自延安地区群众艺术馆编：《延安宋代石窟艺术》，陕西人民美术出版社，1983 年，第 2 页）

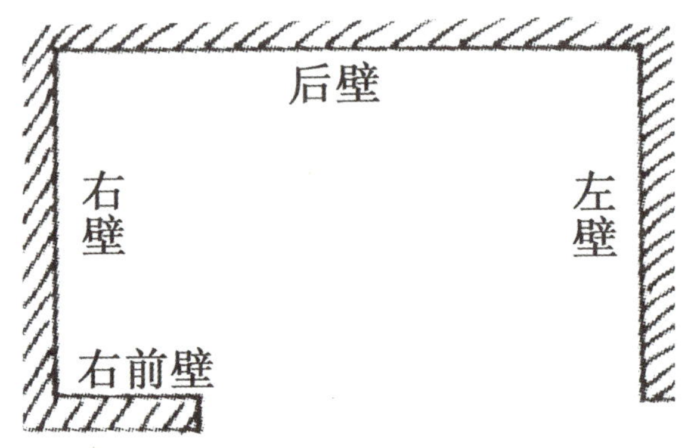

图 2　福地石窟平面图
（采自李凇：《陕西古代佛教美术》，陕西人民出版社，2000 年，第 16 页）

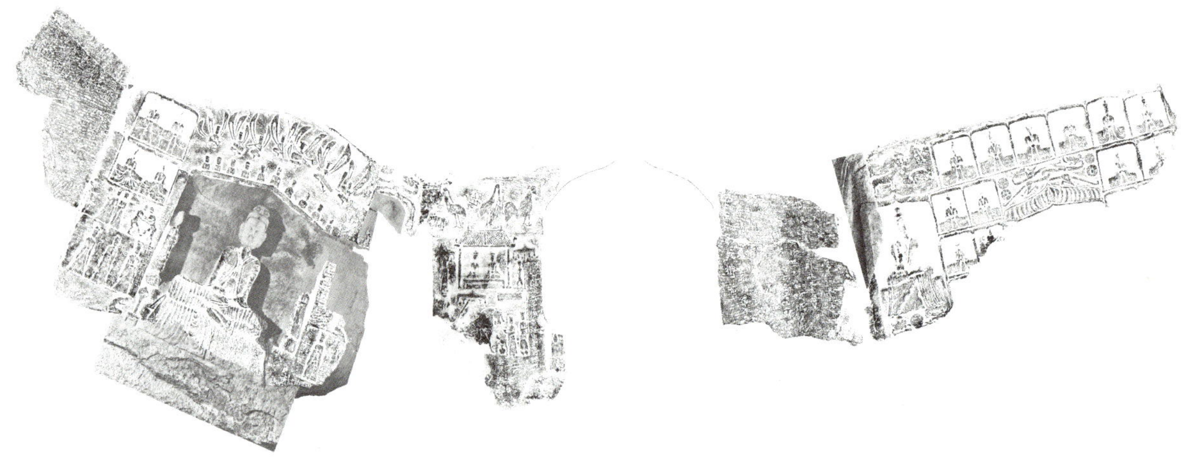

图 3　福地石窟复原展开图
（采自任筱虎：《陕西宜君福地石窟调查简报》，《文物》2022 年第 9 期，第 78 页）

① 延安地区群众艺术馆：《延安宋代石窟艺术》，陕西人民美术出版社，1983 年，第 2 页。
② 李凇记石窟尺寸为宽 1.67 米，高 1.35 米，深 1.3 米。见李凇：《陕西古代佛教美术》，陕西人民出版社，2000 年，第 17 页。
③ 李凇：《陕西古代佛教美术》，第 17 页。

主龛右侧顶层刻动物，由右至左依次为羊、鹤、蟾蜍、鹤衔蛇及公鸡。中层局部残缺，参考早期调查资料①可知，中间为单开间庑殿顶建筑，屋中像主夫妇正面并坐于矮榻上。男像头戴冠，着交领宽袖长袍，腰系带，双手置于腹下，左刻有魏碑体“王洛生坐”4字。女像头梳高髻，着对襟宽袖衣，双手置于腹下。屋左侧有一站姿戴冠男性，上身短衣，下着裤，左手执伞，右手叉腰。屋右侧为站姿女性，头梳髻，面相漫漶，上身着窄袖衣，下着长裙，左臂自然下垂，右手执伞。底层局部残缺，参考早期调查资料②可知系像主骑马图。画面共4人。像主王洛生骑于马上，头戴笼冠，身着褒袖长袍，手握缰绳。马后有一人举伞，头右侧刻有文字，隐约可辨首字为“息”。马前有一站姿女性，头梳双丫髻，着宽袖衣短衣及长裙，双手捧碗状物，面朝马头。马与人之间地面上有一盘口细颈罐。罐下刻“妻贺兰□□”。贺兰氏身后为一前导男子，着窄袖对襟衣及长裤，双手持一长条形旐。前男子左侧刻魏碑体题记一则：“像主抚军将军石保令王洛生乘马时”。（图4）

主龛左侧残存魏碑体题记8行：“大代大统元年岁次乙卯七月乙巳③□（下缺）」夫灵境□天，则炁豙□其烟，法炬（下缺）」烟覆其婚，是以蠢物恒沙而□（缺）抚军」将军石保令王洛生□□□（下缺）」白（下缺）」（上缺）□□诸□□（下缺）」□□□□彼□含先之（下缺）」福泽□佛道」。”（图5）

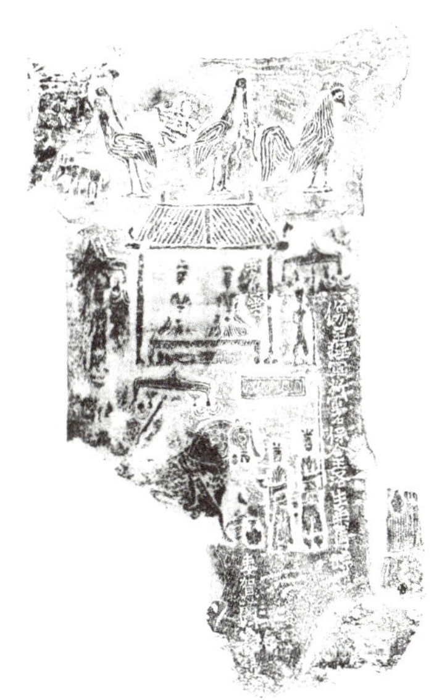

图4　福地石窟后壁右侧拓片
（采自任筱虎：《陕西宜君福地石窟调查简报》，《文物》2022年第9期，第79页）

图5　福地石窟后壁题刻拓片
（采自任筱虎：《陕西宜君福地石窟调查简报》，《文物》2022年第9期，第79页）

① 靳之林：《陕北发现一批北朝石窟和摩崖造像》，《文物》1989年第4期，第60—66、83、100页；李淞：《陕西古代佛教美术》，第17页。

② 靳之林：《陕北发现一批北朝石窟和摩崖造像》，《文物》1989年第4期，第60—66、83、100页；李淞：《陕西古代佛教美术》，第17页。

③ “乙巳”，靳梓林、李淞均录作“九日”。

石窟左壁正中有一尖拱顶大龛，火焰形尖拱龛楣，龛楣上二龙相交，头相向，龙两侧各浮雕有 2 朵莲花。龛底残缺，现高 0.08 米，宽 0.4 米，深 0.07 米。龛顶残存 6 个小造像龛，龛右侧残存 2 排共 4 个小拱顶造像龛，内各有浮雕坐佛一尊。右上角顶部浮雕山峦，山峦间有羊、鹿、猴等动物。其下有一较大尖拱形龛，内一坐佛，左手抚足，右手上举至右肩部，施无畏印，结跏趺坐于长方形带足矮床上。佛床下正中有圆形熏炉顶部残迹。熏炉两侧各有一对相向龙头。（图 6）

石窟右壁正中有一尖顶龛，高 0.55 米，宽 0.59—0.63 米，深 0.09 米。主尊戴进贤冠，长圆脸，左手抚腿，右手执麈尾置于腹部，结跏趺坐于长方形高台座上。上身外披大氅，内着褒袖袍，外氅与长袍均在胸前结带，内衣在腹部结带，像残高 0.31 米。两胁侍身形瘦长，着褒袖长袍，双手执笏拱于胸前，立于覆莲座上。胁侍分别高 0.29 米、0.31 米。龛顶上方有10 个半身像，头戴冠，面部仅右侧 5 个较为清晰，着对襟褒袖袍，双手拱于胸前。再上方有伎乐 7 人，头梳双丫髻、三丫髻或扁平髻，面部基本漫漶，身形修长，盘腿，着对襟窄袖衣，肩披帔帛，下着裤褶。每人乐器不同，从右至左依次为细腰鼓、答腊鼓、笛、箫、曲颈琵琶、筝、箜篌。

龛右侧浮雕造像可分为 4 层。最上两层为尖拱顶龛，高 0.2 米，宽 0.22—0.23 米，深 0.01 米。龛内浮雕 2 坐佛，高 0.19 米。第三层左侧双人对向，全身仅着犊鼻裈，双手互相拉扯对方腰部，作角抵状；右侧二人为站姿女性，其中左侧女性梳三丫髻，右侧女性梳双丫髻，右手执长柄团扇上举，均上身着左衽褒袖衣，下着曳地长裙，二人左手相牵。第四层为站姿供养人 3 个，头戴冠，着宽袖长袍，双手执笏置于胸前。每人左肩外均有题记，依次为“道士

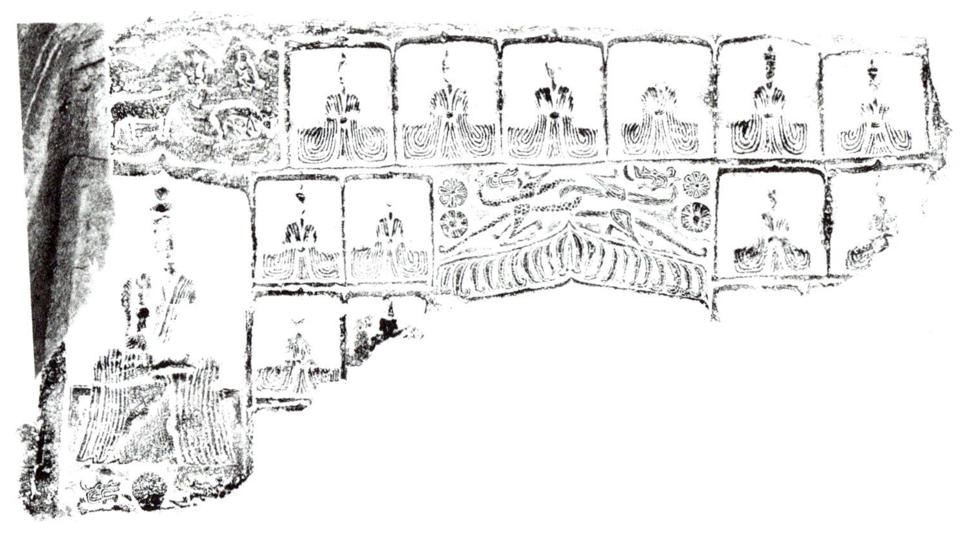

图 6　福地石窟左壁拓片
（采自任筱虎：《陕西宜君福地石窟调查简报》，《文物》2022 年第 9 期，第 81 页）

图 7　福地石窟右壁复原
（采自任筱虎：《陕西宜君福地石窟调查简报》，《文物》2022 年第 9 期，第 83 页）

吕清黑①”“道民功曹孟永兴”“妻白颜容”。供养人下有一人面向大龛作跪拜状，右侧有一尖顶熏炉。

大龛左侧有 3 层造像。顶层仅余一尖拱顶龛局部，龛楣上双龙相向交颈，龛内造像仅余头部，面部漫漶。底层余一站姿戴冠供养人，着对襟宽袖长袍，腰系带。供养人左、右侧及底部有楷书题记。左侧为“都化主孟□生”，右侧为“化主孟真达”②。底部题记可辨识有 3 行：“□（下残）⌋典录（下残）⌋香火（下残）⌋”。（图 7、图 8）

图 8　福地石窟右壁道教造像原貌
（采自延安地区群众艺术馆编：《延安宋代石窟艺术》，陕西人民美术出版社，1983 年，第 3 页）

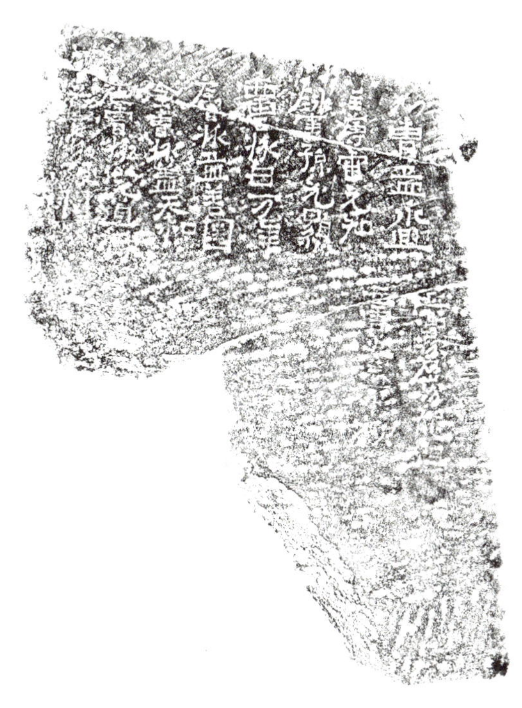

图 9　福地石窟右前壁拓片
（采自任筱虎：《陕西宜君福地石窟调查简报》，《文物》2022 年第 9 期，第 82 页）

① “吕清黑”，靳梓林、李崧均录作“吕贵里”。
② “都化主孟□生”“化主孟真达”，靳梓林录作“化主盖（生）”“化主孟真莲”。

石窟右前壁无造像，顶部残存有魏体楷书题刻两层。内容为："功曹孟永兴,」主簿雷元知,」录事孙元显,」西曹掾白万年,」户曹掾孟善国,」金曹掾盖天知,」租曹掾似先道录,」兵曹掾□□□,」兵曹掾瓩龙祖①,」西曹掾未平睹。」"（图 9）

（二）牛家庄石窟

牛家庄石窟位于宜君县城关镇牛家庄东部，现存两窟两龛，其中道教摩崖造像一龛。

造像龛尖顶，面阔 1 米，高 1 米。主尊面残，大耳垂肩。着褒袖长袍，衣纹细密。左手抚足。右手上举至胸前，手内执物不明，高 0.5 米。头两侧各饰莲花一朵，左肩旁有魏碑体题记"□□老君"。右肩有一飞天，胁侍站姿。头戴冠，面相模糊，着褒袖长衣，双手置于腹部，高 0.4 米。造像下有 12 个供养人，均站姿。供养人以熏炉为界，左右各 6 人，高 0.23 米。造像龛两侧均有灯龛。左侧一组，右侧两组，每组 5 龛，分为上下两层梯形排列。左侧灯龛顶部刻应龙一条。（图 10、图 11）

图 10　牛家庄石窟道教造像龛

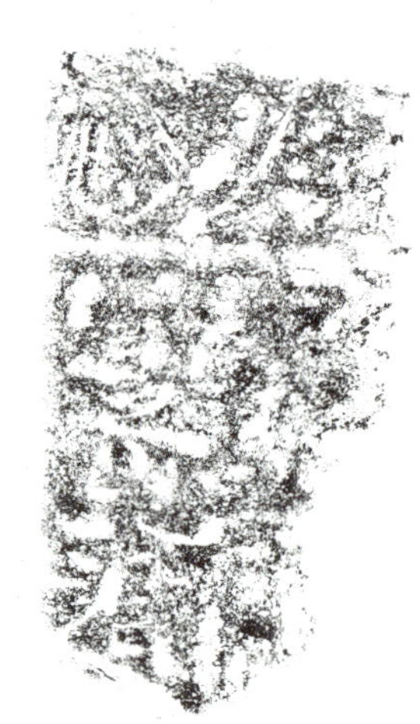

图 11　牛家庄石窟道教造像龛题刻及拓片

（三）秦家河摩崖造像

秦家河摩崖造像位于宜君县城关镇秦家河村西南，共 4 龛 1 窟，其中道教造像 1 龛。

龛立面拱顶，刻垂幔装饰。龛高 0.38 米，宽 0.325 米，深 0.01—0.02 米。主尊通高 0.3 米，头后有桃形头光。长圆脸，漫漶严重，长颈，宽斜肩。身外披褒袖大氅，衣袖呈倒三角形，下端向内倾斜。内衣在胸部十字形结带。左手自然舒张，四指并拢，掌心向内，置于腹部。右手置于右胸，小臂风化，手中执物不清，结跏趺坐于台座上。衣襟覆腿下垂，腿下密布纵向多道衣褶。台座正面有三层垂鳞状幔饰。两胁侍站姿。右胁侍头戴冠，着长袍，身体向内倾，高 0.25 米。左胁侍仅余外部轮廓，与右胁侍基本相同，高 0.205 米。龛外两侧各有一线刻站姿供养人，外有线刻纵向边栏。边栏高 0.25 米，宽 0.13 米。右侧供养人头戴小冠，面部残缺，双手执笏置于胸前，身着交领褒袖长袍，腰系带。左侧供养人风化严重。（图 12）

① "户曹掾孟善国，金曹掾盖天知，租曹掾似先道录，兵曹掾□□□，兵曹掾龙祖"，靳梓林、李凇录作"户曹掾孟善（民），全曹掾盖天知，知曹掾似先道录，兵曹掾龙祖"，脱"兵曹掾□□□"。

（四）金锁关摩崖造像

金锁关摩崖造像原位于铜川市印台区金锁关镇政府驻地东侧、铜水河东岸的仲家山崖壁上，1998 年被切割搬迁至铜川市玉华博物馆。共有唐代造像 19 龛 1 窟，其中道教造像 1 龛①。（图 13）

造像龛尖拱顶，高 0.63 米，宽 0.37 米，深 0.07 米。

主尊坐姿。面部残缺，着褒袖袍，下摆垂至台座顶部，衣襟左右对称。左手抚右足，右手执麈尾，结跏趺坐于“工”字形素面高座。像高 0.26 米，座高 0.18 米，宽 0.2 米。两胁侍站姿，面部残缺。着褒袖袍，双手执笏置于胸前。站于素面方形高座上。像高 0.27 米，座高 0.07 米，宽 0.08 米。

造像龛下有长方形供养人龛。龛高0.12 米，宽 0.37 米，深 0.03 米。龛正中浮雕熏炉一个，炉顶桃形，束腰，覆莲底高座。供养人着窄袖衣，胡跪姿，双手隐于袖中，置于腹下。龛左有草书题刻“孙四为”三字。（图 14）

图 12　秦家河摩崖造像道教造像龛

图 13　金锁关摩崖造像旧影（1998 年拍摄）

图 14　金锁关摩崖造像道教造像龛原状
（采自《中国石窟雕塑全集·陕西宁夏卷》，重庆出版社，2001 年，第 34 页）

① 此龛早期曾被定为佛教造像，见李凇：《陕西古代佛教美术》，第 109 页；中国石窟雕塑全集编辑委员会编，韩伟主编：《中国石窟雕塑全集·陕西宁夏卷（第 5 卷）》，重庆出版社，2001 年，第 39 页；文辉：《铜川金锁关摩崖造像》，《文博》2003 年第 2 期，第 28—35 页。

二　宋金元时期的道教石窟造像

铜川目前发现宋金元时期的道教石窟造像5处，分别为庙山石窟、灵泉观石窟、雷塬真人洞石窟、西独冢摩崖造像以及云梦山石窟。

（一）庙山石窟

庙山石窟位于宜君县哭泉镇杨坪村庙山，共一窟。

窟门顶部及两侧有圆形椽孔，呈水平分布，共两层。窟门纵长方形，高1.78米，宽0.58—0.62米，进深0.52米。东西两壁内侧外凹，顶部有凹槽，为安装木质门扉之用。（图15）

图15　庙山石窟外景

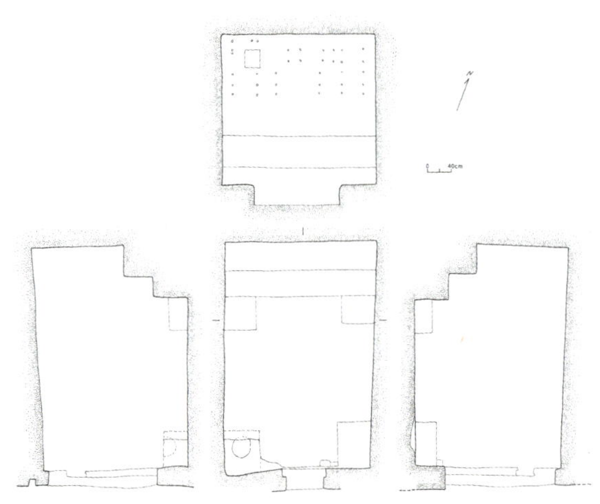

图16　庙山石窟平、剖面图

窟平面呈纵长方形，顶部平整，四壁较直。东北角、西南角略弧，其余两角较直。东南角及西南角各有一个平面近方形的石台，台顶有圆形石窝。基坛共3层，平面“凹”字形。后壁上有6排小圆孔，每排数目不一，可分为3个区域，应当是早期塑像时为便于固定之用。（图16）

窟门外左侧有阴刻楷书题刻四字“朝䏚队洞”。第二字为“朝”字反写，第三字字书不载，当为“阳”字异体。朝阳洞应系庙山石窟本名。（图17）

图17　庙山石窟题记拓片

（二）灵泉观石窟

灵泉观石窟位于铜川市印台区印台街道虎头村金山，共一窟。

石窟口有新砌墙面。甬道纵长方形，平顶。右壁略长于左壁。宽 0.9 米，进深 0.9—1.15 米，高 2.75 米。窟内拱顶，内低外高，四壁较直，转角略弧，平面呈外窄内宽倒梯形。宽 3.3—4.7 米，高 2.6—2.7 米，进深 4.9 米。基坛位于后壁下端，系用基岩凿成，宽 4.4—4.7 米，高 1 米，进深 0.65 米。后壁正中刻有舟形浅龛一处，高 0.4 米，宽 0.32 米。窟内现无造像。地面有泉水一眼，深度不明。（图 18、图 19）

图 18　灵泉观石窟外景

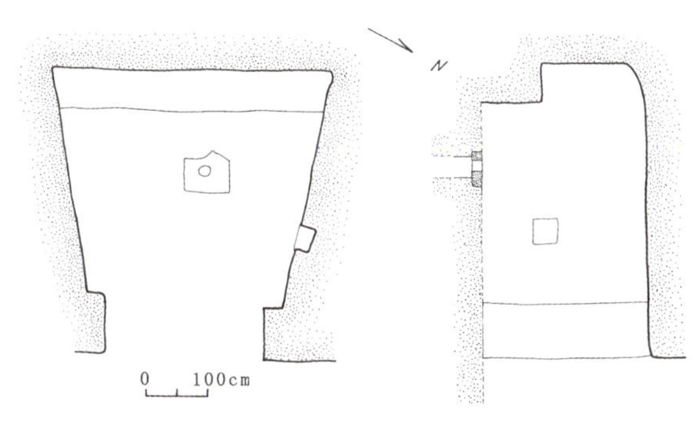

图 19　灵泉观石窟平、剖面图

民国《同官县志·宗教祠祀志》：“灵泉观，在东岳庙右侧石洞内。有泉，传饮之已疾，祷之能雨，因曰灵泉。（石洞方广丈许。后人庄塑玄帝像于其中，泉涌玄帝座前石穴中，寒冽异常。岁旱，祷之立应。洞草冬青，香气不歇。人病，取水和药，多愈。）有唐开元时敕谕碑。金大定时，敕赐观名。”[①]

（三）雷塬真人洞石窟

雷塬真人洞石窟位于宜君县尧生镇雷塬村青峰山，共一窟。

窟口外左侧石壁为人工修整后的陡立面，保存完整。壁面有一条外高内低的凹槽。槽宽 0.15 米，水平长 2 米，外侧距地面 3 米，内侧距地面 2.1 米。此凹槽显示，窟外曾有硬山两面坡式屋顶建筑一座。（图 20）

窟门呈横长方形，两壁及顶部平整，面阔 2.5 米，进深 1.4 米，高 2.05 米。石窟平面呈圆角长方形，平顶。进深 4.25 米，内宽 4.1 米，高 2.05 米。基坛位于后壁下，系由基岩凿刻而成，

图 20　雷塬真人洞石窟外景

① 余正东、田在养修，黎锦熙纂：民国《同官县志》卷二三，民国三十三年（1944）铅印本，第 7 页。

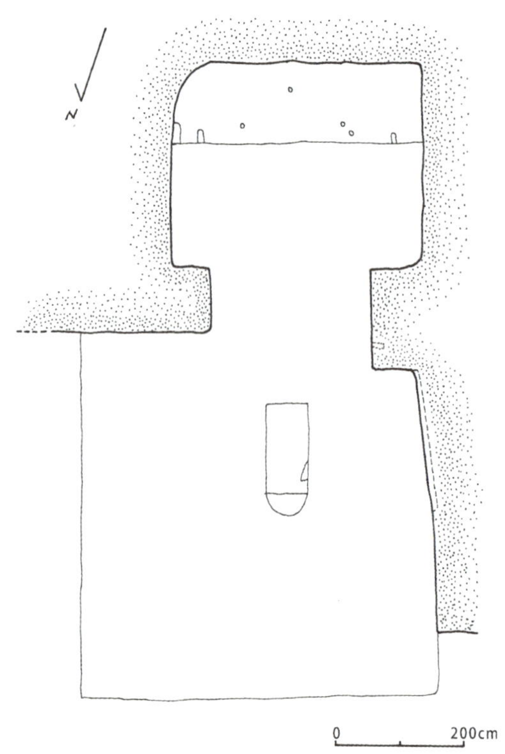

图 21 雷塬真人洞石窟平面图

图 22 西独冢摩崖造像

宽4.1 米，进深 1.1 米，高 0.8 米。顶面存有 4 个圆形小孔，呈等腰三角形分布。（图 21）

窟门右壁有题刻“石匠田☐真”。窟外左侧石壁有题刻“田石匠”。石窟外有清代《重修真人洞》碑一通，年款残缺，碑额题“皇清”。碑文记雷塬镇旧有孙真人洞，当地军民醵资重修真人洞一事。

（四）西独冢摩崖造像

西独冢摩崖造像位于铜川市耀州区小丘镇西独冢村西南、清峪河东岸的崖壁上，共一龛。

主龛圆形，两侧各有一人形附龛。主龛直径 0.51 米，深 0.02 米。附龛高约 0.25 米，深 0.005 米。

主尊头部仅见轮廓，面部不清，结跏趺坐于莲台上。像高 0.15—0.18 米。居中者颏下有长须，外着对襟褒袖长袍，内着窄袖衣，腰系带，双手笼于袖中。左侧颏下似有长须。外着褒袖长袍，内着左衽衫，胸部系宽带，双手笼于宽袖中。右侧着对襟褒袖长袍，腰系宽衣带，腰下拖有鱼尾形垂绅，覆盖两手并垂至台座上。两胁侍站姿，面部向主龛，造像头部仅见轮廓，面部不清，头有发髻，身着左衽交领窄袖长袍，双手笼于袖中，置于腹部。分别高 0.19 米、0.23 米。主尊莲台下各有一枝细长莲茎，汇于圈足曲口花盆内。（图 22）

（五）云梦山石窟

云梦山石窟位于宜君县云梦乡南堡村云梦山。原有 7 窟，俗称“七星洞”，后因崖面坍塌，现存 6 窟，呈水平状上下两层分布。下层 4 窟由东向西依次编为 1—4 号。顶层 2 窟，由东向西依次编为 5—6 号。石窟结构大同小异，窟内平面纵长方形，前有甬道，后有基坛。其中 1、2 号石窟内有过洞贯通，1、6 号石窟有纵向竖井连接。（图 23）

现择保存较好的 1、2、6 号窟予以介绍。

1 号窟窟口已经崩塌，窟内拱顶，平面近似方形。残深 2.6 米，宽 3 米，现高 2.2 米。东西

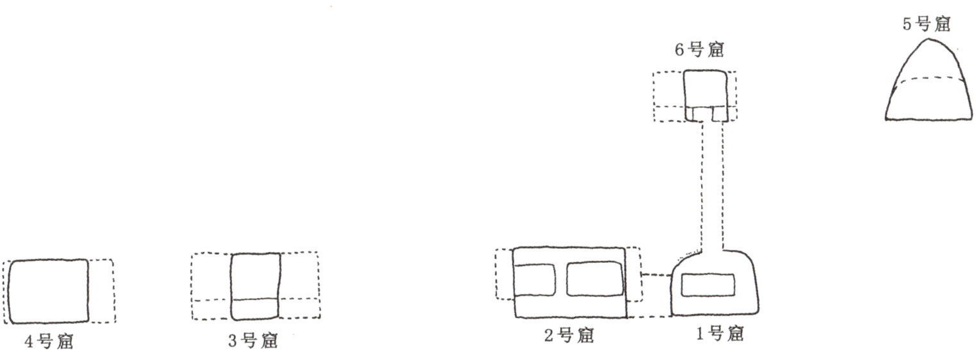

图 23　云梦山石窟分布示意图

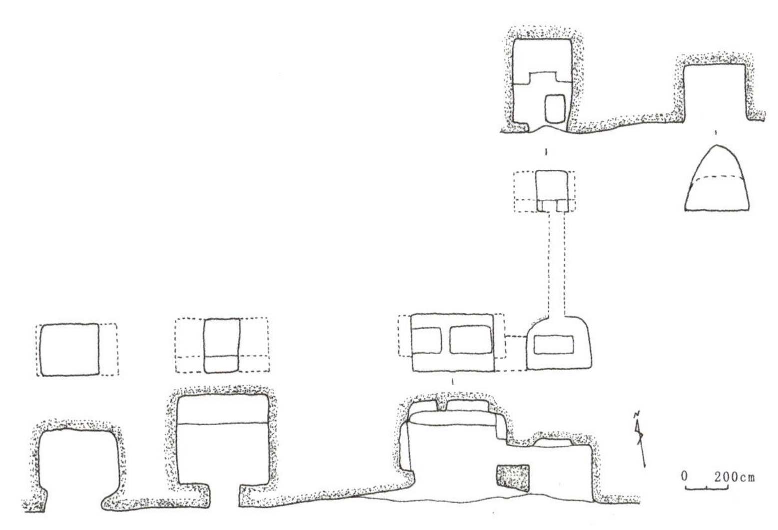

图 24　云梦山石窟立面、平面图

两壁较直，后壁有浅龛。龛高 0.8 米，宽1.9 米，进深 0.4 米。窟顶凿有竖井，与 5 号窟相同。竖井口长 1.2 米，宽 1 米，深 4.7 米。西壁有长方形平顶过洞，通往 2 号窟。过洞长、宽均 1 米，高 1.5 米。

2 号窟窟口立面横长方形。窟口残深 0.8 米，高 2.5 米，宽 3.9 米。窟内壁较直，平顶。窟北侧凿有基坛，与窟同宽，高 0.8 米，进深 0.7 米。北壁内有小龛 2 个。东龛宽 2 米，高 1.2 米，进深 0.5 米。西龛宽 2.2 米，高 1.8 米，进深 0.5 米。两龛间距 0.5 米。东壁有小龛 1 个，残存北半部。残宽 1.2 米，高 1.8 米，进深 0.5 米。

6 号窟窟口纵长方形，平顶，四壁平直，四角略弧。窟口面阔 1.5 米，高 1.8 米，残深 0.4 米。窟内平面纵长方形，进深 3.8 米，宽 2.8 米，高 1.8 米。窟北壁下凿有“凹”字形基坛。基坛进深 1.5—2.1 米，高 0.4—0.5 米。窟地面东南部有长方形竖井与下面的 1 号窟相通。（图 24、图 25、图 26）

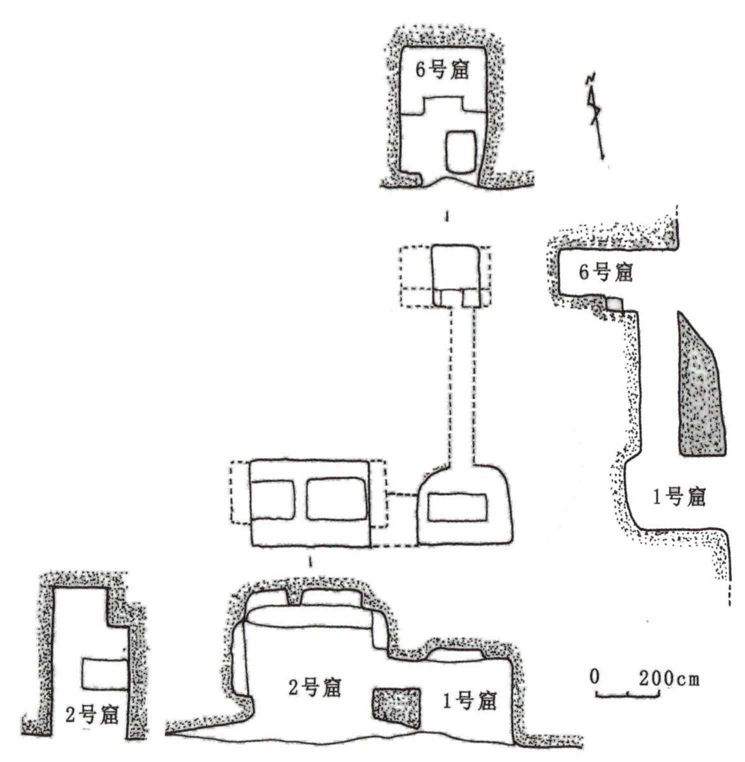

图 25 云梦山石窟 1、2、6 号窟立面、平面、剖面图

图 26 云梦山石窟 2 号窟

三 明清时期的道教石窟造像

铜川目前已知明清时期的道教石窟造像 6 处，分别为太玄洞石窟、葛仙洞石窟、峪隆观石窟、木瓜城药王洞石窟、关帝庙摩崖造像以及老君庵石窟。

（一）太玄洞石窟

太玄洞石窟位于铜川市耀州区药王山显化台，共一窟。

石窟系利用自然石灰岩山洞，并稍加人工修整。窟外有明代所建面阔五间的药王大殿，顶部为玉皇楼。窟口宽 2.35 米，其内 0.95 米处有石券拱顶洞门。券门内宽 1.72 米，进深 0.46 米。洞内两壁下端有石条补砌，里面为自然参差石面，进深 10 余米处有石墙封堵。洞口外两侧有砖砌墙面，墙进深 3.13 米，面阔 4.1 米。两墙之间有长方形阶梯式基坛，其上有明代彩塑孙思邈坐像一尊，通高 3.1 米，像高 1.6 米。

图 27 太玄洞石窟内景

基坛长 1.5 米，宽 0.55—1.34 米，高 1.5 米。(图 27) 在石券洞门西壁，刻有嘉靖五年 (1526) 款创建题记。

对于太玄洞，在地方志及碑石文献中多有记载。明乔世宁《耀州志·地理志·诸山川》载："五台山，五山对峙，顶平如台。东曰瑞应，南曰起云，西曰升仙，北曰显化，中曰齐天。在终南者曰南五台，此号北五台。山尽柏，数十里即望见焉，有唐孙真人隐居石洞。"[①]洪武三年 (1370)《五台山祷雨记碑》载："五台山为耀之最胜处。山之麓，石洞深可二丈许，高广半之，唐思邈孙真人修炼于此。"[②]

（二）葛仙洞石窟

葛仙洞石窟位于铜川市王益区后洞，现已不存。

民国《同官县志·古迹古物志》："葛真人洞，在县南二十里飞仙山上，名飞仙洞。传为晋葛稚川（洪）仙迹。注：'此见前志。旧志谓后好事者建庙于石洞之崖，肖孙真人思邈之像于其中，且即以为耀州孙真人之后洞（故称药王后洞），洞中空四十里。世俗于二月初二日药王诞辰，竞观洞口烟出，以为自耀州通来。其说殊诞。清乾隆三十年，知县袁文观为立碑识之，以正其谬。按庙像只是道服，为葛为孙皆可。民国三十年，陇海路咸同支线经过，洞口被塞，而庙尚存。'"[③]

万历修、崇祯增修《同官县志·古迹志》"八景"条有："仙洞朝霞：葛洪养真处，去县二十里，其山皆石，块磊奇异，洞口当山之阴，每值天晓，霞光掩映如绣，时久不歇。"[④]可知此窟有道教活动在明万历之前。

（三）峪隆观石窟

峪隆观石窟位于铜川市耀州区照金镇田玉村，共一窟。

石窟风化严重，平面近横长方形。面阔 9.3 米，进深 5.3（左壁）—6.4（右壁）米，高 3.7 米。基坛呈二层台式，与窟同宽，系由基岩上开凿而成。底层外表包砌土坯，高约 0.75 米，

① （明）李廷宝、江从春修，乔世宁纂：《耀州志》卷二，明嘉靖二十年杨煦刻本。
② 原石存药王山博物馆。
③ 余正东、田在养修，黎锦熙纂：民国《同官县志》卷二四，第 4 页。
④ （明）刘泽远修，孔尚标增修，寇慎纂：万历《同官县志》卷七，崇祯十三年刻本。

图 28 峪隆观石窟外景

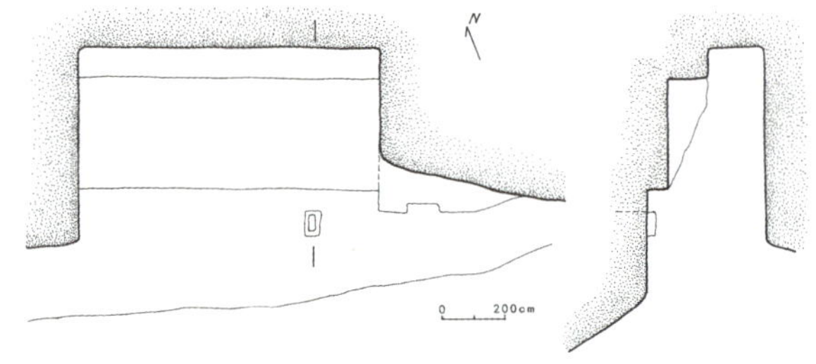

图 29 峪隆观石窟平、剖面图

图 30 木瓜城药王洞石窟外景

进深 4.3 米。顶层为裸露基岩，高 1 米。基坛有白灰涂层，损毁严重，有红色彩绘残迹。（图 28、图 29）

窟口有万历三十六年（1608）款《峪隆观记》碑一通，碑文记“中一间塑三清诸佛，东一间塑三官大帝，西间塑祖师真人”。“其殿两壁饰以悬塑，上一层塑以救八难，下一层塑诸天十王。”[①]可知是佛道同祀的石窟。

（四）木瓜城药王洞石窟

木瓜城药王洞石窟位于宜君县尧生镇新生村木瓜城，共一窟。

石窟口顶部有 9 个水平分布的方形椽孔，可知曾有木构窟檐。窟拱顶，平面呈纵长方形。面阔 2.82 米，深 2.98 米，高 2.55 米。后壁基岩上凿有素面基坛，高 0.55 米，深 1.25 米。窟内壁残存有白灰涂层。（图 30、图 31）

窟口外两侧有片石砌成的墙体，墙体紧贴石窟外侧崖面，长 4.4 米，残高 1.9 米，厚 0.5 米。东墙下有道光二年（1822）款碑石一通，记载木瓜城医生郭氏开凿石窟供奉药王孙思邈事。

（五）关帝庙摩崖造像

关帝庙摩崖造像位于铜川市耀州区药王山太玄洞东侧，现存关平牵马造像一铺。

造像以浮雕山石衬底，最右侧高浮雕一站立牵马人像，宽 6.33 米，高 2.29 米。牵马人头戴兜鍪，身着铠甲，足蹬靴。方脸大耳，左手叉腰，右手握笼头，通高 1.74 米。马站姿，鞍鞯俱全，前蹄下侧浮雕一卧狮。马后浮雕山石，其间松树、梧桐及梅各一丛。松树之下有一只猴子左爪攀松枝，头向后扭，右爪捏一只短棒状物，朝松枝上的蜂巢捅去。松下一只卧鹿，东侧浮雕一只立鹤。石刻寓意封侯挂印、鹿鹤同春。（图 32）

摩崖造像周围现存清代道光咸丰时期刊刻

① 陕西省古籍整理办公室编：《铜川碑刻》，三秦出版社，2019 年，第 330 页。

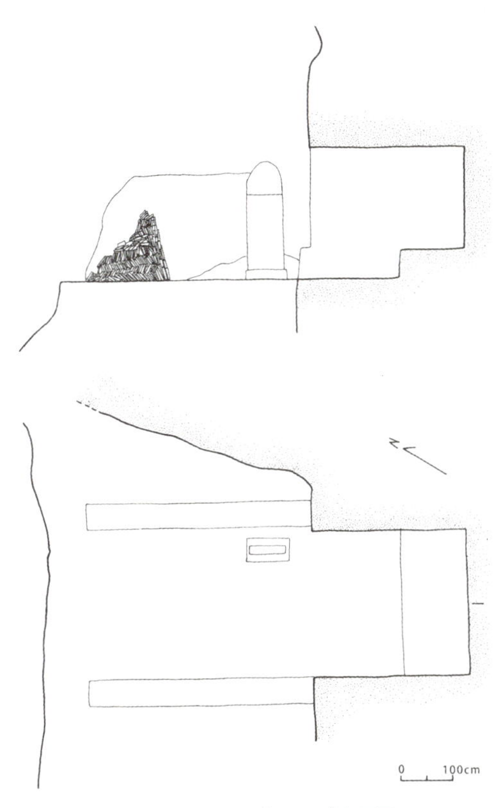

图 31 木瓜城药王洞石窟平、剖面图

的诗文 9 首。据诗文可知，关帝庙系耀州人雷九皋于清道光十九年（1839）修建[①]。雷氏见关帝庙前崖面似马，遂因形而雕凿“关平牵马”图。

（六）老君庵石窟

老君庵石窟位于铜川市耀州区照金镇寺坪村老君庵沟内，共一窟。

石窟利用自然崖洞稍有人工修整，平面不规整。口高 5 米，最深处近 20 米，高约 1—1.5 米。窟内原有建筑已不存，近年当地煤矿生产者在窟内新建老君庙，地表残存有清光绪年间壁画及泥塑残片。（图 33、图 34）

照金一带在清至民国时期采煤业比较发达，为祈求煤业兴盛及生产安全，矿主和矿工往往集资修建有窑神庙，而老君便是煤窑窑神之一[②]。

图 32 关帝庙摩崖造像正透视影像图
（采自《药王山摩崖造像考古报告》，三秦出版社，2015 年，第 40 页）

① 关平牵马摩崖造像道光十九年（1839）雷育芝题诗诗序云：“己亥岁，余叔九皋鸠工于此。因台前石形似马，穆然有赤兔之思焉。使錾之既成，命余题。”铜川市考古研究所、西安美术学院中国艺术与考古研究所：《药王山摩崖造像考古报告》，三秦出版社，2015 年，第 99 页。又摩崖造像处另有道光二十二年（1842）侯述职题诗，诗序云：“壬寅秋，余居五台。弦诵之外，尝肃谒关夫子庙。见余亲雷氏所凿石马，同人多诗咏者。”同前，第 97—98 页。

② 当地民俗资料显示，煤窑窑神庙主祀老君、关帝及药王，陪祀为山神、土主、牛王、马王。

图 33　老君庵石窟外景

结　语

北朝隋唐时期，佛道混合造像虽然不多，但在关中地区并不罕见，这在药王山现存的造像碑中就有多个例证，而开凿于西魏大统元年（535）的宜君福地石窟还是迄今所知中国唯一的北朝时期佛、道混合石窟[①]。与此同时，道教造像龛也往往和佛教造像龛同在一处，牛家庄石窟、秦家河摩崖造像、金锁关摩崖造像便是重要证据。

西独冢摩崖造像的主尊面部虽均已漫漶，但基本能辨认出颏下均有长须，说明其与佛教造像无关，而是属于道教性质。主尊下三枝莲花共生于一茎，应该是寓意三清尊神，这是金代以后全真教信仰流行的最直接体现。陈国符先生云："全真道起，则以玉清元始天尊、上清太上大道君（灵宝天尊）、太清太上老君（道德天尊）为'三清尊神'；以玉皇大帝、北极大帝、勾陈上官天皇上帝、后土皇地祇为'四御天帝'，全国普建'三清殿''四御殿'，沿袭至今。"[②]

佛道共处一地的造像龛，其特征与佛教造像相较而言，除过主尊面相有须，手持麈尾，胁侍手持笏板之外，其余各方面两者几无区别。这既反映了道教造像艺术明显受佛教造像影响

图 34　老君庵石窟壁画残块

① 李凇：《陕西古代佛教美术》，第 17 页。
② 陈国符：《道藏札记·道教神灵之演变》，氏著：《道藏源流考》（附录二），第 216 页。

之外，同时还是当时人们对于两者的信仰也没有过多区别的直接体现。南北朝至隋唐时期，佛道之争虽时有发生，但佛道兼祠的现象并不罕见。如南朝刘宋时期的道士陆修静认为佛道是“殊途一致”①。南朝齐梁时期陶弘景“在茅山中立佛道二堂，隔日朝礼”②。梁武帝虽崇佛，但也曾撰《老子讲疏》六卷③。另外唐孙思邈也“善谈庄、老及百家之说，兼好释典”④。这在一些造像的发愿文中同样也能看到。如西安碑林博物馆藏隋开皇五年（585）《王法洛造老君像》发愿文为：“开皇五年十一月十日，道民王法洛上知天堂之可登，下知地狱悽侧⑤之可背，减割家珍，敬造石老君一区。愿皇□□□祚□延日月□明，七世父母及现在眷属普成佛道。”⑥王法洛造的是老君像，但希望是普成佛道。宋代以后，道教石窟往往是单独出现，其体量也较早期扩大，但特征仍然和这一时期的佛教石窟相同。由于石窟内造像多为泥塑，受年久失修和社会动荡影响，窟内造像也几乎全被破坏，导致现在看到的基本为空窟。然而这一时期三教合一思想已是大趋势。如铜川市耀州区孙塬镇惠塬村曾建有一座三峰寺，在同治四年(1865)《重修三峰寺碑记》有这样的记载：“三教原是一家，固可并宇居处。”“中建石室一宇，书至圣先师孔子位，配以梓潼帝君、金斗魁星，而儒教崇焉。镌眸⑦尼佛祖一像，判以伽蓝、土地各一殿，而释教尊焉。上修三大士殿三楹，绣观音、文殊、普贤三像，判以韦驮、护法。西望者修瑶池王母宫，以无极生太极，苍天在其怀抱。东来者修送子天仙殿，以螽斯庆瓜瓞，五道行其轮回。山门三楹，两夹道黑虎、灵官卫法，道教隆焉。”

在我国传统信仰中，关帝的属性最为特殊。佛教中将其作为伽蓝神加以供奉，而历代政府也对其的封号（尤其是崇奉道教的皇帝在位期间）逐渐升高，从侯—王—帝，最后封为帝君。民国《解县志·名贤传·附考》载：蜀汉景耀三年（260），谥关羽为壮缪侯。宋崇宁元年（1102）追封忠惠公，大观二年（1108）加封武安王。宣和五年（1123）敕封义勇武安王，建炎二年（1128）加封壮缪义勇，淳熙十四年（1187）加封英济。明洪武元年（1368）复称寿亭侯，嘉靖十年（1531）称汉将军寿亭侯，万历十八年（1590）加封协天护国忠义帝，万历四十二年（1614）加封三界伏魔大帝神威远镇天尊关圣帝君⑧。民国《同官县志·宗教祠祀志》虽将关帝信仰归入“儒教群祀”中⑨，然明代却已有“帝君”之封，故实际上已属于道教群神

---

① 陈国符：《道学传辑佚》卷七，氏著：《道藏源流考》（附录七），第432页。
② （唐）释法琳：《辩正论》卷六，转引自陈国符：《道藏源流考》，第214页。
③ （唐）魏徵：《隋书》卷三四《经籍志三》，中华书局，1973年，第1001页。
④ （五代）刘昫：《旧唐书》卷一九一《方伎》，中华书局，1975年，第5094页。
⑤ “侧”，系“恻”或“惨”之讹。
⑥ 高峡主编：《西安碑林全集》第106卷，广东经济出版社、海天出版社，1999年，第188页。
⑦ “眸”系“牟”之讹。
⑧ 徐嘉清修，曲迺锐纂：民国《解县志》卷六，民国九年（1920）石印本，第4—5页。
⑨ 余正东、田在养修，黎锦熙纂：民国《同官县志》卷二三，第4页。

之列。在明清时期，供奉关帝的庙宇几乎无村不有，关帝和药王已然成了社会各界的保护神。

云梦山石窟，传说是战国时期鬼谷子的隐居地。《铜川市志》载：民国三十五年（1946）创刊的《同官周刊》刊登有景伯撰写的《鬼谷子》一文，文云："鬼谷子，战国时吾邑人也，以其隐居鬼谷，谷中有石洞，塑有鬼谷先生像。壁上有题诗曰：苏秦张仪师云濛，雄辩战国盖春秋。三秦不亚东鲁盛，祋祤贤士推鬼谷。"[①]鬼谷子作为战国时期纵横家的鼻祖，后世也被纳入道教祭祀系列。在陕西境内除宜君云梦山之外，还有石泉县云雾山[②]，而汉右扶风池阳县鬼谷[③]则是其中最早的遗迹。

对于庙山石窟，实际是宋代所建的女华神庙。民国《同官县志·宗教祠祀志》："女华神庙，在县东北四十里北高山。（清康熙三十五年重修）"[④]民国《同官县志·地形志·山脉略说》："哭泉岭东行，为石盘山。（旧志：在县北四十里。《魏书·地形志》：'铜官县有石盘山。'）其南为北高山，为同官八景之一。（山在县治东北四十里，为漆水所出。上有女华神祠，故亦名女华山，即东庙山也。旧志引《寰宇纪》：'女华山，高峰秀出；每有大风雷，多从华岳至此。'故老云，华岳君女在此山上，因立祠。每旱，祈祷多验。）"[⑤]当地人称此石窟为娘娘庙。雍正《宜君县志·山川》载："雷塬镇河，县东七十里，发源于娘娘庙山诸谷中，东流入洛。"是故在清代初期就有娘娘庙山（今简称庙山）之名。

从铜川现存的道教石窟现状来看，北朝到唐宋时期，道教石窟和佛教石窟在形制上并没有多大区别。明清时期，除过利用天然洞穴之外，也有少量人工开凿的洞窟，其形制同样和佛教石窟一样。纵观铜川石窟发展史，在明代以前的石窟窟口内均有长短不一的甬道。从明代开始甬道被取消，石窟顶部也变得平直。到清代，石窟的平面布局在延续明制之外，窟顶又变为拱顶，这和当时砖石建筑发券建造工艺的普遍流行有极大关系。

① 铜川市地方志编纂委员会：《铜川市志》，陕西师范大学出版社，1997 年，第 699 页。
② 石泉县地方志编纂委员会：《石泉县志》，陕西人民出版社，1991 年，第 58 页。
③ （宋）宋敏求：《长安志》卷一九，（清）毕沅校正，民国二十年（1931）长安县志局铅印本，第 7 页。
④ 余正东、田在养修，黎锦熙纂：民国《同官县志》卷二三，第 10 页。
⑤ 余正东、田在养修，黎锦熙纂：民国《同官县志》卷六，第 4 页。

五台山塔院寺转轮经藏研究

谷新春
（山东大学艺术学院）

五台山是举世公认的佛教圣地，台内数量庞大的佛教寺庙不仅是信众朝山礼佛的圣地，也是佛教研究学者关注的重要课题。关注五台山艺术文化的学者颇为可观，然而关于五台山塔院寺转轮经藏[①]的研究却并不多。虽然自清代以来即有文人学者和海外来华人士巡游五台山塔院寺的文献记载，但并未有科学的研究和讨论。目前仅见笑岩于1986年发表的《华藏世界转轮藏》[②]对塔院寺的转轮经藏作简单介绍。由此，本文以塔院寺转轮经藏为研究对象：一方面，检索文献，分析唐时日僧圆仁于五台山金刚窟所见六角转轮经藏的蛛丝马迹；另一方面，重点分析憨山在“后妃”党争的政治背景之下为呼应和奉承慈圣女主，自募银两设计建造的转轮经藏在无遮法会中扮演的角色，以及对塔院寺转轮经藏的后续追踪，梳理大藏经阁陈设布局的历史变迁，讨论转轮经藏的宗教意味。

一　五台山金刚窟六角转轮经藏

所谓转轮经藏，一般认为是由南朝梁时善慧大士傅翕为不识字和不暇披阅佛经的民众特设方便所造的，中设轴心、下设转轴、内置经藏，可以转动自如的小木作书架。检索文献，对五台山转轮经藏的记述最早出自唐代日僧圆仁和尚的《入唐求法巡礼行记》：

> 到金刚窟，窟在谷边……窟户楼上，有转轮藏，六角造之，见于窟记：“窟内多有西天圣迹维卫佛时，香山摩利大仙，造三千种七宝乐器。其佛灭后，文殊师利将来，取此窟中。拘留秦佛时，兜率天王造钟，盛一百廿石，闻声者，或得四果，或得初地等。佛灭，文殊师利，将此钟来，置此窟中……八万四千曲调，各治一烦恼。

① 文献中对转轮经藏的称谓较多，文中所引不作改动，行文一般称之为转轮经藏。
② 笑岩：《华藏世界转轮藏》，《五台山研究》1986年第1期，第31页。

> 佛灭度后，文殊师利，将此箜篌来，收入窟中。星宿劫第二佛全身宝塔一千三百级，文殊菩萨将此塔来，收入此窟。振旦国银纸金书，及百亿四天下文字，文殊菩萨，收入此窟。[①]

位于楼观谷左崖畔的金刚窟，是五台山最为神秘之地。《清凉山志》云："（金刚窟）为万圣秘宅。"[②]北天竺婆罗门僧人佛陀波利于唐永淳二年（683）将《佛顶尊胜陀罗尼经》密法传译至五台山后，受文殊接引遁入金刚窟，至今未返。温州无著禅师于唐大历年间得文殊化现，在此建造般若寺后，留住不出，苦行清修，于此虹化。开成五年（840）日僧圆仁巡礼五台圣迹，于金刚窟楼上见六角转轮经藏一座。以目前所知，转轮经藏一般以八角式样为多，六角较为少见。或在宋至明时，六角转轮经藏与六道轮回有所交涉，使得转轮经藏成为重生之器，具有投胎转世之功用。[③]目前所知两例见于日本：一例是17世纪初期日本长谷寺的六角转轮经藏。此转轮经藏构造样式虽与一般并无不同，但偏狭局促的空间使得此转轮经藏被动形成不可转动的效果[④]；另一例是日本水泽寺六角转轮经藏，此转轮经藏藏顶置六尊地藏菩萨雕像。[⑤]

除去六角转轮经藏外，圆仁所载窟记对我们了解金刚窟的陈设至为关键。《清凉山志》引《祇桓图》说："三世诸佛，供养之器，俱藏于此。"[⑥]此即文殊将西天五类法宝："七宝乐器""神钟""银天箜篌""星宿劫二佛全身七宝塔""银纸金书及百亿四天下文字"纳于窟中，亦称收五功德。经学者对比，圆仁所记文殊收五功德事迹与《祇桓图经》所记极为相似，可能出自同一史源。[⑦]虽然金刚窟所收五类法宝颇为神异，但却可以与转轮经藏找到或显或隐的联系和对应。

维卫佛时香山中摩利大仙所造七宝乐器和迦叶佛时楞伽山罗刹鬼王所造银天箜篌，乐器材质珍贵，所奏乐曲曲调优美，变化多端，消除邪惑。此二种法宝所奏天乐或与旋转转轮经藏所发轰鸣声响、唱诵经典一起构成了法会仪式的氛围。如宋人陈舜俞为秀州资圣禅院所作的经藏记文中就说"（转轮藏）……毂运环循，电走雷振。钟幢前引，歌呗后陈"[⑧]。

拘留秦佛时兜率天王所造神钟，容量巨大，装饰华美，不鼓自鸣，声闻千里。早期中国汉

---

① ［日］圆仁著，白化文、李鼎霞、许德楠校注：《入唐求法巡礼行记》，中华书局，2019年，第284—286页。

② 印光：《清凉山志》，《中国佛寺史志汇刊》，第79册，第55页。

③ 参见谷新春：《形式、媒材与观念：古代中国转轮经藏研究》，中国人民大学博士学位论文，2021年。

④ 李路珂：《"不能转动的转轮经藏"：一种"互动式建筑"的变迁》，中国建筑学会建筑史学分会、华侨大学建筑学院编：《中国建筑学会建筑史学分会年会暨学术研讨会论文集（上）》，2019年，第141页。

⑤ Rambelli, Fabio，"*Dharma Devices, Non-Hermeneutical Libraries, and Robot-Monks: Prayer Machines in Japanese Buddhism*" *Journal of Asian Humanities at Kyushu University*，2018，p.62.

⑥ 印光：《清凉山志》，《中国佛寺史志汇刊》，第79册，第55页。

⑦ 史睿：《圆仁求法目录所见五台山石刻考》，《文献》2005年第4期，第136页。

⑧ （宋）陈舜俞：《秀州资圣禅院转轮经藏记》，曾枣庄、刘琳主编：《全宋文》，卷一五四四，上海辞书出版社、安徽教育出版社，2006年，第87页。

地寺院布局，钟楼和经藏殿一般对偶配置。清乾隆皇帝于颐和园与圆明园转轮经藏柱上悬挂铜钟的做法，或就是沿袭早期寺院钟经殿堂配置的传统。由此，金刚窟所置神钟与转轮经藏有所关联。

星宿劫第二佛全身七宝塔，高达一千三百级，塔内有佛菩萨像，且有护法护持。多种证据表明转轮经藏的原型就来自佛塔造型。此外，佛塔本是存放大藏经典之所，所以金刚窟中七宝塔与转轮经藏关联紧密。

迦叶佛时《修多罗》银纸金书和《大毗尼藏》金纸银书所象征的百亿四天下文字乃是佛祖所传教法，而转轮经藏恰是存放佛法经典之地。据此，虽然圆仁所载金刚窟内所陈五类法宝或属荒诞，但却以或隐或显的方式与转轮经藏取得连接。

距圆仁于五台山金刚窟所见六角转轮经藏五百余年之后，明末高僧憨山建造了一座新的八角转轮经藏。此转轮经藏就位于五台山塔院寺大藏经阁内。

二　塔院寺沿革和布局

塔院寺位于五台山台怀镇显通寺之南，寺院中以五台山标志性建筑释迦牟尼舍利塔、佛足迹图碑和文殊菩萨发塔而得名。据文献所载，塔院寺释迦牟尼舍利塔乃古印度阿育王所建八万四千座佛舍利塔之中国十九座中的一座。汉明帝时“摩腾来山，见阿育王塔，劝帝造寺，名大孚灵鹫”[①]。传言大孚灵鹫是后汉明帝或后魏孝文帝所建，但文献和遗迹皆不可考，不足为信。又据圆仁所载，华严阁前两座二层八角佛塔下埋藏有一座阿育王塔。[②]《广清凉传》则曰：“唐长安二年……敕万善寺尼妙胜于中台造塔，凡一期工毕。”据正森考证，今塔院寺基址就是唐大华严寺内华严阁的属地，圆仁所见二层八角佛舍利塔乃妙胜所造，即今塔院寺释迦牟尼舍利塔内的佛舍利塔。[③]元大德五年（1301）阿尼哥将唐舍利塔置于大白塔内，构成“塔中有塔”之奇观。永乐五年（1407），明太宗朱棣建大吉祥显通寺以安置大宝法王，法王见舍利塔其形微隘，请旨复修，得到永乐帝许可后，“经之营之，不日而成。高二百尺，阔十二丈，圆腹方基，焕然一新”[④]。并因塔建寺，名大塔院寺。嘉靖十七年（1538）由于风雨破坏，觉义大师会同诸山高僧修复白塔。明万历七年（1579）九月，万历母慈圣太后“为穆考荐福、今上祈储”重修大白塔及塔院寺，至万历十年（1582）七月完成。万历年间重修基本奠定了今之塔院寺规模。清康熙、道光、同治、光绪、宣统时都对寺院及白塔有过小规模的维修。

塔院寺属禅宗临济派，原北台顶寺圆广和尚为第一代祖师，继任者乃高足明来。由此，直至新中国成立，塔院寺一直传承临济法脉。

① 秦建新等点校：《五台山碑刻》，三晋出版社，2017年，第59页。

② 华严“阁前有塔，二层八角，庄严殊丽，底下安置阿育王塔，埋藏底下，不许人见，是阿育王所造八万四千塔之一数也。”参见［日］圆仁著，白化文、李鼎霞、许德楠校注：《入唐求法巡礼行记》，第284—286页。

③ 正森：《五台山塔院寺大白塔》，《五台山研究》，1987年第1期，第29页。

④ 悲心：《塔院寺碑文》，《五台山研究》1996年第4期，第33页。

塔院寺坐北朝南，平面呈正方形，分东西两院：东院一进三院；西院为供佛之殿，主要殿堂包括山门、天王殿、大慈延寿殿、大白塔、大藏经阁，位列中轴线上。

释迦牟尼舍利塔俗称大白塔，是塔院寺和五台山的标志建筑。如前所言，今白塔乃元阿尼哥所建，至明永乐乃以塔建寺。众所周知，早期寺院营建中一般喜将塔置于中轴线上，明清较少如此。砖结构覆钵式的大白塔回廊内设123 个藏式转经筒供人旋转。自古入台朝拜礼佛者，皆会至白塔处绕塔礼佛，转动经筒，祈求功德，消灾解难，成就智慧。（图 1）大藏经阁为西院中轴线上最后一重殿堂，因殿内中央安置存储经藏之小木作建筑转轮经藏而得名。

图 1　塔院寺白塔（笔者自摄）

三　塔院寺转轮经藏形制

大藏经阁为塔院寺最后一重殿堂，面阔五间，两层三檐硬山顶，底层屋檐下悬乾隆手书对联一副，第二层屋檐下悬有康熙手书“金粟来仪”匾额，第三层屋檐下悬“大藏经阁”匾额。（图 2、图 3）

殿内中央安置八角三十三层木质转轮经藏，高 11.3 米，最上面一层周长 12.67 米， 最下面的一层周长 7.33 米，形成一个上大下小的八面倒棱锥形状。从下至上分三个部分：方形台座、藏身、攒尖亭子。方形台座以青石铺就的须弥台式。下袅为连续覆莲瓣，束腰砖雕双狮、牡丹等纹饰，上袅一周回纹，上枋雕刻卷云纹。方形台座下为暗藏的转轮室，内设转盘。僧侣从左侧的暗格进入转轮室，推动转盘把手，转轮经藏便可转动起来。（图 4）

方形台座上部承接蓝色仰莲，其上为八面倒棱锥形的三十三层藏经架，这里的三十三层应当表示须弥山之三十三天。（图 5）每层隔

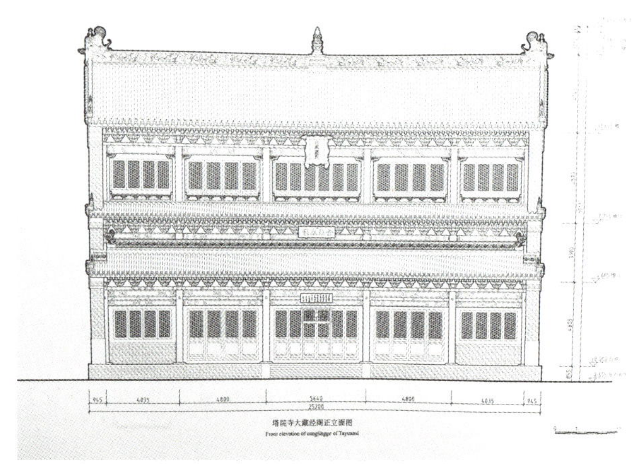

图 2　五台山塔院寺大藏经阁正立面图

（采自清华大学建筑学院编写：《五台山佛教建筑》，中国建筑工业出版社，2021 年，第 181 页）

图 3　大藏经阁匾额（笔者自摄）

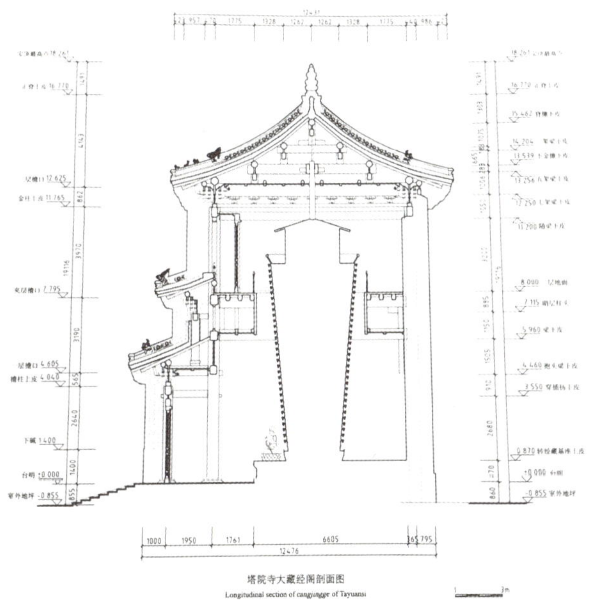

图 4　五台山塔院寺大藏经阁剖面图

（采自清华大学建筑学院编：《五台山佛教建筑》，中国建筑工业出版社，2021 年，第 183 页）

板边沿雕刻蓝绿三角形山石和黄红朵云作饰，转角处又雕木枋出头，转角、檐角各悬铃铛。

图 5　塔院寺大藏经阁转轮经藏（笔者自摄）

转轮经藏八面，每面由活动隔板分成三间，当中安设四根垂莲柱，柱间阑额、雀替，柱上屋檐，应当表示天宫楼阁之意。经阁内原置藏经，今内供佛像一或二尊。（图 6）藏顶由一圈外翻的山花蕉叶构成冠饰，藏顶中设一圆形攒尖顶龛形塔室。塔室由隔板分成八间敞开的龛室，各龛后壁背靠中心，呈中心对称式风格。整个木质转轮经藏贯通藏经阁的上下两层，中间的转轴穿过亭子宝顶位置与殿顶梁架垂落的榫头相接。方形台座右侧有藏坑，由藏坑抵达底部，可操纵转轮经藏机关，使其旋转如飞。

转轮经藏前供铜铸毗卢遮那佛，慈眉善目，双手于胸部结最上菩提印，下身着裙，结跏趺坐于多层仰莲座上。（图 7）转轮经藏后供奉的九尊佛像乃过去七佛加西方阿弥陀佛和东方药师佛。将过去七佛和横三世佛结合起来，构成十方三世的概念。殿堂两壁所供八大菩萨与转轮经藏后所供九尊佛像乃近年新塑。

四 无遮大会中的转轮经藏

行文至此，我们或许会有疑问，是何人在大藏经阁内建造转轮经藏？又是为何缘故建造转轮经藏？此转轮经藏在不同的历史情境中如何与信众产生互动？此转轮经藏在历史的长河中又经历了怎样的历史变迁呢？

图 6 塔院寺大藏经阁转轮经藏局部（笔者自摄）

图 7 塔院寺大藏经阁转轮经藏前毗卢佛（笔者自摄）

在对以上问题做出回答之前，我们需要先将目光转入万历前期复杂的朝政状况。大体说来，以神宗生母慈圣李太后为首和身边的士大夫以及如紫柏、憨山等佛教高僧组成的“后党”与以神宗为首和他所宠爱的郑贵妃、宫人以及背后的道教真人组成的“妃党”围绕着“国本”展开争斗。双方争斗的第一个回合集中在万历九年（1581）的祈储事件。神宗将储君之位寄希望于他所宠幸的郑贵妃，慈圣则中意于获神宗宠幸的慈宁宫宫人王氏。对佛教极为尊崇的慈圣极力利用佛教为祈储造势。万历初年慈圣希望修整塔院寺舍利宝塔，结果被辅臣张居正以“台上去京穹远”不便瞻礼为由终止。不过，慈圣太后心有所念，终在万历七年（1579）九月以为穆考荐福、今上祈储，遣尚衣监太监范江、李友带夫匠三千人，修建塔院寺。根据张居正所撰《敕建五台山大塔院寺碑记》可知，慈圣重修塔院寺留下了鲜明的自我印记：大雄宝殿名曰“大慈延寿宝殿”、大白塔名曰“大慈延寿护国佑民释迦之佛舍利宝塔”，还有外部的

“延寿堂”。[①]所以，有论者认为慈圣重建塔院寺之机缘，除求储外，原意或出于自己或他人所欲趋奉，而为慈圣庆生之用。[②]寺院重修所需花费，皆出自内帑。万历九年（1581），与慈圣过从密切的憨山在《自序年谱》特意注明自出资金，建造华藏世界转轮经藏。有研究者据此认为憨山所造转轮经藏就安置于塔院寺大慈延寿宝殿之中。[③]然笔者认为憨山所建转轮经藏应位于大藏经阁。[④]

憨山德清，俗姓蔡，字澄印，号憨山。少时随西林永宁门下于金陵报恩寺修习，对其一生产生了深远的影响。自嘉靖四十五年（1566）报恩寺起火被毁之后，憨山外出游历，募集资金重修祖庙。万历五年（1577），憨山名为报亲恩，发心刺血泥金，抄写《大方广佛华严经》，为慈圣所知，赐金纸以助之。[⑤]由此，憨山初次接近权力中心，从而开启了“台山因缘”的序幕。少时所居的金陵报恩寺[⑥]以及外出游历众多寺院所存转轮经藏，无疑给了憨山在塔院寺营造的样本和来源。有意思的是，万历六年（1578）憨山所记嘉梦之一就是入金刚窟面见清凉大师澄观，这是否与圆仁所记金刚窟转轮经藏有关，暂未可知。

万历五年（1577），憨山和妙峰各刺血手抄《华严经》以及憨山自募修造转轮经藏都是为万历九年（1581）无遮法会所做的准备。尤其对于憨山而言，万历九年（1581）的无遮法会成为他人生的高光和转折点。

无遮大会是梵文 pañca-vārṣika（-maha）意译，汉译佛典一般音译为“般遮于瑟”“般阇于瑟”“般遮跋瑟迦”等，原意由国王每五年一办，无分道俗、贤圣、贵贱、上下，平等地进行财施和法施的法会。它包含了佛教平等、宽容、兼容、无碍、圆通等观念。[⑦]

按照此前约定，五台山无遮法会由妙峰与憨山共同负责，其中妙峰前往京师筹募资具以及礼聘大德高僧赴会，而憨山负责法会的具体事宜。当法会筹备得当之时，神宗先行派宦官赴武当山设坛祈皇嗣道场，慈圣亦遣宦官尤用、张本前往五台山祈嗣法会。在慈圣的建议之下，憨山认为“沙门所作一切佛事，无非为国祝厘，阴翊皇度。今祈皇储，乃为国之本也，莫大于此者。愿将所营道场事宜，一切尽归并于求储一事”。虽妙峰表示异议，但最终听从憨山之议。

万历九年（1581）十一月法会开启，至十年（1582）三月结束，历时 120 天。虽然法会

① 悲心：《塔院寺碑文》，《五台山研究》1996 年第 4 期，第 34—35 页。
② 王启元：《晚明僧侣的政治生活、世俗交游及其文学表现》，复旦大学博士学位论文，2012 年，第 75 页。
③ 崔正森：《憨山大师是明代五台山的一位著名高僧》，《五台山研究》1996 年第 4 期，第 18 页。
④ 笔者依据《清凉山志》：“十年壬午秋，工成，并及寺宇、佛殿、经楼、藏轮、禅室，罔不备焉”和《敕建五台山塔院寺碑记》：“内大慈延寿宝殿、大慈延寿护国佑民释迦之佛舍利宝塔、大藏经阁”，认为憨山所说之道场并非仅指大慈延寿宝殿，憨山所建转轮经藏应位于大藏经阁。
⑤ 陈玉女认为妙峰与德清的书血经活动，有大半的因素乃是奉慈圣之意进行。参见陈玉女：《明代的佛教与社会》，北京大学出版社，2011 年，第 126 页。王启元认为憨山于万历五年（1577）时得所写御赐金纸书华严之灵感，可能得自汪司马的建议。王启元：《晚明僧侣的政治生活、世俗交游及其文学表现》，复旦大学博士学位论文，2012 年，第 66 页。
⑥ 大明庐山五乳峰法云禅寺前中兴曹溪嗣法憨山大师塔铭（有序）：“闲于报恩藏轮三宿子舍，有法喜而无情但。”可知报恩寺中即建有转轮经藏。
⑦ 陈艳玲：《略论无遮大会的传入及其变化——以萧梁、李唐为中心》，《历史教学问题》2014 年第 5 期，第 81 页。

具体流程未知，不过依据相关材料，其中有两项值得记述。其中一项是围绕转轮经藏展开的转藏仪式；另外一项是憨山讲华严经义。

与转轮经藏有关的转藏仪式在无遮法会中的作用，早在约公元 9 世纪的敦煌遗书 P.2255V、P.2326《檀那转经印沙等斋会发愿文》即有表述：

> 夫越爱河，登彼岸者，其惟真知焉。……厥此焚宝香、列珍馔、疛疛佐肃肃、缁侣诜诜者，曰何谓欤？则我当今圣主展庆延（筵）、保愿崇福之所施建。伏惟圣主览图握镜，奉天顺人；千圣重光，万邦一统。加以首出群表，位当一人；虽富九年之储，虑阙三坚之福。……使普天咸爇于名（明）灯，转《金刚》而祈胜福；率土敬陈于法供，会列无遮。冀千福庆于圣躬，万善赖于庶品。亦使峰（烽）飙不举，万里尘清；四邻绝交诤之仇，两国结舅生（甥）之好。我圣君之良愿，其在兹焉！……遂乃躬亲处廓（郭），印金相而脱沙；崇设无遮，陈百味之胜福。银函辟经，[转]万卷而齐宣；宝树鱼灯，秉千光而合耀。胜福既备，能事咸亨。谨于秋季之中旬，式建檀那之会。于是击鸿锺（钟），召青目，开宝帐，俨真仪；供列席而含芳，香叆空而结雾。当时也，金风曳响，飘柰之疏条；玉露团珠，困禅庭之忍草。光翼翼，福穰穰，虚空有量妙福长。总用庄严：我当今之圣主，伏愿开南山之初劫，作镇坤仪；悬北极之枢星，继明干象。储君愿遐龄永固，妃后乃锦苑长荣，大论保富贵之欢，将帅纳无边之庆；五谷丰稔，千厢善盈；疛佐穆如，居人乐业；龙天八部，翼赞邦家，释梵四王，冥加福力。然后穷无穷之世界，尽无尽之仓（苍）生。并沐良因，成登觉道。①

虽然愿文提到的赞普以及皇太子、良牧杜公、节儿、蕃汉部落使、二教授大德、储君、大论等语提示我们此无遮会发生在 9 世纪的蕃占敦煌，与憨山所在的 16 世纪五台山有着遥远的时空差距，但是愿文中所言之焚宝香、供珍馔、击鸿钟、开宝帐、印相脱沙，尤其是点明灯、转经藏；宝树鱼灯、银函辟经以及对圣主、妃后、民众、神佛各安其位，冥加福力，或同憨山法会应该大致不差。憨山特意标注的自募转轮经藏不仅有向慈圣表明自己拳拳忠心之意，而且极具表演特质的转轮经藏在无遮法会中一定起着烘托氛围展现神迹的重要作用。

元代禅林清规中载有僧众在寺院大殿和藏殿的祝圣仪式，可以帮助我们对无遮法会的仪式了解一二：

> 凡旦望之日，早忏之前，众诵《大悲咒》一遍。住持烧香咒讫，维那举南无无量寿佛号，众念三声，维那回白，云：白佛喝如（某）路、（某）州、（某）寺住

---

① 马德、纪应昕：《8—10 世纪敦煌无遮斋会浅识》，《敦煌研究》2021 年第 2 期，第 4—5 页。

持（臣）、僧（某甲），兹值月（旦望），今辰谨集僧众，恭趋宝殿，讽诵秘章，揄扬佛号，所萃洪因，端祝延（亦有住持自回向）。今上皇帝圣寿万安，皇太后、皇后齐年，皇太子叡筭千秋，遥望圣躬祝陪天筭。金刚无量寿佛、延寿王菩萨摩诃般若波罗蜜了。不诵小经，便乃礼忏。忏毕，过堂早粥。粥了，鸣僧堂前钟集众，鸣鼓转藏，行者打钹（鼓钹无所免之），维那举消灾经绕藏行道三迎，以表法轮三转，期帝道遐昌也。立定结经，维那举南无无量寿佛（回向云）：大圆照中有华藏海，功超造化，道绝名言。三光电卷而实相闲，六合雷奔而湛然寂。不思议法，难尽赞扬。讽诵《消灾威德咒经》，运转天宫法宝轮藏，称扬佛号，所集洪因，端为祝延（云云，如前）。又云：三转法轮于大千，其轮本然常清净，天人得道斯为证，三宝从兹现世间。（今时初八二十三斋日，亦行转藏）讽说。[①]

如上引文也确认了无遮法会主会场或许在塔院寺大慈延寿宝殿，于此大殿内主持烧香，众僧念咒，揄扬佛号，祝延当今皇帝、皇太后、皇后、皇太子圣明，并作礼忏，住持回向。礼毕饭后，众僧于大藏经阁集合，鸣鼓转藏，行者打钹，维那念经，绕藏三匝，然后立定结经，维那念无量寿佛并回向。

有关绕藏三匝代表“法轮三转”，日僧无著道忠认为“示劝证也”：

三转者，一示转，谓是苦、是集、是灭、是道；二劝转，谓苦应知、集应断、灭应证、道应修；三证转，谓苦我已知、集我已断、灭我已证、道我已修。初转示见道，劝转示修道，证转示无学道。是三转十二行法轮。[②]

特别需要注意维那念诵的回向文，以文学化的形式描述了转轮经藏的形貌，法会仪式中功用以及转藏所具有的无量功德。这里的“六合”“三光”所指的天地宇宙、日月星辰不仅仅是华藏世界，而且也是模拟佛教宇宙世界转轮经藏的展现。“电卷”“雷奔”更是将旋转天宫法宝轮藏以多层次的感受呈现出来。

元人张之翰《普照寺藏殿记》所云：

藏崇五丈，广半之，金碧照烂，髹漆精明，上有飞仙桥，中有栖经函，旁有铁围山，下有香水海。每巨植砰轰，人运机而神效力，如车之旋，如风之行，如雷霆之惊，壮丽杰特，虽百岁老人犹以为希有。[③]

诸多证据表明，转轮经藏与《华严经》有密切关联。华严教主毗卢遮那佛也被认定是藏神之一。虽然我们对明时大藏经阁内部原状陈设并不清楚，但从光绪时高鹤年的《五台山游

① （元）省悟编述，嗣良参订：《律苑事规》，《卍新续藏》，第六十册，第236页。
② ［日］无著道忠：《禅林象器笺》，《大藏经补编》，第一九册，第41页。
③ （元）张之翰：《普照寺藏殿记》，李修生主编：《全元文》卷三八五，凤凰出版社，1998年，第330页。

访记》可知，转轮藏旁置千佛绕毗卢像。

无遮法会另外一项内容是憨山于万历十年（1582）三月讲《华严玄谈》。此经对憨山颇值得纪念。嘉靖四十三年（1564）冬天，十九岁的憨山在南京报恩寺道场听无极大师讲清凉大师的《华严玄谈》十玄门“海印森罗常住”处，恍然了悟，剃度出家，并发心修华严，愿住清凉山。这也是憨山为何在五台山无遮法会讲此经的缘由。憨山无论是讲经还是安排法会都井井有条、安置得当：“百日之内，常住上牌一千众，十方云集僧俗。每日不下万众，一食如坐一堂，不杂不乱，不闻传呼剥啄之声，皆予一人指挥。”①

总之，虽历经各种波折干扰，但在佛祖和慈圣的加持下，无遮法会化险为夷，安然落幕。而时人更将万历十年（1582）八月十一日皇太子朱常洛的出生归因于无遮法会的灵验，以为皇太子或乃佛祖应化而生。由此，五台求储之主事之一的憨山声名达到顶点。不过随后，形势急转直下，并最终引发憨山的牢狱之灾，此是后话，在此不赘。

如果梳理慈圣于隆庆和万历之时借助崇兴佛法、礼遇高僧之种种行径，不由得令人联想到唐女皇武则天的佛教护法。二者之间的相似，已有学者觉察并有深入讨论：“国史中最显著之女主借助佛教力量巩固自身地位之例，无出武曌之右，晚明慈圣太后于穆神易朝时一变大明佛教之压抑境地，实阴袭武周遗风之举”。② 由此，无论是慈宁宫中“现瑞莲”还是自封“九莲菩萨”尊号；无论是颁布九莲真经，还是“拜受法名”，其中所藏的政治意味十分显著。回至五台山的无遮法会，憨山所做一系列：手抄刺血华严、法会与祈储合并、夜梦弥勒决疑讲法、自募转轮经藏营造华藏世界诸行为，无不是奉承和攀附慈圣女主之意。由此憨山于万历九年（1581）所造转轮经藏并非孤立的宗教行为，乃是在“妃后”求储党争之时为攀附慈圣，以达振兴佛法之意。

五　塔院寺转轮经藏的变迁

自憨山营造转轮经藏为无遮法会造势之后，转轮经藏再次出现是在康熙二十二年（1683）二月二十日清代史学家高士奇的《扈从西巡日录》中：“大宝塔院寺，……后殿转轮藏，璎珞周垂，绚以金碧，朱轮潜运，旋转如飞。”③

英国传教士著名汉学家艾约瑟（Joseph Edkins）在1872年如此记述塔院寺的转轮经藏：

> 在大舍利塔的后面有一个转轮经藏，它需要两名男子钻进地板下面才可以转动整个轮藏。它有8条边，60英尺高。内藏《甘珠尔》（Ganjur）的中文版。参观者看到整个巨大的轮子从东向西缓慢地转动。④

美国外交官、汉学家柔克义（William W.

① （明）福善录，通炯编：《憨山老人梦游集》卷五三，《卍新续藏》，第73册，43页。

② 王启元：《晚明僧侣的政治生活、世俗交游及其文学表现》，第51页。

③ 高士奇：《扈从西巡日录》，崔正森主编：《五台山游记选注》，山西人民出版社，1989年，第34—35页。

④ L. Carrington Goodrich, *The Revolving Book-Case in China*, *Harvard Journal of Asiatic Studies*, Vol.7, No. 2, 1942, pp.130-161.

Rockhill）于 1887 年也记述塔院寺令人印象深刻的转轮经藏：

> 这座寺庙的其中一座殿堂中，有一个巨大的转轮经藏，可以通过地下室的绞盘来转动它。轮藏里面有全套一百零八卷的西藏经书。如有人从左到右旋转轮藏上的大藏经，与阅读整部大藏经所获得的功德是一样的。[1]

艾约瑟称转轮经藏内藏中文版《甘珠尔》，而柔克义则称内藏西藏经书，或许二人并未看到转轮经藏内所藏经书，只是通过寺院僧人介绍得知。遗憾的是，两位汉学家都没有留下大藏经阁供奉造像的记载。

佛教居士高鹤年于光绪二十九年（1903）五月初六日游览塔院寺后，所记甚详，对我们讨论藏经阁的陈设和涵义至为关键：

> 外围千佛，下有紫铜转轮藏五百个，今剩三百八十一个，上刊梵文唵嘛呢叭咇吽。下层黄铜转轮藏百零八个，今剩六十一个，高二尺许周尺许，亦梵字。用手推去，快如飞轮之速。……大塔周围四角四亭，亭内各有五彩转轮藏一架，高约五尺，内装藏经，喇嘛俗呼转轮藏，其意谓之大转法轮。塔后藏经阁中，供五彩大转轮藏，高约三丈，如宝塔状，十数层，内装明藏全部，三人方能推转。台山进香，用烛者稀，点灯者多。余点四盏，悬在轮上。僧云："可转藏么？"余问："转有何益。"僧云："慧灯高悬清凉界，法轮大转利人天。"……楼上供明藏一部，今多残阙。下楼见大转轮藏旁有千佛绕毗卢像，莲花宝座三层，花花有佛，均铜铸，可推转……[2]

高氏所记有五点尤需注意：其一，高鹤年称喇嘛俗呼的紫铜转轮藏、黄铜转轮藏、五彩转轮藏其实是西藏最常见的佛教法器转经筒。据笔者所见，大概至清时汉式转轮经藏和藏式转经筒已经混同。清世宗雍正即位后曾于京师柏林寺召见杭州理安寺沙门释明鼎："便殿问答，皆称旨。赐紫衣、如意、转轮经藏等物。"且谕之曰："天然如意，常转法轮。宠遇之隆，叹为希有。"[3]此事亦见于乾隆刻本《杭州府志》中。无疑，雍正赏赐明鼎所谓的转轮经藏乃藏式转经筒。其二，大藏经阁内转轮经藏边沿雕刻的山石、云朵以及藏底的莲座装饰，五彩缤纷，耀人眼目，所以高氏称为五彩大转轮藏。其三，转轮经藏上悬灯之寓意。燃灯供养是佛教六种供养之一，敦煌发现的大量《燃灯文》可资表明燃灯供养的兴盛，[4]后来禅宗多以传灯

---

① L. Carrington Goodrich, "*The Revolving Book-Case in China*", *Harvard Journal of Asiatic Studies*, Vol. 7, No. 2, 1942, pp.130-161.

② 高鹤年：《五台山游访记》（二），崔正森主编：《五台山游记选注》，第 102 页。

③ （清）喻谦《新续高僧传》，《大藏经补编》第二十七册，第 131 页。

④ 马德：《敦煌遗书莫高窟岁首燃灯文辑识》，《敦煌研究》1997 年第 3 期，第 59—68 页；冀志刚：《燃灯与唐五代敦煌民众的佛教信仰》，《首都师范大学学报（社会科学版）》2003 年第 5 期，第 8—12 页；武绍卫：《中古时期五台山信仰的传播路径考——以中古时期的五台山"巡礼"和"化现故事"为中心》，《首都师范大学学报（社会科学版）》2017 年第 5 期，第 54 页。

图 8　塔院寺大藏经阁转轮经藏上层
（采自傅璇琮、谢灼华主编：《中国藏书通史》（上、下），宁波出版社，2001 年，插图）

喻其禅法的传承。如果说灯可以去除黑暗，那么去除愚昧所依靠的就是佛教经典了。如此，灯和藏经在本质上为一物。其四，楼上供明藏经多有残缺。大藏经阁存明藏经两部，转轮经藏内置明藏一部，作为礼拜功用。楼上藏明藏一部，应当是作为实际阅览之用。（图 8）其中一部明藏应该就是万历十四年（1586）三月万历所赐的塔院寺藏经。[①]其五，转轮经藏旁置千佛绕毗卢佛。毗卢佛座为三层莲座，每片莲瓣上皆有小佛，小佛为铜铸，可以转动，从而形成千佛绕毗卢之异景。虽然此造像已不存，但与五台山法会同时，慈圣于万历九年（1581）建造的北京千佛寺亦有千佛绕毗卢造像："殿供毗卢舍那佛，座绕千莲，莲生千佛，时朝鲜国王贡尊天二十四身，阿罗汉一十八身，诏供寺中。其像铜也，而光如漆。"[②]

另检索相关寺院和博物馆所藏，现存有多尊类似明代造像：如北京万寿寺、北京觉生寺、福建宁德支提华藏寺、河南少林寺、山西古建筑博物馆、蓬莱登州博物馆（残损）等的。这些毗卢佛一般头戴五佛宝冠，双手结最上菩提印，结跏趺坐，下承多层千叶莲座，每片莲瓣浮雕释迦小佛像。与塔院寺所见不同，莲瓣雕刻的释迦小像不能转动。（图 9）

图 9　北京万寿寺毗卢遮那佛（作者自摄）

① 悲心：《塔院寺碑文》，《五台山研究》1996 年第 4 期，第 36 页。
② （清）于敏中等编纂：《日下旧闻考（二）》，北京古籍出版社，2001 年，第 875 页。

图 10　隆兴寺铜毗卢佛（周良摄）

图 11　北京法源寺毗卢遮那佛（作者自摄）

现存两尊较为复杂的千佛绕毗卢值得注意：一尊是正定隆兴寺毗卢殿明代毗卢佛，三层四面，共计十二尊毗卢佛。每尊毗卢佛头戴五叶佛冠，双手施最上菩提印，结跏趺坐。各层莲座叠置而成，每片莲瓣均铸坐式小佛。（图 10）另外一尊是从北京护国圣祚隆长寺大千佛殿内搬迁至法源寺的毗卢遮那佛。共两层，下层四方佛各执手印，上层毗卢遮那佛，头戴五佛宝冠，执最上菩提印。各层莲座叠置而成，每片莲瓣均铸坐式小佛。（图 11）

自宋代以来即有文献将毗卢遮那佛置于转轮经藏殿作为主供之例。宋人罗愿在《古岩经藏记》中提及徽州歙县古岩寺藏殿中设十角转轮经藏，转轮经藏顶为千叶莲花，上置毗卢遮那佛和五十二大士。[①]尤袤提到祇园禅院转轮经藏顶部供毗卢遮那佛，天宫楼阁处有善财参五十三善像。[②]由于塔院寺转轮经藏高耸，将毗卢佛置于转轮经藏前部与大足宝顶 14 窟毗卢道场所陈颇有类似。尤其提到的一个例子是明代天界寺毗卢阁的陈设："上供法、报、化三佛，及设万佛之像，左右庋以大藏诸经。法匭后延观音大士，示十普门。下奉毗卢遮那如来，中座千叶摩尼宝莲华座，一一叶上有一如来，周匝围绕。旁列十八应真罗汉，二十威德诸天。"[③]由此，毗

① （宋）罗愿：《古岩经藏记》，曾枣庄、刘琳主编：《全宋文》卷五七一九，第 351 页。
② （宋）尤袤：《轮藏记》，曾枣庄、刘琳主编：《全宋文》卷五〇〇一，第 243 页。
③ （明）葛寅亮撰，何孝荣点校：《金陵梵刹志》，南京出版社，2011 年，第 327 页。

卢佛所代表的法身特性以及后期教内对华严地位的尊崇从而导致以华严代表大藏，所以藏神傅大士从宋代以来慢慢替换为法身毗卢佛来担当。根据憨山所言转轮经藏所表征即是华藏世界。又据“此华藏庄严世界海，是毗卢遮那如来往昔于世界海微尘数劫修菩萨行时，一一劫中，亲近世界海微尘数佛，一一佛所，净修世界海微尘数大愿之所严净”，毗卢遮那佛乃华藏世界之教主。而毗卢遮那佛的梵文音译“光明普照”又与转轮经藏上的悬灯做了连接，成为毗卢遮那光明普照的映射。毗卢佛所乘千佛莲瓣则是《梵网经》所描绘的简洁版的华藏世界的图景：“我今卢舍那，方坐莲花台，周匝千花上，复现千释迦。一花百亿国，一国一释迦，各坐菩提树，一时成佛道。如是千百亿，卢舍那本身，千百亿释迦，各接微尘众，俱来至我所，听我诵佛戒。”①对于大乘佛法而言，法身毗卢遮那佛与应身释迦牟尼佛，异名而同实，二而一、一而二，互相涉入、无有异趣。所以经中或说毗卢遮那，或说释迦尊。《如幻三昧经》说：“一切诸佛皆为一佛，一切诸刹皆为一刹，一切众生悉为一神，一切诸法悉为一法。”②如此，千释迦佛与中心主供毗卢佛，相互含摄、圆融无碍，如此一中有一切，彼一切中复有一切，重重无尽。这也是华藏世界所推崇的圆融观：“一即一切，一摄一切，主伴具足，含容无尽”。③

民国七年（1918）九月，蒋维乔奉教育部之命，视察山西学务，参访五台山，遗憾的是蒋先生只提到了大白塔后有藏经阁，却对转轮经藏未提片语。之后塔院寺高大的转轮经藏就再未见有人记录。鲜为人知的是，20 世纪早期德国建筑史学者恩斯特·伯施曼（Ernst Boerschmann）亲赴五台山进行考察，对塔院寺及其藏经阁进行了仔细的考察和测绘。

六　恩斯特·伯施曼笔下的藏经阁陈设与布局

1907 年 8 月 29 日至 9 月 6 日伯施曼于五台山考察，居住于塔院寺中。他对寺中宝塔及其殿堂建筑进行了精准的测绘，并用平板仪测图法绘制出一幅高地山谷及其寺院的平面图。（图 12）

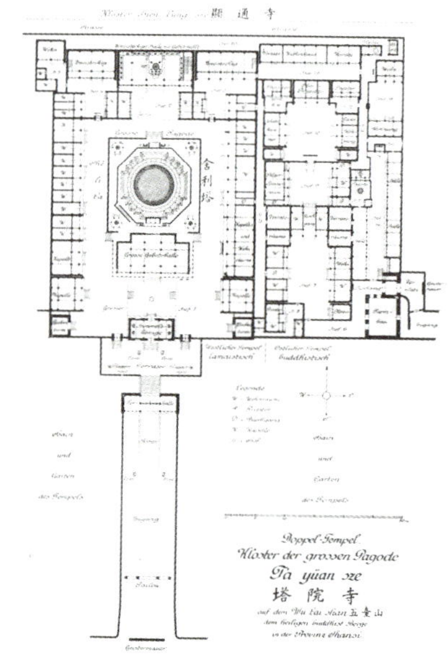

图 12　五台山塔院寺平面图
（采自恩斯特·伯施曼著：《中国宝塔 II》，北京日报出版社，2022 年，第 282 页）

① （后秦）鸠摩罗什：《梵网经》，《大正藏》第 24 册，第 1004 页。
② （西晋）竺法护：《佛说如幻三昧经》，《大正藏》第 12 册，第 134—144 页。
③ 汪志强：《〈华严经〉华藏世界研究》，《西南民族大学学报（人文社科版）》2009 年第 9 期，第 149 页。

根据伯施曼所述，藏经阁可能在1906年被修饰一新。（图13）藏经阁分为东西两半，东半边因设通向二楼的楼梯空间，面积比西半边稍窄。藏经阁壁面设壁龛，龛内供奉大小不一不同尊格的造像。

居于中心的转轮经藏精准地与寺院殿堂和舍利塔的中轴线相吻合。转轮经藏外表面的活动隔板与藏顶上部龛形塔室隔墙绘有藏传佛教风格的佛像。八间龛形塔室内供奉背靠背坐在莲花座上的佛像。（图14）转轮经藏四周以面朝南方的四天王像拱卫。转轮经藏正前方端坐三尊佛像：中央毗卢遮那佛，右侧阿弥陀佛，左侧阿閦佛。三尊佛前另有三尊接引佛（阿弥陀佛）。背面中央三佛龛中为毗卢遮那佛，右侧南渚佛[①]，左侧宝生佛。西北角处供弥勒佛。北面东侧佛龛内置三尊菩萨：中为文殊菩萨，右侧为观世音菩萨，左侧为普贤菩萨。（图15）

根据伯氏所记，藏经阁西侧供一尊头戴冠冕坐于枕形莲座上的菩萨像或为度母。“（她）端坐在一个硕大的枕形莲座上，造像手指伸展，且两手食指与鱼际两两结合。莲座分三层，上面的莲瓣有数百之多，每个莲瓣都托着一尊小型佛像”。[②]所谓造像两手食指与鱼际两两结合，乃是毗卢佛所结之最上菩提印，所以藏经阁西侧所供并非菩萨或度母，乃是前述高鹤年所见千佛绕毗卢像。

图13　五台山塔院寺大藏经阁老照片
（采自恩斯特·伯施曼著：《中国宝塔Ⅱ》，北京日报出版社，2022年，第298页）

① 伯施曼这里的记述可能有误，根据其他几尊佛像推测，此处应为北方不空成就佛。参见［德］恩斯特·伯施曼：《中国宝塔Ⅱ》，北京日报出版社，2022年，第299页。
② ［德］恩斯特·伯施曼：《中国宝塔Ⅱ》，第299页。

图 14　五台山塔院寺转轮经藏藏顶
（采自恩斯特·伯施曼著：《中国宝塔 II》，北京日报出版社，2022 年，第 300 页）

图 15　五台山塔院寺的转轮经藏
（采自恩斯特·伯施曼：《中国宝塔 II》，北京日报出版社，2022 年，第 301 页）

藏经阁东侧供一座三角形状的佛灯树。佛灯树前供有一座铜制小覆钵式宝塔。圆形覆钵塔身中开龛。宝塔右侧一尊坐于蓝红色彩绘岩洞中呈冥想状态的造像。造像下巴和双手置于立起的左膝盖上。伯氏认为此尊乃观音菩萨的一种变体形象。还有一尊佛像卧于树下，羚羊和僧侣各居于左右两侧。①

根据伯施曼于藏经阁陈设的描述，以下几点需要稍作解释。其一，转轮经藏外表面的活动隔板与藏顶龛形塔室隔墙绘有藏传佛教风格的佛像乃是释迦牟尼佛，绘制时间或许是整体笼罩在藏传佛教的清代。其二，转轮经藏正前方的中央毗卢遮那佛，右侧阿弥陀佛，左侧阿閦佛与背面中央三佛龛中为毗卢遮那佛，右侧南渚佛，左侧宝生佛，构成五方佛的构造。其中正前方的毗卢遮那佛与背后中央的毗卢遮那佛与西侧供奉的千佛绕毗卢佛强调藏经阁供奉之主尊之神格，同时又与藏经阁壁龛内的不同尊格的佛像构成含摄之关联。其三，北面东侧佛龛内置三尊菩萨：文殊菩萨、观世音菩萨，普贤菩萨构成三大士的组合。其四，居中的转轮经藏与西北角的弥勒佛或与正定隆兴寺转轮藏阁与慈氏阁（木雕弥勒站像）对偶并置意涵相似。根据文献所知，转轮经藏乃弥勒化身的傅翕于双林寺所首创，号称为弥勒道场的明州奉化县大中岳林寺就曾建有转轮经藏。如果说转轮经藏是傅翕物质形的化身，弥勒乃是傅翕神格形的化身，因此可以说，藏经阁中的转轮

① ［德］恩斯特·伯施曼：《中国宝塔 II》，第 299 页。

经藏与西北角的弥勒佛通过傅翕构成意义上双重化身。其五，藏经阁中的转轮藏经与北面东侧佛龛内置三大士或与北京智化寺藏殿与大智殿对偶并置意涵相似。塔院寺藏经阁左侧为普贤，居中为文殊，右侧为观音；智化寺则左侧为文殊，居中为观音，右侧为普贤[①]。塔院寺将文殊居中或与五台山文殊道场契合。这种布局次序的调整并不影响转轮经藏与观音对偶意涵的变迁。明时，转轮经藏殿与观音殿对峙而立最终经过复杂的进程最终发展出我们今天在涉藏地区广为人知的转经筒。[②]其六，藏经阁东侧供奉之佛灯树，颇为另类。根据伯氏拍摄的佛灯树旧影，推测该灯树或由铜所制，形制由底座、枝干和顶端三部分构造而成。底座因被覆钵式宝塔所掩，面貌不清，以树干为中轴错落分出繁密的枝干，枝干前端安置以头饰圆形头光的坐佛，尊格不详，枝干末端为上仰的圆形灯盏。佛树顶端以单层圆形佛塔为装饰。（图16）考究它的原型或可以追溯至三星堆二号祭祀坑出土殷商晚期的青铜神树[③]，（图 17）及

图 16　五台山塔院寺藏经阁内佛像与佛灯树
（采自恩斯特·伯施曼：《中国宝塔 II》，北京日报出版社，2022 年，第 300 页）

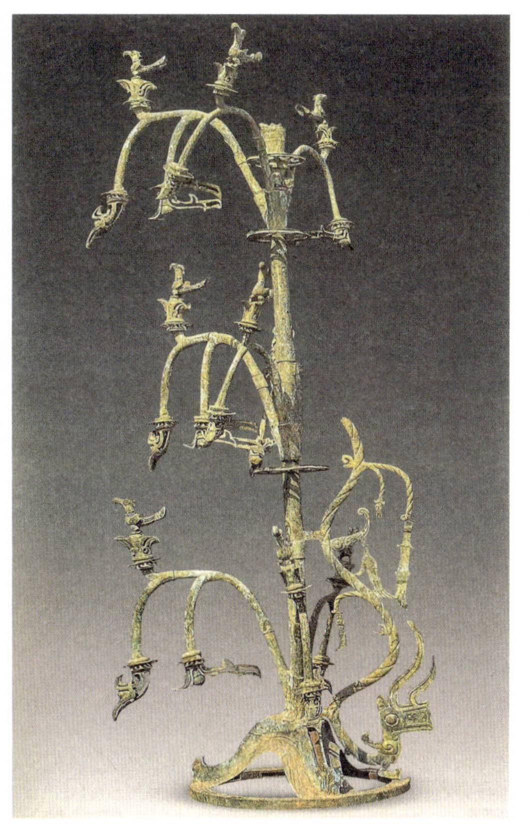

图 17　三星堆青铜神树
（采自四川省文物考古研究院、三星堆博物馆、三星堆研究院：《三星堆出土文物全纪录》，天地出版社，2009 年，第 213 页）

① 刘敦祯：《北平智化寺如来殿调查记》，氏著：《刘敦祯全集（一）》，中国建筑工业出版社，2007 年，第 56—57 页。
② 谷新春：《形式、媒材与观念：古代中国转轮经藏研究》，中国人民大学博士学位论文，2021 年。
③ 陈胄：《天地交合——西南神树图像研究》，中央美术学院博士学位论文，2022 年，第 56—62 页。

至战国秦汉时期墓葬出土的多枝灯和汉魏时墓葬出土的摇钱树。将此佛灯树与汉代广为流行的多枝灯（如洛阳涧西七里河陶制十三枝灯、广东大观博物馆藏青铜羽人御龙十三连盏树等）相比极为类似，或许正是其直接参照的来源。虽然前述三者在时代、地域、外形以及功用呈现出明显的差异性，但说它们皆来源于古代先民对圣树的信仰和崇拜，当无疑义。伯施曼认为“这种表现方式使人联想到燃灯佛。在神圣的峨眉山以及整个四川地区，燃灯佛经常被塑造成身体中长出灯臂的形象”。[①]伯氏由佛灯树径直联想至佛教神祇燃灯佛，基于两个原因：一，他于峨眉山和四川地区所见燃灯佛身体长出灯臂的形象；二，燃灯佛的名字即体现出燃灯而使佛法久住的思想。其实，除去燃灯佛之外，《菩萨本行经》曾讲述释迦佛前世为菩萨时作为虔阇尼婆梨王以身燃千灯的故事。“佛言：我昔于阎浮提作国王，剜身出肉深如大钱，以苏油灌中作千灯炷。语婆罗门，请说经法，求无上道。”[②]佛教乃释迦牟尼佛所创和宣扬，因此一切佛教教义和实践或皆可归属于他，据此或可推测佛灯树枝干所置坐佛乃释迦佛。总之，此佛灯树一方面是佛教信徒祈求破除无名、消灾度亡、增添福报的供具；另一方面此佛灯树亦是前世经历种种磨难幻化成“身灯”的释迦佛，如此正与西侧的千佛绕毗卢像构成意义上的关联。（图 18）

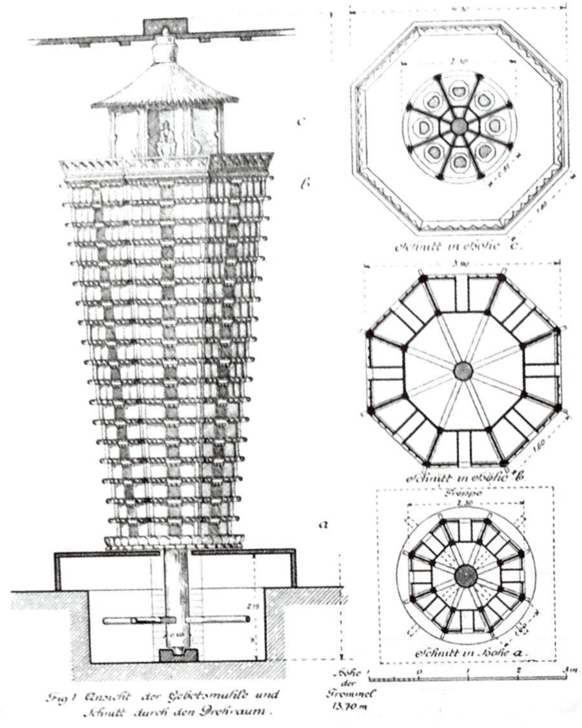

图 18　五台山塔院寺转轮经藏外观及转轴处各侧剖面图（采自恩斯特·伯施曼：《中国宝塔 II》，第 300 页）

大慈延寿殿之后的大白塔不仅是塔院寺中心焦点建筑，同时也是整个五台山最为宏伟的圣物。它将公元前 3 世纪印度阿育王建造藏有佛陀真身舍利的宝塔、唐人妙胜在阿育王塔基址上建造的二层八角佛舍利塔、元代阿尼哥包裹唐造八角舍利塔建造的大白塔，以及明万历慈圣太后将金银、宝玉、造像、血经等珍宝藏匿塔身的大白塔，层层累积成为一座融汇传说、历史、宝藏于一体，且塔中套塔的巨大浮屠。而藏经阁内居中的转轮经藏不仅在位置与大白塔构成联系，形式和内涵上也构成关联性：转轮经藏的原初模型正来自于佛塔。

① ［德］恩斯特·伯施曼：《中国宝塔 II》，第 299 页。
②（南宋）志磐：《佛祖统纪》，《大正藏》第 49 册，第 318 页。

最后，统合藏经阁内所有造像陈设，正如伯施曼所说：

> 身处这座殿堂，当中央的转轮藏如法轮一般转动时，仿佛可以看到佛陀之光普照万物，神佛的形象启示着神圣佛经的真谛，明了禅思入定为修佛之前提，以及涅槃这一真正的解脱，是进行不懈修行礼佛的最终目标，而大型转经塔便是这些宗教活动的象征。①

结 语

综合以上讨论，唐时，五台山金刚窟即已出现六角转轮经藏。根据圆仁所载窟记，金刚窟内所陈五类法宝："七宝乐器""神钟""箜篌""星宿劫二佛全身宝塔""银纸金书及百亿四天下文字"以或隐或显的方式与转轮经藏产生关联。

明万历九年（1581），在"妃后"党争复杂的政治背景之下，明末高僧憨山于塔院寺大藏经阁所造转轮经藏在祈储法会中起着烘托氛围、展现神迹的作用。憨山在五台山无遮法会所做一系列宗教行为，都是呼应和奉承慈圣女主之意。不过，憨山所造转轮经藏并非法会之核心要物。由此，仅在憨山《自序年谱》和弟子福征所著年谱中提到"自募造华藏世界转轮藏"，并未详加阐释其在法会中扮演的角色。而明朝晚期之后随着特定政治环境的消解，塔院寺转轮经藏以宗教法器的形式偶尔出现在中外不同身份观者的笔端，成为他们对前朝历史文物的观赏、品评和记录。

至于19世纪末至20世纪初巡礼考察五台山的中国学者和居士，或如蒋维乔见而不录，或如佛教居士高鹤年更在意记述转轮经藏的宗教利益与功德。汉学家艾约瑟和柔克义由于学术背景和研究兴趣使然，对转轮经藏的奇特形制投以关注的目光，提供了不可多得的文字材料，但却失之简略，不足以对转轮经藏及其大藏经阁进行更为深入的讨论。而身兼建筑学家、艺术史学者、汉学家等多重身份的伯施曼则解决了上述难题，他对转轮经藏建筑构造和藏经阁造像及供器的记录，不仅对于我们图绘晚期塔院寺大藏经阁内空间的陈设，讨论经阁宗教内涵有重要作用，而且对我们厘清历史时期不同身份阶层的观者如何观看和记述转轮经藏有着极为重要的价值。

① ［德］恩斯特·伯施曼：《中国宝塔Ⅱ》，第299页。

玄奘失道莫贺延碛相关问题研究

张　坤
（西北大学丝绸之路考古合作研究中心 陕西省文物局）

大唐贞观三年（629），玄奘法师违令出关西行求法，在偷越玉门关后于关外第四烽偏离大道，迷失在上无飞鸟下无走兽的莫贺延碛中。此后，玄奘法师与老马在沙碛中延宕四夜五日，滴水未进，后遇一水草处，终得苏息，经两日方出流沙至于伊吾。

玄奘法师此路，斯坦因[①]、周连宽[②]、李正宇[③]、郑炳林[④]等中外前辈学者多有研究。笔者在《玄奘行经伊吾考》[⑤]一文中也结合考古调查着重对玄奘如何从第四烽到达伊吾、在伊吾的活动及从伊吾到高昌的路线等三个问题行了论述。2020—2023 年夏秋时节，笔者又分别从敦煌、瓜州、哈密三地向莫贺延碛核心地带进行了实地调查，对古代道路及该地区的地理环境有了直观了解，并对新发现的一些遗址采集了碳十四测年样品，对玄奘迷途莫贺延碛也有了新的认识。现不揣冒昧，略成此文，以期求教于方家。

一　玉门关的几个问题

玄奘在瓜州时，打听到了西去路线："从此北行五十余里[⑥]有瓠𬬻河，下广上狭，洄波甚急，深不可渡。上置玉门关，路必由之，即西境之襟喉也。关外西北又有五烽，候望者居之，各相去百里，中无水草。五烽之外即莫贺延碛，伊吾国境。"[⑦]玄奘因身无过所，欲私渡关津，故在胡人石磐陀帮助下，从玉门关上游十里许、河岸阔丈[⑧]余处斩木为桥，布草填沙，驱马而过，开始了前往伊吾国的行程。围绕玉门关，这里面有几个问题需要注意。

（一）玉门关的位置

由于历史上曾发生过迁移，文献也多有龃龉，关于玉门关东迁后的位置众说纷纭，自陶

---

① ［英］斯坦因：《玄奘沙州伊吾间之行程》，冯承钧译，《西域南海史地考证译丛一编》，商务印书馆，1962 年，第 22—33 页。
② 周连宽：《大唐西域记史地研究丛稿》，中华书局，1984 年，第 15—21 页。
③ 李正宇：《玄奘瓜州、伊吾经行考》，《敦煌研究》2006 年第 6 期，第 82—91 页；《玄奘瓜州、伊吾经行再考》，《敦煌学辑刊》2010 年第 3 期，第 14—37 页。
④ 郑炳林、曹红：《唐玄奘西行路线与瓜州伊吾道有关问题考察》，《敦煌学辑刊》2010 年第 3 期，第 1—13 页。
⑤ 张坤：《玄奘行经伊吾考》，《敦煌研究》2019 年第 2 期，第 120—125 页。
⑥ 1 里为 0.5 千米。
⑦（唐）慧立、彦悰：《大慈恩寺三藏法师传》，孙毓棠、谢芳点校，中华书局，2000 年，第 12 页。
⑧ 1 丈约为 3.3 米。

保廉提出新玉门关位于双塔堡[①]，几乎成为学界主流观点。近年来又有王乃昂《唐玉门关地望新探——基于历史文献与考古遗存互证》[②]，王蕾《汉唐时期的玉门关与东迁》[③]以及侯杨方等《唐玉门关位置与玄奘偷渡路线的精准复原》[④]，从不同角度对玉门关的位置进行考证。

王乃昂从文献记载和考古资料合理性两方面论证了玉门关为今瓜州县“六工古城”遗址东侧小城，位于唐瓜州城西北百里之外，此说与《大慈恩寺三藏法师传》记载的玉门关位于瓜州城北五十里的方位、里程均不符合。为了调和这个矛盾，王乃昂将玄奘西行出发地由瓜州改到了榆林窟。王乃昂的论证过程文献翔实、考古资料充分，唯一的缺憾是玄奘的出发地并非其认为的榆林窟。《大慈恩寺三藏法师传》明确记载玄奘曾驻锡瓜州寺庙，王乃昂引用《瓜州锁阳城遗址》一书认为塔尔寺于西夏或元时所建，玄奘之时代并无塔尔寺，因此不可能驻锡于此。然而这个问题已被近年来的考古发掘工作所否定。2019年起，敦煌研究院、中国社会科学院考古研究所汉唐研究室和瓜州县文物局对塔尔寺遗址进行了系统考古发掘，根据现存墙体和出土文物判断，塔尔寺的建造年代应为隋唐时期[⑤]。另外，退一步讲，即便唐代无塔尔寺，但也无法证明瓜州城内无其他寺庙。因此，王乃昂“玄奘西行始于榆林窟”之说以及“六工古城为唐玉门关”之说均与玄奘记载相违。

王蕾承李正宇玉门关位于今马圈村小古城之说[⑥]，而侯杨方综合现场考察及文献记载后认为唐代玉门关应为今小宛破城子遗址，同时指出如玉门关位于马圈村小古城，过关后仍需转向西北，经由常乐县再向北渡过疏勒河，方能前往伊吾国，这与《大慈恩寺三藏法师传》记载亦不相符。笔者无意涉此玉门关位置之争，玄奘作为亲见玉门关的当事人，其记录应该相对可信，因此赞同由劳干提出的[⑦]、侯杨方论证的[⑧]玉门关位于小宛破城子的观点。

（二）瓠𤬖河的走向

玄奘所见玉门关置于瓠𤬖河上，故瓠𤬖河的位置与玉门关密切相关。现在关于瓠𤬖河的研究，多是建立在古、今瓜州一带地形地貌没有变化的前提基础上。但实际上河流的河道不可能一成不变，除了洪水或者河岸垮塌导致河流改道外，地球的自转偏向力对河流的河道也影响深远。北半球的河流，受地球自转偏向力的影响，顺着河流流向，河水对河流右岸的侵蚀作用会大于左岸。因此右岸往往形成侵蚀岸，地貌多表现为高岸峭壁；左岸往往形成沉积岸，地貌多表现为浅滩沙洲。经过河水长期对右岸

① 陶保廉：《辛卯侍行记》卷5，中国国际广播出版社，2016年，第214页。
② 王乃昂：《唐玉门关地望新探——基于历史文献与考古遗存互证》，《中国边疆史地研究》2020年第1期，第70—86页
③ 王蕾：《汉唐时期的玉门关与东迁》，《西域研究》2020年第2期，第96—108页。
④ 侯杨方、贾强、杨林：《唐玉门关位置与玄奘偷渡路线的精准复原》，《历史地理研究》2022年第3期，第101—109页。
⑤ 新华社：《考古证实：世界文化遗产点锁阳城遗址内的塔尔寺建于隋唐》，http://gs.news.cn/guoshe/2022—08/01/c_1128880444.htm。
⑥ 李正宇：《新玉门关考》，《敦煌研究》1997年第3期，第1—13页。
⑦ 劳干：《两关遗址考》，《历史语言研究所集刊》第11本，1943年，第287—296页。
⑧ 侯杨方、贾强、杨林：《唐玉门关位置与玄奘偷渡路线的精准复原》，《历史地理研究》2022年第3期，第101—109页。

的侵蚀，河流也会慢慢向右岸改道。具体对瓠𤬩河而言，由于向西而流，水流会长期侵蚀北岸，戈壁的砂石质地貌，也会加速河岸的崩解和改道过程，因此现在的瓠𤬩河河道绝非古代的瓠𤬩河河道。这便是不能以现在的河道地形地貌去寻找古代瓠𤬩河的原因。

侯杨方论证小宛破城子为唐代玉门关，瓠𤬩河为今疏勒河，小宛破城子残缺东南角即与瓠𤬩河的冲刷有关。从20世纪80年代的卫星影像上明显可以看到小宛破城子东侧有一条古河道向西南方向延伸，这条旧河道在随后的工农业生产中逐渐被填平。

（三）玉门关东迁时间

玉门关的东迁与新道路的开通有关。目前学术界普遍认为西汉玉门关位于敦煌以西的今“小方盘城”或马圈湾一带。李正宇提出汉廷将敦煌以西的玉门关迁至今瓜州一带是在东汉明帝永平十六年（73）、永平十七年（74）两次击破匈奴于蒲类海上，留吏士屯伊吾卢城，由此打通了河西前往伊吾的伊吾路之后[①]。李正宇所说的伊吾路即《后汉书·西域传》记载的“自敦煌西出玉门、阳关，涉鄯善，北通伊吾千余里，自伊吾北通车师前部高昌壁千二百里，自高昌壁北通后部金满城五百里”[②]的新道。这条新道东汉之时并未有效使用，因其要“自伊吾北通车师前部高昌壁”（学界多以车师前部高昌壁与伊吾同处天山南麓，西行即可到达，无须翻越天山绕行，因此将“北通”改为“西通”，实际上“北通”才是真实的路况，此问题不属于本文讨论范围），翻越天山经过蒲类海的匈奴势力范围，因此往往是无法通行的。另外，上无飞鸟下无走兽的戈壁荒漠，水草缺乏，使得汉廷无法建立起如敦煌汉塞、居延汉塞一般有效的塞垣体系——修筑障塞亭燧，设置都尉，用以传递信息、军事驻守。现在所谓的马莲井、大泉、红柳园、白墩子等几处间距30千米的“汉代烽燧”遗址，彼此无法相望，声息无法相通，面对来去无踪的匈奴骑兵，汉廷即便在此设置驿戍，也难以久留驻守。同时，李正宇在此发现所谓的“汉简”、剪轮五铢、麻鞋、开元通宝等物，是伊吾路始于东汉，后代陆续使用的证据，但并不能充分说明伊吾路在东汉之后的使用情况[③]。

实际上，东天山古伊吾一带，自有史记载以来大部分是游牧民族势力范围。两汉以至魏晋，东天山一带先后为月氏、匈奴、柔然所占据。因此，伊吾路虽自东汉开辟，后世文献鲜有其继续使用的明确记载。

“始月氏居敦煌、祁连间，及为匈奴所败，乃远去……”[④]，祁连为今天山[⑤]。月氏远去之后又为匈奴重要的游牧之地，借此以控制西域诸国，故汉军多次至东天山一带远攻匈奴。武帝元狩二年（前121），汉使骠骑将军霍去病，“过居延，攻祁连山，得胡首虏三万余人，裨小

① 李正宇：《新玉门关考》，《敦煌研究》1997年第3期，第1—13页。
② 《后汉书》卷八八《西域传》，中华书局，1965年，第2914页。
③ 李正宇：《“莫贺延碛道”考》，《敦煌研究》2010年第2期，第67—74页。
④ 《史记》卷一二三《大宛列传》，中华书局，2013年，第3810页
⑤ 王建新、王茜：《“敦煌、祁连间”究竟在何处?》，《敦煌研究》2020年第2期，第27—38页。

王以下七十余人。［索隐］曰：祁连一名天山，亦曰白山也”[①]。天汉二年（前99）秋，“贰师将军李广利将三万骑击匈奴右贤王祁连天山”[②]，得首虏万余级而还。征和三年（前90），“汉遣贰师将军七万人出五原，御史大夫商丘成将三万余人出西河，重合侯莽通将四万骑出酒泉千余里。……重合侯军至天山”[③]；东汉时期匈奴势力依然占据东天山，故汉军又多次攻打东天山呼衍王部[④]。至曹魏时，因伊吾道梗，不得不新开通敦煌至高昌的“新道”，“从燉煌玉门关入西域，前有二道，今有三道。从玉门关西出，经婼羌转西，越葱领，经县度，入大月氏，为南道。从玉门关西出，发都护井，回三陇沙北头，经居卢仓，从沙西井转西北，过龙堆，到故楼兰，转西诣龟兹，至葱领，为中道。从玉门关西北出，经横坑,辟三陇沙及龙堆,出五船北,到车师界戊己校尉所治高昌，转西与中道合龟兹，为新道”[⑤]。李正宇认为“前有二道，今有三道”的第三道为玉门关东迁后开辟的道路[⑥]，王蕾认为“前有二道，今有三道”均是始自旧玉门关[⑦]，笔者赞同王蕾的观点。

北魏前期，伊吾尚在游牧民族柔然统治之下，柔然极盛时“其西则焉耆之地，东则朝鲜之地，北则渡沙漠，穷瀚海，南则临大碛。其常所会庭，敦煌、张掖之北。小国皆苦其寇抄，羁縻附之”[⑧]。柔然除了阻断道路外，还多次骚扰河西，北魏也主动出击试图阻断柔然通西域的道路，但目的并未实现。因此《魏书·西域传》在记录的西域四道（实为两道）实际是来自出使西域使臣的报告，代表了北魏前期对西域的认知，当中并无东汉新北道。“其出西域本有二道，后更为四：出自玉门，渡流沙，西行二千里至鄯善为一道；自玉门渡流沙，北行二千二百里至车师为一道；从莎车西行百里至葱岭，葱岭西一千三百里至伽倍为一道；自莎车西南五百里，葱岭西南一千三百里至波路为一道焉。”[⑨]

直到孝文帝太和十二年（488），“蠕蠕伊吾戍主高羔子率众三千以城内附”[⑩]，北魏才领有伊吾。孝文帝太和二十一年（497），已地接北魏的高昌王马儒求举国内徙，请师逆接，北魏于是割新附之伊吾五百里以居高昌民众，并遣明威将军韩安保率骑千余接应。韩安保“至羊榛水，儒遣嘉、礼率步骑一千五百迎安保。去高昌四百里而安保不至。礼等还高昌，安保亦还伊吾。安保遣使韩兴安等十二人使高昌，

① 《史记》卷一一〇《匈奴列传》，第2908—2909页。
② 《史记》卷一〇九《李将军列传》，第3477页。
③ 《汉书》卷九四《匈奴传》，第3765页。
④ 张坤：《试论隋唐之际伊吾粟特人的来源——兼论丝绸之路新北道的使用》，沙武田主编：《丝绸之路研究集刊》第八辑，2022年，第211—222页。
⑤ 《三国志》卷三〇《魏书·乌丸鲜卑东夷传》引《魏略·西戎传》，中华书局，1964年，第859页。
⑥ 李正宇：《新玉门关考》，《敦煌研究》1997年第3期，第1—13页。
⑦ 王蕾：《汉唐时期的玉门关与东迁》，《西域研究》2020年第2期，第96—108页。
⑧ 《魏书》卷一〇三《蠕蠕传》，中华书局，1974年，第2290—2291页。
⑨ 《魏书》卷二六《尉古真传》，第658页。
⑩ 《魏书》卷七《高祖孝文帝纪》，第164页。

儒复遣顾礼将其世子义舒迎安保。至白棘城，去高昌百六十里”①。马儒被杀后，麹嘉继为高昌王，仍求内徙，“熙平元年（516），嘉遣兄子私署左卫将军、田地太守孝亮朝京师，仍求内徙，乞军迎援。于是遣龙骧将军孟威发凉州兵三千人迎之，至伊吾，失期而反。于后十余遣使，献珠像、白黑貂裘、名马、盐枕等，款诚备至，惟赐优旨，卒不重迎。三年（518），嘉遣使朝贡，世宗又遣孟威使诏劳之”②。太和十二年（488）之后，北魏已经长期稳定地领有伊吾，因此笔者认为伊吾路虽辟自东汉，但真正开通或者说发挥作用的时间节点是在“蠕蠕伊吾戍主高羔子率众三千以城内附”之后，玉门关也应是在这个时间后从敦煌以西迁至瓜州一带③，而非李正宇认为的东汉永平年间。

二 玄奘路途的考证

玉门关位置确定后，便是关于玄奘行经玉门关外五烽的位置问题。李正宇认为玄奘所经的五烽即是后来唐代文献中的“莫贺延碛路”，《元和郡县图志·陇右道》：“伊州，八到……西南至西州七百三十里。东南取莫贺延碛路至瓜州九百里。”④因要经过第五驿，敦煌文书《沙州都督府图经》（P.2005）中又称“第五道”。

新井驿、广显驿、乌山驿，已上驿瓜州捉。

右在州东北二百廿七里二百步，瓜州常乐界。同前奉敕移置，遣沙州百姓越界供，奉如意元［年］（692）四月三日敕，移就稍竿道行。至证圣元年（695）正月十四日敕，为沙州遭贼少草，运转极难，稍竿道停，改于第五道来往。又奉今年二月廿七日敕，第五道中总置十驿，拟供客使等食，付王孝杰并瓜州、沙州审更检问，令瓜州捉三驿，沙州捉四驿，件检瓜州驿数如前。

双泉驿，右在州东北四百七十七里一百六十步，瓜州常乐县界。沙州百姓越界捉。南去瓜州常乐县界乌山驿六十九里二百六十步，北去第五驿六十〔四〕里八十步。

第五驿，右在州东北五百一十一里卌步，沙州百姓越界捉。南去双泉驿六十四里八十步，北去冷泉驿六十八里卅步。⑤

根据《大慈恩寺三藏法师传》所记述的道里、方位，诸家对玉门关外五烽有不同的解读。斯坦因认为玄奘所过第一烽为白墩子，第二烽为红柳园，第三烽为大泉，第四烽为马莲井，

① 《魏书》卷一〇一《高昌传》，第1046页。

② 《魏书》卷一〇一《高昌传》，第1046页。

③ 王素同样认为伊吾路自东汉开通后一直处在游牧民族控制之下，对中原王朝和河西政权来说是不畅通的。见氏著《高昌史稿·交通编》，文物出版社，2000年，第176—216页。

④ （唐）李吉甫撰：《元和郡县图志·陇右道》伊州条，贺次君点校，中华书局，1983年，第1029页。

⑤ 郑炳林：《敦煌地理文书汇集校注》，甘肃教育出版社，1989年，第5—33页。

而第五烽为星星峡，并认为是距马莲井西北 30 英里（约 48 千米）的一处无名水草，当为玄奘寻觅不得的野马泉[①]。周连宽[②]、郑炳林与斯坦因的观点相同，郑炳林进一步认为野马泉为照壁山西侧的芦苇井子[③]。李正宇将玉门关外五烽确定为新井驿（今雷墩子）——广显驿（今白墩子）——乌山驿（今红柳园）——双泉驿（今大泉）——第五驿（今马莲井）[④]，将玄奘在第四烽西百里求之不得的野马泉亦定为今照壁山北侧的芦苇井子[⑤]。李并成承陶保廉之说，将玉门关外第一烽定在双塔水库分水口北部烽，第二烽为瓜州东北的石板墩[⑥]。

（一）烽燧位置的确定

玄奘在瓜州时，“或有报云”玉门关外相去百里有五烽，后来玄奘偷渡玉门关经八十余里见第一烽，说明玄奘确实是沿着五烽行进的，也说明第一烽不在玉门关附近。因此李并成的观点首先被否定。

郑炳林认为第四烽马莲井是《沙州都督府图经》中的“第五驿”，但此处的“第五”明显不是某个民族语言的音译，应该就是字面意思“第五个”，也就是“第五个驿站”。唐代官方命名此处驿站为“第五驿”，说明是从某个地方开始计算驿站数量的。参考《大慈恩寺三藏法师传》，“第五驿”应该就是玉门关外“第五烽”，将玉门关外第四烽命名为第五驿是不合常理的。因此，马莲井当非第四烽，只能是第五驿，这样只有李正宇的考证是合理的，这是马莲井不是第四驿的原因之一。

那第一烽是否真的在雷墩子呢？玄奘在胡人徒弟石磐陀的帮助下于玉门关所在的瓠𤬅河上游十里许偷渡过河，之后有两个选择：一是西北行，径直到今白墩子；二是西行，到李正宇认为的雷墩子一带。从距离来看[⑦]，如从玉门关上游十里许向西北的白墩子而行，直线里程在一百一十里之外，远非玄奘所谓的八十余里；如西行八十余里，减去偷渡处距玉门关的十里许，第一烽当在玉门关西七十里许，雷墩子恰在小宛破城子西七十余里处。而且第二日，石磐陀因“家累既大而王法不可忤”心生退意[⑧]，与玄奘周旋数里，使得玄奘不能全力行进，当日不会行进太远的距离，因此第一烽定为雷墩子是合适的。同时，需要指出的是，目前在今瓜州西部的荒漠（芦草沟下游古绿洲）中发现了大量的古城遗址，如巴州一号、二号古城，西沙窝一、二、三号古城，北路井古城以及魏晋时

① ［英］斯坦因：《玄奘沙州伊吾间之行程》，冯承钧译，《西域南海史地考证译丛一编》，第 22—33 页。

② 周连宽：《大唐西域记史地研究丛稿》，中华书局，1984 年，第 15—21 页。

③ 郑炳林、曹红：《唐玄奘西行路线与瓜州伊吾道有关问题考察》，《敦煌学辑刊》2010 年第 3 期，第 1—13 页。

④ 李正宇：《“莫贺延碛道”考》，《敦煌研究》2010 年第 2 期，第 67—74 页。

⑤ 李正宇：《玄奘瓜州、伊吾经行再考》，《敦煌学辑刊》2010 年第 3 期，第 14—37 页。

⑥ 李并成：《唐玉门关究竟在哪里》，《西北师大学报》2001 年第 4 期，第 20—25 页。

⑦ 由于古今 1 里代表的距离不同，笔者同意侯杨方的观点，暂以今 500 米为 1 里代替唐里。见侯杨方、贾强、杨林：《唐玉门关位置与玄奘偷渡路线的精准复原》，《历史地理研究》2022 年第 3 期，第 101—109 页。

⑧ 《唐律》：“越度缘边关塞：诸越度缘边关塞者，徒二年”，见刘俊文笺解：《唐律疏义笺解·卷八》（上册），中华书局，2015 年，第 669 页。

期的东乡县城（五棵树井古城），伊吾县城（巴州古城）等均位于汉长城遗址之南[①]，说明汉长城以北长期为荒无人烟的戈壁荒漠，而且汉长城在汉代之后长期还发挥着作用，第一烽设置于此玄奘才会看到军众百队、旌旗矟纛等戈壁才有的种种幻象。

（二）校尉王祥的身份

玄奘在第一烽下取水时，为烽上人所发现，箭几中膝。后玄奘受到佛教徒校尉王祥的款待，安睡一日，第二日王祥自送玄奘十余里，并指示路途。玄奘越过第二、第三烽，径直向其宗亲王伯陇所在的第四烽而去。

凡是有戈壁徒步经验的人都应该清楚，在四围空阔没有高山河流等标志物导引的情况下，虽望日而行，也是非常容易迷失方向的。从第一烽新井驿向北，地势渐高，是马鬃山西部余脉形成的“乌山”山系。王祥定是向玄奘指示了“乌山”某个具体的山峰，让玄奘望山而行，玄奘才能安全越过第二、第三烽向第四烽去。

王祥的身份在《大慈恩寺三藏法师传》中被称为“校尉”，根据唐兵部《烽式》，每烽有守卫烽燧者七人，置烽帅一人，副帅一人，烽子五人。“凡掌烽火，置帅一人，副一人。每烽置烽子六人，并取谨信有家口者充。副帅往来检校。烽子五人分更刻望视，一人掌送符牒，并二年一代，代日须教新人通解，始得代去。如边境用兵时，更加卫兵五人兼守烽城。无卫兵则选乡丁武健者给仗充。”[②]王祥能决定玄奘的去留，并亲自送玄奘西行指示路途，其本人应该是新井烽的烽帅无疑。

又，根据吐鲁番出土文书，唐代守卫烽燧者除了要警固烽燧，传递烽火外，还有营种近烽处依靠烽燧水源浇灌的田亩。吐鲁番阿斯塔那墓地 M226 出土的《唐开元十年伊吾军上支度营田使留后司为烽铺营田不济事》（节选）载“无田水，纵有者，去烽卅廿 //□□上，每烽烽子只有三人，两人又属警固，近烽不敢 // 不营，里数既遥，营种不济，状上者。曹判：近烽者，即 // 勒营种，去地远者，不可施功。当牒支度使迄……”[③]。从文书内容来看，由于伊吾军所属的部分烽燧人数不符合职数，烽子只有三人，两人又要戍守瞭望，故只能营种近烽处的田亩，远烽二三十里的田亩无力营种，因此向支度营田使留后司行文说明情况。支度营田使留后司属曹判文勒令营种近烽处田亩，远处田亩不可营种。另外吐鲁番文书中有大量伊吾军所属烽燧营田情况的文书，如《唐开元某年伊吾军典王元琮为申报当军诸烽铺斸田亩数事》《唐伊吾军牒为申报诸烽铺斸田所得斛斗数事》《唐伊吾军诸烽铺守贮粮食斛斗

---

① 李并成：《瓜沙二州间一块消失了的绿洲》，《敦煌研究》1994 年第 3 期，第 71—78 页。岳邦湖、钟胜祖：《疏勒河流域汉代长城考察报告》，文物出版社，2001 年，第 108—109 页；李并成：《魏晋时期寄理敦煌郡北界之伊吾县城考》，《敦煌研究》2003 年第 3 期，第 39—42 页；李并成：《瓜州新发现的几座古城址的调查与考证》，《敦煌研究》2017 年第 5 期，第 103—106 页。

② （宋）曾公亮、丁度：《武经总要·前集》卷五“烽火”条，明万历二十七年（1599 年）刻本。

③ 国家文物局古文献研究室、新疆维吾尔自治区博物馆、武汉大学历史系编：《吐鲁番出土文书》（六），新疆文化出版社，2017 年，第 250 页。

数文书一》《唐伊吾军诸烽铺守贮粮食斛斗数文书二》[①]。这充分说明唐代烽铺存在斸田制度，作为烽铺远离军屯，取粮困难的补充[②]。因此，组织烽燧营田也是烽帅的责任之一。王祥作为新井驿的烽帅，应该也是烽燧营田活动的组织者。

《沙州都督府图经》："新井驿、广显驿、乌山驿，已上驿瓜州捉。右在州东北二百廿七里二百步，瓜州常乐界。同前奉敕移置，遣沙州百姓越界供。"包括新井驿在内的三驿虽然在瓜州境内且由瓜州管理，但因为是由原来沙州至伊州的稍竿道迁移而来，后勤保障甚至上烽的烽子也仍由沙州负责供奉；故作为敦煌人的王祥，应是来自敦煌的府兵，在瓜州管理的新井驿充任烽帅，所以才想着将大唐首都长安来的高僧玄奘请至家乡敦煌去。

（三）第四烽与野马泉

玄奘在王祥指引下，越过第二、第三烽，并不是要走弓形路线，只需避开沿途烽戍即可。按照现在的地图来看，其中并没有省下多少里程。如果以一烽为一程计算，大概第三天下午或晚上便可到达第四烽，也就是《大慈恩寺三藏法师传》记载的玄奘夜至第四烽。为了防止生出事端，恐为留难，玄奘本想在烽下取水而过，谁料又被烽上人发现。好在玄奘向烽官王伯陇提到第一烽校尉王祥遣其来此，彼人欢喜留宿，为玄奘更换了能盛更多水的大皮囊，补充了马的草料，并在翌日指示玄奘不必过粗疏的第五烽，可于第四烽百里的野马泉取水。至此玄奘方开始了上无飞鸟下无走兽的莫贺延碛之行。

笔者 2021 年 9 月曾前往第四烽大泉调查。大泉位于马鬃山西部余脉的山脚下，因地势较低，山下有泉水伏脉涌出，笔者所见有泉池两眼，周围生长有茂盛的青草。今该地为"甘肃安西极旱荒漠国家级自然保护区大泉湿地"，泉东侧小山丘上建有保护区工作站。古代的道路从南而来，穿过保护区工作站西侧而北去，直达远处大头山东侧的马莲井，另一股折向西，是矿产开发形成的便道，基本沿着兰新铁路而行。保护区工作站向西约 120 米，有土高炉两座，南侧的高炉保存较好，北侧顶部已垮塌。保护区工作站北部古道两侧有房屋废址数间，偶可见墙址，并在地表分布有大量生活垃圾，其中可见破麻鞋、清代民窑青花瓷片、乾隆通宝、青砖等物。房屋废址北 50 米路西有东西向成排分布的五组地窝子，今仅剩基址。保护区工作站东约 300 米的山梁上，分布有烽燧一座，现仅存土坯垒成的基址，烽燧平面呈方形，边长 6 米，墙厚 0.8 米，门道位于西侧。该烽燧距西南侧的双泉直线距离 350 米，远在唐代弓箭射程之外，应非唐代的烽燧，据称 2007 年唐代原来的烽燧已被破坏。据保护区工作站人员讲，两座土高炉为 1958 年大炼钢铁时所建，地窝子为当时住所。两座泉眼的水曾作为工作站的生活用水，后因水草破坏，现在基本不用。2020 年下半年投放了几尾鱼，长势良好。

---

① 国家文物局古文献研究室、新疆维吾尔自治区博物馆、武汉大学历史系编：《吐鲁番出土文书（六）》，第 265—273 页。

② 程喜霖：《唐代烽堠制度研究》，三秦出版社，1990 年，第 271—280 页。

关于野马泉的位置，目前地图上大泉附近以野马泉（井）为地名，有三处：第一处在大泉东稍偏北 26 千米处的河谷中，第二在大泉西南约50 千米处的咸水沟附近，第三处在大泉北偏东 100 千米、星星峡东北 50 千米处的野马泉。从玄奘路途来说，由于是要去往西北方向的伊吾，因此不可能向东而行，第一处野马井可排除；位于西南方向的第二处野马井也可排除；第三处位于大泉北偏东的野马泉，还在第五烽以北，甚至不在驿道上，因此亦可排除。

李正宇、郑炳林所谓的野马泉——芦苇井子，在大泉西北的照壁山北麓。当我们站在大泉东侧的小山上眺望时，便知这个位置存在问题（图 1）。站在大泉东侧小山上北望，远处为横亘在戈壁中的东西向的大头山以及照壁山，两山在平坦的戈壁突兀耸立，非常高大，形如高墙，势如照壁。大头山与照壁山之间有缺口，出缺口向西即可到达芦苇井子。芦苇井子处在照壁山与其北部褶皱山丘形成的红柳河古河道内，由于地势低下，这条古河道自古就有。如芦苇井子是野马泉，那么不管第四烽是在大泉还是在马莲井，玄奘都不会错过。假设第四烽在马莲井，马莲井与芦苇井子同在大头山——照壁山北麓，王伯陇肯定会以这两座山为参照物，清楚地告诉玄奘只需沿山北麓西行就可轻松到达野马泉，根本不会迷路，这是马莲井不是第四驿的另一个原因。假设玄奘从大泉出发去找芦苇井子，王伯陇肯定会带玄奘登上烽燧所在的小山丘，指示玄奘望着两山缺口行进，过缺口后会有古河道拦路，沿着古河道向下游行进即可找到野马泉，玄奘也不会迷路。玄奘之所以在有高大参照物指引的情况下没有找到野马泉，不管芦苇井子水质如何，周围野马喜食的芦苇生长如何，恰说明野马泉不在今芦苇

图 1　大泉东侧小山北望，远景为大头山

井子处。

那么王伯陇口中距第四烽百里许而玄奘未找到的野马泉究竟在何处呢？今大泉西北约45千米，兰新铁路红柳河车站南约7千米，地理坐标北纬41° 28′ 7″，东经94° 44′ 26″，今地名“甜水井”即是唐代的“野马泉”（图2）。此处直线距离大泉90里，考虑到戈壁路途蜿蜒曲折，约在百里，符合王伯陇所说的距离。从地名可知此处的泉水可堪饮用，在一些地图中又被标为“马连泉”，周围遍布红柳、芦苇。2023年，笔者在红柳丛中发现了一座夹筑有红柳枝土坯垒砌的已经垮塌的高台建筑，推测可能为一座烽燧，被命名为甜水井遗址（图3）。由此北上可到达今苦水与唐代莫贺延碛道合，由此向西约50里穿过低矮的山丘可到达唐代沙州与伊州的分界——碱泉戍[①]。碱泉戍是稍竿道上的驿戍[②]，此处现存唐代大水烽燧，这条线路很可能也是东汉敦煌太守出击东天山伊吾地区匈奴的军事路线，笔者所见附近遍布泉源干涸后形成的盐碱地，生长有近百亩的芦苇，沿途的古道上有石堆垒砌的敖包，用以指示路途（图4）。王伯陇正是清楚野马泉距离稍竿道不远，所以才指示玄奘前往野马泉取水，并沿着有石堆标志物指引的稍竿道可到达伊吾，不然断不会让玄奘独自一人离开驿路徘徊于莫贺延碛。甜水井四周空阔，没有明显的标志物，西部都是十余米高的低矮山丘；前文已经指出，戈壁中在四周空阔没有高山河流等标志物导引

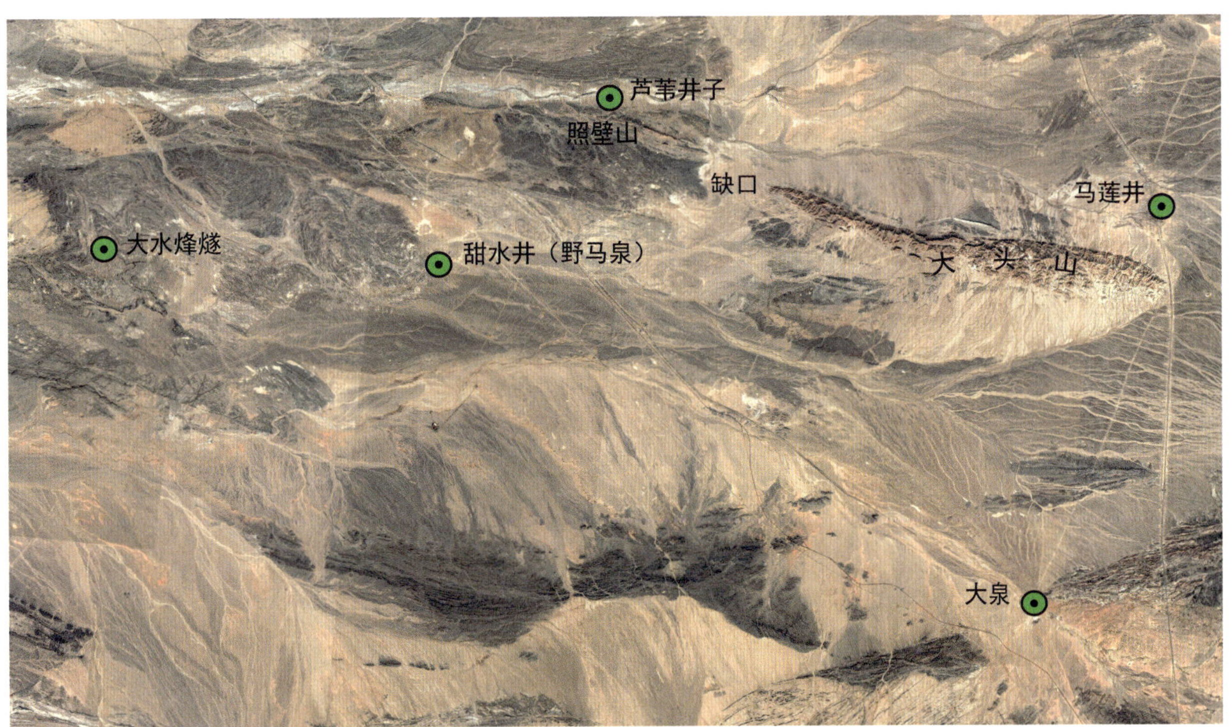

图2 第四烽至野马泉位置示意图

① （宋）乐史撰：《太平寰宇记·陇右道四》沙州条，“沙州，四至八到，……北至故碱泉戍三百三十六里，与伊州分界。”王文楚等点校中华书局，2007年，第2954页。

② （宋）乐史撰：《太平寰宇记·陇右道四》伊州条，“伊州，四至八到，……正南微东取稍［稍］竿馆路至沙州七百里。”第2962页。

图3 甜水井遗址

图4 稍竿道上的石堆

的情况下，虽望日而行，不但非常容易迷失方向，而且也是很难找到某个具体地点的。因此，玄奘没有找到野马泉也不足为奇。

（四）过野马泉后到伊吾的行程

玄奘西行百里失道，觅野马泉不得，仓皇之中更失手打翻皮囊，致使千里行资，一朝斯罄，后又遇风沙，陷入人困马乏不辨东西的窘境。始欲东归第四烽，行十余里又旋辔西进，"夜则妖魑举火，烂若繁星；昼则惊风拥沙，散如时雨。虽遇如是，心无所惧；但苦水尽，渴不能前。是时，四夜五日，无一滴沾喉；口腹干焦，几将殒绝，不能复进，遂卧沙中"[①]。第五夜半，忽有凉风触身，人马苏息，行十余里，幸得老马带至有草池处，人马得水，身命俱全，乃就草池停息一日，后经两日方出流沙至伊吾。

玄奘觅野马泉不得，后来的路程应该是迷失在了野马泉西北的乱山中，该山系从东北的星星峡（星星峡山）而来，北部止于兰新铁路景峡站以北，出景峡即为斯坦因所谓的"苦水附近的斜坡，烟墩的洼地"[②]。唐代在景峡口设有烽燧，今名景峡烽燧，坐标：北纬 41°52′，东经 94°18′。从景峡以北，西北到哈密东南的长流水，有一个宽约 80 千米的呈东北—西南走向，东高西低呈阶梯状的巨大地堑。东北始自天山尾闾、沁城以东的马鬃山地，西南直接倾斜到哈密盆地南侧、库木塔格沙垄北端的无名干涸湖泊，这一区域的戈壁洪水最终汇聚于此，在 19 世纪末 20 世纪初的一些地图中被称为"托里湖"。笔者 2021 年 9 月还在库木塔格沙垄北端见到了洪水消散后形成的泥淖湖盆。笔者与李正宇均认同斯坦因所说的玄奘后来行经于此地的观点，玄奘后来的行程，基本是沿着唐代稍竿道行进的。[③]

唐代虽然将稍竿道的驿站撤并到了莫贺延碛道，但由于经稍竿道前往伊吾较莫贺延碛道前往伊吾近了两百里，"伊州，……东南取莫贺延碛路至瓜州九百里，正南微东至沙州七百里"[④]，民间依然在行走使用。吐鲁番阿斯塔那墓地 M509 所出《唐开元二十年（732）瓜州都督给西州百姓游击将军石染典过所》[⑤]完整记录了西州百姓游击将军石染典持安西所给过所从安西往瓜州市易，后又持瓜州所给过所往沙州市易，并受到沿途悬泉守捉、常乐守捉等勘验，沙州市易结束又蒙沙州改给过所前往伊州市易的经过[⑥]。石染典持过所从沙州往伊州，应该是沿着稍竿道行进的，过所之上无碱泉戍、稍竿戍等稍竿道上的镇戍勘押，可能与之前停驿站，移就第五道往来之时将镇戍一并废去有关。这

① （唐）慧立、彦悰：《大慈恩寺三藏法师传》，孙毓棠、谢芳点校，中华书局，2000 年，第 17 页。

② ［英］斯坦因：《玄奘沙州伊吾间之行程》，冯承钧译，《西域南海史地考证译丛一编》，第 22—33 页。

③ 李正宇：《玄奘瓜州、伊吾经行再考》，《敦煌学辑刊》2010 年第 3 期，第 14—37 页。张坤：《玄奘行经伊吾考》，《敦煌研究》2019 年第 2 期，第 120—125 页。

④ （唐）李吉甫：《元和郡县图志·陇右道下》伊州条，贺次君点校，中华书局，1983 年，第 1029 页。

⑤ 国家文物局古籍文献研究室、新疆维吾尔自治区博物馆、武汉大学历史系编：《唐开元二十年（732）瓜州都督给西州百姓游击将军石染典过所》，《吐鲁番出土文书》（七），第 40 页。

⑥ 过所的解读据刘玉峰：《试论唐代的公验、过所制度与商品流通的管理》，《敦煌研究》2000 年第 3 期，第 160—168 页；程喜霖：《唐代过所研究》，中华书局，2000 年，第 94—98 页。

一点从德宗贞元年间《通典》成书时，碱泉戍已被称为“故碱泉戍”[①]也可证明。

明清时期稍竿道还一度有人行走。明代《肃镇华夷志·西域疆里》记载出嘉峪关赴哈密有三道，其中一道从沙州赴哈密，“一道自苦峪，歧而少，西经瓜州、西阿丹，六百二十里抵沙州，即罕东左卫，有水草。逾钵和寺七百里至哈密。地虽坦而迂曲，且无水草，人罕由之”[②]。这个里程与《太平寰宇记·陇右道四》记载的“伊州，四至八到：……正南微东取稍（稍）竿馆路至沙州七百里”一致，说明两者记述的是同一条道路。

清代乾隆年间《钦定皇舆西域图志》详细记录了稍竿道哈密境内地点具体里程，“柳树泉，地以水名，在哈密城南六十里，逾河而至，其东南六十里为哈什泉，又一百三十里为酤水，又八十里为大泉，一带山泉饶裕。”从玄奘两日至伊吾国境的时间来看，笔者原认同李正宇所说的玄奘人马俱得苏息的草池当在距哈密约二百里的景峡附近。但经2020年及2021年笔者两次实地调查后发现，此一路为戈壁荒漠，土地暄软，人足马蹄随走随陷，玄奘根本不可能达到日行百里的速度。以今日之地图度之，玄奘人马俱得苏息的草池当在今景峡西北30余千米的库鲁克山一带，此地为清代出哈密南湖至敦煌的第二站。柳树泉60里至哈什布拉克，再60里至于此。今残存有清代修筑的库鲁克墩烽燧，坐标：北纬42°10′17″，东经94°3′49″。而

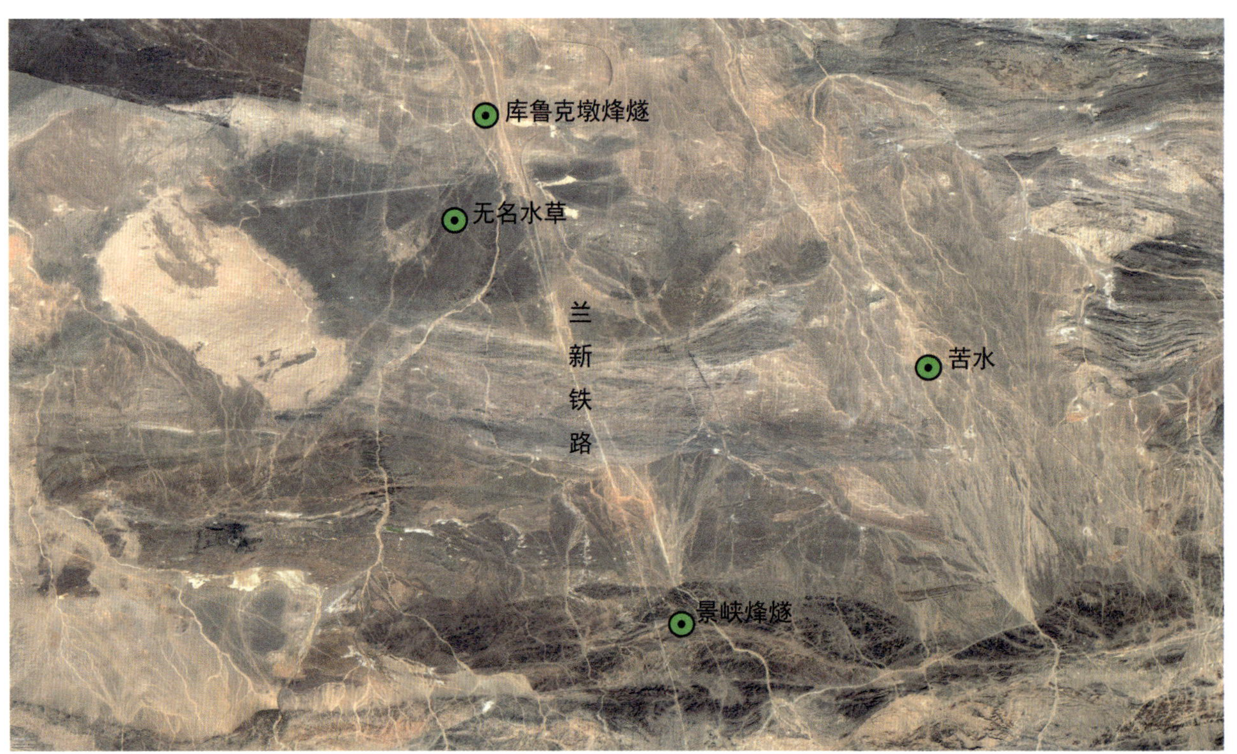

图5　无名水草位置示意图

① 《通典》卷一七四《州郡四》敦煌郡条，“北至故咸泉戍三百三十六里，与伊吾郡分界。”中华书局，1988年，第4556页。
② （明）李应魁：《肃镇华夷志校注》，高启安，邰惠莉点校，甘肃人民出版社，2006年，第58—59页。

拯救玄奘人马性命的草池当在今库鲁克墩烽燧南约 5 千米，兰新铁路山口火车站西约 5 千米的无名水草处，此处为地堑的边缘，有泉水出漏，坐标：北纬 42° 7′ 46″，东经 94° 4′ 20″。（图 5）从甜水井（野马泉）距此，直线距离二百六十七十里有余，再加上山路盘桓，则近三百里矣，玄奘在沙碛中有吃无喝，延宕四夜五日方至于此，时间里程大体相合。玄奘所经的这个地堑是哈密的两个著名风区之一，其一为哈密西部的十三间房风区，其二为此地的苦水戈壁风区。笔者在这两个风区都发现有大规模的风力发电机组——风车田。玄奘沿途所见“昼则惊风拥沙，散如时雨”正说明他经历了这一大风区，遭遇了有性命之忧的沙尘暴。清同治十二年（1873）冬，浏阳黎彤云观察献，带军出嘉峪关行至这个地堑北部的梧桐窝子附近，突遇大风，飞沙走石间人马吹失多人，遍寻未见[①]。

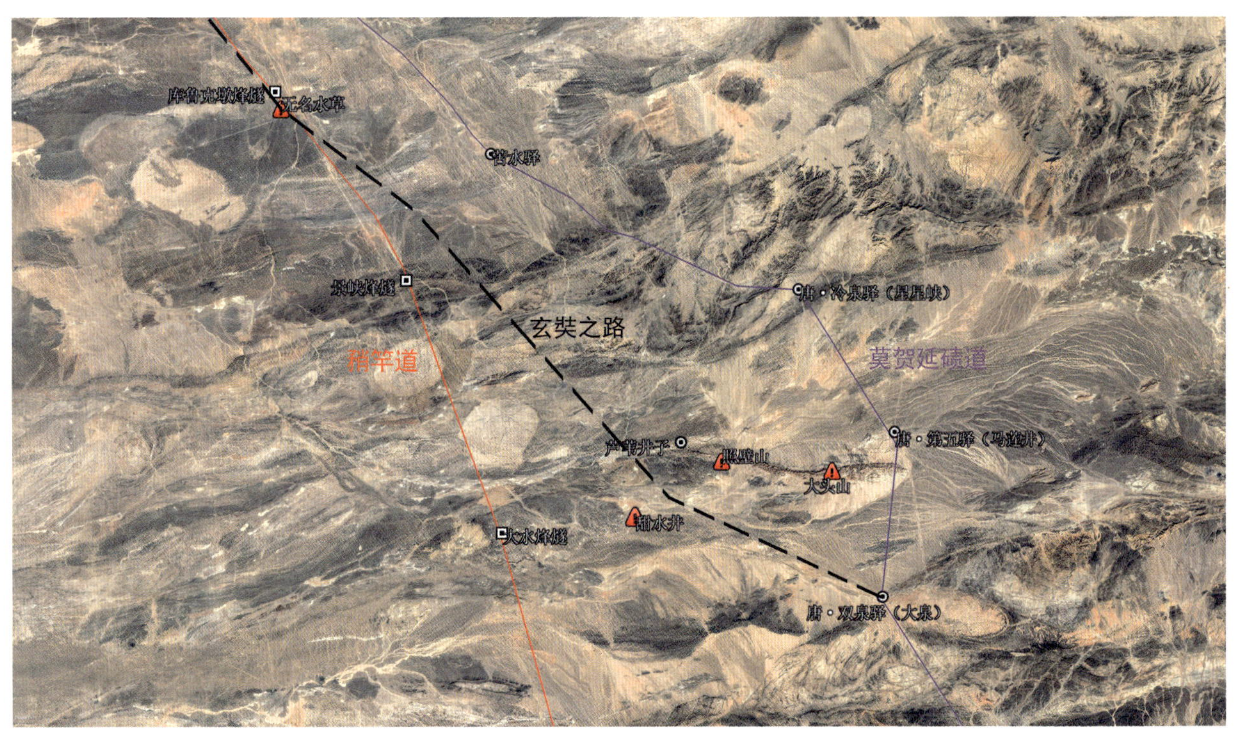

图 6　玄奘失道莫贺延碛路线示意图

结　语

笔者对玄奘失道莫贺延碛相关问题的考证，是建立在卫星影像、文献资料及实地调查的基础上，也是在践行清代《秦边纪略》作者梁份所说“凡书可闭户而著，惟地舆必身至其地”[②]的精神。我们在进行历史地理研究时，除了阅读文献资料外，不能完全以现在的地形地貌及

① （清）萧雄：《听园西疆杂述诗》卷四《风雪》诗，见王云五主编：《丛书集成（初编）》，商务印书馆，1935 年，第 102 页。

② 梁份：《秦边纪略》附录，赵盛世、王子珍、陈希夷校注，汤忠著《梁份年谱》引《与熊孝感书》，青海人民出版社，1987 年，第 462 页。

社会认知去判断古代的人和事，还应实地去考察自然因素、人为因素对地理环境的改造和破坏。

东汉开辟的新北道，在北魏清除东天山柔然势力，占领伊吾后终于贯通，原位于敦煌西部的玉门关也在此时东迁到了瓜州小宛破城子。玄奘偷渡玉门关外的第一烽，约在今瓜州西部的雷墩子一带，但考虑到瓠𬞟河改道后对下游遗址的潜在破坏，我们也无法完全肯定第一烽就在雷墩子，只能说在这附近一带。第一烽烽帅王祥指示玄奘望山而行越过第二、三烽，向第四烽双泉（今大泉）而去，双泉王伯陇又指示玄奘不必过第五烽，而选择去找寻第四烽西百里的野马泉（今甜水井），并由此可经后来的稍竿道到达伊吾。玄奘失野马泉而不得，又打翻水囊，遭遇沙尘暴，不得不在戈壁延宕四夜五日，在识途老马的带领下于库鲁克山附近的无名水草休息，此后经两日到达伊吾（图 6）。玄奘从第四烽到无名水草的行程，实际上是在稍竿道与莫贺延碛道之间穿行。

吐谷浑慕容智墓壁画复原浅析*

黄飞翔　刘兵兵

（甘肃省文物考古研究所）

2019年甘肃省文物考古研究所于武威市天祝藏族自治县岔山村发掘了吐谷浑喜王慕容智墓[①]。该墓葬未经盗扰，形制保存完整，出土遗物众多。墓葬的照墙、甬道两壁、墓室四壁及顶部均绘有壁画。虽然壁画脱落缺损严重，但残存的局部画面细节清晰可辨。对于唐墓壁画的研究学者多取材于唐代都城长安及京畿地区壁画墓，京畿以外地区由于发现数量少，关注和研究不够。此次发现的墓葬壁画作为研究吐谷浑历史及京畿以外地区唐墓特征的实物资料，尤为重要。因此本文尝试对墓葬残存壁画图像展开复原并做初步的分析讨论。

一　壁画概况

照墙壁画保存较好，为一幅独立的门楼图。甬道东、西壁，墓室东、北、南三壁残留部分图案，墓室西壁壁画已全部脱落缺失。甬道和墓室三壁皆绘人物图案，体量相当，人物之间并无图案点缀背景或做出间隔。因而，笔者在记录之初将甬道两壁与墓室四壁视为一个连接的整体，对残留画面进行统一编号、比对分析。墓室顶部残存星象图案，其与照墙壁画在位置、题材、体量上均与人物壁画不同，因而单独分析。

图1　门楼图修复完成图

* 2020年国家社科基金重点项目“武周时期吐谷浑喜王慕容智墓出土资料整理研究”（20AKG007）阶段性成果。

① 甘肃省文物考古研究所：《甘肃武周时期吐谷浑喜王慕容智墓发掘简报》，《考古与文物》2021年第2期，第15—38页。

1. 照墙壁画

绘门楼图一幅，位于甬道南口之上，高1.65米。墨线勾勒轮廓，整体为双层土木结构，建于台基之上。柱础、屋脊、门钉及铺首用墨涂以黑色，四处直棂窗施以淡蓝色。柱、椽及柱头铺作等皆施以朱红色。下层建筑正立面树四根柱子，覆盆式柱础，东西两间各开一扇直棂窗。转角柱头铺作可见两侧的栱，座斗中间横向外为一方木，补间饰人字栱。铺作之上为两重椽，从椽头细节观察，为圆木椽。坡顶两侧屋脊呈略微上翘的翼角，脊头饰双重瓦当。上层建筑正立面宽度略微缩小，补间改人字栱为两道直木，铺作之上为单层圆椽，脊头饰三层筒瓦。上层门楼屋脊中央矗立一葫芦状宝顶饰件，底座为较低平的覆钵（图1）。

2. 甬道及墓室四壁壁画

将甬道和墓室四壁视为一个整体，以甬道东壁—墓室东壁—墓室北壁—墓室西壁—墓室南壁—甬道西壁的顺序接连铺展开，将彩绘较为明显、分布较为集中的壁画残块自上而下依次编为1—66号。从残留人物的身体各部位图案分析，各壁彩绘人物高度相当，应在1.6米左右。以墓室东壁右侧人物明显的腰系蹀躞带位置为准，作为壁面图案的中部，此位置之上为上部，之下为下部，以此为本文记录描述的位置标准，将66块壁画残块进行统计（图2）（表1）。

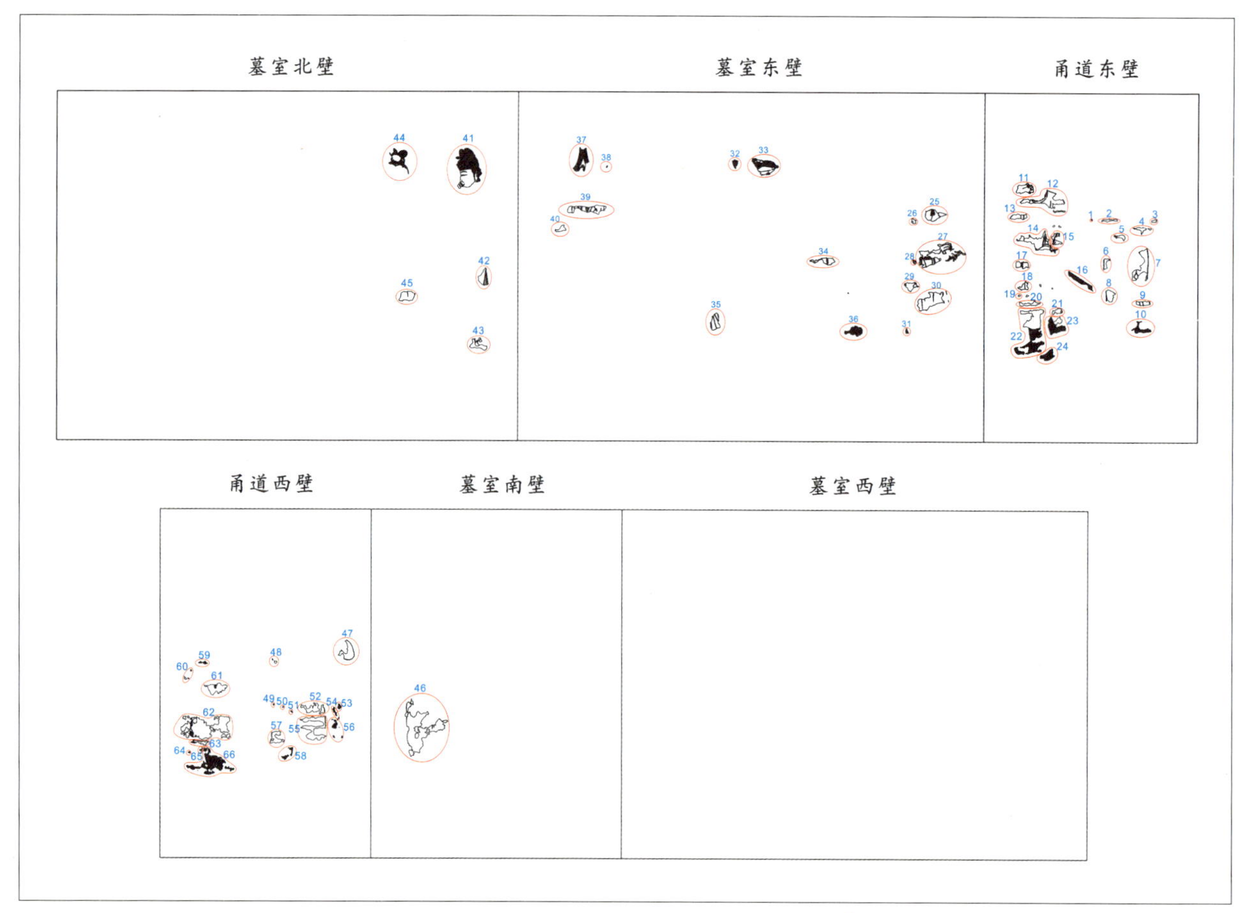

图2 甬道及墓室四壁残留壁画编号图

表 1　甬道及墓室四壁壁画残块统计

编号	位置	施色	残留图案形象
1	甬道东壁右上	淡蓝色	左边缘
2	甬道东壁右上	淡蓝色	右边缘
3	甬道东壁右上	淡蓝色	
4	甬道东壁右上	淡蓝色	
5	甬道东壁右中	淡蓝色、浅赭色	
6	甬道东壁右中	淡蓝色	左边缘
7	甬道东壁右中	淡蓝色	右边缘、衣摆衩口
8	甬道东壁右下	淡蓝色、浅赭色	左边缘
9	甬道东壁右下	淡蓝色	右边缘、衣摆开衩
10	甬道东壁右下	黑色	衣摆下边缘、靴鞠边缘
11	甬道东壁左上		人物面部轮廓
12	甬道东壁左上	朱红色	左右边缘、衣领轮廓
13	甬道东壁左上	朱红色	左边缘
14	甬道东壁左中	朱红色	小臂及右手轮廓、仪刀柄局部边缘
15	甬道东壁左中	朱红色	小臂轮廓
16	甬道东壁左中	黑色	仪刀局部
17	甬道东壁左中	朱红色	左边缘
18	甬道东壁左中	朱红色	左边缘
19	甬道东壁左下	朱红色	左边缘
20	甬道东壁左下	朱红色	左边缘
21	甬道东壁左下	朱红色	
22	甬道东壁左下	朱红色、黑色	右靴
23	甬道东壁左下	朱红色、黑色、淡蓝色	左靴、衣摆折角
24	甬道东壁左下	黑色	左靴局部
25	墓室东壁右上	浅赭色、淡蓝色	巾带垂脚、衣袖边缘
26	墓室东壁右上	淡蓝色	
27	墓室东壁右上	淡蓝色、浅赭色、黑色	衣袖边缘、右手、仪刀柄、蹀躞带
28	墓室东壁右上	朱红色、淡蓝色	
29	墓室东壁右中	淡蓝色、浅赭色	衣摆衩口
30	墓室东壁右中	淡蓝色	右边缘
31	墓室东壁右下	黑色	足靴局部
32	墓室东壁中上	黑色、淡蓝色	帽檐翘角及边缘
33	墓室东壁中上	黑色、淡蓝色、浅赭色	帽檐边缘及前额、人物右额及眉毛

续表

编号	位置	施色	残留图案形象
34	墓室东壁中中	朱红色	蹀躞带
35	墓室东壁中下	朱红色、浅赭色	衣摆开衩
36	墓室东壁中下	黑色	
37	墓室东壁左上	黑色、浅赭色	帽顶边缘及前额
38	墓室东壁左上	黑色	帽檐翘尖
39	墓室东壁左上	朱红色、淡蓝色、浅赭色	翻领边缘
40	墓室东壁左上	朱红色	右边缘
41	墓室北壁右上	黑色、浅赭色、朱红色	人物面部及幞头
42	墓室北壁右中	淡蓝色、浅赭色	衣摆开衩
43	墓室北壁右下	黑色、浅赭色	衣摆折角
44	墓室北壁右上	黑色	人物发髻
45	墓室北壁右下	朱红色	
46	墓室南壁左下	淡蓝色	左边缘
47	甬道西壁右上	朱红色	右臂边缘
48	甬道西壁右上	朱红色	左边缘
49	甬道西壁右下	朱红色	左边缘
50	甬道西壁右下	朱红色	
51	甬道西壁右下	朱红色	
52	甬道西壁右下	朱红色	右边缘
53	甬道西壁右下	黑色	刀柄环首
54	甬道西壁右下	黑色	胡禄（?）
55	甬道西壁右下	朱红色	右边缘
56	甬道西壁右下	黑色	胡禄（?）
57	甬道西壁右下	朱红色	左边缘
58	甬道西壁右下	黑色	右靴靴靿边缘
59	甬道西壁左中	黑色	
60	甬道西壁左中	淡蓝色	
61	甬道西壁左中	淡蓝色、黑色	蹀躞带
62	甬道西壁左下	淡蓝色、浅赭色、黑色	衣摆衩口
63	甬道西壁左下	淡蓝色、黑色	衣摆衩口
64	甬道西壁左下	黑色	右靴
65	甬道西壁左下	黑色	右靴靴靿边缘
66	甬道西壁左下	黑色	左、右靴

经过统计：编号 11、33、41、44 为明显的人物头部图案；编号 14、27 为明显的人物手部图案；编号 10、22、23、24、31、36、58、64、65、66 为人物足靴图案；编号 32、33、37、38、41 为人物帽冠图案；17、27、34、61 为蹀躞带图案；14、16、27、53、54、56 为佩带的仪刀及胡禄等武备图案。其余残块也有明显的人物服饰的衣领、开衩等图案。人物衣着主要为淡蓝色和朱红色，内衬为浅赭色。脚着软靴为黑色高靿皂靴。

3. 墓室顶部壁画

墓室顶部为四角攒尖式结构，整体用墨涂黑，其上绘出天象图案。墓顶东坡面偏下绘太阳图案，墨线勾勒边缘，内填涂朱红色，中间墨绘双翅展开的三足乌。位置与之相对的西坡面绘月亮图案，以一条弧线将月亮分为圆月和新月，圆月中墨绘一株桂树和玉兔捣药图案。从西北向东南跨过墓顶中部绘一条银河，先以浓度较高的白色线条描边，确定宽度范围，内部再填涂白色，较边缘线略淡，这也说明了白色银河图案是在墨黑底色之上绘制的。其余部分以白色、朱红色绘出圆点状星辰图案（图 3、图 4）。

二 壁画复原

1. 照墙壁画

门楼图所绘为一双层土木结构的门楼。下层台基正面绘两条墨线，线段东西两端平行接于垂线，画面呈台基的正面形象，两条线段为上下结构，极容易使观察者认为刻画的是门楼正面的护栏。通过对画面仔细观察，门楼明间柱子施彩在墨线之上，且门框下边缘紧贴墨线，则说明两条墨线表现的应是前后关系，为门楼基座带有俯视的顶面结构，这样与两侧的平行关系形成了透视的矛盾。结合东西两边墨线斜向内收，表示台基前大后小的透视关系，可知

图 3　墓室顶部东坡面图案

图 4 墓室顶部西坡面图案

正面两条墨线应表示为台基上平铺的护边石顶面的前后边缘，柱础正好压在石料之上。只是作画者略微画高了两边的垂线，斜收的边线原应与前面一条线段端点相接，这样则是正确的门楼正面结构，并非护栏结构（图 5、图 6）。

甬道口装有一副对开木门，矩形门框，门上饰五排十列铜泡钉，结构与门楼图绘画门扉结构相一致。门楼图下部绘制带有透视的台基结构，这样一来，将二维的平面门楼与三维立体的甬道形成了统一，甬道即为门楼的下部通道，照墙的门楼与下部的甬道共同组成了通往墓室的一座双层门楼建筑（图 7）。

2. 甬道壁画

通过对壁画残块进行细节观察和统计分析，甬道两壁各绘有两例人物图案，从甬道东壁的 11 号图案残块及 22、23、24 号皂靴图案，甬道西壁 64、65、66 号图案观察，判断这四例人物都朝向墓室内。东壁较为集中的 1—9 号与西壁较为集中的 60—63 号皆施淡蓝色，东壁较为集中的 12—15、17—23 号与西壁较为集中的 47—52、55、57 号皆施朱红色。靠近墓室方向的 14、16 号图案与 53、54、56 号图案为人物佩带

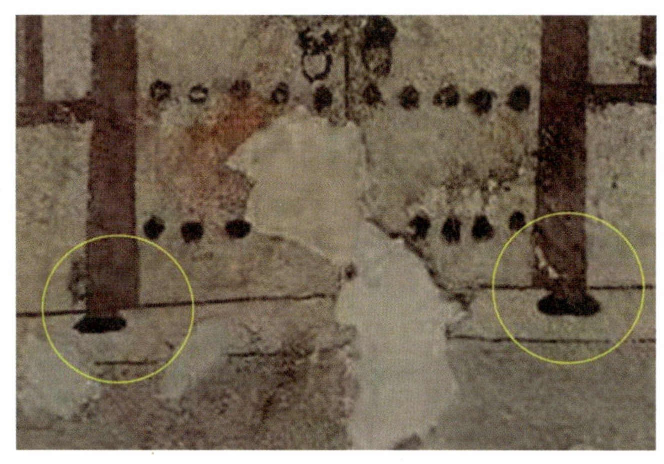

图 5 门楼图下层明间墨线细节

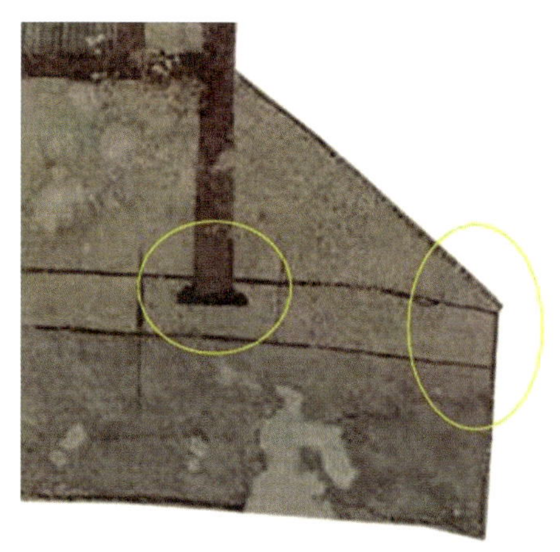

图 6 门楼图台基边缘墨线细节

图 7　门楼复原图

1、2 采自《甘肃武周时期吐谷浑喜王慕容智墓发掘简报》；3　门楼复原示意图

图 8　甬道东壁南部人物对比示意图

1　甬道东壁南部人物图案残块；2　懿德太子墓第三过洞西壁文吏

（采自冀东山：《神韵与辉煌：陕西历史博物馆国宝鉴赏（唐墓壁画卷）》，三秦出版社，2006 年，第 127 页）

仪刀及胡禄等武备。据此可知，甬道东西两壁人物皆朝向墓室内，对称布局，从南至北依次为着浅蓝色袍服的文吏形象、着圆领红袍的武士形象。

人物均以墨线勾勒轮廓，平涂色彩。从7、9、62号图案来看，袍服均在左侧开衩，衩口呈菱形，内填浅赭色。从14、15号残留人物左小臂及手背部分图案观察，衣袍为窄袖口，缠以绦带。从14、16号图案观察，武士手握仪刀，刀身涂以黑色。从53、54、56号图案观察，残存仪刀环首部分及部分胡禄图案，皆涂以黑色。脚着皂靴。由于残损缺失的原因，文吏持物及佩戴不明。结合以往发现唐墓壁画中的人物形象可知，文吏往往手持笏板，双手拱于胸前。武士所佩的武备往往悬系于腰部，垂于身体侧后方，因而得以部分保留（图8、图9）。

图9 甬道东壁北部人物对比示意图

1　甬道东壁偏北人物图案残块；2　懿德太子墓墓道西壁侍卫

（采自冀东山：《神韵与辉煌——陕西历史博物馆国宝鉴赏·唐墓壁画卷》，2006年，第116页）

3. 墓室四壁壁画

墓室四壁皆绘人物图案，但数量不一。东壁绘三例人物，北壁残留两例人物，从间距来看，原应多于三例人物。西壁壁画全部脱落缺失，绘画情况不明。同样从人物间距来看，南壁原应绘有两例人物图案。

东壁人物由于面部及双脚图案脱落缺失，因而人物朝向不明。从27、29、30号图案观察，偏南部人物应身着淡蓝色袍服。从27号图案观察，腰系蹀躞带、手按仪刀，该人物应为武士形象。从34、35、39、40号图案观察，中部和偏北部人物应身着朱红色翻领袍服。从32、33、37、38号图案观察，这两例人物所戴帽冠形制相同。据此可知，墓室东壁三例人物平均布局，从南至北依次为着淡蓝色袍服的武士形象、两例头戴尖顶胡帽身着朱红色袍服的

1　　　　2

图10　墓室东壁南部人物复原示意图

1　慕容智墓墓室东壁人物图案残块；2　潼关税村隋墓墓道东壁中段人物图案

（采自陕西省考古研究院：《壁上丹青：陕西出土壁画集》，科学出版社，2009年，第184页）

胡人形象（图 10、图 11）。人物均以墨线勾勒轮廓，平涂色彩。从 25 号图案观察，巾带填以淡蓝色，翻领内填以浅赭色。从 39 号图案观察，偏北部人物翻领左领填以淡蓝色，右领填以浅赭色。从 27、34 号图案观察，衣袖为圆形窄袖口，腰带束收，致使腰部左侧边线斜向内收，腰带及蹀躞带均涂以黑色，蹀躞带上镶嵌圆形饰物图案。手背及五指略施浅红色，小拇指上翘。手按仪刀顶首，下垂环首所系革带，皆涂以黑色。从 29 号图案观察，袍服在左侧开衩，衩口呈菱形，内填浅赭色。

从 32、33、37、38 号图案观察，帽冠为翻檐翘尖尖顶帽，整体呈倒扣的喇叭状。边缘上翻，呈波曲状，两侧向上形成翘尖。前额装饰

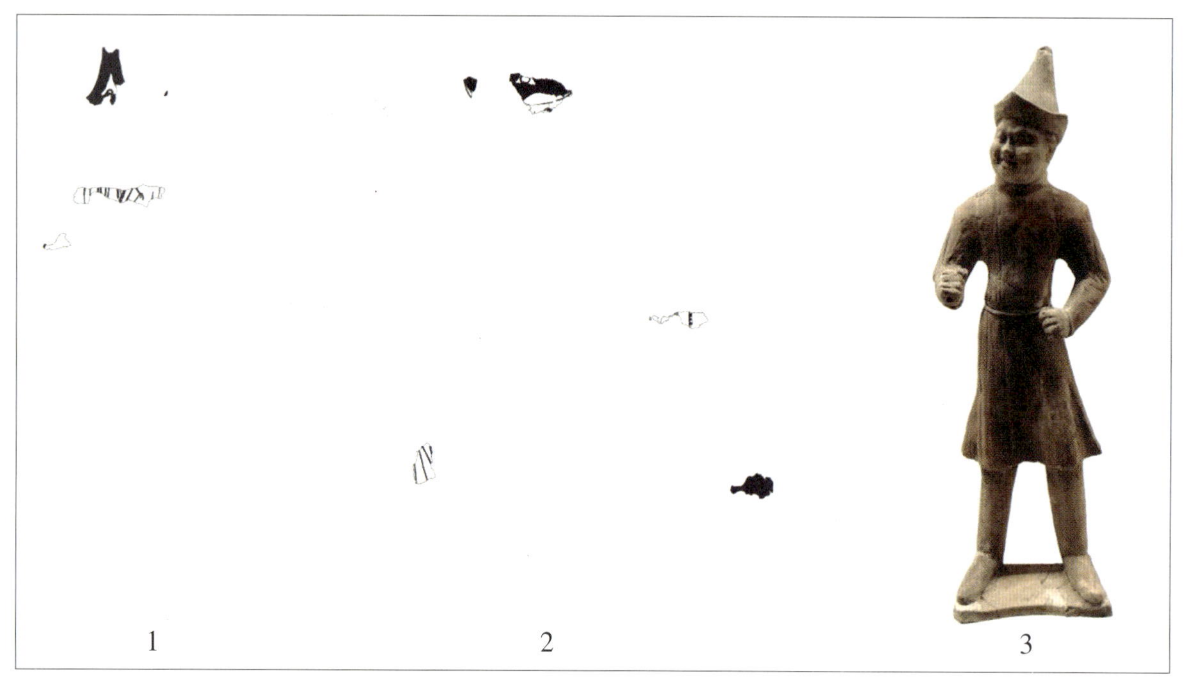

1　2　3

图 11　墓室东壁中部、北部人物对比示意图

1、2　慕容智墓墓室东壁人物图案残块；3　甘肃省博物馆藏唐胡人俑（笔者拍摄于甘肃省博物馆）

1　2　3

图 12　尖顶帽复原示意图

1、2　墓室东壁残留帽冠壁画残块；3　复原示意图

三角形饰物，填涂浅赭色，紧贴三角形下边中部饰以小圆形饰品。内衬施淡蓝色。（图 12）

北壁残留两例人物图案，从 41、44 号人物头部图案和 42、45 号图案观察，两例人物应分别为着淡蓝色袍服的男侍和着朱红色袍服的女侍形象。

从 41 号图案观察，男侍脸部朝向西南的侧面形象，头戴黑色幞头，顶部分瓣，略微前倾，幞头两脚向上绾系于前。脸颊及眼部施浅赭色，鬓发向后收拢。人物五官勾描清晰，眉清目秀。嘴唇闭合，涂以朱红。从 42 号图案观察，袍服在左侧开衩，衩口呈三角形，内填浅赭色。从 44 号图案观察，为明显的侍女发髻形象，将头发绾结成小圆球状于头顶，两侧向上各系一绺头发，在圆髻顶部再结两个小髻，整体呈“丫”形。（图 13、图 14）

南壁仅靠近甬道处残留一例人物图案，从 46 号图案观察，人物应身着淡蓝色袍服，保留

1　　　　2

图 13　墓室北壁属吏对比示意图

1　慕容智墓墓室北壁残留人物图案残块；2　节愍太子墓第三过洞北壁属吏

（采自陕西省考古研究院：《壁上丹青：陕西出土壁画集》，科学出版社，2009 年，第 298 页）

图 14　墓室北壁人物对比示意图
1　慕容智墓墓室北壁残留人物图案残块；2　房陵大长公主墓前室西壁侍女
[采自冀东山：《神韵与辉煌：陕西历史博物馆国宝鉴赏（唐墓壁画卷）》，2006 年，第 41 页]

袍服部分边线和衣褶线。

通过细节观察和对比分析，甬道壁画呈现出明显的对称布局特征，人物身份与形象较为一致，从甬道口向内依次为着蓝袍的文吏、着红袍的武士。墓室四壁人物在身份配置上并不一致，东壁绘三例男性人物，依次为武士形象、两个戴胡帽着胡服的胡人形象。北壁残留一男一女人物图案，男侍为典型的唐代侍臣着装。人物衣着颜色分配也无明显规律，东壁依次为淡蓝色、红色、红色；北壁依次为淡蓝色、红色；南壁为淡蓝色。（图 15）

4. 墓室顶部壁画

墓室顶部壁画是对宇宙天穹的模拟。整体用墨涂黑，其上绘出银河及日月星辰图案。太阳图案涂以朱红色，中间绘三足乌，月亮图案留白，中间墨绘桂树、玉兔捣药图案，跨过墓顶中部绘银河，其余部位以白色、朱红色绘出圆点状星辰图案。与此壁画相近的墓葬有潼关

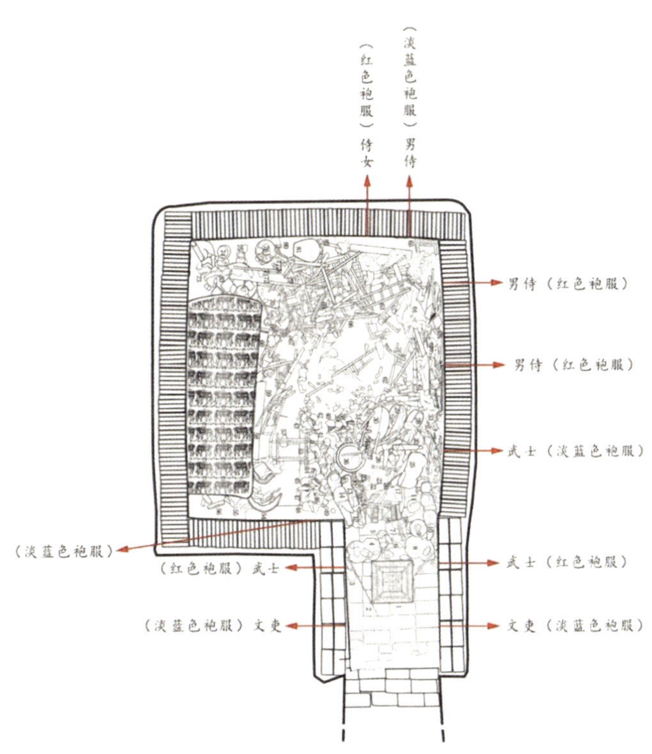

图 15　壁画分布示意图
（采自《甘肃武周时期吐谷浑喜王慕容智墓发掘简报》）

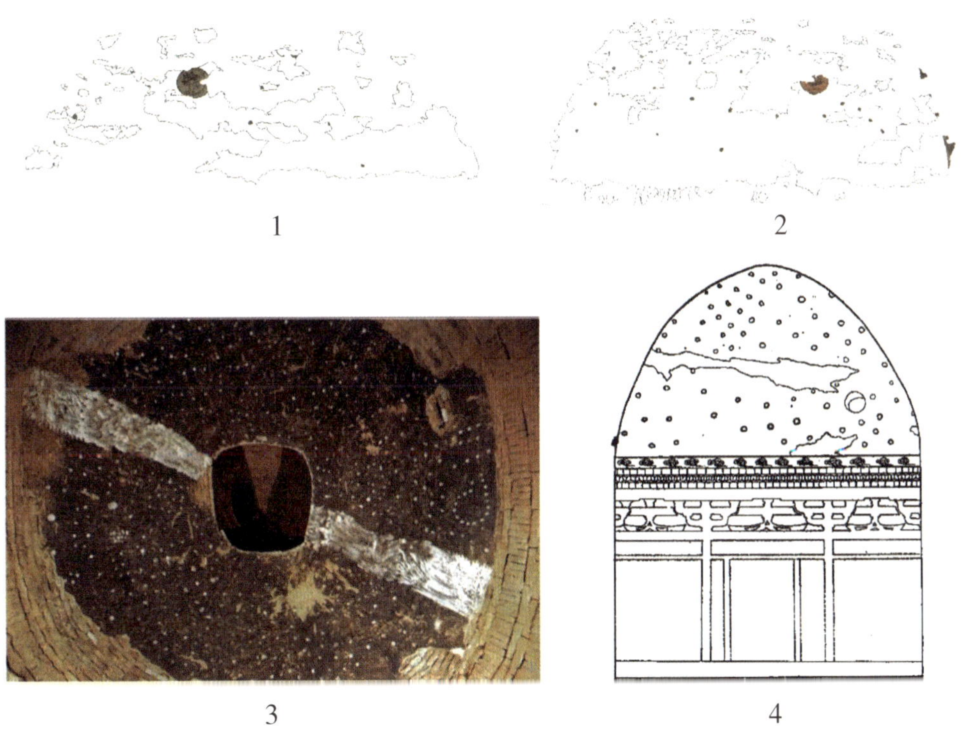

图 16　唐墓壁画星象图举例
1　慕容智墓顶部西坡面壁画；2　慕容智墓顶部东坡面壁画；3　潼关税村隋墓墓室顶部星象图；
4　李凤墓墓室西壁及顶面星象图

税村隋代壁画墓[①]、懿德太子墓[②]、永泰公主墓[③]、新城大长公主墓[④]、李凤墓[⑤]等（图 16）。这样的内容皆是汉代以来墓葬装饰的流行元素，汉代的宇宙天穹内容更加丰富多样，日月星辰、云气、仙人、翼兽、星辰连接出明确的星宿等。相较来看，唐代墓室壁画中的星象只保留了日、月、星辰、银河的组合样式。

三 壁画试析

该墓葬无天井、过洞，墓道无壁画。甬道两壁各绘两例人物，对称分布。墓室四壁绘文武侍者数量不一，人物之间并无图案间隔，亦无图案点缀背景。甬道人物的规律性与墓室四壁人物的无规律性存在明显差异，因而甬道和墓室虽无图案间隔，但在绘画内容上属两个不同单元。

据墓志所载，慕容智为吐谷浑跋勤豆可汗慕容诺曷钵第三子，曾入侍宫廷，官至左玉钤卫大将军。卒葬时间为天授二年（691），终年 42 岁，因此可知墓主慕容智生于永徽元年（650）[⑥]。归葬大可汗陵，即今之凉州南山。从墓葬形制及出土遗物分析，该墓葬构筑属典型的唐制。鉴于此，本文梳理西安地区已发掘的与墓主慕容智生卒年代范围相近、官职相当的壁画墓葬：阿史那忠墓[⑦]、郑仁泰墓[⑧]、苏定方墓[⑨]、李爽墓[⑩]、李勣墓[⑪]、安元寿夫妇墓[⑫]、元师奖墓[⑬]共 7 座，对墓葬壁画内容及在墓葬的分布做一统计，以资对比（表 2）。

根据统计可知，这一时期的墓葬壁画在墓道绘青龙、白虎、鞍马、牵驼、牛车、侍者、属吏等。甬道多绘男、女侍者。墓室四壁绘画有影作木构，柱间绘侍者。有人物与屏风画搭配出现，有乐舞图场景等。人物数量不一，内容和布局多样，整体上形式较为自由多变。对于这样的壁画特征，宿白先生在《西安地区唐墓壁画的布局和内容》[⑭]已经谈及，将西安地区唐墓壁画划分为五个阶段，第二阶段壁画墓葬的年代在永徽四年（653）至上元二年（675），本文所论正合于此。壁画发展处在“唐代壁画特征开始出现”阶段，前期绘于墓室内部四神图案的青龙白虎被安置在墓道两壁前端，农、牧、厨事题材壁画消失不见。墓室四壁新出现

---

① 陕西省考古研究院：《陕西潼关税村隋代壁画墓发掘简报》，《文物》2008 年第 5 期，第 20 页。
② 陕西省博物馆、乾县文教局唐墓发掘组：《懿德太子墓发掘简报》，《文物》1972 年第 7 期，第 29 页。
③ 陕西省文物管理委员会：《唐永泰公主墓发掘简报》，《文物》1964 年第 1 期，第 18 页。
④ 陕西省考古研究所、陕西历史博物馆：《唐昭陵新城长公主墓发掘简报》，《考古与文物》1997 年第 3 期，第 23 页。
⑤ 富平县文化馆、陕西省博物馆、陕西省文物管理委员会：《唐李凤墓发掘简报》，《考古》1977 年第 5 期，第 315 页。
⑥ 刘兵兵、陈国科、沙琛乔：《唐〈慕容智墓志〉考释》，《考古与文物》2021 年第 2 期，第 89-90 页。
⑦ 陕西省文物管理委员会、礼泉县昭陵文管所：《唐阿史那忠墓发掘简报》，《考古》1977 年第 2 期，第 132—138 页。
⑧ 陕西省博物馆、礼泉县文教局：《唐郑仁泰墓发掘简报》，《文物》1972 年第 7 期，第 33—43 页。
⑨ 陕西省社会科学院考古研究所：《陕西咸阳唐苏君墓发掘》，《考古》1963 年第 9 期，第 493—498 页。
⑩ 陕西省文物管理委员会：《西安羊头镇唐李爽墓的发掘》，《文物》1959 年第 3 期，第 43—53 页。
⑪ 昭陵博物馆：《唐昭陵李勣（徐懋功）墓清理简报》，《考古与文物》2000 年第 3 期，第 3—14 页。
⑫ 昭陵博物馆：《唐安元寿夫妇墓发掘简报》，《文物》1988 年第 12 期，第 37—49 页。
⑬ 宝鸡市考古队：《岐山郑家村唐元师奖墓清理简报》，《考古与文物》1994 年第 3 期，第 48—55 页。
⑭ 宿白：《西安地区唐墓壁画的布局和内容》，《考古学报》1982 年第 2 期，第 137—154 页。

表 2　同类墓葬统计

墓主	年代	官职	壁画内容		
			墓道	甬道	墓室
阿史那忠	上元二年（675）	右骁卫大将军（正三）、荆州大都督（从二）、上柱国（正二）、薛国公（从一）	青龙、白虎、鞍马、牵驼、牛车、侍卫		
郑仁泰	麟德元年（664）	右武卫大将军、上柱国（正二）、凉州刺史（正三）	鞍马、牵驼、牛车、侍女		
苏定方	乾封二年（667）	左骁骑大将军（正三）、邢国公（从一）	青龙、白虎、鞍马、侍卫、属吏	前甬道残存侍女足部图案	顶部绘星象
李爽	总章元年（668）	银青光禄大夫（从三）、太常伯（正三）	残存侍卫图案	属吏、侍女	影作木构、柱间各绘侍女、顶部绘星象
李勣	咸亨元年（670）	太子太师（从一）、太尉（正二）、扬州大都督（从二）、上柱国（正二）、英国公（从一）	残存马蹄及人物足部图案		东壁残存女乐 3 人、北壁东残存舞蹈 2 人、北壁西残存屏风 3 幅接西壁北 3 幅
安元寿夫妇	光宅元年（684）	右威卫将军（正三）、上柱国（正二）	侍女	前甬道绘侍者、侍女	
元师奖	垂拱二年（686）	都督（从二）、上柱国（正二）、开国男（从五品上）	残存 4 幅人物图案	甬道东壁残存 3 人、西壁残存 2 人皆为男侍，顶部朱砂绘几何图案	东壁、北壁绘侍女图，西壁、南壁绘屏风式花鸟树木图、顶部绘星象
慕容智	天授二年（691）	左领军将军（从三） 云麾将军（武官散阶，从三上）、左玉钤卫大将军（正三）		东、西壁各绘侍卫二人	东壁侍卫三人、南壁残存一侍卫部分袍服、北壁残存二侍者、顶部绘星象

图 17 房陵大长公主墓壁画侍女

1、2、3、5、7、8、10、12 为单圆形；4、6、9 为双“丫”形；11 为发髻边缘附加绾系

[采自冀东山：《神韵与辉煌：陕西历史博物馆国宝鉴赏（唐墓壁画卷）》，第 33–45 页]

影作木构、屏风、奏乐、舞蹈等题材，墓室装饰渐趋于宅院化。这一阶段壁画特征正是对前期传统的取舍，对自身风尚的追求。相较于开元前后墓葬壁画布局程式化、内容题材等级化的盛唐模式，慕容智墓壁画从内容到形式正符合京畿地区初唐墓室壁画的特征。

慕容智墓北壁残留侍女发髻应为回鹘髻，回鹘髻是在头顶结发成小圆揪状，类似于如今之“丸子头”。根据《新五代史·四夷附录》所记“妇人总发为髻。高五六寸，以红绢襄之；既嫁，则加毡帽。”①这种发髻在初唐上层贵族妇女之间特别流行。从房陵大长公主墓壁画侍女的发髻来看，回鹘髻也应有多种样式。最常见的是在头顶束结成较小的圆形发髻，另一类是在圆形发髻之上再分成两个小发髻，整体呈“丫”形，第三类即在单圆形发髻边缘绾结一绺头发，与束结的根部形成镂空，这样的造型使得人物形象更加活泼生动。（图 17）慕容智墓北壁残留发髻即回鹘髻的双丫形髻，又综合了以上三类回鹘髻的绾结方式。（图 18）

图 18 北壁残存侍女发髻

北壁残留另一男性人物图案，头戴黑色幞头，顶部分瓣，略微前倾，幞头两脚向上绾系

① （宋）欧阳修：《新五代史》卷七四《四夷附录第三》，中华书局，1997，第 916 页。

于前。《西安地区唐墓壁画所见男性服饰研究——以幞头及袍服为中心》[①]一文，通过分析西安地区有纪年的唐墓壁画图像，将幞头图像分为三期，结论较为可靠。文中第二期为唐上元二年（675）至神龙二年（706），相较于第一期和第三期，幞头最主要的特征是顶部变高，并出现了分瓣，明显有别于第一期的矮平顶和第三期的圆球状顶。（表3）从慕容智墓北壁残留此例黑色幞头的特征来看，正符合西安地区唐墓壁画中幞头第二期流行的特征。此幞头顶部略微前倾，属上引文中第三期流行的特征，因此可知幞头顶部前倾流行的时间应该早于神

表3　幞头分期表

分期	幞头形制	典型幞头图示	资料出处
第一期 唐上元二年（675）以前	幞头多为矮平顶，个别顶部较高，幞头脚为软脚，两脚于脑后下垂，个别两脚于脑后打结上翘，幞头颜色为黑色	段简璧墓第二过洞东壁南侧男侍局部	李寿墓、长乐公主墓、段简璧墓、新城长公主墓、郑仁泰墓、韦贵妃墓、李爽墓、房陵大长公主墓
第二期 唐上元二年（675） 至神龙二年（706）	幞头顶部出现分瓣，幞头脚仍为软脚，两脚于脑后下垂，个别两脚于脑后打结上翘，幞头颜色为黑色	韦泂墓墓室北壁男乐人局部	李凤墓、阿史那忠墓、安元寿墓、薛元超墓、元师奖墓、金乡县主墓（第一次下葬时所绘）、永泰公主墓、懿德太子墓、章怀太子墓、韦泂墓、苏君墓
第三期 唐神龙二年（706） 以后	幞头顶前倾、似球状，幞头脚仍为软脚，两脚于脑后下垂，幞头颜色多为黑色，新出现灰色、灰绿色幞头	朱家道村唐墓墓室西壁男侍局部	节愍太子墓、万泉县主薛氏墓、惠庄太子墓、金乡县主墓（二次所绘）、韦慎名墓、李宪墓、韦君胡夫人墓、苏思勖墓、唐安公主墓、南里王村唐壁画墓、朱家道村唐墓、陕棉十厂唐壁画墓

（采自《西安地区唐墓壁画所见男性服饰研究——以幞头及袍服为中心》）

① 杨宏军：《西安地区唐墓壁画所见男性服饰研究——以幞头及袍服为中心》，西北大学硕士学位论文，2010年。

图 19 北壁残存属吏幞头

龙二年（706）。（图 19）

墓室东壁两例人物头戴尖顶帽，通过对帽子外形的仔细观察，边缘呈波曲状，两侧向上翘起，帽身向上收成尖顶。再结合二人皆穿着翻领胡服，判断其样式应当属于胡帽。尖顶胡帽在西域地区各民族中较为流行，从出土的隋唐时期人物俑及壁画中人物戴帽形象看，尖顶帽大致可分为毡帽和皮帽，根据帽顶差异有直尖和圆顶帽，根据帽檐的差异有翻檐和卷檐帽。对比分析，东壁这两例尖顶帽应当为翻檐皮帽。慕容智墓室内出土四件胡人木俑，人物身着窄袖口翻领袍服，头戴翻檐帽，外翻檐角并非在两侧上翘，而是回折平贴，在两侧装饰有菱形图案，帽身向上收拢至顶呈扁尖状。结合甘肃省博物馆藏一件戴尖顶帽陶俑，身着窄袖口圆领袍服，帽檐外翻在两侧上翘成尖角。综合这两例胡帽形象，东壁壁画两例胡帽应为边檐外翻在两侧翘尖的扁尖顶胡帽。（图 20）

结 语

通过对残存画面的识读，与长安地区同类型墓葬壁画的比对，大致清楚了慕容智墓壁画绘制的内容及其特征的时代性——属墓室壁画的初唐模式。这为探讨归唐后吐谷浑人丧葬观念的转变提供了一方面的依据，并且填补了河西地区唐墓壁画研究材料的空缺。同时该墓壁画的图像样式表现出明显的中原与西北民族流行元素的融合面貌，其中的属吏幞头、尖顶胡帽、侍女发式等细节特征也为长安及其他地区唐墓同类图案流行的时间及类型等方面的认识起到了一定的补充和修正作用。

图 20 尖顶胡帽对比图

1 甘肃省博物馆藏陶俑；2 慕容智墓出土木俑；3 慕容智墓东壁尖顶帽复原示意图

吐蕃时期敦煌石窟吐谷浑人功德窟蠡测*

乔梓桐　蔡艺源　沙武田

（陕西师范大学历史文化学院）

引　言

历史上的敦煌地处丝绸之路要冲，不同民族、不同身份的人员在此往来交流十分密切。有据可查的历史表明，自汉代设郡以来，除汉族以外，也曾先后有大月氏、乌孙、匈奴、鲜卑、吐谷浑、吐蕃、回鹘、党项、蒙古族等少数民族在此繁衍生息甚至一度建立起有效的统治，经营敦煌；也能发现诸多以中亚粟特人为主的包括西亚、南亚等地异域民族的大量涌入。而对于敦煌石窟的考察，我们也可以明确，不同民族诸如粟特、吐蕃、回鹘，乃至曾经的敦煌地方统治者，如瓜州刺史李贤，东阳王元荣，建平公于义，归义军节度使张、曹家族皆有功德窟。值得注意的是，曾经广泛活跃于青海、河西以及新疆若羌、且末等地的吐谷浑人，唐朝时也曾在敦煌地区有大量分布，尤其敦煌吐鲁番文献中对吐谷浑人社会活动的记载甚多，同时吐谷浑人亦存在佛教信仰，但目前特别是伴随着青海都兰热水墓等一众吐蕃时期墓葬考古发掘研究不断深入①，周伟洲②、陈国灿③、齐东方④、冯培红⑤、郑炳林⑥、姚崇新⑦、沙武

* 基金项目：国家社科基金冷门绝学研究专项“敦煌壁画外来图像文明属性研究”（20VJXT014）；高等学校学科创新引智基地计划资助（Supported by the Project 111）“长安与丝路文化传播学科创新引智基地”（B18032）；2022年度陕西师范大学“长安与丝路文化传播”专项科研项目“唐长安对敦煌石窟影响研究”（YZJDA03）。

① 中国社会科学院考古所，青海省文物考古所主编：《热水考古四十年》，科学出版社，2021年。其中汇总了格桑本、韩建华、霍巍、仝涛、许新国、夏吾卡先、周伟洲等学者在墓葬族属、墓主身份、墓葬形制以及各类陪葬品、出土物等方面的系列研究。

② 周伟洲：《吐谷浑史》，宁夏人民出版社，1985年；《吐谷浑资料辑录》（增订本），商务印书馆，2017年；《吐谷浑墓志通考》，《中国边疆史地研究》2019年第3期，第65—79，215页。

③ 陈国灿：《武周瓜、沙地区的吐谷浑归朝事迹——对吐鲁番墓葬新出敦煌军事文书的探讨》，载敦煌文物研究所编：《1983年全国敦煌学术讨论会文集 文史·遗书编》（上），甘肃人民出版社，1987年，第1—26页；《武周瓜沙地区吐谷浑归朝案卷研究》，载氏著《敦煌学史事新证》，甘肃教育出版社，2002年，第167—197页。

④ 齐东方：《敦煌文书及石窟题记中所见的吐谷浑余部》，载北京大学中国中古史研究中心编：《敦煌吐鲁番文献研究论集》第五辑，1990年，第263—278页。

⑤ 冯培红：《从敦煌文献看归义军时代的吐谷浑人》，《兰州大学学报》（社会科学版）2004年第1期，第22—30页。

⑥ 郑炳林：《晚唐五代敦煌地区的吐蕃居民初探》，《中国藏学》2005年第2期，第40—45页；《晚唐五代敦煌吐谷浑与吐蕃移民妇女研究》，《敦煌归义军史专题研究三编》，甘肃文化出版社，2005年，第576—595页；《张氏曹氏归义军政权的胡汉联姻》，《敦煌归义军史专题研究三编》，第496—512页；《晚唐五代河西地区的居民结构研究》，《敦煌归义军史专题研究四编》，陕西出版集团、三秦出版社，2009年，第1—31页。

⑦ 姚崇新：《吐谷浑佛教论考》，载氏著《中古艺术宗教与西域历史论稿》，商务印书馆，2011年，第258—276页。

田[①]、杨富学[②]等一众学者对吐谷浑的研究在不同领域持续深入，却仍然无足以信服的证据证明晚唐五代以前的吐谷浑人在敦煌的开窟营建活动。

目前可以明确的是，五代榆林窟第 12 窟主室南北壁下部东侧起首延伸至西壁南北两侧分别绘“慕容夫妇出行图”，甬道南壁绘男供养人像四身、北壁绘女供养人像五身，并根据题记“皇祖检校司空慕容归盈”“曾皇妣曹氏一心供养”可断定本窟是五代慕容家族开凿的功德窟。同为五代宋时期的莫高窟第 98、202、256 窟窟内供养人题记同样涉及慕容氏供养人名号的出现。[③]这里的慕容氏即与曹氏有着姻亲关系，曾流寓瓜、沙并一度掌握瓜州大权的吐谷浑人后裔。他们有着比较强大的经济实力和在曹氏归义军政权中较高的政治地位，来到瓜、沙后较快地接受了先进的汉族文化，也逐渐参与到了敦煌石窟营建的队伍中来。那么我们不免产生疑问，与晚唐五代相邻近的吐蕃时期，是否有理由认为敦煌的吐谷浑人应当也有着洞窟营建活动？

笔者拟在考察唐代吐谷浑人在敦煌的活动情况以及其佛教信仰基础上，简要探析吐蕃时期吐谷浑人在敦煌营建洞窟的可能性，不揣谫陋，不当之处，敬希方家教正。

一　唐时期吐谷浑人在敦煌的历史活动

吐谷浑原属辽东慕容鲜卑族的一支，中古时期（约 3 世纪末 4 世纪初），鲜卑宇文部、慕容部和段部对于人口、牧场和牲畜的斗争十分激烈，实力较弱的慕容鲜卑处于劣势。而牧场的狭小又引发了慕容鲜卑内部慕容廆和吐谷浑二部的马斗，最终吐谷浑部远徙阴山，而后“属永嘉之乱，始度陇而西，其后子孙据有西零已西甘松之界，极乎白兰数千里”[④]。《册府元龟》中记载此事为“吐谷浑自晋永嘉之末始西渡洮水建国于郡羌之故地”[⑤]。吐谷浑即在永嘉末年继续西迁并建立聚落[⑥]。

有史记载，329 年左右叶延即位，是时建立起一套完善的管理国家的政治机构，建立政权，直至阿豺执政后吐谷浑政权不断向西、向南扩张从而进入强盛时期，并已知至迟在 5 世纪时在与西秦的对抗中实际控制了敦煌地区[⑦]，尤其是到伏连筹时“内修职贡，外并戎狄，塞表之中，号为强富。准拟天朝，树置官司，称制诸国，以自夸大”[⑧]。吐谷浑的势力一度深入新疆

① 沙武田、陈国科：《武威吐谷浑王族墓选址与葬俗探析》，《考古与文物》2021 年第 2 期，第 79—86，100 页。
② 杨富学、张海娟、胡蓉、王东：《敦煌民族史》，社会科学文献出版社，2021 年。
③ 冯培红：《从敦煌文献看归义军时代的吐谷浑人》，《兰州大学学报》（社会科学版）2004 年第 1 期，第 22—30 页；陈明：《慕容家族与慕容氏出行图》，《敦煌研究》2006 年第 4 期，第 25—31 页。
④ （唐）房玄龄：《晋书》卷九七《四夷列传》，中华书局，1974 年，第 2537 页。
⑤ （北宋）王钦若等编：《册府元龟》卷一〇〇〇《外臣部》，中华书局，1960 年，第 11740 页。
⑥ 《魏书》记载吐谷浑部自阴山继续西迁后达到的疆域“吐谷浑遂徙上陇，止于枹罕暨甘松，南界昂城、龙涸，从洮水西南极白兰数千里中。”参见（北齐）魏收：《魏书》卷一〇一《吐谷浑传》，中华书局，1974 年，第 2234 页。
⑦ 周伟洲：《吐谷浑史》，第 28 页。
⑧ 《魏书》卷一〇一《吐谷浑传》，第 2239 页。

东部的鄯善、且末地区[①]。这一局势一直持续到隋初，吐谷浑国内发生内乱，国势由盛转衰直至大业五年（609）为隋炀帝所征服。

（一）唐前期吐谷浑人在沙州的活动

隋大业末年至唐朝初年，吐谷浑伏允趁中原内乱，伺机复国，但此时的吐谷浑已无法与前期的强盛同日而语。武德至贞观前期吐谷浑与唐朝政府往来密切，一方面双方遣使往来合击李轨，发展互市贸易；另一方面，吐谷浑屡寇唐朝边境，阻碍唐与西域交通。面对吐谷浑的进犯，贞观九年（635）唐朝一改守势，击败吐谷浑，列其地为郡县，保存原来的王统和制度，扫清经营西域的障碍，此后双方进入了一个友好往来且较为和平的时期。

但应当关注的是自 5 世纪末 6 世纪初始吐谷浑控制了地处丝绸之路要冲的鄯善、且末，河南道一度取代河西道，成为内地连接西域最重要的交通道路，吐谷浑也成为其中的一个重要枢纽，占有极为重要的地位[②]。吐谷浑人的活动也必然频繁往来期间，活跃于丝路沿线的重镇。吐谷浑所占据之鄯善、且末地理位置，经由此地交通可向北抵高昌、焉耆，向南可直通益州，向西之于阗、疏勒乃至更西之中亚等地，向东则可经瓜、沙二州达中原内地，敦煌地区活跃有一定规模的吐谷浑人自然成为可能。隋灭吐谷浑后，在原吐谷浑之地设置西海、河源、鄯善、且末四郡，但隋代统治并不长久，很快便被吐谷浑伏允收复故地，其中应当就包括鄯善和且末二地。由此联系到贞观九年（635），经由唐王朝对吐谷浑的打击，吐谷浑对此地的控制被极大削弱。周伟洲先生借中亚粟特人康艳典率胡人入居鄯善一事指出，此时吐谷浑的势力应当已退居青海，但仍在该地留居、在沿线活动的吐谷浑人依然不在少数。[③]

唐高宗龙朔三年（663），强盛起来的吐蕃在大论禄东赞的率领下凭借原吐谷浑大臣素和贵的帮助击溃吐谷浑，其国领土尽失，“慕容诺曷钵与弘化公主引残落走凉州”[④]。在唐朝帮助吐谷浑复国计划失败后，吐谷浑作为一个部族，一部分归吐蕃统治，另一部分内徙依附于唐朝，其民散居于青海、甘肃、宁夏、陕西等地。而唐朝对于吐谷浑的管理一方面在咸亨三年（672）将逃至凉州的诺曷钵迁往灵州“安乐州”，不久又置“长乐州”，仍为吐谷浑部所居，应当是安乐州的诺曷钵部整体发展所致；另一方面则在与吐蕃交战的同时妥善安置吐谷浑中自吐蕃归唐者。史载：

（圣历二年）夏四月，赞婆帅所部千余

① 周伟洲：《吐谷浑史》，第 40—41 页。

② 罗新先生在其《王化与山险：中古边裔论集》中指出：“吐谷浑对塔里木东南缘的控制，实质上是在与嚈哒争夺丝路贸易的监护权。吐谷浑阻止了嚈哒势力的进一步东进，从而建立了从西域南道经青海地区至益州的吐谷浑之路。嚈哒势力在塔里木南缘受阻于吐谷浑，在塔里木北缘受阻于柔然，于是出现了嚈哒、柔然和吐谷浑三种势力分割环塔里木各绿洲国家的局面，三种势力间是否发生过军事冲突，已无从考证，但客观上形成了一种均势。”参见罗新：《吐谷浑与昆仑玉》，载氏著《王化与山险：中古边裔论集》，北京大学出版社，2019 年，第 114 页。

③ 周伟洲：《吐谷浑在西域的活动及定居》，载《吐谷浑资料辑录》（增订本），第 370 页。

④ （北宋）欧阳修：《新唐书》卷二一六《吐蕃传》，中华书局，1975 年，第 6075 页。

人来降，太后命左武卫铠曹参军郭元振与河源军大使夫蒙令卿将骑迎之，以赞婆为特进、归德王。钦陵子弓仁，以所统吐谷浑七千帐来降，拜左玉钤卫将军、酒泉郡公……（秋七月）丙辰，吐谷浑部落一千四百帐内附。[①]

此条记述699年在吐蕃统治下吐谷浑部内附唐朝的情况。《新唐书》又记："诺曷钵死，子忠立。忠死，子宣超立，圣历三年，拜左豹韬员外大将军，袭故可汗号，余部诣凉、甘、肃、瓜、沙等州降"[②]。而在如何处理这批内附吐谷浑人的问题上武则天采纳了凉州都督郭元振的提议，因地安置：

今降虏非强服，皆突矢刃，弃吐蕃而来，宜当循其情，为之制也。当甘、肃、瓜、沙降者，即其所置之。因所投而居，情易安，磔数州则势自分。顺其情，分其势，不扰于人，可谓善夺戎心者也。[③]

陈国灿先生也曾整理了一批吐鲁番新出"有关豆卢军的军务文书"，研究指出这批文书详细记载了武周时期吐谷浑在瓜、沙二州的归朝事件，并且瓜沙南境的吐谷浑部落如何与朝廷取得联系、瓜沙二州为迎接归朝的吐谷浑部而做了哪些准备和部署皆有迹可循。[④]到了开元十一年（723）另有一支吐谷浑部附沙州归朝："九月，壬申，（吐谷浑）帅众诣沙州降，河西节度使张敬忠抚纳之"[⑤]，这支归附的吐谷浑人很可能也被因地安置在沙州及附近的河西地区。

（二）唐朝中晚期寓居敦煌的吐谷浑人

天宝十四载（755）的安史之乱后，包括敦煌（敦煌陷蕃时间在781年）在内的河陇之地、安乐州、长乐州等地相继被吐蕃所控制，原本寓居于此的吐谷浑部落或继续东迁[⑥]。应当关注的是，这一时期大量吐谷浑部落仍继续生活在吐蕃统治之下，吐蕃治下的敦煌地区仍可发现吐谷浑人活动的痕迹，而且敦煌与吐谷浑部之间的往来应当不在少数。

有学者通过对吐蕃统治敦煌时期汉藏文献的梳理，将吐蕃统治敦煌时期生活在瓜沙地区的吐谷浑人分成两类：一类为早年弃蕃归唐的旧吐谷浑人；另一类为随吐蕃对唐作战而来的新吐谷浑人。吐蕃对两类不同的吐谷浑人采取的统治态度也是截然不同：新吐谷浑人作为吐蕃对唐作战的主力之一，身份地位较高，主要聚居在吐蕃统治河西的政治中心瓜州；而活动在沙州地区的旧吐谷浑人往往在吐蕃的严酷统治下受其驱使，身份地位低下[⑦]。在敦煌，吐谷

---

① （北宋）司马光：《资治通鉴》卷二〇六《唐纪二十二》"圣历二年"条，胡三省音注，中华书局，1956年，第6539—6540页。
② 《新唐书》卷二二一《西域传》，第6227页。
③ 《新唐书》卷二二一《西域传》，第6228页。
④ 陈国灿：《武周瓜沙地区吐谷浑归朝案卷研究》，载氏著《敦煌学史事新证》，第167—197页。
⑤ 《资治通鉴》卷二一二《唐纪二十八》"开元十一年"条，第6757页。
⑥ 对这段历史的详细记述可见周伟洲：《吐谷浑史》，第164—171页。
⑦ 周倩倩：《吐蕃统治敦煌时期的新旧吐谷浑人》，《敦煌研究》2022年第3期，第131—138页。

浑与吐蕃的矛盾在663年吐蕃灭亡吐谷浑尽收其地时就已显现，在不断地激化中引发了对吐蕃统治的强烈的不满，这在史书中不乏记载。7—8世纪陆续有吐谷浑人弃蕃归唐，之后又有阎英达统帅的退浑（吐谷浑）和通颊两个民族跟随张议潮在沙州起义推翻吐蕃统治更不难理解。

唐大中二年（848），沙州汉人豪强张议潮联合当地各部族起兵驱逐吐蕃势力，建立了以沙州为中心的归义军政权。随后，这支“蕃汉军队”四面出击，于咸通二年（861）克复凉州，势力达到极盛，东抵灵州、西接伊吾，基本扫除了河西地区的吐蕃势力，河西历史自此进入了一个新的阶段。应当关注，吐蕃统治时期，对吐谷浑人采取了“保存部落，驱以为用”的政策[①]。伴随着吐蕃的扩张，大量被征服的吐谷浑人也逐渐向北迁移，散居于敦煌及其周边地区。再加上在吐蕃统治敦煌时期以前已经迁徙到沙州附近的吐谷浑人及后裔，到张议潮起义时敦煌及周边地区吐谷浑部落的总人口当为数不少，同时也是沙州本地一股重要的政治军事势力。

归义军政权建立后，张议潮依旧沿袭吐蕃制度以部落的形式管理境内的吐谷浑人。荣新江先生认为，曾经出使长安的部落使阎英达就是吐谷浑（退浑）、通颊部落的代表[②]。这些吐谷浑部落很可能是吐蕃时期的军团部落，它们拥有兵器、甲胄、马匹，有丰富的作战经验，地位相对较高。这样的军事部落，战时为兵为精骑，平时农牧供赋役，对四周边境不宁的归义军十分重要，故归义军政权依照吐蕃旧制设置了“部落使”和“通判五部落副使”对其加强管理[③]。莫高窟第98窟北壁第五身供养人的题记“节度押衙知通判五部落副使银青光禄大夫检校国子祭酒兼御史士中丞上柱国杨神祐”与P.3481V《发愿文》中“大蕃部落使河西节度阎公”都是这个职位设置的体现。

敦煌西部的萨毗城常有吐谷浑人居住生活，S.367《沙州伊州地志》中记载“恒有吐蕃、吐谷浑往来”[④]。吐谷浑人在此地区活动由来已久，萨毗城毗邻鄯善地区，在其南，《魏书·吐谷浑传》《隋书·吐谷浑传》都载有：“地兼鄯善、且末”[⑤]。吐蕃势力退出西域后，吐谷浑人重新占领萨毗城，并与张氏归义军发生军事冲突，这场战争被记录并被改编为P.2962《张议潮变文》。其中就有“吐浑王集诸川蕃贼欲来侵凌抄掠，其吐蕃至今尚未齐集。仆射闻吐浑王反乱，即乃点兵，凿凶门而出，取西南上把疾路进军。……行经一千里已来，直到退浑国内……”[⑥]由此可见，时人称萨毗城为“退浑国”“吐浑”，据此可推测，此地居住的吐谷浑人较多，并且可能在此地已经建立了政权。敦煌以东地域也

---

① 杨铭：《论吐蕃治下的吐谷浑》，《青海民族研究》2010年第2期，第106—109页。
② 荣新江：《归义军及其与周边民族的关系初探》，《敦煌学辑刊》1986年第2期，第26页。
③ 冯培红：《从敦煌文献看归义军时代的吐谷浑人》，《兰州大学学报》（社会科学版）2004年第1期，第26—27页。
④ 李正宇：《古本敦煌乡土志八种笺证》，甘肃人民出版社，2008年，第242页。
⑤ （北齐）魏收：《魏书》卷一一〇《吐谷浑传》，第2241页；（唐）魏徵：《隋书》卷四八《吐谷浑传》，中华书局，1973年，第1842页。
⑥ 黄征、张永泉：《敦煌变文校注》，中华书局，1997年，第180页。

有吐谷浑人活动的记载。S.6342《张议潮咸通二年收复凉州奏表并批答》[①]中记载凉州“又杂蕃、浑”，此处的“浑”即是“吐谷浑”。S.389《肃州防戍都状》[②]记录了一位原居于甘州的龙家部落“退浑王”“拨乞狸”向嗢末求援共同驻守甘州，而后迫于缺粮率众退入肃州。

综合对以上有唐以来各时期吐谷浑人活动情况的梳理，至晚自5世纪末6世纪初吐谷浑控制若羌、且末以来，沙州地区很可能就已有吐谷浑人的活动痕迹，特别是吐谷浑为吐蕃灭后，其族众有相当一部分主动归唐被安置在瓜、沙及周边的河西地区；敦煌陷蕃之后的中晚唐，与瓜州跟随吐蕃入唐作战的吐谷浑人不同，沙州聚居的吐谷浑人奴役于吐蕃统治之下，为之后退浑和通颊部落随阎英达响应张议潮起义推翻吐蕃统治埋下伏笔。若视野进一步延伸至五代时，吐谷浑慕容氏成为曹氏归义军政权的重要支持者，双方互结姻亲关系密切，慕容氏甚至一度掌握瓜州政权，在归义军政权中占据着重要地位。可以知悉，唐朝时瓜、沙及周边地区一直存在较大规模的吐谷浑人活动并参与着唐朝与归义军政权，对当时社会历史进程产生着不可忽视的影响。

二 吐谷浑人的佛教信仰

吐谷浑立国时期的社会形态基本上面临多元信仰并存的格局，而吐谷浑所处时代又正处佛教在中国迅速传播发展时期，周边政权普遍深受佛教之影响，考虑到吐谷浑特殊的地理位置，可以认为吐谷浑对佛教传播起到过积极作用。但史书记载局限于南北朝时期的寥寥几笔且零碎，众多考古资料的应用较为局限，而从考古发现整合吐谷浑人墓葬、摩崖石刻、木质棺板画或可进一步形象地认知吐谷浑人在十六国至唐前期佛教信仰情况。

（一）吐谷浑王国时期

吐谷浑前期的佛教信仰，在史籍中确可找到相关记载。佛教传入吐谷浑时间至早可见《高僧传·释慧览传》：

> 释慧览，姓成，酒泉人。少与玄高俱以寂观见称，览曾游西域顶戴佛钵，仍于罽宾从达摩比丘咨受禅要。达摩曾入定往兜率天，从弥勒受菩萨戒。后以戒法授览，还至于填，复以戒法授彼方诸僧，后乃归。路由河南。河南吐谷浑慕延世子琼等敬览德问，遣使并资财令于蜀立左军寺，览即居之。[③]

此即能够说明至迟在慕利延被封为河南王时（439）吐谷浑王室中已经有人开始接受并信仰佛教，甚至已在蜀地专门立寺供僧。而后“慕延死，从弟拾寅立，乃用书契，起城池，筑宫殿，其小王并立宅。国中有佛法……子休运筹袭爵位。天监十三年（514），遣使献金装马脑钟二口，又表于益州立九层佛寺，诏许焉

① 唐耕耦、陆宏基主编：《敦煌社会经济文献真迹释录》第4辑，全国图书馆文献缩微复制中心，1990年，第363页。
② 唐耕耦、陆宏基主编：《敦煌社会经济文献真迹释录》第4辑，第488—489页。
③（梁）释慧皎：《高僧传》卷第一一《宋京师中兴寺释慧览》，汤用彤校注，中华书局，1992年，第418页。

……子佛辅袭爵位，其世子又遣使献白龙驹于皇太子[①]”。吐谷浑王室两次于蜀设立寺院，甚至天监十三年所立九层佛寺之规模更甚，且吐谷浑第十六代王之名佛辅（530—534年在位）佛教意味甚浓。

其间《高僧传·释玄畅传》又有载：

> 释玄畅，姓赵，河西金城人……至升明三年（479），又游西界，观矚岷岭，乃于岷山郡北部广阳县界，见齐后山，遂有终焉之志。仍倚岩傍谷，结草为庵。弟子法期见神人乘马，着青单衣，绕山一匝，还示造塔之处。以齐建元元年（479）四月二十三日建刹立寺，名曰齐兴……齐骠骑豫章王嶷作镇荆、峡，遣使征请。河南吐谷浑主，遥心敬慕，乃驰骑数百，迎于齐山。值已东赴，遂不相及。[②]

《南史》另一则材料：

> （六年）五月己卯，河南王遣使朝，献马及方物，求释迦像并经论十四条。敕付像并制旨《涅槃》、《般若》《金光明讲疏》一百三卷。[③]

姚崇新先生释读此二段史料认为《高僧传》所记当为第十二王拾寅或第十三王度易侯在位时吐谷浑对于高僧之虔敬，《南史》中河南王求像、求经一事正为第十八王夸吕时期，这段时期吐谷浑佛教得到了长足的发展，尤其是梁武帝时期达到鼎盛。[④]

吐谷浑王国时期吐谷浑人信仰佛教的痕迹更可见青海都兰热水鲁丝沟摩崖石刻，石刻题材主要为坐佛像、立佛像（图1）、马图像等[⑤]。经许新国先生考证鲁丝沟佛刻在造像题材、艺术特征和风貌上均具有早期特征，其年代应当在5世纪至6世纪上半叶左右，都兰一带在此时为吐谷浑人的根据地，因此鲁丝沟石刻只能是出自吐谷浑人之手。[⑥]更为有力的证据则是根

图1　鲁丝沟摩崖石刻 立佛像三尊 线图
（采自许新国：《鲁丝沟摩崖石刻图像考》，载《热水考古四十年》，第350页）

① （唐）姚思廉：《梁书》卷五四《诸夷列传》，中华书局，1973年，第810—811页。
② （梁）释慧皎：《高僧传》卷八《齐蜀齐后山释玄畅》，第314—316页。
③ （唐）李延寿：《南史》卷七《梁本纪中》，中华书局，1975年，第215页。
④ 姚崇新：《吐谷浑佛教论考》，载氏著《中古艺术宗教与西域历史论稿》，第262—263页。
⑤ 鲁丝沟摩崖石刻的三类石刻图像的内容以及佛像确定的依据，许新国先生在其文中已有十分细致的描绘，详见许新国：《鲁丝沟摩崖石刻图像考》，载《热水考古四十年》，第349—352页。
⑥ 许新国：《鲁丝沟摩崖石刻图像考》，载《热水考古四十年》，第354—355页。

据最新的考古调查，已经表明鲁丝沟和考肖图等地均发现有城址、墓葬和佛寺“三位一体”组合的相关遗存。①

南朝史书文献的记载以及佛教摩崖石刻的遗存当属吐谷浑信仰佛教的重要实证，二者相互印证。同时考虑到吐谷浑王国周边十六国五凉政权、北魏在不同程度信仰佛教，特别是此时的河西地区译经、营建石窟、僧人传法活动方兴未艾；以及同吐谷浑外交密切的南朝政权一度崇佛，佛教发展较为兴盛，或多或少会对吐谷浑人的信仰产生影响。而且吐谷浑人大力经营维护的“河南道”成为南北朝对峙时期中原南朝同西域往来的必经之路，从佛国高昌、于阗过吐谷浑境便可抵达益州，因此南朝与西域诸国的使者往来、商旅贸易多取道于此，西域与中原的僧人亦经此道往来传法。吐谷浑佛教的隆盛一定程度上自然离不开“河南道”在东西佛教文化交流中所发挥的不可替代的作用。

（二）吐谷浑邦国与内迁河西时期

龙朔三年（663）吐蕃攻陷吐谷浑，并扶持亲蕃的吐谷浑王巩固其在青海的统治，吐蕃佛教文化向青海地区传播，曾经的吐谷浑活动区在吐蕃的影响下佛教进一步发展，很可能影响了留居当地的吐谷浑人。《贤者喜宴》曾有记载依附吐蕃的吐谷浑王积极响应墀松德赞颁布的兴佛诏书②，而一众颇具代表性的敦煌、新疆发现的古藏文写本、简牍中的吐谷浑资料多为政治、经济等历史事件的记录，很难直观发现吐谷浑人信仰佛教的种种证据。但吐蕃统治青海两百余年间，该地区留下了大量吐谷浑人墓葬、遗址，其中的出土物或多或少保留了一些佛教因素，可以透过它们窥见佛教在吐谷浑人间的传播情况。

乌兰县大南湾遗址推定年代为南北朝至 11 世纪，其 F1 号房址，房内东侧放置 2 件莲花瓣形石柱础（图 2、图 3）。可以判定该柱础为覆盆式，其上铺八瓣莲瓣，颇具唐代风格③，可能受到了唐代中原佛教的影响。时代为 663 年至 8 世纪中期之前的乌兰泉沟一号墓，在其墓室后

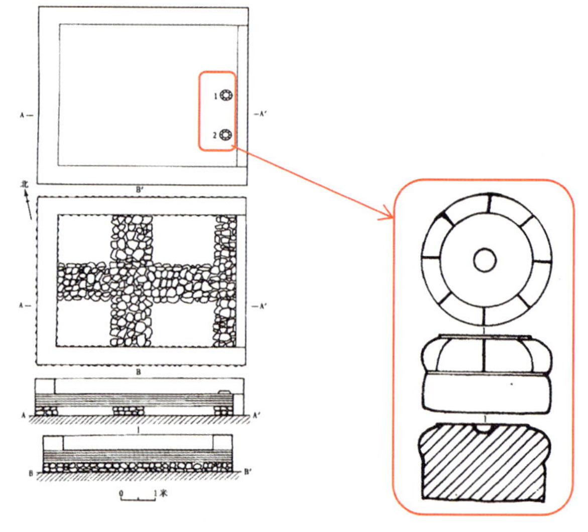

图 2 乌兰县大南湾遗址 F1 平、剖面图与莲瓣形石柱础（笔者据原图标注）
（采自青海省文物考古研究所：《青海乌兰县大南湾遗址试掘简报》，《考古》2002 年第 12 期，第 54—55 页）

① 中国社会科学院考古研究所等：《青海都兰县热水墓群 2018 血渭一号墓》，《考古》2021 年第 8 期，第 46 页；韩建华：《从“九层妖塔”到吐蕃化的阿柴王陵》，青海省社会科学院官网 http://www.qhass.cn/html/cms/guandian/12157.html，2021 年 12 月 15 日。

② 巴卧·祖拉陈哇：《贤者喜宴（མཁས་པའི་དགའ་སྟོན་）摘译》（九），黄颢译注，《西藏民族学院学报》1982 年第 4 期，第 35—36 页。

③ 青海省文物考古研究所：《青海乌兰县大南湾遗址试掘简报》，《考古》2002 年第 12 期，第 57 页。

图 3　乌兰县大南湾遗址出土唐代莲瓣形石柱础
（青海省博物馆藏，笔者拍摄）

图 4　乌兰泉沟一号墓出土龙凤狮纹鎏金银王冠
（采自中国社会科学院考古研究所等：《青海乌兰县泉沟一号墓发掘简报》，《考古》2020 年第 8 期，第 28、31 页）

室外侧墓坑壁上的暗格内的长方形木箱中，出土一顶龙凤狮纹鎏金银王冠（图 4），造型、纹饰独特，具备吐蕃时期金银器装饰的典型特征，但与常见的吐蕃赞普缠头冠不同。[①]还有意思的是该冠两侧面装饰各饰一凤立于莲花座上，莲花座以绿松石镶嵌仰莲花瓣，可能是佛教最为普遍的装饰题材进入了青海吐蕃时期的遗址或墓葬中。这并非个例，据学者研究都兰热水墓出土有一件带有大象图案的方形金饰片，周围环绕忍冬纹，大象背部鞍垫上饰有莲瓣纹、联珠纹图样[②]（图 5）；青海藏文化博物院的一批彩绘木棺板画的侧板上绘制有不同颜色、动作装饰相同的大象形象，大象似做奔跑状，象背上驮负一束腰覆仰莲座，座内托一圆球形宝珠（图 6），与郭里木乡出土吐蕃时期木棺板画属同一时期，这或许是透露了意识形态方面一些新的变化信息，带有某些佛教文化色彩。[③]

图 5　热水墓出土大象图案金饰片
［采自仝涛：《考古材料所见吐蕃时期青海地区的佛教信仰》，《中山大学学报（社会科学版）》2019 年第 5 期，第 150 页］

① 中国社会科学院考古研究所等：《青海乌兰县泉沟一号墓发掘简报》，《考古》2020 年第 8 期，第 19—37 页。
② 仝涛：《考古材料所见吐蕃时期青海地区的佛教信仰》，《中山大学学报（社会科学版）》2019 年第 5 期，第 150 页。
③ 孙杰、索南吉、高斐：《青海海西新发现彩绘木棺板画初步观察与研究》，《丝绸之路研究集刊》第二辑，商务印书馆，2018 年，第 284—285 页。

图 6　青海藏文化博物院藏木棺板画上的大象形象
（青海藏文化博物院藏，笔者拍摄）

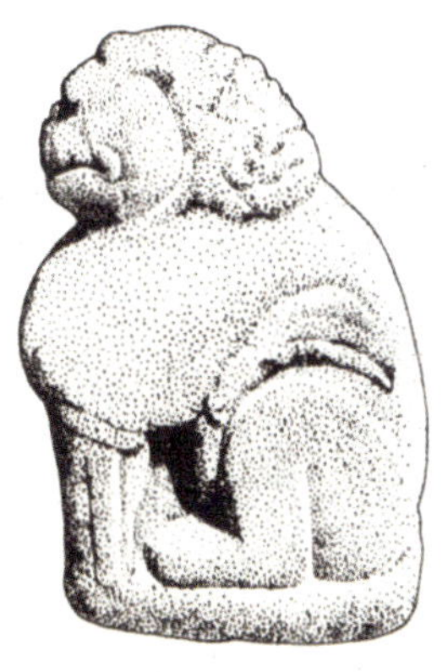

图 7　青海都兰考肖图遗址出土石狮（左：雄；右：雌）
（采自汤惠生：《略说青海都兰出土的吐蕃石狮》，《热水考古四十年》，第 375 页）

吐蕃时期都兰考肖图遗址（年限约在 8 世纪中期—9 世纪中期）或被证实存在吐蕃时期以佛塔为中心的寺院建筑，且佛塔造型模仿了藏地吐蕃样式佛塔，并出土众多“擦擦（sac-cha）”[①]。这与当时青海吐谷浑故地成为吐蕃重要的统治区以及在中原、河西和卫藏地区的影响下而成为佛教弘传中心的时代背景与宗教环境相一致，无疑成为留居故地且生活在吐蕃统治下接受吐蕃佛教输入的重要实证。应当注意考肖图遗址中原有一对吐蕃早期石狮（图 7），系典型的吐蕃或藏式风格，而吐蕃石狮的特征也主要来自中原。[②]考虑到狮子在佛教中是最具有标识性的动物之一，多安置于吐蕃时期的重要宗教场所，或作为镇墓兽出现于墓葬陵寝，如山南桑耶寺乌孜大殿正门外侧的一对彩绘石狮（图 8）、青海玉树大日如来佛堂莲座下狮子形象（图 9）、山南地区大兴佛教的赤松德赞墓葬东西两侧各有一石狮面向墓冢（图 10）、青海都兰热水墓附近一处寺庙发现一尊石狮（图 11），或言是出土都兰血渭墓地，以及海南州兴海县出土一唐代卷叶狮纹方砖（图 12），显示出浓厚的佛教氛围，并由此可见吐蕃佛教在传播过程中作为佛教象征的狮子形象已广泛融入世俗社会生活。

都兰热水血渭一号墓 1 号殉马坑曾出土一件镶有镀金银片的木质容器，经复原推断其应

① 仝涛：《丝绸之路上的疑似吐蕃佛塔基址——青海都兰考肖图遗址性质刍议》，《中山大学学报》（社会科学版）2017 年第 2 期，第 102—104 页。

② 对于考肖图遗址出土吐蕃石狮的形貌特征，汤惠生先生在《略说青海都兰出土的吐蕃石狮》一文中有具体描述，就吐蕃石狮的几个主要特征，如额头塌陷、嘴上有胡须、背脊有线、尾巴从一侧反卷上来、蹲踞式、波浪形的鬣毛指出这种吐蕃风格应直接来自中原。

图 8　桑耶寺石狮
（采自夏吾卡先：《吐蕃石狮子考古调查及相关文化研究》，《西藏研究》2017 年第 2 期，附图 1）

图 9　青海玉树大日如来佛堂莲座下狮子（线描图）
（采自青海省文物考古所等：《青海玉树贝沟大日如来佛堂佛教石刻调查简报》，《藏学学刊》2019 年第 1 期，第 15 页）

图 10　赤松德赞墓葬石狮
（采自夏吾卡先：《吐蕃石狮子考古调查及相关文化研究》，《西藏研究》2017 年第 2 期，附图 2）

图 11　都兰热水出土石狮
（采自夏吾卡先：《吐蕃石狮子考古调查及相关文化研究》，《西藏研究》2017 年第 2 期，附图 7）

图 12　兴海县出土唐代卷叶狮纹方砖
（青海省博物馆藏，笔者拍摄）

当是瘗藏舍利的小型棺椁，饰以立鸟、凤鸟以及大片的忍冬卷草纹（图 13），年代大致为盛唐时期（7 世纪末至 8 世纪初）。在这样一个吐蕃时期吐谷浑墓葬出土前弘期的佛教物品无疑是来自异域的佛教舍利信仰和崇拜已然被吐蕃佛教所容纳，而埋藏于殉马坑非佛塔地宫很可能是"丧葬殉牲"这一苯教葬俗的反映。这说明埋葬于血渭一号墓的吐谷浑墓主在吐蕃的统治下，接受了来自吐蕃的佛教文化与土俗信仰。

综合以上对吐蕃控制青海时期吐谷浑人活动中心区墓葬与遗迹的考察、梳理，无一不在说明这一区域并非佛教传播的空白区，可以预见随着吐蕃对都兰、乌兰等地控制的加强，吐蕃佛教文化极大地影响了当地吐谷浑人的宗教信仰，佛教传播氛围日趋浓厚。同时据上文所述吐谷浑陷蕃后当时的吐谷浑王室奔走凉州，且 7—8 世纪陆续有吐谷浑人脱离吐蕃统治在河西各地归附唐朝，以武周时瓜、沙二州吐谷浑归朝事件为典型。武威发现的武周时期吐谷浑王族墓已然在唐王朝政治体制下呈现出唐代前期、中期高等级官员墓葬的随葬特征，汉化明显。但在墓址的选择与葬俗上还保留着较为明

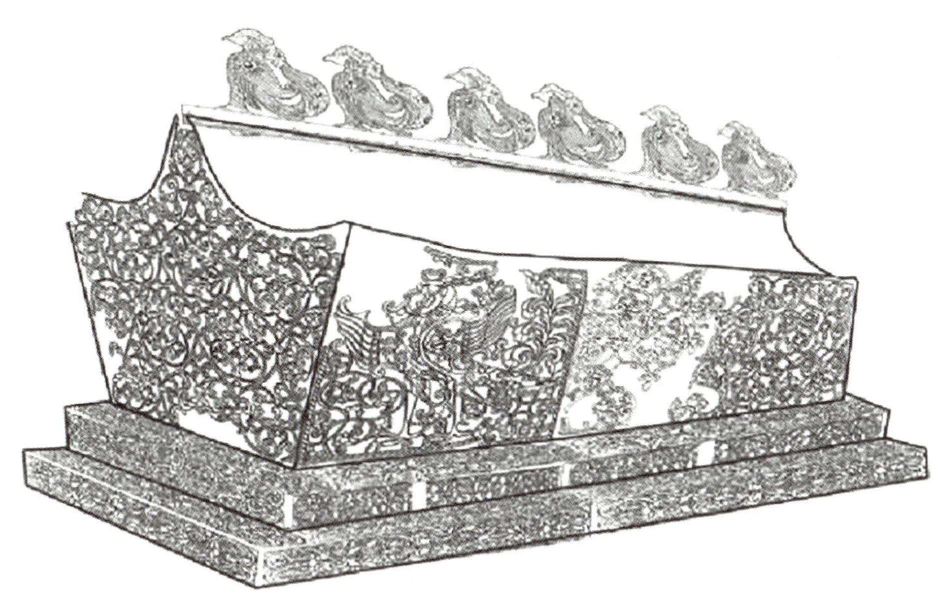

图 13　瘞藏舍利的小型棺椁
[采自仝涛：《考古材料所见吐蕃时期青海地区的佛教信仰》，《中山大学学报（社会科学版）》，2019 年第 5 期，第 145 页]

显的鲜卑文化特征[①]，其慕容智墓出土的大象纹荒帷（图 14）或许是佛教意义中的大象随着佛教的世俗化被赋予了更多祥瑞意义[②]。

公元 8 世纪中期前后的张掖肃南大长岭吐蕃墓葬后室出土彩绘木棺，其形制和装饰内容与都兰、德令哈等地发现的吐蕃时期彩绘木棺十分相似，被认为很可能是吐蕃治下的吐谷浑人特有的葬俗，其墓葬的族属很可能也与吐蕃化的吐谷浑人密切相关。[③]木棺的前挡板绘一歇山顶门口，其上绘一鸟，其下绘制台阶，门楼两侧各立一武士（图 15）。门楼上的鸟的形象与李静杰先生所归纳的“北朝石窟金翅鸟图像”“唐代寺院山门浮雕金翅鸟图像”在造型与分布位置上十分类似[④]，很可能也归属于“汉地一般遗存金翅鸟图像”的一种。身为印度佛教神鸟的金翅鸟伴随佛教一起传入中国，与中国传统的凤鸟形象有机结合，逐渐呈现出本土汉化的特点，“汉地一般遗存金翅鸟图像”[⑤]即为汉化后的结果。大长岭墓葬彩绘墓棺上金翅鸟形象的出现，反映了佛教因素对于其文化的融入。而带有佛教意味的金翅鸟进入墓葬，也可能与传统文化中的“祥瑞”意义密切相关。

---

① 甘肃省文物考古所等：《甘肃武周时期吐谷浑喜王慕容智墓发掘简报》，《考古与文物》2021 年第 2 期，第 15—38 页；沙武田、陈国科：《武威吐谷浑王族墓选址与葬俗探析》，《考古与文物》2021 年第 2 期，第 79—86 页。

② 苗亚婻：《唐慕容智墓出土大象纹荒帷考论》，《形象史学》第 24 辑，中国社会科学出版社，2022 年，第 117—118 页。

③ 仝涛：《甘肃肃南大长岭吐蕃墓葬的考古学观察》，《考古》2018 年第 6 期，第 96、102 页。

④ 李静杰：《金翅鸟图像分析》，《敦煌研究》2022 年第 4 期，第 44—45 页。

⑤ “汉地一般遗存金翅鸟图像”系李静杰先生提出，系受汉地文化影响下的金翅鸟图像。任志芳借助云冈石窟中的金翅鸟来研究其汉化形象，指出“金翅鸟形象传入中国后，受本土文化、河西地区石窟艺术、早期南传佛教、中国儒释道、汉代墓葬壁画、汉代建筑风格、魏晋南北朝时期绘画风格、北魏汉化政策等等诸多因素的影响，潜移默化地使得云冈石窟艺术风格呈现本土汉化。”

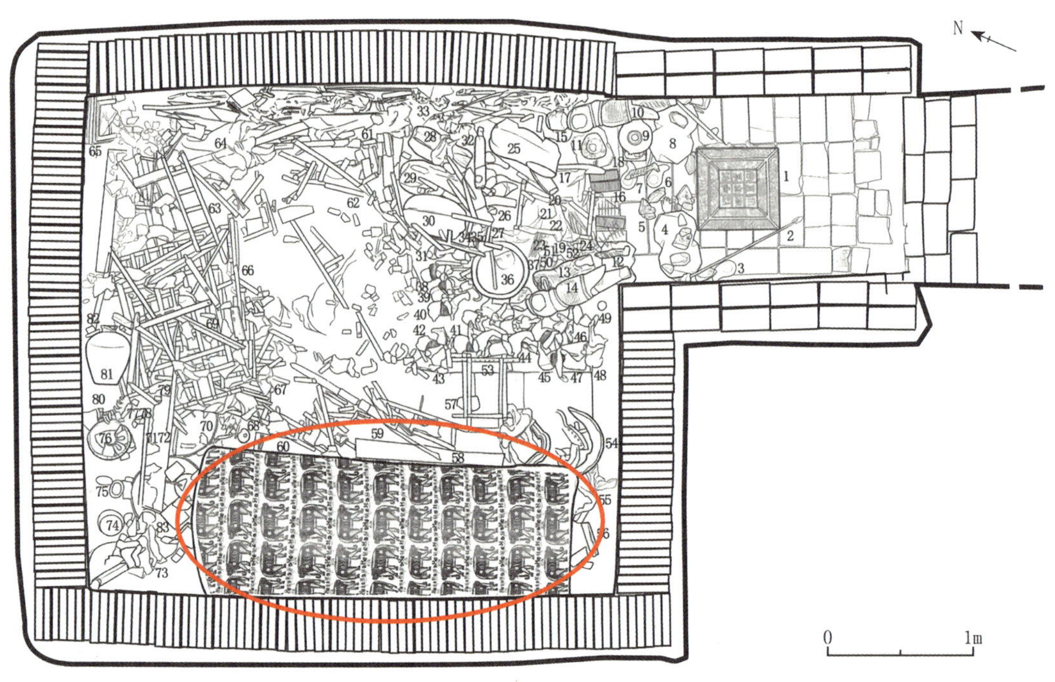

图 14　甘肃武周时期吐谷浑喜王慕容智墓 随葬大象纹荒帷 （笔者据原图标注）
（采自甘肃文物考古所等：《甘肃武周时期吐谷浑喜王慕容智墓发掘简报》，《考古与文物》2021 年第 2 期，第 21 页）

从历史视角出发，此时河西地区受统治者崇佛行为的影响，佛教发展态势几乎与中原同步，诸多佛教寺院、石窟寺，及有关佛教文物数量的庞大、河西僧人佛教活动的频繁、民众佛教生活的繁荣都是说明当时河西佛教盛况的有力证据①，如此浓厚的佛教文化氛围势必会在潜移默化中影响留居当地的吐谷浑人，接受佛教文化熏陶，从而参与到一系列兴佛活动中来。

① 详见杜斗城等：《河西佛教史》，中国社会科学出版社，2009 年，第 265—315 页。

图 15 大长岭吐蕃墓葬出土彩绘木棺前挡板
（采自仝涛：《甘肃肃南大长岭吐蕃墓葬的考古学观察》，《考古》2018 年第 6 期，第 96 页）

三 吐蕃时期吐谷浑人参与敦煌石窟营建的可能性探讨

我们再将视野拉回到洞窟当中，处于同一崖面的莫高窟第 156、158、159、161 窟的组合[①]被认为是"张议潮政治联盟窟"，目前对于第 156、158、161 窟的窟主皆有定论，分别为张议潮、安景旻和法成的功德窟。而第 159 窟（图 16）的窟主必定也与张议潮关系至为密切。考虑其为跟随张议潮起事推翻吐蕃统治的吐谷浑（退浑）、通颊部落使阎英达的功德窟可能性很大[②]。

阎英达族属于敦煌阎氏，为河西节度使、抗蕃首领阎朝之后，他以部落使的身份统领吐谷浑（退浑）、通颊部落跟随张议潮起义，收复瓜、沙二州后又在归义军政权下出任瓜州刺史，P.4660《瓜州刺史阎英达邈真赞并序》记载为：

> 银青光禄大夫检校国子祭酒使持节瓜州诸军事守瓜州刺史兼御史中丞赐紫金鱼袋上柱国阎公邈真赞并序……元戎大将，许国分忧。助开河陇，秘策难俦。先施百战，后进七州。功藏府库，好爵来酬。圣恩高奖，宠寄无休。晋昌太守，墨离之侯。[③]

毗邻沙州的瓜州对于张议潮及其归义军政权的意义极其重要，张氏归义军必定不会将瓜州刺史的职位轻易任用他人，而几乎都是张议潮的本家或直接、间接姻亲。[④]根据索氏与张氏的姻亲关系，特别是索勋既是张议潮的女婿，又为索崇恩的侄孙，而 P.3410《沙州僧崇恩析产遗嘱》文末有记录"表弟大将阎英达"[⑤]，因此张氏与阎氏必定也有着姻亲关系。考虑到归义军时期大族联姻具有普遍性，阎氏在敦煌又有着一定的势力，张议潮将瓜州刺史授予阎英达除了政治军事上的信任，肯定还有着姻亲关系上的原因。这也能解释莫高窟第 159 窟西壁龛下部北侧清晰可见的女性供养人题记"张氏十三娘"字样（图 17）。

---

① 根据沙武田先生的研究，从莫高窟崖面上的洞窟分布来看，第 156、158、159、161 窟所在的崖面仅有此四个洞窟布局，位置十分独特，为莫高窟崖面上洞窟分布之特例。考虑到每个时代的"窟群"都有着特殊的相对位置与分布关系，这四个洞窟的组合必定也有着特殊的分布意义。

② 梁红、沙武田：《张议潮的政治联盟窟——由洞窟组合崖面空间再谈莫高窟第 156 窟的营建》，《敦煌研究》2022 年第 6 期，第 23—33 页。

③ 郑炳林、郑怡楠辑释：《敦煌碑铭赞辑释》，上海古籍出版社，2019 年，第 456 页。

④ 郑炳林：《晚唐五代敦煌吐谷浑与吐蕃移民妇女研究》，载《敦煌归义军史专题研究三编》，第 499—500 页。

⑤ 上海古籍出版社、法国国家图书馆编：《法国国家图书馆藏敦煌西域文献》第 24 册，上海古籍出版社，2002 年，第 130 页。

图 16 莫高窟中唐第 159 窟 主室
(该图片由敦煌研究院提供)

图 17 莫高窟第 159 窟 西壁龛下部北侧 女性供养人 中唐
(采自中国敦煌壁画全集编辑委员会编:《中国敦煌壁画全集 7 · 中唐》，天津人民美术出版社，2006 年，图版 108)

此外，我们还注意到该窟西壁龛下部南侧僧尼装供养人，供养人像题记可识读者有：第一身“侄尼灵修寺法律惠性”、第二身“孙尼灵修寺法律贤胜”、第四身“孙灵修寺尼灵真”。[①]反映了窟主家族中的妇女出家为尼，并担任“法律”这一要职。根据郝春文先生的整理，8—10世纪沙州僧、尼数量都有较大幅度的增长，且后者的增长趋势更为明显。可以预见在敦煌无论是大族勋贵还是下层平民，妇女出家为尼似乎都已经成为一种社会风尚。但出自高门大族者往往更容易在僧团中得到升迁、担任僧官职务。[②]除了第159窟窟主家族，敦煌洞窟中或卷子中记载的张氏、索氏、阴氏、曹氏、李氏、翟氏等几大家族中出家为尼的女性也不在少数，并多担任僧团要职。[③]由此而言，第159窟供养人能在灵修寺担任“法律”一职，一定同为敦煌大族。P.3556《周故敦煌郡灵修寺阇梨尼张戒珠邈真赞并序》记载张议潮侄女戒珠在灵修寺担任“阇梨尼临坛大德”[④]；莫高窟第144窟供养人题记中也有索氏的家族成员于灵修寺出家、任职[⑤]。这可能是通过寺院这一媒介，通过僧尼的宗教身份与僧团中的地位将张氏、索氏以及第159窟窟主家族联系起来，以组成联盟，达到其某种政治目的。那么由阎氏家族作为第159窟窟主参与其中似乎是最为合适的。

第159窟东壁门两侧绘维摩诘经变，其门南侧维摩诘居士形象下绘有一幅颇具特色的“吐蕃赞普礼佛图”（图18）。图中吐蕃赞普手持长柄香炉，立于方台之上，顶上有华盖，周身侍从簇拥，其后跟随各族首领。吐蕃赞普处在整幅礼佛图的中心位置，以示其身份的尊贵与独特，其排场甚至有过于对侧文殊菩萨下面的中原帝王，继续沿用了吐蕃统治敦煌时期维摩诘经变中各国人物礼佛图的绘法。

与第159窟同为一组洞窟的第156、158、161窟也均在不同程度上受到了吐蕃因素的影响，特别是第161窟作为吐蕃高僧法成的功德窟密教色彩十分浓厚。虽然延续了对吐蕃佛教与图像的认可，但也不难看出在以张议潮为代表的反吐蕃因素的影响下，吐蕃统治和吐蕃赞普影响力在敦煌石窟特别是“张议潮政治联盟窟”中的减弱：第156窟维摩诘经变一改吐蕃时期中原帝王与吐蕃赞普问疾图对应出现的模式，回到初唐、盛唐时期维摩诘经变的传统样式中来[⑥]；根据《伯希和敦煌石窟图录》收录的第158窟涅槃经变中仍可见尚未残缺的吐蕃赞普举哀形像（图19），值得注意的是吐蕃赞普位置虽更靠前，但中原帝王在诸王簇拥下排场依然不逊于吐蕃赞普，二者规格几乎相同；同时吐蕃赞普与中原帝王均有头光，应当是对其神圣化的处理，也是对长庆会盟后结为甥舅关系的

---

① 敦煌研究院编：《敦煌莫高窟供养人题记》，文物出版社，1986年，第75页。
② 郝春文、陈大为：《敦煌的佛教与社会》，甘肃教育出版社，2013年，第201—231页。
③ 详见郝春文先生整理《上层家族出家妇女表》，收入氏著《敦煌佛教与社会》，第207—208页。
④ 上海古籍出版社、法国国家图书馆编：《法国国家图书馆藏敦煌西域文献》第25册，第254页。
⑤ 敦煌研究院编：《敦煌莫高窟供养人题记》，第65—66页。
⑥ 梁红、沙武田：《敦煌石窟中的归义军历史——莫高窟第156窟研究》，甘肃文化出版社，2021年，第211页。

图 18 莫高窟第 159 窟 东壁门南侧 维摩诘经变之吐蕃赞普礼佛图 中唐
（采自中国敦煌壁画全集编辑委员会编：《中国敦煌壁画全集 7· 中唐》，图版 113）

图 19 莫高窟第 158 窟 北壁 涅槃经变 各族王子举哀图之吐蕃赞普举哀形象 中唐
（采自伯希和：《伯希和敦煌石窟图录》，http://dsr.nii.ac.jp/toyobunko/Ⅷ-5-B6-3/V-1/page/0141.html.en）

吐蕃赞普与中原帝王趋于平等对待的表现。[①]第159窟维摩诘经变中对于吐蕃赞普的构图与处理，显然与之不符。造成这种情况的原因很有可能是该窟窟主与吐蕃间的特殊关系。

近期考古发掘的8世纪中期“2018血渭一号大墓”出土一件“银金合金印章”（图20），其上印文由双峰骆驼图像和藏文“外甥阿柴王之印”组成[②]，由此确定墓主是与吐蕃有着因联姻形成甥舅关系的吐谷浑王，并经过测定进一步确定这位吐谷浑王应当就是敦煌藏文写本《吐谷浑（阿柴）纪年》残卷记录下的附属于吐蕃政权的吐谷浑王莫贺吐浑可汗，其母后则为689年嫁于吐谷浑王的吐蕃公主赞蒙墀邦[③]。《新唐书·吐蕃传》同样也有记载“吐谷浑与吐蕃本甥舅国”[④]。基于663年后吐谷浑长时间沦为吐蕃统治区、二者通过联姻结为甥舅关系的历史事实，我们再来看第159窟维摩诘经变在构图中有意突出吐蕃赞普的地位，使得整幅吐蕃赞普礼佛图颇具典型性，而阎英达作为吐蕃化较深的退浑、通颊部落的代表仍然在其功德窟中刻意表现对吐蕃赞普的尊崇也是极有可能的。

图20　2018血渭一号墓出土“外甥阿柴王之印”银金合金印章
（采自中国社会科学院考古研究所等：《青海都兰县热水墓群2018血渭一号墓》，《考古》2021年第8期，第61页）

图21　莫高窟第159窟　南壁　观无量寿经变之净土庄严相　中唐
（采自施萍婷主编：《敦煌石窟全集5·阿弥陀经画卷》，香港商务印书馆，2002年，第218页）

此外，通过研读洞窟壁画内容也不难注意到该窟颇具特点的“迦陵频伽”形象。第159窟壁画中的“迦陵频伽”形象主要见于南壁的观无量寿经变（图21、图22）、北壁药师经变（图23）和西壁龛内沿装饰带上（图24），或舞蹈、奏乐，形态各异。应当注意该窟中吹奏排箫的迦陵频伽，特别是绘制在西壁龛沿边饰上的形

① 沙武田：《唐、吐蕃、粟特在敦煌的互动——以莫高窟第158窟为中心》，《敦煌研究》2020年第3期，第21—22页；魏健鹏：《敦煌壁画中吐蕃赞普像的几个问题》，《西藏研究》2011年第1期，第74—75页。

② 中国社会科学院考古研究所等：《青海都兰县热水墓群2018血渭一号墓》，《考古》2021年第8期，第60页。

③ 韩建华：《青海都兰热水墓群2018血渭一号墓吐蕃化因素分析》，《考古》2022年第10期，第101—103页；《青海都兰热水墓群血渭一号墓墓主考》，《中原文物》2022年第1期，第85—90页。

④ 《新唐书》卷二一六《吐蕃传》，第6076页。

图 22　莫高窟第 159 窟 南壁 观无量寿经变中的迦陵频伽　中唐
（采自中国敦煌壁画全集编辑委员会编：《中国敦煌壁画全集 7 中唐》，图版 91、93）

图 23　莫高窟第 159 窟 北壁 药师经变中的迦陵频伽 中唐
（采自中国敦煌壁画全集编辑委员会编：《中国敦煌壁画全集 7 · 中唐》，图版 118）

图 24　莫高窟第 159 窟　西壁龛内沿装饰带上的迦陵频伽　中唐
（该图片由敦煌研究院提供）

象——双手持排箫，头戴宝珠发带，双翼向下展开，卷尾上翘与周身的卷草纹同形，足踏莲花。与据推测可能出土于 8 至 9 世纪青海都兰地区吐蕃时期墓葬的美国芝加哥普利兹克藏迦陵频伽图案镀金银饰片（图 25）造型十分类似，仅见双翼展开形式不同。

此又并非孤立发现，我们再来看都兰热水血渭一号墓出土的舍利容器，该容器上共有两件“方形立凤纹忍冬唐草纹饰片”（图 26）。许新国先生对整件容器进行复原并对饰片进行解读，认为此凤头带有花冠，昂首翘尾，展翅欲飞，其身部和尾羽均做成忍冬花形，尾部上扬，以忍冬花枝分垂两边的侧面形式表示。①仝涛先生也曾将此舍利容器的立凤形象与美国芝加哥普利兹克藏迦陵频伽图案镀金银饰片做比较研究，指出二者造型近乎一致，且很可能都属于同一类宗教用品②，同时普利兹克藏品中也有类似相关的发现。（图 27）

既然出土舍利容器的都兰血渭一号墓已确定为吐蕃统治下的吐谷浑人墓葬，芝加哥私人所藏迦陵频伽镀金银饰片也很可能来自都兰吐蕃时期墓葬，所以第 159 窟迦陵频伽、血渭一号墓出舍利容器上的金凤、芝加哥普利兹克藏迦陵频伽与立凤形象的镀金银饰片也可推断出在形象上存在显著的共性。同时第 159 窟西壁龛沿还有一身明确着吐蕃长袖装作舞蹈状的迦陵频伽（图 28），那么可以推断第 159 窟的迦陵频伽形象可能多少受到了来自吐蕃佛教、本土文化的改造与吐蕃时期吐谷浑故地都兰热水地区器物样式的影响，该窟很可能就与吐蕃统治

图 25　美国芝加哥普利兹克藏吐蕃时期迦陵频伽图案镀金银饰片
（采自敦煌研究院、美国普利兹克艺术基金会主办：“丝绸之路上的文化交流——吐蕃时期艺术珍品展”）

① 许新国：《都兰热水血渭吐蕃大墓殉马坑出土舍利容器推定及相关问题》，载《热水考古四十年》，第 274 页
② 仝涛：《考古材料所见吐蕃时期青海地区的佛教信仰》，《中山大学学报》（社会科学版）2019 年第 5 期，第 145—146 页。

图 26　都兰热水血渭一号墓出土　方形立凤纹忍冬唐草纹饰片　线图
（采自许新国：《都兰热水血渭吐蕃大墓殉马坑出土舍利容器推定及相关问题》，载《热水考古四十年》，第 274 页）

图 27　美国芝加哥普利兹克藏吐蕃时期立凤饰片
（采自敦煌研究院、美国普利兹克艺术基金会主办：“丝绸之路上的文化交流——吐蕃时期艺术珍品展”）

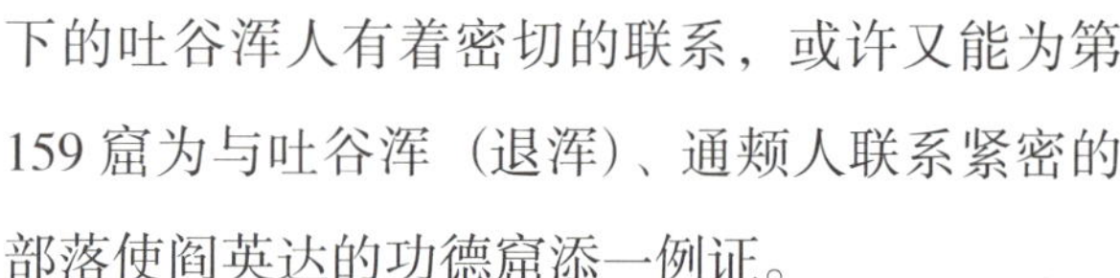

下的吐谷浑人有着密切的联系，或许又能为第 159 窟为与吐谷浑（退浑）、通颊人联系紧密的部落使阎英达的功德窟添一例证。

至此综合以上几个客观方面，并考虑到阎英达出身敦煌大族阎氏，为率领沙州人民抗击吐蕃的河西节度使阎朝之后，再次举起抗蕃大旗自然也合乎情理[①]；他跟随张议潮起义，担任瓜州刺史，以及阎氏与张氏、索氏的特殊关系，很可能阎氏家族与张氏家族同样存在着姻亲关系，直接表现为洞窟中张氏女性供养人的出现；视线聚焦于吐蕃风格影响下的洞窟壁画，维摩诘经变中的吐蕃赞普形象十分突出，颇具特色的迦陵频伽或许体现着来自敦煌石窟、吐蕃、都兰的互动与交融。因此，第 159 窟很有可能为代表吐谷浑（退浑）、通颊两个民族的部落使

图 28　莫高窟第 159 窟 西壁龛沿 吐蕃长袖装作舞蹈状的迦陵频伽　中唐（敦煌研究院提供）

① 梁红、沙武田：《张议潮的政治联盟窟——由洞窟组合崖面空间再谈莫高窟第 156 窟的营建》，《敦煌研究》2022 年第 6 期，第 28 页。

阎英达的功德窟，一定程度上可以认为吐蕃时期吐谷浑人极有可能参与了洞窟营建。

结　语

吐谷浑人的历史活动一直以来为学界所关注。敦煌吐谷浑人功德窟的开凿营建作为探寻其信仰世界的重要部分，实是研究吐谷浑人历史活动不可或缺的一环，也是敦煌石窟多民族营建史的重要见证。单纯地透过历史文献难以直观找到完全、直接的记录，而是需要借助“图像证史”的理念与方法。根据以往的研究可以断定，晚唐五代时期吐谷浑人积极活跃于敦煌地区的政治舞台，并参与着洞窟的营建，以榆林窟第 12 窟为代表。我们通过对莫高窟第 159 窟可能为退浑、通颊部落使阎英达功德窟的探讨，也有理由认为吐蕃时期流寓河西的吐谷浑人应当有着参与敦煌洞窟营建的极大可能性。

然而还需要说明的是，吐谷浑人自唐初至五代、宋长期大量存在于河西走廊特别是在敦煌地区，他们活动频繁，并崇信佛教。同时，吐谷浑人曾经长期把持经营丝绸之路“河南道”，积累大量财富，来到敦煌后也能够聚拢同族人力物力，确有能力在唐前期就已经参与了洞窟营建，但是仍未找到十分有力的证据，如唐前期洞窟壁画中明确的吐谷浑人形象或碑铭、榜题中相对明确的记录等。而且对于吐蕃时期吐谷浑人功德窟的探索还有着一系列的研究潜质，这都需要我们作进一步探讨，也仍需更多资料的发现与解读。

莫高窟第 323 窟壁画出处新考及设计思想研究

林　韩

（敦煌研究院　敦煌学信息中心）

莫高窟第 323 窟在诸多洞窟中实属特殊，其南壁、北壁及东壁所绘壁画既包含了丰富的佛教历史信息，又隐藏着壁画设计者的深邃意图。如此之洞窟，前辈研究者自然不在少数，择其重要者而说之，先有马世长先生对壁画内容做了极为重要且准确的考释，再有巫鸿先生提出的为道宣追随者所建之猜想，后有前贤张小刚和颜娟英关于“育王拜塔”文献文本出处之研究，及沙武田认为此窟专为粟特人的佛教需求而建，具有宣教的佛教讲堂性质，以上皆为本文的写作提供了许多新奇的思路。故在此基础上，笔者以每组壁画内容的出处与壁画设计的思想为角度，希冀能够最大程度追溯第 323 窟的由来。

壁画出处，更确切的定义应是绘制壁画有可能参考和借鉴的文献文本，当然也可能参照图像画面，本文只就文献文本而言。然此一问题，学者们往往忽视其复杂性。莫高窟多数壁画内容出自佛教经文，但也有依据古代经典所绘，第 323 窟便是这样一个特例，因其壁画中所出现的故事内容可见于多部由僧人所著的佛教经典，所以它的情况更为复杂。但如此情况，却未引起多数学者的注意，他们往往只是将所载壁画内容的文献一一罗列，抑或没有找到足够的理据来考证。笔者所产生的疑问是设计者究竟参考了哪一部经典？又如何能够论证其参考的最大可能性？此乃其一。

其二，第 323 窟是一个原创洞窟，多数学者认为壁画之间是以时间线为连接逻辑，这显然无可厚非，但这仅限于南北壁故事画，若加上东壁，这一说法就不太相符，因东壁并没有突出的时间色彩。然在笔者看来，串联整窟壁画的除了确实存在的时间线之外，还有更为深层的思想意图。简言之，即设计者设计此窟壁画的目的，并试图借由壁画传达的思想。此一思想意图或许才是第 323 窟于盛唐前期被创绘的缘由。

一　唐前期佛教背景分析

在讨论如上问题前，我们需对唐前期的佛教背景进行分析，且必须明确第 323 窟的创建时间。目前学界普遍认为此窟开凿于初唐至盛唐前期，根据樊锦诗与刘玉权两位先生在《敦煌莫高窟唐前期洞窟分期》一文中的考古断代，第 323 窟属于第三期，且它既有第一大类的风格，又有第二大类的风格，它的建造时间大致在中宗、睿宗、玄宗初期。[①]而张小刚先生综合前人学者的看法，分析后也倾向于盛唐前期的看法，时间范围约在 713—742 年。[②]因此，此窟有可能历经了睿宗、玄宗两位皇帝的时代，也必然受到唐高祖、太宗、高宗和中宗的统治影响，尤其是佛教政策方面。下文论证则进一步将洞窟开凿时间范围缩小为约 732 年至 742 年间。

唐代诸宗林立，高僧辈出，译经著书事业兴盛，总给人一种佛教处于盛世的迷象，但实则佛教长期处于被道教压制、与之抗衡的历史之中，且总有排佛一派阻挠。李唐王朝因其姓氏而奉李耳为祖，道家地位随之水涨船高，“道先佛后”政策是李唐常态。除此之外，李唐帝王亦有“抑佛”举措，对佛教的管理采取收缩严控的态度，严格控制寺院僧尼人数和经济扩张。所以，会昌毁佛事出必然。

唐开元元年（713）至天宝元年（742）间，佛教“伪滥僧”泛滥，导致了大规模的沙汰僧尼。据叶珠红研究，唐开元二年（714）沙汰“伪滥僧”之举是唐朝开国以来，帝王抑制佛教的一大“创举”，“从开元二年至开元十九年（714—731），十七年间陆续下达的限佛命令有：不得建新寺院，破寺要先申报所司；百官家中，不得让僧尼往来出入；若要举行佛事，得先陈报州县；写经、铸佛一律禁止，要拜佛的，径往就近的佛寺；要读经的，只能用寺僧所写之经；六十岁以下的僧尼，要能够背出二百纸经，三年一考，背不出的就得还俗”[③]等。然以上种种政策至开元末年（741）多所松动，且“开元二十三年（735）御注《金刚般若波罗蜜多经》颁行天下”，玄宗“亲自推荐《金刚经》给全国百姓，作为最佳的佛经读本”[④]。

此外，据谢和耐先生所述，最晚是 730 年左右，玄宗撤销了原先的一道诏令，又允许王、公和品级低下人物主动将私宅改作寺院，或将庄园作为寺院土地，可视其为宗教政策的一大转折。[⑤]另据王惠民先生研究，敦煌在开元年间仍处战争前沿，佛教政策也波及至此，一批洞窟未完工便被放弃，如第 166 窟，其中还存有开元廿年（732）行客王奉仙的题记。[⑥]

若参照“不得建新寺院，破寺要先申报所司”一条，第 323 窟便无法在 714—742 年间开凿，明显触犯诏令。可是，约 730 年和 735 年的这两次改变又足以说明此时朝廷已对先前所下诏令产生了微妙的态度，管控的尺度已经开始放松，甚至“睁一只眼，闭一只眼”。敦煌莫高窟第 130 窟（721—749）[⑦]、第 41 窟（726）[⑧]和第 166 窟（731）的出现更进一步印证，敦煌

① 樊锦诗、刘玉权：《敦煌莫高窟唐前期洞窟分期》，敦煌研究院：《敦煌研究文集·敦煌石窟考古篇》，甘肃民族出版社，2000 年，第 143—181 页。
② 张小刚：《敦煌佛教感通画研究》，甘肃教育出版社，2015 年，第 288—289 页。
③ 叶珠红：《唐代僧俗交涉之研究——以僧人世俗化为主（上）》，花木兰文化出版社，2010 年，第 33—34 页。
④ 叶珠红：《唐代僧俗交涉之研究——以僧人世俗化为主（上）》，第 36 页。
⑤ ［法］谢和耐：《中国 5—10 世纪的寺院经济》，耿升译，中国藏学出版社，2020 年，第 144 页。
⑥ 王惠民：《敦煌佛教与石窟营建》，甘肃教育出版社，2010 年，第 286—289 页。
⑦ 樊锦诗、刘玉权《敦煌莫高窟唐前期洞窟分期》，敦煌研究院：《敦煌研究文集：敦煌石窟考古篇》，第 170—171 页。
⑧ 莫高窟第 41 窟有开元十四年（726）画工题记，详见王惠民：《敦煌佛教与石窟营建》，第 287 页。

至少在721年至742年这段时间内仍有石窟营建。

至于王惠民先生在《敦煌唐前期洞窟分期及存在的问题》一文中所述，借由榜题中“通玄寺”的改名推定建窟时代当在689年之前的初唐时期[①]。依照本文的观点而言，莫高窟第323窟的壁画是设计者参照几部佛教经典中的记载设计，而南壁西晋石佛浮江的故事在下文的论述中可知是参照了《高僧传》卷一三《慧达传》，在《慧达传》中出现的便是“通玄寺”[②]。所以，即使莫高窟第323窟是在盛唐时期建造的，因其依照的是文献文本的记载，壁画中出现“通玄寺”也是极有可能的。另有段文杰先生也将第323窟分在初唐时期。而史苇湘、樊锦诗二位先生则认为第323窟属盛唐洞窟。

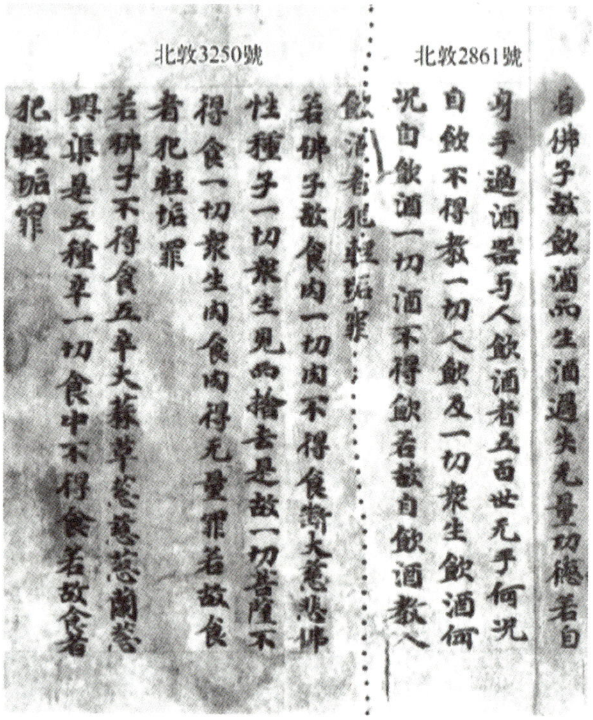

综合而言，笔者更倾向于第323窟属盛唐前期的洞窟，有可能是在732年至742年间才得以动工建造，此乃笔者综合考古、历史因素及前贤研究的新近看法。

唐前期敦煌地区佛教的发展与中原地区较为同步。因为第323窟涉及与戒律相关的内容，故还需对唐代戒律的发展和僧人持戒情况有所讨论。李唐王朝，沙汰僧尼的举措始于高祖，中宗时期僧尼鱼龙混杂，“伪滥僧”暴增，绝大多数都是不遵守戒律的假僧人，这才使得玄宗决心肃清佛门。从中可以窥见，开元年间正处于整治僧尼的阶段，僧人持戒情况必然不甚理想。这股风气似乎一直没有多大的改善，从魏迎春先生的研究中，依旧可见晚唐五代敦煌僧尼享乐逐利，不谙戒律真谛的事实。[③]不过，这些情况却催生出了佛教戒律大乘化、中国化的发展。依托于《四分律》与《梵网经》这两部经典，自晋隋以来，智顗（538—597）对《梵网经》进行了注疏，确立了《梵网经》菩萨戒在汉传佛教中的地位，而与之相呼应的道宣（596—667）潜心弘扬戒律，以致形成了南山律

图1 北敦2861号（局部）+北敦3250号（局部）缀合图[④]

① 关于莫高窟第323窟的断代问题，详见王惠民：《敦煌唐前期洞窟分期及存在的问题》，麦积山石窟艺术研究所编：《石窟艺术研究》第四辑，文物出版社，2019年，第76—90页。

② “通玄寺”在慧皎《高僧传》卷一三《慧达传》中出现了两次，详见慧皎《高僧传》卷一三，《大正藏》第50册，第409—410页。

③ 魏迎春：《晚唐五代敦煌佛教教团戒律清规研究》，上海古籍出版社，2015年。

④ 此图为敦煌文献中的《梵网经》写本，选自张涌泉、孟雪：《国图藏〈梵网经〉敦煌残卷缀合研究》，《出土文献与古文字研究》2015年第1期，第803页。

宗。（图1）他发愿重整戒律也是因当时佛教的衰微，出家沙门的素质低下。和智顗不同之处在于道宣通过诠释《四分律》，“以声闻律为基础会通发挥大乘精神的原则取代了《梵网经》等以大乘精神抉择声闻戒条的原则，《梵网经》菩萨戒又回到了声闻戒附加戒的位置”[①]。

就《梵网经》而言，它对后世佛教的影响一直存在，在敦煌地区亦是如此。据张涌泉、孟雪两位先生的普查，在现已刊布的敦煌文献中，共有《梵网经》写卷317号，其中7至8世纪的唐写本不在少数。[②]另外，俄藏敦煌文书《开元廿九年（741）授戒牒》（编号Дx.02881+Дx.02882）所载，开元二十九年（741），长安大安国寺沙门释道建用14天的时间为大云寺僧众宣讲了《御注金刚经》《法华经》《梵网经》三部经典。[③]以上是证明《梵网经》在开元年间流行于敦煌地区的力证。需要补充的是，敦煌一地历来所出“明律僧”极少，仅有法颖（416—482）一人[④]，故只能依靠外来输入，道建宣讲《梵网经》想必也是因此地僧众不明戒律，持戒不清净。

第323窟正是在如上所述的佛教氛围之中被不知名的设计者设计营建，不过从壁画内容的参考文献和设计意图来看，此设计者必定是一位僧人。本文将在下文的论述中进一步充实对这一看法的理据。

二　壁画出处考证

第323窟中，南壁壁画共3组，北壁壁画共5组，东壁1组。若以时间线来分则依次为大夏佛陀成觉（北壁）、阿育王拜塔（北壁）、汉武帝获金人及张骞出使西域（北壁）、康僧会神异故事（北壁）、西晋石佛浮江（南壁）、东晋扬都金像（南壁）、佛图澄神异故事（北壁）以及昙延法师神异故事（南壁）。（图2、图3）于时间线之外则是东壁菩萨守戒十二誓愿画

图2　莫高窟第323窟南壁（朱筱制作）[⑤]

① 夏德美：《晋隋之际佛教戒律的两次变革：〈梵网经〉菩萨戒与智顗注疏研究》，中国社会科学出版社，2015年，第268页。

② 张涌泉、孟雪：《国图藏〈梵网经〉敦煌残卷缀合研究》，《出土文献与古文字研究》2015年第1期，第791—824页。

③ 荣新江：《盛唐长安与敦煌——从俄藏〈开元廿九年（741）授戒牒〉谈起》，《浙江大学学报（人文社会科学版）》2007年第3期，第20页。

④ ［日］佐藤达玄：《戒律在中国佛教的发展》，释见憨等译，香光书乡，1997年，第71页。

⑤ 此图由莫高窟第323窟南壁壁画与现藏哈佛大学艺术博物馆华尔纳所盗第323窟壁画拼合而成。

(图 4)。前人学者对每组壁画内容的出处都有考证，所见之文献并无异议，只是具体到究竟参考了哪一部经典则无人探讨。通过比对与分析，笔者以为在符合一定逻辑的情况下，每组壁画都应有其唯一的参考出处，唯汉武帝获金人及张骞出使西域、阿育王拜塔两组极有可能是设计者根据文献及自身所知，为了输出自我表达的意图加以改动而来。下文将以依据的经典为分类，对这一问题予以更为完整的考证。

（一）《高僧传》

考证的逻辑起点是北壁佛图澄神异故事，此组壁画内容在《晋书》与《高僧传》（497—554）卷九《佛图澄传》中均有记载。北壁康僧会神异故事，南壁西晋石佛浮江、东晋扬都金像三组壁画在《高僧传》中同样也有记载。北壁康僧会神异故事出自《高僧传》卷一，南壁西晋石佛浮江、东晋扬都金像两组壁画出自《高僧传》卷一三《慧达传》。除此之外，北壁康僧

图 3　莫高窟第 323 窟北壁

图 4　莫高窟第 323 窟东壁　菩萨守戒十二誓愿画

会神异故事又见于僧祐《出三藏记集》（502—519）、道宣《集古今佛道论衡》（661—664）。南壁西晋石佛浮江、东晋扬都金像两组壁画又见于道宣《集神州三宝感通录》（664）、道世《法苑珠林》（668）。如果站在设计者的角度，身处唐开元年间，一般能够拥有大量佛经及佛教经典藏书的通常是寺院和官府藏书，且多为抄本写本，并非普通百姓能够拥有诸多佛书，甚至阅读到书籍。[①]且若是在一部经典中便可寻见所需的素材，又何必再去翻看别的书籍。更何况南北壁画有四组皆出于《高僧传》，从画幅来看，所占大半。

《高僧传》乃南朝梁慧皎所著，而慧皎也是一位律学沙门，纪赟的研究表明，因《高僧传》与《晋书》的部分内容都参考了崔鸿《十六国春秋》，所以有某些重叠。[②]这也正是两者之中佛图澄传极其相似的原因，《出三藏记集》与《高僧传》亦如是。[③]以上可以大致推测第 323 窟的设计者是一位僧人，而他在设计壁画时应该采用了《高僧传》。另外，英藏 S.3074《高僧传略（康僧会、鸠摩罗什、竺道生、法显、佛图澄）》（图 5）的存在或可作为一种补充。

（二）《续高僧传》

既然有壁画内容参考了《高僧传》，那么延续僧传体系也存在这种可能性。南壁昙延法师神异故事见于同一作者道宣的两部著作，分别

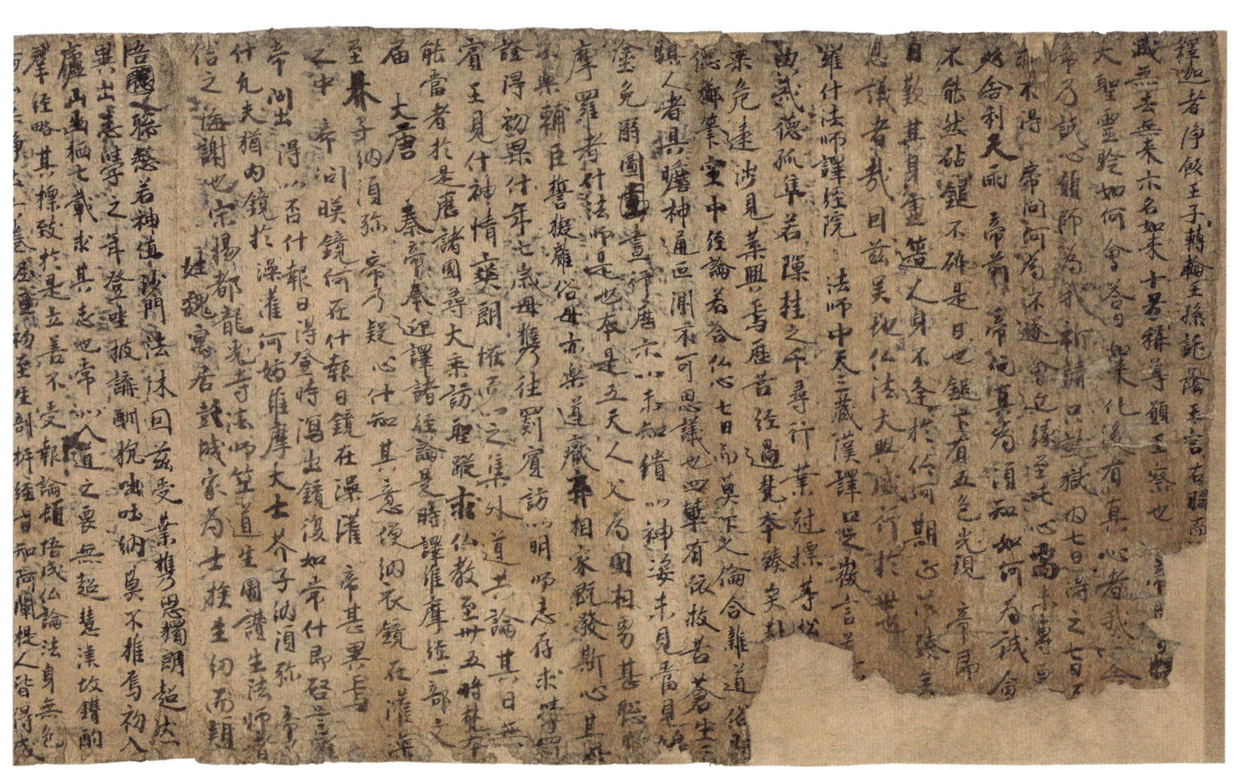

图 5　英藏 S.3074《高僧传略（康僧会、鸠摩罗什、竺道生、法显、佛图澄）》

① 徐寿芝：《唐王朝的图书收藏与利用》，《图书馆建设》2001 年第 1 期，第 100—102 页。
② 纪赟：《慧皎〈高僧传〉研究》，上海古籍出版社，2009 年，第 254—259 页。
③ 《高僧传》中许多史料来源于《出三藏记集》，且存在照抄的情况。详见纪赟：《慧皎〈高僧传〉研究》。

是《续高僧传》（645）、《集神州三宝感通录》（664）。其中，《续高僧传》的权威性及其名声显然高于《集神州三宝感通录》，此书“对慧皎十科的改进得到了后世的认可，其后有影响的数部僧人总传均沿用之”[①]，且《续高僧传》“自成书以来，在多种官私书目以及佛教藏经中均有著录，亦广为各种笔记、类书、佛教史书所征引，然而由于它在清末以前一直没有单行本行世，故其传播和利用尚不广泛。尤其是佛教界之外的学者，对这部书更是隔阂”。[②]此进一步能够印证上文的推测，能够如此熟悉多部佛教经典，并理解经典思想与精神的必然是佛教界内部僧人。

（三）《大唐西域记》

再者，北壁大夏佛陀成觉图在《大唐西域记》（646）中有不止一处记载，该书卷七载：

> 婆罗痆河东北行十余里，至鹿野伽蓝，区界八分，连垣周堵，层轩重阁，丽穷规矩。僧徒一千五百人，并学小乘正量部法。大垣中有精舍，高二百余尺，上以黄金隐起作菴没罗果，石为基陛，砖作层龛，龛匝四周，节级百数，皆有隐起黄金佛像，精舍之中有鍮石佛像，量等如来身，作转法轮势。精舍西南有石窣堵波，无忧王建也，基虽倾陷，尚余百尺……伽蓝垣西有一清池，周二百余步，如来尝中盥浴。次西大池，周一百八十步，如来尝中涤器。次北有池，周百五十步，如来尝中浣衣。凡此三池，并有龙止。其水既深，其味又甘，澄净皎洁，常无增减。有人慢心，濯此池者，金毗罗兽多为之害。若深恭敬，汲用无惧。浣衣池侧大方石上，有如来袈裟之迹，其文明彻，焕如雕镂，诸净信者每来供养。外道凶人轻蹈此石，池中龙王便兴风雨。[③]

同书卷八又载：

> 菩提树垣南门外有大池，周七百余步，清澜澄镜，龙鱼潜宅，婆罗门兄弟承大自在天命之所凿也。次南一池，在昔如来初成正觉，方欲浣濯，天帝释为佛化成。池西有大石，佛浣衣已，方欲曝晒，天帝释自大雪山持来也。[④]

如上，其一中洗衣池与晒衣石位于婆罗痆斯国，即波罗奈国，而佛陀成觉之处则应是其二所记的摩揭陀国（又作摩伽陀国），故吕德廷先生认为榜题中“此大夏波罗奈国，佛初成觉，时天□□□袈裟，讫今有诸□□护时”有误，此组壁画综合了摩揭陀国与波罗奈国晒衣石故

① 陈瑾渊：《〈续高僧传〉研究》，复旦大学博士学位论文，2012 年，第 70 页。
② 陈瑾渊：《〈续高僧传〉研究》，第 5 页。
③ （唐）玄奘口述、辩机编撰：《大唐西域记》卷七，《大正藏》第 51 册，第 905—906 页。
④ （唐）玄奘口述、辩机编撰：《大唐西域记》卷八，《大正藏》第 51 册，第 917 页。

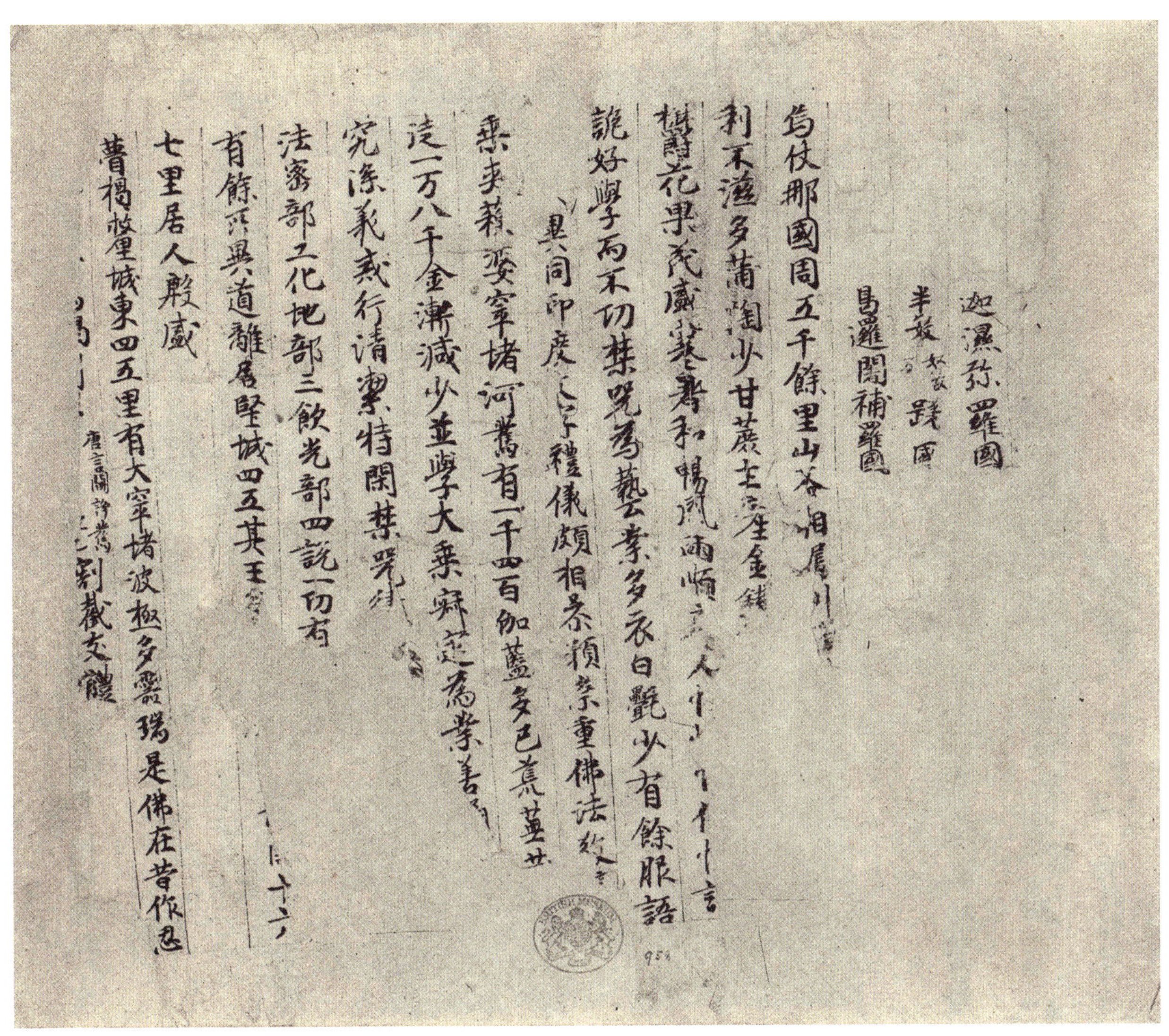

图 6　英藏 S.958《大唐西域记卷三》

事。[①]笔者认同此一观点，而且此组壁画很有可能只是参看了《大唐西域记》，法显《佛国记》(416)、杨衒之《洛阳伽蓝记》(547)、道世《法苑珠林》(668)虽也有记载，但都不及《大唐西域记》提供的综合内容完整。（图 6）而《佛本行集经》也有提及，但与榜题相违，对此笔者不作赘述，可见吕德廷先生文。

玄奘西行取经，甘肃地区乃其必经之地，而在现存的石窟群中也多见玄奘取经图，所以玄奘应当是自古以来家喻户晓的高僧之一。在敦煌文献中共有 6 件被认为是现存最古的抄本《大唐西域记》。[②]此书记录了西域的历史与地理，某种程度上是古代的“大众读物”，并存有不同的版本，其中“贞观本在太宗御览之后

① 吕德廷：《佛教艺术中的外道形象》，兰州大学博士学位论文，2015 年，第 138—140 页。

② 余欣：《〈大唐西域记〉古写本述略稿》，《文献》2010 年第 4 期，第 30 页。

迅速传播开来，而且传到了西域，在于序之前或以后还继续传播"[①]。综上所述，北壁大夏佛陀成觉图已经出现了人为综合文本的改动痕迹。

（四）《梵网经》

东壁菩萨守戒十二誓愿画是几组壁画中最具鲜明主题的一组，前人学者将其称为"戒律画"，笔者认为不很恰当。首先此组壁画中表现的是菩萨誓愿守戒的精神，并非直接表现戒律的内容，强调的是持戒的重要性，若谓之戒律画，似乎会让人误以为此组壁画在宣传每条戒律的内容。其次，以誓愿守戒的精神为重点突显的内容更符合下文将要展开讨论的整体壁画的设计意图与思想。

此组壁画的内容率先由马世长考证，认为其出自《大般涅槃经·圣行品》（北凉昙无谶译本，416—423）。他也提到此内容还见于《梵网经》（译者与时间存疑）、《大般涅槃经》（宋慧严等依泥洹经加之，420—479）。《经律异相》（梁宝唱等辑，516—516）和《法苑珠林》（道世，668）则节录了《大般涅槃经·圣行品》中的这段经文。[②]后人学者未对此提出异议或是进行探讨。但笔者认为，此组壁画设计者更有可能参考了《梵网经》，而非《大般涅槃经》。

正如上文已有相关论述，唐代律宗已发展出了相部宗、南山宗和东塔宗，而以道宣为始的南山律宗及其后学更是将律学传播甚广，到后期可谓一家独盛。同时，菩萨戒也流行于隋唐，唐王室成员大多受过菩萨戒，其中就包括中宗、睿宗。[③]而这都更仰赖于《四分律》与《梵网经》这两部经典。

敦煌文献中《大般涅槃经》的数量约3200号[④]，而《圣行品》占总量的极少数。《大般涅槃经》也是僧人用来注疏和诠释《四分律》与《梵网经》的重要参考，不过它是部40卷的译著，无论翻阅或是传播都非易事。相反，《梵网经》仅有上下两卷。不过，《梵网经》与《大般涅槃经》的关系极为密切，《梵网经》中大量使用了《大般涅槃经》中的文字，东壁菩萨守戒十二誓愿画所参照的经文同见于《梵网经》和《大般涅槃经·圣行品》。

其次，《梵网经》更有可能是公元5世纪中国佛教为了解决汉传佛教戒律所遇到的问题应运而生的，且针对汉传佛教的特殊情况，具有重要地位。[⑤]《梵网经》中所反映的与世俗权力之间的关系更符合壁画中所体现的内容，比如"出家人法，不向国王礼拜""非法立制戒"。再者，《梵网经》很有可能是在北方形成的经典，上文也提到敦煌文献中7至8世纪的《梵网经》唐写本不在少数，此外还有很多菩萨戒仪相关的文献，以及根据《梵网经》所绘的壁画，可见其在此地的流行。

莫高窟第454窟、第456窟和榆林窟第32

① 柳洪亮：《〈大唐西域记〉传入西域的有关问题》，马大正、王嵘、杨镰主编：《西域考察与研究》，新疆人民出版社，1994年，第305页。

② 马世长：《莫高窟第323窟佛教感应故事画》，《敦煌研究》1982年第1期，第89—92页。

③ 王建光：《中国律宗通史》，凤凰出版社，2008年，第236页。

④ 景盛轩：《俄藏敦煌〈大般涅槃经〉写卷的调查与分析》，《河西学院学报》2017年第3期，第48页。

⑤ 参见夏德美《晋隋之际佛教戒律的两次变革：〈梵网经〉菩萨戒与智顗注疏研究》。

窟都绘有梵网经变，且被认为是根据《梵网经》所绘，其中莫高窟第454窟也是表现菩萨守戒十二誓愿。[①]莫高窟第454窟和榆林窟第32窟属五代时期，莫高窟第456窟则是宋重修所绘，它们明显不同于莫高窟第323窟。莫高窟第323窟的画面占比更大，内容更加完整。此外，莫高窟第361窟正龛内层龛也有所谓的戒律屏风画，对此赵晓星先生有过较为翔实的分析，她认为北壁西起第一扇屏风画的内容是根据《大般涅槃经》或《梵网经》绘制，而不是出于别的经典。其中，西壁南起第一扇中的第9个榜题比丘刺耳的情节又更与《梵网经》相符。她也提到莫高窟第323窟东壁依其现存的榜题来看，与《大般涅槃经》的相关内容更为接近，如东壁门北榜题4中“染心”就仅见于《大般涅槃经》而不见于《梵网经》中的十二誓愿文字，故应是根据《大般涅槃经》绘制无疑。[②]从赵晓星先生的论述来看，莫高窟第361窟显然可以从侧面反映此类题材的壁画更有可能是依据《梵网经》绘制。而她认同莫高窟第323窟东壁是依《大般涅槃经》所绘，却又偏离了壁画的可能出处。笔者这样说主要是基于上文的论证，其次“染心”二字见于《大般涅槃经》而不见于《梵网经》并不能充分证明东壁的出处，原因是榜题4：“菩萨宁……其身□染心受女□□女死女□”不仅是残缺不全的，而且从可见的文字来看，与《大般涅槃经》和《梵网经》所载文字皆非字字相同，甚至可以说是重构的，只是表述的内容相似罢了。另外，“染心”二字在佛经及佛教经典中属于比较常见的名相，设计者添加使用也不足为奇。所以，笔者认为莫高窟第323窟东壁菩萨守戒十二誓愿画更有可能是根据《梵网经》所绘，而非《大般涅槃经》。

相较而言，根据《大般涅槃经》绘制的多为涅槃经变画，705—781年间只有两铺[③]，参考率不高。虽然莫高窟第323窟南壁昙延法师神异故事的榜题中出现了“涅槃经”，但从榜题的完整含义来看并没有涉及戒律相关的意味。加之《梵网经》混一僧俗，包容度很广，故更符合石窟面向大众的属性。

《梵网经》中与东壁壁画相关的内容如下：

> 若佛子！发十大愿已，持佛禁戒。作是愿言：“宁以此身投炽然猛火、大坑、刀山，终不毁犯三世诸佛经律，与一切女人作不净行。”复作是愿：“宁以热铁罗网千重周匝缠身，终不以破戒之身，受于信心檀越一切衣服。”复作是愿：“宁以此口吞热铁丸及大流猛火经百千劫，终不以破

① 关于莫高窟第454窟、第456窟和榆林窟第32窟中梵网经变依据《梵网经》所绘的观点，笔者主要参考了敦煌研究院编：《敦煌石窟艺术全集·报恩经画卷》，同济大学出版社，2016年，第204—247页；霍熙亮：《安西榆林窟第32窟的〈梵网经变〉》，《敦煌研究》1987年第3期，第24—34页；郭俊叶《敦煌莫高窟第454窟研究》，甘肃教育出版社，2015年，第608页；敦煌研究院编：《敦煌石窟内容总录》，文物出版社，1996年，第186—187页；赵晓星：《梵室殊严：敦煌莫高窟第361窟研究》，甘肃人民美术出版社，2017年，第68—72页；彭瑞花：《论敦煌“菩萨守戒十二誓愿”戒律画》，《山西档案》2014年第4期，第21—25页。其中榆林窟第32窟经变画是否为十二誓愿内容，霍熙亮先生与殷光明先生观点不同。霍氏认为是十重戒，殷氏认为是十二誓愿内容。

② 赵晓星：《梵室殊严：敦煌莫高窟第361窟研究》，第57—72页。

③ 贺世哲：《敦煌莫高窟的〈涅槃经变〉》，《敦煌研究》1986年第1期，第1—13页。

戒之口，食信心檀越百味饮食。”复作是愿：“宁以此身卧大猛火罗网热铁地上，终不以破戒之身，受信心檀越百种床座。”复作是愿：“宁以此身受三百鉾刺经一劫二劫，终不以破戒之身，受信心檀越百味医药。”复作是愿：“宁以此身投热铁镬经百千劫，终不以破戒之身，受信心檀越千种房舍屋宅园林田地。”复作是愿：“宁以铁锤打碎此身从头至足令如微尘，终不以破戒之身，受信心檀越恭敬礼拜。”复作是愿：“宁以百千热铁刀鉾挑其两目，终不以破戒之心视他好色。”复作是愿：“宁以百千铁锥遍劖刺耳根经一劫二劫，终不以破戒之心听好音声。”复作是愿：“宁以百千刃刀割去其鼻，终不以破戒之心贪嗅诸香。”复作是愿：“宁以百千刃刀割断其舌，终不以破戒之心食人百味净食。”复作是愿：“宁以利斧斩斫其身，终不以破戒之心贪着好触。”复作是愿：“愿一切众生悉得成佛。”而菩萨若不发是愿者，犯轻垢罪。[①]

我们从经文和壁画中都能强烈地感受到菩萨誓愿守戒的坚定决心，设计者将其置于东壁也有特殊的用意。笔者猜测因为它正好正对西壁佛龛，所以也就加深了这样一种精神的内在意义。

（五）《释迦方志》

与北壁汉武帝获金人及张骞出使西域故事相关的文本见于多部经典，按成书时间先后依次为《史记》《汉书》《魏书·释老志》（554）、《历代三宝记》（597）、《释迦方志·通局篇》（658）、《广弘明集》（660）、《法苑珠林》（668），《释迦方志》和《广弘明集》皆为道宣所作。根据宗小飞先生所著《〈释迦方志〉研究》一文中关于《释迦方志·通局篇》所记内容及史料来源的分析研究，其对《汉书》《魏书·释老志》《历代三宝记》的内容均有征引，更直接举出了汉武帝获金人此一事件源于《汉书》卷六八《金日磾传》作“武帝元狩中，骠骑将军霍去病将兵击匈奴右地，多斩首，虏获休屠王祭天金人。”[②]不过依照记载内容的相似性，《释迦方志·通局篇》更有可能是参照了《魏书·释老志》中的内容：

案汉武帝元狩中，遣霍去病讨匈奴，至皋兰，过居延，斩首大获。昆邪王杀休屠王，将其众五万来降。获其金人，帝以为大神，列于甘泉宫。金人率长丈余，不祭祀，但烧香礼拜而已。此则佛道流通之渐也。及开西域，遣张骞使大夏还，传其旁有身毒国，一名天竺，始闻有浮屠之教。[③]

《释迦方志·通局篇》中所述如下：

前汉孝武帝元狩中，霍去病讨匈奴，至皋兰，过居延山获昆耶休屠王等。又获

① （后秦）鸠摩罗什译：《梵网经》卷二，《大正藏》第24册，第1007—1008页。
② 宗小飞：《〈释迦方志〉研究》，陕西师范大学硕士学位论文，2010年，第45—51页。
③ （北齐）魏收:《魏书》卷一一四，中华书局，1974年，第3025页。

金人率长丈余，列之于甘泉宫。帝以为大神，烧香礼拜。及开西域遣张骞使大夏，还云，有身毒国。身毒国一名天竺。始闻浮图之教。此即佛之形教相显之渐也。①

通过对比，二者明显如出一辙，由此可以断定北壁所绘汉武帝获金人及张骞出使西域出自《释迦方志·通局篇》的可能性更大。至此，我们不难发现上述多组壁画内容均见于道宣的著作，除了上文列出的《释迦方志》（658）、《广弘明集》（660）、《集神州三宝感通录》（664）之外，还有《集古今佛道论衡》（661—664）。出现这种情况的原因不说自明，同一作者自然会借鉴自己先前的著述，但这几本书的侧重点还是有所不同的。至于道世的《法苑珠林》作为一部佛教百科全书，搜罗这些具有典型性的内容也是必然，而他在编著此书时借鉴了梁宝昌等辑的《经律异相》（516），并在其自己著作《诸经要集》的基础上扩编而成②。所以，东壁菩萨守戒十二誓愿画能够在《经律异相》和《法苑珠林》得见便顺理成章了。

前人学者认为此壁与史实不符，故视其为设计者刻意为了抬高佛教的地位而采取的附会之举。③笔者以为确实如此，这完全符合下文将要论述的第323窟整体壁画的设计意图。诸如此类的做法在第323窟不止这一处，北壁阿育王拜塔亦是如此。

（六）依文设计

阿育王拜尼乾子塔而塔崩坏是所有壁画中最为特殊的，它在北壁只占据了很小的一处，且并无直接的文献文本依据，与其相似的内容见诸《大庄严经论》（后秦鸠摩罗什译，402—412）、《付法藏因缘传》卷五（北魏西域吉迦夜、昙曜译，386—534）、《华严探玄记》（唐法藏，643—712），但其中的主角都并非阿育王，而是迦腻色迦王④。对此，颜娟英认为“制作壁画者所依据的并非佛典，而可能是当时敦煌流传的变文，已经将主角径自改为更有名的阿育王”⑤。笔者有不同的看法，此组壁画相较于其他壁画，内容情节绘制单一，所占画面又小，从排布来看有可能是靠后添加的内容，并且此壁画可能参考了不止一部经典，但参照的经典中不太可能有《大庄严经论》和《华严探玄记》。

仔细阅读先前提及西晋石佛浮江、东晋扬都金像、汉武帝获金人、张骞出使西域所依文献便会发现阿育王都有出现。《高僧传》中则有慧达拜阿育王塔像忏悔之事，如下：

释慧达，姓刘，本名萨河，并州西河离石人。少好田猎。年三十一，忽如暂死，经日还苏，备见地狱苦报，见一道人云，

---

① （唐）道宣：《释迦方志》卷二，《大正藏》第51册，第970页。

② 王建光：《中国律宗通史》，第303页。

③ 沙武田：《角色转换与历史记忆——莫高窟第323窟张骞出使西域图的艺术史意义》，《敦煌研究》2014年第1期，第25页。

④ 陈叶青：《莫高窟第323窟感通画及其佛教中国化问题研究》，硕士学位论文，上海大学，2022年，第18—19页。

⑤ 颜娟英：《从凉州瑞像思考敦煌莫高窟第323窟、332窟》，《东亚考古学的再思——张光直先生逝世十周年纪念论文集》，台湾“中研院”历史语言研究所，2013年，第461页。

是其前世师，为其说法训诲，令出家，往丹阳、会稽、吴郡觅阿育王塔像，礼拜悔过，以忏先罪。既醒，即出家学道，改名慧达。精勤福业，唯以礼忏为先。晋宁康中，至京师。先是简文皇帝于长干寺造三层塔，塔成之后，每夕放光。达上越城顾望，见此刹杪独有异色，便往拜敬，晨夕恳到。夜见刹下时有光出，乃告人共掘，掘入丈许，得三石碑。中央碑覆中，有一铁函，函中又有银函，银函里金函，金函里有三舍利。又有一爪甲及一发，发申长数尺，卷则成螺，光色炫耀。乃周敬王时阿育王起八万四千塔，此其一也。既道俗叹异，乃于旧塔之西，更竖一刹，施安舍利。晋太元十六年，孝武更加为三层。

又昔晋咸和中，丹阳尹高悝，于张侯桥浦里，掘得一金像，无有光趺，而制作甚工。前有梵书云是育王第四女所造。悝载像还至长干巷口，牛不复行，非人力所御，乃任牛所之，径趣长干寺。尔后年许，有临海渔人张系世，于海口得铜莲华趺，浮在水上，即取送县。县表上上台，敕使安像足下，契然相应。后有西域五僧诣悝云："昔于天竺得阿育王像，至邺遭乱，藏置河边。王路既通，寻觅失所。近得梦云，像已出江东，为高悝所得。故远涉山海欲一见礼拜耳。"悝即引至长干，五人见像，歔欷涕泣，像即放光，照于堂内。五人云："本有圆光，今在远处，亦寻当至。"晋咸安元年，交州合浦县采珠人董宗之，于海底得一佛光。刺史表上，晋简文帝敕施此像。孔穴悬同，光色一种。凡四十余年，东西祥感，光趺方具。达以刹像灵异，倍加翘励。后东游吴县，礼拜石像。以像于西晋将末，建兴元年癸酉之岁，浮在吴松江沪渎口。渔人疑为海神，延巫祝以迎之，于是风涛俱盛，骇惧而还。时有奉黄老者，谓是天师之神，复共往接，飘浪如初。后有奉佛居士吴县民朱应，闻而叹曰："将非大觉之垂应乎！"乃洁斋共东云寺帛尼及信者数人，到沪渎口。稽首尽虔，歌呗至德，即风潮调静。遥见二人浮江而至，乃是石像，背有铭志，一名"惟卫"，二名"迦叶"。即接还安置通玄寺。吴中士庶嗟其灵异，归心者众矣。达停止通玄寺，首尾三年，昼夜虔礼，未尝暂废。顷之，进适会稽，礼拜鄮塔。此塔亦是育王所造，岁久荒芜，示存基跖。达翘心束想，乃见神光焰发，因是修立龛砌，群鸟无敢栖集。凡近寺侧畋渔者，必无所获，道俗传感，莫不移信。后郡守孟顗复加开拓。达东西觐礼，屡表征验，精勤笃励终年无改。后不知所之。[①]

引文中不仅有礼拜阿育王塔像，也有其造塔之说，而造塔之说也见于此窟壁画所依《大唐西域记》（646）和《释迦方志》（658）文本中。《释迦方志》卷二载：

① （梁）慧皎：《高僧传》卷一三，《大正藏》第50册，第409—410页。

东天竺国有铁轮王统阎浮提，收佛灵骨役使鬼神，一亿人家为起一塔，四海之内合起八万四千，故此九州之地并有遗塔云。是育王所造当此周厉王之时，故塔兴周世经二十余王。至秦始皇三十四年焚烧典籍。育王诸塔由此沦亡，佛经流世莫知所在。[①]

《大唐西域记》卷七载：

精舍西南有石窣堵波，无忧王建也，基虽倾陷，尚余百尺。前建石柱，高七十余尺。石含玉润，鉴照映彻，殷勤祈请，影见众像，善恶之相，时有见者。是如来成正觉已初转法轮处也。[②]

当中的“铁轮王”“无忧王”皆为阿育王的别称，而其中“育王”二字更能直接对应榜题“此外道尼乾子等塔，育王见，谓是塔，便礼，塔遂崩坏，□育王感德”中出现的“育王”。所以，设计者很有可能是受到这三部已经参考过的经典的启发，当然这不足以证明壁画仅来源于此。笔者猜测设计者很有可能还借鉴了西晋安法钦译《阿育王传》，理由大致有三：其一，《阿育王传》在梁以前已存在于北方，在敦煌文献中也有俄藏Дx 02584+Дx 02585《阿育王传阿育王现报因缘第四》（图 7）；其二，《付法藏因缘传》从卷一“摩诃迦叶”至卷五“提多迦”近三分之一的内容袭自《阿育王传》，上文提及的《经律异相》和《法苑珠林》也存在引用《阿育王传》的现象[③]，故《阿育王传》应是汉地高僧著书时较常参考的文献；其三，《阿育王传》中记载有阿恕伽王（即阿育王）对于尼乾子外道众的强烈态度，不可谓不严厉。

《阿育王传》卷二载：

时弗那槃达有尼乾陀弟子，画作佛像而令礼拜于尼乾子像。时佛弟子优婆塞者语阿恕伽王言：“外道尼乾子弟子画作佛像。令礼拜外道尼乾子像。”王闻瞋恚即便驱使，上及四十里夜叉鬼，下及四十里诸龙等。一日之中杀万八千尼乾陀子于花氏城。花氏城中复有尼乾子，亦画佛像令礼拜外道尼乾陀像。时有优婆塞已告于王。王闻大瞋捉尼乾陀并其眷属以火烧杀。击鼓唱言若有能得尼乾子头当赏金钱。后宿大哆于尼乾子舍寄宿，着恶衣服头发极长，与尼乾陀子形貌相类。有鬼持刀在一面立。宿大哆自生念言：“我之宿缘应为此鬼之所杀害。”时鬼谓是尼乾陀子，即便斩头。持至王所而索金钱。王见识是宿大哆头。复闻一臣道外沙门被杀者多所有者少，极为懊恼闷绝躄地，以水洒面久乃得苏。辅相白

① （唐）道宣：《释迦方志》卷二，《大正藏》第 51 册，第 970 页。
② （唐）玄奘口述、辩机编撰：《大唐西域记》卷七，《大正藏》第 51 册，第 905 页。
③ 王浩垒：《文献特征的多元考察与误题译经译者的确定——以同本异译〈阿育王传〉〈阿育王经〉为例》，《浙江师范大学学报（社会科学版）》2016 年第 6 期，第 88-94 页。

王言："今诸沙门滥死者多。王当施于沙门无畏。"王即作号令言："自今已后一切沙门制不听杀。"[①]

引文虽没有阿育王拜塔的内容，却有外道尼乾子弟子令拜尼乾子像的内容。而在敦煌文献中，《付法藏因缘传》也有21件，可分为《付法藏因缘传》（《付法藏传》12件）和《付嘱法藏传略抄》（9件）二类，后者是前者的略本[②]。（图8）由此推之，存在结合《付法藏因缘传》的可能性。《付法藏因缘传》提供了一个故事情节的框架，其所述为：

月支国王威德炽盛，名曰栴檀罽昵吒王……王于后时在路游行，见外道塔七宝庄严，便大欢喜谓如来塔。前礼稽首至心恭敬烧香散花说偈赞曰……说是偈已应时宝塔分散崩落。王见惊怖而作是言："我于今者福将欲尽失王位乎？何故我适礼此宝塔而便颓毁？"有人语言："王所礼者是外道塔，以其威德微末尠少，不堪受王福德人礼。"是故尔耳即发塔下得尼乾尸。众人叹曰："奇哉！大王德力深厚，礼此邪塔，令其毁坏。王之功德比于梵天！"[③]

凡此诸部经典之间本就存在很多的重叠及

图7　俄藏Дx02584+Дx02585《阿育王传阿育王现报因缘第四》

① （西晋）安法钦译：《阿育王传》卷二，《大正藏》第50册，第107页。
② 王书庆、杨富学：《也谈敦煌文献中的〈付法藏因缘传〉》，《敦煌学辑刊》2008年第3期，第106页。
③ （元魏）吉迦夜、昙曜译：《付法藏因缘传》卷五，《大正藏》第50册，第315页。

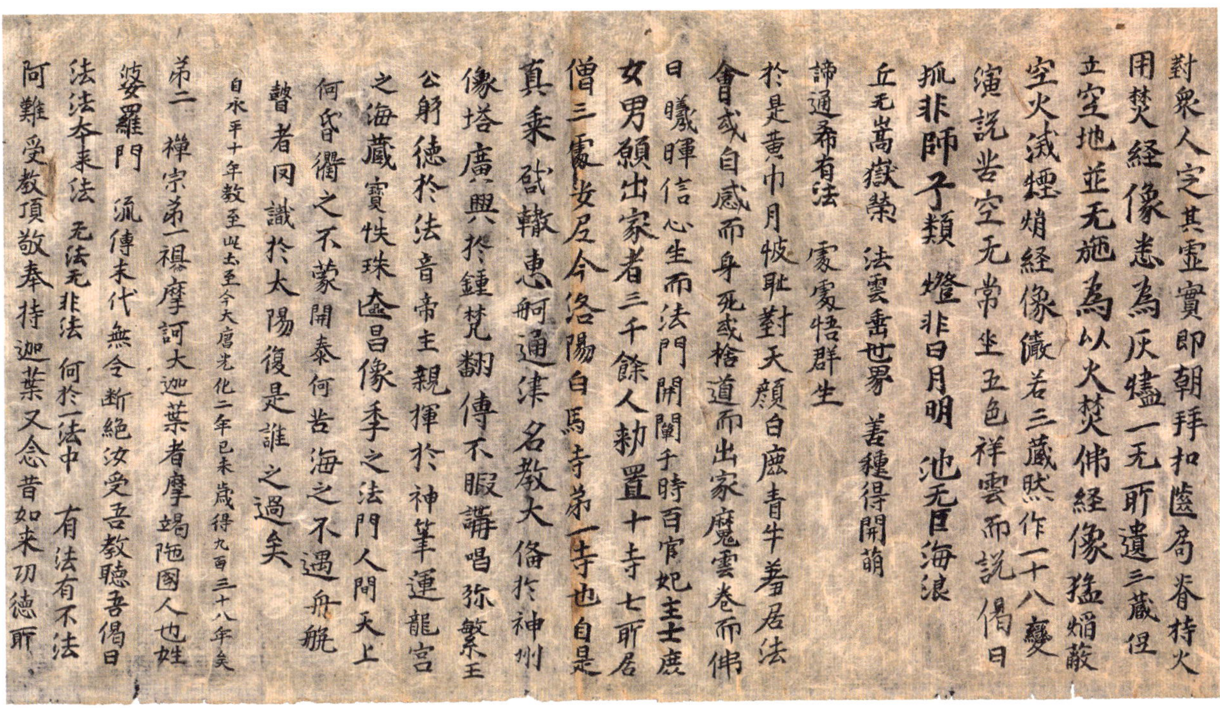
對衆人定其靈實即朝拜扣遼高眷持火
用焚経像悉為灰燼一无所遺三藏但
立空地並无施為以火焚佛経像猛焰蔽
空火滅煙焆経像儼若三藏然作一十八變
演説呰空无常生五色祥雲而説偈曰
狐非師子類　燈非日月明　池无巨海浪
丘无嵩嶽榮　法雲垂世界　善種得開萌
諦通希有法　處處悟群生
於是黄巾月帔耻對天顔白鹿青牛著居法
會或自感而身死或捨道而出家魔雲卷而佛
日曦暉信心生而法門開闡于時百官妃主士庶
女男願出家者三千餘人勅置十寺七所居
僧三處安尼今洛陽白馬寺弟一寺也自是
真乘戠轍惠舸通津名教大備於神州
像塔廣興於鍾梵翻傳不暇講唱弥繁王
公歸徳於法音帝主親揮於神筆運龍宮
之海藏寶帙珠函昌像季之法門人間天上
何皆衢之不蒙開泰何苦海之不遇舟航
瞽者罔識於太陽復是誰之過矣
自永平十年教至此土至今大唐光化二年已未歲得九百三十八年矣
弟二　禪宗弟一祖摩訶大迦葉者摩竭陁國人也姓
婆羅門　流傳末代無令斷絶汝受吾教聽吾偈曰
法法本來法　无法无非法　何於一法中　有法有不法
阿難受教頂敬奉持迦葉又念昔如来功德所

图 8　英藏 S.4478《付法藏因缘传》

相互借鉴的可能，而设计者的参考文献若是锁定在这几部经典的话，则极有可能是糅合这些文本中的元素设计出了阿育王拜塔这样一个画面，画面中隐喻了政教之间的关系，以及正法如何方能久住的暗示，与整体壁画之间关系密切。

总结上文，第 323 窟壁画内容所见经典和经典作者之间存在许多关联性，所以才会出现一组壁画内容见于多部经典的情况。①这种关联性也是唐代佛教及高僧的特色所在，大致有如下几点：其一，善于向大德高僧学习，主要表现在借鉴和参考前贤大德的作品方面，比如道宣《广弘明集》借鉴僧祐《弘明集》；其二，注重戒定慧三学等多方面的修持，并非限于某一领域，比如道宣还善于治史；其三，维系着法脉的传承，并无宗派门户之芥蒂，比如玄琬（562—636），师事昙延，又从多师学习，成为律师。可见，隋唐之际，佛教内部高僧之间学修之风盎然。

以上是本文对于每组壁画的出处考证，虽然无法百分之百肯定，但为壁画的来源提供了一种新的思考方向。

三　西壁佛龛补充讨论

莫高窟第 323 窟西壁佛龛并非原貌，经后

① 第 323 窟壁画内容见之于多部经典，而这些经典大多能在敦煌文献中觅见踪迹，除了上文已经提到的《梵网经》《大唐西域记》《高僧传略（康僧会、鸠摩罗什、竺道生、法显、佛图澄）》《付法藏因缘传》《大般涅槃经·圣行品》《阿育王传阿育王现报因缘第四》之外，还有《出三藏记集》《经律异相》《集神州三宝感通录》《法苑珠林》《诸经要集》《大庄严经论》。这一情况绝非偶然，说明唐代经典多借鉴前人经典，且许多史料内容颇具典型性，流传度很高。

代重修后难以辨认其最初的模样，故讨论者极少。最先有史苇湘先生注意到了西壁佛龛的片鳞半爪，他认为西龛的山水影壁与南、北、东三壁的壁画应是一个一气呵成的整体，并且南壁的部分题材又与刘萨诃有关。不过，史苇湘先生严谨地否定了主尊为“凉州瑞像”的可能性，提出尚待考证的意见。①巫鸿先生则在史苇湘先生的观点之上，进一步讨论认为“在西壁主龛中塑造凉州瑞像不但可能，而且极其合理”。②

笔者认同巫鸿先生的观点，并且能够为此观点的合理性提供新的理据。史先生显然也注意到了南壁壁画中的西晋石佛浮江与东晋扬都金像题材都来自《高僧传》卷一三《慧达传》，而释慧达就是刘萨诃，这种巧合单独来看并不能成为佐证西壁佛龛中塑像为凉州瑞像的有力支撑，但若是将其置于本文的考证逻辑之中，此一巧合便不再只是巧合。上文已论及南北壁画有四组皆出自《高僧传》，若加上西壁佛龛的题材源头亦出自《高僧传》，那么本文所发现的这种内在逻辑则更为合理。

进一步分析西壁佛龛与南北壁画的关联性，西壁佛龛与南壁西晋石佛浮江和东晋扬都金像两组的位置关系刚好又是连贯的，内容又是出自同一部佛教经典的同一处。再者，刘萨诃的故事除却《高僧传》的记载，同样也见于《续高僧传》《释迦方志》《集神州三宝感通录》《广弘明集》和《法苑珠林》这些上文多次提及的佛教经典，道宣的另一部著作《律相感通传》（667）也有记载。这些特征和情况与第323窟的其他壁画如出一辙，故笔者以为这种贯穿整个洞窟的内在逻辑与设计思想绝非偶然，而是如史先生所说，“一个一气呵成的整体”。

此外，结合巫鸿先生《敦煌323窟与道宣》《再论刘萨诃——圣僧的创造与瑞像的发生》以及沙武田先生《预言盛世的图像——敦煌莫高窟第203窟凉州瑞像的时代语言》这三篇论文关于凉州瑞像时代意义的论述，似乎更能补充本文所要阐明的设计思想。如巫鸿先生所述“他的朝圣将一些南方寺院确认为中国最重要的佛教圣地。这些寺院既从它们与印度佛教的直接关系中，也从与中国帝王的施主关系中取得了他们的特殊地位”③，这一含义与本文所要提出的壁画设计思想十分契合，设计者也试图通过这些题材来确立汉传佛教的正统性和特殊地位。而通过沙武田先生一文来看，凉州瑞像具有更加丰富的时代社会意义，他认为“凉州瑞像作为洞窟主尊，是在经历了北朝社会动荡、佛教频遭打击的一系列事件，在经过隋代短暂的30余年的佛教大发展之后，借唐统一的背

① 史苇湘：《刘萨诃与敦煌莫高窟》，《文物》1983年第6期，第8页。

② 巫鸿先生在《敦煌323窟与道宣》和《再论刘萨诃——圣僧的创造与瑞像的发生》两篇论文中均有提及此一观点，详见［美］巫鸿，郑岩、王睿编：《礼仪中的美术——巫鸿中国古代美术史文编》，生活·读书·新知三联书店，2005年，第424—426页、第442—443页。

③ ［美］巫鸿：《敦煌323窟与道宣》，郑岩、王睿编：《礼仪中的美术——巫鸿中国古代美术史文编》，第435页。

景，再结合唐初佛教发展所展现出来的一系列新气象”[①]。加之，刘萨诃所代表的北方身份与其所寻访的南方之间，似也能体现设计者所要突出的汉传佛教南北的整体性，而非单纯只强调南方佛教。

假设西壁佛龛所塑确为凉州瑞像，那么西壁佛龛将成为此窟壁画出处的考证起点，而刘萨诃及凉州瑞像所蕴含的多重属性及其作为西北地区的普遍信仰，也成为整窟壁画展开的思想来源之一。

四 壁画设计思想探析

研究莫高窟第 323 窟的难点在于比之其他洞窟明显“超负荷”的信息量，而这些信息主要集中在已非原貌的西壁佛龛与九组壁画中，所以西壁佛龛与九组壁画固然是整窟营建的核心意图承载。至于南北壁、东壁的其余壁画应该都只占次要地位。而突破这一难点的关键便是找出九组壁画之间的关联点。

笔者分别对康僧会（？—280）、佛图澄（232—348）、昙延（516—588）进行了系统分析，从中得出了几个重点。首先，从三者国籍身份的角度来看，前二者皆是外来高僧，而昙延则是真正的汉地高僧，这说明汉传佛教在僧才教育方面已经实现了中国化，已经培养出了自己的高僧，设计者所在的唐朝更是涌现了一

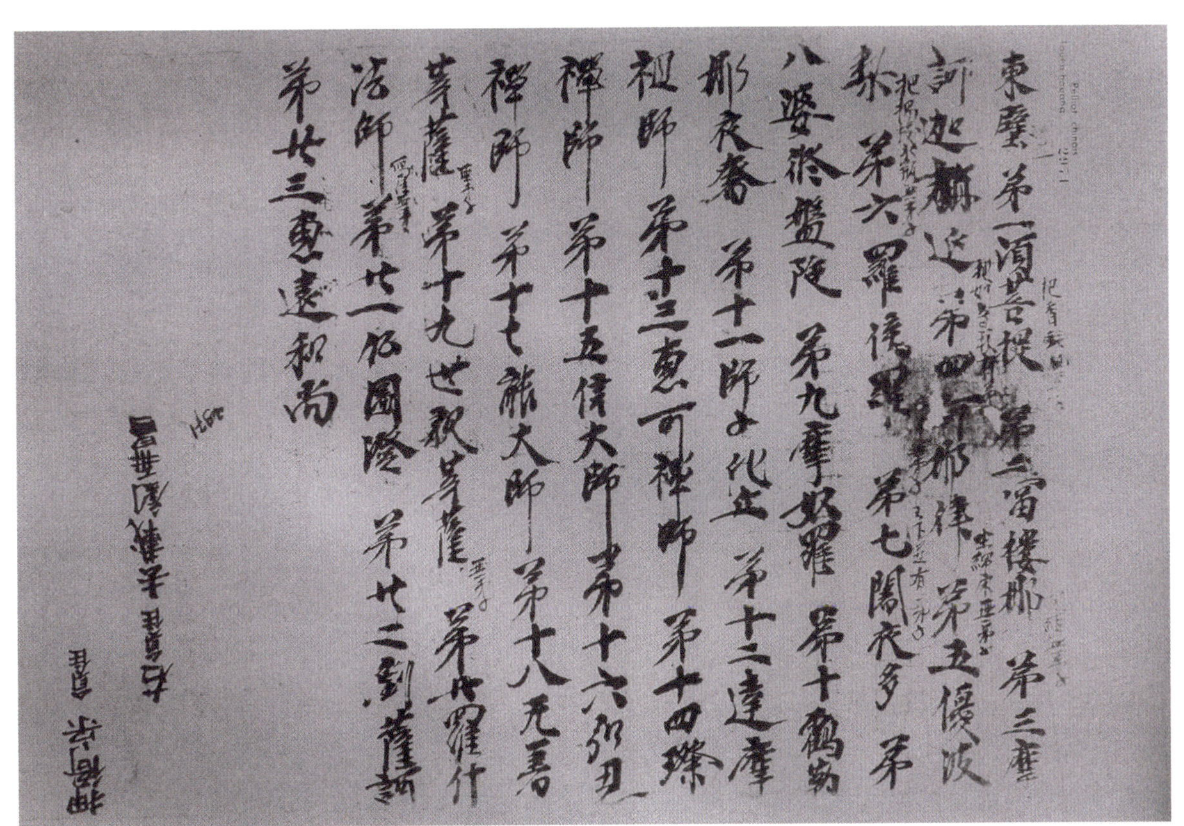
東壁 第一須菩提 第二富樓那 第三摩
訶迦旃延 第四阿那律 第五優波
離 第六羅睺羅 第七闍夜多 第
八婆修盤陀 第九摩奴羅 第十鶴勒
那夜奢 第十一師子比丘 第十二達摩
祖師 第十三惠可禪師 第十四璨
禪師 第十五信大師 第十六弘忍
禪師 第十七能大師 第十八无著
菩薩 第十九世親菩薩 第廿羅什
法師 第廿一佛圖澄 第廿二劉薩訶
第廿三惠遠和尚

图 9 法藏 P.2971《壁画榜书底稿》

① 沙武田：《预言盛世的图像——敦煌莫高窟第 203 窟凉州瑞像的时代语言》，《丝路文明》第六辑，上海古籍出版社，2021 年，第 120 页。

大批优质的高僧。其次，三者都通过借助王权的力量，即自上而下的方式复兴佛教，推动佛教中国化、本土化。最后，三者都非常重视佛教义理、戒律的普及、僧才的培养和寺院的建设。

以上三位高僧是确切存在于壁画中的，而上文论及的刘萨诃则是不确定的存在，但笔者以为有必要将其一同讨论。刘萨诃即释慧达，推算可得其生卒年为东晋穆帝永和元年（345）至太延元年（435）[①]，刚好位于佛图澄与昙延之间。他在佛教经典中以朝圣僧和预言僧示人，而在法藏 P.2971《壁画榜书底稿》中，刘萨诃成为第二十二位传法祖师，位列佛图澄之后。（图 9）甚至还被渐渐追捧为圣僧化的瑞像。由此可见，刘萨诃的地位存在不断晋升的现象，这个过程使他的地位愈发正统。所以，这尊兼具刘萨诃圣僧化色彩的凉州瑞像居于第 323 窟西壁主龛位置更加顺理成章。

而圣僧化的瑞像作为主尊究竟为何用意？首先，敦煌关于刘萨诃及凉州瑞像的文字与画像资料较多，但由瑞像作为洞窟主尊的情况并不常见[②]，这也符合第 323 窟原创性的特质。凉州瑞像追根溯源，其本质还是以刘萨诃为核心的信仰发展，但很少有人将其称为释慧达，释慧达这个法名才是其身份的真正体现。所以，在第 323 窟之中，设计者更想突显的是僧人在佛教发展与传播中的重要地位，同时任何事物皆可顺应佛教的发展与传播而改变、变化。

另外，笔者也分别对阿育王（前 303—前 232）、孙权（182—252）、孙皓（242—284）、石虎（295—349）、隋文帝杨坚（541—604）五位帝王进行了系统分析[③]，可知他们所处时代都为佛教的发展阶段，佛教的外来属性依旧比较强烈，对佛教都有各自程度的排斥。恰恰如此，他们被作为反面素材，侧面突出了佛教及僧人的感化能力。当然，这些人物也说明了佛教的传播及兴盛离不开王权的支持。而与之对应的故事情节则体现了佛教传入的过程、佛教的本土化过程、因果之说等。三僧五帝王具体如何体现以上这些方面，相关的史料依据过多，相关论述也很多，笔者不作赘述，可参见本文之参考文献。

我们再从九组壁画参考经典的角度来看，经笔者考证，分别参考了《梵网经》《大唐西域记》《高僧传》《续高僧传》《释迦方志》以及《阿育王传》和《付法藏因缘传》。其中，《梵网经》的参照体现设计者对于戒律的重视，而且他或许也是菩萨戒的弘扬者。此外，将两部僧传作为参考依据，也能在一定程度上反映设计者对高僧的崇敬与仰慕，换言之，其试图以高僧形象作为一种宣教的榜样和素材。道宣的两部作品位列其中，想必设计者或多或少还受到道宣思想的影响，但笔者不认同如巫鸿先

① 史苇湘：《刘萨诃与敦煌莫高窟》，《文物》1983 年第 6 期，第 13 页。

② 张小刚：《敦煌佛教感通画研究》，第 214—215 页；沙武田：《角色转换与历史记忆——莫高窟第 323 窟张骞出使西域图的艺术史意义》，《敦煌研究》2014 年第 1 期，第 115—119 页。

③ 因汉武帝属于设计者有意为之的错谬，故不列入。

生所说，“这个窟是由道宣派的‘律宗’僧侣设计和建造的”①。第 323 窟由僧人设计是肯定的，且这位僧人一定有着较为全面的“三学”学习历程，通晓佛教的历史、戒律和教理，故很有可能是位义学僧，这在北方地区是比较少见的。

从观看的角度又可以反证，八组壁画所绘位置及顺序与参考文献的关系更为相近。我们不难发现，若依照时间顺序去观看这些壁画会是错落无序的。但如果以参考经典的逻辑顺序去看就相对合理些，其顺序应该是：（1）北壁康僧会神异故事（《高僧传》卷一）；（2）北壁佛图澄神异故事（《高僧传》卷九）；（3）南壁西晋石佛浮江（《高僧传》卷一三）；（4）南壁东晋扬都金像（《高僧传》卷一三）；（5）南壁昙延法师神异故事（《续高僧传》）；（6）北壁大夏佛陀成觉（《大唐西域记》）；（7）北壁汉武帝获金人及张骞出使西域（《释迦方志》）；（8）北壁阿育王拜塔（参考《阿育王传》《付法藏因缘传》及上述多部经典修改设计）；（9）东壁菩萨守戒十二誓愿画（《梵网经》）。（图 10）汉武帝获金人及张骞出使西域和阿育王拜塔存在修改设计的共性，而阿育王拜塔是最后添加的内容，如此看来也是比较可靠的推测。

第 323 窟还有一点是容易被忽略的，在西壁龛下南侧底层有一处供养人题名：“……

（1）北壁康僧会神异故事

（2）北壁佛图澄神异故事

（3）南壁东晋扬都金像　（4）南壁西晋石佛浮江

（5）南壁昙延法师神异故事

（6）北壁大夏佛陀成觉

（7）北壁汉武帝获金人及张骞出使西域

（8）北壁阿育王拜塔

图 10　莫高窟第 323 窟壁画设计顺序图（朱筱制作）

① ［美］巫鸿：《敦煌 323 窟与道宣》，郑岩、王睿编：《礼仪中的美术——巫鸿中国古代美术史文编》，第 429 页。

□（考）……奴一……”[①]，可惜已经难以辨认具体内容。但从残存的字迹中没有显示与僧人相关的信息，可见很有可能并非这位僧人出资，而仅仅只是担任了洞窟的设计者。莫高窟的很多洞窟中都出现了比丘、比丘尼的供养人像，也有窟主为僧人的洞窟，比如盛唐第387窟窟主康僧统，中唐第188窟窟主僧统思云，晚唐第12窟窟主沙州释门都法律和尚金光明寺僧索义辩等，还有例如第85窟敦煌佛教教团第二任都僧统翟法荣和尚开凿的功德窟。这些僧人供养及建窟的发心相对第323窟的设计者僧人就有很大差别。“由于唐代寺院受田的规定，僧尼给寺院带来土地，扩大了寺院经济力量，而寺院中雄厚的资财，又掌握在少数僧侣中的特权阶级——僧侣地主手中，他们放高利贷剥削人民”[②]，因而他们有了足够的财力开窟，目的通常只是世俗化的祈求福报与功德。所以，第323窟的设计者僧人就显得与众不同得多，他借由此等能够自主设计洞窟的机会，把自己的想法通通付诸壁画之中似乎很能表明他的护法护教之心。

综上所述，第323窟整窟的设计思想乃层层递进的思想，归纳来说，由于末法思想和护法思想的影响，而催生出了佛教如何在中国发展的思考。设计者比较认同的方式也是借由王权，但又并非依附于王权成为政治工具。从佛教本位的角度而言，教界内部应当重视戒律的修持及弘扬，发挥僧人的作用和影响力，除却僧人以外，也应重视对普通百姓的弘化，使得佛教中国化、本土化。若从美术的角度而言，因为有如此设计思想的附加，莫高窟第323窟成为莫高窟诸多洞窟中颇具中国特色的一个原创洞窟。

① 敦煌研究院：《敦煌莫高窟供养人题记》，文物出版社，1986年，第132页。
② 敦煌研究院：《敦煌莫高窟供养人题记》，第180页。

白鹦鹉图像小考：以莫高窟第 148 窟观经变为例

余秀玲

（香港大学佛学研究中心）

鹦鹉聪明伶俐能模仿人类的语言，它们或出现在佛教本生故事的譬喻中，或在佛经中与其他祥瑞的禽鸟一起点缀诸佛的庄严净土，是敦煌壁画常见的鸟类图像，西方净土经变的宝鸟之一，也现身在各式各样的装饰图案中。这些敦煌壁画的鹦鹉图像大多数以长尾鹦鹉的形象出现，外形修长，羽毛蓝绿色，钩状的鸟喙红色，尾羽窄长[①]。

敦煌壁画的鹦鹉图像中，有一对独一无二的白鹦鹉出现在莫高窟第 148 窟东壁门南的一铺观无量寿经变（图 1）[②]，它们在壁画左下方水榭亭台的栏杆上（图 2）[③]，前方右侧有一只弹奏长柄阮的双人头共命鸟。观无量寿经变是敦煌壁画中常见的经变主题，第 148 窟的观无量寿经变中心描绘阿弥陀佛庄严的西方净土，两侧有代表未生怨和十六观的内容。据《佛说阿弥陀经》所载，阿弥陀佛净土有种种奇妙杂色之鸟，包括白鹄、孔雀、鹦鹉、舍利、迦陵频伽及共命鸟；这些妙音宝鸟皆是阿弥陀佛欲令法音宣流所变现的[④]。观无量寿经变所描绘的

图 1　莫高窟第 148 窟东壁门南观无量寿经变

① 本文是笔者博士论文研究一个小章节的延伸。有关敦煌壁画中长尾绿鹦鹉的图像研究，载于笔者的博士论文：*Birds in Amitābha's Pure Land: A Study Based on Chinese Buddhist Grotto Art*.

② 敦煌研究院编，施萍婷主编：《敦煌石窟全集·5·阿弥陀经画卷》，商务印书馆，1999 年，图版 176。

③ 敦煌研究院编，郑汝中主编：《敦煌石窟全集·16·音乐画卷》，商务印书馆，1999 年，图版 170。

④ （后秦）鸠摩罗什译：《佛说阿弥陀经》，《大正藏》第十二册，第 347a12–20 页。《佛说阿弥陀经》："复次舍利弗！彼国常有种种奇妙杂色之鸟：白鹄、孔雀、鹦鹉、舍利、迦陵频伽、共命之鸟。是诸众鸟，昼夜六时出和雅音，其音演畅五根、五力、七菩提分、八圣道分如是等法。其土众生闻是音已，皆悉念佛、念法、念僧。舍利弗！汝勿谓：'此鸟实是罪报所生。'所以者何？彼佛国土无三恶趣。舍利弗！其佛国土尚无三恶道之名，何况有实？是诸众鸟，皆是阿弥陀佛欲令法音宣流，变化所作。"

图 2　莫高窟第 148 窟观无量寿经变中的一对白鹦鹉

雀鸟图像，就是象征“鸟宣法音”，当中的鹦鹉是弥陀净土各式宝鸟常见的一员。莫高窟第 148 窟的一对白鹦鹉显然跟敦煌壁画常见的长尾绿鹦鹉图像截然不同，它们羽毛洁白，鸟喙黑色，脚爪铅灰色。左边的白鹦鹉回首望向旁边嘴巴微张、身体前倾的同伴，两只灵禽的互动，为画面添上活泼的气息。尽管这对白鹦鹉与众不同，前人研究这铺观无量寿经变时对它们着墨不多，亦不见探讨中国古代鹦鹉记录的学者关注这组图像。因此，我们对这对白鹦鹉所知甚少。它们的形象究竟参考了何种鹦鹉，它们又为何现身在敦煌壁画，诸等问题均有待探究。因此，笔者希望通过考古材料及文献研究，辅以鸟类学知识考证，探讨这对白鹦鹉图像的来源及其对应之物种，从而了解中古时期人们对白鹦鹉的认知，以及这组图像的意义。

一　鹦鹉为祥瑞贡品

据文献记载，从汉代开始便有鹦鹉进贡到朝廷的记录。按《太平御览》羽族部十一的记载：“汉书曰：献帝兴平元年（194），益州蛮夷献鹦鹉三。”[①]历代进贡的鹦鹉大都以其羽色命名，种类包括白鹦鹉、赤鹦鹉、五色鹦鹉、黄鹦鹉和绿鹦鹉。其中白鹦鹉进贡的次数最多，一共有 22 次（附录 1）。最早的白鹦鹉朝贡记录记载于《晋书》卷十《纪》第十，当中提及东晋晋安帝义熙十三年（417）林邑献白鹦鹉[②]。另有 6 次出现在唐代，为历朝之冠。除了讨好的外形和能言的本领，其纯白羽色所象征的吉兆亦可能是白鹦鹉被用作朝贡的原因。纯白色的动物在自然界比较少见，它们常常被赋予祥瑞的意涵，视之为奇珍异兽，进贡到朝廷以表吉祥[③]。

由于白鹦鹉的祥瑞珍稀，民间亦早有流传有关白鹦鹉的故事。例如《西京杂记》记述西汉陵富人袁广汉在其家中林苑养白鹦鹉[④]。南朝宋刘敬叔所撰的《异苑》亦有张华及白鹦鹉的故事，可见白鹦鹉在古代已经作为珍禽出现在民间[⑤]。

唐太宗贞观年间白鹦鹉进贡的次数比较频繁，两次来自林邑，另一次来自陀洹。林邑是古地名，应为现今越南中部岘港一带地区[⑥]。至

① （宋）李昉等编：《太平御览》，台湾商务印书馆，1975 年，第 4234-1—4234-2 页。
② （唐）房玄龄等撰，杨家骆主编：《晋书》，鼎文书局，1980 年，第 266 页。
③ 杨敏：《白色动物精灵崇拜——中国古代白色祥瑞动物论》，《民族文学研究》2003 年第 2 期，第 25—31 页。马逸清：《中国古代祥瑞动物研究》，王祖望编：《中国古代动物学研究》，科学出版社，2019 年，第 626—637 页。
④ 上海古籍出版社编，王根林等校点：《汉魏六朝笔记小说大观》，上海古籍出版社，1999 年，第 96 页。
⑤ 上海古籍出版社编，王根林等校点：《汉魏六朝笔记小说大观》，第 608 页。
⑥ 陈佳荣、谢方、陆峻岭：《古代南海地名汇释》，中华书局，1986 年，第 493—496 页。

于陀洹，学界对其位置还未有定论，有说是在现今缅甸东南部的土瓦（Dawei，旧名Tavoy）或缅甸旧首都仰光（Yangon，旧名Rangoon）[①]，也有说是泰国巴真府（Prachinburi）摩诃梭古城[②]。唐玄宗时期亦有两次进贡白鹦鹉的记录，分别来自岭南（即现今我国广东、广西及越南北部）[③]和林邑。最后一个记录是在唐天祐四年（907）由福建朝献。

历代朝贡记录显示，白鹦鹉来自东南亚、南亚和中国华南等14个地方，东南亚地区占8个。林邑（今越南中南部）进贡白鹦鹉的次数最多，分别是东晋时期1次、隋代2次和唐代3次。其次是爪哇（现今印度尼西亚的爪哇岛）[④]，在元、明两代共4次。

最早有关白鹦鹉产地来源的文献资料，来自唐代诗人王维（692—761）的《白鹦鹉赋》，文中描述"若夫名依西域，族本南海，同朱喙之清音，变绿衣于素彩"[⑤]，这说明了白鹦鹉是从南海越洋而来的舶来品。明代文人王世懋（1536—1588）所撰的《闽部疏》亦印证了这一点，文中指出"白鹦鹉、五色鹦鹉、秦吉了、倒挂，诸异禽皆舶海外而来，偶一有之非其产也"[⑥]。故此，岭南和福建等地虽有进贡白鹦鹉，相信并非这些珍禽的原产地。然而，华南沿海地区很有可能从东南亚获得白鹦鹉，再把它们作为贡品献给朝廷。文献中亦有将白鹦鹉作为礼物转赠的记载。其中一例在《唐会要》卷九五《新罗》一项，当中记述："（开元二十年）帝赐兴光白鹦鹉雌雄各一"[⑦]，说明唐玄宗赏赐了一对白鹦鹉给新罗国王。至于文献中提及的东南亚地区是否皆是白鹦鹉的原产地，则是下一步要探讨的问题。

二　舶来的凤头鹦鹉

若要辨别白鹦鹉的品种和追溯原产地，有关其外形特征的描述是重要的线索。早期文献对于白鹦鹉的外形叙述不多，只有南朝刘宋文学家颜延之（384—456）的《白鹦鹉赋》提及它们"被素履玄"[⑧]，说明了它们的脚是黑色的。全世界400多种鹦鹉科的鸟类当中，就只有凤头鹦鹉属 *Cacatuoidea* 的鹦鹉当中有体羽主要是白色的品种，它们的脚爪皆是暗灰色的。根据前述外形特征和从南海舶来等线索，我们可以锁定作为贡品的白鹦鹉大概是产自现今印度尼西亚、巴布亚新几内亚及华莱士区太平洋岛屿等地的凤头鹦鹉属 *Cacatua* 亚属的鹦鹉[⑨]。这些 *Cacatua* 亚属的凤头鹦鹉大多是身体羽毛大部分呈白色（个别品种的冠羽异色）、喙黑色、

---

① 陈佳荣、谢方、陆峻岭：《古代南海地名汇释》，第464页。
② 黎道纲：《陀洹昙陵二国考——唐代泰境古国考》，《南洋问题研究》1999年第4期，第19—25页。
③ 魏嵩山：《中国历史地名大辞典》，广东教育出版社，1995年，第644页。
④ 陈佳荣、谢方、陆峻岭：《古代南海地名汇释》，第203—204页。
⑤ （清）董诰等编：《全唐文》，中华书局，1987年，第3283-1—3283-2页。
⑥ （明）王世懋：《闽部疏》，明万历沈节甫辑阳羡陈于廷刊本，第19-2页。
⑦ （宋）王溥：《唐会要》，中华书局，1955年，第1712页。
⑧ （清）严可均校辑：《全上古三代秦汉三国六朝文》，中华书局，1991年，第2633-1页。
⑨ 蔡锦文：《世界鹦鹉图鉴》，猫头鹰出版社，2008年，第40—44页。

图 3 红葵凤头鹦鹉（笔者所绘）

脚爪暗灰色。此外，它们皆是原产地的特有种，没有季节性迁徙习性，所以分布并不广泛。本文的研究撇除了 *Licmetis* 亚属的凤头鹦鹉，这个亚属的鹦鹉最显著特征是有裸露的眼圈，主要分布在澳大利亚，亦有一个品种在菲律宾群岛（菲律宾凤头鹦鹉 *Cacatua haematuropygia*）。澳大利亚对中古时期的中国来说距离太远，尚没有相关考古证据显示有人员和物种交流。至于来自菲律宾的鹦鹉，要到清代乾隆二十八年（1763）才有从苏禄（Sulu）朝贡的明确记录①。

白凤头鹦鹉属亚属的凤头鹦鹉有好几个品种，通过梳理文献资料，笔者发现中古时期进贡到中国的白鹦鹉当中有可能包含其中 4 个品种。上面提及唐代有一只来自陀洹的白鹦鹉，文献中共有 4 个主要的记录。唐杜佑所撰的《通典》记载了这只白鹦鹉“毛羽皓素，头上有红毛数十茎，与翅齐”②。后晋刘昫监修的《旧唐书》指出贞观二十一年（647）陀洹遣使献白鹦鹉，但没有描述其特征③。宋王溥所撰的《唐会要》却说陀洹是在贞观十八年（644）献白鹦鹉，“首有十红毛，齐于翅”④。最后一个记录来自北宋欧阳修编修的《新唐书》，有关白鹦鹉的描述跟《唐会要》相同，但是年份只交代是贞观时期⑤。以上 4 个记录所载的应是同一件事，唯白鹦鹉进贡的年份和头上红毛的数量及描述都稍有差异。

美国学者谢费（Schafer）是最早根据《唐

① （清）昆冈等著：《大清会典事例（光绪朝）》，清光绪二十五年（1899）石印本，第 20-2 页。《大清会典事例》礼部二一四·朝贡二·贡物一·乾隆二十八年：“苏禄国王遣陪臣进贡方物。珍珠、鹦鹉、玳瑁、燕窝、剑、标枪、吹筒、藤席、西洋布、花西洋布、竹丝布、丁香粒、凡十有二种。”

② （唐）杜佑著，王文锦等点校：《通典》，中华书局，1988 年，第 5106 页。

③ （后晋）刘昫撰，杨家骆主编：《旧唐书》，鼎文书局，1981 年，第 5272 页。

④ （宋）王溥：《唐会要》，第 1779 页。

⑤ （宋）欧阳修：《新唐书》中华书局，1975 年，第 6303 页；另参见中国哲学电子书计划，https://ctext.orglwiki.pl? if=gb&chapter=751911。

会要》和《新唐书》描述陀洹白鹦鹉头顶有红毛这项特征并探讨其品种的人，并认为是红葵凤头鹦鹉（*Cacatua moluccensis*）[①]。这种凤头鹦鹉是印度尼西亚摩鹿加群岛（Maluku Islands）南部及邻近小岛的特有种，体形硕大，白色的羽毛略带淡粉色或淡橙色，橙色的羽冠于竖起的时候尤其明显（图 3）[②]。学界普遍都采纳谢费的想法，多年来似乎没有人再作深入的考证。然而，笔者注意到《清宫鸟谱》的一组图文记录，提出了另一个可能的品种。《清宫鸟谱》第二册有一幅名为“牙色顶花小白鹦鹉”的图文，配文中引述《新唐书》的资料，说明此为贞观时期陀洹朝献的白鹦鹉，首有十二红毛（图4）[③]。然而，配文把陀洹说成是诃陵的属国；按《新唐书》记载，陀洹应是堕和罗的属国。另一点值得注意的是《清宫鸟谱》把这只白鹦鹉头上的红毛数量改成 12 条，而非《新唐书》所载的 10 条。据外形特征判断，《清宫鸟谱》插图所描绘的白鹦鹉是来自印度尼西亚小巽他群岛松巴岛（Sumba）的特有种橙冠凤头鹦鹉（*Cacatua citrinocristata*）（图 5）。橙冠凤头鹦鹉以往被视为小葵花凤头鹦鹉（*Cacatua sulphurea*）（图 6）的亚种，直到近年才独立出来[④]。其橙红色冠羽共 12 条，竖起作扇形散开时会分为两行左右对称排列。这正好对应了《唐会要》和《新唐书》所描述的“齐于翅”，即

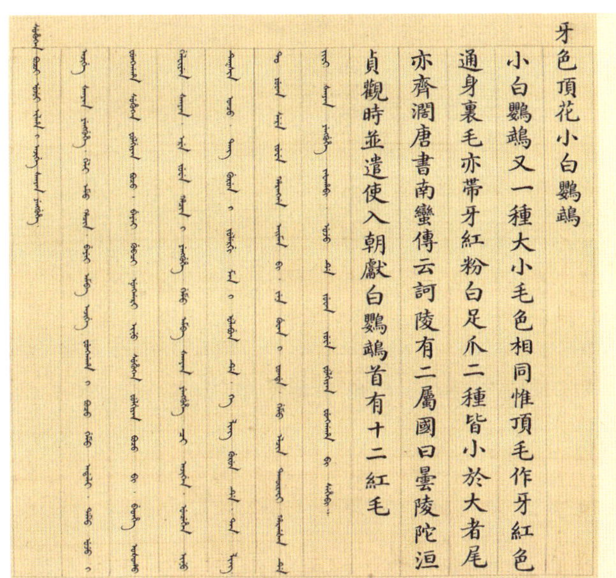
牙色頂花小白鸚鵡
小白鸚鵡又一種大小毛色相同惟頂毛作牙紅色
通身裏毛亦帶牙紅粉白足爪二種皆小於大者尾
亦齊濶唐書南蠻傳云訶陵有二屬國曰曇陵陀洹
貞觀時並遣使入朝獻白鸚鵡首有十二紅毛

图 4 《清宫鸟谱》第二册 牙色顶花小白鹦鹉

① Schafer, Edward Hetzel, *Parrots in Medieval China*, In: *Studia Serica Bernhard Karlgren Dedicata*, 1959, pp.271–82. Schafer, Edward Hetzel, *The Golden Peaches of Samarkand: A Study of T'ang Exotics*, Berkeley: University of California Press, 1963, pp.99–102.

② *Species factsheet: Cacatua Moluccensis*, BirdLife International, http://datazone.birdlife.org/species/factsheet/salmon-crested-cockatoo-cacatua-moluccensis。

③ （清）蒋廷锡、余省、张为邦、谭怡令：《故宫鸟谱》第 2 册，台北故宫博物院，1997 年，第 38—39 页。

④ *Species factsheet: Cacatua Citrinocristata*, BirdLife International,http://datazone.birdlife.org/species/factsheet/citron-crested-cockatoo-cacatua-citrinocristata。

图 5　橙冠凤头鹦鹉（笔者所绘）

图 6　小葵花凤头鹦鹉（笔者所绘）

冠羽排列整齐，堪比翅膀。橙冠凤头鹦鹉纯白色的体羽和排列整齐如翅膀的橙红色冠羽，比起体羽带淡红色或淡橙色、橙色冠羽堆在一起的红葵凤头鹦鹉，似乎更贴近《唐会要》和《新唐书》描述的陀洹白鹦鹉。再者《清宫鸟谱》第二册尚有一幅名为“牙色里毛大白鹦鹉”的图文[①]，其所绘的正是红葵凤头鹦鹉。“牙色顶花小白鹦鹉”和“牙色里毛大白鹦鹉”两个品种当中，《清宫鸟谱》选了前者说明是陀洹所献的白鹦鹉，反映制作团队曾认真考究《新唐书》的描述，再观察实物，才做出选择和修正冠羽上羽毛的数目。这也说明谢费对《新唐书》描述的理解并不全面，没有注意到红毛“齐于翅”跟红葵凤头鹦鹉的冠羽对不上。然而，不管是红葵凤头鹦鹉，还是橙冠凤头鹦鹉，皆证明陀洹所进贡的白鹦鹉极有可能是由印度尼西亚地区获得。陀洹的位置至今悬而未决，或许这两种白鹦鹉的原产地能提供一点线索帮助学界再作探究。可能陀洹所在地是这些凤头鹦鹉的产地，也有可能陀洹由印度尼西亚地区获得白鹦鹉，再转赠给大唐。

除了从唐代这一记录中考究的两个品种，

① （清）蒋廷锡、余省、张为邦、谭怡令：《故宫鸟谱》第 2 册，第 32—33 页。

笔者亦从后世描述白鹦鹉特征的文献资料中辨认出另外两个品种的凤头鹦鹉。宋代梅尧臣（1002—1060）的《赋永叔家白鹦鹉杂言》描述白鹦鹉“毛冠角举”“方尾鹘身”[①]，说明了它们有竖立的冠羽，尾巴方形，体型如隼科的小型猛禽。欧阳修（1007—1072）给梅尧臣的酬答诗《答圣俞白鹦鹉杂言》更明确地指出白鹦鹉“黄冠黑距”[②]，有黄色冠羽和黑色脚爪。关于黄色冠羽这个关键的特征，明代王世贞（1526—1590）在其《白鹦鹉赋》的序文中引述“白者稍大于他鹦鹉，冠有五羽，若萱华，作轻黄色，怒则尽张”[③]。明代的陈继儒（1558—1639）所撰的《太平清话》有更为鲜明的描述，指出“其顶一撮有淡黄色者，鸣则顶毛散放如黄葵花”[④]。清代的吴震方（生卒年不祥，活跃于 17 世纪晚期）在其《岭南杂记》亦记载“鹦鹉有白者较绿者差大，顶有角毛，坟起时放花淡黄绿色，珑玱可爱”[⑤]。以上关于白鹦鹉外形及行为特征的描述，跟分布在现今东帝汶及印度尼西亚苏拉威西及小巽他群岛的小葵花凤头鹦鹉极为吻合，其醒目抢眼的黄色冠羽正是它们的标志性特征[⑥]。文献中屡次提及白鹦鹉有此特征，正好说明了它们是比较普遍的品种。有一点值得注意的是小葵花凤头鹦鹉的适应力很强。虽然它们是其原产地的特有种，没有迁徙的习性，但是逸放到野外的个体存活率很高。例如，在 20 世纪初，小葵花凤头鹦鹉曾被英军引进到香港作为宠物鸟，于日军侵占香港期间逃逸，现在于香港岛及九龙中部形成了一个数量稳定的族群[⑦]，类似情况亦在新加坡出现[⑧]。因此，文献中偶有华南沿岸地区有白鹦鹉的记录，说不定是逸放大自然的幸存者，或者是讹传。还有另一种与小葵花凤头鹦鹉的外貌特征相似，但是体型稍大的葵花凤头鹦鹉（*Cacatua galerita*）。后者分布在澳大利亚北部、东部至东南部，以及巴布亚新几内亚及附近岛屿[⑨]。鉴于它们的分布地距离较远，在中古时期流传到东南亚和中国的机会相对偏低。此外，南宋文学家范成大（1126—1193）所撰的《桂海虞衡志》亦有一段关于白鹦鹉的记载：“白鹦鹉，大如小鹅，亦能言。羽毛玉雪，以手抚之，有粉黏着指掌，如蛱蝶翅。”[⑩]羽毛上的粉末（羽粉）

---

① 北京大学古文献研究所编，傅璇琮等主编：《全宋诗》，北京大学出版社，1991 年，第 3252 页。

② 北京大学古文献研究所编，傅璇琮等主编：《全宋诗》，第 3651—3652 页。

③ （清）陈梦雷：《钦定古今图书集成.博物汇编.禽虫典》卷四三，第 81 页。

④ （明）陈继儒撰：《太平清话》卷二，明万历绣水沈氏尚白斋刻本，第 23-2—24-1 页，汉籍电子文献资料库，http://hanchi.ihp.sinica.edu.tw.eproxy.lib.hku.hk/ihpc/hanjieb? HI6ijjhwv。

⑤ （清）吴震方著：《岭南杂记》卷下，清乾隆马俊良辑刊本，第 55-1 页。

⑥ *Species factsheet: Cacatua Sulphurea*, BirdLife International, http://datazone.birdlife.org/species/factsheet/yellow-crested-cockatoo-cacatua-sulphurea。

⑦ 香港观鸟会：《香港观鸟会香港及华南鸟类野外手册》第 9 版，香港观鸟会，2022 年，第 220 页。

⑧ *Species factsheet: Cacatua Sulphurea*, BirdLife International, http://datazone.birdlife.org/species/factsheet/yellow-crested-cockatoo-cacatua-sulphurea。

⑨ *Species factsheet: Cacatua Galerita*, BirdLife International, http://datazone.birdlife.org/species/factsheet/sulphur-crested-cockatoo-cacatua-galerita。

⑩ （宋）范成大记，（明）吴管校：《桂海虞衡志·志禽》，明吴管校刊逸史本，第 14-2 页，汉籍电子文献资料库，http://hanchi.ihp.sinica.edu.tw.eproxy.lib.hku.hk/ihpc/hanjieb? 4i41Yoik4。

图 7　白凤头鹦鹉（笔者所绘）

是凤头鹦鹉的共同特征，有保护羽毛的功能。不过，按《桂海虞衡志》中描述白鹦鹉羽毛玉雪、大小如小鹅的体型猜测，还有可能是印度尼西亚摩鹿加群岛北部的特有种白凤头鹦鹉（*Cacatua alba*）（图 7），它们通体羽毛纯白，翼底羽毛沾淡黄色，体形硕大①。

总括以上 4 个凤头鹦鹉品种，它们的分布地点皆是现今的印度尼西亚及邻近地区。就它们的分布地位置而言，在古代作为珍禽流传到东南亚诸国，再辗转传入中国的推测，也是合理的。元、明两代的白鹦鹉主要从爪哇朝贡，亦印证了它们是来自印度尼西亚及邻近地区的凤头鹦鹉。笔者也发现《清宫鸟谱》第二册所绘的 4 幅白鹦鹉插图②，正好就是这 4 种凤头鹦鹉，这些图像说明它们在中古时期作为贡品和珍禽传入中国是相对可靠的推测。以往的学者考究这些插图时所辨认的品种皆有误③，本文借此把正确的品种名称表列如下：

表 1　《清宫鸟谱》第二册所绘白鹦鹉的品种名称

序号	《清宫鸟谱》第二册所绘白鹦鹉	品种（拉丁学名）
1	牙色里毛大白鹦鹉	红葵凤头鹦鹉（*Cacatua moluccensis*）
2	葵黄里毛大白鹦鹉	白凤头鹦鹉（*Cacatua alba*）
3	葵黄顶花小白鹦鹉	小葵花凤头鹦鹉（*Cacatua sulphurea*）
4	牙色顶花小白鹦鹉	橙冠凤头鹦鹉（*Cacatua citrinocristata*）

三　白鹦鹉

敦煌莫高窟第 148 窟的一对白鹦鹉图像，羽毛纯白，喙黑色，脚爪铅灰色，外形也正好跟上一章节所描述的 *Cacatua* 亚属凤头鹦鹉高度相似，印证了唐代越洋舶来的白鹦鹉属于这类

① *Species factsheet: Cacatua Alba*, BirdLife International, http://datazone.birdlife.org/species/factsheet/white-cockatoo-cacatua-alba。

② （清）蒋廷锡、余省、张为邦等：《故宫鸟谱》第 2 册，第 32—39 页。

③ 冯祚建、童墉昌、卢汰春：《〈清宫鸟谱〉的面世及其科学意义与价值的研究》，王祖望主编：《中国古代动物学研究》，科学出版社，2019 年，第 506 页。周晟：《范成大〈桂海虞衡志〉鸟兽名实疏证》，《自然科学史研究》2021 年第 2 期，第 175—183 页。

凤头鹦鹉。由于图像上的白鹦鹉没有明确展示冠羽，所以我们不能断言它们到底是哪一个品种的凤头鹦鹉，也不能因为看不到异色的冠羽，而贸然说它们一定是羽毛纯白的白凤头鹦鹉。然而，就这般写实的描绘而言，已经足以反映唐代人对自然界真实的白鹦鹉的认知，也是难能可贵的中古时期凤头鹦鹉图像记录。

存世的唐代白鹦鹉图像如凤毛麟角。笔者目前只找到两个案例，除了莫高窟第 148 窟的一对白鹦鹉，还有一只描绘在传为阎立本（601—673）所绘的《职贡图》（图 8）[①]。这幅卷轴画现在藏于台北故宫博物院，学者普遍认为是宋代的摹本。画面描绘了外国遣使朝献的场景，李霖灿认为是林邑、婆利（今印度尼西亚加里曼丹岛、巴利岛，或苏门答腊岛东南占碑）和罗刹（故地众说不一，柬埔寨、越南、马来西亚和菲律宾的说法都有）的使节于贞观五年（631）到大唐进贡[②]，而周行道却提出是大食（现今中东地区）于永徽二年（651）遣使来华[③]。这幅卷轴画的右方有一个红色的大鸟笼，里面隐约可见一只白鹦鹉（图 9）[④]。这只白鹦鹉的样子奇怪，它的喙和脚爪呈红色，外形特征完全不像上一章节所述的凤头鹦鹉。或许有人会说它可能是一种已经灭绝的白鹦鹉，所以对不上现今的品种。然而，笔者觉得它倒像一只白化的长尾绿鹦鹉，或者说明白一点是把一只长尾绿鹦鹉的羽毛换成了白色。这或许反映了画家大概不曾接触真实的白鹦鹉，所以在作画时参考本土较为容易获得的长尾绿鹦鹉或其画稿，把羽毛换成白色，滥竽充数。相较而言，莫高窟第 148 窟的一对白鹦鹉清楚地展示了凤头鹦鹉外形特征，显得更为珍贵和写实。

到底莫高窟第 148 窟为何会出现如此写实的白鹦鹉图像？它们的图像何以参考了凤头鹦鹉的外形特征？目前敦煌遗书有关净土经变和动物图像的画稿中并未有发现有关鸟类图像的

图 8　传阎立本所绘《职贡图》（现藏于台北故宫博物院）

---

① *Tribute Bearers by Yan Liben and Yan Lide*, Public domain, via Wikimedia Commons, https://commons.wikimedia.org/wiki/File:Tribute_Bearers_by_Yan_Liben_and_Yan_Lide._Palace_Museum,_Beijing.jpg。

② 李霖灿：《中国名画研究》第 1 册，艺文印书馆，1973 年，第 1—10 页。陈佳荣、谢方、陆峻岭：《古代南海地名汇释》，第 511—512，730—731 页。

③ 周行道：《阎立本〈职贡图〉是大食使者初来图》，《艺术工作》2021 年第 2 期，第 61—67 页。

④ 唐阎立本《职贡图》卷："国立故宫博物院"OPENDATA 专区，https://theme.npm.edu.tw/opendata/DigitImageSetsaspx? sNo=04031293。

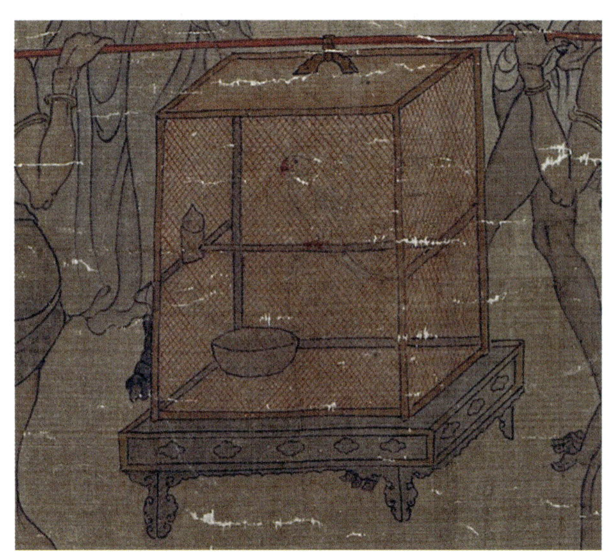

图 9　传阎立本所绘《职贡图》之白鹦鹉

粉本[①]。然而，笔者从文献记载唐代画家绘画白鹦鹉的记录和莫高窟第 148 窟营建的背景中找到一点线索以探讨其图像粉本的来源。

《宣和画谱》卷五提及张萱（生卒年不详，活跃于唐开元年间）曾画《写太真教鹦鹉图》一幅[②]。另外，《宣和画谱》卷六也记载了周昉（生卒年不详，活跃于唐德宗在位期间）画《妃子教鹦鹉图》及《白鹦鹉践双陆图》各一[③]。《图画见闻志》卷一亦记述周昉有《杨妃架雪衣女乱双陆局图》[④]。这些画家的作品大概是受了杨贵妃（719—756）与其宠物白鹦鹉雪衣女的传奇故事所启发而创作的。杨贵妃本名杨玉环，号太真，是唐玄宗李隆基（685—762）的宠妃。唐玄宗开元年间，岭南朝献了一只聪慧的白鹦鹉，玄宗和杨贵妃把它唤作雪衣女。《明皇杂录》对杨贵妃与这只白鹦鹉的逸事有详细的记载，其中最为人乐道的是雪衣女捣乱双陆棋盘游戏和杨贵妃教它诵心经的故事[⑤]。

张萱和周昉的真迹早已失传，目前仅存的相关作品是一幅描绘杨贵妃与雪衣女故事的辽代早期墓室壁画，藏于内蒙古赤峰市阿鲁科尔沁旗宝山 2 号墓石椁室内北壁（图 10、图 11）[⑥]。壁画右上角有墨书写着“雪衣丹嘴陇山禽，每受宫闱指教深。不向人前出凡语，声声皆（是）念经音”，说明所描绘的是杨贵妃教雪衣女诵心经的情景[⑦]。画面中的红色案台上站着一只白色的长尾鸟。显而易见，这只鸟的形态完全不像鹦鹉，其喙和脚爪跟上述阎立本《职贡图》的白鹦鹉一样是红色的。这证明画师工匠根本不曾见过真实的白鹦鹉，甚至连中国本土的长尾绿鹦鹉长什么样子都不清楚，也不知道陇山不出产白鹦鹉，故此作画的时候只好凭空想象。对比起来，绘画莫高窟第 148 窟一对白鹦鹉的工匠大概是参考了可靠的画稿，或者曾经见过真实的凤头鹦鹉，才能画出如此写实的白鹦鹉图像。

莫高窟第 148 窟由窟主李大宾出资营造，

---

① 沙武田：《敦煌画稿研究》，民族出版社，2006 年，第 44—124，387 页。

② （宋）《宣和画谱》，中国哲学书电子化计划，https://ctext.org/wiki.pl?if=gb&res=668529。

③ （宋）《宣和画谱》，中国哲学书电子化计划。

④ （宋）郭若虚：《图画见闻志》，中国哲学书电子化计划，https://ctext.org/wiki.pl? if=gb&res=377370。

⑤ （唐）郑处诲撰，田廷柱点校：《明皇杂录》，中华书局，1994 年，第 58 页。

⑥ 中国墓室壁画全集编辑委员会：《中国墓室壁画全集·3·宋辽金元》，河北教育出版社，2011 年，图版 15。塔拉、孙建华：《中国出土壁画全集·3·内蒙古》，科学出版社，2012 年，图版 119。

⑦ 吴玉贵：《内蒙古赤峰宝山辽壁画墓“颂经图”略考》，《文物》1999 年第 2 期，第 81—83 页。

图 10　内蒙古赤峰市阿鲁科尔沁旗宝山 2 号墓北壁　杨贵妃教雪衣女诵心经

图 11　内蒙古赤峰市阿鲁科尔沁旗宝山 2 号墓北壁　白鹦鹉

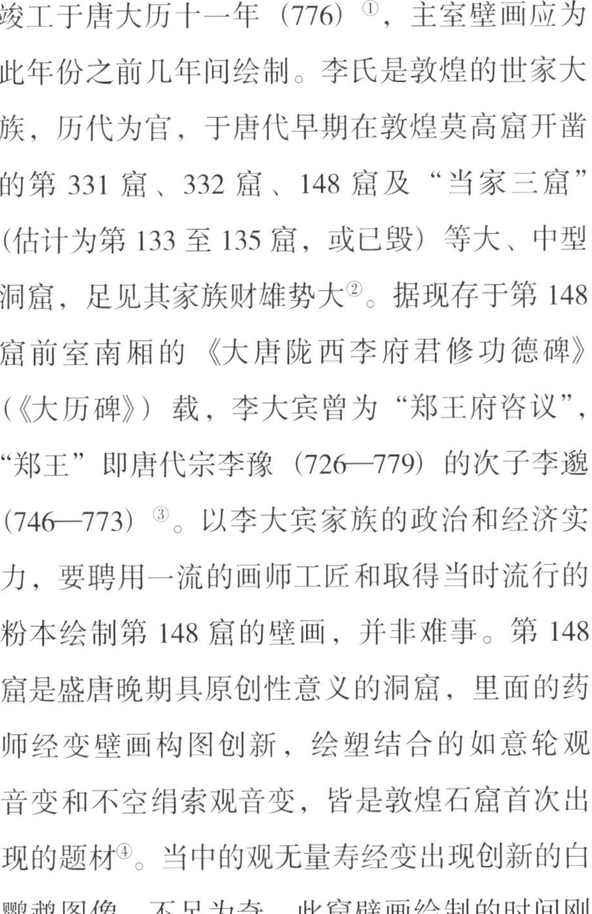

竣工于唐大历十一年（776）①，主室壁画应为此年份之前几年间绘制。李氏是敦煌的世家大族，历代为官，于唐代早期在敦煌莫高窟开凿的第 331 窟、332 窟、148 窟及“当家三窟”（估计为第 133 至 135 窟，或已毁）等大、中型洞窟，足见其家族财雄势大②。据现存于第 148 窟前室南厢的《大唐陇西李府君修功德碑》（《大历碑》）载，李大宾曾为“郑王府咨议”，“郑王”即唐代宗李豫（726—779）的次子李邈（746—773）③。以李大宾家族的政治和经济实力，要聘用一流的画师工匠和取得当时流行的粉本绘制第 148 窟的壁画，并非难事。第 148 窟是盛唐晚期具原创性意义的洞窟，里面的药师经变壁画构图创新，绘塑结合的如意轮观音变和不空绢索观音变，皆是敦煌石窟首次出现的题材④。当中的观无量寿经变出现创新的白鹦鹉图像，不足为奇。此窟壁画绘制的时间刚好是杨贵妃与雪衣女故事及相关画作流行的时期。或许画师工匠参考了从长安流传的白鹦鹉画稿来绘画这对西方净土的宝鸟，取代过往常用的长尾绿鹦鹉图像，反映了当年风行一时的白鹦鹉故事和相关绘画作品的影响。可惜第 148 窟白鹦鹉图像未能在敦煌壁画中得以推广流传，这对白鹦鹉成为一个孤例。

总　结

通过对文献和考古材料的梳理，辅以鸟类学知识印证，我们可以确认莫高窟第 148 窟观无量寿经变中的白鹦鹉图像是参考凤头鹦鹉属 *Cacatua* 亚属的鹦鹉绘画。其所参照的品种极有可能是来自现今印度尼西亚及邻近地区的特有品种：橙冠凤头鹦鹉、红葵凤头鹦鹉、小葵花凤头鹦鹉、白凤头鹦鹉。由于凤头鹦鹉的样子讨好，性格聪慧，又能模仿人语，加上白色珍

① 敦煌研究院编：《敦煌石窟内容总录》，文物出版社，1996 年，第 58 页。公维章：《涅槃、净土的殿堂——敦煌莫高窟第 148 窟研究》，民族出版社，2004 年，第 9 页。

② 公维章：《涅槃、净土的殿堂——敦煌莫高窟第 148 窟研究》，民族出版社，2004 年，第 40—61 页。

③ 公维章：《涅槃、净土的殿堂——敦煌莫高窟第 148 窟研究》，第 41、250—252 页。

④ 公维章：《涅槃、净土的殿堂——敦煌莫高窟第 148 窟研究》，第 8 页。

禽被视为祥瑞，所以自东晋以来历朝都有进贡的记录，唐代尤甚。唐玄宗贵妃杨氏与宠物鹦鹉雪衣女的故事为人津津乐道，风行一时，从而启发了不少相关的绘画创作，张萱和周昉的作品更成为传世佳品。或许是杨贵妃与雪衣女的传奇故事，以及相关画稿和白鹦鹉图像的流行，使正值为敦煌李氏大族营建石窟的画师工匠也把白鹦鹉图像添加到莫高窟第 148 窟的观无量寿经变中。这对白鹦鹉图像写实地描绘了凤头鹦鹉的外形特征，就目前已知的考古材料而言，相信是中国绘画史上最早的凤头鹦鹉图像，甚至是中国壁画中仅存的凤头鹦鹉图像，弥足珍贵。

同时，这对独一无二的白鹦鹉透过视觉艺术形式证明了中古时期作为贡品的白鹦鹉就是凤头鹦鹉，填补了文献资料的不足。文献中为数不多的白鹦鹉外形特征描述，仍能通过此组图像得以印证。凤头鹦鹉作为贡品从原产地游历东南亚诸国，辗转来到中国帝王的宫廷，反映了中古时期中国与东南亚诸国的邦交，使这些异国珍禽得以作为祥瑞贡品越洋舶来。以往探讨古代动物学史的学者主要是透过文献考究，虽然他们的研究拆解了不少古代动物的身份及分布的疑问，但是甚少使用图像资料论证。本研究尝试通过探索跨领域的材料，获取不同角度的助证，以图像资料填补过往这些研究忽略的地方。敦煌壁画的优势在于保留了图像的颜色，使白鹦鹉的外形特征能如实呈现，以助探究其所参考的物种。这些图像资料如果能在不同领域的研究中适当运用，必能丰富各方的研究成果。同时，跨领域研究可补证敦煌壁画图像研究，开拓更广阔的探索空间。本文配合文献和鸟类学知识的比对，破解了这对白鹦鹉的身份。这对白鹦鹉的图像除了在经变图中展示宝鸟在西方净土宣流法音，也以艺术形式为唐代越洋进贡的凤头鹦鹉作了珍贵的记录。

附录　历朝进贡白鹦鹉的文献记录

序号	朝代	年份（公元）	来源地（估计现今位置）	文献
1	东晋	义熙十三年（417）	林邑（越南岘港）	《晋书》卷十《安帝》：“（义熙十三年）六月癸亥，林邑献驯象、白鹦鹉。”①
2	南朝宋	元嘉五年（428）	迦毗黎（尼泊尔劫比罗伐窣堵、印度比普罗瓦或巴斯提）②	《宋书》卷九七《天竺迦毗黎国》：“天竺迦毗黎国，元嘉五年……奉献金刚指环、摩勒金环诸宝物；赤、白鹦鹉各一头。”③
3	南朝宋	元嘉二十四年（447）	扬州（安徽寿县及合明西北部）④	《宋书》卷二九《符瑞下·鹦鹉》：“宋文帝元嘉二十四年十月甲午，扬州刺史始兴王浚献白鹦鹉。”⑤
4	南朝宋	大明三年（459）	婆皇/婆皇（马来西亚彭亨）⑥	《宋书》卷二九《符瑞下·鹦鹉》：“孝武帝大明三年正月丙申，婆皇国献赤、白鹦鹉各一。”⑦
5	南朝梁	普通三年（522）	婆利（印度尼西亚加里曼丹岛、巴利岛或苏门答腊岛东南占碑）⑧	《南史》卷七八《西南夷》：“普通三年，其王频伽复遣使珠智献白鹦鹉……”⑨
6	隋	开皇十八年（598）	林邑（越南岘港）	《汉书》卷六《武帝纪》颜师古注曰：“隋开皇十八年，林邑国献白鹦鹉，时以为异。”⑩

① （唐）房玄龄等撰，杨家骆主编：《晋书》，第 266 页，汉籍电子文献资料库，http://hanchi.ihp.sinica.edu.tw.eproxy.lib.hku.hk/ihpc/hanjieb? cRk5kt0Hs。

② 陈佳荣、谢方、陆峻岭：《古代南海地名汇释》，第 396—397、432 页。

③ （梁）沈约撰，杨家骆主编：《宋书》，鼎文书局，1980 年，第 2384—2386 页。

④ 魏嵩山：《中国历史地名大辞典》，第 382 页。

⑤ （梁）沈约撰，杨家骆主编：《宋书》，第 872 页。

⑥ 陈佳荣、谢方、陆峻岭：《古代南海地名汇释》，第 733、808 页。

⑦ （梁）沈约撰，杨家骆主编：《宋书》，第 872 页。

⑧ 陈佳荣、谢方、陆峻岭：《古代南海地名汇释》，第 730—731 页。

⑨ （唐）李延寿撰，杨家骆主编：《南史》，鼎文书局，1981 年，第 1960 页。

⑩ （汉）班固：《汉书》，中国哲学书电子化计划，https://ctext.org/han-shu/zh。

续表

序号	朝代	年份（公元）	来源地（估计现今位置）	文献
7	隋	开皇末（约600前后）	林邑（越南岘港）	《隋书》卷七六《杜正玄》："开皇末，举秀才，尚书试方略，正玄应对如响，下笔成章。仆射杨素负才傲物，正玄抗辞酬对，无所屈挠，素甚不悦。久之，会林邑献白鹦鹉，素促召正玄，使者相望。及至，即令作赋。正玄仓卒之际，援笔立成。"①
8	唐	贞观五年（631）	林邑（越南岘港）	《旧唐书》卷一九七《西南蛮》："（贞观）五年……又献白鹦鹉，精识辩慧，善于应答。太宗悯之，并付其使，令放还于林薮。自此朝贡不绝。"②
9	唐	贞观八年（634）	林邑（越南岘港）	《太平寰宇记》卷一七六《林邑国》："唐贞观……八年，又献白鹦鹉，善于应答，太宗悯之，付其使，令放还林薮。"③
10	唐	贞观十八年（644）/贞观二十一年（647）	陀洹（缅甸土瓦或仰光、泰国巴真府摩诃梭古城）	《通典》卷一八八《陁洹》："陁洹国在堕和罗西北。大唐贞观中，遣使献鹦鹉，毛羽皓素，头上有红毛数十茎，与翅齐。"④ 《旧唐书》卷一九七《陀洹国》："（贞观）二十一年，又遣使献白鹦鹉及婆律膏，仍请马及铜钟，诏并给之。"⑤ 《唐会要》卷九九《耨陀洹国》："贞观十八年，遣使来朝贡，又献婆律膏、白鹦鹉，首有十红毛，齐于翅。"⑥ 《新唐书》卷二二二下《南蛮下》："陀洹，一曰耨陀洹……贞观时，并遣使者再入朝，又献婆律膏、白鹦鹉，首有十红毛，齐于翅。因丐马、铜钟，帝与之。"⑦

① （唐）魏徵等撰，杨家骆主编：《隋书》，鼎文书局，1980年，第1747页。
② （后晋）刘昫撰，杨家骆主编：《旧唐书》，第5269—5270页，汉籍电子文献资料库，http://hanchi.ihp.sinica.edu.tw.eproxy.lib.hku.hk/ihpc/hanjieb?c2llEwe6Q。
③ （宋）乐史：《太平寰宇记》，明乌丝栏钞本，卷一七六《林邑国》，第4-2页，汉籍电子文献资料库，http://hanchi.ihp.sinica.edu.tw.eproxy.lib.hku.hk/ihpc/hanjieb?ibcmefhq9。
④ （唐）杜佑著，王文锦等点校：《通典》，第5106页，汉籍电子文献资料库，http://hanchi.ihp.sinica.edu.tw.eproxy.lib.hku.hk/ihpc/hanjieb?f2qnEwe60。
⑤ （后晋）刘昫撰，杨家骆主编：《旧唐书》，第5272页。
⑥ （宋）王溥：《唐会要》，第1779页，汉籍电子文献资料库，http://hanchi.ihp.sinica.edu.tw.eproxy.lib.hku.hk/ihpc/hanjieb?b4YS-MGqpD。
⑦ （宋）欧阳修：《新唐书》，中国哲学书电子化计划，https://ctext.org/wiki.pl?if=gb&chapter=759911。

续表

序号	朝代	年份(公元)	来源地(估计现今位置)	文献
11	唐	开元年间(713—741)	岭南(广东、广西及越南北部)	《明皇杂录》:"开元中,岭南献白鹦鹉,养之宫中。岁久,颇聪慧,洞晓言词。上及贵妃皆呼为雪衣女。"[①]
12	唐	玄宗时期(712—756)	林邑(越南岘港)	《唐语林》卷五《补遗(起高祖至代宗)》:"明皇时,以林邑国进白鹦鹉,慧利之性特异常者,因暇日以金笼饰之,示于三相。"[②]
13	唐	天祐四年(907)	福建(福建福州)[③]	《册府元龟》卷二〇三《征应》:"天祐四年……福建帅遣吏持笺币通好,仍以白鹦鹉一同至。"[④]
14	宋	太平兴国九年至雍熙元年间(984)	凤翔府(陕西省宝鸡市凤翔区)[⑤]	《太宗皇帝实录》卷三一《十月》:"凤翔府贡白鹦鹉一。"[⑥]
15	宋	淳化三年(992)	阇婆(印度尼西亚爪哇或苏门答腊)[⑦]	《宋会要辑稿·蕃夷四》:"阇婆国宋会要太宗淳化三年……其贡物……白鹦鹉一。"[⑧]
16	宋	熙宁五年(1072)	大食(马来西亚单马锡)[⑨]	《宋会要辑稿·蕃夷七》:"(熙宁)五年二月……五日,大食勿巡国遣使辛毗陁罗奉表,贡……白鹦鹉……"[⑩]
17	元	泰定四年(1327)	爪哇(印度尼西亚爪哇)	《元史》卷三〇《泰定帝》:"(泰定四年)十二月……乙卯,爪哇遣使献金文豹、白猴、白鹦鹉各一。"[⑪]

① (唐)郑处诲撰,田廷柱点校:《明皇杂录》,第58页,汉籍电子文献资料库,http://hanchi.ihp.sinica.edu.tw.eproxy.lib.hku.hk/ihpc/hanjieb?DjmlMGAu3。

② (宋)王谠撰,周勋初校证:《唐语林校证》,中华书局,1987年,第469页。

③ 魏嵩山:《中国历史地名大辞典》,第1208页。

④ (北宋)王钦若等编:《册府元龟》,中华书局,1994年,第2448-1—2448-2页。

⑤ 魏嵩山:《中国历史地名大辞典》,第185页。

⑥ (宋)钱若水等撰:《太宗皇帝实录》,上海涵芬楼影印海盐张氏涉园藏宋馆阁写本常熟瞿氏藏旧抄本宋写本,卷三一《十月》,第10-1页,汉籍电子文献资料库,http://hanchi.ihp.sinica.edu.tw.eproxy.lib.hku.hk/ihpc/hanjieb?JSAlQoilr。

⑦ 陈佳荣、谢方、陆峻岭:《古代南海地名汇释》,第722—724页。

⑧ (清)徐松辑,四川大学古籍整理研究所标点校勘,王德毅校订:《宋会要辑稿》,《蕃夷四·淳化三年(P.蕃夷四之九七)》,2008年,汉籍电子文献资料库,http://hanchi.ihp.sinica.edu.tw.eproxy.lib.hku.hk/ihpc/hanjieb?fYMAeqjE4。

⑨ 陈佳荣、谢方、陆峻岭:《古代南海地名汇释》,第136、540—541页。

⑩ (清)徐松辑,四川大学古籍整理研究所标点校勘,王德毅校订:《宋会要辑稿》,《蕃夷七·熙宁五年(P.蕃夷七之三二)》,汉籍电子文献资料库,http://hanchi.ihp.sinica.edu.tw.eproxy.lib.hku.hk/ihpc/hanjieb?fYMAeqjE4。

⑪ (明)宋濂等撰,杨家骆主编:《元史》,鼎文书局,1981年,第683页,汉籍电子文献资料库,http://hanchi.ihp.sinica.edu.tw.eproxy.lib.hku.hk/ihpc/hanjieb?e9876m4iB。

续表

序号	朝代	年份（公元）	来源地（估计现今位置）	文献
18	明	永乐十六年（1418）	爪哇（印度尼西亚爪哇）	《明实录》卷二〇〇："（永乐十六年五月七日）爪哇国西王杨惟西沙，遣使惟叔等奉表献白鹦鹉及方物。"①
19	明	正统三年（1438）	榜葛剌（孟加拉国及印度西孟加拉国邦地区）②	《明实录》卷四七："（正统三年十月一日）榜葛剌国遣使臣下儿耶眉等来朝，贡麒麟、白鹦鹉、红鹦哥、白鸠等物。"③
20	明	正统十一年（1446）	爪哇（印度尼西亚爪哇）	《明实录》卷一四〇："（正统十一年四月）壬寅，爪哇国遣使贡白鹦鹉、火鸡各一，赐宴并袭衣彩币等物有差。"④
21	明	正统十二年（1447）	爪哇（印度尼西亚爪哇）	《明实录》卷一五六："（正统十二年七月）戊午，爪哇国遣使贡红绿白三色鹦鹉，赐宴并彩币等物有差。"⑤
22	明	成化十一年（1475）	满剌加（马来西亚马六甲）⑥	《明实录》卷一四一："（成化十一年五月）甲寅，满剌加国遣正副使端马密等，进金叶表文，并象、马、火鸡、白鹦鹉、金钱豹等物。"⑦

① 台湾"中研院"历史语言研究所校勘：《明实录》，1966 年，第 2084 页，汉籍电子文献资料库，http://hanchi.ihp.sinica.edu.tw.e-proxy.lib.hku.hk/ihpc/hanjieb? wF0ijbGm8。
② 陈佳荣、谢方、陆峻岭：《古代南海地名汇释》，第 828—829 页。
③ 台湾"中研院"历史语言研究所校勘：《明实录》，第 905 页。
④ 台湾"中研院"历史语言研究所校勘：《明实录》，第 2770 页。
⑤ 台湾"中研院"历史语言研究所校勘：《明实录》，第 3049 页。
⑥ 陈佳荣、谢方、陆峻岭：《古代南海地名汇释》，第 816—817 页。
⑦ 台湾"中研院"历史语言研究所校勘：《明实录》，第 2624 页。

敦煌出土 Or.8212 写本新释 *

洪勇明

（新疆师范大学中国语言文学学院）

1907 年 5 月，英国探险家奥雷尔·斯坦因（Mark Aurel Stein）采用欺骗的手段，从敦煌道士王圆箓手中获得了一大批珍贵的藏经洞写卷。其中包含从未在鄂尔浑河、叶尼塞河发现的古代突厥如尼文写卷。这些古代突厥如尼文写卷包括举世闻名的占卜书、摩尼教徒忏悔词、宗教教义或道德篇、官员宣泄篇。其中后者是唯一一篇与世俗生活有关的写本，具有特殊的语言价值和历史价值。对此斯坦因就曾评价说："无论在措辞还是书写上，这件小文书都给人一种新鲜、真实的感觉……当时，敦煌绿洲上的中国人经常遭到来自北方和东北方的突厥部落的侵扰。"①

该写本现收藏于大英图书馆（The British Library），编号为 Or.8212（具体编号、文本尺寸、保存现状等均不详）（图 1），文字共 12 行，位于残片上部，约占 1/3 篇幅。现存文字部分不完整，特别是第 1、2、3 和 10、11、12 行左侧文字基本消失，可能与纸张受潮有关。与《占卜书》相比，文字书写有些粗糙，不够精美和规范。特别是在从右往左书写时，文字不是很平直。似乎书写人对古代突厥如尼文掌握得并不熟练，对书写规则不甚了解。

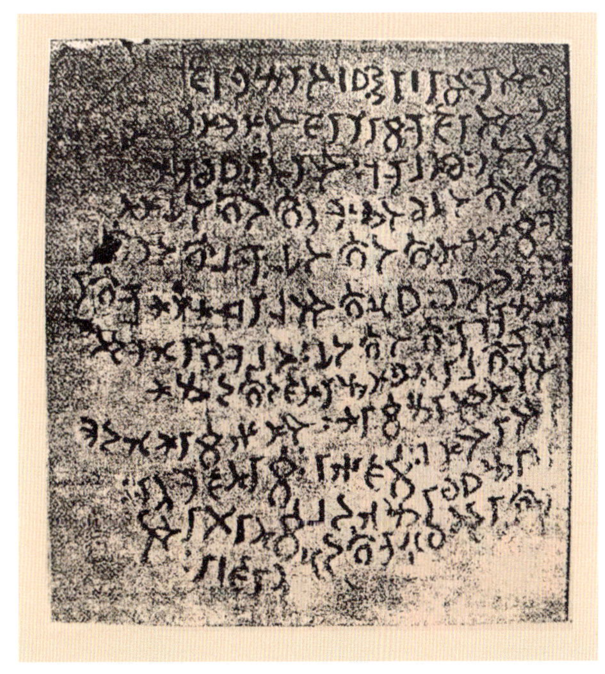

图 1　古突厥文图版

* 本文为新疆维吾尔自治区社科基金重点项目——总体国家安全观视域下的新疆语言安全问题研究（2023AZD002）、新疆大学社科基金培育项目——新疆中华民族共享文化符号研究（2022）阶段性成果。

① ［英］奥雷尔·斯坦因：《发现藏经洞》，姜波、秦立彦译，广西师范大学出版社，2000 年，第 287 页。对于斯坦因的观点，笔者不敢完全苟同。

图 2　汤姆森

图 3　勒柯克

较早对该写本进行研究的是丹麦突厥学家汤姆森（Thomsen）（图 2）、德国探险家勒柯克（Le Coq）（图 3）和土耳其学者鄂尔昆(Orkun)，他们对写本进行了文字摹写、转写和初步释读。其中以鄂尔昆刊登在 *ESKİ TÜRK YAZITLARI*（*ANKARA*，1936）的研究成果最为显著。但是上述学者的释读仅限于书面翻译，有关其史学价值尚未挖掘。不过，迄今为止，我国学者尚未对该写本进行过任何类型的研究。由于该写本的内容涉及曾占据敦煌的使用古代突厥语的部族，及其与周边其他部族的关系，因此对其进行历史解读是大有必要的。本文拟就依据历史语言学派理论，对该写本所提供的史料进行梳理，以期阐明彼时敦煌地区的民族关系。

一　文本释读

古突厥文转写：Yämä bisinč ay säkiz yigirmigä bilig köŋül saŋun baslap kälti. yabas tutuq buzač tutuq örä bört tutuq altun tay saŋun yartïmlïq ärür atï. öz apa tutuq ulatï qamïγ atlïγ yüzülüg otuz är. kältimiz bir kün bir qoy. iki küp bägni bitgäči. isiz yabïz qul bitidim. atïm baγatur čigsi.

汉语译文：又，五月十八日，以聪明的 köŋül 为首的将军来了。亚巴斯都督、布扎西都督、悦来波提都督、金山大将军都是全副武装的。于兹阿帕都督以及所有骑马的一百三十名勇士。我们使他们来了。一天一只羊，两天为匐做书写人。事情弄糟了，我来做书写奴隶。我的称号是巴阿秃尔刺史。

二　史料分析

（一）文书时间

由于该写本出自藏经洞，因此藏经洞的封闭时间就是该文书的创作下限（可以确认的是只有部分回鹘文文书是王圆箓从元代开凿的石窟里移来的）。对于藏经洞封闭的具体时间，尽管尚存争议，但是 11 世纪上半叶却是一个不争的事实。再由有大量的使用古代突厥语的部族来到沙州（即敦煌），可以推测当时吐蕃已经不是敦煌的主人或尚未统治敦煌。吐蕃大概是在 787 年入主敦煌，于 848 年退出敦煌。据此可以推测：该文书的创作时间或是 787 年以前，或是 848 年至 11 世纪上半叶。大中二年（848），敦煌人张义潮率领沙州汉人起义，逐走吐蕃统治者，占领了沙州和瓜州（今酒泉），并遣使归顺唐朝。后梁乾化四年（914）沙州曹氏中的曹议金执掌归义军政权，控制了瓜、沙二州。日本学者森安孝夫说：“我们也应该注意到，在中国文献中没有别的资料可以证明 10 世纪在沙州存在一个回鹘团体，而且在敦煌文献中公元

10 世纪左右这一带的资料里‘沙州回鹘’没有出现过一次。”[①]根据汉文文献记载，1036 年西夏推翻了归义军节度使曹氏家族之后，占据甘、沙二州的回鹘人与甘州回鹘国的遗民联合，最终取代了西夏，建立了沙州回鹘国。法国学者哈密屯（Hamilton）认为其编辑整理的藏品中第 16 号回鹘文的写作时间为 934 年，[②]故此后再普遍使用古代突厥文已无可能。德国学者艾尔达勒（Erdal）则认为：哈密屯整理的藏经洞中的回鹘文手稿都是 9 或 10 世纪的作品。[③]如果艾尔达勒的观点准确无误的话，那么就可以将该文书的下限上推至 9 世纪末至 10 世纪初。7 世纪初，东突厥对河西的侵扰只限于甘州，并未达到沙州（敦煌）。此后，内附唐朝的九姓铁勒和突厥余部大都被安置在伊吾—酒泉—张掖—武威一线，似乎没有达到疏勒河以南的敦煌。直至 7 世纪末期，更多的突厥降户进入唐朝，被安置在额济纳—甘州一线。[④]其间，唐朝在西域屡破西突厥阿史那都支、阿史那车薄。很明显，直到则天后之前，唐朝在河西的统治是非常牢固的。《资治通鉴》卷二〇五载：“（万岁通天元年）突厥默啜请为太后子，并为其女求昏，悉归河西降户，帅其部众为国讨契丹。”这表明，当时的河西仍为唐朝所掌控。因此，该写本的时间上限应当为 8 世纪初期。进而可推测：其创作时间为 700—786 年之间（9 世纪末突厥势力已经大为缩减，无力占据敦煌）。

如果再将这一期限缩短，那就必须考虑唐朝对河西以及敦煌的有效管辖。武周之后，敦煌属于唐朝经营西域的基地，不断为安西四镇提供兵员和粮草。同时，唐朝还在敦煌设置了卢豆军，拥有大量的驻军。敦煌隶属于河西节度使治下，天宝元年（742），河西节度使有兵 7.3 万，战马 19400 匹，兵力居全国第三。天宝十四载（755），安禄山叛乱爆发，驻守河西的唐朝劲旅都前往中原靖难。吐蕃乘机从青海北上，进攻唐朝领地。大历十一年（776），吐蕃攻陷瓜州，进围敦煌。敦煌军民在阎朝的率领下，经过十年奋战，终因弹尽粮绝而被迫投降。据此，可将写本的创作时间确定在 755—776 年之间。

（二）文书主人

作为文书主人，必须符合四个条件：一是古代突厥文的使用者；二是在突厥和唐朝拥存官职的人；三是经略沙州的部族将领；四是对古代突厥文的熟谙程度不高。

古代突厥文是在图画文字基础上产生的音素–音节文字，诞生地为蒙古高原。该文字最迟在 6 世纪就已定型，其间也受到粟特字母的影响。[⑤]从古代突厥文碑铭的分布可知，这种文字在北纬 42° —55° 、东经 71°—109° 区域内

① ［日］森安孝夫：《沙州回鹘与西回鹘国》，梁晓鹏译，《敦煌学辑刊》2000 年第 2 期，第 139 页。

② ［法］哈密尔顿：《敦煌回鹘文写本的年代》，牛汝极、王菲译，《西域研究》1995 年第 3 期，第 92—97 页。

③ ［德］Erda ,*The Uyghur Documents in Dunhuang* ,In:BSOAS,1988（51）,pp.251–257. 必须指出的是：无论是斯坦因还是伯希和的回鹘文藏品中，应该有一部分是创作于元代。关于这一点，可以从回鹘文写卷题识中的日期得到证明。但是大部分藏品属于 9–10 世纪是确定无疑的。

④ ［日］前田正名：《河西历史地理》，陈俊谋译，中国藏学出版社，1993 年，第 45 页。

⑤ ［日］石滨纯太郎：《西域古代语之佛典——研究之回顾与展望》，《西域文化研究》1961 年第 4 期。

使用。该范围内使用古代突厥文的部族主要有：西突厥十箭、突骑施、葛逻禄、佩切尼克、库曼、黠戛斯、剑河诸部、骨力干联盟、突厥、回鹘及其内附部族等。佩切尼克是由居住在锡尔河下游和咸海沿岸的一些部族组成的部落联盟，其政治中心在讹答剌。库曼即钦察，主要居住在里海、咸海一带。8世纪以来，由于突骑施、葛逻禄的陆续兴起，加上西突厥十箭始终在协防西域，所以佩切尼克和库曼不可能染指河西。骨力干联盟居住在贝加尔湖的南面，距离中原最远，且中间隔有蒙古高原。此外，骨力干与唐朝中央政府关系密切，根本没有必要穿越蒙古草原来经略敦煌。因此，从使用突厥文的角度来看，文献主人可能是突厥或回鹘的一部分，抑或是黠戛斯人或其藩属剑河诸部，抑或是西域—中亚的西突厥十箭、突骑施、葛逻禄等。

《旧唐书·突厥传》载：时吐迷度已自称可汗，署官号皆如突厥故事。关于突厥官制，一如《新唐书·回纥传》所载：典兵者曰“设”，子弟曰“特勤”，大臣曰“叶护”、曰“屈律啜”、曰“阿波”、曰“俟利发”、曰“吐屯”、曰“俟斤”、曰“阎洪达”、曰“颉利发”、曰“达干”，凡二十八等，皆世其官而无员限。卫士曰“附离”。据此，薛宗正曾经很精辟地指出漠北回纥汗国政权组织的特点：“漠北回纥政权组织具有兼糅突厥爵位与唐朝官制为一体的基本特色。”[①]关于黠戛斯及其藩属的官制，《新唐书·黠戛斯传》载：“其官，宰相、都督、职使、长史、将军、达干六等，宰相七、都督三、职使十皆典兵；长史十五，将军。”西突厥十箭、突骑施、葛逻禄诸部都接受唐朝的分封，自然就拥有唐朝官制。如《资治通鉴》卷二〇七载：“（长安三年七月）……乌质勒置都督二十员，各将兵七千人，屯碎叶西北。”同书卷二一一亦载：“（开元三年十一月）……是岁，以苏禄为左羽林大将军、金方道经略大使。”根据官制，文献的主人属于前述部族之一是毫无疑问的。

突厥、回鹘自视为蒙古高原的主人，并将于都斤山当作圣山，因此其统治的核心应当是杭爱山，绝非敦煌。及至后突厥政权即将被推翻之时，唐朝依然牢固地控制着敦煌。《资治通鉴》卷二一五载：“（天宝元年正月）河西节度断隔吐蕃、突厥，统赤水、大斗、建康、宁寇、玉门、墨离、豆卢、新泉八军，张掖、交城、白亭三守捉，屯凉、肃、瓜、沙、会五州之境，治凉州，兵七万三千人。”由此可以看出，兵力甚少的突厥部族基本无法长期在此驻足。后突厥政权灭亡之后，一些余部降唐。同卷亦载：“（天宝元年正月）丁亥，突厥西叶护阿布思及西杀葛腊哆、默啜之孙勃德支、伊然小妻、毗伽登利之女帅部众千余帐，相次来降，突厥遂微。”由于唐朝和吐蕃在石堡城对峙，因此这些突厥降户被迁至洮河流域，协助唐军。《资治通鉴》卷二一六载：“（天宝八载五月）

① 薛宗正：《北回纥汗国的政权组织、社会经济和宗教信仰》，《西域研究》1994年第4期，第28页。薛宗正先生的观点：回纥官制是突厥爵位和唐朝官制的混合形式。有关该论断，从回鹘官名即可略见一斑。

上命陇右节度使哥舒翰帅陇右、河西及突厥阿布思兵，益以朔方、河东兵，凡六万三千，攻吐蕃石堡城。”是时，漠北新的统治者回鹘正忙于安定内部，尚未向西拓展。黠戛斯及其附属尚在剑河流域，并未有向南发展的趋势。此外，黠戛斯自视为汉代李陵后裔，亦被唐朝所认可。《新唐书·黠戛斯传》载：“景龙中，献方物，中宗引使者劳之曰：‘而国与我同宗，非它蕃比。’属以酒，使者顿首。玄宗世，四朝献。”很显然，作为同宗的黠戛斯断不会去占据唐朝在河西的属地。至于剑河诸部，多依托于黠戛斯，唯其马首是瞻，更不会这样做。

自750年之后，只有突厥阿布思见于史籍。752年，阿布思叛归漠北，被回鹘所破。一部分阿布思部被安禄山收容，一部分西逃。西奔至碛西的阿布思被葛逻禄击败，前者至此灭亡。自751年起，回鹘开始了西征，其目标是黠戛斯、拔悉密、葛逻禄等西域部族。756年安史之乱爆发，此后，回鹘更专注于助唐平叛，协防西域。764年，仆固怀恩引回鹘、吐蕃入寇泾原，即今甘肃、宁夏的六盘山以东，蒲河以西地区。很明显，回鹘是来自漠北，而非敦煌。765年，回鹘反戈一击，联合唐朝郭子仪部在灵台大破吐蕃。根据汉文史书可知，此后回鹘一直在漠北活动，有时也寇边，但从未出现在敦煌。《资治通鉴》卷二二五载：“（大历十年）十二月，回纥千骑寇夏州，州将梁荣宗破之于乌水。郭子仪遣兵三千救夏州，回纥遁去。”从回鹘忠贞可汗开始，其国势开始西倾。但是其西倾的重点是北庭都护府治下的庭、西、伊三州，而非瓜、沙二州。因为此时瓜、沙二州正处于吐蕃的势力范围内。

从751年起，回鹘就不断征讨剑河流域的黠戛斯，并于758年重创黠戛斯，使其在乾元中无法与唐朝联系。直到永泰元年（765）之后，黠戛斯才同吐蕃、葛逻禄联合起来，联手抗击回鹘。但是该文献中提到：altun tay saŋun（金山大将军），显然不是指黠戛斯诸匐。因为在已知文献中，黠戛斯贵族多以汗、虎官、啜、设等自居。叶尼塞河古突厥文碑铭CAKUL—2载：äl küč čur küč bars. Quyda qončuyïmqa sizim oγlïmqa bükmädim. täŋri älim uluŋ sada ärimkä ad-ïrïldïm.（译文：汗国有力的啜，有力的虎官。我不愿和我纯洁的公主、我的您、我的儿子分离。我离开了我的天汗国、伟大的设和勇士们。）再从居住区域看，黠戛斯的主要帐族居住在叶尼塞河上游，很少一部分散居在高昌、焉耆一带，因此常见用 käm 而非 altun 来代表黠戛斯居住地。阿布尔·哈奇·把阿秃儿汗认为：“乞儿吉思人的居住地与凯姆—凯姆术人的居住地相接。他们居地的一侧是色楞格，另一侧上昂可剌—沐涟——这是两条大河的名字。”[①]根据反映8世纪北方民族分布状况的P.t1283古藏文《北方若干国君之王统叙记文书》来看，黠戛斯的位置位于“无边无际的湖的遥远的西边”。无边无际的湖是指贝加尔湖，其遥远的西

① 阿布尔·哈奇·把阿秃儿汗：《突厥世系》，罗贤佑译，中华书局，2006年，第40页。

边是剑河流域（käm—kämčik）至唐奴山（今萨彦岭）一带。[①]

由于西迁至金山一带的葛逻禄叶护抓获了突厥阿布思，并将其押送唐朝，因此被赐爵为“金山王”。《资治通鉴》卷二一六载：“（天宝十二载）北庭都护程千里追阿布思至碛西，以书谕葛逻禄，使相应。阿布思穷迫，归葛逻禄，葛逻禄叶护执之，并其妻子、麾下数千人送之。甲寅，加葛逻禄叶护顿毗伽开府仪同三司，赐爵金山王。”“金山王”一名当与葛逻禄部族的驻地有关。《通典》一七四《伊吾郡》条中载有：（伊吾郡）西北到折罗漫山（天山），一百四十六里。其山以北有大川，连大碛，入金山，为哥罗禄之住处。内田吟风认为：“这条记载可以被看作是说明在三都督府设置后，经开元、天宝以来的葛逻禄居地的文献。”[②]“王”（qaγan）这一爵号在葛逻禄中的使用比较晚，大概为10世纪。马苏德说：“葛逻禄居住在费尔干纳，sas和附近的土地上，葛逻禄占有了mulk，从他们可汗中间产生了众汗之汗。”[③]从西域古代民族文献来看，其对内称呼时很少使用中央政权给予的封号。由此可见，文书中的“金山大将军”可能是指称葛逻禄的某位高官、抑或是叶护，用以指称自己的居住地。而这种由地名＋称号构成专名在古代北方游牧部族中十分普遍，如古突厥文《苏吉碑》就有yarγan（亚尔河之王），其中yar是河名，位于东经107°、北纬41°以东地区（即今内蒙古临河附近）。据此可以推测，该文书的作者可能是隶属葛逻禄部的一个军官，是葛逻禄部派驻在敦煌的管理者。

天宝十四载（755），安禄山率领本部人马，与同罗、奚、契丹、室韦等部族，在范阳起兵。河西、陇右节度使哥舒翰领兵20万驻守潼关，抵御安禄山的进攻。《禄山事迹》载：“翰为副元帅，领河、陇诸蕃部落奴剌、颉、跌、朱邪、契苾、浑、蹛林、悉结、沙陀、蓬子、处蜜、吐谷浑、思结等十三部落，督蕃、汉兵二十一万八千人，镇于潼关。”河陇诸蕃十三部多为铁勒部落，其大部都被后突厥所并，只有部分迁居甘、凉二州。《新唐书·突厥传》载：“至则天时，突厥强盛，铁勒诸部在漠北者渐为所并，回纥、契苾、思结、浑部徙于甘、凉二州之地。”然而甘、凉二州在沙州东面，且铁勒部落主要是由漠北南迁附唐（天宝年间主要是协助唐朝平叛）的，没有必要继续向西迁移，更不可能占据唐朝的军事重镇敦煌。

西突厥十箭以及突骑施，主要的兵力部署在中亚碎叶川—怛罗斯一带，其余兵力驻扎在北庭—西州一线，协防北庭都护府。是时，由于唐朝安西都护府的有效管辖以及西突厥阿史那与突骑施的互斗，彼此力量消耗极大。738年突骑施苏禄与其部将莫贺达干、都摩支互相攻击，并遭后者弑杀。自此，突骑施黄、黑二姓开始内讧，实力大大削弱。《新唐书·突厥传》载：“至德后，突骑施衰，黄、黑皆立可汗相

① ［日］森安孝夫：《敦煌藏语史料中出现的北方民族》，陈俊谋译，《西北史地》1983年第2期。
② ［日］内田吟风：《初期葛逻禄族史之研究》，陈俊谋译，《民族译丛》1981年第6期，第34。
③ 马苏第：《黄金草原》，耿昇译，青海人民出版社，1998年，第231—268页。

攻，中国方多难，不暇治也。乾元中，黑姓可汗阿史那多裴罗犹能遣使者入贡。大历后，葛逻禄盛，徙居碎叶川，二姓微，至臣于葛逻禄。”由此可见，至德年后，突骑施已无实力进犯河西。西突厥十箭是唐朝扶持的地方政权，它亦不会趁唐朝危难之际，经略唐朝在河西的属地。

文书中的古代突厥文外形较为古朴，不似《占卜书》那般文字简洁和明了。尤其是在文字排列上不甚整齐，这说明书写人巴阿秃尔刺史要么不熟悉古代突厥文书写规则，要么就是心存怨气故意为之。该文书的语法特征基本符合鄂尔浑碑铭的标准，但是文字中字母 e 却有显著的不同。在鄂尔浑碑铭中，元音 e 位于词干音节首时，常与元音 i 相互交替。在文字上有时写作 i，有时不予标明，用第 2 号字母表示。在叶尼塞碑铭中，元音 e 使用特殊的符号（两个半圆交叉）表示，与 a/ä（第 1 号字母）、i/ï（第 2 号字母）的表示符号完全不同。在塔拉斯碑铭中，元音 e 与元音 a 的表示符号相同（第 1 号字母），其似乎等同于元音 ï。在该文书中，元音 e 虽然与元音 a 的表示符号相同，但却并非使用第 1 号字母，而是用与 F 开口相反的符号（类似于第 12 号字母）。这一书写特征表明，巴阿秃尔刺史与中亚七河流域的古代突厥文使用者有一定的关联。牛汝极认为：“在古代以七河流域为主要居住地的突骑施部可能在公元 8 世纪就使用粟特文来拼写突厥语了。”[①]因此，巴阿秃尔刺史绝不可能是突骑施人。塔拉斯碑铭的作者是西突厥人而非突骑施人，业经笔者考证。[②]塔拉斯碑铭与本文书的区别再次说明，巴阿秃尔刺史也绝非十箭西突厥人。

综上所述，可以肯定该文书的作者巴阿秃尔刺史就是葛逻禄驻敦煌的军事将领。

（三）文书背景

天宝十四载（755）十一月，安禄山在范阳叛乱，唐朝令河西、陇右节度使哥舒翰率兵平叛。《肃宗实录》云：“以翰为皇太子先锋兵马使、元帅，领河、陇、朔方募兵十万，并仙芝旧卒，号二十万，拒战于潼关。”哥舒翰所带兵马，实为河西、陇右的精锐。是时，河陇一带所剩的唐军应为羸弱之师，河陇诸蕃十三部亦剩一些实力较弱的别部。特别是在至德元载（756）哥舒翰潼关被俘后，河陇即陷入混乱。《资治通鉴》卷二一八载：“（六月）初，河西诸胡部落闻其都护皆从哥舒翰没于潼关，故争自立，相攻击；而都护实从翰在北岸，不死，又不与火拔归仁俱降贼。”正是在这一混乱时期，一些使用古代突厥文的部族（并非原先居住在河陇的诸蕃余部）进入敦煌，并在此驻扎。他们或是打着勤王，或是打着援宗的名义，开始了对敦煌的经略。当然，也可能就是抱着扰边，甚至是趁势占据敦煌的目的。

三　天宝年间的葛逻禄

葛逻禄原役属后突厥，后联合回鹘、拔悉

---

① 牛汝极：《突骑施钱币考》，《中国钱币》1988 年第 3 期，第 36–38 页。

② 洪勇明：《古突厥文献西域史料辑录》，世界图书出版公司，2014 年，第 249 页。

密推翻后突厥政权。744年，回鹘、葛逻禄袭击拔悉密，并杀其可汗颉跌伊施。回鹘汗国建立之后，不甘心被曾经的同盟所驱使的葛逻禄于天宝四载（745）心怀不满地离开回鹘部落联盟，移居西突厥十箭之地。由于此时西突厥十箭主要居住在北庭，所以其可能移居北庭至金山一线的草原上，与十箭毗邻。但是，一部分葛逻禄人仍然留在于都斤山，臣服于回鹘。而逃至金山、北庭者，则归附于唐朝。《新唐书·回鹘下》载："于是葛禄之处乌德犍山者臣回纥，在金山、北庭者自立叶护，岁来朝。"根据古代突厥文碑铭《磨延啜碑》记载，为抗击漠北回鹘汗国，葛逻禄、拔悉密和黠戛斯三方结成战略同盟。金山葛逻禄部在751年请求黠戛斯出兵回鹘，并约定在于都斤会师。同年，原来留在于都斤山的拔悉密脱离回鹘联盟，联合葛逻禄，共同反抗回鹘。十一月，葛逻禄在bolču河（似为今布尔津河）被回鹘汗国首领磨延啜击败。

753年春夏之交，内附回鹘的拔悉密首先暴动。为取得外部支援，他们向金山葛逻禄发出请求，希望里应外合，击垮回鹘。但是居住在于都斤山的拔悉密、葛逻禄余部以及三旗突厥力量太薄弱，很快就被回鹘所击败。惨遭失败的葛逻禄、拔悉密余部向西撤退，企图与主体部落会合。会师后的葛逻禄在乌伦谷河以西的地区，再次被回鹘击败。同年8月，试图迁至北庭的葛逻禄在准噶尔盆地东北部 yarïš 平原（今青河—二台—三个泉—沙丘河一线）又一次遭遇磨延啜的军队。失败之后的葛逻禄重返金山，并协助北庭都护程千里抓获突厥阿布思，借此获封开府仪同三司，赐爵金山王。

754年初，葛逻禄炽俟部收留了背叛回鹘的阿跌部，并计划反攻回鹘。十月十一日，炽俟（čigil）都督和阿跌在 qara buluq 东面的冷泉集结。回鹘趁着葛逻禄炽俟部和阿跌尚未行动之际，渡过 toɣurɣu 河，并在乌伦谷河与之交战。回鹘对炽俟部的突然袭击，破坏了其与拔悉密汇合的计划。无法实现预定计划的葛逻禄，只得向西逃跑，其目标可能是伊丽水一带。在此，葛逻禄内部发生了分化。不晚于755年8月，一部分葛逻禄人（即谋剌部）返回了于都斤山，重新依附于回鹘。是年8月3日，磨延啜再次率兵向伊丽水进军，势单力孤的葛逻禄余部只得继续向突骑施统治的碎叶川草原撤退。逃至碎叶川的葛逻禄其实力并无大碍，未几就已恢复，进而替代突骑施成为西域乃至中亚的强大部族。《新唐书·回鹘传》载："至德后部众渐盛，与回鹘为敌国，仍移居十姓可汗故地，今碎叶、怛罗斯诸城尽为所据，然阻回鹘，近岁朝贡，不能自通。"

进入敦煌的葛逻禄部可能有两个来源：一是留在金山的余部，一是迁至碎叶的部分。由于回鹘对葛逻禄的征讨只是游击策略，即战胜之后就返回于都斤山。是故，尚未西迁的葛逻禄余部完全有可能趁回鹘返回漠北之际，重新占据金山—北庭一线的故地。薛宗正认为："这支葛逻禄部地近北庭，同唐朝关系比较密切，长期以来协助唐军坚守北庭。"[①]《世界境

① 薛宗正：《中亚内陆——大唐帝国》，新疆人民出版社，2005年，第147页。

域志》载："（葛逻禄）其东为吐蕃的某些部分和样磨与九姓古思人的边境，南为样磨的某些部分及河中地区。西为古思人之边境，北为突骑施人、炽俟人和九姓古思人之边境。"[①]显而易见，留在金山的应是葛逻禄炽俟部，进入碎叶的应是葛逻禄踏实力部。至于归附回鹘的葛逻禄谋落部，则被安置在回鹘汗国的东部。如古突厥文《铁兹碑》南面 20、21、22 行载……täŋridä bolmïš il itmiš qaγanïm olurtï il tutdï……al qaγanïm bälgüsin üčün öŋrä kün toγsïqdaqï bodun-qa…… bulaqïγ ïya basïp olurmïs.（我的 täŋridä bolmïš il itmiš 可汗登位后，并统治了国家……由于他的标志，一直居住在日出之方的人民都归属了……他征服了谋部落。）协防高昌的炽俟部可能在安史之乱发生后，借勤王或平叛之名而入敦煌，进而趁敦煌唐军兵力空虚，经略敦煌。

此外，迁至碎叶的葛逻禄踏实力部之所以力量得以迅速提升，可能是因为他们和滞留在塔拉斯河谷的葛逻禄余部汇合。这些葛逻禄余部应当就是在怛罗斯战役中背叛唐军的那支（即 745 年远离回鹘西迁西突厥十箭故地的一部），因担心唐军惩罚而留驻于此。《资治通鉴》卷二一六载："仙芝闻之，将蕃、汉三万众击大食，深入七百余里，至怛罗斯城，与大食遇。相持五日，葛逻禄部众叛，与大食夹攻唐军，仙芝大败，士卒死亡略尽，所余才数千人。"两年后，这些居住在碎叶的葛逻禄追随大食进入河西助唐平叛。《资治通鉴》卷二一九载："（至德二载正月）上闻安西、北庭及拔汗那、大食诸国兵至凉、鄯，甲子，幸保定。"由于唐军的撤离，进驻敦煌的葛逻禄首要职责是守卫和经略这一军事重镇。本文书提到一些葛逻禄高官率领军队来此，其目的可能是援助原来的驻军，共同保卫此地。当然，最有可能的就是抵御陇右吐蕃军队的进攻。

① 佚名：《世界境域志》，王治来译，上海古籍出版社，2010 年，第 76 页。

陕西历史博物馆藏“唐三彩瓜盘”再探

——兼论古代西域的甜瓜栽培史 *

张　弛

（华南师范大学历史文化学院）

1991 年，陕西历史博物馆（以下简称“陕历博”）征集到 1 件“唐三彩瓜盘”，据调查出自西安东郊田家湾的一座唐墓中[①]，此后陕历博展厅一直标示为“三彩西瓜”。近年来，学界围绕“唐代是否引种西瓜”进行了一系列学术争论[②]。笔者在西安学习、工作期间，曾多次详细观察过实物原件。本文在结合波斯、阿拉伯史料记载及新疆考古所见甜瓜遗存的基础上认为：此“三彩瓜”并非“三彩西瓜”，而是中古时期伊朗及中亚地区栽培的一种“香水甜瓜”——都达依姆（Duda'im）。另外，本文结合新疆考古所见的甜瓜遗存，对古代西域的甜瓜栽培史进行略述，如有不妥之处，还望学界指正。

一　“三彩瓜”并非西瓜

资料显示，陕历博藏“唐三彩瓜盘”通高 15 厘米、盘径 22 厘米，瓜径 14.5 厘米、高 13 厘米。瓜与盘底连接，浅黄色底，绿釉呈粗条纹状，瓜顶有蒂，造型自然生动。与之同出的还有 1 件三彩罐，侈口圆唇，短颈鼓腹，平底，胎质粉红，口部施绿釉，肩及腹部由黄绿彩釉组成菱形纹带[③]。

有学者认为，陕历博所藏“三彩瓜”并非“考古发掘出土”，是“伪造”的[④]。笔者不赞成此说，理由如下：（1）从工艺上看，三彩瓜盘口沿彩釉纹样与永泰公主墓出土三彩碗相近，类似纹饰亦见于西安郊区隋唐墓 M217:1 三彩罐[⑤]，此类三彩器在关中地区较为普遍，应属唐代遗物无疑。（2）陕历博的专家曾亲临盗掘现场查看，从记述内容分析，伪造的可能性不大。

细致观察“三彩瓜”外形，其与食用栽培

* 2023 年国家社科基金中国历史研究院重大历史问题研究专项课题“‘丝绸之路’天山廊道（新疆段）文明交流的考古学研究”（23VLS008）阶段性成果。

① 王昱东、周劲思：《从三彩西瓜的发现谈中国古代西瓜种植》，《农业考古》1993 年第 3 期，第 199—203 页。

② 程杰：《西瓜传入我国的时间、来源和途径考》，《南京师大学报（社会科学版）》2017 年第 4 期，第 79—93 页。

③ 赵峰、韩建武、于江：《三彩西瓜盘与西瓜的身世》，《文博》1993 年第 5 期，第 106—108 页。

④ 黄盛璋：《西瓜引种中国与发展考信录》，《农业考古》2005 年第 1 期，第 266—271 页。

⑤ 中国社会科学院考古研究所编：《西安郊区隋唐墓》，科学出版社，1966 年，图版 39。

图1 陕历博藏“唐三彩瓜盘”（笔者拍摄）

甜西瓜（*Dessert watermelon*，*C.lanatus*）存在一定的差异性：

（1）“三彩瓜”纹理粗条绿釉，顶端有蒂，瓜身施黄釉，而栽培西瓜皮以绿或浅绿为主，表面纹路为墨绿或灰绿，二者在色彩上有一定的差异。

（2）“三彩瓜”形状接近球状，体积较小；而胡峤《陷北记》所载的早期西瓜“大如中国冬瓜而味甘”，均为椭圆形。二者在形态上有明显区别。

（3）遍查唐代典籍文献，未见中原地区种植西瓜的证据，仅杜环《经行记》“末禄国”条载：“瓜大者名寻支，十余人飡一颗辄足。”[①]“末禄”即木鹿，即今土库曼斯坦的梅尔夫（Merv）。“寻支”，中古波斯语作 Herbojina 或 Xarbuzak，即西瓜。杜环游历黑衣大食的时间是公元 751—762 年，而引述《经行记》的《通典》成书于公元 801 年前后。杜环作为唐朝在西域驻军的一员，在中亚久经战争，见多识广，却借“寻支”一词来称呼西瓜，且作为异闻记录在案，说明唐人对西瓜十分陌生。

1959 年和 1983 年，新疆维吾尔自治区博物馆曾在巴楚县托库孜萨来遗址进行考古发掘和调查，“在一处灰坑的发掘中，有西瓜籽、甜瓜籽同时出土，其中西瓜籽长 1.1 厘米，宽 0.6 厘米，同地层下层为回鹘文书，上层为阿拉伯（喀喇汗）文书，时代在公元 9 世纪末至公元 10 世纪初”[②]。上述材料现藏新疆维吾尔自治区博物馆，应是迄今我国境内已知最早的西瓜遗存。

目前学界认为，西瓜引种中原是在五代至辽时期。据《新五代史》“四夷附录”引《陷北记》记载：“自上京东去四十里至真珠寨，始食菜。明日，东行，地势渐高，西望平地松林郁然数十里。遂入平川，多草木，始食西瓜，云契丹破回纥得此种，以牛粪覆棚而种，大如中国冬瓜而味甘。”[③]洪浩《松漠纪闻》[④]及湖北恩施“西瓜碑”均证明西瓜在中原及江淮地区的种植时间始于宋代[⑤]。考古证据亦支持上述结论：（1）辽上京遗址皇城南部厚 2.5—4 米的堆积层中，出土有辽代“西瓜子、香瓜子和粟、

① （唐）杜佑：《通典》卷一九三《边防九·西戎五》，中华书局，1988 年，第 528 页。
② 李遇春：《巴楚县托库孜萨来遗址发掘报告》，原稿尚未发表。2018 年 5 月 9 日，笔者在贾应逸先生家中见到原稿，征得同意后整理并引用。
③ （宋）欧阳修：《新五代史》卷七三《四夷附录》，中华书局，1974 年，第 906 页。
④ （宋）洪浩：《松漠纪闻》，吉林文史出版社，1986 年，第 40 页。
⑤ 刘清华：《湖北恩施“西瓜碑”碑文考》，《古今农业》2005 年第 2 期，第 26—29 页。

高粱等已腐朽的粮食”①。（2）北京市门头沟斋堂辽晚期壁画墓中，描绘有侍女手捧果盘的图像，“果盘内盛石榴、鲜桃和西瓜等水果”②。（3）内蒙古敖汉旗羊山一号辽晚期壁画墓“享宴图”中，“绘有石榴、鲜桃、西瓜等水果”③。

另外，敦煌文书与俄藏黑水城文献也为西瓜东传提供了重要证据④。敦煌文书 P.3672bis《都统大德致沙州宋僧政等书》提及“今因履使薄礼书信、西地瓤桃三课（颗）同一袋子，各取一课（颗）”⑤。有学者考证，“西地瓤桃”即西瓜，文书年代约为公元 10 世纪后期⑥。俄藏黑水城文献 Дx.02822《蒙学字书》及 Дx.2822《杂字》，均提及“回鹘瓜”“大食瓜”等词条⑦，史金波考证“大食瓜”即由波斯引入的西瓜⑧。

上述证据基本否定了“三彩瓜”是西瓜的可能性。植物学研究表明：西瓜属葫芦科（Cucurbitace）西瓜属（*Citrullus*），是葫芦科中遗传变异较小的品种。而甜瓜属葫芦科（Cucurbitace）甜瓜属（*Cucumis*），存在大量遗传变异品种，其形态及性状可与西瓜相似。⑨结合考古发现及历史记载，笔者认为陕历博所藏“三彩瓜”应是波斯及中亚出产的“香水甜瓜”——都达依姆（Duda'im）。

图 2 伊朗市场上出售的香水甜瓜（Duda'im）（S.Harry 拍摄）

二 波斯、阿拉伯史料中的“香水甜瓜”

在波斯、阿拉伯史料中，记载了一种与西瓜极为相似的“香水甜瓜”——都达依姆（Duda'im），又称“虎皮甜瓜”或“口袋甜瓜”，其野生种及栽培种起源于伊朗东部及中亚土库曼斯坦一带。Duda'im，源自希伯来语（Hebrew）

① 内蒙古文物考古研究所：《辽上京城址勘查报告》，《内蒙古文物考古文集》第一辑，中国大百科全书出版社，1994 年，第 510—536 页。

② 鲁琪、赵福生：《北京市斋堂辽壁画墓发掘简报》，《文物》1980 年第 7 期，第 23—27 页。

③ 王大方：《敖汉旗羊山 1 号辽墓“西瓜图”——兼论契丹引种西瓜及我国出土古代“西瓜籽”等问题》，《草原文物》1998 年第 1 期，第 39—43 页。

④ 杨富学、程嘉静、郎娜尔丹等：《西瓜由高昌回鹘入契丹路径问题考辨》，《丝绸之路研究集刊》第七辑，社会科学文献出版社，2021 年，第 256—268 页。

⑤ 上海古籍出版社、法国国家图书馆编：《法藏敦煌西域文献》第 26 册，上海古籍出版社，2002 年，第 290 页。

⑥ ［日］森安孝夫：《敦煌与西回鹘王国——寄自吐鲁番的书信及礼物》，陈俊谋译，《西北史地》1987 年第 3 期，第 119 页。

⑦ 俄罗斯科学院东方研究所等编：《俄藏敦煌文献》第 10 册，上海古籍出版社，1988 年，第 61 页。

⑧ 史金波：《西夏汉文本〈杂字〉初探》，《中国民族史研究》第 2 辑，中央民族学院出版社，1989 年，第 171 页。

⑨ K.Tanaka, et al.*Molecular characterization of South and East Asian melon, Cucumis melo L., and the origin of Group Conomon var. makuwa and var.conomon revealed by RAPD analysis*, Euphytica 153, 2007, pp.233-247.

《圣经·旧约》中的“מיאדוד”一词（意为“爱情之果”），希腊语译本作“μανδραγόρας”（mandrakes，意为“曼德拉草”），应与二者气味相近有关。[①]都达依姆甜瓜雌雄同株，授粉一个月后果实成熟，随即产生浓郁的香气，故又称为“香水甜瓜”。成熟的“香水甜瓜”，直径10—16厘米，呈球状，表面光滑，有宽而深绿的条纹，无网纹状裂片及皱纹，果肉呈白色、味淡，瓤内有大量瓜籽，可入药[②]。

关于“香水甜瓜”的文献记载，至少可追溯至公元9世纪。波斯药理学家萨布尔·伊本·萨尔（Sabur ibn Sahl）所著《处方集》（*al—aqrabadhin*），记录了包含“香水甜瓜”的药方，年代为公元850年[③]。与萨布尔·伊本·萨尔同时代的波斯药学家尤汉纳·伊本·马萨维（Yuhanna ibn Masawaih）指出，“‘香水甜瓜’可健脾消食”，此观点被13世纪医学家阿卜杜拉·伊本·巴伊塔（Abdullah ibn al—Baytar）收录于医书《药学和营养学术语集》（*Kitab al—jami´ fi—mufradat al—adwiya wa al—agh dhiya*）中[④]。阿卜杜拉·伊本·巴伊塔在注释中提及，“香水甜瓜”的形状、大小与药西瓜（colocynths）相似，表面有绿、棕或黄色条纹，气味芳香。他还引用10世纪耶路撒冷学者穆罕默德·伊本·艾哈迈德·塔米米（Muhammad ibn Ahmad al—Tamimi）[⑤]的观点，认为“香水甜瓜”能清热解毒，促进睡眠。约公元880年，波斯植物学家阿布哈尼法·艾哈迈德·阿尔·迪纳瓦里（Abu Hanifa Ahmad al—Dinawari）在《植物之书》（*Kitab al—Nabat*）中，提及了公元9世纪早期有关“香水甜瓜”的医学文献，证明“香水甜瓜”作为药物早已被波斯人所熟知[⑥]。

公元920年，阿拉伯医学家伊斯哈克·伊本·苏莱曼·依斯拉里（Is—Haq ibn suliman al—isra'ili）在医学著作《简单食疗手册》（*Kitab al—Aghdhiya wa al—Adwiya*）中认为，“香水甜瓜”与曼德拉草药效相似，具有催情、助孕的作用[⑦]。阿拉伯地理学家穆罕默德·阿布·卡西姆·伊本·哈卡尔（Muhammad Abu al—Qasim Ibn Hawqal）在其游记《大地的形态》（*Configuration of the Land*）中，记述了公元969年伊朗西北部地区栽培“香水甜瓜”的技艺[⑧]。公元1048年，波斯药学家阿布·亚罕·比鲁尼（Abu Rayhan Al—Biruni）在《药学与本草医学》（*Analydana fit tibba*）中，描述了“香水甜瓜”的药性，并指出其外形与药西瓜相似，具有令

① S.Harry, et al, *Medieval History of the Duda'im Melon* （Cucumis melo,Cucurbitaceae）, Economic Botany, 66（3）, 2012, pp. 276–284.

② W.Trelease, Cucumis melo dudaim （L.）.*Missouri Botanical Garden Annual Report* 5, 1894, pp.160–162.

③ O.Kahl, *Sabur ibn Sahl' s dispensatory in the recension of the Adudi Hospital*, Leiden: E. J.Brill prescription No. 184, 2009, pp.189–190.

④ HARRY S.PARIS, et al, *Medieval History of the Duda' im Melon* （*Cucumis melo,Cucurbitaceae*）, Economic Botany（66）, 2012（3）, pp. 276–284.

⑤ Amar and Y. Serri, *Land of Israel and Syria according to the description of al—Tamimi*, Ramat Gan: Bar—Ilan University, 2004,pp.240–241.

⑥ C.A.Y.Breslin, Abu Hanifah al—*Dinawari' s book of plants: An annotated English translation of the extant alphabetical portion*, Tucson: University of Arizona, 1986, pp.527–528.

⑦ M.Sabbah, *Book of foods and simple remedies by Ishaqibn Suliman al—Isra' ili*, Beirut: Azz al—Dinn, 1992, pp.349–351.

⑧ Ibn Hauqal, *Configuration de la Terre*（*Vol. 2*）, *Commission Internationale pour la Traduction des Chefsd'*, Beirut: Euvre, 1964, pp. 360–361.

人愉悦的芳香气味[①]。来自呼罗珊（Khorasan）的旅行者纳赛尔·霍斯劳（Nasiri Khosraw）在《旅行志》（*Safarnama*）中，记录了公元1048年12月他游历埃及开罗时，市场出售“香水甜瓜”的情况。此外，纳赛尔·霍斯劳还引述了11世纪埃及学者伊本·瑞得万（Ibn Ridwan）的观点，认为“香水甜瓜”具有健胃消食的功效[②]。

公元10世纪，“香水甜瓜”的栽培技术已传播到地中海沿岸。据《科尔多瓦记事》（*Cordoban Calendar*）载，“香水甜瓜”的播种时间是每年4月。[③]成书于14世纪初的《伊本·班纳记事》（*Ibn al—Banna Calendar*）[④]中也有类似的记载。公元1100年塞维利亚（Sevilla）药物学家阿布·哈伊尔（Abu al—Khayr）的《医生应具备的植物知识》（*The Physician's Reliance on the Knowledge of Plants*）及公元1180年安达卢西亚（Andalusia）学者伊本·阿瓦姆（Ibn al—Awwam）的《农业之书》（*Kitab al—Filaha*），均记载了“香水甜瓜”的种植方法。1490年犹太学者伊利亚胡·贝萨伊（Eliyyahu Besaychi）在著作《阿德雷特伊利亚胡》（Adderet Eliyyahu）中记载，“土耳其的‘香水甜瓜’价格便宜，通常只有苹果、石榴般大小。由于甜度不足，人们将其作为园艺植物观赏，极少食用”。[⑤]

综上所述，“香水甜瓜”起源于伊朗与中亚地区，主要作为药物、香料及园艺植物栽培。公元10世纪后期，“香水甜瓜”向西迅速传播，广泛种植于地中海沿岸各地。由于特殊的药用、香气与观赏性，“香水甜瓜”具有一定的经济价值。时至今日，“香水甜瓜”仍在伊

图3　吐鲁番盆地种植的“巴登”甜瓜
（采自新疆甜瓜西瓜资源调查组《新疆甜瓜西瓜志》）

① H.M.Said, *Al—Biruni's book on pharmacy and materia medica*, Karachi: Hamdard National Foundation, 1973, pp.358–360.

② M. W. Dols, *Medieval Islamic medicine, Ibn Ridwan's treatise On the prevention of bodily ills in Egypt*, Berkeley: University of California Press, 1984, pp.110–111.

③ C.Pellat, *Le Calendrier de Cordoue publiépar*, Leiden: R. Dozy. E. J. Brill, 1961, pp.60–61.

④ H.P.J.Renaud, *Le Calendrier d' Ibn alBanna de Marrakech*, Paris: Larose, 1948, pp.39–40.

⑤ Z.Anqori, Eliyyahu Besaychi: *Adderet Eliyyahu, Ramla: Ha—Mo'aza ha—Arzit shel'Adat ha—Yehudim ha—Qara'im be—Yisra'el*, 1966, pp.393–394.

朗[①]、土库曼斯坦[②]等地大面积种植。在我国新疆亦有“香水甜瓜”的杂交种——“巴登”(baun)甜瓜，主要分布于吐鲁番盆地，瓜体呈球状，条纹呈灰绿色；瓜面为浅绿色，成熟后变黄。瓜肉质软、多汁、香气浓郁，但瓤内多籽，不耐储存，抗病性差，一般于麦收前后（6月）成熟[③]。

三　新疆考古所见的栽培甜瓜

新疆是连接中亚与我国内地的交通枢纽，是中亚野生甜瓜的起源地之一，也是世界上最早栽培硬皮甜瓜的地区[④]。根据野外调查，吐鲁番市雅尔湖、托克逊县伊拉湖、鄯善县柳树泉和东湖马场，以及哈密市周边均分布有大量野生甜瓜品种，其野生果实繁多而小，味道苦涩，没有食用价值[⑤]。

新疆考古所见最早的甜瓜籽来自吐鲁番苏贝希墓地，现藏新疆文物考古研究所[⑥]。上述证据出土于一座墓葬的填土中，尚未进行碳14测年，但根据墓葬内出土物的年代推断，大致在战国中期至西汉初期。此外，在距苏贝希墓地不远的洋海墓地，还出土了我国已知最早的栽培葡萄藤，距今约2300年[⑦]。葡萄的种植与管理难度要高于甜瓜，说明吐鲁番早期人群已掌握了一定的农业知识，具备种植甜瓜的能力。中亚西部最早的栽培甜瓜证据来自乌兹别克斯坦花剌子模绿洲（Khorezm Oasis）的卡拉泰佩（Kara Tepe）遗址，出土物亦为甜瓜籽，年代为公元4—5世纪[⑧]。

张骞“凿空”西域后，西域硬皮甜瓜开始沿敦煌及河西走廊向内地传播。据《汉书·地理志》引杜林之说：“敦煌古瓜州地，生美瓜。”[⑨]《太平广记》载：“汉明帝阴贵人，梦食瓜甚美……时有敦煌献异瓜种，名穹隆。”[⑩]“穹窿”与回鹘语“甜瓜”（qa un）发音近似，应源于一个更原始的表示“甜瓜”的词汇。敦煌紧邻新疆，哈密、吐鲁番一带在汉代曾归敦煌郡管辖，其“美瓜”“异瓜”应与西域出产的甜瓜有关，或是西域甜瓜东传的产物，其形态之“异”，味道之“美”，应相对于内地出产的薄皮甜瓜而言。

晋唐时期，西域甜瓜的文献资料和考古发

---

① McCreight, J. D., E. Kokanova, T. C. et al., *Turkmenistan melon (Cucumis melo), and watermelon (Citrullus lanatus) germplasm, in J. A. Thies, S. Kousik, and A.Levi, eds., Cucurbitaceae 2010 Proceedings*. American Society for Horticultural Science, Alexandria, Virginia, 2010. pp.139-142.

② Soltani, F., Y. Akashi, A. Kashi, et al., *Characterization of Iranian melon landraces of Cucumis melo L. Groups Flexuosus and Dudaim by analysis of morphological characters and random amplified polymorphic DNA, Breeding Science (60)*, 2010, pp.34-45.

③ 新疆甜瓜西瓜资源调查组：《新疆甜瓜西瓜志》，新疆人民出版社，1985年，第36—45页。

④ 潘小芳：《新疆甜瓜》，新疆人民出版社，1984年，第15页。

⑤ 潘小芳：《新疆甜瓜的起源及栽培历史》，《新疆农业科学》1981年第5期，第25—26页。

⑥ 伊斯拉斐尔·玉素甫：《西域饮食文化史》，新疆人民出版社，2012年，第138页。据新疆文物考古研究所吕恩国研究员告知，上述甜瓜籽出土于墓葬填土内，当时由张川发现，其形态与野生甜瓜籽差别显著。

⑦ 新疆文物考古研究所、吐鲁番地区文物局：《吐鲁番考古新收获——鄯善县洋海墓地发掘简报》，《吐鲁番学研究》2004年第1期，第1—66页。

⑧ E.B.Brite, J.M.Marston, *Environmental change, agricultural innovation, and the spread of cotton agriculture inthe Old World, Journal of Anthropological Archaeology* (32), 2013, pp.39—53.

⑨ （汉）班固：《汉书》卷二八《地理志》，中华书局，1974年，第1614页。

⑩ （宋）李昉等：《太平广记》卷四一一《草木六·果下·瓜》，王绍楹点校，中华书局，1961年，第3342页。

现逐渐增多。如吐鲁番阿斯塔那65TAM39号墓出土《前凉升平十四年（370）残卷》文书，记有“升平十四年（370）……宋永……（韩）小奴……瓜地二亩”的内容。64TAM22号墓出土的《田亩籍》文书记有“瓜一亩半”，时代为十六国时期①。上述文书中的“瓜”当指甜瓜。有学者认为上述文书中的瓜“为菜瓜而非果瓜”，并指出“胡瓜即今黄瓜”②。从考古发现来看，“黄瓜说”与“菜瓜说”均缺乏文献及考古依据，而甜瓜却有大量的证据。如《艺文类聚》引晋人郭义恭《广志》载“瓜之所出以辽东、庐江、敦煌之种为美。”③《梁书》载：于阗“其地多水潦沙石，气温，宜稻、麦、蒲桃，……果瓜菜蔬与中国等”④，说明于阗当地也种植甜瓜。上述史料进一步证明：古代西域已广泛种植甜瓜，并成为一种地域性的特产。

晋唐时期西域种植甜瓜的考古学证据较多，主要分布于吐鲁番盆地。（1）吐鲁番吐峪沟石窟西区K30H4遗址发现的甜瓜皮与种子——瓜皮外表面呈褐色，卷缩不规则；瓜籽呈纺锤形，颜色褐黄⑤。（2）吐鲁番阿斯塔那墓地73TAM211出土的脱水甜瓜皮，表面有条状纹路，现藏于新疆维吾尔自治区博物馆展厅。（3）阿斯塔那墓地73TAM504出土的甜瓜籽，颗粒饱满，曾与瓜瓤一起作为食物随葬⑥。（4）学界对阿斯塔那墓地75TAM601出土干尸的胃食成分进行检测，发现其中包含33颗甜瓜籽，应是墓主进食时吞入的⑦。

塔里木盆地出土的甜瓜遗存主要见于图木舒克市托库孜萨来遗址和尉犁县克亚克库都克烽燧遗址。1959年，新疆维吾尔自治区博物馆考古队在托库孜萨来（Toqquz-Sarai）遗址一处

图4 阿斯塔那墓地73TAM211出土的甜瓜皮（笔者拍摄）

① 国家文物局古文献研究室、新疆维吾尔自治区博物馆、武汉大学历史系编：《吐鲁番出土文书》第1册，文物出版社，1981年，第7、202页。

② 殷晴：《丝绸之路经济史研究》，兰州大学出版社，2012年，第133页。

③（唐）欧阳询：《艺文类聚》，王绍楹校，上海古籍出版社，1965年，第1501页。

④（唐）姚思廉等：《梁书》卷五四《诸夷传》，中华书局，1973年，第814页。

⑤ 王龙、荆磊、张贵林等：《吐鲁番吐峪沟石窟寺园艺类植物遗存研究》，《农业考古》2020年第6期，第15—26页。

⑥ 新疆社会科学院考古研究所编：《新疆考古三十年》，新疆人民出版社，1983年，第106页。王炳华：《新疆农业考古概述》，《农业考古》1983年第1期，第102—117页。陈文华：《中国农业考古图录》，江西科技出版社，1994年，第98页。新疆维吾尔自治区博物馆等：《吐鲁番阿斯塔那古墓群发掘墓葬登记表》，《新疆文物》2000年第3—4合刊，第215—243页。

⑦ T.Chen, B.Wang, H.Mai, H.Jiang, *Last Meals Inferred From the Possible Gut Contents of A Mummy: A Case Study FROM Astana Cemetery*, Xinjiang, China, Archaeometry 62, 4（2020）, pp.847-862.

“盛唐时期寺院房址”中，发现了“甜瓜籽、葡萄籽、菠菜籽和杏核”；在另一处“晚唐时期房屋遗址”内，出土了“巴达木、苹果、杏核和甜瓜籽”。上述甜瓜遗存经新疆农业科学院鉴定，均属于食用甜瓜品种①。2019—2020年，新疆维吾尔自治区文物考古研究所对尉犁县克亚克库都克烽燧遗址进行发掘，出土了桃、杏、枣、甜瓜籽等40余种植物遗存，年代约为公元8世纪②。

公元9世纪中期，回鹘人大量迁入吐鲁番盆地，甜瓜的种植受到摩尼教徒的格外重视。在摩尼教教义中，进食甜瓜是一项重要的宗教仪式。甜瓜作为一种喜阳植物，被认为含有大量的“光要素”。食用甜瓜能使人体释放“光要素”，与摩尼教“崇尚光明”的信念一致。因此，甜瓜等喜阳瓜果备受摩尼教徒青睐③。黄文弼所获高昌故城摩尼寺遗址出土回鹘文书（H63/K7709）《西州回鹘中书门下颁摩尼寺管理条例》，记录了摩尼僧食用甜瓜的账目④：“……要给摩尼寺运交一库拉上等甜瓜。三十个甜瓜给大摩尼寺，三十个甜瓜给小摩尼寺。这些甜瓜由总管收集送来……”⑤德国学者葛玛丽（Annemarie von Gabain，又译作“冯·佳班”）在《高昌回鹘王国的生活（850—1250年）》［*Das Leben im uigurische Königreich von Qočo*（850—1250）］中提到，高昌回鹘文书中记录有“qabaq”和“qaγun”两种甜瓜，前者为卵圆形，后者为圆形⑥。其中“qaγun”与“kogun”读音相近，或为《太平广记》所载东汉敦煌异瓜“穹窿”的对音。

在喀喇汗时期，栽培甜瓜的记载亦屡见不鲜。如麻赫默德·喀什噶里（Mahmud al Qashgari）主编的《突厥语大词典》（*Diwan Lugat—al Tyrk*）中，有专门涉及甜瓜的词汇、语句和谚语。值得注意的是，词典中还收录了与甜瓜相关的词汇，如“甜瓜地”和运甜瓜的“驮筐”“驮篓”等，说明甜瓜种植已根植于农业传统中，否则不会有如此丰厚的语言文化底蕴⑦。1221年丘处机西行中亚时，曾亲见并品尝过回鹘人种植的甜瓜。《长春真人西游记》载：“重九日，至回纥昌八剌城。……甘瓜如枕许，其香味盖中国未有也。”⑧“昌八剌”，回鹘文作ambalïq，《海屯行记》作“Jambale”，即今新疆昌吉古城⑨。“甘瓜”即甜瓜，个大“如枕许”，“其香味”有别于中原出产的甜瓜。至察合台时期，甜瓜的种植依旧十分普遍，是夏、

① 伊斯拉斐尔·玉苏甫、安尼瓦尔·哈斯木编著：《西域饮食文化史》，新疆人民出版社，2012年，第138页。
② 新疆维吾尔自治区文物考古研究所：《新疆尉犁县克亚克库都克唐代烽燧遗址》，《考古》2021年第8期，第23—44页。
③ ［德］茨默：《有关回鹘王国摩尼教寺院经济的一件回鹘语文书》，付马译，《黄文弼所获西域文献论集》，科学出版社，2013年，第96页。刘南强撰：《摩尼教寺院的戒律和制度》，林悟殊译，《黄文弼所获西域文献论集》，科学出版社，2013年，第130页。
④ 荣新江、朱玉麒主编：《黄文弼所获西域文书》，中西书局，2023年，第107—115页。
⑤ 耿世民：《回鹘文摩尼教寺院文书初释》，《考古学报》1978年第4期，第497—516页。
⑥ ［德］冯·佳班：《高昌回鹘王国的生活（850—1250年）》，邹如山译，吐鲁番市地方志编辑室，1989年，第42页。
⑦ 麻赫默德·喀什噶里：《突厥语大词典》第1卷，新疆社会科学院课题组译，民族出版社，2002年，第16、426、432、530页。
⑧ （元）李志常：《长春真人西游记》，党宝海译，河北人民出版社，2001年，第50页。
⑨ 付马：《丝绸之路上的西州回鹘王朝——9—13世纪中亚东部历史研究》，社会科学文献出版社，2019年，第271—273页。

秋季常食用的瓜果之一[①]。

高昌回鹘时期的甜瓜遗存集中发现于吐鲁番、喀什等地。如吐鲁番高昌摩尼寺出土细密画“庇麻节图”中，有摩尼教徒贡献的果品形象，其年代大致在公元10—12世纪。摩尼教禁止肉食，其僧侣是素食主义者，蔬菜、水果是摩尼教僧侣日常食物的重要来源之一。勒柯克[②]（Le Coq）、森安孝夫[③]等学者均认为，“庇麻节图”中果盘最底层的正是甜瓜。格伦威德尔（A·Grünwedel）在高昌故城λ遗址发现的双面挂轴残件中，有两位女神手捧果盘内盛甜瓜和葡萄的图像[④]。喀什地区巴楚县托库孜萨来遗址一处灰坑中出土了甜瓜籽，“呈黄色，长度在1.1—1.3厘米”，根据同出的“回鹘文和阿拉伯文书”判断，其年代在公元9—12世纪间。在乌兹别克斯坦塔什布拉克（Tashbulak）遗址一处垃圾坑中出土了碳化甜瓜籽，年代为公元9—12世纪[⑤]。在吉尔吉斯斯坦阿克贝希姆（Ak—Beshim）遗址AKB—13和AKB—15两个区域也发现了一定数量的甜瓜籽，年代为10—12世纪。[⑥]

明清时期，有关新疆甜瓜的记载更加丰富

图5 高昌摩尼寺出土“庇麻节图”（编号MIK Ⅲ4947），现藏柏林印度艺术博物馆
（采自马小鹤《光明的使者——摩尼与摩尼教》）

---

① 刘迎胜：《察合台汗国史研究》，上海古籍出版社，2006年，第508页。

② A. Von Le Coq, *Die Manichäischen Miniaturen, Die Buddhistische Spätantike in Mittelasien* 2, Berlin, 1923, pp.1.8b.

③ ［日］森安孝夫：《黄文弼发现的〈摩尼教寺院经营令规文书〉》，白玉冬译，《黄文弼所获西域文献论集》，科学出版社，2013年，第173页。

④ ［德］格伦威德尔：《高昌故城及其周边地区的考古工作报告（1902—1903年冬季）》，管平译，文物出版社，2015年，第98页。

⑤ Spengler III, N.Robert, M.Farhod, et.al., *Arboreal crops on the Medieval Silk Road: Archaeobotanical studies at Tashbulak*, PLOS ONE 13（8），2018: e0201409.

⑥ ［吉］吉尔吉斯共和国国家科学院等编：《日本—吉尔吉斯斯坦联合考古调查报告（卷三）：阿克贝希姆（碎叶城）2019》，李尔吾译，帝京大学文化遗产研究所，2021年，第153页。

图 6　高昌故城 λ 遗址出土双面挂轴残件
（采自《高昌故城及其周边地区的考古工作报告（1902—1903 年冬季）》，图版一七）

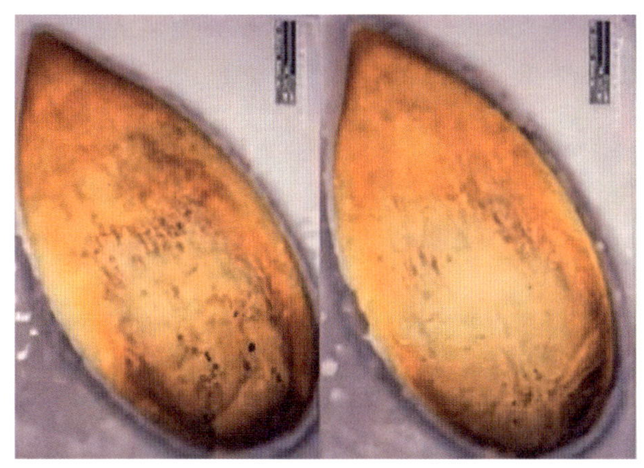

图 7　阿克贝希姆遗址出土甜瓜籽显微图像
（采自《日本—吉尔吉斯斯坦考古调查报告（卷三）：阿克贝希姆（碎叶城）2019》，第 154 页）

翔实。如明代陈诚《使西域记》“鲁陈城”条：“土宜穄麦、麻、豆，广植葡萄、桃、杏、花红、胡桃、小枣、甜瓜、葫芦之类。”[①]至清代，新疆甜瓜因香气浓郁，味美甘甜，成为贡品，自此有了“哈密瓜”的别称[②]。清代史料颇丰，本文仅举例说明新疆甜瓜资源的多样性。尼玛查《西域闻见录》载：“而回人之种甜瓜与稼穑等，或圆或长，赤白黄绿，色不同，而种亦

① 王继光：《陈诚西域资料校注》，新疆人民出版社，2012 年，第 203 页。王继光：《陈诚及其西使记研究》，中华书局，2014 年，第 12 页。

② 黄太勇：《〈西游录〉与〈长春真人西游记〉所载“马首形瓜”名称考——兼论甜瓜与哈密瓜名称源流》，《中国农史》2015 年第 1 期，第 128—136 页。

不同。夏秋之间，有入回子村落者，无不以瓜为敬也。……哈密瓜，有十数种。绿皮绿瓤，而清脆如梨，甘芳似醴者，为最上；圆扁如阿浑帽形，白瓤者次之；绿者为上，皮淡白，多绿斑点；瓤红黄色者为下，然可致远久藏，回子谓之冬瓜，可收至次年二月。"[①]祁韵士《万里行程记》载：吐鲁番"甜瓜极妙，以皮瓤纯绿为上。中土最重哈密瓜，实不及此地之美"[②]。方希孟《西征续录》载：哈密头堡"四周绕树木，产沙枣、红果、林禽、小麦、青稞、豌豆、甜瓜、糜谷、苞谷"[③]。裴景福《河海昆仑录》载："(甜瓜）初见不识为何物，剖以利刃，久之乃入，肉色黄明如缎，味甘如蜜，入喉而脆，爽脆如哀家梨，无渣滓，瓜心洛瑭与东南香瓜无异，子白亦如之，殊形异味，拟之罕譬，思之流涎，或谓与中土西瓜、南瓜相类，皆以耳食而未染指者。"[④]清代诗人萧雄《西域杂述诗》描述过一类"或间青花成条"的甜瓜，其形象与"巴登"甜瓜极为相似。

从上述明清史料可知，新疆的甜瓜存在明显的品种多样性，不下"十数种"之多，"或圆或长""赤白黄绿"，其外形"与中土西瓜、南瓜相类"。其中与"与中土西瓜"相类者，可能是指"香水甜瓜"品系的"巴登"甜瓜，而陕历博所藏"三彩瓜"原型应与丝绸之路沿线的甜瓜种植有关。

结　语

综上所述，陕历博所藏唐"三彩瓜"无论是外形还是年代，均排除其为西瓜的可能性。结合文献资料、考古发现及西域甜瓜栽培史可知，"三彩瓜"或为来自波斯或中亚的"香水甜瓜"，时至今日在西亚、中亚地区仍广泛种植。新疆栽培甜瓜的历史十分悠久，目前的考古证据至少可追溯到战国至西汉时期，且栽培传统一直延续至今。新疆的甜瓜栽培有着自身的地域特色和种植技术。如今天新疆本地农民种植甜瓜时，仍在瓜地中套种苦豆子（*Sophora alopecuroides L.*）。苦豆子属旱生草本植物，是一种优良的绿肥植物，其新鲜枝叶埋入甜瓜根部，既能杀虫又能增加甜瓜的甜度。随葬苦豆子的现象广见于哈密五堡[⑤]、鄯善洋海[⑥]、尉犁营盘等墓地[⑦]，可见其农业技术的传承性，有着丰厚的历史积淀，非一朝一夕所成，这也客观反映出甜瓜在新疆早期农业中的特殊地位。

"香水甜瓜"以唐三彩的形式出现于关中唐墓内，深刻反映出唐代长安与西域间密切的贸易、文化往来，是"丝绸之路"兴盛繁荣的重要标志。结合波斯及阿拉伯史料可知，"香水甜瓜"最初可能以香料、药材、园林植被等方

---

① 姚晓菲编著：《明清笔记中的西域资料汇编》，学苑出版社，2016 年，第 169、174 页。
② （清）祁韵士：《万里行程记》，《西北史地丛书（第三辑）》，中国国际广播出版社，2016 年，第 17 页。
③ （清）方希孟：《西征续录》，《西北史地丛书（第三辑）》，中国国际广播出版社，2016 年，第 112 页。
④ （清）裴景福：《河海昆仑录》，《西北史地丛书（第三辑）》，中国国际广播出版社，2016 年，第 256 页。
⑤ 哈密博物馆编：《哈密文物精粹》，科学出版社，2013 年，第 69 页。
⑥ 蒋洪恩：《吐鲁番洋海墓地植物遗存与古洋海人及环境之间的关系》，中国科学院大学博士论文，2006 年，第 37 页。
⑦ 戴季：《新疆营盘墓地植物遗存研究》，中国科学院大学硕士论文，2013 年，第 1 页。

式传入长安，成为达官显贵争相追捧的对象，象征着权力与财富。唐代外来物品对唐人的神奇魅力，强烈刺激了艺术创作的“思想观念”和“想象力”，最终形成了具有时代特色的文化“片段”[①]。虽然外来物品的物质形态会迅速消失，但它对唐代社会的文化影响却会通过绘画、雕塑、诗歌、陶瓷器等媒介长久留存[②]。陕历博所藏唐代“三彩瓜”恰巧提供了一个难得的历史契机，使后人能够管窥唐人的气质风华。

① ［美］帕特里克·格里：《历史、记忆与书写》，刘寅、罗新译，北京大学出版社，2019年，第126—141页。
② ［美］薛爱华：《撒马尔罕的金桃——唐代舶来品研究》，吴玉贵译，社会科学文献出版社，2016年，第7页。

敦煌壁画供案香炉图案研究 *

朱晓兰

（陕西师范大学历史文化学院）

敦煌壁画中的香炉一般是作为佛教供养器具出现，其呈现形式可分为菩萨或供养人手持与陈设香炉两种。敦煌壁画中香炉的系统性研究最早见于李力先生的《从考古发现看莫高窟唐代壁画中的香炉》一文，文中梳理了香炉的起源、形制与用途，将考古发现的香炉实物与敦煌壁画中的香炉做比较研究，并指出烧香供养本就是印度佛教文化中的重要内容①；王明珠女士对甘肃定西发现的长柄香炉做过介绍，同时谈到了敦煌壁画中绘制的长柄香炉，并探讨了长柄香炉的起源②；扬之水女士讨论了莲花香炉的设计渊源，并大量使用了敦煌壁画中的实物图像，为此类香炉定名③。王朝阳先生、李玭玭女士等人的硕士论文则从佛教供养具的角度提到了敦煌壁画中的香炉④。整体而言，对敦煌壁画中香炉的起源、器型、设计意涵、用途等方面的研究已经较为详尽，极大地深化了我们对敦煌壁画中香炉基本问题的认识。

除上述研究之外，我们也注意到，美国学者梁庄·爱伦女士提出了“三分式供案”的概念。三分式即香炉在中间，两旁各一小容器，三件摆在供桌上，再无它物。此概念是对初唐开始出现的供案香炉模式较为合理的总结，亦是对壁画中香炉研究的新方向⑤，王惠民先生《敦煌与法门寺的香供养具——以“香宝子”与“调达子”为中心》一文将敦煌壁画与法门寺文物结合起来，也考察了香炉的配置关系⑥。这两篇文章颇具启发性，有鉴于此，笔者想借此思

* 基金项目：国家社科基金冷门绝学团队项目“敦煌壁画外来图像文明属性研究”（20VJXT014）、高等学校学科创新引智基地计划资助（Supported by the Project 111）“长安与丝路文化传播学科创新引智基地”（B18032）阶段性成果。

① 李力：《从考古发现看莫高窟唐代壁画中的香炉》，载于段文杰主编：《1990年敦煌国际学术讨论会文集：石窟考古编》，辽宁美术出版社，1995年，第300—307页。

② 王明珠：《定西地区博物馆藏长柄铜香炉——兼谈敦煌壁画的长柄香炉》，《敦煌研究》2001年第1期，第28—33页。

③ 扬之水：《莲花香炉与宝子》，氏著：《古诗文名物新证·1》，紫禁城出版社，2004年，第8—25页。

④ 王朝阳：《唐代佛教供养器——香器研究》，兰州大学硕士学位论文，2014年；李玭玭：《唐五代宋初敦煌佛教供养具研究》，西北师范大学硕士学位论文，2017年。

⑤ ［美］梁庄·爱伦：《中国的供佛香炉和其他供案陈设》，载于段文杰主编：《1990年敦煌国际学术讨论会文集：石窟考古编》，辽宁美术出版社，1995年，第308—335页。

⑥ 王惠民：《敦煌与法门寺的香供养具——以“香宝子”与“调达子”为中心》，《敦煌学辑刊》2011年第1期，第66—71页。

路，不再局限于香炉本身，而是关注香炉在壁画中所处的“环境”，即对供案与香炉的组合图式以及香炉与其它供养具的组合关系做以研究，探究其成因，以丰富唐、五代以来敦煌壁画中所体现的供养文化研究，草成此文，敬希方家指教。

一　香炉佛教供养具属性的由来

(一) 佛经中的佛教供养文化

据《妙法莲华经》第二十三《药王菩萨本事品》记载：“是真精进，是名真法供养如来。若以华（花）、香、璎珞、烧香、末香、涂香、天缯、幡盖及海此岸栴檀之香，如是等种种诸物供养，所不能及。”[①]《十地经论》也记载：“一切供养者有三种供养：一者利养供养，谓衣服卧具等；二者恭敬供养，谓香花幡盖等；三者行供养，谓修行信戒行等。”[②]两部佛经中列出了诸多佛教供养时需要的供养物品，而这些不同的供养物有着不同的佛教意涵。《佛教造像手印》一书中提到：“正规的供具有六类：花、涂香、水、烧香、饭食、灯明，依次表示布施、持戒、忍辱、精进、禅定、智慧等‘六度’。一般俗称的供具，则具体指供设以上六类物品的器具。”[③]一般地，供奉花、香、灯三种物品的情况居多，而花、香、灯又与佛经中的三具足对应，花对应布施，即施具足；涂香对应持戒，即戒具足；灯明对应智慧，即闻具足。不少佛教经典中都谈及三具足，如《三具足经忧波提舍》，东魏兴和三年（541）由毗目智仙与瞿昙流支在邺城金华寺合译[④]，此后便在中国流行，据经文：

> 尔时世尊告无垢威德大力士言：善男子！菩萨有三具足。何等为三？一者施具足；二者戒具足；三者闻具足。善男子！此是菩萨三种具足。
>
> ……
>
> 菩萨希望境界生智，三种具足，不解其因；觉因饶益，世尊已示：若汝欲得境界生智，非唯希望，汝应修满三种具足。若施具足当得境界，若戒具足汝当得生，若闻具足汝当得智。[⑤]

“具足”是佛教戒律，戒具足即持戒自省，施具足即上供下施，闻具足即常闻思考，满足三种具足方得圆满、方达境界。菩萨修满三种具足以希“境界生智”，但对普通人来说，在经营好俗世生活的同时，又很难做到同菩萨一样严格地修行，而信仰佛教一方面是希望往生极乐，另一方面也希望得到现世的庇护与幸福。佛教中用三种供奉品对应三种具足，民众则通过供奉三具足来达到代替修行的目的，并以此祈求幸福与圆满，由此可见佛教中供奉、供养的重要意义。

---

① (后秦) 鸠摩罗什译：《妙法莲华经》卷六，《大正藏》第9册，新文丰出版公司，1992年，第53页。

② (北魏) 菩提流支译：《十地经论》卷三，《大正藏》第26册，新文丰出版公司，1992年，第138页。

③ 李鼎霞、白化文编：《佛教造像手印》，中华书局，2011年，第181页。

④ 吕建福：《元魏译经考略》，《青海社会科学》1990年第2期，第95页。

⑤ (北魏) 毗目智仙译：《三具足经优波提舍》卷一，《大正藏》第26册，新文丰出版公司，1992年，第359—361页。

佛教这些供养物中，香尤为重要，例如《妙法莲华经》中便多次提到各种香供养，如香、烧香、末香、涂香、天缯以及海此岸栴檀之香[①]。可见，发源于印度的佛教文化中信众们对香的重视不仅体现在用香，还有焚香。从早期的印度佛教文化遗存中便能看到早期信众对供奉香炉焚香的重视，如印度桑奇大塔东门左边立柱内侧第二层，佛陀座前便刻有一座香炉。

（二）香炉的传入、使用与发展

我国室内焚香肇始于春秋时期，由于室内焚香的出现，焚香所用之香具得以形成，到战国末期已颇为流行[②]。早期以香炉焚香一方面是作杀虫、清洁、消毒之用，另一方面也将其用作神仙崇拜与祈求升仙的道具，故在一些道教文化遗存中亦能见到香炉的身影。焚香风气初在贵族阶层中流行，后逐渐进入平民生活。汉晋以降，佛教传入中国并产生了广泛且深刻的影响。佛教认为“香为信心之使”，凡夫俗子和佛相隔甚远，需要烧香请佛、菩萨前来接受供养[③]。吴焯先生认为早在汉献帝建安年间（196—220）便已经有信佛之人烧香礼拜了[④]，但这些行为终究是小范围的。据《高僧传》记载：

> 安既德为物宗，学兼三藏，所制僧尼轨范、佛法宪章，条为三例：“一曰行香定座上讲经上讲之法；二曰常日六时行道饮食唱时法；三曰布萨差使悔过等法。”天下寺舍，遂则而从之。[⑤]

道安制定的僧尼礼佛规范中“行香定座”一条，是汉传佛教中有明文规定的烧香礼佛的滥觞。中国民俗中的佛教信仰风俗主要是在东晋南朝这一阶段肇端和形成的，此时三宝供养才逐渐成为世风民俗的重要内容[⑥]。三宝供养，即佛供养、法供养、僧供养。既已有了烧香礼佛习惯，那么烧香所需的供养具便不可欠缺。在佛教文化影响下，原用于室内焚香或者道教祈求成仙用具的香炉慢慢成为佛教供养具。佛教文化对用香、焚香的推崇使得香具与宗教紧密联系到一起，以博山炉为例，至迟在北魏时期博山炉已经具备了佛教供养具属性，大量出现在佛教造像艺术中[⑦]。

在石窟寺中，北朝一直有香炉形象出现，造型主要是博山炉和长柄香炉。博山炉一般出现在龛下方的正中央位置，两侧有对称供养人、僧人或狮子形象[⑧]。单体造像碑中也多有香炉形

---

① 《妙法莲华经》卷六，《大正藏》第9册，第53页。
② 田梓榆：《十四世纪前中国香具典型器研究》，中国美术学院博士学位论文，2018年，第12页
③ 石云涛：《东晋南朝佛教三宝供养风俗》，耿昇，戴建兵主编：《中外关系史论丛第21辑——历史上中外文化的和谐与共生：中国中外关系史学会2013年学术研讨会论文集》，甘肃人民出版社，2014年，第108页。
④ 吴焯：《汉代人焚香为佛教礼仪说——兼论佛教在中国南方的早期传播》，《西北第二民族学院学报（哲学社会科学版）》，1999年第3期，第23—28页。
⑤ （梁）释慧皎撰、汤用彤校注，汤一玄整理：《高僧传》，中华书局，1992年，第183页。
⑥ 石云涛：《东晋南朝佛教三宝供养风俗》，耿昇，戴建兵主编：《中外关系史论丛第21辑——历史上中外文化的和谐与共生：中国中外关系史学会2013年学术研讨会论文集》，甘肃人民出版社，2014年，第106页。
⑦ 孙章峰：《博山炉的兴起与丝绸之路》，《华夏考古》2015年第4期，第98页。
⑧ 崔叶舟：《魏晋南北朝香炉研究》，山东大学博士学位论文，2018年，第71页。

象，较早的有北魏永兴三年（411）弥勒造像碑和始光元年（424）的魏文朗造像碑。南朝所见较早的有南朝宋元嘉二十五年（448）的□熊造石无量寿佛像。可见，魏晋南北朝时期，香炉已然成为汉传佛教艺术题材中的重要内容。

敦煌石窟壁画中也多有香炉图案出现，除去菩萨或供养人手持柄香炉的图像外，壁画中保留了诸多陈设香炉图案，如北魏时期的莫高窟第254窟中心柱北面的博山炉图样（图1），莫高窟第420窟主室西壁下方的宋代补绘的莲花香炉图样（图2），这两例都陈设在地面上。唐代起则有了供案香炉图案，即在供案之上陈设香炉，如盛唐时期的莫高窟第148窟东壁北侧弥勒经变中的供案与香炉图样（图3），中唐莫高窟第159窟东壁的供案与香炉图样（图4）等等。唐代的敦煌壁画中大量出现这类供案之上摆放香炉的图案，大多都在香炉两侧配备两个小供养具，中间香炉的样式不固定，两侧的

图1　莫高窟第254窟中心柱北面的博山炉图样
（采自敦煌研究院编：《敦煌石窟全集·科学技术画卷》，商务印书馆，2001年，第155页）

图2　莫高窟第420窟主室西壁下方宋代补绘的莲花香炉
（采自数字敦煌）

图3　莫高窟第148窟东壁北侧供案与香炉
（采自敦煌研究院编：《敦煌石窟全集·科学技术画卷》，第158页）

图4　莫高窟第159窟东壁的供案与香炉
（采自敦煌研究院编：《敦煌石窟全集·科学技术画卷》，第161页）

小供养具种类更是丰富，梁庄·爱伦称这种供案样式为“三分式”供案，王惠民先生则指出香炉两侧的瓶状供养具一般为香宝子，而现有的研究对供案与香炉最初如何结合、供案与香炉的组合样式、小供养具的更多类型却都未提及，而这些问题都是值得关注的议题。

二 敦煌供案香炉图案的图式解析

唐代起，敦煌壁画中出现了“三分式”供案香炉图案，这种绘画模式一出现便成为大部分经变画的选择，而在“三分式”供案香炉图案占据主流的情况下，我们也能看到少量的供案之上只有一只香炉的图案。本节试对“三分式”供案香炉图案中两侧的小供养具类型以及单体香炉图案做一梳理。

（一）香炉+两个小供养具

单个大型香炉与两个小型供养具的组合即“三分式”供案是供案香炉图案里最多见的，常见的供养具有香炉或宝瓶样式的香宝子、供养盘等，供养盘中或放置花、香山子、摩尼宝珠等（表1）。

香宝子当中盛放香料，一则方便香炉取用，二则充当供养物，因为香本身就是一种供养品。供养盘中常盛放鲜花、香山子等供品正反映了佛教供养文化中的花供养和香供养。敦煌壁画中的供案香炉图案配置两个宝瓶样式宝子的组合最为常见。由此可见，供案更多展现的还是香供养。

（二）单体香炉

供案之上只陈设一只香炉的画面较少，值得注意的是一种特殊的单体香炉样式，即三个供养具浑然一体的摆放方式，中间为香炉，两侧伸出枝蔓，连接两个小香宝子，或表现为香炉样式，或表现为宝瓶样式，扬之水女士将这种香炉称为“莲花香炉”①。P.2613《咸通十四年（873）敦煌某寺器物帐》记载：“大金渡（镀）铜香炉壹，四脚上有莲花两枝并香宝子二及莲花叶。”②是对此类香炉的精确描述（图10）。

三 敦煌壁画中“三分式”供案的来源

敦煌壁画中的供案香炉图案唐代始见，依据樊锦诗、刘玉权的《敦煌莫高窟唐前期洞窟分期》来看，唐高祖、太宗、高宗初期阶段为初唐早期，此期开凿并完成的洞窟有第57、60、203、204、206、209、283、287、322、373、375、381窟，开凿仅作部分壁画的洞窟有第329、386窟③，经笔者核对，这些洞窟内没有“三分式”模式的供案香炉图案。王惠民先生又将第220窟以及重修第431窟的时间划到了这一期④，经核对，莫高窟第220窟东壁维摩诘经变中有“三分式”模式的供案香炉图案，而根

① 扬之水：《莲花香炉与宝子》，氏著：《古诗文名物新证·1》，第17页。
② 黄永武主编：《敦煌宝藏》第122册，新文丰出版公司，1981年，第470页。
③ 樊锦诗、刘玉权：《敦煌莫高窟唐前期洞窟分期》，载敦煌研究院编：《敦煌研究文集·敦煌石窟考古篇》，甘肃民族出版社，2004年，第143—181页。
④ 王惠民：《敦煌佛教与石窟营建》，甘肃教育出版社，2017年，第358页。

表 1　香炉与小供养具的组合类型

组合类型	示例	组合类型	示例
香炉与两个香炉样式的宝子	 图 5　莫高窟第 445 窟供案香炉图案 （采自敦煌研究院编：《敦煌石窟全集·科学技术画卷》，第 159 页）	香炉与两个高足供养盘	 图 8　莫高窟第 159 窟供案香炉图案 （采自中国敦煌壁画全集编辑委员会编：《中国敦煌壁画全集·敦煌中唐》，第 117 页）
香炉与两个宝瓶样式的宝子	 图 6　莫高窟第 98 窟供案香炉图案 （采自敦煌研究院编：《敦煌石窟全集·科学技术画卷》，第 163 页）	香炉与任意两种供养具	 图 9　榆林窟第 25 窟供案香炉图案 （采自中国敦煌壁画全集编辑委员会编：《中国敦煌壁画全集·敦煌中唐》，第 90 页）
香炉与两个供养盘	 图 7　莫高窟第 159 窟供案香炉图案 （采自中国敦煌壁画全集编辑委员会编：《中国敦煌壁画全集·敦煌中唐》，天津人民美术出版社，2006 年，第 116 页）		

图 10 莫高窟第 103 窟莲花香炉图案（采自数字敦煌）

据第 220 窟东壁门上的“贞观十有六年敬造奉”[①]的发愿文，北壁东方药师变中题记载“贞观十六年岁次壬寅奉为天云寺律师道弘法师□奉□”，甬道南壁翟奉达于后唐同光三年（925）题写《检家谱》中追述翟氏家史，提到图塑此窟“至龙朔二年壬戌岁毕”，可知第 220 窟所凿年代不晚于贞观十六年（642），完成当在龙朔二年（662）[②]。所以，敦煌壁画中最早的“三分式”模式供案香炉图案应是出自此窟贞观年间绘制的维摩诘经变中。

莫高窟第 220 窟中的维摩诘经变中，维摩诘榻前绘制供案，供案之上是两个供养盘，盘中盛放着香山子[③]，这种情况在莫高窟第 332、335 窟中亦有体现。笔者检索后发现，此三窟修建的时间不同，第 220 窟从贞观十六年（642）便开始修建，而第 332、335 窟都是在武则天时期修建的。同时，第 220 窟是翟氏家窟，第 332 窟是李氏家窟，第 335 窟或为民众结社修建，三个洞窟开窟者身份不同，且为不同群体在不同时间修建的洞窟，还能在供案细节上达到这样的相似程度，只能说明这三个洞窟对于供案香炉的画法是来自统一的粉本。而根据前人研究，初唐的维摩诘经变中，莫高窟第 68、334、341、242、342 等窟使用的粉本都是隋代画家孙尚子在长安定水寺始创的新样，简称隋样，而第 220、332、335 窟的维摩诘经变粉本则是孙尚子隋样加上贞观《王会图》的融合粉本，简称新样，两种粉本在敦煌独立发展，使用时间上没有绝对的前后关系[④]。笔者推测绘制桌案、香炉以及两个供养盘的画法应该与孙尚子绘制的粉本以及后来的贞观新样有关，随着粉本传入敦煌，敦煌壁画中

---

① 敦煌研究院编：《敦煌莫高窟供养人题记》，文物出版社，1986 年，第 102 页。

② 樊锦诗、刘玉权：《敦煌莫高窟唐前期洞窟分期》，载敦煌研究院编：《敦煌研究文集·敦煌石窟考古篇》，甘肃民族出版社，2004 年，第 143—181 页。

③ 陈菊霞：《〈维摩诘经变〉中的香山子》，《敦煌吐鲁番研究》2015 年第 2 期，第 111—120 页。

④ 史睿：《隋唐法书屏风考——以敦煌莫高窟 220 窟为例》，荣新江主编：《唐研究》第 23 卷，北京大学出版社，2017 年，第 339—360 页；李昀：《敦煌壁画中的职贡图绘研究之一——维摩诘经变与贞观〈王会图〉》，《艺术工作》2021 年第 6 期，第 84 页。另外，依照樊锦诗、刘玉权：《敦煌莫高窟唐前期洞窟分期》一文，莫高窟第 68、334、341、242、342 等窟修建的时间在太宗以后，主要在高宗至武则天时期，王惠民《敦煌佛教与石窟营建》一书沿袭了这一分期。李昀女士也提到：“故两种类型（即两种粉本）应是独立发展的。但透过法书屏风可知，粉本来自长安。不同摹本、画样一直处于流行、变化、重组、增幅之中，从长安传播到敦煌的速度与频率均不容忽视。”所以，使用隋样绘制的壁画并不意味着其时间就要早于使用融合粉本绘制壁画的时间。

便出现了供案香炉图案。

（一）供案画法的由来

东晋南北朝时期，汉族人民逐渐放弃跪坐礼俗，趋向垂脚高坐[①]，床榻也由低到高发展。莫高窟第420窟的维摩诘经变中（图11），维摩诘的床榻还是低矮形式，其身前放着隐几，维摩诘示现病重，久居床榻，隐几可供维摩诘倚靠休憩。第314窟，维摩诘身前倚着兽腿型隐几，榻下还有一个小案（图12）。到了唐代时，依据隋样绘制的第334窟，维摩诘的榻变高，其身前的凭靠消失了，隐几应被挪至身侧，榻下放着一长条桌案，榻与桌案等高（图13）。再到依据新样绘制的第220窟时，维摩诘靠着身侧的隐几，榻下有一桌案，床榻高于桌案（图14）。这鲜明地反映出不同时期的维摩诘经变绘制细节的细微差异，随着时间发展，隐几由阔面型变为窄面兽腿型，从身前变至身侧，榻下增加了小案，小案后又变为较大的供案。

笔者尽力检索了隋以前国内所存的所有维摩诘经变画，没有一幅画的维摩诘榻前出现过供案。隋代敦煌洞窟中有多幅维摩诘经变，但也没有绘制供案的习惯。唯一特殊的是莫高窟

图11 莫高窟第420窟维摩诘经变
（采自中国敦煌壁画全集编辑委员会编：《中国敦煌壁画全集·隋》，天津人民美术出版社，2001年，第106页）

图12 莫高窟第314窟维摩诘经变
（敦煌研究院版权所有）

① 朱大渭：《中古汉人由跪坐到垂脚高坐》，《中国史研究》1994年第4期，第108页。

第 314 窟维摩诘榻前绘制了一个小案几，案上无帷幔，桌案上陈设着一只香宝子，旁边一名弟子似乎手持鹊尾形香炉，但这显然与后世壁画中的供案不同。

通过对图像的梳理可以发现，直至孙尚子的粉本传至敦煌，敦煌壁画中的维摩诘经变中才有了真正意义上的榻前桌案的画法，桌案的绘制应是孙尚子的首创。不论是隋样还是新样，二者榻前都有桌案，这是孙尚子加入维摩诘经变的内容，那么孙尚子为何要如此绘制呢？

孙尚子在创制隋样时，将维摩诘身前的隐几挪至身侧，呈“探身维摩”状，又在榻前绘制一个桌案，事实上，隋样中的桌案与其说是供案，不如说是桯。据《说文解字》记载：“桯，床前几。”[①]孙机先生谈到，这种床前几上常置酒食[②]。东汉晚期的洛阳朱村汉墓壁画以及密县打虎亭汉墓壁画中均能见到床榻之前放置着桯的情况，桯上摆放着酒食。东晋画家顾恺之的《女史箴图》“同衾以疑”中，榻前亦放着桯，但桯上坐着人，说明桯的使用方法并不局限于放置食物，也可闲坐。隋代徐敏行夫妇墓居家图，床榻之前也是一长条桯，与床等高。可见，桯放置在床榻前再日常不过。结合《维摩诘经》的内容，维摩诘示现病重，久居床榻，榻前的桯可供维摩诘放置物什或看望之人闲坐，所以孙尚子于榻前绘制桯并不奇怪。

史忠平先生认为：

从维摩诘像初创以来，模件的数量是有限的，但模件的造型是多样的，组合更是丰富的。这即可以解释为什么有些模件的造型变了，有些模件被增减了，但人们还是一眼就能认出这是维摩诘图像。也就是说，古人创造了一个有关维摩诘图像的

图 13　莫高窟第 334 窟维摩诘经变
（采自松本荣一著，林保尧、赵声良、李梅译：《敦煌画研究》下册，浙江大学出版社，2020 年，第 97 页）

图 14　莫高窟第 220 窟维摩诘经变
（采自数字敦煌）

① （东汉）许慎：《说文解字》，中华书局，2020 年，第 185 页。
② 孙机：《汉代家具》，载于扬之水、孙机等：《燕衎之暇：中国古代家具论文》，香港中文大学文物馆，2007 年，第 48 页。

模件体系，在这个体系中，模件之间互相关联，互相确认。[①]

显而易见，虽然维摩诘的姿态与经变画细节发生了变化，但“维摩示疾”的内涵并不受影响。所以不论是从桌案在画面中的作用讲起，还是从维摩诘经变的绘制流变讲起，孙尚子绘制桌案都是能够讲通的。

（二）供具的摆放

莫高窟第420窟维摩诘其身前倚靠的隐几上别无他物，其榻前有一香炉样式的物品，第433窟维摩诘身前的隐几上有一鹊尾香炉（图17），第314窟维摩诘身前变为兽腿型隐几，只剩倚靠的作用，榻下小案上有一个香宝子，旁边弟子手持鹊尾香炉，这是隋代维摩诘经变的情况。唐代时，第334窟维摩诘榻前的桌案上摆放着香宝子和鹊尾香炉，再到第220窟时，维摩诘榻前的桌案上则变成了香炉和香山子。再到盛唐除去维摩诘经变以外，大部分供案上都是一香炉加两宝子的组合样式。

根据樊锦诗等人撰写的《莫高窟隋代洞窟分期》，第420窟、433窟属于隋代第二期洞窟，第314窟则属于隋代第三期洞窟[②]，通过壁画可窥见香炉的位置变化。隋代维摩诘经变榻前的小案，小案上放置的香宝子与身侧弟子手持的鹊尾香炉正是孙尚子隋样的前身，直至孙尚子的隋样诞生，诸多要素被创造、被改变或被保留，比如维摩诘背部的法书屏风，被调整至身

图15　莫高窟第433窟维摩诘经变
（采自敦煌研究院编：《敦煌壁画全集·法华经画卷》，商务印书馆，1999年，第193页）

侧的隐几，与榻等长的桌案（供案），桌案上的鹊尾香炉等等，第334窟便是最好的例证，只是这与后来的“三分式”供案还是有一定差异。

第220窟使用的新样创制于贞观年间，隋样被改造成新样的这段时间，长安城经历了改朝换代，统治者对佛教的态度也几经变换，但整体上佛教迎来了自身的发展高峰。太宗时期，虽然总体政策是“道先佛后”，但太宗礼遇高僧、诏示佛骨的举措都能体现出唐初佛教的发展环境是较为宽松的，而佛教也凭着因果报应、生死轮回、慈悲思想等等众多成熟的理念在民众信仰层面占领了一席之地。前文也提到，中国民俗中佛教信仰至南北朝时期已然形成，三宝供养是世风民俗的重要内容，烧香礼佛成为

① 史忠平：《敦煌壁画中的“探身维摩”像》，《南京艺术学院学报（美术与设计）》，2020年第4期，第123页。
② 樊锦诗、关友惠、刘玉权：《莫高窟隋代洞窟分期》，载敦煌文物研究所编著：《中国石窟·敦煌莫高窟》第2卷，文物出版社，1984年，第174、175、179页。

民众生活中再正常不过的行为。信佛便要供养佛，因此到了唐代，不管是民间还是国家层面，佛教的供养文化都取得比前代更大规模、更规范化的发展。

事实上，依据佛教文献可知，佛经中的供养大多以香炉为主体地位，其他供养物并没有固定的选择，如花、灯、悬缯、幡盖等，供养具的数量也不固定。如吉藏撰《法华义疏》记载："今依《普贤观经》略明六法：一在静处庄严道场烧香散华等。"[①]再或如窥基撰《阿弥陀经疏》记载："至诚忠信饮食沙门，作佛造寺起塔，烧香散华然灯悬缯幡盖，行慈断欲，愿生彼国，一日一夜念佛不断。"[②]至于供养香宝子，《陀罗尼集经》保留了为数不多的记载："兼铜香炉并宝子具，中央四门各各一具。"[③]但也不是成对使用，可见，一香炉两供养具的供奉方式或许根本不是从佛经中而来。

但是，第220窟《王子图》对高丽、百济、新罗使者的描绘写实程度颇高[④]，可见粉本绘制时对现实生活的反映有一定程度的客观性，故我们认为一香炉两供养具也即"三分式"供案更可能是初唐长安民众供养佛或者菩萨民俗的真实写照。段成式《酉阳杂俎》记载："（玄法寺）东廊南观音院，卢奢那堂内槽北面壁画维摩变。屏风上相传有虞世南书，其日，善继令彻障，登榻读之，有'世南'，'献之白'，方知不谬矣。"[⑤]殿内的情景应该是，卢舍那佛堂内，内槽北侧墙壁上绘有维摩诘经变画，段成式一行人撤去围挡在壁画前的障碍，登榻观看。由《三国志·鲁肃传》中"乃独引肃还，合榻对饮"[⑥]可知，榻亦有"几案"之义，故笔者认为段成式笔下的"榻"很可能就是人们供养维摩诘留下的桌案或供案。

法门寺地宫中出土的佛指舍利八重宝函之一的纯金宝函纹饰是一香炉与两宝子的组合形式，与敦煌壁画中的"三分式"供案模式一致。此外法门寺地宫中还出土了香宝子实物，依据地宫《衣物帐碑》记载，两个香宝子是与香炉配套使用的，只是时代已经较晚。

综合以上的叙述，我们认为敦煌"三分式"供案香炉图案中的供案和香炉雏形（即第334窟中展现的鹊尾香炉）来自孙尚子的隋样，真正的香炉与小供养具画法则来自贞观新样，而这种画法是贞观新样对长安佛教供养民俗的反映。荣新江先生梳理了三种翟家窟画样也就是所谓的贞观新样传播至敦煌的途径，文中认为可能是刘德敏，翟通或者玄奘带去的[⑦]，这证明第220窟使用的粉本来自长安且在隋样的基础上做了修改。

梁庄·爱伦女士认为敦煌壁画中最早的供案

① （隋）吉藏：《法华义疏》卷一二，《大正藏》第34册，新文丰出版公司，1992年，第632页。
② （唐）窥基：《阿弥陀经疏》卷一，《大正藏》第37册，新文丰出版公司，1992年，第325页。
③ （唐）阿地瞿多译：《陀罗尼集经》卷一二，《大正藏》第18册，新文丰出版公司，1992年，第889页。
④ 李昀：《敦煌壁画中的职贡图绘研究之一——维摩诘经变与贞观〈王会图〉》，《艺术工作》2021年第6期，第87页。
⑤ （唐）段成式：《酉阳杂俎校笺》续集卷五《寺塔记上》，许逸民校笺，中华书局，2015年，第1823页。
⑥ （晋）陈寿、（南朝宋）裴松之注：《三国志》卷五四《鲁肃传》，中华书局，1982年，第1268页。
⑦ 荣新江：《贞观年间的丝路往来与敦煌翟家窟画样的来历》，《敦煌研究》2018年第1期，第1—8页。

香炉图案在莫高窟第338窟西壁龛顶的弥勒上生经变中[①]，已知莫高窟第338窟修建于初唐高宗、武后时期[②]，时代已经晚于第220窟的修建时间，而第338窟出现供案香炉图案，应该也是受到了中原粉本的影响。

除了第338窟外，直到盛唐时，莫高窟中的其他经变画才始见“三分式”供案香炉的身影，但两个小供养具大部分都是香宝子，这说明直到盛唐绘制壁画时，绘有其他类型供案香炉图案的经变画粉本才传播至敦煌。

结 语

敦煌壁画中的供养香炉图案自长安传播而来，被绘制在经变画中主尊佛或者菩萨座前。这一图案的出现受到维摩诘经变粉本的影响，一开始只绘制在维摩诘的画像前。自盛唐，其余的经变画中也开始出现“三分式”供案香炉图案，具体表现为一香炉加两供养具的组合方式，并且逐渐成为定式，供案香炉摆放方式的程式化从侧面反映出经变画绘制艺术走向成熟与规范。

盛唐以后，绘制供案香炉的习惯一直保留下来，五代、宋在前代洞窟内补绘供养人和供养菩萨或者说法图时依旧不忘画上供案香炉图案。盛唐以后说法图中绘制供案香炉图案非常多见，自不必多说，需要注意的是补绘供养菩萨和供养人像时绘制供案香炉的情况。唐末五代以后，洞窟壁画绘制空间不足，人们便对前代洞窟的部分壁面进行重修改造，这体现了后世人们对洞窟的重新分配与占有，从越画越大、越画越多的供养人像上我们也能感受到唐末以后人们对于绘制供养人像一事的狂热，亦反映出人们对“人的地位”的思考。从佛教供养的角度来看，一张供案，一组供养具来表示人们对佛或者菩萨的供养，也足以表现功德主对佛和菩萨的恭敬与重视，这在某种程度上也反映了在洞窟绘制空间不足的情况下人们对壁画内容的简化。

---

① ［美］梁庄·爱伦：《中国的供佛香炉和其他供案陈设》，载段文杰主编：《1990年敦煌国际学术讨论会文集：石窟考古编》，辽宁美术出版社，1995年，第308—335页。

② 樊锦诗、刘玉权：《敦煌莫高窟唐前期洞窟分期》，载敦煌研究院编：《敦煌研究文集·敦煌石窟考古篇》，甘肃民族出版社，2004年，第143—181页。

古代于阗地区佛教遗址中所见塔寺模式与台殿格局

史浩成

（中央民族大学民族学与社会学学院）

引　言

古代于阗地区作为佛教最早的传入地，虽受到伊斯兰教东传的影响，对其文化及遗存造成巨大破坏，但目前此地区仍保留有不少佛教遗址，这些佛教遗址以佛塔、地面佛寺以及石窟的形式而存在，其中佛塔与地面佛寺为该地区佛教遗址主要存在形式。根据目前考古发掘及调查资料来看，古代于阗地区现存上述佛教遗址共计 27 处（见附录），这些佛教遗址中以佛塔、地面佛寺为构成要素，从而形成的塔寺模式，是该地区佛教文化系统的特征之一。除此之外，古代于阗地区地面佛寺遗址中的像台与佛殿是构成其建筑的重要部分。在此基础之上，又依据其像台的位置、佛殿的平面形态，将其分为不同类型，这种以台、殿为组成要素，并以台为中心而构筑佛寺的建筑布局，从而形成该地区佛教文化系统中又一特征——台殿格局。

塔寺模式与台殿格局都是针对佛教遗址的形制布局而言，这种形制布局所反映出的正是佛教思想文化的变迁与佛教文化东传，而逐渐本土化的现象，从以塔为中心的塔寺模式，到后期逐渐以地面佛寺为中心的台殿格局，这体现出该地区文化系统从早期具有西亚、南亚文化系统因素，到不断融合形成具有西域文化因素的于阗佛教文化体系。故此本文以上述所提到的 27 处佛教遗址为研究对象，结合数字卫星影像与考古发掘、调查的资料为基础，绘制出相关复原图，再根据其整体的形制布局，分析其中的塔寺模式与台殿格局，从而深入研究古代于阗地区佛教文化系统的转变与佛教东传对其中原地区佛教建筑的影响。

一　佛教遗址中所见的塔寺模式

塔寺模式主要是指以佛塔与地面佛寺为构成要素，并相配套组合体现出整个佛教遗址的空间布局形态。塔寺模式是在宏观地理空间的角度上，不仅只关注于单个佛教遗址的形制布局，而是考虑到塔与寺这两类佛教遗址的相互关系，分析其之间的布局关系，并结合其功能性质进行分类研究。故塔寺模式具体又可以分为以佛塔为中心点外围构筑地面佛寺的中心塔寺模式；以一座中心佛塔为中心点，但地面佛寺的空间距离与佛塔相对较远的综合塔寺模式；多座佛塔与地面佛寺在空间位置上分散布局的散点塔寺模式。以上三种塔寺模式均在古代于阗地区的佛教遗址中有所发现，下面将逐一说明。

一是中心塔寺模式，这种模式的佛教遗址有杜瓦佛寺遗址[①]、热瓦克佛寺遗址[②]、吉格迪力克佛寺遗址[③]、喀孜纳克佛寺遗址[④]、喀拉墩佛寺遗址[⑤]、买利克阿瓦提佛寺遗址[⑥]，共计6处遗址。中心塔寺模式的佛教遗址中以热瓦克佛寺遗址最为典型，热瓦克佛寺遗址的主体为一座覆钵式圆柱体十字大塔，塔外围筑正方形院墙，院墙外都有像台，像台上残留有佛像，而院墙的东南面直对方院大门阶梯，通向东南部的寺院遗址，并在大塔的西南处另有一座小塔[⑦]（图1），如此在空间方位上就形成以中心

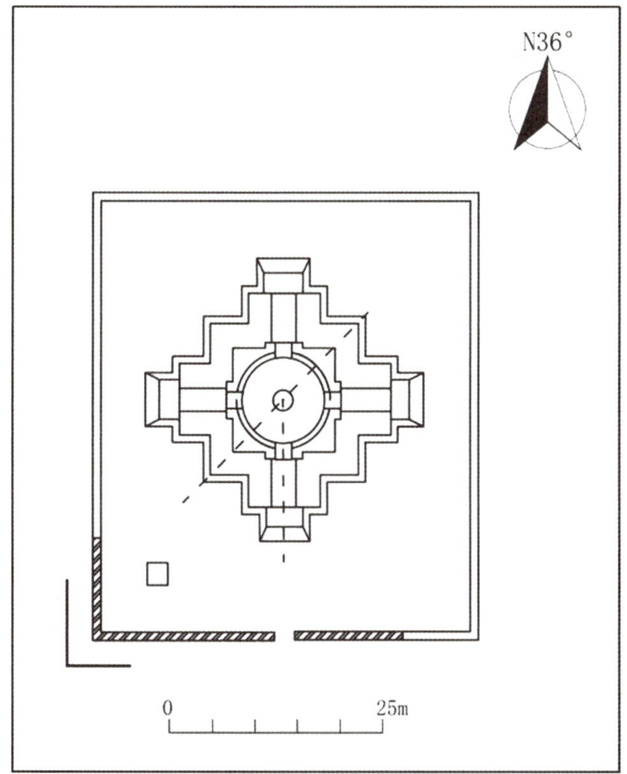

图1 热瓦克佛塔平面图（改绘）

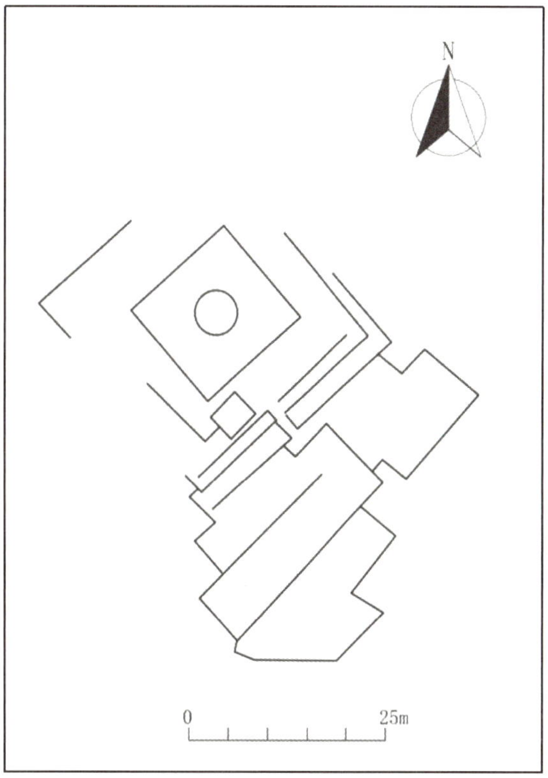

图2 热瓦克佛寺遗址平面图

① 新疆维吾尔自治区文物局编：《新疆维吾尔自治区第三次文物普查成果集成：新疆佛教遗址（上册）》，科学出版社，2015年，第24页。

② 贾应逸、祁小山：《印度到中国新疆的佛教艺术》，甘肃教育出版社，2002年，第188页。

③ 新疆维吾尔自治区文物局编：《新疆维吾尔自治区第三次文物普查成果集成：新疆佛教遗址（上册）》，第43页。

④ 新疆维吾尔自治区文物局编：《新疆维吾尔自治区第三次文物普查成果集成：新疆佛教遗址（上册）》，第99页。

⑤ 新疆文物考古研究所、法国科学研究中心315所：《新疆克里雅河流域考古调查概述》，《考古》1998年第12期，第30—32页。

⑥ 新疆博物馆：《新疆和田县买力克阿瓦提遗址的调查和试掘》，《文物》1981年第1期，第33—37页。

⑦ ［英］斯坦因：《古代和田》第1卷，巫新华等译，山东人民出版社，2009年，第526—549页。

大塔为建筑中心点，以寺院为附属性建筑的布局形态（图 2），而在功能性质上，大塔的宗教性功能更强，寺院仅是供僧人生活之用，故此这种布局形态所形成的中心塔寺模式，更为注重塔在宗教活动中的核心地位。

二是综合塔寺模式，这种模式的佛教遗址仅见尼雅佛寺遗址[①]。尼雅遗址中的地面佛寺都是围绕中心佛塔而兴建，佛塔平面呈方形、两层方形基坛，圆柱形塔身，高度约 6 米，而且佛塔处于整个遗址中心，故此其成为整个遗址的标志性建筑（图 3）[②]。在佛塔西北以及南部各有一处大型佛寺建筑遗址，其相对距离在 1 千米左右，与中心佛塔相望（图 4）[③]，这种布局模式虽然仍是以中心塔为建筑空间中心点，但是相较于上面的中心塔寺模式还是略有不同，其地面佛寺的功能性质不再是佛塔的附属性建筑。在地面佛寺遗址中出现像台这一宗教功能很强的建筑设施，在佛寺遗址周围还有其他建筑设施，如房屋、果园等，并且佛寺遗址中出土有许多木雕佛像、壁画等，这些足以反映出

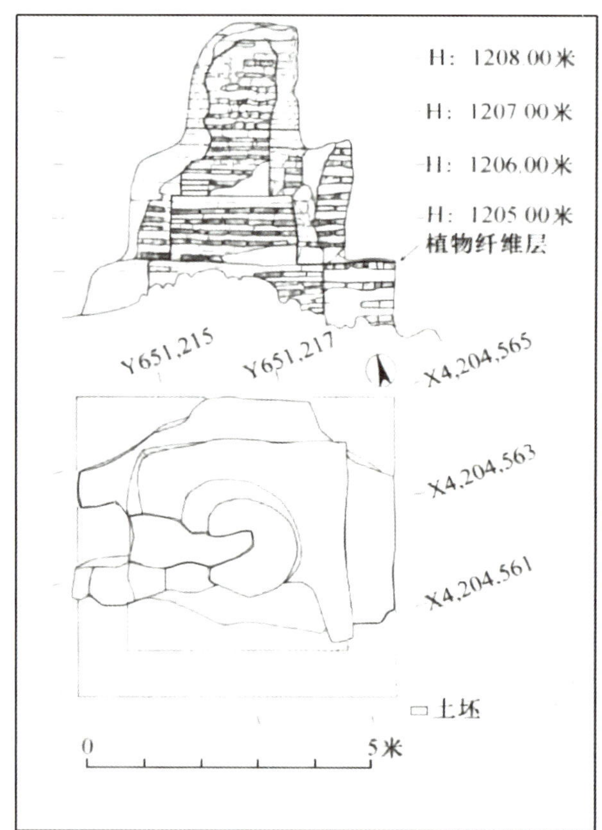

图 3　尼雅佛塔平剖面图（改绘）

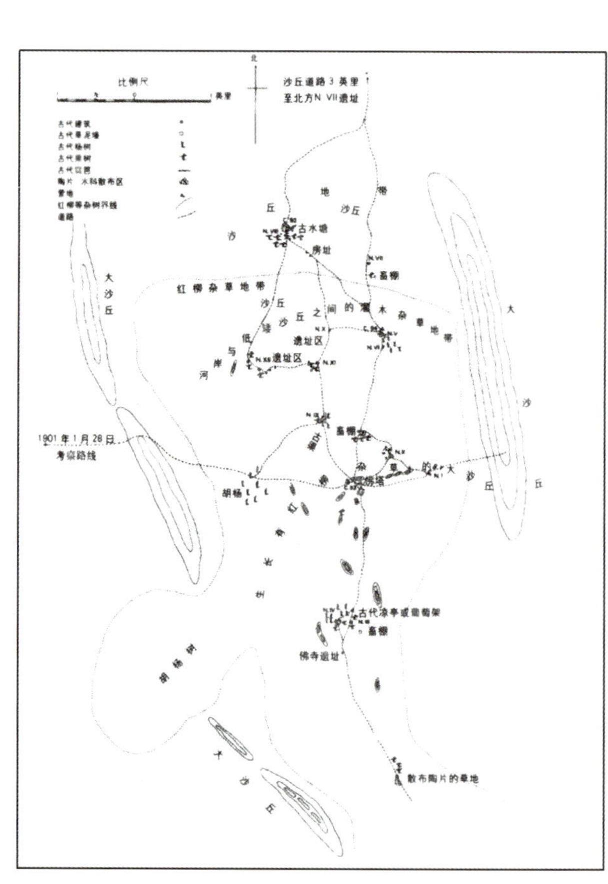

图 4　尼雅遗址平面示意图

① 张铁男、王宗磊：《1995 年尼雅遗址 93A35 佛教寺院发掘简报》，《新疆文物》1998 年第 1 期，第 6—10 页。

② 新疆维吾尔自治区文物局编：《新疆维吾尔自治区第三次文物普查成果集成：新疆佛教遗址（上册）》，第 109 页。

③ ［英］斯坦因：《古代和田》第 2 卷，第 27 页。

地面佛寺宗教礼仪性的提高，而其世俗生活化功能从中逐渐分离，在佛教遗址中逐渐形成不同的功能区域。这也使综合塔寺模式不断发展，并且以塔、寺建筑为基础，构筑不同的功能分区直至形成一种综合、全面且功能多样的塔寺布局形态。

三是散点塔寺模式，这种模式的佛教遗址有乌宗塔提佛寺遗址①与尕孜亚依昂佛塔②、道孜勒克故城佛寺遗址③与安迪尔佛塔群（1、2、3、4号）④，共计4处遗址。乌宗塔提佛寺遗址中可分为六处佛教遗址，其中有两处佛塔，一处是平面为十六边形的乌宗塔提佛塔（图5），另一处是距离遗址中心5千米左右的覆钵式十六边形的尕孜亚依昂佛塔（图6），除此之外遗址内还残存一些房屋，这些建筑与佛塔、地面佛寺都是呈散点式布局，没有统一的空间中心点。道孜勒克故城佛寺遗址位于整个故城中部，佛寺内有像台，像台之上残存塑像及莲花座等，周围建有日常生活所需的建筑如房屋、畜棚等（图7）⑤，而安迪尔佛塔群目前发现有

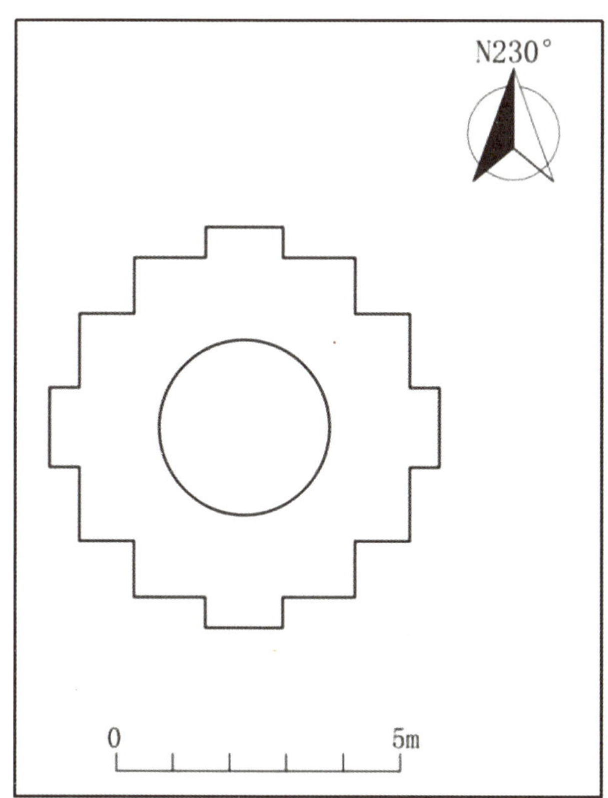

图5　乌宗塔提佛塔复原图

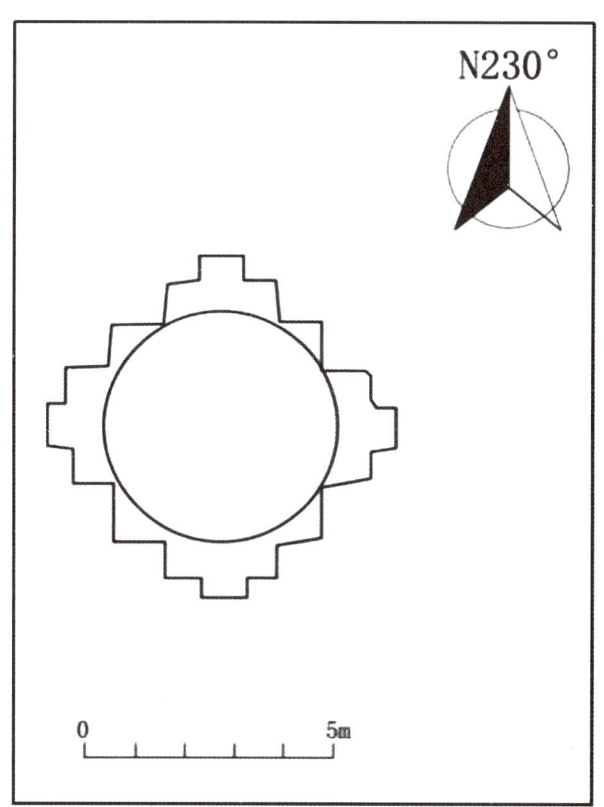

图6　尕孜亚依昂佛塔复原图

① 新疆文物考古研究所：《和田地区文物普查资料》，《新疆文物》2004年第4期，第25页。
② 贾应逸、祁小山：《印度到中国新疆的佛教艺术》，甘肃教育出版社，2002年，第193页。
③ 塔克拉玛干综考队考古组：《安迪尔遗址考察》，《新疆文物》1990年第4期，第32页。
④ ［英］斯坦因：《安得悦遗址》，胡锦洲译，《新疆文物》1990年第4期，第54—75页。
⑤ ［英］斯坦因：《古代和田》第2卷，第36页。

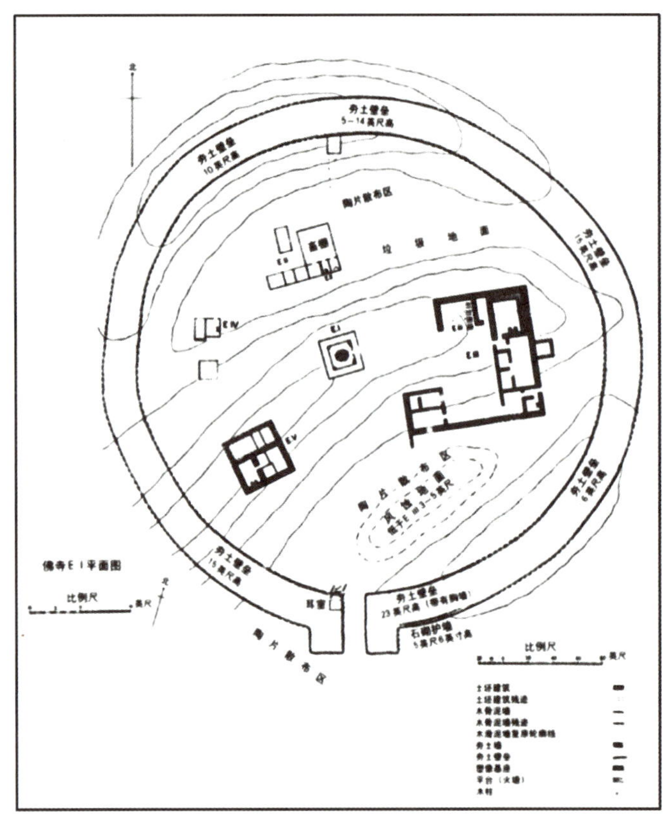

图 7　道孜勒克故城佛寺平面图

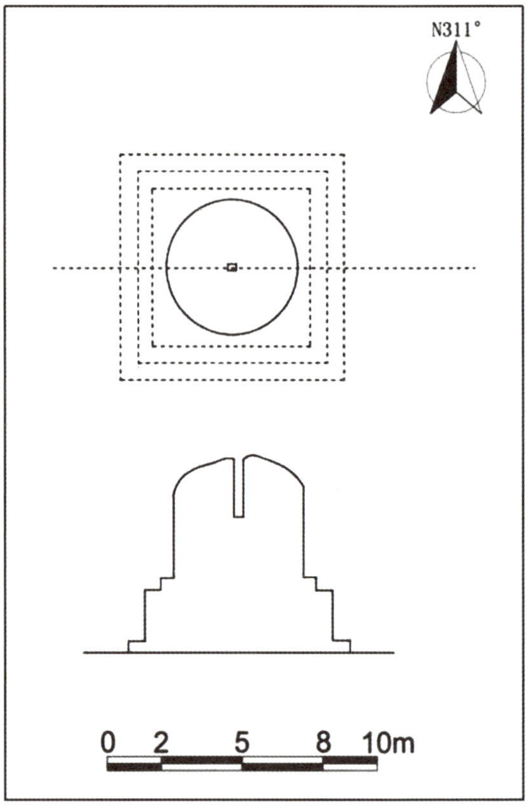

图 8　安迪尔 1 号佛塔平剖面图（改绘）

4 座覆钵式佛塔（图 8），零散分布于道孜勒克故城南部约 1 千米的荒漠之中，整体与道孜勒克故城佛寺呈散点分布状态（图 9）。由上述可以看出，道孜勒克故城佛寺的功能较为单一，而安迪尔佛塔群则是起到一定标志性功能，二者相互补充，形成功能分散的散点塔寺模式。

综上所述，古代于阗地区的佛教遗址中的塔寺模式，不仅反映出当时人们对于塔、寺建筑的规划理念，也反映出塔与寺的功能转变与分散。这三种塔寺模式基本上是按照年代早晚来进行划分，也说明随着时代的变迁，塔与寺的功能逐渐分离，并且以寺院为主的建筑遗址群逐渐替代以塔为中心的寺院模式，而地面佛寺中出现以台、殿建筑为寺院的中心建筑的格局。这种以塔为中心的佛教建筑布局形态也影响早期中原佛寺的形制布局，使其呈现出以塔为中心的塔院布局形态。

二　地面佛寺所呈现的台殿格局

台殿格局主要是针对地面佛寺遗址而言，在古代于阗地区地面佛寺的诸多建筑类型中，台、殿所构成的宗教礼仪性建筑尤为突出。台主要是指佛殿之中的像台，像台之上放置佛像，用以供奉朝拜。一般来说这类像台基本上都是位于佛殿之中，一同构成一类较为特殊的建筑群——回廊式佛殿建筑群。这类回廊式佛殿就整体形制布局来看，具有一种特有的台殿格局，这种格局不仅反映出佛殿的建筑布局，也体现出一种以台殿的供养礼拜功能为主的规划理念。针对目前考古发掘的于阗地区的地面佛寺遗址，

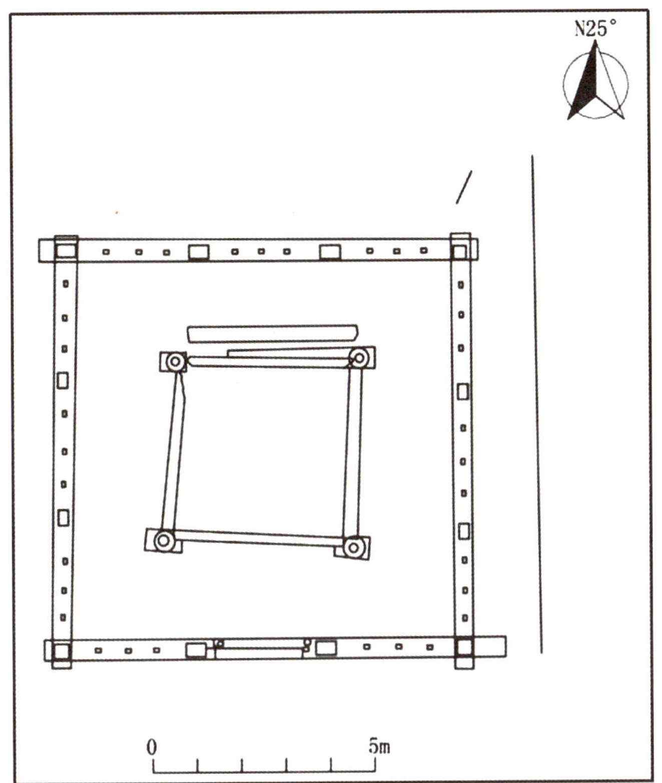

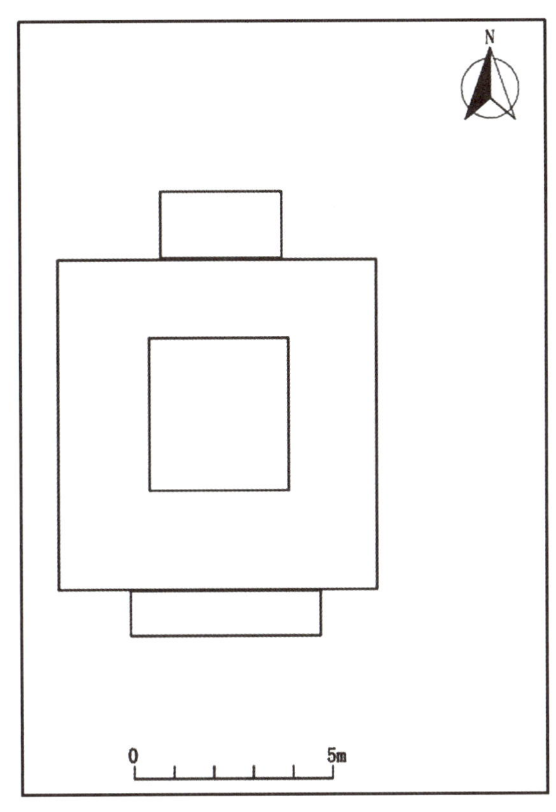

图 9　尼雅佛教遗址中的佛殿平面图
[左：93A35（N5）佛殿；右：97A5 佛殿]

结合佛殿内像台与附属性建筑的数量，将其分为单台殿格局与多台殿格局两大类型。

一是单台殿格局。这种格局形态主要是指地面佛寺中以单像台建筑为主的佛殿布局形态，而根据其像台的空间位置，又可细分为中心台式、侧台式以及中心台回廊式三种布局形态。第一种中心台式布局是指整个佛殿中部建有一个规模较大的中心像台，以此为中心进行供奉朝拜。这种布局形态的佛殿仅在尼雅佛教遗址中所见，如尼雅 93A35（N5）佛殿、尼雅 97A5 佛殿。这两座佛殿中部都有一座中心像台，不同的是尼雅 97A5 佛殿北部有一间附属侧室，但总体来看，这两处佛殿均是以中心像台为建筑中心构建而成（图 9）[①]。第二种侧台式布局是指像台位置位于佛殿一侧，紧贴墙壁。托普鲁克墩 1 号佛寺整个佛殿平面呈长方形，单个空间，木骨泥墙结构，其中像台紧贴北墙壁，并且像台上保留部分佛像（图 10）[②]。第三种中心台回廊式布局是整个佛殿以中心像台为中心构建，在像台外围建有回廊，整体平面形态近似“回”字形，一般回廊四壁都绘有壁画。丹丹乌里克佛寺遗址中就有发现数量较多这种布局

① 张铁男、王宗磊：《1996 年尼雅遗址 93A35 号遗址中 FA、FB、FC、FD 发掘简报》，《新疆文物》1998 年第 2 期，第 33—44页。
② 中国社会科学院考古研究所新疆队：《新疆和田地区策勒县达玛沟佛寺遗址发掘报告》，《考古学报》2007 年第 4 期，第 500 页。

的佛殿，如CD10号佛殿（斯坦因编号为D.II号）、CD14（斯坦因编号为D.XI号）、CD15（斯坦因编号为D.X号）、CD24（斯坦因编号为D.IV号），这些佛殿其布局形制基本一致，平面呈方形，其中部为一处中心像台，像台之上残存塑像，中心像台四周为回廊，回廊墙壁上绘制千佛、供养人等形象（图11）。①

二是多台殿格局。这种格局形态主要是指佛殿内部分布有多个像台，并且在佛殿外围有其他附属性建筑，构成一组以佛殿为中心的建筑群。根据其像台空间位置、佛殿建筑结构以及相关附属性建筑等，可具体分为中心回廊式、复合回廊式两种布局形态。第一种中心回廊式布局主要是指佛殿是由一个中心像台、多个侧边像台以及回廊组成，整体平面近似“回”字形。喀孜纳克佛寺中的回字形佛殿就是以中部中心像台为主，外筑回廊，四周回廊外侧壁前各保存有一个大型莲花像台（图12），②除此之外道孜勒克故城佛寺的回廊式佛殿也是如此，略有不同的是其中心像台为八边形，而其余小型像台位于回廊内墙四角（图13）。③第二种复合回廊式布局指的是佛殿中有一中心像台，而在像台之外尚存在一些尺寸较小的像台，其分布于中心像台四周，并且其外建有回廊，回廊

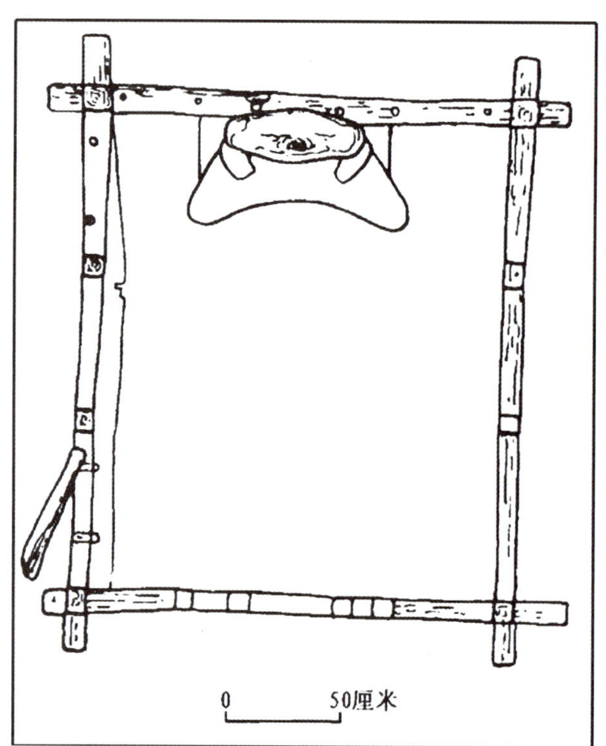

图10 托普鲁克墩1号佛寺平面图

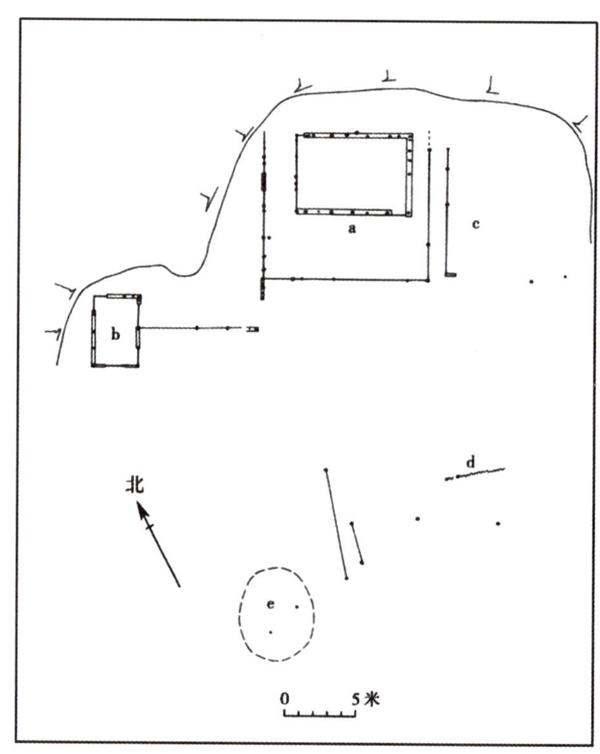

图11 丹丹乌里克CD24平面图

① 荣新江：《丹丹乌里克的考古发现与研究》，《丹丹乌里克遗址——中日共同考察研究报告》，文物出版社，2009年，第39页。
② 新疆维吾尔自治区文物局编：《新疆维吾尔自治区第三次文物普查成果集成：新疆佛教遗址（上册）》，第99页。
③ ［英］斯坦因：《古代和田》第2卷，第36页。

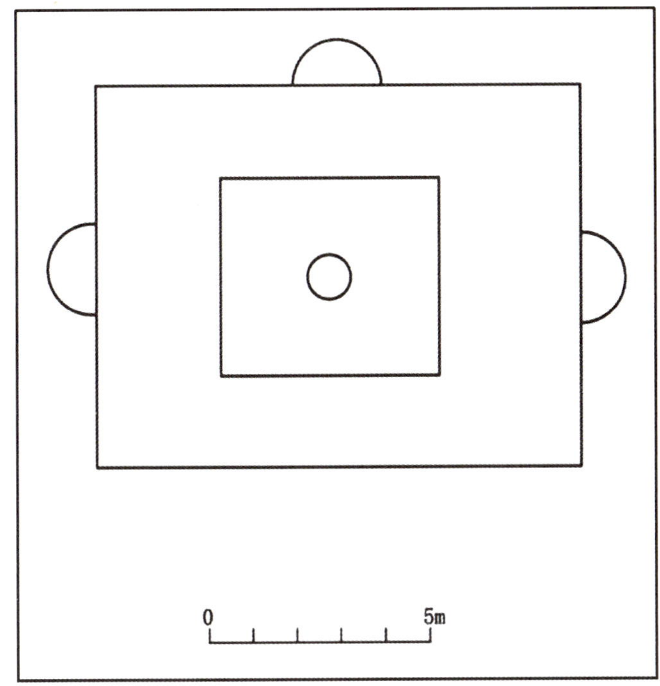

图 12　喀孜纳克佛寺回字形佛殿复原图

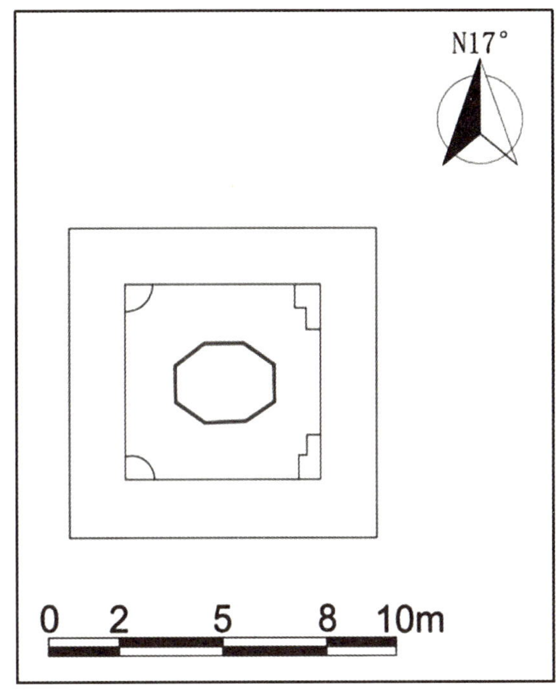

图 13　道孜勒克故城佛寺平面图（改绘）

内一般也设置有像台，整个佛殿外围也会连接多个功能不同的附属性建筑，如侧室、前堂、庭院等。这种布局形态以托普鲁克墩 2 号佛寺为代表，佛殿平面呈长方形，中心为方形台基，佛殿东部和北部各建有一个长方形侧室，前堂东部建有门厅，整个形成回廊式结构，佛殿、回廊以及前堂内都设置有小型像台（图 14）。①

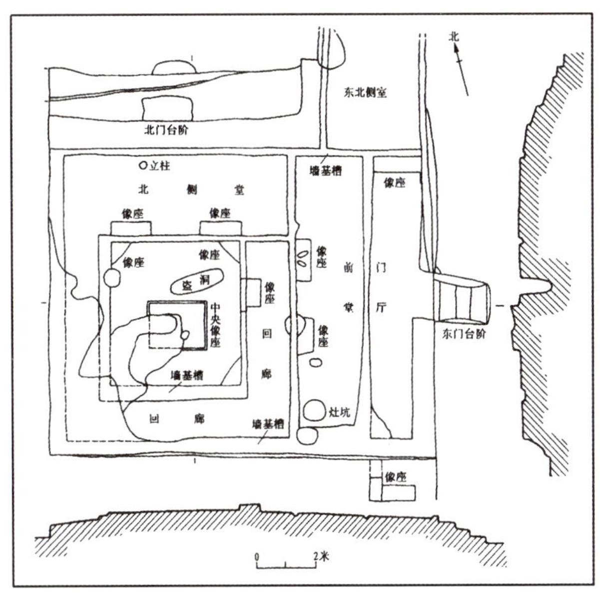

图 14　托普鲁克墩 2 号佛寺平、剖面图

由上述分析可以看出，古代于阗地区地面佛寺中的台殿格局反映出以佛像崇拜为中心的体系逐渐形成。不论是单台殿格局，还是多台殿格局，其本质都是以中心像台为核心的宗教礼仪体系的建立。地面佛寺的建筑设计者受早期佛教思想的影响，为了突出佛寺对于佛像的崇拜，于是在佛寺内修建多个佛殿，而这些佛殿在古代于阗佛教遗址形制布局的改变中起到重要作用。从早期以塔为中心的宗教礼仪体系，

① 中国社会科学院考古研究所新疆队：《新疆和田地区策勒县达玛沟佛寺遗址发掘报告》，《考古学报》，第 500 页。

转向以地面佛寺为中心的宗教礼仪体系，在地面佛寺宗教礼仪体系中佛殿起到关键性作用，其中台殿格局所体现的是本土文化与外来文化交流融合的结果。在整个佛教东传的过程中台殿格局也影响着中原佛寺的布局形态，使其从塔院布局向殿院布局转变。

三 形制布局所反映的文化系统

古代于阗地区佛教遗址中所见的塔寺模式与台殿格局，实际上反映出其不同的文化系统。于阗地区地处塔里木盆地南缘，是古代佛教东传中南线必经之路，也是早期佛教的流传地，其地理位置决定其受到中亚、南亚文化系统的影响。塔寺模式与台殿格局这两种佛教遗址的布局形态都受其影响，但在传入于阗地区时与当地文化系统相融合，产生具有于阗文化特色的佛教文化系统，这种文化系统区别于西域其他地区的佛教遗址布局形态。

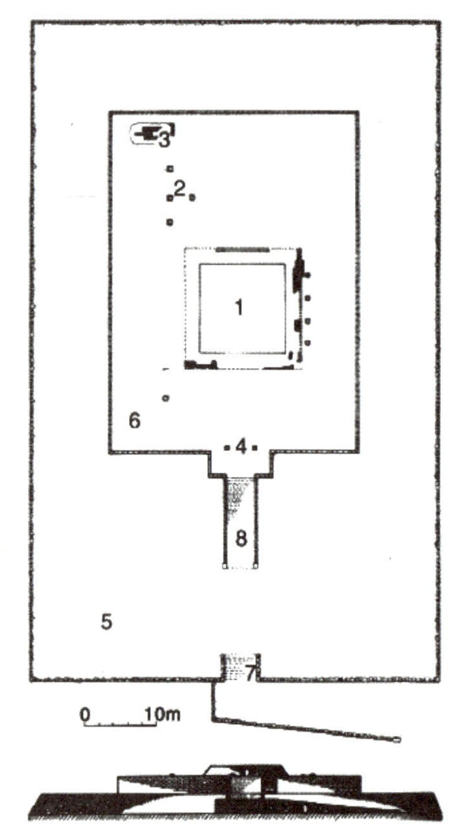

图 15 大同北魏方山思远佛寺遗址

总体来看，古代于阗地区佛教遗址的形制布局主要有三种文化系统的因素。一是南亚文化系统。这里主要受到印度文化因素的影响，出现许多佛塔建筑，并且多数佛教遗址都是以佛塔为中心，寺院围绕佛塔或者散布于佛塔附近，这种以佛塔为核心的建筑布局，在早期印度地区就已出现，是从石窟寺转向地面佛寺这种建筑形态而兴建，用以模仿中心柱石窟，逐渐演变为以佛塔为中心的塔院式布局形态。二是中亚文化系统。从中亚建筑特征来看，一般中心神殿外围会环绕一周回廊，这种属于贵霜时期伊朗祆教神庙的布局形态，在阿富汗地区就存在这种具有祆教文化的神殿。这类神庙的中间设有祭坛，外围再环绕回廊，这种形制布局与于阗地区的台殿格局具有一定的相似性，而于阗地区的地面佛寺的年代基本晚于贵霜时期，从一定程度上可以说是受其文化影响。三是西域本土文化系统，于阗地区位于整个塔里木盆地南缘，属于丝绸之路南线地段，在文化系统上基本承袭西域本土文化因素，虽保留有一些外来文化因素，但主体上还是以西域本土文化因素为主，在具体的布局形态上采用塔寺结合，台殿一体的布局，与中亚、南亚的宗教建筑有着本质区别，强调功能多样、区域划分。在此基础上，古代于阗地区的佛教遗址形成特有的于阗佛教建筑系统，以佛塔、地面佛寺为主，而少见北疆地区的石窟寺，并且地面佛寺以台殿格局的佛殿为特点，这也是其地理环境因素以及佛教派别而导致[①]。

在佛教东传的过程中，古代于阗地区的这种佛教建筑系统也传入到中原佛寺的建筑之中。中原地区早期的以塔为中心而兴建的佛寺，形成早期汉地佛寺的塔院布局，如大同北魏方山思远佛寺遗址就是在以中心大型佛塔的基础上，在其周围兴建寺院建筑（图 15）[②]。台殿格局所体现的殿院布局形态，在中原地区魏晋时期开始产生，出现“舍宅为寺”的高潮[③]，这便导致佛寺布局朝着殿院形态发展，直至隋唐时期佛塔的中心地位下降，这一时期与古代于阗地区佛塔地位衰落的时间基本一致，而以台殿格局为主导的殿院布局迅速发展，在唐代道宣《关中创立戒坛图经》附图（图 16）[④]所见的佛寺布局一样，佛寺主体建筑主要是殿院和连廊，而佛塔这类佛教建筑却不见。综上所述，古代于阗地区的佛教建筑系统在一定程度上影响中原佛寺布局形态，并朝着殿院形态发展。

结　语

古代于阗地区佛教遗址中所见的塔寺模式与台殿格局，都是于阗地区所特有的佛教建筑布局形态，这种布局形态在宏观上表现在以塔、寺的布局之上，从早期以塔为中心到后期以寺院为建筑主体，而在微观上是以地面佛寺逐渐代替佛塔这类建筑的过程，并且在地面佛寺中出现一种以台殿为主的形制布局，这种台殿格局逐渐发展为殿院式布局。不论是塔寺模式还是台殿格局其本身是外来文化与本土文化相互影响、相互融合的产物，最终形成于阗地区佛教建筑系统，而这种佛教建筑系统由佛教东传而影响到中原汉地佛寺的布局形态，二者都向着殿院式佛寺布局形态发展，也说明其二者在宗教建筑文化系统上存在一定交流，共同促进佛教建筑布局形态的发展。

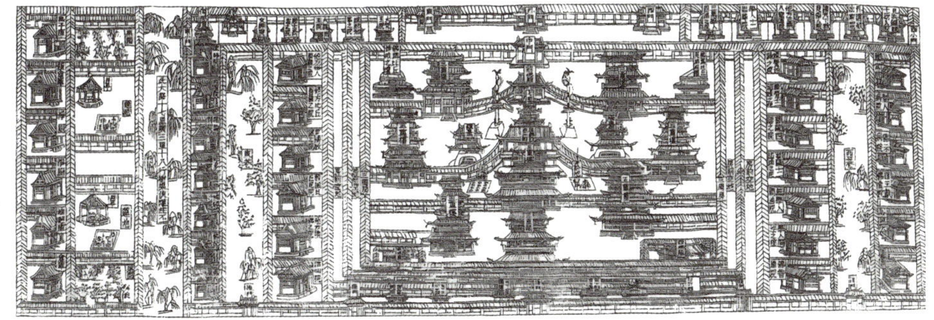

图 16 《关中创立戒坛图经》附图
（采自宿白：《试论唐代长安佛教寺院的等级问题》，氏著：《魏晋南北朝唐宋考古文稿辑丛》，生活·读书·新知三联书店，2020 年，第 338 页）

---

① 乌布里·买买提艾力：《清华大学国家遗产中心·博士文库文化线路系列——丝绸之路新疆段建筑研究》，科学出版社，2015 年，第 64 页。

② 大同市博物馆：《大同北魏方山思远佛寺遗址发掘报告》，《文物》2007 年第 4 期，第 4—26 页。

③ 赵娜冬、段智钧、吕学贞：《东汉至南北朝时期汉地佛寺布局论要》，《文物世界》2013 年第 3 期，第 11—16 页。

④ 宿白：《试论唐代长安佛教寺院的等级问题》，氏著：《魏晋南北朝唐宋考古文稿辑丛》，生活·读书·新知三联书店，2020 年，第 334 页。

附　录

古代于阗地区佛教遗址统计表

编号	遗址名称	地理位置	时代	建筑遗迹
1	郎如佛寺遗址	和田县西南23千米喀拉喀什河的库玛尔山	唐代	寺院
2	布盖乌依里克佛寺	和田县色格孜库勒乡欧尔奴什村东	公元4、5—9世纪	寺院（方形佛殿）
3	布特勒克佛寺	皮山县藏桂乡塔提让村委会驻地西北3.5千米	公元2—9世纪	寺院
4	杜瓦佛寺	皮山县杜瓦镇硝尔鲁克村委会东北1千米处克孜勒堆瓦绿洲东侧红砂岩	公元6—7世纪	方形佛塔、寺院
5	库木拉巴特佛寺	墨玉县扎瓦乡阔坎村西北约15千米	公元2—11世纪	寺院（长方形佛殿）
6	班勒库木佛寺	墨玉县雅瓦乡阿克切克力村南1千米		寺院
7	热瓦克佛寺	洛浦县城西北50千米的库拉坎斯曼沙漠	公元2—3世纪到唐代	佛塔（正方形大塔、方形小塔）、寺院
8	吉格迪力克佛寺	洛浦县杭桂乡其伯尔其艾日克村北2.5千米		佛塔、寺院
9	乌宗塔提佛寺	策勒县达玛沟乡玛力喀勒干村北部沙漠	公元5—8世纪或稍晚	十六边形佛塔、寺院
10	尕孜亚依昂佛塔	策勒县达玛沟乡曾旦库勒村北部沙漠，距离乌宗塔提佛寺遗址约5千米	公元8世纪	覆钵式十六边形佛塔
11	达玛沟托普鲁克墩佛寺	达玛沟乡政府东南约7千米的沙丘中间	公元6—8世纪	寺院（1号佛寺、2号佛寺、3号佛寺）
12	喀拉墩1号佛寺	和田市策勒县达玛沟乡七大队一小队范围内的荒漠沙丘中，距达玛沟乡政府所在地约10千米	公元7—10世纪	寺院

续表

编号	遗址名称	地理位置	时代	建筑遗迹
13	库树克阿斯特佛寺	策勒县达玛沟乡帕其坎特村（八大队）范围内的荒漠沙丘中		寺院
14	库克吉格代佛寺	策勒县达玛沟乡硝尔哈纳村范围内的荒漠沙丘中，遗址西北 1 千米		寺院
15	巴拉瓦斯特佛寺	策勒县达玛沟乡帕其坎特村（八大队）南距喀拉墩佛寺遗址 7 千米	公元 8 世纪	寺院
16	道孜勒克佛寺	策勒县达玛沟乡硝尔哈纳村（七大队一小队）范围内荒漠沙丘		寺院
17	喀拉喀得干佛寺	策勒县达玛沟乡南吐格曼村范围内荒漠沙丘		寺院
18	希房佛寺	策勒县恰哈乡克希村西南 2 千米	公元 7—9 世纪	寺院
19	丹丹乌里克佛寺遗址	策勒县达玛沟乡喀克夏勒克村北 90 千米的沙漠中遗址区	公元 4、5—8 世纪	寺院
20	喀孜纳克佛寺	于田县喀孜纳克开发区库克阿斯曼村南沙漠中、古河床南岸沙丘下	公元 4、5 世纪	佛塔、寺院（回廊式佛殿）
21	亚兰干佛寺	于田县拉依苏良种场拉依苏村南沙漠		寺院
22	喀拉墩佛寺	克里雅老河床东约 6 千米处遗址距离于田县，220 千米至 230 千米之间	公元 3—4 世纪	佛塔、寺院
23	尼雅佛教遗址	民丰县城 100 余千米的尼雅河下游尾闾地带的三角洲上	魏晋时期	佛塔、寺院
24	安迪尔佛塔	民丰县安迪尔牧场境内，安迪尔河东侧	西汉至魏晋时期	佛塔（1、2、3、4 号）
25	道孜勒克故城佛寺	道孜勒克故城西北距安迪尔 1 号佛塔 1.62 千米	唐代中期	寺院（回字形佛殿）
26	买利克阿瓦提佛寺	和田市吐沙拉乡买利克阿瓦提村南玉龙喀什河西岸台地上	公元 1—9 世纪	佛塔、寺院
27	胡杨墩佛寺	于田县附近沙漠中部，分布在达玛沟地理范围内		寺院（回廊式佛殿）

粟特人在于阗[*]

张　湛　著，买合木提江·卡地尔　译

（新疆社会科学院历史研究院）

1906年11月，英国考古学家奥莱尔·斯坦因（Aurel Stein）在和田市东部约350千米处的安得悦（Endere）遗址发现了一件木简（现在通常称为KI661）①。这是一件佉卢文骆驼买卖契约，时间为于阗国王Vijida Siṃha在位的第十年②，朱丽双认为这位于阗国王是《于阗国授记》中的尉迟僧诃（Vijaya Siṃha）③④，魏义天（De la Vaissière）将他的统治追溯至320年⑤。斯滕·科瑙（Sten Konow）意识到，骆驼收购者的诨名suliga，即意为"Sogdian"（粟特人）。约翰·布洛夫（John Brough）指出，这份契约的证人之一Nani-vadhagȧ，只不过是人名*Nnyβntk*的讹化⑥，这是很常见的粟特人名，他也是这份古信札Ⅱ的当事人。⑦换句话说，有两位粟特人

---

[*] 原文为英文，发表于The Silk Road 16（2018）：30-43。本文的翻译与发表获得原作者授权。

① 关于遗址的描述，参见Aurel Stein, Serindia: *Detailed Report of Explorations in Central Asia and Westernmost China.* Vols.5. Oxford: Clarendon Press, 1921,pp. 280-285。这件木简的描图重新发表于Aurel Stein, Serindia: *Detailed Report of Explorations in Central Asia and Westernmost China. vols.5*：Plate XXXVIII和Auguste M. Boyer, Edward J. Rapson, and Émile Senart: *Kharoṣṭhīī Inscriptions Discovered by Sir Aurel Stein in Chinese Turkestan Part II: Text of Inscriptions Discovered at the Niya, Endere and Loulan Sites, 1906-07*, Oxford: Clarendon Press, 1927：Plate XII。其翻译和述评，参见Peter S. Noble,*A Kharoṣṭhīī Inscription from Endere*, Bulletin of the School of Oriental and African Studies 6,No.2, 1931。斯蒂芬·鲍姆（Stephen Baum）重新转录并给出参考书目，对此参见：http://www.gandhari.org/a_document.phpff？catid=CKD0661。这件木简，以及斯坦因获取的其他大量佉卢文木简和材料，现收藏于印度新德里国家博物馆。当务之急是为这些材料做数字化系统。

② Sten Konow,*Note on Khotanī Saka and the Central Asian Prakrit,* Acta Orientalia,Vol.14,1936,p.234和Thomas Burrow, *A Translation of the Kharoṣṭhīī Documents from Chinese Turkestan*. London: Royal Asiatic Society, 1940,p. 137。这指的不是Avijida Siṃha，这被波伊尔（Boyer）、拉普森（Rapson）和塞纳德（Senart）（Auguste M. Boyer, Edward J. Rapson, and Émile Senart: *Kharoṣṭhīī Inscriptions Discovered by Sir Aurel Stein in Chinese Turkestan Part II: Text of Inscriptions Discovered at the Niya, Endere and Loulan Sites*, 1906-07, p.249）释读，并被诺布尔（Noble）接受（Peter S. Noble,*A Kharoṣṭhīī Inscription from Endere*, Bulletin of the School of Oriental and African Studies 6, No.2,1931,p.445）。

③ 朱丽双：《〈于阗国授记〉所载早期于阗王统研究》，孟宪实、朱玉麒：《探索西域文明——王炳华先生八十华诞祝寿论文集》，中西书局，2017年，第205—206页。

④ Ronald E. Emmerick. *Tibetan Texts concerning Khotan. London*: Oxford University Press, 1967.埃梅里克（Emmerick）为文本中出现的每一位于阗国王做了编号，以便参考。

⑤ Étienne de la Vaissière. *Silk, Buddhism and Early Khotanese Chronology: A Note on the Prophecy of the Li Country*, Bulletin of the Asia Institute,Vol. 24 ,2010,p.86.

⑥ John Brough, *Comments on Third-Century Shan-Shan and the History of Buddhism*, Bulletin of the School of Oriental and African Studies,Vol.28, no. 3,1965, p.594.

⑦ 这一名字大量出现在印度河上游铭文中。其内容，参见Pavel Lurje, *Personal Names in Sogdian Texts*, Vienna: Verlag der Österreichischen Akademie der Wissenschaften, 2010. pp.271-273。

牵扯到这份买卖中。另外，斯坦因(Stein）在楼兰第二、第三次考察期间发现了六件粟特语文书残片[①]。1994年，中国和日本联合考古团队在尼雅遗址又发掘出一件粟特语文书残片[②]。以上七篇文书字体与约313年撰写的古信札别无二致[③]，并且两者年代大致相近[④]。

在今和田地区发现了少量年代为7—9世纪的粟特语文书。大卫·N.马肯兹（David N. MacKenzie）提供了一件于阗粟特语木简[⑤]。尼古拉斯·辛姆斯－威廉姆斯（Nicholas Sims-Williams）公布了麻札塔格（Mazar-Tagh）城堡遗址（位于今和田北约180公里处）发现的七件粟特语文书残片[⑥]。吉田丰（Yutaka Yoshida）列出了四件于阗粟特语文书[⑦]：36号文书来自辛姆斯—威廉姆斯和汉密尔顿（Hamilton）1990年的文章[⑧]（有点误导性地被编为IOL Khot 158/5）[⑨]，一件来自特林克勒（Trinkler）的收藏，一件来自弗兰克（Francke）的收藏，还有一件粟特文印章被斯坦因发现。此外，编号为Or.11344/12r的文书在其右下角写有少量粟特文，与原有的于阗文重叠。据我所知，目前还未有人予以释读。

在过去20年中，有很多粟特语文书问世。毕波和辛姆斯—威廉姆斯公布了13件藏于中国人民大学博物馆的粟特语文书[⑩]，包括4件经济文书，1件信札，5件信札残片和3件小碎片。最近由中国国家博物馆从和田地区获得收藏的BH4-136是一纸碎片，中部盖有泥章，写有一行粟特文。段晴刊布了其图片以及吉田（Yoshida）根据早前图片的释读情况[⑪]。基于新

---

① 列于 Nicholas Sims-Williams and Bi Bo, *A Sogdian Fragment from Niya*, In: Huaiyu Chen and Xinjiang Rong, eds., *Great Journeys across the Pamir Mountains: A Festschrift in Honor of Zhang Guangda on his Eighth-fifth Birthday*, Leiden and Boston: Brill, 2018, p. 83, n.4 和 Nicholas Sims-Williams, The Sogdian Fragments of the British Library, Indo-Iranian Journal Vol.18, 1976, p.43, n.10。后一表格包含T.VI.c.ii.1，这是一份出土于敦煌附近一烽火台的粟特语文书，证实在这出土了古代信札。

② Nicholas Sims-Williams and Bi Bo, *A Sogdian Fragment from Niya*, In: Huaiyu Chen and Xinjiang Rong, eds., *Great Journeys across the Pamir Mountains: A Festschrift in Honor of Zhang Guangda on his Eighth-fifth Birthday*, Leiden and Boston: Brill, 2018, pp.83-104.

③ Walter B. Henning, *The Date of the Sogdian Ancient Letters*, Bulletin of the School of Oriental and African Studies 12, No. 3-4 ,1948, pp.614-615; Frantz Grenet, Nicholas Sims-Williams, and tienne de la Vaissière, *The Sogdian Ancient Letter V*, Bulletin of the Asia Institute 12 ,1998, pp.101-102。

④ 辛姆斯-威廉姆斯和毕波（Nicholas Sims-Williams and Bi Bo, *A Sogdian Fragment from Niya*, In: Huaiyu Chen and Xinjiang Rong, eds., *Great Journeys across the Pamir Mountains: A Festschrift in Honor of Zhang Guangda on his Eighth-fifth Birthday*, Leiden and Boston: Brill, 2018, pp.91-92）指出，尼雅遗址出土的该文书碎片的年代范围应为150—330年。

⑤ David N. MacKenzie, *The Buddhist Sogdian Texts of the British Library*. Leiden: Brill, 1976, p.ix。Or.8212/91 （M.T.75.D）。据吉田的阐释，这件木简出土于玛札-托格拉克（Mazar Toghrak），而不是玛札-塔格（Mazar Tagh）。

⑥ Nicholas Sims-Williams, *The Sogdian Fragments of the British Library*, Indo-Iranian Journal, Vol.18, 1976, pp.43-82.

⑦ Yutaka Yoshida, *Review of Saka Documents Text Volume III: the St. Petersburg Collections*, Bulletin of the School of Oriental and African Studies Vol.60, no. 3,1997, pp.568-569.

⑧ Nicholas Sims-Williams and James Hamilton, *Documents turco-sogdien du IXe-Xe siècle de Touenhouang*, London: School of Oriental and African Studies, 1990.

⑨ 吉田之后刊布了此份文书，是一份从于阗寄出的信札残片。

⑩ Bi Bo and Nicholas Sims-Williams, *Sogdian Documents from Khotan, I: Four Economic Documents*, Journal of the American Oriental Society, Vol.130, no. 4, 2010, pp.497-508; Bi Bo and Nicholas Sims-Williams, *Sogdian Documents from Khotan, II: Letters and Miscellaneous Fragments*. Journal of the American Oriental Society, Vol.135, no. 2, 2015, pp.261-282.

⑪ 段晴：《粟特商队到于阗——BH4-135之于阗文书的解读》，荣新江、罗丰：《粟特人在中国：考古发现与出土文献的新印证》，科学出版社，2016年，第96—115页。

公布的图片，吉田完善了其释文[①②]。我于 2013 年也公布了一小件粟特语文书碎片，这份文书碎片只存有四行共四个单词。

和田出土汉文文书中也包含有粟特人名。譬如，荣新江收集了 5 个这样的案例[③]。吉田亦收集了这些人名[④]并标出了粟特语转写[⑤]。他后来在于阗语—汉语双语文书中发现了又一粟特人名[⑥]。所有这些材料证实了粟特人在于阗的存在。然而，由于这些文书数量有限且比较零散，故未能提供有关粟特人在于阗活动的更多信息。因此，若欲了解更多相关细节，我们需要参考更多于阗语文书。

在于阗语中称粟特人为 sūlī，这后来成了“商人”一词的别称。该词在贝利(Bailey）收集的于阗语文书中共现 14 次[⑦]，在熊本裕（Kumamoto）收集的于阗语文书中共现 20 次[⑧]，这种情况在和田、敦煌于阗语文书中都存在。荣新江从中选取 12 件来自于阗的案例指出，于阗粟特人在一定程度上参与了当地税收系统[⑨⑩]。吉田举出现藏于俄罗斯的带有 sūlī 的另一文书案例[⑪⑫]，纠正其先前“商人”的译法为“粟特人”。虽然，这些例子本身未能提供太多的信息，但是，通过综合研究以上于阗语文书，我们可以深入考察粟特人在于阗社会中所扮演的角色。

从 19 世纪末至 20 世纪 30 年代，各国探险家在和田地区获得了大量古代手稿，这些手稿

① 吉田豊「コータンのユダヤ.ソグド商人?」 土肥義和.氣賀澤保規編『敦煌.吐魯番文書 の世界とその時代』查読あり東京：東洋文庫 2017/3: 285 。

② Yoshida Yutaka, *Kōtan no Yudaya-Sogudo shōnin?* ［Judaeo-Sogdian merchants in Khotan］,In: Dohi Yoshikazu and Kegasawa Yasunori eds, *Tonkō Turufan bunsho no sekai to sono jidai* ［Documents from Dunhuang and Turfan: their world and time］, Tokyo: Toyo Bunko, 2017, pp. 263-285. （t）βty βγy’n ［ZKn］ srtp’w ’kwt’kk（sartpaw əKūrakk 之子 Vaghyūn 盖印）。Sartpaw（汉文：萨宝）原意为“驼队队长”，后来延伸为粟特社区首领的头衔。吉田（Yoshida Yutaka, *Sogudogo zatsuroku* （*II*）, Oriento, Vol.31, 1988，pp.168-171）研究古代信札 V 中的收件人时，首次发现了其意思。

③ 荣新江：《西域粟特移民考》，载马大正、王嵘 、杨镰：《西域考察与研究》，新疆人民出版社，1994 年，第 161 页。

④ Yoshida Yutaka, *Review of Saka Documents Text Volume III: the St. Petersburg Collections*, Bulletin of the School of Oriental and African Studies, Vol.60, no. 3,1997, pp.567-569.

⑤ Hedin24 中出现“史环仆”一名（另类解读为：史怀□，参见荣新江、张广达：《圣彼得堡藏和田出土汉文文书考释》，《敦煌吐鲁番研究》第 6 卷，北京大学出版社，2002 年，第 240 页。）；安芬（粟特语：*prn）出现于 Or.6407 （Hoernle MS 3）；安达汉出现于 Дx.18925；康云汉（粟特语：*wnx’n）出现于 Or.8212/1557 （M.Tagh. 092）；罗勃帝芬（*pwtyprn）出现于 Or.8212/709 （M.Tagh. 0634）。

⑥ 汉语中的“失饭台”和于阗语中的“Śirvaṃdai”（对应于粟特语中的 Šyrβntk）一词，出现于 X15，其现在的编号为 BH1-15。而这人是 Suttīna 村（于阗语：Suttīnāṃña，汉语：速底囊村）的村民。然而，没有进一步证实，不应将 Suttīna 确认为粟特人。另一方面，*sūlī biṣa*（粟特村落）出现于 Or.12637/23（P. Oktor Skjærvø，*Khotanese Manuscripts from Chinese Turkestan in the British Library,A Complete Catalogue with Texts and Translation, with contribution by U. Sims-Williams. p*.132.）中，表明了一粟特社区的存在。吉田（2007:246）指出，这份文书出土于玛札-托格拉克。胡寔健［Guzgan,今阿富汗北境之希巴尔甘（Shibergan）南］出土年代为 693 年的巴克特里亚文书中，出现了 βονοσογολιγο ［bunsuglig］ （粟特聚落）一词，这引起了人们的注意。

⑦ Bailey, *Khotanese Texts VII*. Cambridge: Cambridge University Press, 1985, pp.76-77.

⑧ Hiroshi Kumamoto, *Hagauṣṭa. Sūlī*, Shitenōji kokusai bukkyō daigaku bungakubu kiyō Vol.17 ,1984,p.16,n.19.

⑨ 荣新江：《西域粟特移民考》，载马大正、王嵘、杨镰：《西域考察与研究》，新疆人民出版社，1994 年，第 159-161 页。

⑩ 出现此案例的文书有：Or.6394/2, IOL Khot 2/1 （D.iv.6.1）, Hedin 1, Hedin 19（两次）, Or.11252/2, Or.11252/36, Or.11252/38（两次）,Or.11344/4, Or.11344/16, Or.12637/23 （M.T. 0463）。

⑪ Yoshida Yutaka, *Review of Saka Documents Text Volume III: the St. Petersburg Collections*, Bulletin of the School of Oriental and African Studies, Vol.60, no. 3,1997,p. 568.

⑫ SI P 103.41，来源：Emmerick and Vorob’ëva-Desjatovskaja, Saka *Documents Text Volume III: The St. Petersburg Collections*. London: School of Oriental and African Studies, 1995, pp.152-53。

的语言和写本各有不同[①]。其中的于阗语世俗文书大致可分为三大类：赫定藏品[②]、俄罗斯藏品[③]、英国藏品[④]。吉田撰文综合研究了这些文书，并据其年代和出处，将这些文书另编为五组档案（0—4 号档案）[⑤]，从而为今后研究奠定了基础框架。

我在吉田研究的基础上，进一步完善了他的分组，即将它们精练成了三组档案。其中有一组文书包含来自达玛沟遗址（位于今和田市东约 100 公里处）的 84 件手稿。我将这 3 组文书根据其不同体裁另做了编号[⑥]。在此我用同样的方法处理第 2 组档案，这一组档案出土于丹丹乌里克遗址，位于今和田市东北约 120 公里处的沙漠。在此过程中，先前研究中被误解的一些单词得其正解，这提供了很多关键信息。

关于 jäd-/jista-（借债）

“jäd-”一词通常被译为“请求（to ask for）、要求（demand）”[⑦]，而这在先前研究中未与“pajäd-”［恳求（to beg）、请求（ask for）、要求（demand）］相区分[⑧]。基于我的分析，这一词应意为“借债（to borrow），借账（to take a loan）”。以下例子可证实此点：

SI P 103.22[⑨]

俄罗斯藏品中的这份文书是借贷契约的下半部分，其中三位男子和一位女子借了 thaunaka（小布料）[⑩]，承诺在秋天双倍偿还，并按下手印为证。债务偿清后，四个手印中的三个被划掉。这份文书中，相比于 *heḍä*，*jistä*（*jistā*）的用词 / 修辞更明确，其意为“他 / 她给予（gives），交付（delivers）”。因而在本文中，jäd-/jista- 可被译为“借债”。

---

① 这一时期和田发现的写本调查，参见 Ursula Sims-Williams，*Manuscript Collectors and Collections from the Southern Silk Road*，Annual Report of The International Research Institute for Advanced Buddhology at Soka University , Vol.21, 2018, pp. 273 - 289.关于大英图书馆藏于阗语写本的详细描述，参见 P. Oktor Skjærvø. *Khotanese Manuscripts from Chinese Turkestan in the British Library. A Complete Catalogue with Texts and Translation, with contribution by U. Sims-Williams*, xxxi-lxiv.

② Harold W. Bailey, *Khotanese Texts IV*, Cambridge: Cambridge University Press, 1961.

③ Ronald E. Emmerick and Margarita I.Vorob’ *ëva-Desjatovskaja*, *Saka Documents VII: The St. Petersburg Collections*,London: School of Oriental and African Studies, 1993;Ronald E. Emmerick and Margarita I.Vorob’ëva-Desjatovskaja, *Saka Documents Text Volume III: The St. Petersburg Collections*, London: School of Oriental and African Studies, 1995.

④ P. Oktor Skjærvø, *Khotanese Manuscripts from Chinese Turkestan in the British Library*. A Complete Catalogue with Texts and Translation, with contribution by U. Sims-Williams. London: British Library, 2002.

⑤ 档案的描述，参见 Yoshida Yutaka, *Kōtan shutsudo 8-9 sēki no kōtango sezoku monjo ni kansuru oboegaki*［Notes on the Khotanese documents of the 8th-9th centuries unearthed from Khotan］, Kobe: Kobe City University of Foreign Studies, 2006,pp.44-66。文欣（文欣：《于阗国官号考》，《敦煌吐鲁番研究》，2008 年第 11 期，第 122 页,表 1）列出了每一档案中的文书分组情况。沈琛［Shen Chen，Tubo tongzhi shiqi de yutian （Khotan under Tibetan rule）,MA thesis, Peking University, 2015,p.9，table1］辨别出吉田和文欣分组的不足之处，并给出了修改列表。

⑥ 档案 3 的完整重编，参见 Zhang Zhan, *Between China and Tibet: A Documentary History of Khotan in the Late Eighth and Early Ninth Century*,Ph.D. dissertation, Harvard University, 2016, pp.88-446.

⑦ Ronald E. Emmerick, *Saka Grammatical Studies*, London: Oxford University Press, 1968, p.34;Harold W. Bailey, *Dictionary of Khotan Saka*, Cambridge: Cambridge University Press, 1979, p.108.

⑧ Ronald E. Emmerick, Saka Grammatical Studies,pp.64-65;Harold W. Bailey, *Dictionary of Khotan Saka*, p.198.

⑨ Ronald E. Emmerick and Margarita I.Vorob’ ëva-Desjatovskaja, *Saka Documents Text Volume III: The St. Petersburg Collections*, p. 140.

⑩ 段晴（Duan Qing，*Were Textiles used as Money in Khotan in the Seventh and Eighth Centuries?* Journal of the Royal Asiatic Society, 3rd series, 23, No. 2,2013,p.311）指出，于阗语中的 thaunaka 应意为汉语中的“胡锦”，这说明丝绸锦缎在于阗当地生产。

原文转写[①]**：**

§ 1[1] [pā] tc [i] īrasaṃgä thaunakä jistä 2 paśä heḍä 4{īra | saṃä | haṃguṣṭä |}

§ 2[2]pātci karūsai thaunakä jistä śau paśä heḍä 2 karū | sai haṃ | gu | ṣṭi

§ 3[3]pātci upadattä thaunakä jistä 1 paśä heḍä 2 {u | pada | ttä haṃ || gu [ṣṭi |]}

§ 4[4]pātci khattīnai nāri thaunakä jistā śau paśi' heḍä 2{khattīna̱ | ña haṃ | gu | ṣṭi}

译文：

§ 1 下一个，Īrasaṃga 借了两（块）小布。到了秋天，他将给（= 偿还）四（块）。{Īrasaṃ—ga 的手印。}

§ 2 下一个，Karūsai 借了一（块）小布。到了秋天，他将给（= 偿还）两（块）。Karūsai 的手印。

§ 3 下一个，Upadatta 借了一（块）小布。到了秋天，他将给（= 偿还）两（块）。Upadat-ta 的手印。

§ 4 下一个，Khattīnai 的老婆借了一（块）小布。到了秋天，她将给（= 偿还）两（块）。Khattīnai 老婆的手印。

Or.6397/2[②]

英国收藏的这份文书也系借贷契约，其中涉及的七位男子各借了 125mūrās[③]，利率为 10%。它的左半部分轻微损毁，每一行的首几个笔画也有缺损。可幸的是，通过契约文书的重复研究及与其他文书的对比，其空白部分得以复原。这份契约文书中，*jistādä*（完成时，第三人称复数）常与 *pudä* 相搭配，施杰我（P. Oktor Skjærvø）详细讨论了该词组[④]，并将其翻译为“允诺（promised），承诺（committed one-self）”。段晴和李健强刊布了一份最新发现的于阗语—汉语双语文书[⑤]，其中认为 Pudä 应该相当于汉语中的“欠”。因此，**jad-/jista* 可被译为“借债”。

原文转写：

§ 1[1] [@ kṣāṃṇi x x bi] stamye salye kaji māśt ä dasamye haḍai

§ 2 ṣi' pāra-va2 [stū pīḍakä ttye] pracaina cu

§ 3 āna hvācai sai ttä mūri hāyi

§ 4 tti buru 3 [x x x] mūri jistādä

§ 5 || hatkaṃ mūri puḍä sa sparibistä

§ 6 || spāta sīḍa [4ki mūri] puḍä sa sparibistä

§ 7 || pheṃḍūkä mūri puḍä sa sparibistä

§ 8 || alttā 5 [sa spari] bistä

§ 9 || budarśaṃ' 100 20 5

§ 10 || mayadattä sa sparäbistä

---

① 本文中所有的原文转写，都被分成不同的段，转录时，写本中每一行的开始用上标的数字表示，这并没有反映在译文中。

② P. Oktor Skjærvø, *Khotanese Manuscripts from Chinese Turkestan in the British Library*, pp.9–10.

③ mūrās 为于阗语中的货币名称，相当于人民币元、美元、欧元和英镑等。

④ Ronald E. Emmerick and P. Oktor Skjærvø., *Studies in the Vocabulary of Khotanese III*. Vienna: Verlag der Österreichischen Akademie der Wissenschaften, 1997, pp.96–100.

⑤ 段晴、李健强：《钱与帛——中国人民大学博物馆藏三件于阗语—汉语双语文书解析》，《西域研究》2014 年第 1 期，第 30 页。

§ 11 ll rruhada6 [tt. sa sparäbistä]

§ 12 7 [khu x x x x x] -i ni hauḍä yanī ṣi' ttī ysaṃ8 [thä heḍi da] si mūri sa

§ 13 6a l lttāṃ haṃ l guṣṭi l 7phedū l kä haṃ l gu ṣṭi l 8hatkaṃ l haṃgu l ṣṭi l 9maya l dattä l haṃ l guṣṭi 10buda l rśaṃ haṃguṣṭi 11rruhadattä haṃguṣṭi 12jsajsa l Kä haṃ l gu l ṣṭi

译文:

§ 1 25（或 26?）年的 Kaja 月（二月）10 日

§ 2 这份借贷文书（成文的）原因是：

§ 3 hvācai 愿意送 mūrās（钱）。

§ 4 接下来被借的［jistādä］…mūrās。

§ 5 Hatkaṃ欠［*pudä*］125 mūrās。

§ 6 Spāta Sīḍaka 欠 125 mūrās。

§ 7 Pheṃdūka 欠 125 mūrās。

§ 8 Alttāṃ（欠）125（mūrās）。

§ 9 Budarṣaṃ'（欠）125（mūrās）。

§ 10 Mayadatta（欠）125（mūrās）。

§ 11 Rruhadatta（欠）125（mūrās）。

§ 12 如果有人［到月底?］还不给（=偿还）*mūrās*（钱），他将为每 100 *mūrās* 支付 10 *mūrās* 的利息。

§ 13 Alttāṃ的手印。Pheṃdūka 的手印。Hatkaṃ的手印。Mayadatta 的手印。Budarśaṃ的手印。Rruhadatta 的手印。Jsajsaka 的手印。

评述:

§ 1 最常用的年代格式是"salī"（年）一词后加数字，但 Or.6397/2 第 9 行出现了"*kṣā*［*ṃ*］*ṇi 20 mye salye*"（国王在位的第 20 年）的表达形式①。但暂未能确定 *bistamye* 之前的两位国王（*akṣaras*）。譬如，［*spari*］*bistamye*（第 25）或［*kṣera*］*bistamye*（第 26）分别对应

图 1 Hedin57r（另一编号为 1943.44.0027）（采自斯德哥尔摩人类学国家博物馆）

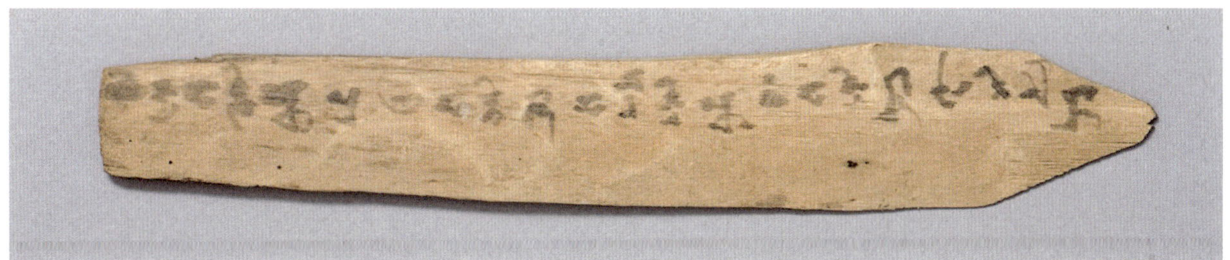

图 2 Hedin57v（另一编号为 1943.44.0027）（采自斯德哥尔摩人类学国家博物馆）

① P. OktorSkjærvø, *Khotanese Manuscripts from Chinese Turkestan in the British Library*, p.8.

790 或 791①。熊本裕已指出，这份文书的年代可能为第 25 年②。

§ 2 贝利（Bailey）将其与 Hedin4 中“ṣi' pūra-vast ū pīḍakä ttye pracaina”一句比较进行了复原。其复原结果与 § 6 空白处的长度相符。

§ 3 *hvācai* 表示头衔，可能来自汉语，这在 Hedin26③、SI P 103.7④、SI P 103.12⑤、IOL Khot 48/8⑥和 IOL Khot 53/1⑦中也有出现。

§ 6 通过将其与 § 4 比较复原发现，两者都包含“mūri puḍä sa sparibistä”一句。Sīḍaka 是档案 2 的主要人物⑧。这一复原确定了其残缺部分的长度，*akṣaras* 一词在 1–3 行、6–8 行出现六处，4–6 行出现三处，在复原残缺部分时须将这些考虑在内。

§ 8 施杰我的复原⑨与 § 6 里的残缺部分长度一致。

§ 11 通过与 § 10 中“*mayadattä sa sparäbistä*”一句的比较得以复原。

§ 12 通过与 SI P 103.49 ⑩中“*khu ṣa māśä jīyyi u vaśa' rapą̄ñä mūri ni hauḍi' yanī tī dasi mūri sa ysaṃthi heḍi*”［若本月结束时 Vaśa' rapāña 还不能偿还 *mūrās*（钱），他将为每一百 *mūrās* 支付十 *mūrās* 的利息］一句的比较得以复原，这是一份 Sīḍaka 与 Vaśa' rapāña 之间价值 2200*mūrās* 的借贷契约。“*Jīyyi*”（结束）（第三人称希求式）相当于 DB 2.62 中的“*jiyamna*-”（月末）⑪。据吉田的研究，Or.6397/2 中的利率为 10%（*dasi mūrisa*）⑫，而来自 Domoko A4 的 SI P 103.49 中的利率为 8%（*haṣṭi mūrisa*）。

§ 13 这里所提及的 *Sīḍaka*，正是 § 6 里的借方，并没有留下手印。*Jsajsaka* 在 § 5– § 11 的债务人中没有出现。Jsajsaka 是 Or.6396/2 中的次要人物⑬，作为国王第 19 年的纳税人出现。这或许是 Sīḍaka 的儿子。

其他关于 jäd-/jista-（借债）的案例

确定了 *jäd-/jista-* 的词义之后，我们也可参

① 张广达、荣新江：《八世纪下半叶至九世纪初的于阗》，《唐研究》1997 年第 3 期，第 353–354 页、表 3。

② Kumamoto, *The Khotanese Documents from the Khotan Area with an Appendix by Saito, Tatuya*, Memoirs of the Toyo Bunko, Vol.54, 1996, p.33.

③ Harold W. Bailey, *Khotanese Texts IV*, Cambridge: Cambridge University Press, 1961, p.140.

④ Ronald E. Emmerick and Margarita I. Vorob' ëva-Desjatovskaja, *Saka Documents Text Volume III: The St. Petersburg Collections*, pp. 137–138.

⑤ Ronald E. Emmerick and Margarita I. Vorob' ëva-Desjatovskaja, Saka *Documents Text Volume III: The St. Petersburg Collections*, pp. 139–140.

⑥ P. Oktor Skjærvø, *Khotanese Manuscripts from Chinese Turkestan in the British Library*, p.283.

⑦ P. Oktor Skjærvø, *Khotanese Manuscripts from Chinese Turkestan in the British Library*, p.291.

⑧ 张广达、荣新江：《八世纪下半叶至九世纪初的于阗》，《唐研究》1997 年第 3 期，第 350–351 页。

⑨ P. Oktor kjærvø, *Khotanese Manuscripts from Chinese Turkestan in the British Library*, p.10.

⑩ Ronald E. Emmerick and Margarita I. Vorob' ëva-Desjatovskaja, *Saka Documents Text Volume III: The St. Petersburg Collections*, pp156–157.

⑪ 参见 Roland Ken, *Old Persian: Grammar, Texts, Lexicon*. 2nd ed, New Haven: American Oriental Society, 1953,p.185。施杰我、文欣和我在 2013 年阅读文本时，并没有发现这点。

⑫ Yoshida Yutaka, *Kōtan shutsudo 8–9 sēki no kōtango sezoku monjo ni kansuru oboegaki*［Notes on the Khotanese documents of the 8th–9th centuries unearthed from Khotan］, Kobe: Kobe City University of Foreign Studies, 2006,pp.116–117.

⑬ P. Oktor Skjærvø, *Khotanese Manuscripts from Chinese Turkestan in the British Library*, p.8.

考以下案例：

IOL Khot Wood 1[①]第 3—5 行 *hamīḍa birgaṃ daraja auya pharṣṣa visaunana mųrä jistāṃdä 2000* “Birgaṃdara 的居民共同向 *pharṣa Visauna*借了 *2000 mūrās*。”

Or.6394/1[②]第 2—3 行 vañau va mara hārū säṃ made u hattäkaṃ mūri jistādä dasau-ysācya drai se “现 hārū Sāmade 和 Hattäkaṃ代表你借了 10300 mūrās”。[③]

Or.6394/2[④]第 3—4 行 *u aysū sūlyä* ［*jsa*］ *ysaṃthaḍä jisteṃ* “我代表你向粟特人借了带利息的债。”

Or.6401/3[⑤]第 a3 行 ［pu］ ñargaṃkapūysa-barai stūrä jisti “Puñargaṃ为种棉花借了一只驮畜。”

SI P 96.5 + 96.9[⑥]（被施杰我拼接）第 3 行：*u ttųṃnāṃ va ni jisteṃ* “我没有为他们借你的（钱）。”

SI P 99.8[⑦]第 2 行 *kūṣṭa burä hirä jisteṃ* “我在何处借了税。”关于 *hira*-意为“税”，而不是“东西”，请参见吉田丰的文章[⑧]。

SI P 103.3[⑨]第 1 行 *sīḍakä haryāsi hiryą̄na hau nva mūri ni jiste* “根据标黑的单词（?），*sīḍakä* 没有借 *mūrās*（债）。”

SI P 103.52[⑩]第 2 列第 6 行 *mūre 10 5 haskā ṣṭärä jiste* “*haskāṣṭärä* 借了 15*mūrās*。”

Domoko A4[⑪]第 3—4 行 *tti mųri ysaṃthaḍi pastāṃdi {śa} jiṣti haṣṭi mųri sa* “他们屈尊以 8%的利息借了 *mūrās*（债）。”

Hedin57[⑫]第 1—2 行 *spāta sudārrjā ha?dira prū vagevidina mūri jisti 20 2 ysā' ca sa {20} bisti* “Spāta Sudārrjāṃ在王廷向 Vagevida 借了 22120mūrās。”这里的 Vagevida 可能是粟特人名 *βγyβntk /vayivande/*的讹化[⑬]。

Hedin3r[⑭]第 5—6 行 *ysaṃthaḍi pastāśdi jiś* ［*t*］ *i* ［*20*］ *2 ysā'* ［*ca sa*］ *bisti* ［*haṣṭi mūri*］ *sa* “他们屈尊以 8%的利息借了 22120（*mūrās*）。”通过与之前 Domoko A4 第 3—4 行、Hedin57 第 1—2 行的案例比较而完善。

---

① P. Oktor Skjærvø, *Khotanese Manuscripts from Chinese Turkestan in the British Library*, pp.557-559.

② P. Oktor Skjærvø, *Khotanese Manuscripts from Chinese Turkestan in the British Library*, p.5.

③ 吉田（Yoshida Yutaka, *Kōtan shutsudo 8-9 sēki no kōtango sezoku monjo ni kansuru oboegaki*, p.132）已指出，这份文书涉及借贷。

④ P. Oktor Skjærvø, *Khotanese Manuscripts from Chinese Turkestan in the British Library*, pp.5-6.

⑤ P. Oktor Skjærvø, *Khotanese Manuscripts from Chinese Turkestan in the British Library*, p.20.

⑥ Ronald E. Emmerick and Margarita I. Vorob' ëva-Desjatovskaja, Saka Documents Text Volume III: The St. Petersburg Collections, pp. 110-111.

⑦ Ronald E. Emmerick and Margarita I. Vorob' ëva-Desjatovskaja, *Saka Documents Text Volume III: The St. Petersburg Collections*, p.121.

⑧ Yoshida Yutaka, *On the Taxation System of Pre-Islamic Khotan*, Acta Asiatica ,Vol.94,2008, pp.103-105.

⑨ Ronald E. Emmerick and Margarita I. Vorob' ëva-Desjatovskaja, *Saka Documents Text Volume III: The St. Petersburg Collections*, p.135.

⑩ Ronald E. Emmerick and Margarita I. Vorob' ëva-Desjatovskaja, *Saka Documents Text Volume III: The St. Petersburg Collections*, p. 158;Ronald E. Emmerick, *A Khotanese Monastic Account Book*, In: Ronald. E. Emmerick, Werner Sundermann, Ingrid Warnke, and Peter Zieme, eds., *Turfan, Khotan und Dunhuang: Vorträge der Tagung "Annemarie v. Gabain und die Turfanforschung"*, veranstaltet von der Berlin-Brandenburgischen Akademie der Wissenschaften in Berlin （9.-12.12. 1994）, Berlin: Akademie Verlag, 1996, p.57.

⑪ P. Oktor Skjærvø, *Khotanese Manuscripts from Chinese Turkestan in the British Library*, pp.581-582.

⑫ Harold W. Bailey, *Khotanese Texts IV*, p.47.

⑬ 参见 Pavel Lurje, *Personal Names in Sogdian Texts*, Vienna: Verlag der österreichischen Akademie der Wissenschaften, 2010, p.140.

⑭ Harold W. Bailey, *Khotanese Texts IV*, p.22.

Hedin3r[①]第 17 行 *tti mūri vagevedina jisteṃ* "我向 Vageveda 借了 *mūrās*（债）"。

关于 jirma/järma（借来的，欠钱）

此外，由 *jäd-/jista-*可引申出 *jirma/järma* 的词义为"借来的，欠钱"，而不是贝利所认为的"逾期的〔excellent〕，未支付的〔outstanding〕"[②]。德杰尼勒（Degener）[③]注意到了该词及其词缀，该词两个元音之间的 -d- 字母脱落，就如由第三人称复数单词 *pajäd-*（请求〔to request〕，要求〔demand〕）演变的 *pajūṃdä* 一词[④]。

以下为出现 jirma/järma 的短文：

SI P 94.22[⑤]第 3 行 *ysaṃthaḍi jirmä himye. Vaña sūlī*⋯"它是连本带息借来的。现在粟特人⋯⋯）。"

SI P 96.5 + 96.9[⑥]（由施杰我拼凑）第 3 行 *gvaṣceṃ jirmyau mū*［*ryau*］"我用借来的 mūrās 付款。"

SI P 103.7[⑦]第 6 行 *vaña buri hiri ṣi' ṣṭi ci jirma himye khu* "至今的税收都是通过借债付的，当⋯⋯"

SI P 103.30[⑧]第 6 行和 SI P 103.36[⑨]第 10 行（由施杰我拼凑，我完善了其释读）*ttäña vavera bise mūri himya jirma phą̄ nāji yadūysi va* "在这 *vavera* 内，*mūrās*（钱）是 *yadūysa* 向 *phą̄ nā* 借来的。"

SI P 103.40[⑩]第 4 行*ṣe hiri biśi mara jirmi ṣṭi* "这里所有的税都是借来的。"

SI P 103.41[⑪]第 3 行 *u ṣi' hiri biśä sūlyä jsa jirmä himye* "所有的税都是向粟特人借来的。"

Or.11344/5[⑫]第 3 行 *u tcahauraṃ ma järma himya* "并且，它们中的四个是借来的。"

Hedin 60[⑬]第 b1-2 行 *j*［*i*］*rmä himye dvī ysārä muri* "*2000mūrās* 是被借来的。"

借贷文书中的粟特人

这些借贷文书中，至少有三份（Or. 6394/2，SI P 94.22，SI P 103.41）明确涉及粟特人，详见下文：

① Harold W. Bailey, *Khotanese Texts IV*, p.22.

② Dictionary of Khotan Saka. Cambridge:Cambridge University Press, 1979，p.109.

③ Almuth Degener. Khotanische Suffixe. Stuttgart:Franz Steiner Verlag, 1989，p.296.

④ 参见 Saka Grammatical Studies. London: OxΘford University Press, 1968，p.64.

⑤ Ronald E. Emmerick and Margarita I. Vorob' ëva-Desjatovskaja, *Saka Documents Text Volume III: The St. Petersburg Collections*, pp. 103-104.

⑥ Ronald E. Emmerick and Margarita I. Vorob' ëva-Desjatovskaja, *Saka Documents Text Volume III: The St. Petersburg Collections*, pp, 110-111.

⑦ Ronald E. Emmerick and Margarita I. Vorob' ëva-Desjatovskaja, *Saka Documents Text Volume III: The St. Petersburg Collections*, pp. 137-138.

⑧ Ronald E. Emmerick and Margarita I. Vorob' ëva-Desjatovskaja, *Saka Documents Text Volume III: The St. Petersburg Collections*, p. 147.

⑨ Ronald E. Emmerick and Margarita I. Vorob' ëva-Desjatovskaja, *Saka Documents Text Volume III: The St. Petersburg Collections*, p. 150.

⑩ Ronald E. Emmerick and Margarita I. Vorob' ëva-Desjatovskaja, *Saka Documents Text Volume III: The St. Petersburg Collections*, p. 152.

⑪ Ronald E. Emmerick and Margarita I. Vorob' ëva-Desjatovskaja, *Saka Documents Text Volume III: The St. Petersburg Collections*, pp. 152-153.

⑫ P. Oktor Skjærvø, *Khotanese Manuscripts from Chinese Turkestan in the British Library*, pp.109-110.

⑬ Harold W. Bailey, *Khotanese Texts IV*, p.47.

Or.6394/2[1]（释读有所完善）

这份来自大英图书馆霍恩勒搜集品的文书，是于阗语文书中收集到最早的。这份文书是乡镇行政长官Ṣṣanīraka 下达给其下属 Sīḍaka 的公文，要求后者五天内征齐 9370*mūrā* 的丁税和购买冬装布料的钱。因此，粟特人过来向 spāta Ṣṣanīraka 讨要他的代表 Sīḍaka 所借的债。

原文转写：

§ 1［@］ spāta ṣṣanīrakä tta parī gayseta auva–haṃdastä sīḍa2［ki va］ra

§ 2 tvī tta kamalaji mūri ṣṭārä ［x］ vārä u ysumą̄ña–vrrahaunajūṃ thaunūṃ 3［h］īye

§ 3 u tti mūri kaji māśtä haṃdara prū ṣṭāṃ pajistāṃdi

§ 4 u aysū sūlyä 4［jsa］ ysaṃthaḍä jisteṃ

§ 5 vaña ma sūlī ā

§ 6 khu parau pva’ tti mūri 9000 300 70 haṃ5［tsa］ ysaṃthina mara ājuma

§ 7 sūlīāṃ ttā ni jsāte

§ 8 khu paṃjvā haḍvā tti mūrä 6［ma］ra ni ājume

§ 9 pa’ js–e phau’ va hvera himārä

§ 10 haṃdyaji 6 mye haḍai ttā parau 7tsue Signum–Ṣṣanīraka

译文：

§ 1 于是，*Spāta* Ṣṣanīraka 命令 Sīḍaka（在 Gaysāta 的 *auva–haṃdasta*）说：

§ 2 你欠着丁税钱（*mūrās*）以及做冬装的布料。

§ 3 王廷的人在 Kaja 月（二月）要求还 *mūrās*（钱）。

§ 4 而我为你向粟特人贷了带利息的款。

§ 5 现在粟特人来这里（讨债）。

§ 6 当你听到命令，带 9370 *mūrās* 及其利息过来。

§ 7 粟特人不会去你那里。

§ 8 若你在五天内不能带这些 *mūrās*（钱）来这里。

§ 9 你将吃（= 遭受）严厉的惩罚。

§ 10 Haṃdyaja 月（五月）6 日，命令下达给了你。Signum–Ṣṣanīraka

评述：

§ 1 auva–haṃdasta：表示乡镇（于阗语：au；汉语：乡）官吏的头衔名，*spāta* 一词大概表示的是汉语里的“乡头”[2]。Sīḍaka 于尉迟曜（Viśa Vāham）在位的第 15 年（781）2—8 月间成了 auva–haṃdasta（SI P 94.1），而于第 18 年（784）的 10 月（SI P 103.38）至第 19 年（785）的 8 月间晋升为 spāta[3]。换言之，此命令书于 781—785 年间。

---

① P. Oktor Skjærvø, *Khotanese Manuscripts from Chinese Turkestan in the British Library*, pp.5–6.

② 文欣：《于阗国官号考》，《敦煌吐鲁番研究》2008 年第 11 期，第 138–139 页。

③ Kumamoto, *The Khotanese Documents from the Khotan Area with an Appendix by Saito, Tatuya*, Memoirs of the Toyo Bunko, Vol. 54,1996,p.33；张广达、荣新江：《八世纪下半叶至九世纪初的于阗》，《唐研究》1997 年第 3 期，第 351 页，表 2。

§2 ysumą̄ña-vrrahaunajāṃ thaunāṃ：冬装的布料。于阗人被要求为驻扎于此的将士们提供绸布、麻布和冬天穿的羊皮衣以及夏装①。在丢失的一份于阗语 2 号残片（Godfrey2）②中，在 Gaysūta 的纳税减半的人被要求为 9.2 尺的冬装麻布支付 616 *mūrās*，每尺价格为 70 *mūrās*③，为 8.6 尺夏装麻布支付 516 *mūrās*，每尺价格为 60 *mūrās*，为 1.5 尺夏装绸布支付 225 *mūrās*，每尺价格为 50 *mūrās*，以及为夏装支付 170 *mūrās*。

§3 haṃdara prū:王廷，于阗国王的住处④。

§6 9370：施杰我误读为 1370⑤。在 Or. 6396/2 中，Sīḍaka 和所有镇民同意支付 10005 mūrās，41 名纳全税者各付 213 *mūrās*，12名纳税减半的未成年人和老人各付 106 *mūrās*⑥。

§10 Signum-Ṣṣanīraka：这是Ṣṣanīraka 的署名。虽然第一眼看上去像是具有汉文特征，但其实是由他名字前面的“akṣaras”一词叠加而成⑦。

SI P 103.41⑧（其释读有所完善）

俄罗斯收藏的这份文书是 Spāta Ṣṣanīraka 向 Sīḍaka 等收税人下达的命令书，要求后者兑现应付税款，这些税款是之前向粟特人借来的。由于这一命令发布于 2 月 6 日，因此粟特人必须于前一年的 12 月初提供借贷。这样的时序让我们想起 Hedin 16⑨，这份文书来自档案 3，篇幅较大，由 14 份汉语—于阗语双语纳税单组成，这些纳税单于尉迟曜 Viśa Vāham 在位的第 35 年（801）11 月 25 日至 12 月 9 日间写成。

原文转写：

§ 1[1]@ spāta ṣṣanīrakä tta parī gayseta sīḍakä va2ra u mūrahaṃgūṃ vara

§2 umānī tta pa’sīñä pharākä va vāri hi3ri ṣ̄ti

§3 u ṣi’ hiri biśä sūlyä jsa jirmä himye

§4 vaña ma dvī māśti 4himye khu ma sūlya āta

§5 hiri vā ［n］ i ha ［ṃ］ jsaudai

§6 khu tta parau hīśti 5ttinī mara hīsa

§7 maunai jsūṃ vā cukvakä ttinī puṣa hajsęma

§8 kaj ［i］ 6māśti kṣęmye haḍai ttā parau tsve mūśājsä Signum-Ṣṣanīraka

① 参见荣新江、张广达：《圣彼得堡藏和田出土汉文文书考释》，《敦煌吐鲁番研究》第 6 卷，北京大学出版社，2002 年，第 229 页；Yoshida Yutaka, *Kōtan shutsudo 8-9 sēki no kōtango sezoku monjo ni kansuru oboegaki* ［Notes on the Khotanese documents of the 8th-9th centuries unearthed from Khotan］, p108.

② P. Oktor Skjærvø, *Khotanese Manuscripts from Chinese Turkestan in the British Library*, p.577.

③ 9.2×70=644 这一计算是错误的。在后面的整个还款额中，抄写者误抄了 516 的后两位数。

④ 参见文欣：《新疆博物馆藏木板于阗语粮食支出账考释》，《西域文史》2014 年第 9 期，第 94 页。

⑤ P. Oktor Skjærvø, *Khotanese Manuscripts from Chinese Turkestan in the British Library*, p.5.

⑥ 关于 *hālaa*-（纳税减半的人），请参见 Ronald E. Emmerick and Margarita I. Vorob’ëva-Desjatovskaja, Saka Documents Text Volume III: The St. Petersburg Collections, pp.171-173.

⑦ 对此，于阗语文书中的更多深入探讨及其他特征，请参见 P. Oktor Skjærvø, *The End of Eighth-Century Khotan in Its Texts*, Journal of Inner Asian Art and Archaeology, Vol.3,2009, pp.131-134;*Yoshida Yutaka, Kōtan shutsudo 8-9 sēki no kōtango sezoku monjo ni kansuru oboegaki* ［Notes on the Khotanese documents of the 8th-9th centuries unearthed from Khotan］, pp.31-33.

⑧ Ronald E. Emmerick and Margarita I. Vorob’ëva-Desjatovskaja, *Saka Documents Text Volume III: The St. Petersburg Collections*, pp. 152-153.

⑨ Harold W. Bailey, *Khotanese Texts IV*, pp.31-33, pp.106-108, pp.173-178.

译文：

§ 1 于是 Spāta Ṣṣanīrak 命令在 Gaysāta 的 Sīḍaka 等收税人：

§2 你那有大额 pa’ sīña 税欠着。

图 3 俄罗斯藏三份文书拼接图，包括 SI P 96.1（右下）、SI P 103.36（左下）、SI P 103.36（上部）[①]

§ 3 所有的税都是向粟特人借来的。

§ 4 粟特人来这讨债已经两个月了。

§ 5 你没有征收任何税款。

§ 6 当命令到达，你立刻过来。

§ 7 并立刻送我们的伙计来这。

§ 8 命令将于 Kaji 月（2 月）6 日送达于你。Mūśājsa. Signum–Ṣṣanīraka。

评述：

§ 1 mūrahaṃgūṃ：收税人（复数）[②]。

§ 1 pa’ sīña：词义不明。埃梅里克和魏义天[③]将该词看作是 pasa-（羊）的派生词，意为"与羊有关的"，但正如他们指出，pasīña- 是没有下标钩的。虽然看起来与原文不太符，但贝利将其释读为"pa’sa- 信使的"，这更具说服力。接下来参考出现该词的另外两个场合。其一，出土于玛札塔格的 IOL Khot 41/1 号信札[④]第 4–5 行：*ci tta aśnesalā̄ ña pa’sīña drā̄ ma ṣṭāri yā ṃkūṃ x x hauryari khu na hvā’re*，此句可译为：当然，Aśnesala 的大多数 *pa’sīña* 都传送了……以至于他们不会干枯。我认为此句中的 drā̄ ma 应为 ttrāma（多数）一词的变体。施杰我[⑤]将其译为"石榴"，而贝利[⑥]译为"传令兵"。其二，

① 采自 Ronald E. Emmerick and Margarita I, *Vorob’ ëva–Desjatovskaja. Saka Documents VII: The St. Petersburg Collections*, London: School of Oriental and African Studies, 1993,SI P 96.1（右下 plate 85a）、SI P 103.36（左下，plate 117a）、SI P 103.36（上部，plate 119b），施杰我拼接了 SI P 103.30 and SI P 103.36,而三者则由我拼接。

② 参见 Ronald E. Emmerick, Khotanese mūrahaṃga and other haṃgas, In: L’ istituto Italiano per il Medio ed Estremo Oriente, ed., Persia e l’ Asia centrale da Alessandro al X secolo, in collaborazione con l’ Instituto Italiano per il Medio ed Estremo Oriente, （Roma, 9–12 Novembre 1994），Rome. Accademia Nazionale dei Lincei, 1996, pp. 113–121.

③ Étienne de la Vaissière. *Silk, Buddhism and Early Khotanese Chronology: A Note on the Prophecy of the Li Country*, Bulletin of the Asia Institute,Vol. 24 ,2010,p.153.

④ P. Oktor Skjærvø, *Khotanese Manuscripts from Chinese Turkestan in the British Library*, pp.270–271.

⑤ P. Oktor Skjærvø, *Khotanese Manuscripts from Chinese Turkestan in the British Library*, p.271.

⑥ Harold W. Bailey, *Dictionary of Khotan Saka*, p.167.

IOL Khot W 33r[①]（第 1–2 行），这是一份征收木材的命令书，原文为：*pa'sīñä ganaṃ x x x ñausaṃ kūsa*。此句可译为：*pa'sīñä* 小麦……kūsa（一种称量法）。其中 *ganaṃ* 的释读是我们（施杰我、文欣和我）完善的。所有三种情况中，*pa' sīñä* 似乎与征税都有某种关联。

§ 7 maunai：mūnaa-（我们的）一词也出现在 Or.11252/6v 中[②]（施杰我的释读有些不同）。*au* ~ *ā* 相互替换，是敦煌于阗语文本中很常见的现象，也出现在今和田出土的于阗语文本中。另外，Hedin 21[③] 中的 *ttāguttau* 一词与 Or. 11252/12r[④]（解释有所不同）中的 *ttāguttā* 一词相对。

§ 7 cukvakä：伙计[⑤]，这指的是哪位伙计，而 Spāta Ṣṣanīrak 为什么需要他，完全不清楚。Or.6393/1[⑥] 也提到了一位被 *Spāta* 招募的伙计。我想这位伙计是不是这次借贷的抵押担保？[⑦]

§ 8 mūśājsä：人名，这在 SI P 94.9[⑧] 和 SI P 103.36 文书[⑨] 中也有出现。然而，它在这里的用意不甚清楚。与此同时，SI P 96.1 和 SI P 103.30+ SI P 103.36 可以拼凑为完整的一份文书。

SI P 94.22[⑩] 释读有所完善，并略有复原。

俄罗斯收藏的这份文书是一份命令书的碎片。像之前的两则命令书，这份也涉及向粟特人借利息贷款一事。由于二者相似，其残缺部分可被复原。书写于 5 月，且与未偿布料有关，因此这可能与 Or.6394/2 有关联。

原文转写：

§1[1]［@ spāta ṣṣanīrakä tta］ parī gayseta au-vahaṃ［dastä sīḍakä vara］

§2［... vi］2rāṣṭa tsūtūṃ na thaunaka ya

§3 u kṣisayi ［...］

§4 ［u ṣi' hiri biśä sūlyä jsa］ 3ysaṃthaḍi jirmä himye

§5 vaña sūlī ［ā ...］

§6 ［khu parau pva' tti mūri ... haṃ］ 4tsa ysaṃthäna ttinī hajsema

§7 haṃdya［ji x mye haḍai ttū parau tsue Signum-Ṣṣanīraka］

① P. Oktor Skjærvø, *Khotanese Manuscripts from Chinese Turkestan in the British Library*, p.568.

② P. Oktor Skjærvø, *Khotanese Manuscripts from Chinese Turkestan in the British Library*, p.89.

③ Harold W. Bailey. *Khotanese Texts IV*, p.126.

④ P. Oktor Skjærvø, *Khotanese Manuscripts from Chinese Turkestan in the British Library*, pp.92–93.

⑤ 参见 Ronald E. Emmerick and P. Oktor Skjærvø, *Studies in the Vocabulary of Khotanese III*, pp.53–55.

⑥ P. Oktor Skjærvø, *Khotanese Manuscripts from Chinese Turkestan in the British Library*, p.4.

⑦ 于阗语契约文书中有关抵押物的更多案例，请参见 Duan Qing, *Pledge, Collateral and Loan in Ancient Khotan*, Eurasian Studies II, 2014, pp.249–268.

⑧ Ronald E. Emmerick and Margarita I. Vorob' ëva–Desjatovskaja, *Saka Documents Text Volume III: The St. Petersburg Collections*, p.99. 被误读为 mū 20 x.

⑨ Ronald E. Emmerick and Margarita I. Vorob' ëva–Desjatovskaja, *Saka Documents Text Volume III: The St. Petersburg Collections*, p. 150.

⑩ Ronald E. Emmerick and Margarita I. Vorob' ëva–Desjatovskaja, *Saka Documents Text Volume III: The St. Petersburg Collections*, pp. 103–104.

译文：

§ 1 ［于是 *Spāta* Ṣṣanīraka 命令 Sīḍaka,］在 Gaysūta 的 auvahaṃdasta

§2 这里没有为［王廷?］准备的富人用的小布

§ 3 （每尺）六百 *mūrās*

§ 4 ［所有的税款］都连本带息地借［于粟特人］

§ 5 现在粟特人［来了］

§ 6 ［当你听到命令时,］立刻送来附带利息的［...*mūrās*］

§ 7 Haṃdyaja 月（5 月）［x 日］，［命令将送达于你。Signum-Ṣṣanīraka。］

述评：

§ 1 根据 Or.6394/2 § 1 复原。

§ 2 tsātāṃ："富人"一词的复数。在档案 3 中，富人与官吏归为同类，并为他们赠送额外的布料。例如，Hedin 13 第 4 行 *tsīṣī u hārvāṃ u tsātā bida thauna himārä hauda u dirsä chā* 意为"（赠送给）行政长官、官吏和富人的布料是 7 匹 30 尺（1 匹 =40 尺）。"

§ 3 kṣ̌isayi：（每尺）六百 *mūrās*。用数词的形容词表达价格的范式，在丢失的于阗语 2（Godfrey 2）中最明显[①]。这份文书的第 4-5 行 *u hamq̇ ña-vrrahaunī kāṃhi thau pasti 8 chā 6 tsūna ttye va kṣaṣṭī chā-t-ī va mūri himāri* 500 10 6 意为"他订了 8.6 尺夏装麻布。每尺（价格为）60（*mūrās*），总价 516 mūrās。" 60 × 8.6=516。

§ 4 通过与 SI P 103.41 § 3 中"u ṣi' hiri biś ä sūlyä jsa jirmä himye"一句相比较而复原。

§ 5 通过与 Or.6394/2 § 5 中"vaña ma sūlī ā"一句相比较而复原。

§ 6 通过与 Or.6394/2 § 6 中"khu parau pva' tti mūri 9000 300 70 haṃ［tsa］ysaṃthina mara ājuma"一句相比较而复原。

§ 7 通过与 Or.6394/2 § 10 中"ḣaṃdyaji 6 mye haḍai ttū parau tsue Signum-Ṣṣanīraka"一句相比较而复原。

粟特人的角色

以上三份文书，尽管存在少量意义含糊不清的单词和句子，但我们从中窥见粟特人参与到于阗税收系统的事实。当王廷派人去征税，粟特人会按当地标准，或低于当地标准进行借贷，而过了两三个月，他们便会过来讨要债务及其利息。这类行为延续到档案 3 中，这时于阗在吐蕃统治之下。从 Domoko A4[②]，我们了解到 *spāta* Sudārrjāṃ以（每月）8%的利息借了 20000 mūrās，来支付税款。他要求 *pharṣa* Sāṃdara[③]下个月底前尽快凑钱支付税款，这样，利息才不会累加。

然而，我们从 Hedin 3r[④]中了解到，Sāṃdara 没能完成征税任务，而 Sudārrjāṃ不得不从一位名叫 Vageveda（*βγyβntk，请见上）的粟特人手

① P. Oktor Skjærvø, *Khotanese Manuscripts from Chinese Turkestan in the British Library*, p.577.

② P. Oktor Skjærvø, *Khotanese Manuscripts from Chinese Turkestan in the British Library*, pp.581-582.

③ Pharṣa是镇级官吏。更多细节，参见 Zhang Zhan, *Secular Khotanese Documents and the Administrative System in Khotan*. Bulletin of the Asia Institute Vol.28 ,2018, p. 76。

④ Harold W. Bailey, *Khotanese Texts IV*,p.22.

中借 22120 *mūrās*。可以看出，Sudārrjāṃ感到愤怒和失望[①]。Sudārrjāṃ再次命令 Sāṃdara 全额收齐 mūrās（税款），并于月底前将其送来，以便使利息最小化。但我们不确定 Sāṃdara 是否这样做了。Hedin 57[②]是一件档案 3 中的木质文书，也记载了 Sudārrjāṃ的借贷情况[③]。Vagevida 系王廷官吏，可见粟特人深度参与了于阗行政系统。

档案 3 也记载有粟特收税人。我们从 Or. 11252/30[④]中了解到，尉迟曜 Viśa'（Vāham）在位的第 35 年（801），除布料外，44 名工匠（织布工）被要求另付 44000 *mūrās* 的贡品。这些贡品由一位名叫ṣau An Kuh-syin 的人征收[⑤]，其在 Or.11252/36v-a[⑥]中写为 An Kuk-syin in，这是一份由 spāta Sudārrjāṃ发布的命令书碎片，其中暗示了 An Kuh-syin 作为粟特人的身份[⑦]。那年后，ṣau An Sam 被ṣau An Kuh/k-syin 替代，并来到六城州（Six Towns）讨债。摄政的第 35 年 12 月 4 日，ṣau An Sam 公布了一份由 Namaubuda 支付的 40000mūrās 担保金，而 Namaubuda 是六城州居民的代表[⑧]。这笔付款抄录于 Hedin19 中[⑨]，一定金额的布料和 mūrās（税款）在 12 月 20 日前送来。同月 28 日，另外 3000 mūrās 的保证金划入ṣau An Sam 的账目（*pājiña*）中[⑩]。ṣ-au An Kuh/k-syin 和ṣau An Sam 都像是汉文文献中的布哈拉"安"姓粟特人[⑪]。这两个相似的名字，安达汉、安芬分别出现在Дх 18925 和 Or.6407 中[⑫]。这种汉名的使用，表明这些粟特人与当地政府的合作可追溯至唐朝统治于阗及整个西域的前期[⑬]。

另外，于阗粟特人还帮助只生产小布料的

---

① Hedin 3r 第 8-9 行*ṣi' ttadī* ［*x x x*］ *akalāścauñä ya. cūḍi haṃbā* {*x*} *\bi/śi uspurri ni pajistai?* "（你）怎么如此……无能！你为什么没收齐所有金额?"

② Harold W. Bailey, *Khotanese Texts IV*,p.47.

③ Hedin 57r 第 1-2 行 *spāta sudārrjā haṃdira prū vagevidina mūri jisti 20 2 ysā' ca sa* {*20*} *bisti* "*Spāta* Sudārrjā?在王廷向 Vagevida 借了 22120mūras."

④ P. Oktor Skjærvø, *Khotanese Manuscripts from Chinese Turkestan in the British Library*, p.99.

⑤ Or.11252/30 第 2 行 *mūri 40 4 ysā' cya ṣau ąni kuhi syini nāsąñi* "Ṣau An Kuh-syin 应收 44000 mūras." ṣau 是地区级官吏。更多细节，参见 Zhang Zhan, Secular *Khotanese Documents and the Administrative System in Khotan*. Bulletin of the Asia Institute Vol.28 , 2018, pp.71-72.

⑥ P. Oktor Skjærvø, *Khotanese Manuscripts from Chinese Turkestan in the British Library*, pp.102-103. Or.11252/36v-a 第 1 行 *samauca Ṣau ani kuki syini paj* ［*iste*］ "ṣau An Kuk-syin 要求签份契约。"

⑦ Or.11252/36v-a 第 2 行 *sūlī ganaṃ ni byaudi* "粟特人未获小麦。"

⑧ Hedin 16（第 4-5 行）中的第二位证人，参见 Harold W. Bailey, *Khotanese Texts IV*, p.30.

⑨ Hedin 19 第 13-14 行 @ kṣvā auvā namaubudi ṣau ąni sąmi pājiña mūri hauḍä ysārī haṃbā tcahau' si ysā' cya "六城州的 Namaubuda 往Ṣau An Sam 的金库交了 40000 mūras，以及（一串的）1000 mūras."

⑩ 关于 Hedin 16 中的第一位证人，参见 Harold W. Bailey, *Khotanese Texts IV*, Cambridge, p.30.

⑪ An Sam 用汉文里的"信"做自己的昵称，表明自己的汉文姓名是安信，但关于"信"（中古汉语读作 sin），有人认为其于阗语转写是 sīṃna。参见 W. South Coblin, *A Compendium of Phonetics in Northwest Chinese*,Berkeley: University of California Press, 1994, p.359。此外，出土于于阗的 GXW 0114 号（也编为 No.5， 参见 Bi Bo and Nicholas Sims-William, *Sogdian Documents from Khotan*, II: Letters and Miscellaneous Fragments, Journal of the American Oriental Society, Vol. 135, No.2,2015, pp. 261-282。）粟特语信札中的'ny' n 一词，可能是汉文姓"安"与粟特语名"y' n"的组合。参见 Bi Bo and Nicholas Sims-William, *Sogdian Documents from Khotan, II: Letters and Miscellaneous Fragments*, Journal of the American Oriental Society, Vol. 135, No.2,2015, p. 267.

⑫ Дх 18925 的版本，参见荣新江、张广达：《圣彼得堡藏和田出土汉文文书考释》，《敦煌吐鲁番研究》第 6 卷，北京大学出版社，2002 年，第 230 页。

⑬ 2018 年 3 月 24 日，文欣在听完我于华盛顿亚洲学年会上的演讲后，给我提了这点建议。

织布匠，把他的布料转换成标准布料（thau）。根据 Or.11252/38[①]，粟特人用 7 匹标准布料换取了 53 片小布料[②]。这里我把一片小布料当作是一尺小布料，因为这是默认的小布料测量单位。一尺小布料值 450*mūrās*[③]，而一尺标准布料值 62.5*mūrās*[④]。因此，53 尺的小布料值 23850mūrās，7 匹标准布料值 17500 *mūrās*。很明显，粟特人从交易中获得了相当可观的利益。

于阗粟特人的活动范围很广。和田发现的一份粟特语信札[⑤]写道："我没去索格狄亚那、突厥斯坦[⑥]和吐蕃之地"[⑦]，说明这些地方他是能去的。这封信札是从 Prw'n 寄来的，Prw'n 对应于拨换城，而拨换城位于今和田市北约 500 千米的阿克苏地区。吉田指出，Prw'n 是连通于阗与塔里木盆地北缘诸绿洲的主要线路[⑧]，这还出现在斯坦因从丹丹乌里克获取的犹太 - 波斯文信札中。

在龟兹的粟特人，扮演了与于阗粟特人一样的角色。庆昭蓉在一份编号为 Cp.37 + 36 的法国藏吐火罗语行政诉讼公文中发现，有位名叫 Puttewane 的龟兹粟特人代表当地部门征收钱、布料和马匹，并与当地人发生了纠纷。[⑨]实际上，一定数量的粟特人在唐朝西域行政管理中可能占据了高位。荣新江指出，769—786 年间任伊州、西州和北庭[⑩]节度使的曹令忠，很可能是一位粟特人。[⑪]因为，据其姓名可见，唐代宗曾给他赐了"李"姓，故其新名为元忠，这种情况只适用于非汉人。

总而言之，通过仔细释读和田出土于阗语文书，尤其通过理清于阗语中两个关键术语的

---

① P. Oktor Skjærvø, *Khotanese Manuscripts from Chinese Turkestan in the British Library*, pp.103–104.

② Or.11252/38 第 3–4 行［thauna］ka 50 3 tti sūlya nāṃdä haudyeṃ thaunāṃva

③ Hedin 13–a（Harold W. Bailey, *Khotanese Texts IV*, Cambridge: Cambridge University Press, 1961, p.29）第 8 行：śe hvaṃḍyi hatcaṃ 3 chā kṣi tsuna hūlai tca' hause paṃjsūsī chā"每人（谁）交换的（做衣小布料），（交付的小布料总量为）3.65 尺，每尺价格为 450 *mūras*。"

④ 段晴（Duan Qing, *Were Textiles used as Money in Khotan in the Seventh and Eighth Centuries?* Journal of the Royal Asiatic Society, 3rd series, 23, No. 2,2013, p.324）在 Or.11252/28 中发现了这问题，她指出，这些只生产小布料的人被要求交付 3.2 尺小布料，而非 23 尺标准布料。标准布料的价格应为：每尺 450×3.2÷23=62.61≈62.5 mūras。

⑤ No.5 in Bi Bo and Nicholas Sims–Williams, *Sogdian Documents from Khotan, II: Letters and Miscellaneous Fragments*, Journal of the American Oriental Society Vol.135, no. 2 ,2015, pp.261–282.

⑥ 指七河流域（Semireche），参见 Yoshida Yutaka, *Kahei no meibun ni haneisareta Churukuzoku niyoru Sogudo shihai*［The domination of Turks in Sogdiana as reflected in coin legends］, Kyōto daigaku bungakubu kenkyū kiyō, Vol.57, 2018. pp.175–180.

⑦ Bi Bo and Nicholas Sims–Williams, *Sogdian Documents from Khotan, II: Letters and Miscellaneous Fragments*, Journal of the American Oriental Society Vol.135, no. 2 ,2015, pp.266.

⑧ Yoshida Yutaka, *Kōtan no Yudaya–Sogudo shōnin?*［Judaeo–Sogdian merchants in Khotan?］,In: Dohi Yoshikazu and Kegasawa Yasunori eds, *Tonkō Turufan bunsho no sekai to sono jidai*［Documents from Dunhuang and Turfan: their world and time］, Tokyo: Toyo Bunko, 2017, p.276.

⑨ 庆昭蓉：《库车出土文书所见粟特佛教徒》，《西域研究》，2012 年第 2 期，第 67–69 页；Ching Chao–jung , *The Activities of Sogdian Buddhists in Kucha.*, In: Matteo de Chiara, Mauro Maggi, and Giuliana Martini, eds., *Multilingualism and History of Knowledge*. Vol. 1 Buddhist among the Iranian Peoples of Central Asia, Vienna: Verlag der ?sterreichischen Akademie der Wissenschaften, 2013, pp. 357–363.

⑩ 伊州、西州和北庭，约对应于现今新疆哈密、吐鲁番和别失八里。

⑪ 荣新江：《9、10 世纪西域北道的粟特人》，新疆吐鲁番学研究院：《吐鲁番学研究——第三届吐鲁番学暨欧亚游牧民族的起源与迁徙国际学术研讨会论文集》，上海古籍出版社，2010 年，第 450 页。

词义，我们获知了粟特人在于阗的相关事宜。当地人应付税款到期时，有些粟特人会向他们放利息贷款；有些粟特人以转换纳税人手中小布料为标准布料而获利；有些粟特人在行政系统中充任收税人。笔者拙见，这种现象并不限于于阗，而且在龟兹以及塔里木盆地其他诸绿洲中也普遍存在。粟特人作为放债者和收税人而扮演的角色，反映了他们在经济和政治上的精明头脑。

致谢：

本文摘自我于 2018 年 3 月 22—25 日在华盛顿举办的亚洲学年会上所作的报告。我由衷感谢我们的主席芮乐伟·韩森（Valerie Hansen，耶鲁大学）、其他小组成员和听众给予的建议和意见。我的博导施杰我教授不仅教我于阗语，且毫不吝啬地将其尚未公开发表的俄藏于阗语文书相关研究成果送我参考，使我受益匪浅，为此感激不尽。

俄国探险家奥登堡的三次新疆考察计划及搁浅

——以圣彼得堡藏新见俄文档案为中心*

郑丽颖

（敦煌研究院敦煌学信息中心、兰州大学敦煌学研究所）

俄国吞并希瓦、布哈拉、浩罕三国和中俄《伊犁条约》的签订是俄国获得在新疆开展活动的基础和条件。19 世纪下半叶，在俄国地理协会和俄国皇家考古协会东方部的主导下，俄国地理学家、军官瓦里汉诺夫（Валиханов）、普尔热瓦尔斯基（Пржевальский）、别夫措夫（Певцов）、罗伯罗夫斯基（Роборовский）、库洛巴特金（Куропаткин）、谢苗诺夫·天山斯基（П.П. Семенов Тян-Шанский）纷纷开启了亚洲考察之行。这些活动多以地理探查和测绘为主，中亚和蒙古考古为辅，尚未涉及新疆考古活动。20 世纪初，俄国探险家、印度学家奥登堡完成了两次中国西北考察（1909—1910,1914—1915），考察队以吐鲁番、焉耆、库车、敦煌等绿洲城市为中心，将大量新疆古代瑰宝、敦煌手稿及残片带回圣彼得堡。在欧洲探险队大规模涌向新疆探察前，奥登堡就对新疆古代手稿进行过系统研究并谋划了三次新疆考察活动（1893、1901、1904）。

一　1893 年库车考察计划与搁浅

19 世纪末 20 世纪初，英俄两国在新疆的角逐逐步从政治、经贸、军事等方面渗透到科学领域，两国对新疆古文献的争夺是大角逐的重要表现之一，这场没有硝烟的战争暗地里风起云涌。俄国驻喀什领事彼得罗夫斯基和英国驻喀什代表乔治·马噶特尼（George Macartney，中文名马继业），分头秘密收集新疆古代手稿及文物，运回本国交给东方专家研究，以求占得“大博弈”先机。1886 年，彼得罗夫斯基与俄国皇家考古协会东方部建立了联系，受协会委托四处搜索珍贵古文书和文物，并将手稿及残片寄给东方部主席罗曾（В. Р. Розен，1849—1908）[①]，罗曾交给年仅 26 岁的圣彼得堡大学副教授奥登

* 基金项目：国家社科基金青年项目“圣彼得堡藏奥登堡涉华书信档案管理释读研究”。

① 罗曾（Розен, Виктор Романович,1849—1908），俄国东方学家，亚洲博物馆馆长，俄国皇家考古协会东方部主席（1885—1908）。

堡研究[①]。1890 年初，英国军官鲍尔在库车从当地居民手中获得了一张书写在白桦树皮上的婆罗米晚期佛教梵文手稿，手稿由 7 件残片构成，后经印欧语系专家保尔·如多夫（Paul Rudolph August Bartels，1841—1918）鉴定，系公元 4 至 6 世纪梵文医学佛经手稿，1890 年 11 月 5 日，孟加拉亚洲协会展出了这页手稿[②]。鲍尔在库车的发现引起了俄国学界的恐慌，是奥登堡提出新疆考察计划的催化剂。1891 年 11 月 28 日，在俄国皇家考古协会东方部例会上，奥登堡作了《关于加尔各答亚洲协会展出鲍尔中尉在中国库车所获白桦树文献的报告》，报告中详细阐述了鲍尔获得库车手稿的过程和手稿价值。以奥登堡为首的东方学家首次提出了赴库车考察事宜，并提议以协会名义向驻喀什领事彼得罗夫斯基了解库车及郊区剩余古代手稿情况，以及当地政府对国外考察队的态度：

> 请东方部向俄国驻喀什代表，领事彼得罗夫斯基了解下述问题：1.喀什噶尔领事馆是否清楚，或者是否有渠道获取库车剩余文献的数量？领事馆是否了解喀什噶尔其他地区古文物的情况？2.需要派出多少人的考古队前往库车地区勘察文物，中国政府或当地居民是否会阻挠考古队的工作？[③]

东方部提出的问题很快得到彼得罗夫斯基的回复。1892 年 3 月 19 日会议纪要中有如下记录："主席读了喀什领事彼得罗夫斯基先生关于喀什剩余古代手稿的回信，信中还附有几张当地考古遗迹的照片和 1890 年在当地购买的古代手稿残片"。[④]"主席"指俄国皇家考古协会东方部主席罗曾，是彼得罗夫斯基新疆收集品的接受者。回信手稿译为汉语近三千字，现存于俄罗斯科学院东方文献研究所，主要内容录入如下：

> 在喀什噶尔城东北方向 30 俄里的地方有一些废墟，被称为彼比玛利亚，听说是某位圣人的诞生地……在中国新疆和中亚地区，和佛教相关的古迹非常多，在帕米尔地区也许可以发现这样的古迹……库车及郊区有很多这样的古迹，在离道路不远的山区，有一些石质古迹的废墟。根据当地人讲述，城市周边的那些没有窗户和门的古塔，可能就是坟冢。鲍尔中尉在库车附近发现的手稿实属偶然，他向领事馆的秘书柳特什展示了他拿到的手稿，柳特什给别夫措夫上校的信中谈到了此事，希望能够引起他们对库车古文献的重视，考察队返回时经过库车。我把自己两年前在喀什噶尔购买的一页用不知名语言书写的文献寄了出去，和鲍尔找到的那些非常相似。

① И.В.Тункина. Н.Ф.Петровский как собиратель древних памятников письменности в востосном туркестане.//Восток–Запад: Диалог цивилизаций. Историко–литературный альманах Наука. Издательство: Восточная литература. 2013. с.107.

② Bower H. A Trip to Turkestan // The Geographical Journal. 1895. No.5. pp. 240–257.

③ Записки Восточного отделения Императорского Русского археологического общества.// ЗВОРАО.1891. Т. V. Вып. I. с. 2–3.

④ Петровский Н.Ф. Ответ консула в Кашгаре, Н.Ф. Петровского, на заявление С.Ф. Ольденбурга. // ЗВОРАО. 1893. Т. 7. Вып. I–IV. с. 293–298.

位于喀什噶尔以北通向上下阿图什的恰克玛克河岸边的悬崖峭壁，因洞窟的半山腰上有三个小洞而得名……对于新疆的其他古迹，知道的人多，研究的人少。更不要说那些埋藏在塔克拉玛干沙漠千年风沙下的古迹了。有时，强风将上层的沙土吹散，露出了废墟或古迹的一部分。一旦出现这样的情况，当地居民就非常兴奋地赶过去，希望挖出点儿值钱的宝贝儿。请允许我提出，几处这样的古迹，在我看来具有极高的历史价值和考古价值。离莎车县不远的地方，基本就在沙漠的边缘，有一处叫鞑靼·吉什拉克的古代村落的周围地区，一直到和田，曾被认为是鞑靼人的领土。古代吐火罗居民住在和田以东900里的地方，据说因为发生了席卷全城的沙尘暴而搬离……在鞑靼人的居住区，当地人习惯从岩羚羊的腹中提取麝香。

您提到的第二个问题，个人或考察团的新疆之行，如果不挖掘或带走文物，我认为中国政府是不会反对的。但必须得到北京政府的同意。考察队需带上充足的资金，当地官员总想占点儿外国人的便宜。就目前形势而言，东方部有必要采取一定的措施，掌握这些古迹的概况，对有考古价值的古迹或文物作出研究。

彼得罗夫斯基1892年1月于喀什[①]

彼得罗夫斯基认为在中国新疆与佛教相关的古迹非常多，有东方部感兴趣的古墓，那里经常可以挖到文物或手稿，当地已经形成居民挖宝的热潮。除了库车和喀什，在莎车到和田的广大地区分布着大量废墟和遗迹。他认为考察队得到北京政府的同意后，新疆当地政府就不会再反对，但需要打点一下。这封回信引起了东方部维谢洛夫斯基[②]和罗曾的强烈兴趣。他们向彼得罗夫斯基继续追问关于新疆古代遗迹的情况，信函内容没有在东方部公报上公布，现存于俄罗斯科学院东方文献研究所，笔者将其翻译并公布如下：

1.距离喀什3俄里的地方是否真的有古墓，还是古代的防御堡垒？

2.说到托勒密石塔，可否假设这是一座位于商道上的宏大建筑？佛教当时已传入新疆。

3.新疆哪些大城市有堡垒？那里是否有中亚到处可见的古墓？古墓里面是居室。当地居民为了增加土壤肥力会对墓地上层土壤进行翻挖，经常会挖到古董。

4.新疆应该有一些古城废墟，他们是什么样的？

5.如果可以把收集的信息绘制成新疆古代遗迹地图就再好不过了。

6.最后，希望可以收集到岩画或刻在岩石上的题字。据说这些题字一般是佛教咒

① Петровский Н.Ф.Ответ консула в Кашгаре, Н.Ф. Петровского, на заявление С.Ф. Ольденбурга. с.295.

② 维谢洛夫斯基（Веселовский, Николай Иванович,1848–1918），俄国历史学家，东方学家，考古学家，突厥学家，圣彼得堡科学院通讯院士。

> 语（唵嘛呢叭咪吽），也许还会有其他的题字，请关注这些题字和岩画。

在彼得罗夫斯基的提示下，俄国皇家考古协会的关注点不再局限于库车和喀什，而是放眼到新疆全部绿洲城市，希望了解古墓、废墟、遗迹以及佛教在新疆的流传，并向彼得罗夫斯基提出“绘制新疆古代遗迹地图”和“关注岩画或岩石上的佛教题字”的要求。围绕协会的关注点，彼得罗夫斯基先后在考察协会公报上发表《喀什附近的佛教遗迹》《莎车的神秘古币》《喀什附近古城汗诺伊》等三篇文章答复东方部的提问①。1892 年末，奥登堡向圣彼得堡大学和科学院提出到中国新疆考察的申请。申请中写道：“请圣彼得堡大学同意奥登堡副教授于 1893 年 5 月 1 日至 11 月 1 日到中国新疆考察的申请”。②奥登堡计划用半年时间对喀什和库车进行考察，经费预算 1000 卢布。与此同时，罗曾致电喀什领事馆请求彼得罗夫斯基对奥登堡的库车考察给予协助。然而考察并没有成行，彼得罗夫斯基认为最好把这一计划先放一放，理由如下：

> 首先，考察时间太短，您自己可以算下路上的时间。从弗拉基高加索到第比利斯最快也要一天半的时间。第比利斯到巴库要两天时间，而在巴库要花上 2 天甚至 3 天时间等候去里海的轮船。到里海需要 14 个小时，到撒马尔罕还要 3 天时间，在撒马尔罕就算不考察那里的古废墟也要花上 1 天，从撒马尔罕到塔什干最快也要 2 天，塔什干到奥什最快3—4 天。在奥什要为接下来的行程准备车马，雇几名工人和翻译，如果时间允许的话，翻译最好在塔什干找，需要的话，下次信中我会详细和您说翻译的事儿。从奥什到喀什噶尔，熟悉道路的邮局骑手都要走 9 天时间，拿我自己来说，要走 12 天，不熟悉道路(途经 7 座陡峰，其中 3 座有 11000—12000 俄尺高）的话至少 15 天。喀什到阿克苏要走 12 天，阿克苏到库车需要 8—10 天。这样算下来，从圣彼得堡到库车最快也要 58 天。返程也是 58 天。来回路上就要 120 天。在库车要先在城里转转熟悉情况，之后再去考察古代废墟。以现在的条件算，一天时间可以走 30 俄里路，既然不远千里来了新疆，很多古迹需要仔细查看。
>
> 其次到奥什的花销您可以算一下，从撒马尔罕到塔什干要 40 卢布，塔什干到奥什的四轮马车要 70 卢布。奥什到喀什需要 10—12 匹马，奥登堡和谢尔巴茨基各骑一匹，翻译骑一匹，雇工一道需两匹，剩下的要拉行李，这些马需要 8 普特的干草，大概 100 卢布。从喀什到库车需要 3 匹马，

---

① Петровский Н.Ф. Буддийский памятник близь Кашгара // ЗВОРАО. 1892. Т. VII. Вып. I–IV. с. 298–301; Петровский Н.Ф. Ещё заметка к статье В. Бартольда ? О христианстве в Туркестане в домонгольский период? // ЗВОРАО. 1894. Т. VIII. Вып. III - IV. с. 354 - 358; Петровский Н.Ф. Заметки о древностях Кашгара. // ЗВОРАО. 1895. Т. IX. Вып. I - IV. с. 147—155.

② Попова И.Ф. Первая Русская Туркестанская экспедиция С.Ф. Ольденбурга （1909–1910).//Российские экспедиции в Центральную Азию на рубеже XIX–XX вв. СПб: Славия. 2008.с.148.

> 60 卢布。如果只有 1000 卢布的预算，可能很快就花光了。[①]

彼得罗夫斯基就考察的路线、时间、必备物资、开销等细节进行了详细而周全的答复。他认为奥登堡的考察方案尚不成熟，最主要的问题是考察时间过短。他建议考察队经第比利斯和巴库到达里海，再经中亚撒马尔罕、塔什干、奥什进入中国境内的喀什，完成喀什、阿克苏和库车考察，但往返就需要 3 个月，奥登堡用半年完成考察的想法不太现实，"即便是那里有古文书，他们也不会立刻就能找到，即使冒险到非常遥远的地方也有可能无功而返"[②]。其次是经费预算不足，1000 卢布的预算连路费都不够。罗曾替奥登堡四处寻找经费和装备未果，只好请 1893 年赴蒙古和中国考察的波兹德涅夫[③]途经喀什时进行考古研究，但最终因"喀什不在波兹德涅夫的视野范围内"而放弃了考察计划，代替奥登堡实现中亚和哈萨克斯坦七河之行的是东方学家巴托尔德，艺术家杜丁随行[④]。

1895 年，罗伯罗夫斯基（В.И. Роборовский）和科兹洛夫（П .К Козлов）从吐鲁番带回大量写本和手稿，起初由俄国皇家考古协会东方部保存，而后转入亚洲博物馆。俄国为此组建了中国新疆考古收集品研究特别委员会，拉德洛夫任主席，奥登堡受邀作为协会主要成员。奥登堡等东方学家共同对这批手稿作了整理，他们将这些手稿按照语言分为汉文手稿、突厥文手稿、梵文手稿和突厥—梵文双语手稿。这些发现使拉德洛夫等东方学家产生了组织考察队对吐鲁番文书进行搜索的想法。拉德洛夫、罗曾、查列曼（К.Г. Залеман）联名向科学院提出组织考察队完成"吐峪沟麻扎、高昌故城、吐鲁番等地的考察"[⑤]。1898 年，俄国皇家考古协会派人类学和民族学博物馆研究员克莱门茨（Д. А .Клеменец）带队赴吐鲁番考察。奥登堡参与了克莱门茨吐鲁番考察计划制定的全过程，他本人也非常愿意加入考察队，但因儿子生病放弃了这次考察机会。[⑥]

二　1901 年吐鲁番考察计划与搁浅

尽管俄国探险家克莱门茨带回了丰富的考察成果，但考察的时间太短，且以勘察为主。奥登堡等人打着"拯救"文化遗产的旗号，开始筹划新一轮长时间的新疆考察。1900 年 1 月 27 日，在俄国皇家考古协会东方部会议上讨论了维谢洛夫斯基、克莱门茨、奥登堡策划的《关于赴塔里木盆地进行考察的装备报告》，报告中指出，俄国考察队在新疆的意外发现证明

---

① 彼得罗夫斯基致奥登堡的信函（1892 年 12 月 25 日），档案现存于俄罗斯科学院档案馆，档案编号：СПбФ АРАН. Ф. 777. Оп. 2. Д. 338. Л. 16—17 об.

② И.В.Тункина. Н.Ф.Петровский как собиратель древних памятников письменности в Восточном Туркестане. с. 112.

③ 波兹德涅夫（Позднеев Алексей Матвеевич,1851–1920），东方学家，俄国皇家考古协会和俄国地理协会成员。

④ 郑丽颖：《俄国外交官彼得罗夫斯基西域考察活动研究（1883—1903）》，兰州大学博士学位论文，2021 年，第 210 页。

⑤ Ольденбург С.Ф. Экспедиция Д.А. Клеменца в Турфан в 1898 году. из: Известия Восточно–Сибирского филиала ИРГО. Иркутск. 1917. Т. 45. с.2.

⑥ 档案现存于俄罗斯科学院圣彼得堡档案馆，档案编号：ПФА РАН. Ф. 208. Оп. I , ед. хр. 167. Л. 3。

了新疆是古代文化高度发达的地区，曾受到不同文化的主导和影响。此外，各国对新疆的觊觎导致这里大量的文物古迹被破坏，大量的洞窟和庙宇已经面目全非。[①]报告手稿用古俄文书写，原文共 11 页。作为皇家考古协会会议纪要附件，全文刊登在俄国皇家考古协会东方部学报第十三卷（图 1）。主要内容摘录并翻译如下：

皇家科学院组织的 1898 年吐鲁番考察活动证明，古代文化遗迹在新疆不但没有消失，还为我们进行深入和广泛的研究提供了空间。奥登堡在罗马举办的东方学国际会议上公布的克莱门茨考察成果，引起了欧洲东方学家对新疆的垂涎，他们希望在那里有新的发现，而我们并没有延续已有成果……最近一段时间，欧洲考察队在新疆的活动证明了那里存在消失的文化，比如格鲁姆·格尔日麦洛和杜特雷依对此都有所记录。斯文·赫定在沙漠中发现了消失的城市，收集了大量用未知语言书写的古代手稿。我们也拿到了一些手稿，比如梵语文献残片、回鹘文残片和汉文手稿，但

1) Проѣздъ экспедиціи отъ Петербурга до Турфана 5 чел. по 500 р. на каждаго . .	2,500 руб.
2) 10 лошадей верховыхъ по 50 р.	500 »
3) Жалованье 5 рабочимъ по 15 р. въ мѣсяцъ на хозяйскомъ содержаніи съ хозяйской лошадью.	750 »
4) Содержаніе человѣка и лошади въ сутки 1 р., на 10 человѣкъ	3,000 »
5) Снаряженіе экспедиціи, фот. принадлеж. . .	1,700 »
6) Подарки мѣстнымъ властямъ	300 »
7) Непредвидѣнные расходы	1,000 »
8) На покупки древностей	1,500 »
9) Наемъ подводъ или верблюдовъ.	400 »
10) Ремонтъ верховыхъ лошадей	250 »
На случай оставленія двоихъ лицъ и двоихъ рабочихъ, на срокъ отъ 4 до 6 мѣсяцевъ.	1,000 »
Итого	12,900 руб.

图 1　1900 年吐鲁番盆地考察预算

（摘自俄国皇家考古协会东方部会议纪要，第十三卷）

① Веселовский Н.И. Клеменц Д.А.Ольденбург С.Ф. Записка о снаряжении экспедиции с археологической целью в бассейн Тарима. с. 10.

很多都是意外发现，缺少系统化、专业化的考察。我们手里目前缺少对这一区域的研究成果。目前业已开始的研究指明，不能再拖延了。我们可以看到的是，大量的废墟和遗迹正在消失并无法挽回。吐鲁番的当地居民认为洞窟墙壁上的灰泥是上好的土壤肥料，大量的洞窟和寺庙正在消失……

严格意义上讲，从天山以东和帕米尔到哈密的广大区域都具有考古价值。因此，我们认为可以把以下区域纳入这次考察范围。首先是库车及和田以西到喀什的区域，以及喀什、和田、列城之间的三角区，我们的领事彼得罗夫斯基已经对这里作了些研究，他在那里有熟悉的当地居民和收集古代手稿的代理人。我们准备将精力放在和田到沙州之间的区域。众所周知，从中世纪起，很少有人记起南路这条被人遗忘的路线。至于沿线一带的古代手稿更是鲜有人知。在这些地区进行考古和探查，需要大量的经费，甚至难以作出预算。我们需要组建这样的考察队，即使在一个区域没有收获，也可以在另一个区域有所收获。这就需要另外配备考察队员和装备……

首先我们需要对吐鲁番地区进行考察，最好再向东到达哈密地区，看看那里的古代佛教遗迹状况，但只有在时间和人员充足的条件下，我们才会去考察哈密。接下来，就是吐鲁番以西地区，从托克逊经焉耆，到库尔勒到达库车。1898 年吐鲁番考察再明晰不过：经费不足、时间过短、队员人数不足都会影响考察效果。我们要收集洞窟内的壁画，在已发现手稿残片的洞窟进行挖掘，并对库车以西、以南的绿洲进行考察。

至于库车地区和途经的焉耆、库尔勒，这些区域的文化高度发达。库车曾是风靡一时的佛教中心，库车及其郊区分布大量佛教洞窟，称为千佛洞。接下来我们准备经吐鲁番或托克逊前往罗布泊，并对且末及和田进行考察，当地居民发现了大量有价值的手稿，斯文·赫定也到过这里的沙漠。

我们准备派出两支考察队。第一支研究吐鲁番和库车地区，计划如下：考察队由五人组成，其中必须有一位艺术家。路线采取路程最短的方式，经西伯利亚铁路到达塞米巴拉金斯克，再到奥姆斯克或鄂毕。可选取的入境城市有斋桑、塔城和伊犁。接下来，考察队全员随商队经乌鲁木齐到达吐鲁番。到达目的地后的理想状态是考察队兵分两路，每队两位队员。到达吐鲁番后最好派出一位队员到鄯善，如果条件允许，再到哈密。剩下两到三名队员经托克逊、焉耆、库尔勒去库车。考察队无须赶路，沿途购买古代手稿，收集返程信息。最好在库车地区停留较长时间，毕竟这里很少有人知道。结束库车考察后，考察队返回吐鲁番。如果需要，留下一人或两人继续工作到考察结束。吐鲁番考察的最优时间是 2 月到 6 月中旬，而后就到了炎热的夏季。秋天可以继续工作，也就是9月到11月中旬。11月和12月会有沙尘暴或严寒，直持续到次年2月。

考察队的工作时间在8至10个月。最好在5月之前准备就绪，6月出发。如果吐鲁番考察条件不利，可以先从库车开始。从彼得堡到吐鲁番需要一个半月到两个月时间，如果考察时间有8个月，实际工作时间只有4个月，如果考察时间有10个月，工作时间有半年。按10个月计算，经费预算共需要12900卢布。

从吐鲁番经罗布泊、且末到和田的考察队也是由5人组成。这条线路的考察带有侦察性质，考察队员尽可能分头行动。到达罗布泊后，仅留下两人，其他人去做勘察工作。返回聚合点后，两位队员进入沙漠考察。这条路线的考察时间需要12个月到15个月，到且末需要3个月到4个月，返程同理。花销预算共计17900卢布。[①]

奥登堡认为俄国对新疆的研究落后于欧洲，派出俄国考察队迫在眉睫。理由有三：一是对新疆研究的重要性和俄国对新疆研究的碎片化形成鲜明对比；二是欧洲探险家对新疆珍宝和手稿有所觊觎，因而亟须派出考察队抢占先机；三是当地居民对洞窟的破坏致使大量珍贵的壁画消失并无法挽回，需要对这些壁画和手稿进行“拯救”。奥登堡以此为托词，将吐鲁番、库车等地纳入俄国皇家考古协会考察范围。此外，在奥登堡看来，天山东部和塔里木河流域也具有极大的考古价值。为确保考察成果，避免无功而返，奥登堡计划组织两支考察队，第一支考察队在吐鲁番和库车地区活动，第二支在吐鲁番到和田包括罗布泊附近、且末绿洲和于阗地区活动。考察队由五人组成，其中必须有一位艺术家。考察时间建议为8至10个月和12至15个月。奥登堡吸取了1898年吐鲁番考察的经费不足、人员不足、时间过短的教训，经费预算由1893年的1000卢布陡然提高到12900卢布和17900卢布，留出大量时间购买古代手稿和文书。方案最为显著的特点是队员抵达吐鲁番后，分头到周围的鄯善、哈密、库尔勒、库车等地考察，结束后再返回吐鲁番，留下一位队员完成收尾工作，其余队员带着收集品经乌鲁木齐回国。这样做对经费稍显拮据的俄国考察队的好处是节省了时间，提高了收集手稿和挖掘文物的效率。队员提前回国，可以加速所获手稿文物的整理和研究进度。奥登堡对新疆的气候和环境作了细致的研究，了解吐鲁番考察最优时间是2月至6月中旬和9月至12月中旬。考察队选择6月出发，8月到达吐鲁番，避开炎热的夏季。显然，奥登堡第二次新疆考察方案更加成熟了。

作为克莱门茨考察活动的延续，罗曾公爵极力向财政部申请经费以组团赴新疆考察。1900年10月26日，罗曾在东方部会议上宣布，“财政部无法提供我们组建吐鲁番考察队需要的

① Веселовский Н.И. Клеменц Д.А.Ольденбург С.Ф. Записка о снаряжении экспедиции с археологической целью в бассейн Тарима. // ЗВОРАО. 1900. Т. XIII. Вып. 1. с. 9–18.

经费”[①]。奥登堡1901年新疆考察计划再次被搁置。

三 1904年吐鲁番和库车考察计划与搁浅

在俄国财政部拒绝拨付吐鲁番考察经费后两年，1902年7月1日罗曾给奥登堡的信中谈到了吐鲁番考察的落空，“我在办公桌上发现财政部部长[②]写给阿芙古斯杰申[③]的信件。他说尽管他很理解我们，1903年也不会有经费支持考察，请我们推迟对塔里木盆地考察的计划，需要等待更有利的时机。文件落款日期是6月20日。原因为：政治形势复杂”[④]。奥登堡并没有因此丧失信心。俄国委员会1903年3月22日会议纪要表明委员会的活动得到了沙皇的支持，“根据财政部2月28日的汇报，沙皇决定从国家财政中拨付5000卢布用于委员会活动”，委员会终于拿到了组建新疆考察队的经费。1903年6月1日，奥登堡给罗曾的信中写道：当前需要确定到底去不去考察[⑤]。6月28日写道：“库车考察是可以实现的，科洛科洛夫确认没有危险。我还在等彼得罗夫斯基的回复”。[⑥]如果说1901年考察的笼统目标是塔里木盆地，1903年夏已严格意义上确定为吐鲁番和库车地区。1903年11月，奥登堡组织考察队赴吐鲁番和库车的申请得以通过。俄国委员会1903年11月1日会议纪要第71条记载：“奥登堡关于组织考察队赴吐鲁番和库车的意见得以采纳。与此同时，委员会向财政部提出申请，请求财政部向考察活动提供必要的经费支持。同时请军事部派出一位测绘师作为考察队员，自行承担考察费用。”[⑦]俄国委员会不但决定派出考察队到吐鲁番和库车考察，还希望得到军事部的支持。1903年12月，委员会主席拉德洛夫给德国吐鲁番委员会主席皮歇尔的信中谈道：“我现在处的位置和您一样，说服政府为新疆考察提供经费支持。政府增加了我们的财政补贴，我们很快就可以在俄国国内开始大刀阔斧的工作。”[⑧]这说明到1903年底，考察团确定可以得到政府支持。1904年初，克莱门茨和杜丁向委员会提交了《关于吐鲁番盆地研究方案》。与此同时，奥登堡提交了《关于库车考察的活动方案》（图2），计划用一年时间完成对库车地区的考察，预算9000卢布，含路费、购买摄影器材、考察装备、礼品、收购手稿、支付翻译和队员工资等内容。《方案》篇幅只有一页半，主要介绍了库车及其郊区的重要遗迹和所处位置，“库车西北方向20—25俄里有一座大

① Протоколы заседаний 26 октября.1900. // ЗВОРАО. Т. 13. 1900. № 4.с. 34.

② 时任财政部部长维特（С.Ю. Витте）。

③ 指康斯坦金·康斯坦金诺维奇·罗曼诺夫大公（1858—1915），1889年起任圣彼得堡皇家科学院主席。

④ Д.Е. Мишин, М.А. Сидоров и др.Переписка В.Р. Розена и С.Ф. Ольденбурга （1887 - 1907） // Неизвестные страницы отечественного востоковедения. Вып. II. М: Восточная литература. 2004. с. 201-399.

⑤ Д.Е. Мишин, М.А. Сидоров и др.Переписка В.Р. Розена и С.Ф. Ольденбурга （1887 - 1907）. с. 343.

⑥ Д.Е. Мишин, М.А. Сидоров и др.Переписка В.Р. Розена и С.Ф. Ольденбурга （1887 - 1907）. с. 354.

⑦ Протоколы заседаний 1 ноября.1903. // ЗВОРАО. 1904. Т. 15. Протокол № 4. с.91.

⑧ 拉德洛夫致皮歇尔的信函（1903年12月22日），原件存于德国柏林艺术博物馆，档案编号Turfan-Akten. 7629-7631。

型古代废墟，再向西北走 100 俄里还有一处古迹。向库车西南方向走 50—60 俄里有两处古代遗迹，库车城东北方向靠近河流且在路旁有一座古塔，向库车城郊往南走就是英国中尉鲍尔发现梵文手稿残片的地方”①。奥登堡坦言对库车的了解来自于彼得罗夫斯基提供的库车地图（图 3），“与吐鲁番相比，我们对库车的了解相对匮乏，全部信息来自书本，彼得罗夫斯基寄来的库车手绘地图是我们的重要参考资料”②。

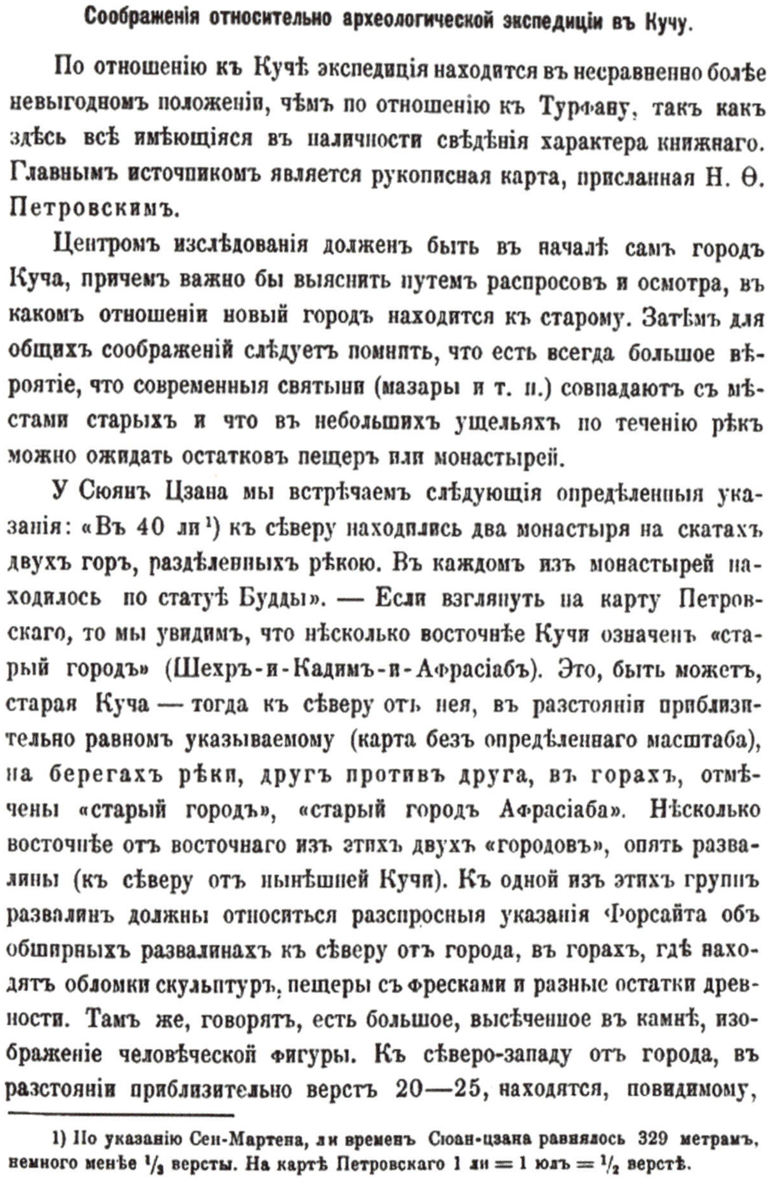

Соображенія относительно археологической экспедиціи въ Кучу.

По отношенію къ Кучѣ экспедиція находится въ несравненно болѣе невыгодномъ положеніи, чѣмъ по отношенію къ Турфану, такъ какъ здѣсь всѣ имѣющіяся въ наличности свѣдѣнія характера книжнаго. Главнымъ источникомъ является рукописная карта, присланная Н. Ѳ. Петровскимъ.

Центромъ изслѣдованія долженъ быть въ началѣ самъ городъ Куча, причемъ важно бы выяснить путемъ распросовъ и осмотра, въ какомъ отношеніи новый городъ находится къ старому. Затѣмъ для общихъ соображеній слѣдуетъ помнить, что есть всегда большое вѣроятіе, что современныя святыни (мазары и т. п.) совпадаютъ съ мѣстами старыхъ и что въ небольшихъ ущельяхъ по теченію рѣкъ можно ожидать остатковъ пещеръ или монастырей.

У Сюянъ Цзана мы встрѣчаемъ слѣдующія опредѣленныя указанія: «Въ 40 ли[1]) къ сѣверу находились два монастыря на скатахъ двухъ горъ, раздѣленныхъ рѣкою. Въ каждомъ изъ монастырей находилось по статуѣ Будды». — Если взглянуть на карту Петровскаго, то мы увидимъ, что нѣсколько восточнѣе Кучи означенъ «старый городъ» (Шехръ-и-Кадимъ-и-Афрасіабъ). Это, быть можетъ, старая Куча — тогда къ сѣверу отъ нея, въ разстояніи приблизительно равномъ указываемому (карта безъ опредѣленнаго масштаба), на берегахъ рѣки, другъ противъ друга, въ горахъ, отмѣчены «старый городъ», «старый городъ Афрасіаба». Нѣсколько восточнѣе отъ восточнаго изъ этихъ двухъ «городовъ», опять развалины (къ сѣверу отъ нынѣшней Кучи). Къ одной изъ этихъ группъ развалинъ должны относиться разспросныя указанія Форсайта объ обширныхъ развалинахъ къ сѣверу отъ города, въ горахъ, гдѣ находятъ обломки скульптуръ, пещеры съ фресками и разные остатки древности. Тамъ же, говорятъ, есть большое, высѣченное въ камнѣ, изображеніе человѣческой фигуры. Къ сѣверо-западу отъ города, въ разстояніи приблизительно верстъ 20—25, находятся, повидимому,

1) По указанію Сен-Мартена, ли временъ Сюан-цзана равнялось 329 метрамъ, немного менѣе 1/3 версты. На картѣ Петровскаго 1 ли = 1 юлъ = 1/2 верстѣ.

图 2　1904 年，奥登堡提交的《关于库车考察的活动方案》，全文刊登在俄国委员会会议纪要第十五卷

① Ольденбург С.Ф. Соображения относительно археологической экспедиции в Кучу. Предложение к протоколу заседаний ЗВАРАО // ЗВОРАО. 1904. Т. 15. с. 13.

② Ольденбург С.Ф. Соображения относительно археологической экспедиции в Кучу.с.14.

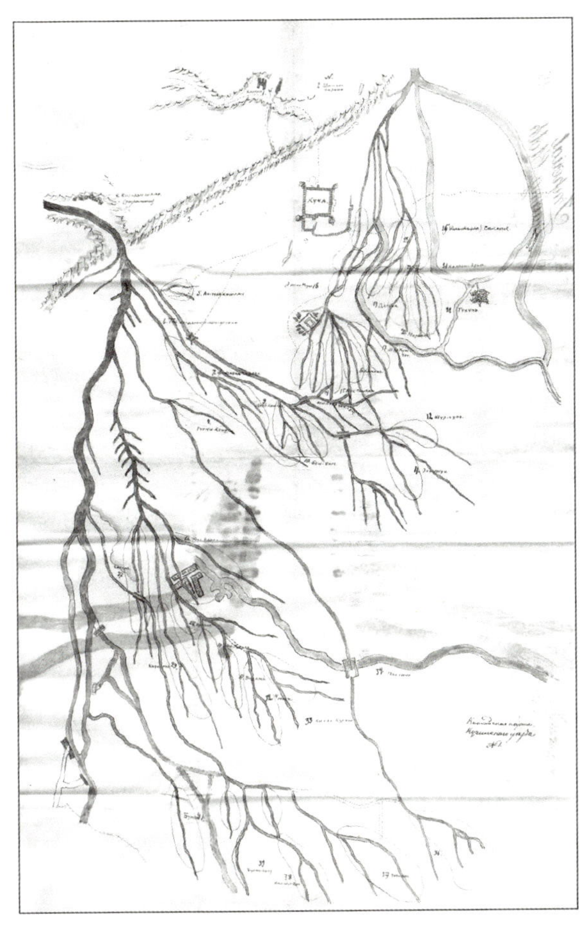

图 3 俄国驻喀什总领事彼得罗夫斯基向奥登堡提供的库车考古地图，现存于俄罗斯科学院东方文献研究所

1904 年吐鲁番和库车考察经费有了着落，委员会拿到了 12000 卢布考察经费[①]。但这次考察活动的筹备充满着戏剧性变化。1904 年 3 月 18 日，委员会例会本应讨论通过的考察队成员为奥登堡、克莱门茨、杜丁，但最后却宣布考察队队员和计划有变，吐鲁番和库车考察活动分别由别列佐夫斯基和杜丁带队完成，奥登堡不在其列。会议纪要原文第 33 项（共 34 项）有如下记录："委员会审阅了《关于装备考察队赴库车和吐鲁番考察的报告》，克莱门茨因某些原因无法参加这次考察活动。如果这次考察可以实现的话，委员会建议别列佐夫斯基完成库车考察，杜丁完成吐鲁番考察。"[②]可以推测出当巴托尔德看到名单上没有奥登堡时的反应，他始终坚持奥登堡应作为考察队队长出行。例会结束后，巴托尔德就新疆考察发表了 4 点意见，严厉谴责委员会更换队员。意见手稿保存在艾尔米塔什博物馆[③]，现摘录并翻译如下：

> 1.因考察重要性和巨大花销必须经俄国委员会讨论后，在委员会通报公布考察方案。
>
> 2.必须说明的一点是，组织赴新疆考察队的条件是奥登堡带队，如果有人取代了奥登堡，此次考察活动取消。从委员会 1904 年 3 月 18 日会议纪要可以看到，委员会刚刚听取了关于新疆考察计划的报告，后续就发生考察队成员不是报告中建议的人员这样的乌龙事件。我们非常不希望这样的情况再次发生。
>
> 3.我们需要将考察范围缩小在几个重要的城镇，需要在起初几个月内完成大部分工作，之后的几个月需要队长直接领导完成重点城镇的研究。
>
> 4.关于考察队员的构成，仅限于专家，分别对应考察队的各项任务，人员构成应与任务相匹配，考察队中应该有建筑学家

① Протокол Заседание 18 марта.1904.// ЗВОРАО. 1906. Т. 16.№ 2. с. 28.
② Протокол Заседание 18 марта.1904.// ЗВОРАО. 1906. Т. 16. № 2. с.32 .
③ 档案现存于俄罗斯艾尔米塔什博物馆，全宗号 38，卷宗号 22。

和考古学家，不需要地理学家。如果有汉学家当然更好，但俄国的汉学家屈指可数，为此可能要费不少周折。

巴托尔德对“考察报告中建议队员”和“委员会例会上宣布的考察队员”不符这样的乌龙事件进行严厉谴责，指出考察队应该有建筑学家和考古学家，不需要地理学家（暗指别列佐夫斯基兄弟），扬言新疆考察队队长如果不是奥登堡，则取消考察活动，并提出即使由其他队员带队，也要缩小范围，意将重要区域留给奥登堡考察。1904 年考察活动因巴托尔德的严正反对而一再推迟，直到 1905 年 11 月 2 日，别列佐夫斯基才从圣彼得堡出发。至于奥登堡没有参加考察队的原因在奥登堡个人档案和委员会会议纪要中均未提及，1904 年罗曾给奥登堡的信中写道：“听到您的事情后，我们感到很遗憾，这对谢廖热的身体影响很大吗？”[①]笔者推测可能是因当时奥登堡的儿子出生后体弱多病，奥登堡主动放弃了考察活动。

四　奥登堡三次中国西北考察计划与1909 年新疆考察活动的关系

1893 年库车考察虽然没有实现，但有三点“收获”。首先，俄国皇家考古协会与喀什领事彼得罗夫斯基建立了联系。在协会的引导下，彼得罗夫斯基创建了文物和情报收集网络，协助考古协会购买了大量古代手稿和文物，收集有价值的新疆考古情报。“考虑到在喀什工作的俄国官员考察古迹和废墟上时间并不自由，建议彼得罗夫斯基利用当地居民收集情报，一方面，他们可以跟踪文物的最新发现情况，想办法买到这些文物；另一方面，他们可以收集关于当地古代遗迹和废墟的最新消息。”[②]其次，彼得罗夫斯基为奥登堡组建新疆考察队提供了建议，为考察队安排考察时间、路线、预算指明了方向。1893 年 1 月初，彼得罗夫斯基对考察队合法入境和雇佣翻译等细节作了补充。“应该提早让北京方面准备护照，我只能给当地的商人签发护照。需要一个突厥语翻译，而不是波斯语翻译。通过翻译就可以和当地中国人交流，最好再雇个东干人，他们天生会讲汉语，也能听懂所有的突厥语。但这些的前提都是考察队懂突厥语，否则就只能再雇一名懂俄语的鞑靼人或吉尔吉斯人。从塔什干沿着邮路到普尔热瓦尔斯克，大概需要 6—7 天，从那直接去吐鲁番，考察结束后再去阿克苏和库车。”[③]彼得罗夫斯基提醒奥登堡务必经北京办理护照，喀什领事馆签发的护照仅面向往返俄属中亚领地和南疆的俄商，同时给出第二种入境方案，即塔什干经普尔热瓦尔斯克到吐鲁番、阿克苏和库车。第三，奥登堡拿到了珍贵的库车手绘

---

① Д.Е. Мишин. М.А. Сидоров и др.Переписка В.Р. Розена и С.Ф. Ольденбурга （1887–1907）. с. 377.

② Бухарин М.Д. Восточный Туркестан и Монголия. История изучения в конце XIX–первой трети XX вв. Т.1:Эпистолярные документы из архивов Российской академии наук и Турфанского собрания. Москва:Памятники исторической мысли. 2018.с. 22.

③ 彼得罗夫斯基致罗曾的信函（1893 年 1 月 4 日），现存于俄罗斯科学院圣彼得堡档案馆，档案编号：СПбФ АРАН. Ф. 777. Оп. 2. Д. 339. Л. 1–3об。

考古地图。1893年2月，彼得罗夫斯基的代理从地方政府手中拿到了一份库车周边地理地形图，彼得罗夫斯基让代理在地图上标明重要古代遗址和废墟的地点，译成俄语后寄给协会供奥登堡使用。"我让人把地图上的汉语和突厥语译成了俄语，并在相应地名旁边标记出来。可能译得不完全准确，做这份工作的中文抄写员或是东干人抄写员的中文水平也不是很好，特别在汉字的辨识上。"[①]这张地图提供了库车详细的地貌、城镇、古代遗迹等情报，清晰地反映出古代遗迹的分布情况，为奥登堡库车考察提供直观和真实的视觉效果。

1901年新疆考察方案是奥登堡新疆考察活动的雏形。我们不难发现，奥登堡1909年新疆考察活动在很大程度上参照了1901年新疆考察方案（详见表1）。从考察队出发时间看，1901年方案中建议"在5月之前准备就绪，6月出发"，奥登堡新疆考察队实际出发日期是1909年6月6日[②]。从考察队人员构成和考察路线上看，方案中建议"考察队由五人组成，其中必须有一位艺术家。路线采取路程最短的方式，经西伯利亚铁路到达塞米巴拉金斯克，再到奥姆斯克或鄂毕。可选取的入境城市有斋桑、塔城和伊犁。接下来，考察队全员随商队经乌鲁木齐到达吐鲁番"，实际上考察队由奥登堡、杜丁、斯米尔诺夫、卡门斯基和彼得林科5人组成，其中有艺术家杜丁负责拍照和临摹，考察路线也是1901年计划中西伯利亚大铁路—塞米巴拉金斯克—塔城—乌鲁木齐—吐鲁番，实际路线和考察队人员构成与1901年计划完全一致。从考察目标看，1901年方案准备派出两支考察队，分别以"吐鲁番、库车"和"和田"为中心，鉴于库车及郊区分布大量的佛教洞窟，实际考察中优先采取了吐鲁番和库车这条考察线路。1901年考察方案中提出"兵分两路""收购手稿""留下两位队员收尾"的方式，考察队在实际中采取了"奥登堡主队和杜丁分队分头考察"[③]'"1909年11月15日杜丁分队提前回国"[④]'"奥登堡带着翻译到库车考察后收尾"[⑤]的方式，将考察队所获手稿经塔城提前运输回国进行研究，节省了时间和花销。从考察时间上看，奥登堡新疆考察队于1909年6月出发，1910年3月返程，共10个月，完全和1901年方案相契合。

1904年别列佐夫斯基的库车考察活动是俄国人首次对库车进行系统的考察活动。别列佐夫斯基围绕奥登堡提交的《关于库车考察的活动方案》，以库车为营地和中心，"我在库车租

① И.В.Тункина. Н.Ф.Петровский как собиратель древних памятников письменности в востосном туркестане. c. 112.

② 郑丽颖：《奥登堡考察队新疆所获文献外流过程探析——以考察队成员杜丁的书信为中心》，《敦煌学辑刊》2020年第1期，第172页。

③ Ольденбург С.Ф. Русская Туркестанская экспедиция 1909–1910 г. снаряженная по высочайшему повелению состоящим под высочайшим Его императорского величества покровительством Русским комитетом для изучения Средней и Восточной Азии. Краткий предварительный отчет. СПб: Издание Импературской Науки. 1914.c.3.

④ 郑丽颖：《奥登堡考察队新疆所获文献外流过程探析——以考察队成员杜丁的书信为中心》，《敦煌学辑刊》2020年第1期，第176页。

⑤ 郑丽颖：《奥登堡考察队新疆所获文献外流过程探析——以考察队成员杜丁的书信为中心》，《敦煌学辑刊》2020年第1期，第179页。

了一间小房子（快到城外了，每个月 4 卢布），这里将成为我的工作地点和照片冲洗室”①。对库车及其周围的苏巴什、克孜尔、库木吐喇、奇里什进行考察，结束后返回库车整理所获文物、手稿及残片。俄国委员会和奥登堡对库车的理解不再仅局限于书本知识和彼得罗夫斯基绘制的地图。别列佐夫斯基绘制了库木吐喇等古废墟平面图，拍摄了大量照片，并临摹了水彩画。两本画册保存在艾米尔塔什博物馆，一本命名为《库车·1906 年》的画册保存在俄罗斯科学院东方文献研究所东方部，每一幅废墟临摹画的下方都标明了废墟或文物所在地或发现地，并对画作中洞窟的穹顶花纹和部分壁画作了描写和说明②。别列佐夫斯基库车考察的实现进一步坚定了奥登堡组织大规模考察队赴新疆考察的信念。

表 1　奥登堡 1901 年考察方案与 1909 年新疆考察活动对比

内容	1901 年方案	1909 年考察活动	是否契合
出发时间	6 月出发	1909 年 6 月 6 日出发	√
人员构成	5 位队员，必须有艺术家	5 位队员，艺术家杜丁在列	√
路线	塞米巴拉金斯克—奥姆斯克—塔城/斋桑/伊犁—乌鲁木齐—吐鲁番	塞米巴拉金斯克—奥姆斯克—塔城—乌鲁木齐—吐鲁番	√
目标城市	吐鲁番、库车、和田、罗布泊、且末	吐鲁番、库车	√
策略	兵分两路	奥登堡主队和杜丁分队	√
方式	挖掘、收购手稿	奥登堡对主要废墟都作了挖掘，在库车收购了手稿	√
策略	留下队员收尾	杜丁提前回国，奥登堡收尾	√
考察时长	10—15 个月	10 个月	√

综上所述，19 世纪末俄国探险家奥登堡就开始关注新疆库车、吐鲁番的古代文化遗产，在欧洲探险家斯坦因、伯希和、格伦威德尔、勒柯克到达新疆之前，就策划了三次新疆考察方案，拟对新疆的库车、库尔勒、喀什、吐鲁番等绿洲城市的古代遗迹进行大规模挖掘和考察。但因经费不足、客观条件和主观因素等原因未能实现。奥登堡并没有因此放弃新疆之行，三次考察计划也在反复修改中逐渐成熟和完善。此后直至 1909 年，奥登堡不断收集新疆考察资料，完善考察方案、招募考察队所需要测绘师、摄影师，同时从国家层面寻求物力、人力、财力协助。1909 年，在俄国委员会、俄国外交部、财政部的全力支持下，奥登堡终于实现了新疆考察之行。

① 别列佐夫斯基致奥登堡的信函（1906 年 2 月 19 日于库车），信函现存于俄罗斯科学院圣彼得堡档案馆，档案编号：СПбФ АРАН. Ф. 208. Оп. 3. Д. 53. Л. 6–7。

② Попова И.Ф. Первая Русская Туркестанская экспедиция С.Ф. Ольденбурга （1909 –1910） .//Российские экспедиции в Центральную Азию на рубеже XIX–XX вв. СПб: Славия.2008.с. 151.

中亚帖木儿王朝宫廷文史馆及其对史学发展的影响

——兼论帖木儿王朝宫廷文史馆的中国文化元素*

艾比布拉·图尔荪

（北京大学历史学系）

帖木儿王朝（1370—1507）是后蒙古时期中亚史学发展的一个重要阶段。首先，帖木儿王朝时期创造的史学著作较为丰富，不同领域的学者与官员均参与到修史活动中来。其次，史学著作的语言种类较多、质量较高，涉及内容范围广、领域宽。再次，帖木儿王朝宫廷文史馆创造了巨大的价值，著书修史特点突出，并逐渐形成中世纪中亚修史传统，对帖木儿时期“文艺复兴”产生了深刻影响，特别是在中亚史学发展过程中具有不可忽视的地位。虽然有关帖木儿王朝宫廷画院①、绘画艺术（细密画）②、文学③、建筑④、天文台⑤等方面已有相关的研究成果，但是迄今为止，针对帖木儿王朝宫廷文史馆及其对帖木儿王朝中亚史学发展的相关研究关注较少⑥，特别是中国文化元素与史学书籍对帖木儿王朝宫廷史学发展的研究与贡献仍较为薄弱。因此，本文在整理与帖木儿王朝宫廷文史馆有关的中亚原始文献记载并且梳理中世纪有关部分的中亚波斯文、察合台文史学著作的基础上，试图分析并总结帖木儿王朝宫廷文史馆的功能，以及不同领域人员的修史活动及其对帖木儿王朝史学发展与中亚史学

* 基金项目：本文系国家社科基金中国历史研究院重大历史问题研究专项项目“中原地区与西域各民族交流交往交融史料整理与研究”（项目编号：LSYZD21005）。

① 穆宏燕：《拜松古尔时期的赫拉特画院及其创新》，《上海交通大学学报》2021 年第 5 期，第 41—50 页。

② 纳思霖·达斯坦：《伊朗细密画中的中国元素》，大象出版社，2022 年，第 157—167 页。

③ 热依汗·卡德尔：《论艾里希尔·纳瓦依的人文精神》，《民族文学研究》2018 年第 5 期，第 93—100 页；C. E. 博斯沃思、M. S. 阿西莫夫主编：《中亚文明史》，刘迎胜译，中国对外翻译出版公司，2010 年。

④ 吾斯曼江·亚库甫：《15-17 世纪撒马尔罕的中国风格建筑“瓷厅”小考》，《西域研究》2002 年第 4 期。*StephenF.Dale,The* garden ofthe eight paradises:Babur and the cultureofEmpire in Central Asia, Afghanistan and India（1483-1530），Boston:Netherlands，2004,p.379；俞雨森：《波斯和中国——帖木儿及其后》，商务印书馆，2015 年，第 65—71 页。

⑤ V.V.Barthold,*Four Studies on the History of Central Asia*,VOLUME II ULUGH-BEG,Translated from the Russian by V.AND T.Mi-norskyLeiden，1963.pp,129-134.

⑥ 关于这方面美国学者 John E. Woods 比较系统地论述了帖木儿王朝时期史学繁荣情况并且分析原因。参见 John E.Woods,*The Rise of Tīmūrid Historiography*, In: Journal of Near Eastern Studies , 1987, Vol. 46, No. 2, pp. 81-108.

史发展的作用，从而比较全面论析帖木儿王朝宫廷史学与修史的特点，并着重探讨中国文化元素与史学书籍对帖木儿王朝时期中亚史学发展的贡献及影响。

一　帖木儿王朝宫廷文史馆与修史活动

回顾帖木儿一生，忙于军事扩展，在建立王朝之后特别重视王朝的政治、经济、文化事业，努力塑造文明宫廷，聚集能人异士来推动帖木儿王朝的蓬勃发展。他在所到之处都要了解该地区有名的知识分子、学者、建筑技术人员等。帖木儿对历史特别感兴趣，具有丰富的历史学识，维·维·巴尔托里德曾提到“帖木儿整个青年时期都是在军事活动中度过的。他没有受过教育，甚至不识字，但他对其宫廷的文化生活并不陌生。除突厥语外，他能说波斯语，可以从和学者们的交谈中获得各种学科的知识。他曾以其历史方面的知识使历史学家依宾·哈勒东感到惊讶”。①此外帖木儿十分尊重和看重史学家②，时常认真听他们的想法和建议。他每一次出征时身边都带有史学家，并且常常命令史学家记录每次战争的相关事宜，还对士兵讲与战术有关的有趣的故事和传说。帖木儿王朝著名宫廷史学家大多都曾参与过帖木儿王朝的战役并创作了重要的史学著作，如尼咱木丁·沙米撰写了《帖木儿武功记》等。

帖木儿在建筑艺术方面也有一定成就，曾在撒马尔罕亲自主持建造商业街市、文化中心、宫廷花园等。那些建筑师有些是从中国邀请的，建筑需要的材料有些也是从中国搬运过来的。帖木儿的宫廷所在地——撒马尔罕，史料中亦有相关记载。③中亚学术界和民间都将帖木儿王朝宫廷称作帖木儿宫廷④，它最初建立于撒马尔罕（1370—1405），帖木儿去世后（1405），儿子沙哈鲁迁都到赫拉特（Hirat，又译“哈烈、黑拉特”）。随着首都的迁移，宫廷中大部分学者都跟随到了赫拉特，值得一提的是此时文史馆得到了进一步的发展，规模也得以扩展。沙哈鲁是一位学者型的君主，他比父亲帖木儿更喜欢历史和文艺事业，更加尊重史学家。他非常注重帖木儿王朝文史馆等发展，在赫拉特专门建立非常壮观的图书馆⑤，同时特别注意历史研究，曾命许多人编撰各类史书⑥。他前往赫拉特时有部分学者随行，其中便包括尼咱木丁·沙米等宫廷史学家，部分学者则留在撒马尔罕为兀鲁伯服务。兀鲁伯也是非常支持科学文化事

---

① V.V.Barthold,*Four Studies on the History of Central Asia*,VOLUME?II ULUGH-BEG,Translated from the Russian by V.AND?T.Mi-norskyLeiden，1963.pp,129-134.（[俄] 维·维·巴尔托里德 [法] 伯希和等：《中亚简史》，耿世民译，中华书局，2005 年，第 66 页）。

② 帖木儿王朝时期社会界一共分为十二级，其中史学家等学者处于相当高的位置。可参见布哇：《帖木儿帝国》，冯承钧译，中国国际广播出版社，2013 年，第 44 页。

③ 罗·哥泽来滋·克拉维约：《克拉维约东使记》，商务印书馆，2017 年。Ruy Gonzalez de Clavijo,Embajada *a Tamorlàn*, Ed. F. Lopez Estrada, Madrid, 1943.（克拉维约：《克拉维约东使记》，洛佩斯·伊斯塔拉达校注，马德里，1943 年。）

④ Amir tvmvr we tvmvriyler deweride medeniyet we senet,tashkent,ghapur ghulam namdigi edebiyat we senet neshiryati,1996-yili,3-bet.

⑤ 罕旦米尔云：“沙哈鲁本人是一个诗人兼艺术家，曾在哈烈创建一所图书馆，延致许多学者文人艺术家，鼓励学术，尤注意于历史寻究。”尼咱木丁、舍利甫丁、法昔喜、奥都剌匝克所以能寻究者，也是他提倡或赞助之功。他曾命哈非思阿不鲁编纂一部大史书，同一部地理志，不幸这部史书大部分已佚而不传。当时突厥诗已经开始同波斯诗角逐了。

⑥ 布哇：《帖木儿帝国》，第 54 页。

业的君主，他喜欢自然科学，尤其是天文知识，对中国的文化科技十分感兴趣并且多次派遣使者前往中国，专门引进相关的先进技术和艺术精品。《明史》和《明实录》中记载的兀鲁伯派使者出使大明的记录便是有力例证[①]。赫拉特和撒马尔罕形成两个文化中心，出现了两地史学共同发展的情况。帖木儿宫廷的机构、规模在不同时期有所变化，比如在建立初期具有综合性、多功能的特点。在沙哈鲁统治时期（1405—1447）规模则更为宏大；拜松古尔统治时期（1414—1433）更为专业，重点发展绘画艺术与书法院，兀鲁伯统治时期（1411—1449）在撒马尔罕扩展了范围，并增加了自然科学（如天文）等内容。总之，宫廷下属有文史馆、战术讨论中心、图书馆、画院、书法院、学术交流中心（王子和公主学习平台）、天文台等聚集历史、政治、经济、文化、文学、艺术、绘画、建筑、自然科学等各种学科的平台。其中，文史馆与书法院是重要组成部分。

该宫廷文史馆聚集了当时中亚、西亚以及周围地区的不同学科的学者，帖木儿宫廷文史馆人员参与修史活动，以历任国王为奉书和国王的成就而撰写专史是帖木儿时期史学发展的显著特征之一。帖木儿王朝宫廷文史馆队伍的层次不同，民族构成比较复杂，有波斯—塔吉克人、阿拉伯人、乌兹别克人、蒙古人等。其中，波斯史学家有一定的规模。参与宫廷文史馆修史活动的人上至国王，下至不同领域的专业人员。概言之，在这一时期从国王到普通官员均涉足修史活动，仅波斯文、察合台文的《帖木儿治国策论》《胜利之书》《凯旋之书》《纪年节要》《四兀鲁思史》等书籍所记载的便有数位国王，先后有多位宫廷文史馆人员参与修史编纂活动。现将修史情况列表如下（表1）：

由帖木儿王朝历代国王编纂的历史著作可知：其一，自帖木儿统治以来，国王便开始参与修史活动，且成为帖木儿王朝历代国王的传统，该传统得以传承，一直延续至帖木儿王朝

表1　帖木儿王朝宫廷国王编纂史学著作统计表

序号	国王	年代	著作
1	帖木儿	1336—1405	《帖木儿治国策论》（帖木儿自传）
2	沙哈鲁	1377—1447	《纪年节要》
3	兀鲁伯	1394—1449	《四兀鲁思史》《四兀鲁天文表》
4	拜松古尔	1397—1433	《拜松古尔之书》
5	胡塞因·巴依喀拉	1469—1507	《热萨拉之巴依喀拉》

① 据笔者统计《明史》和《明实录》有关兀鲁伯的条目共计15个，兀鲁伯曾先后6次向明朝派遣使者，分别为永乐十六年（1418）、宣德五年（1430）、正统二年（1437）、正统四年（1439）、正统十年（1445）、正统十一年（1446），由此可见两国间具有频繁的交往。

最后一位国王胡塞因·巴依喀拉。其二，国王直接参与修史活动的行为在帖木儿王朝中产生巨大影响。王朝学者带头修史，普通老百姓业余修史，共同造就了数量较多、形式多样、内容丰富的帖木儿王朝史学著作，促使中亚史学呈现繁荣发展的局面。其三，帖木儿王朝国王修史传统不仅影响本朝，甚至辐射至周围的王朝，后来的中亚、西亚（甚至包括南亚印度）国王都在一定程度上延续了这项传统。比如帖木儿后代、印度莫卧儿帝国创建者巴布尔（1483—1530）撰写的《巴布尔回忆录》，巴布尔儿子和孙子撰写的《胡玛云之书》和《贾汉杰尔之书》。此外帖木儿王朝的瓦解者昔班尼（1451—1510）撰写的《昔班尼传》，均可体现这项传统在帖木儿王朝之前的中亚历史上并未盛行，直至帖木儿王朝后才陆续得以发展传承。

二 帖木儿王朝时期的史学发展

帖木儿王朝时期的史学家在数量上比之前或以后的任何时期都更占优势，因此在著作内容、语言文字、参与者层次等各方面都较为全面。

（一）史学家

对于中亚史学而言，帖木儿王朝时期是中亚史学发展过程中最繁荣的时期。这一时期出现的史学家与史学著作的数量与质量都远远超过了中亚王朝的其他任何时期，此阶段涌现出许多著名的史学家，同时诞生了许多经典的史学著作。帖木儿王朝时期的史学家比较多，下面主要介绍性地论述帖木儿王朝时期宫廷文史馆中具有代表性的史学家。

1. 哈菲兹·阿布鲁（Hāfiz Abrū，1362—1430）：帖木儿王朝时期最重要的历史学家之一。1362年生于赫拉特，1430年逝世于赞詹河。他曾数次参与帖木儿的一些战役。帖木儿离世后，开始服务于帖木儿的儿子沙哈鲁和帖木儿的孙子贝孙忽儿，并成为宫廷的骨干史学家。他的主要作品是由沙哈鲁委托创作的《作品集》(Majma′ a)，是三部较早的著名历史作品的集合和延续，该著作按编年史形式收录，其中包括《沙哈鲁遣使中国记》。

2. 阿卜德·拉扎克（Abd al-Razzāq Samarqandī，1413—1482）：也被译为阿伯特·拉柴克、阿布杜尔·拉扎克等，历史著作《双福星的升起处和双海之汇合处》的作者，帖木儿朝编年史作家，著名历史学者、政治家、外交官。1442年1月至1445年1月期间沙哈鲁派遣他去印度。他的代表性著作《双福星的升起处和双海之汇合处》详细记录了沙哈鲁王朝与中国明朝之间的关系。需要提到的是，这本著作记载了沙哈鲁在1419—1422年派往北京代表团的第一手资料。在他的著作中还记载了永乐帝和沙哈鲁交换的国书等相关内容。

3. 米尔洪（1433 —1498，Mīrkhwānd）：帖木儿王朝著名学者，历史学家，中亚历史著作《纯洁园》的作者。他的大部分人生在赫拉特度过，他的孙子罕旦米尔（K̲hwāndāmīr）在《新闻集成》一书中记载："我尊敬的爷爷在青年时期四处求学，博览群书，德才兼备，备受民众的敬佩。他的波斯文著作《纯洁园》是一部百科全书性质的历史著作，一共七卷。《纯洁园》的波斯文版本藏于印度孟买（Bombay1845，

1848，1864）和德黑兰（Thiran1853—1857，1954），后来陆陆续续被翻译成法文、英文、德文、俄文、乌兹别克文等。”米尔洪在著作《纯洁园》中收录了《沙哈鲁遣使中国记》的部分内容。

4. 尼咱木丁·沙米（Nizūm al-Dīn ‘Alī Shūmī，？—1431）：1398年8月沙米第一次跟帖木儿见面（本人记载），从此开始在帖木儿宫廷工作。作为宫廷文史馆专职人员，专门从事帖木儿王朝修史活动以及编写国书等事务，还参与帖木儿主持的一些战争，帖木儿委托其完成《帖木儿武功记》。

5. 沙拉夫丁·艾力亚孜德（Sharaf al-Dīn ‘Alī Yazdī，1370—1454）：一个住在巴格达的叙利亚人，在帖木儿攻打巴格达时被降伏，以后转战各地，目睹帖木儿的一切军事行动，写成《胜利之书》。

6. 伊本·阿拉布沙（Ibin·Aräbshaḥ，生卒年不详）：出生于大马士革的中亚历史学家。帖木儿进攻叙利亚时，他才12岁，被俘往河中，在撒马尔罕长大成人，代表作是《帖木儿史的命运奇迹》。作者一反同时代史学家为帖木儿歌功颂德的倾向，对帖木儿提出了尖锐的批评，但作者囿于自身的经历，有些批评难免偏颇。值得一提的是伊本·阿拉布沙的观点和其他宫廷文史馆史学家的不一样，特别是他在书中反对帖木儿，具有特殊的思辨价值和历史研究意义。

（二）史学著作

由表2可知，编修史书的主要人员是帖木儿王朝宫廷文史馆人员、国王和专门从事修史活动的史学家。在1380—1510年左右，宫廷文史馆在帖木儿王朝宫廷中是一股重要力量，宫廷史学家均为来自不同地区的精英人才，受命参与修史工作，担任王朝的参政顾问，在历史、政治、经济、文化、科技等方面发挥巨大作用，并对王朝的发展产生重要影响。更重要的是，他们作为文史馆人员参与了帖木儿王朝的主要修史活动并推动帖木儿王朝史学的发展。

帖木儿王朝史学著作的分类众多，参与修史的人均来自不同层次、不同领域，帖木儿王朝史学著作可从内容和形式上分为两类：从形式上来看有书籍卷册，其中包括编年史、王统史、家族史、教派史、教义史、传记、游记、年表、天文表、大事记等，以及文契简牍。从内容上看，帖木儿时期的历史著作分为以下六种：其一，治策（治国策略）；其二，史（编年史、地方史、家族史、宗教史）；其三，传（自传、他传、合传、密传）；其四，书籍卷册；其五，志（圣迹志、旅游志）；其六，纪（行纪）等。

帖木儿王朝时期参与修史活动的人员分为以下几类：1.国王；2.专员（宫廷文史馆人员）；3.画师与建筑人员；4.米拉布；5.书法家、书记员、法官；6.外国人；7.其他业余人员。除此之外，帖木儿王朝时期的文物也都带有史学因素，都是历史的缩影，都是历史学的研究对象，甚至一个图案或符号也在某种程度能够反映历史。帖木儿王朝时期文化艺术发展到达了高潮，因此这一时期的历史文物也具有一定的史料价值和研究意义。

帖木儿王朝时期史学繁荣发展局面的形成

表 2 帖木儿王朝宫廷文史馆成员所著的史学著作一览表

序号	姓名	年代	所任官职	著作	原文拉丁文转写	语言
1	尼咱木丁·沙米	生年不详—1431	文史馆员	《帖木儿武功记》	ZafarNāmä	波斯语
2	沙拉夫丁·艾力亚孜德	1370—1454	文史馆员	《胜利之书》	ZafarNāmä	波斯语–察合台语
3	伊本·阿拉布沙	生卒年不详	文史馆员	《帖木儿史的命运奇迹》	'Ajiaibaal-Maqdur	阿拉伯语
4	哈菲兹·阿布鲁	1362—1431	文史馆员	《历史集成》	Majma`al-tavārīkh	波斯语
5	基亚思丁·艾力·亚孜迪	1399—卒年不详	文史馆员	《印度战争日记》	Sa ‘ādatnāma/ Rūznama-yi Ghazvāt-i Hindūstān	波斯语–察合台语
6	火者·盖耶速丁	1419—1422	文史馆员、画师、外交家	《沙哈鲁遣使中国记》	Rūznama-yi Khwāje Ghiyās al-Dīn Naqqaš	波斯语–察合台语
7	阿卜德·拉扎克·撒马尔罕迪	1413—1482	文史馆员、史学家、外交家	《双福星的升起处和双海之汇合处》	Matla-us-SadainwaMajma-ul-Bahrain	波斯语
8	罕旦米尔	1475—1534	文史馆员（法官）	《新闻集成》	Xulasat ul-axbār	波斯语
9	米尔洪	1433—1498	文史馆员	《纯洁园》	Rūzat al-Safā	波斯语
10	艾里西尔·纳瓦依	1441—1501	宰相	《文坛荟萃》	Majalis al-Nafa'is	察合台语
11	木因丁·乃坦孜	1412—1414	文史馆员	《木因丁史选》	Muntakhab-i al-Tawārīkh-i Mu ‘īn	察合台语
12	塔吉·撒勒 马尼	1410—卒年不详	文史馆员	《胜利之书的续编》	ZafarNāmäi zayli	波斯语
13	都拉特沙赫·撒马尔罕迪	1436—1495	文史馆员	《都拉特沙赫记》或《诗人传》	Tazkirah-yidowlatshāh	波斯语

离不开帖木儿宫廷文史馆和宫廷史学家的努力。此外，这一时期编修史书的繁荣景象也与政治、经济、文化的发展息息相关，尤其是宫廷给予的政策支持，鼓励着学者进行创作。帖木儿帝国研究专家布哇说："帖木儿虽然无学识，可是喜欢接见学者文人，鼓励他们进行研究。"[①]统治者尊重学者、修史人员和史学家，为宫廷史学家创建了有利条件和平台。最关键的是，帖木儿王朝宫廷文史馆涵盖了多民族、多领域、各行各业的人员，对修史有重要的推动作用。帖木儿王朝时期，上至国王下到普通老百姓都或多或少参与修史活动，虽然他们所著的史学著作涉及的范围和深度不同，质量也参差不齐，但是对于帖木儿王朝时期史学发展均有一定的贡献。

三　帖木儿王朝宫廷史学特点与中国文化因素

据笔者统计，参与帖木儿王朝宫廷文史馆修史活动的人员有50余人，其中包括国王（非正式）、宰相、法官、修文史馆专人、画院人以及其他部门的兼职人员。帖木儿王朝作为一个由中亚、西亚本土化的、成吉思汗后代人创建的政权，虽然在政治统治抑或管理组织形式方面具有鲜明的蒙古传统特点，但在文化形态方面具有浓厚的波斯文化成分。这一帖木儿王朝时期史学的特殊表现便是中亚传统史学在这个大融合时代所呈现出的新气象。从帖木儿王朝宫廷文史馆的考察中可以比较清楚地反映出这一特点。

其一，帖木儿王朝宫廷文史馆是由多民族成份融为一体的。宫廷文史馆人一般具备较高的文化素质，能懂多种语言文字。从他们的史学著作可以看出，波斯人的占比较高，特别是首都迁到赫拉特以后，在第二代和第三代国王时期越来越多的波斯史学家服务于帖木儿王朝宫廷文史馆。由于诸多民族学者参与史学活动，帖木儿王朝时期史学的内容更加多姿多彩。此外，修史活动参与人员种类多，各领域不同专业人员都参与其中，且这一时期史学著作具有多种语言著成，如用波斯文、察合台文、阿拉伯文等。

帖木儿本人以吸引周围的学者为主，初期没有明显地培养出相关的人才。第二代国王开始学习引进中国（明朝）等国家的先进科学技术和思想。第三代国王时期开始进一步培养人才，重建宫廷文史馆。但每个时代较为一致的是始终以培养国王家族人员为主，安排专人为王子和公主们的学习提供良好的平台和机会。值得一提的是第二代国王开始专门派人学习中国的优秀文化，促进了这一时期多民族文化的发展。在推进科技、文艺复兴等方面，从中国学到的文化起到了重要作用。帖木儿王朝宫廷学者在许多方面接受了汉文化因素，在社会生活、先进技术和艺学与建筑等方面向明朝学习，逐渐提高了文化水平和技术工艺。总之，帖木儿王朝史学发展离不开中国文化元素的影响和浸润。

① 布哇：《帖木儿帝国》，第10页。

其二，寻找知识分子，聚焦人才，选用一流的人才任职于宫廷文史馆，为帖木儿宫廷服务。这是帖木儿王朝宫廷文史馆的一个突出特点。帖木儿宫廷学者来自各地，一些帖木儿王朝颇有影响力的学者，以及在政治上发挥过重要作用的人物，都曾担任过宫廷文史馆员，如沙哈鲁和兀鲁伯的导师①——百格艾提喀(Begetke)。还有宫廷文史馆负责人纳瓦依，他是主张推行帖木儿王朝文艺复兴的重要领军人物之一，虽然是诗人出身，但他重视史学家，也著有与历史有关的著作。帖木儿王朝是以“封建君主”为主的政权，文明发展进程起步较晚，但是在百余年间便取得较大成就，与帖木儿王朝的兀鲁伯、拜松古尔、纳瓦依等从事史学工作具有紧密关系。

其三，中国文化对帖木儿王朝史学的影响。从古至今，中国与中亚文化交流源远流长。汉文化对帖木儿王朝史学的影响主要体现在以下几个方面：首先汉文书籍对帖木儿王朝史学风格的影响——书的冠名传统。汉语文献早于中亚的各种语文文献，其正史的形式极有可能对中亚、西亚史学产生影响。中世纪中亚宫廷史学中，作者在冠名历史著作时，具有以国王名称为书籍冠名的传统习惯②。帖木儿王朝史学著作中大部分书名也是如此。从史学著作冠名的习惯特点来看，史学人员为国王命名的传统很可能来自汉唐宫廷史学和书籍冠名的传统，如《汉书》《唐书》等。

帖木儿王朝史学著作的风格多样，具有中亚本土风格、波斯风格、中国风格、印度风格等多种风格，尤其是中国风格。帖木儿王朝注重文化与教育，科技与艺学发展。沙哈鲁时期派遣一千余人的“文化科技艺学学习交流使者团”来到中国，是史无前例的。其次，史学著作封面和中间插图，以及史学著作所用的墨笔来自中国，俞雨森先生曾说道“广为认可的，即是‘中国来源说’。自元至明，来自中国的图像源源不断地传播至伊朗和中亚，经过酝酿和提炼，最终在十四五世纪出现了一个中国风格的黄金时期。黑笔画即是其中最令人惊奇的一笔，它是真正属于丝绸之路的艺术”③。再次，史学著作用的折纸大部分来自中国。最后，重要的一点是，在帖木儿王朝时期的部分著作中使用中国十二生肖纪年法。关于十二生肖纪年法对波斯史学的影响，查尔斯·梅尔维尔在《蒙古时期波斯史学中的汉—回鹘（十二生肖）历法》一文中已论述④，因此不再赘述。帖木儿时期史学著作中也有十二生肖纪年法的使用情况，如：《胜利之书》这本书中广泛使用十二生肖纪年法，这种特点甚至在希瓦汗国史学著作中也有⑤。

---

① 帖木儿王朝时期王子有任专门的导师，负责对王子各方面的教育。他们也是宫廷文史馆的重要人物。

② 中世纪中亚西亚波斯、察合台文文献所见的大部分史学著作一般情况下冠名书名时把书的名称写于当时的国王的名义或赏给某一个国王。如：《帖木儿策略》《巴布尔回忆录》等。

③ 俞雨森：《波斯和中国——帖木儿及其后》，商务印书馆，2017 年，第 101 页。

④ Charles Melville,The Chinese-Uighur Animal Calendar in Persian Historiography of the Mongol Period,British Institute of Persian Studies,Vol. 32 （1994）, pp. 83–98.

⑤ 吾斯曼江·亚库甫：《密喇布及其对希瓦汗国史学发展的影响》，《史学史研究》2019 年第 3 期，第 65—73 页。

总而言之，帖木儿王朝宫廷文史馆对帖木儿王朝时期及后来的中亚、西亚史学发展具有较大作用。首先，帖木儿王朝的君主开拓并创造了编修史书的有利条件，召集各地的学者来宫廷文史馆工作，为帖木儿王朝服务，并且给予充分的政策支持。其次，宫廷文史馆为推动帖木儿王朝史学发展做出了卓越的贡献。帖木儿王朝时期所创作的史学著作在数量上远远超出此前中亚地方政权的史学著作，而且所涉及的内容范围更为广泛，形成了中亚史学发展的辉煌时期。最后，文史馆以外的人员在帖木儿王朝史学发展过程中扮演了重要的角色，充分展现中亚帖木儿王朝兼收并蓄、较为平等自由的修史氛围。

中国文化因素在帖木儿王朝史学发展过程中具有比较重要的促进和推动作用。综合来看，帖木儿统治时期奠定了中亚编修史书传统的基础，后续各个时期的统治者、宫廷文史馆员、史学家、各行业人员均在不同程度上为中亚史学做出过贡献，形成了种类丰富的第一手史料，为研究中亚提供了真实且宝贵的资料。

西安北周史君墓出土金饰的科技分析研究*

谭盼盼[1,3]　杨军昌[2]　刘　艳[2]　郑要争[3]　杨军凯[4]

（1.西北农林科技大学人文社会发展学院；2.西北工业大学文化遗产研究院；

3.西北工业大学材料学院；4.西安市文物保护考古研究院）

引　言

南北朝时期，黄金产量和金器数量锐减，佛教兴盛耗费了大量黄金①。同时，以中亚地区商人为主的移民大量涌入，一些移民甚至在中国定居，并拥有官衔。在这一背景下，中国与西方国家和地区广泛的商业贸易和文化交流，使得包括黄金制品在内的中国物质文化发生了诸多重要的变化。迄今为止，北朝时期的金器出土约80件，广泛分布在陕西、山西、宁夏、河北、河南、甘肃和内蒙古的贵族墓中②。其中，一些具有域外风格特征的金器被认为是巴克特里亚或萨珊的舶来品，如山西太原北齐墓和大同北魏墓出土的珠化金饰③。然而，这些金器中开展科技检测与分析的很少，也未与域外黄金制品的检测数据进行进一步的对比。目前，有两组检测数据的公布：一组是山西太原北齐徐显秀墓出土金戒指，是用高纯度的黄金制作的④；另一组是太原北齐韩祖念墓出土的珠化金耳坠，其金珠焊接使用了熔焊技术⑤。这些检测结果为金器材料和焊接技术的研究提供了重要的数据支撑，但对于金器制作和装饰的相关技术细节缺少进一步地讨论。

针对这一问题，本文以西安北周史君墓出

* 本研究得到陕西省哲学社会科学研究专项资助，项目编号：2024HZ1108。原稿 *Technological characterization of gold jewellery* from the Sogdian tomb of Shi Jun（d. 579 CE） in Xi' an, Shaanxi Province.In：Scientific Reports, 2020, 10（1）, 10804，杨军昌、刘艳为本文的通讯作者，在翻译过程中，作者对原文进行了修订。

① 齐东方：《三国两晋南北朝时期的金银器》，《北方文物》2000年第1期，第21—26页。

② 郝柯羽：《试论鲜卑人体金饰品发展的阶段性特征：基于数量统计的考察》，《文物春秋》2019年第3期，第21—31页；杨军凯：《北周史君墓》，文物出版社，2014年；洛阳市文物工作队：《河南洛阳市吉利区两座北魏墓的发掘》，《考古》2011年第9期，第44—57页；天水市博物馆：《天水市发现隋唐屏风石棺床墓》，《考古》1992年第1期，第46—54页。

③ Judith, A. L. *Finger rings and intaglios in ancient China*, in Linduff, K. M. & Rubinson, K. S.（eds）, *How objects tell stories: Essay in honor of Emma C. Bunker. Chicago: Brepols Publishers*, 2018, pp. 75-94；王倩：《巴克特里亚遗珍：大同北魏墓出土的金耳饰》，《美成在久》2019年第3期，第34—43页；张庆捷、常一民：《北齐徐显秀墓出土的嵌蓝宝石金戒指》，《文物》2003年第10期，第53—57页。

④ 张庆捷、常一民：《北齐徐显秀墓出土的嵌蓝宝石金戒指》，《文物》2003年第10期，第53—57页。

⑤ 员雅丽：《北齐韩祖念墓出土鎏金铜器和金银器的无损检测研究》，《文物保护与考古科学》2018年第30卷第2期，第89—100页。

土的金耳坠和金戒指为对象，对其开展细致的冶金学分析与研究。另外，本文将分析结果与中国北方及其周边区域出土的同时期及后期（公元6—8世纪）黄金制品的科技检测结果进行比较研究，进一步探讨史君墓出土金饰件的来源。

2003年，西安市文物保护考古所在西安市未央区井上村东对北周凉州萨保史君与其妻康氏的合葬墓进行考古发掘（图1a、b）[①]。该墓为长斜坡墓道多天井单室土洞墓，在墓室石堂南壁的门楣上刻有粟特文和汉文的双语铭文（图1c、d），主要内容为史君（粟特语名：Wirkak）出生于史国（Kesh，位于今乌兹别克斯坦撒马尔罕南部的Shahr-i Sabz的附近）的粟特贵族，于公元519年在西平与康国（今乌兹别克斯坦撒马尔罕）的康氏（粟特语名：Wiyusi）结为夫妻，官至凉州（今甘肃武威）萨保并最终定居在长安[①]。然而，该墓遭到了严重的盗扰，墓中出土遗物极少，仅一枚金耳坠、一枚金戒指、一枚拜占庭金币、一件鎏金铜带扣和一件陶灯盏散落在石棺床上[③]（图2）。其中，最精致的当为金耳坠和金戒指（图2b）：金耳坠由一个新月形主体、两个可转动的金珠环和一枚珍珠组成；金戒指的戒托为长方形，其

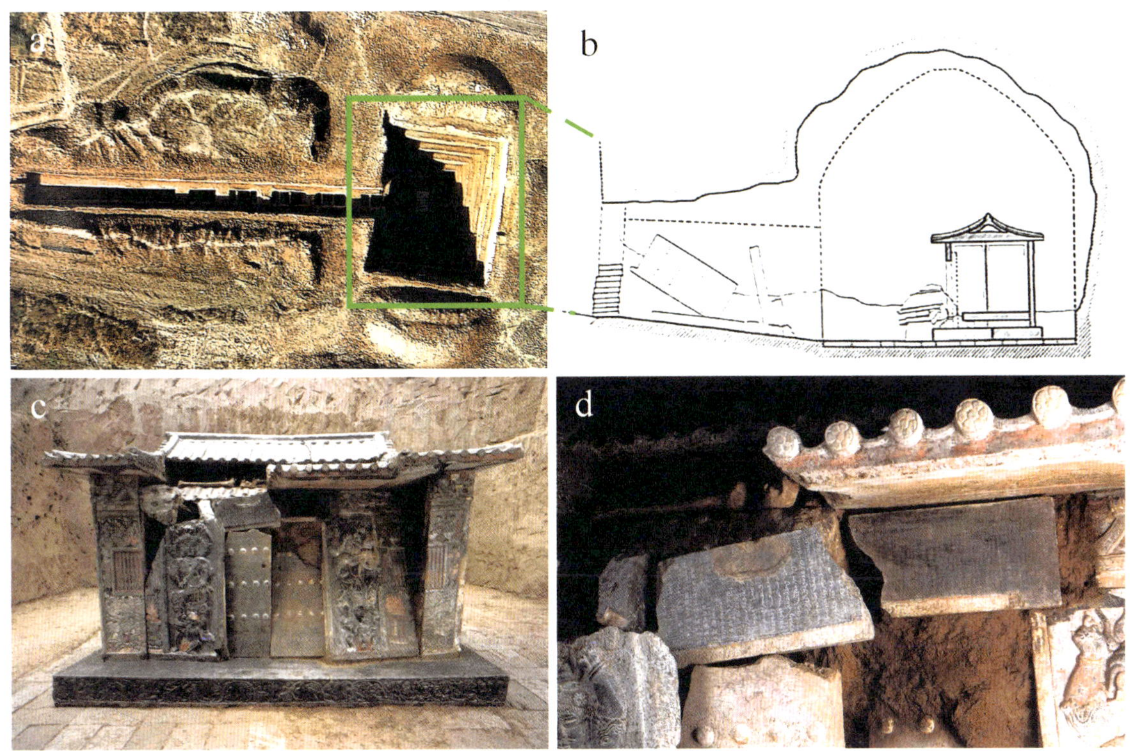

图1 (a) 史君墓鸟瞰图；(b) 史君墓墓室剖面图 (c) 史君墓石堂（现场复原，南—北）；(d) 粟特文与汉文铭文门楣[②]

① 杨军凯、孙武、刘天运等：《西安北周凉州萨保史君墓发掘简报》，《文物》2005年第3期，第4—33页；杨军凯：《北周史君墓》，文物出版社，2014年。

② 杨军凯：《北周史君墓》，文物出版社，2014年。

③ 杨军凯、孙武、刘天运等：《西安北周凉州萨保史君墓发掘简报》，《文物》2005年第3期，第4—33页；杨军凯：《北周史君墓》，文物出版社，2014年。

上镶嵌绿松石，且戒托两侧装饰黑色“V”形图案。这两件金饰造型特殊，在中国北周时期其他墓葬中尚未见到同类型的金饰。

本文使用多种无损检测技术对这两件金饰展开冶金学分析，包括结构、表面形貌和元素成分，以及金耳坠的焊接技术。通过以上细致的检测分析，将全面揭示史君墓出土金饰的制作和装饰技术。

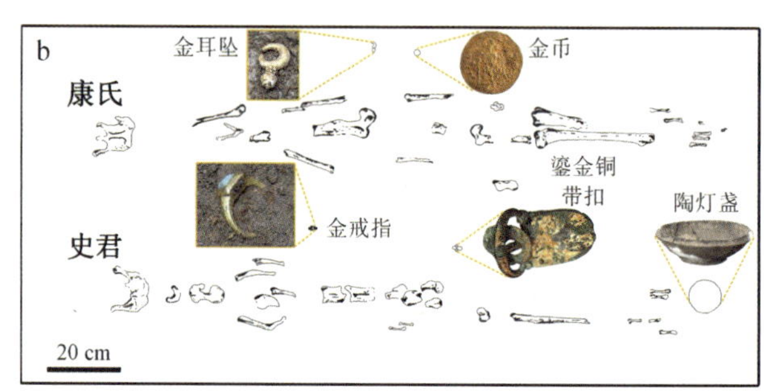

图 2 (a) 石棺床；(b) 5 件遗物在石棺床上分布的位置（谭盼盼重新编辑）

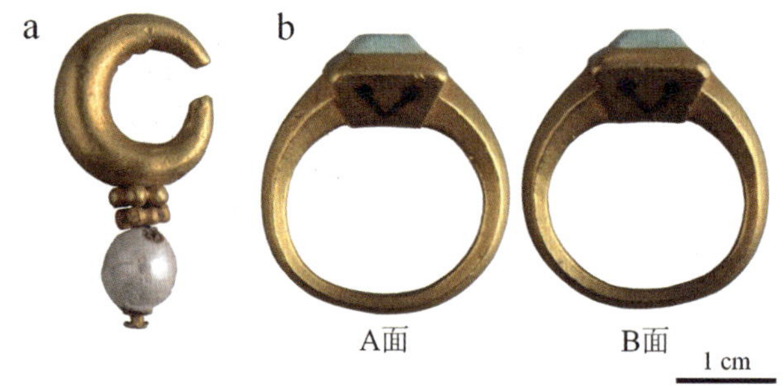

图 3 史君墓出土的金饰：(a) 金耳坠；(b) 金戒指（样品照片由西安市文物保护考古研究院吴晨拍摄）

二 分析样品

由于史君墓在考古发掘前已遭盗扰，因此两件金饰的原始位置已不得而知。经实验室清理之后，金饰表面的装饰细节得以显现。

金耳坠，包括耳坠主体、金珠环、珍珠三部分（图 3a）。其中，耳坠主体中间粗，两端细；金珠环有两个，均由六颗金珠首尾相接而成；珍珠和金珠环穿缀在耳坠末端。金耳坠通高 2.95 厘米，总重 10.95 克。

金戒指，戒托、戒圈一体成型。戒托整体呈倒梯形，两侧对称装饰黑色“V”形图案，戒托内镶嵌浅绿色绿松石；戒圈外侧一条凸棱，剖面呈菱形（图 3b）。金戒指外径 2.42 厘米，内径 1.91 厘米，总重 13.37 克。

三 分析方法

（一）光学显微（OM）分析

金饰件的宏观形貌使用日本 HIROX 公司的 KH-7700 型超景深显微镜进行观察并拍摄显微图片。

（二）X 射线探伤

金耳坠的内部结构使用意大利 GILARDONI 公司的 ART-GIL 350/6 型固定式 X 光机进行拍摄，电压为 160 千伏，最大管电流为 5 毫安，曝光时间为 120 秒，工作距离为 80 厘米；X 光片成像使用德国 DUERR 公司 CR Net /HD-CR 35 NDT Plus 型数字成像系统，成像板型号为 HD-IP Plus。

（三）扫描电子显微镜能谱（SEM-EDS）分析

金饰件的微观形貌使用德国 ZEISS 公司的

EVO MA25 型扫描电子显微镜（SEM）进行观察并拍摄显微照片，工作模式为线平均，加速电压为 20 千伏；微区元素成分使用 SEM 搭载的英国 Oxford 公司的 X-max 20 型能谱仪（EDS）进行分析，工作距离为 8—9 毫米，每个区域选择至少 2 个微区进行成分分析，检测结果进行了归一化处理，最终结果为平均值及其标准偏差。

（四）X 射线衍射（XRD）分析

金戒指黑色“V”形图案的物相结构使用日本 Rigaku 公司的 SmartLab 9kW 型 X 射线衍射（XRD）仪进行分析，该系统探测器型号为 D/teX Ultra，铜（Cu）靶，工作电压为 45 千伏，电流 200 毫安，2θ 扫描角度为 10—100 度。

四 分析结果与讨论

（一）金耳坠

金耳坠的 X 光片显示耳坠包括 A、B 两部分，A 呈细长的杆形，B 呈新月形。B 部分为均匀的实心结构，因此这部分应为铸造而成；A 部分从下到上逐渐变细，至末端又变粗形成钉头形状（图 4a）。进一步放大之后，可以看到 A 有一个多边形且粗糙的表面，以及经捶打的末端（图 4b），这表明这一部分是捶打而成，钉头状的末端可防止金珠环与珍珠脱落。在 A、B 的连接区域，可以看到区域 1 比区域 2 更加粗糙，表明区域 1 是这一连接区域的原始表面形貌，区域 2 是连接区域抛光后的表面（图 4c），这反映出 A 可能是焊接在 B 一侧。元素分析结果（表 1）印证了这一推论：A（图 4b）和 B（图 4d）的成分极为接近，均检测到金（Au）、银（Ag）两种元素，且金含量极高，二者连接区域则为金—银—铜合金（Au-Ag-Cu），其熔点低于二者熔点近 100 摄氏度（图 6），这表明 A 和 B 由高纯度的黄金制作，并使用金—银—铜合金以钎焊技术进行连接。

另外，两个金珠环都由六颗金珠首尾相接

图 4　金耳坠：（a）X 光片；（b）A 末端；（c）A 与 B 的连接区域；（d）B 部分

而成，且两环中的金珠直径相近（金珠环1中的金珠平均直径约1.98毫米，金珠环2中的金珠平均直径约1.96毫米）。然而，从外观形貌上金珠环1的直径小于金珠环2的直径（图4d）。在金珠环1中，金珠形状不规则，金珠之间连接紧密且焊缝狭窄；一些金珠似乎已经熔合在一起，这可能是焊接过程中的过热所致（图5a）。而在金珠环2中，金珠形状相对规则，金珠之间的连接松散且焊缝较宽；在一些金珠连接处可明显看到未完全熔化的填料（图5），表明金珠环2中金珠的焊接温度较低。元素分析结果表明两个金珠环中的金珠成分与耳坠主体的成分相近，但金珠环的焊缝成分表现出明显的不同（表1）。在金珠环1中，焊缝成分与金珠成分相近，表明金珠的连接使用熔焊法①焊接（即直接加热金珠完成焊接）；在金珠环2中，焊缝成分明显不同于金珠，焊缝检测到铜（4.7—5.1 wt%）和含量很高的银（8.3—11.2 wt%）（微区10中检测到含量较高的铜是由于其在焊接过程中受到焊料的影响，图5b），表明

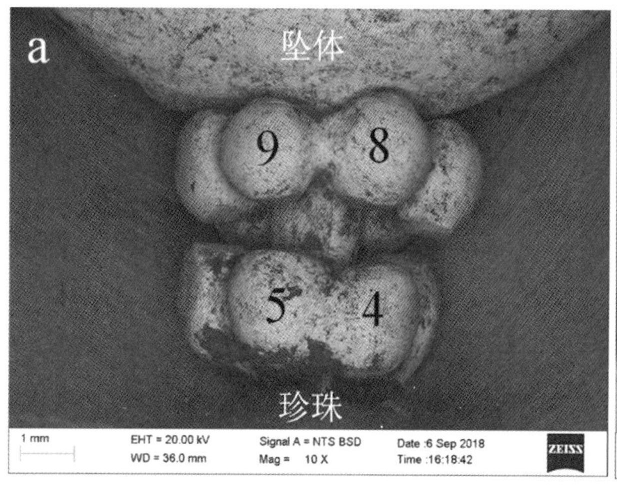

图5　金珠环SEM图片：(a)金珠环一侧；(b)金珠环另一侧

金珠环2中金珠的连接使用了钎焊技术，焊料为金—银—铜合金。

以上的分析表明，A、B两部分的焊接以及金珠环2中金珠的焊接均使用了Au-Ag-Cu合金焊料。金的熔点为1065 ℃，加入银和铜会降低金的熔点②。另外，银的加入也会增加金的硬度和抗拉强度③。A、B间的焊缝和金珠环2中

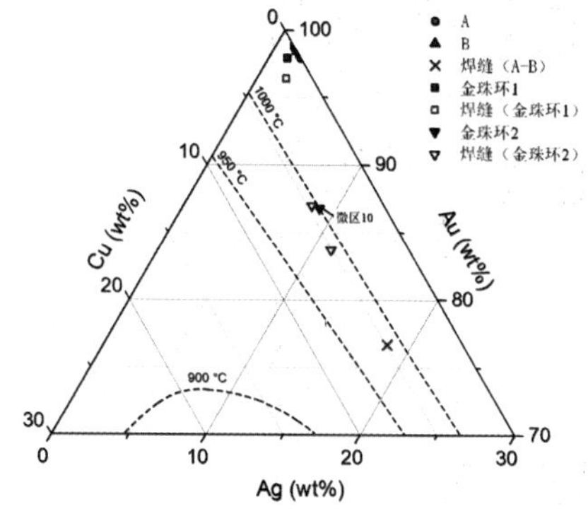

图6　金耳坠的成分在Au-Ag-Cu三元相图中的分布

① Scrivano S, Gómez Tubío B, Ortega-Feliu I, Ager F. J, Paul A, Respaldiza M. A, *Compositional and microstructural study of joining methods in archaeological gold objects*, *X-Ray Spectrometry*, 2017, 46（2）, pp.123–130.

② Scott, D. A, *Appendix: phase diagrams*, In Averkieff, I.（ed.）, *Metallography and microstructure of ancient and historic metals*, Singapore: Tien Wah Press Ltd, 1991, p. 134.

③ 贵金属材料加工手册编写组：《贵金属材料加工手册》，冶金工业出版社，1978年。

表 1　金耳坠的 EDS 分析结果

分析区域	成分（wt%）			成分（at%）		
	Au	Ag	Cu	Au	Ag	Cu
微区 1（n=3，图 4b）	98.5±0.1	1.5±0.1	—	97.3±0.1	2.7±0.1	—
微区 2（n=3，图 4b）	97.9±0.2	2.1±0.2	—	96.2±0.4	3.8±0.4	—
焊缝（A+B，n=3，图 4c）	76.6±6.9	18.4±5.4	4.9±1.5	61.4±9.4	26.5±6.4	12.1±3.1
微区 3（n=3，图 4d）	98.4±0.0	1.6±0.1	—	97.1±0.1	2.9±0.1	—
微区 4（n=3，图 5a）	98.8±0.1	1.2±0.1	—	97.8±0.3	2.2±0.3	—
微区 5（n=3，图 5a）	98.7±0.2	1.3±0.2	—	97.6±0.3	2.4±0.3	—
焊缝（4+5，n=3，图 5a）	98.2±0.3	1.8±0.3	—	96.8±0.5	3.2±0.5	—
微区 6（n=3，图 5b）	98.8±0.2	1.2±0.2	—	97.8±0.3	2.2±0.3	—
微区 7（n=3，图 5b）	97.8±0.4	1.2±0.2	0.9±0.2	95.1±0.8	2.2±0.3	2.7±0.5
焊缝（6+7，n=3，图 5b）	96.3±1.9	1.9±1.1	1.7±0.9	91.6±4.1	3.3±1.8	5.1±2.4
微区 8（n=3，图 5a）	98.6±0.1	1.4±0.1	—	97.4±0.3	2.6±0.3	—
微区 9（n=3，图 5a）	98.3±0.8	1.7±0.8	—	97.0±1.5	3.0±1.5	—
焊缝（8+9，n=3，图 5a）	87.0±2.5	8.3±2.8	4.7±0.4	74.5±3.2	13.0±4.2	12.5±1.2
微区 10（n=5，图 5b）	86.8±4.0	8.9±3.1	4.3±0.9	74.8±6.3	14.1±4.0	11.2±2.4
微区 11（n=3，图 4b）	98.5±0.2	1.5±0.2	—	97.3±0.3	2.7±0.3	—
焊缝（10+11，n=6，图 4b）	83.7±4.9	11.2±3.5	5.1±1.8	70.1±7.6	16.8±4.7	13.1±3.9

焊缝中均含有金、银、铜三种元素，且含量显著高于 A、B 和金珠，这表明工匠有意在金中加入银和铜来制作低熔点焊料（950—1000℃，图 6）。另外，A、B 间焊缝中的银含量更高（18.4 wt%，表 1），这使得焊缝的硬度和抗拉强度更大，防止耳坠在长期使用的过程中金珠环和珍珠脱落。

另外，两个金珠环使用了不同的焊接技术。金珠环 1 使用了熔焊技术，这是一种液相连接技术，通过直接加热焊件完成焊接，形成的焊缝成分与焊件相同①，同时由于没有焊料的加入，熔焊会形成细小的焊缝②，为了达到较好的焊接效果，焊接过程中需要对焊件施加额外的力。在金珠环 1 的显微图片中即可以看到金珠外侧扁平，并且向环心集中。这种焊接温度不好把握，有时焊接温度过高会导致金珠变形。

① Scrivano S, Gómez-Tubío B, Ortega-Feliu I, Ager F. J, Moreno-Suárez A. I, Respaldiza M. A, et al. *Identification of soldering and welding processes in ancient gold jewelry by micro-XRF spectroscopy*, *X-Ray Spectrometry*. 2013, 42（4）, pp. 251-255; Scrivano S, Gómez Tubío B, Ortega-Feliu I, Ager F. J, Paul A, Respaldiza M. A, *Compositional and microstructural study of joining methods in archaeological gold objects*, *X-Ray Spectrometry*, 2017, 46（2）, pp. 123-130.

② Ashkenazi D, Gitler H, Stern A, Tal O, *Metallurgical investigation on fourth century BCE silver jewellery of two hoards from Samaria*, *Scientific Reports*, 2017, 7, p. 40659.

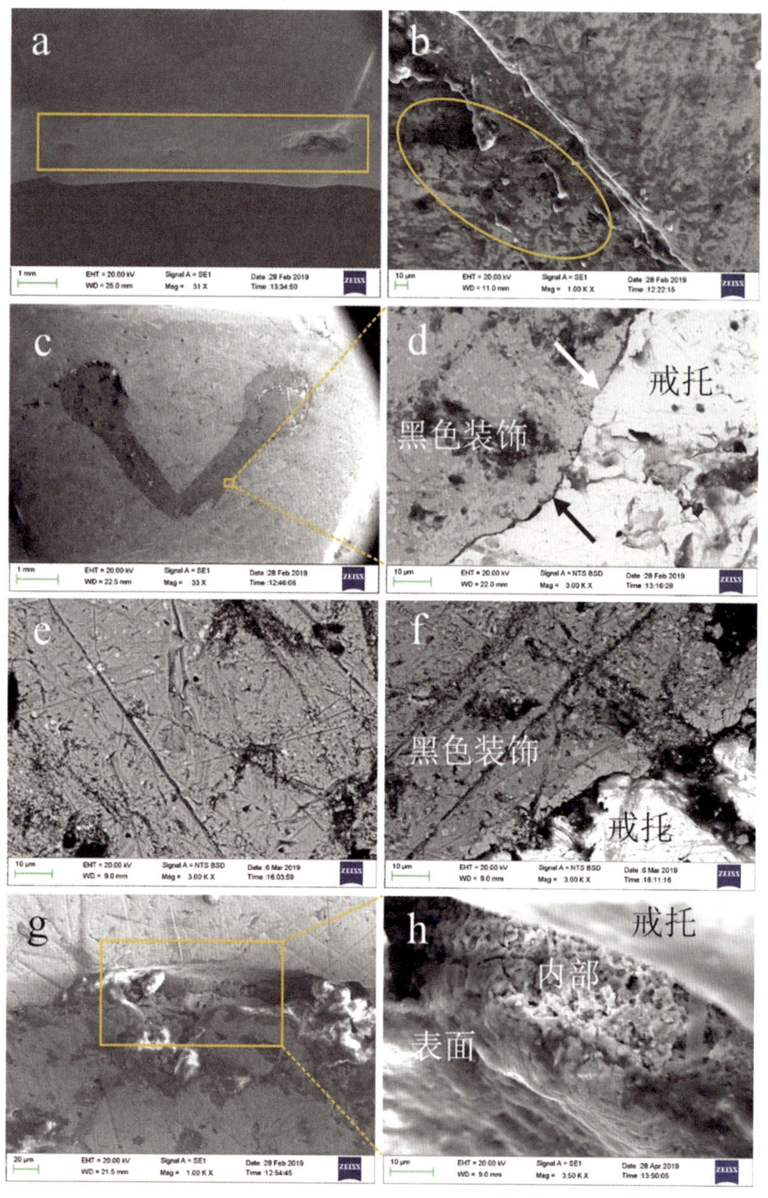

图 7　金戒指及 A 面黑色装饰区域的微观形貌：(a) 戒托底部的铸造缩孔；(b)戒圈表面的铸造缩孔；(c)黑色装饰的表面形貌；(d)黑色装饰与戒托间的空隙；(e)和(f)黑色装饰中亮的夹杂物；(g)黑色装饰左上方的孔洞；(h)黑色装饰的内部

不同的是，在金珠环 2 中，金珠的焊接使用了低熔点的 Au-Ag-Cu 合金焊料，无须外力即将金珠焊接在一起，这使得金珠保持了较为规则的球形，同时也形成了较为粗大的焊缝①。这两种焊接技术由于其不同的焊接原理，使得金珠环 1 在直径上小于金珠环 2。

那么，为什么穿缀在一件金耳坠上的两个金珠环要使用不同的焊接技术？一种可能是，金耳坠由一个工匠独立完成，工匠出于审美考虑选择熔焊和钎焊制作出不同尺寸的金珠环；另一种可能是，金耳坠构件的制作和组装由不同工匠负责，他们使用各自擅长的焊接技术制作金珠环，使用了不同焊接技术的金珠环被偶然地组装在一件金耳坠上。无论哪种可能性，都体现出此时的珠宝匠人拥有高超的金工技术。

（二）金戒指

在戒托的底部和戒圈的表面可以观察到缩孔（图 7a、b），这表明戒指主体是由铸造而成。EDS 分析结果表明金戒指（Au：98.6—98.9 wt%，Ag：1.1—1.4 wt%）与金耳坠的成分相近（表 1），即金戒指也是由高纯度的黄金制作而成。

在戒指 A 面的分析中，戒托两侧的黑色装饰表面均匀且致密（图 7c），从装饰边缘的局部放大区域看到，在黑色装饰与戒托之间有一条空隙（图 7d），这表明黑色装饰是镶嵌在戒托上

① Ashkenazi D, Gitler H, Stern A, Tal O, *Metallurgical investigation on fourth century BCE silver jewellery of two hoards from Samaria*, *Scientific Reports*, 2017, 7, p.40659.

的凹槽内。镶嵌物表面 EDS 分析结果表明，它是由银（Ag）和硫（S）两种元素组成，且分布均匀（表 2）。此外，XRD 结果进一步确认黑色镶嵌物为硫化银（Ag_2S）（图 9a）。硫化银一般是银长期暴露在空气中形成的一种腐蚀产物[①]，而金戒指在出土时便已经有黑色的装饰在表面（图 2b）；另外，埋藏环境下银的腐蚀物成分多样，且以氯化银（AgCI）为主[②]，而 EDS 在黑色装饰区域仅检测到银和硫两种元素。因此，黑色的“V”形装饰，是将黑色物质镶嵌在戒托侧面的凹槽内。在 SEM 的背散射模式下，将黑色区域进一步放大之后，可以看到其表面有一些划痕（图 7e、f），表明黑色装饰为致密材料制作；其中，还能够看到一些形状和尺寸不同的亮的夹杂物，成分检测结果显示其为金颗粒（表 2），并且一些金颗粒聚集在黑色镶嵌物的边缘（图 7f），这表明这些金颗粒很可能是抛光过程中将戒托上的金带到镶嵌物上造成的。基于以上的分析和研究，这一表面致密、化学成分均匀的黑色硫化银很有可能是工匠刻意使用，以和黄金的金黄色形成色彩上的对比。戒托 B 面黑色装饰物的显微形貌和成分分析结果与 A 面黑色装饰物相同（图 8，图 9b，表 2）。这说明戒托两侧的黑色镶嵌物使用了相同的材料和镶嵌技术。

在古代镶嵌技术中，乌银镶嵌是将一种或多种金属的黑色硫化物镶嵌在银、金或铜基合金器物表面的凹槽内。这一装饰工艺的起源目前依然未知[③]。第一个明确地使用乌银镶嵌技术的实物材料早至公元 1 世纪[④]。在罗马帝国时期，乌银镶嵌成为一种流行的装饰技术，但在 10—14 世纪这一工艺却少见于器物装饰；至 15 世纪，乌银镶嵌又重新开始流行，尤其是在意大利被广泛使用；15 世纪后，这一工艺在西欧被珐琅工艺所取代，但在中东和远东的一些地区，乌银镶嵌依然在被使用[⑤]。在中国，尚未见相关文献记载，以及考古出土的乌银镶嵌实物。虽然，在重庆宝坪墓地出土的一件唐代银饰使用了黑色的装饰，经科学检测被认为使用了乌银工艺[⑥]。但是，这件银饰表面的黑色装饰是镀在银饰表面，而非镶嵌在银饰表面的凹槽内，因此银饰上的黑色装饰技术是否归为乌银镶嵌

---

① Allen C. E, *A systematic study of the corrosion layers on excavated coins from varying historical periods*, *Master thesis*, University of Huddersfield, 2016.

② Ashkenazi D, Gitler H, Stern A, Tal O, *Metallurgical investigation on fourth century BCE silver jewellery of two hoards from Samaria*, *Scientific reports*, 2017, 7, pp. 40659.

③ Northover P, La Niece S, *New thoughts on niello*, From mine to microscope: Advances in the study of ancient technology, *Oxbow Books*, Oxford: Oxbow Books, 2009, pp. 145 - 154； Mozgai V, Topa B. A, Weiszburg T. G, Mráv Z, Bajnóczi B, “SEM-EDS and μ-XRD study of the niello inlays of a unique late Roman silver augur staff （lituus） from Brigetio, Pannonia （Hungary）”, Archaeological and Anthropological Sciences, 2018, 11 （4）, pp. 1599-1610.

④ Oddy W. A, Bimson M, La Niece S, *Silver and bronze in the antique and mediaeval periods*, *Studies in Conservation*, 1983, 28, pp. 29 - 35； La Niece S, *Niello: An historical and technical survey*, *The Antiquaries Journal*, 1983, 63, pp. 279-297; Northover P, La Niece S, *New thoughts on niello*, From mine to microscope: Advances in the study of ancient technology, Oxford: Oxbow Books, 2009, pp. 145-154.

⑤ La Niece S, *Niello: An historical and technical survey*, *The Antiquaries Journal*, 1983, 63, pp. 279-297.

⑥ 崔剑锋、刘爽、魏东等：《中国乌银工艺的首次发现和初步研究》，《边疆考古研究》第 7 辑，科学出版社，2008 年第 314-321 页。

表 2 金戒指的 EDS 分析结果

分析区域	成分（wt%）					成分（at%）				
	Au	Ag	S	Cl	Br	Au	Ag	S	Cl	Br
戒托（n=11）	98.6±0.3	1.4±0.3				97.5±0.6	2.5±0.6			
戒圈（n=7）	98.9±0.2	1.1±0.2				97.9±0.3	2.1±0.3			
黑色装饰（A 面，n=3）		76.1±1.6	23.9±1.6				48.6±2.1	51.4±2.1		
黑色装饰中的夹杂物（A 面，n=4）	25.7±8.8	57.6±11.0	16.7±2.7			9.5±3.6	50.1±7.0	40.4±3.6		
黑色装饰的内部（A 面，n=2）		60.5±5.4	3.0±2.1	4.7±1.9	31.8±1.4		47.6±7.7	7.7±4.9	11.1±4.8	3.6±1.0
黑色装饰（B 面，n=4）		75.5±1.2	24.5±1.2				47.8±1.6	52.5±1.6		
黑色装饰中的夹杂物（B 面，n=5）	23.2±8.0	60.2±8.0	16.6±3.1			10.0±4.1	46.9±6.4	43.1±5.4		
黑色装饰的内部（B 面，n=3）		73.3±6.0	6.0±4.9	6.1±2.2	14.6±11.1		55.7±2.8	14.8±11.8	14.0±4.6	15.5±12.6

有待商榷。那么，史君墓出土金戒指应是目前中国境内出土的第一个乌银镶嵌技术的实证。

乌银的成分一直在发展变化之中。在古罗马时期，乌银为单一金属的硫化物，如硫化银镶嵌在银器表面或硫化铜镶嵌在铜器表面①。在公元 5 世纪末，乌银为银—铜（Ag—Cu）二元合金的硫化物；11 世纪的东欧，银—铜—铅（Ag-Cu-Pb）三元合金的硫化物被作为乌银使用②。已发表的乌银科学检测数据表明，公元 4—14 世纪，金器上的乌银为硫化银（Ag_2S）③。

① Northover P, La Niece S, *New thoughts on niello*, *From mine to microscope: Advances in the study of ancient technology*, Oxford: Oxbow Books, 2009, pp. 145–154; Mozgai V, Topa B. A, Weiszburg T. G, Mráv Z, Bajnóczi B, *SEM–EDS and μ–XRD study of the niello inlays of a unique late Roman silver augur staff (lituus) from Brigetio, Pannonia (Hungary)*, *Archaeological and Anthropological Sciences*, 2018, 11 (4), pp. 1599–1610; La Niece S, *Niello: An historical and technical survey*, The Antiquaries Journal, 1983, 63, pp. 279–297.

② Northover P, La Niece S, *New thoughts on niello*, From mine to microscope: Advances in the study of ancient technology, Oxford: Oxbow Books, 2009, pp. 145–154; La Niece S, *Niello: An historical and technical survey*, *The Antiquaries Journal*, 1983, 63, pp. 279–297.

③ Petersen, K. S, *Danish niello inlays from the Iron Age: A technological investigation*, *Journal of danish archaeology*, 1995, 12, pp. 133–149; La Niece S, *Niello: An historical and technical survey*, *The Antiquaries Journal*, 1983, 63, pp. 279–297.

乌银镶嵌技术使用的硫化银（Ag_2S）是由熔融的银和过量的硫反应制成[①]。现代的化学实验表明，硫化银只能以固态的形式填充在金属表面的凹槽内，由于在低于其熔点（861 ℃）的氧化环境中，硫化银在制作过程中很容易分解；因此，可以将已经制好的硫化银（Ag_2S）加热到 600 ℃左右使其软化，然后再将其镶嵌至凹槽中[②]。中世纪早期的文献这样记载乌银技术的步骤：先将乌银粉碎，将其与硼砂、水混合，然后将这些混合物填进金属表面制作的凹槽内，最后原位加热完成镶嵌工作[③]。值得注意的是，透过史君墓出土金戒指表面的"V"形乌银装饰一侧的破损处，可以看到乌银呈现出复合结构，表层致密呈颗粒状、内部疏松呈多孔状（图 7g、h；图 8e、f）。同时，表层只检测到银（Ag）和硫（S），且硫（S）含量较高，内部则检测到与银的腐蚀物相关的银（Ag）、硫（S）、溴（Br）、氯（Cl）元素[④]。这样表里不一的结构和成分，表明史君墓金戒指上的乌银不是将硫化银（Ag_2S）的粉末填充在凹槽内经原位加热而成。

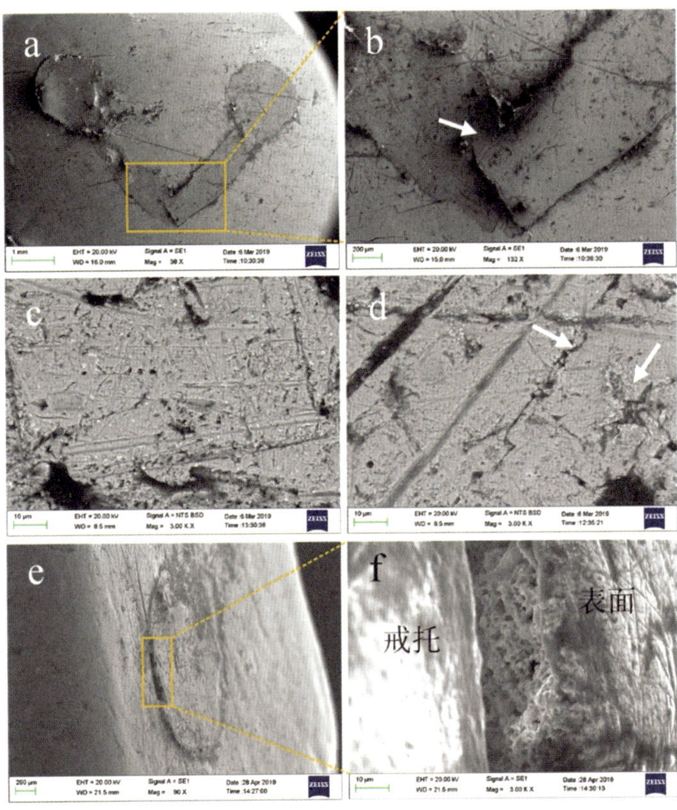

图 8　金戒指 B 面黑色装饰区域的微观形貌：(a)黑色装饰的表面形貌；(b)黑色装饰的局部放大区域；(c)和(d)黑色装饰中亮的夹杂物；(e)黑色装饰右上方的孔洞；(f)黑色装饰的内部

在室温条件下，银会和硫发生反应，加热会加速其反应。另外，基于粉末冶金的原理，银粉和硫粉在较低的温度下也会发生反应。因此，史君墓出土金戒指上的乌银镶嵌的制作加

① Mozgai V, Topa B. A, Weiszburg T. G, Mráv Z, Bajnóczi B, *SEM - EDS and μ-XRD study of the niello inlays of a unique late Roman silver augur staff (lituus) from Brigetio, Pannonia (Hungary)*, *Archaeological and Anthropological Sciences*, 2018, 11 (4), pp. 1599-1610; La Niece S, *Niello: An historical and technical survey*, *The Antiquaries Journal*, 1983, 63, pp. 279-297; Petersen, K. S, *Danish niello inlays from the Iron Age: A technological investigation*, *Journal of danish archaeology*, 1995, 12, pp. 133-149.

② La Niece S, *Niello: An historical and technical survey*, *The Antiquaries Journal*, 1983, 63, pp. 279-297; Oddy W. A, Bimson M, La Niece S. *The composition of niello decoration on gold, silver and bronze in the antique and mediaeval periods*, *Studies in Conservation*, 1983, 28, pp. 29 - 35; Moss, A. A, *Niello*, *Studies in Conservation*, 1953, 1, pp. 49-62.

③ Mozgai V, Topa B. A, Weiszburg T. G, Mráv Z, Bajnóczi B, *SEM - EDS and μ-XRD study of the niello inlays of a unique late Roman silver augur staff (lituus) from Brigetio, Pannonia (Hungary)*, *Archaeological and Anthropological Sciences*, 2018, 11 (4), pp. 1599-1610; La Niece S, *Niello: An historical and technical survey*, *The Antiquaries Journal*, 1983, 63, pp. 279-297.

④ Allen C. E, *A systematic study of the corrosion layers on excavated coins from varying historical periods*, Master thesis, University of Huddersfield, 2016; Hedges R. E. M, *On the occurrence of bromine in corroded silver*, *Studies in Conservation*, 2014, 21 (1), pp. 44-46.

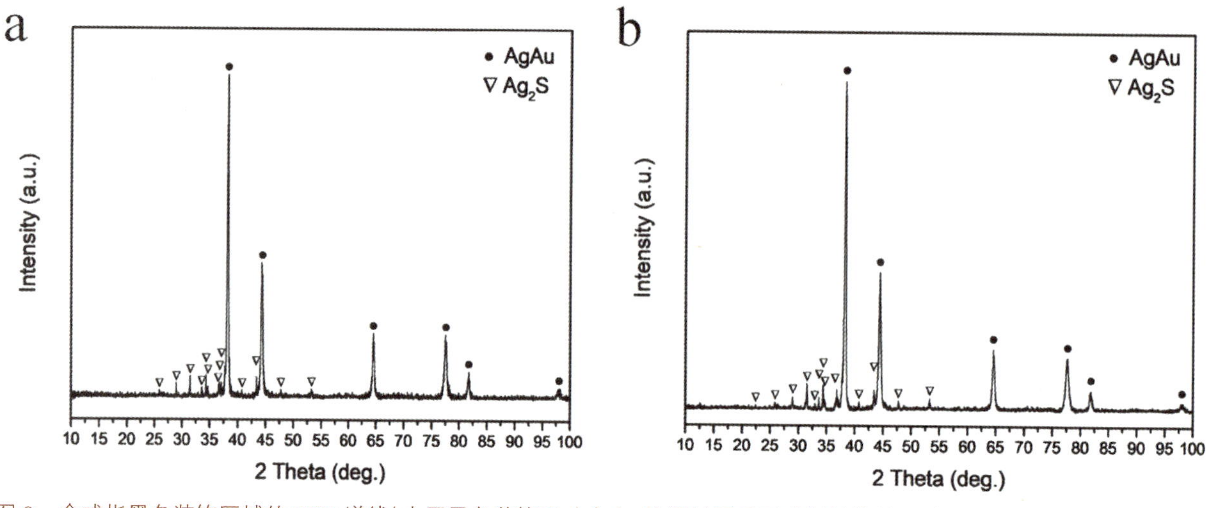

图 9 金戒指黑色装饰区域的 XRD 谱线(由于黑色装饰尺寸太小,检测结果受到戒托基体的影响):(a)A 面;(b)B 面

工可能如下：首先将银粉填充在凹槽内，再将硫粉铺在银粉之上，然后缓慢加热镶嵌区域促进银粉和硫粉的反应，最后压实、打磨、抛光乌银镶嵌的部位。这一打磨、抛光的过程中，戒托上的金颗粒就被带到乌银表面，并且产生划痕（图 7e、f；图 8c、d）。在加热的过程中，一方面，银粉和硫粉反应生成硫化银的海绵状烧结结构，另一方面，表层的硫会发生氧化生成二氧化硫（SO_2）。这种情况下，在制作乌银的过程中，需要使用过量的硫来保证所有的银生成了硫化银，这也就导致表层的硫含量较高的现象（表 2）。另外，土壤中腐殖质—卤化物复合物中的溴化物和氯化物[①]沿着乌银与戒托之间的缝隙进入乌银内部，与其中未反应的银发生反应生成溴化银（AgBr）和氯化银（AgCl），最终在千余年的地下埋藏过程中，形成了多孔的腐蚀结构。

（三）关于史君墓出土金饰来源与起源的一些讨论

以上的元素分析结果表明，金耳坠和金戒指都是使用高纯度的黄金制作。对比已公开的北朝时期的金器检测数据，史君墓出土金饰的成分不同于陕西咸阳北周武帝孝陵出土金饰件[②]和山西太原北齐韩祖念墓出土金耳坠的成分[③]，与北周武帝孝陵[④]和陕西西安安伽墓[⑤]出土的金箔、山西徐显秀墓出土的金戒指成分[⑥]相近。其

① Hedges R. E. M, *On the occurrence of bromine in corroded silver*, *Studies in Conservation*, 2014, 21（1）, pp. 44-46.
② 王贺、梅建军、潘路等：《北周武帝孝陵出土部分金器和鎏金铜器的初步科学分析》，《中国国家博物馆馆刊》2013 年第 2 期，第 129—137 页。
③ 员雅丽：《北齐韩祖念墓出土鎏金铜器和金银器的无损检测研究》，《文物保护与考古科学》2018 年第 30 卷第 2 期，第 89—100 页。
④ 王贺、梅建军、潘路等：《北周武帝孝陵出土部分金器和鎏金铜器的初步科学分析》，《中国国家博物馆馆刊》2013 年第 2 期，第 129—137 页。
⑤ 杨军昌、齐洋、尹申平等：《西安市北郊北周安伽墓出土金属文物的技术分析》，《中国文物保护技术协会第二届学术年会论文集》，2002 年，第 115—120 页。
⑥ 张庆捷、常一民：《北齐徐显秀墓出土的嵌蓝宝石金戒指》，《文物》2003 年第 10 期，第 53—57 页。

中，徐显秀墓出土的金戒指具有明显的萨珊或巴克特里亚风格[①]，因此被认为是粟特商人进奉给徐显秀的礼物[②]。另外，史君墓金饰的成分还不同于其周边地区出土金器的成分，包括辽宁北票北燕冯素弗墓出土的珠化金饰[③]和新疆伊犁波马墓地出土的金器[④]。并且，史君墓出土金饰的成分也不同于较晚期的陕西西安唐李倕墓出土的冠饰中的珠化金饰[⑤]。

考古出土资料表明，金耳坠中的新月形、金珠环和珍珠的组合形式是典型的萨珊风格。这种类型的金耳坠在伊朗 7 世纪的 Qasr-i-Abu Nasr[⑥]和 Siraf（约公元 650—800 年）[⑦]均有出土。除了史君墓的金耳坠，相似的金耳坠还出土于山西大同南郊七里村的一座北魏墓（公元 5 世纪晚期）[⑧]和青海热水吐谷浑墓（公元 7—9 世纪）[⑨]。Judith A. Lerner[⑩]分析史君墓出土金耳坠的装饰风格，认为它可能源自萨珊。依据成分分析结果，赛克勒博物馆收藏的两件伊朗萨珊王朝的金器成分与史君墓出土金耳坠的成分相近，一件为金剑，另一件为鎏金扣饰表面的黄金装饰（公元 7 世纪）[⑪]。

北朝与萨珊、粟特、拜占庭等外来文化接触广泛，新的技术和新思想进入中国[⑫]。因此在长安的粟特人墓中发现具有异域风格的金饰不足为奇。史君墓出土金耳坠的风格和成分将其源头指向了萨珊，但金珠环的焊接技术使得金耳坠的源头很难有一个定论。珠化是一种源自西亚的古老的金属工艺，其中小珠粒的焊接需要高超的技术。最早的珠化制品出土于约公元前 2500 年的乌尔王陵[⑬]；至迟公元前 4 世纪，

---

① Judith, A. L. *Finger rings and intaglios in ancient China*, in Linduff, K. M. & Rubinson, K. S. （eds）, *How objects tell stories: Essay in honor of Emma C. Bunker*. 2018, pp. 75-94。

② 张庆捷、常一民：《北齐徐显秀墓出土的嵌蓝宝石金戒指》，《文物》2003 年第 10 期，第 53—57 页。

③ 申桂云、王怡威、刘博：《冯素弗墓出土金器的分析与研究》，《北燕冯素弗墓》，辽宁省博物馆编，文物出版社，2015 年，第 204—210 页。

④ 吴昊泽：《昭苏波马墓地出土黄金面具的制作工艺分析》，西北大学硕士学位论文，2019 年；Yang F, Rehren T, Kang P, Liu S, Chen K, *On the soldering techniques of gold objects from the Boma site, Xinjiang, China*, *Journal of Archaeological Science: Reports*, 2020,33:102572. 。

⑤ 杨军昌、党小娟、柏柯：《唐代“金珠”工艺制品：出土文物、显微观察与材质特征》，《文博》2014 年第 4 期，第 79—84 页。

⑥ Winlock H. E, Hauser W, Upton J. M, *The Persian expedition* 1933-1934, *The Metropolitan Museum of Art Bulletin*, 1934, 29（12）, pp. 3 22.

⑦ Whitehouse D, *Excavations at Sīrāf: Fifth interim report*, Iran. 1972, 10, pp. 63-87.

⑧ 大同市考古研究所：《山西大同七里村北魏墓群发掘简报》，《文物》2006 年第 10 期，第 25—49 页。

⑨ 首都博物馆、青海省博物馆：《山宗水源路之冲：一带一路中的青海》，文物出版社，2019 年。

⑩ Judith, A. L. *Finger rings and intaglios in ancient China*, in Linduff, K. M. & Rubinson, K. S. （eds）, *How objects tell stories: Essay in honor of Emma* Brepols Publishers, 2018, pp. 75-94; Judith A. L. *The representational motifs*, in Judith A. L, Alarm M. （eds）, *Seal-ings, and tokens from Bactria to Gandhara* （4th to 8th *century CE*）, Vienna: Austrian Academy of Sciences Press, 2011, pp. 29-50.

⑪ Gunter A. C, Jett P, *Ancient Iranian metalwork in the Arthur M. Sackler Gallery and the Freer Gallery of Art*, USA: Smithsonian Institution, 1992.

⑫ Pashazanous H. R, Montazer Zohouri, M. and Ahmadi, T, *Sea trade between Iran and China in the Persian Gulf based on the Excavations of Sīrāf City*, *Indian Journal of Economics and Development*, 2014, 2, pp. 6-13; Mango M. M. *Byzantine maritime trade with the East* （4th-7th *centuries*）, Aram, 1996, 8, pp. 165-175.

⑬ Maxwell-Hyslop K. R, *Sources of Sumerian gold: The Ur goldwork from the Brotherton Library, university of Leeds: A preliminary report*, Iraq, 1977, 39（1）, pp. 83-86.

珠化工艺进入中国的西北地区；自公元前 2 世纪起，珠化工艺流行于汉代的官作金器中[①]。古代金珠的焊接技术有 3 种：（1）熔焊；（2）钎焊；（3）铜盐还原法焊接。已有的检测数据表明，熔焊和钎焊常见于中国北方金器（公元前 4 世纪—公元 10 世纪），而铜盐还原法多见于中亚[②]和地中海地区[③]的金器。

史君墓出土金耳坠使用了钎焊（Au-Ag-Cu 合金焊料）和熔焊两种焊接技术。Au-Ag-Cu 合金焊料在古代中国有着悠久的使用传统，依据甘肃马家塬战国晚期墓地[④]和新疆哈密西沟遗址 1 号墓（战国晚期至西汉）[⑤]出土的珠化金饰的科学检测结果，至迟公元前 4 世纪，Au-Ag-Cu 合金焊料开始用于中国北方边疆地区的珠化金饰中。考古出土资料表明，先秦时期的中原工匠为边疆地区制作包括金器在内的金属制品[⑥]。在汉代的作坊（公元前 1 世纪—公元 1 世纪）中，熔焊技术用于复杂珠化制品的焊接[⑦]，如太原北齐韩祖念墓出土的金耳坠[⑧]。由于钎焊和熔焊技术在北周以前便已经用于金器的焊接，因此从焊接技术的角度而言，史君墓出土金耳坠有可能是本土对萨珊风格的仿制品，而不是萨珊的舶来品。

目前为止，考古出土的北朝时期金戒指有 10 余枚，且均发现于贵族墓中[⑨]。史君墓出土的金戒指是其中唯一一个拥有长方形戒托和使用乌银镶嵌技术的戒指。史君墓出土的戒指上的乌银镶嵌采用了一种创新的镶嵌方式。不同于涂绘，镶嵌的“V”形装饰可以更长久地保存。如前所述，乌银镶嵌技术被罗马工匠广泛地应用于金饰中，成分为 Ag_2S 的乌银持续使用到公元 5 或 6 世纪[⑩]。在拜占庭的戒指中，乌银被广泛用于装饰戒圈和戒托[⑪]。但是，史君墓出土金戒指上的乌银的镶嵌方式不同于西方传统的乌银镶嵌方式。同时，这枚金戒指的成分也不同于拜占庭 4—7 世纪的金饰成分[⑫]。虽然，

① Liu Y, *Exotica as prestige technology: the production of luxury gold in Western Han Society*, Antiquity, 2017, 91（360）, pp. 1588-1602.

② Yu H, *Analysis of bronze artifacts and gold ornaments excavated from Xiongnu tombs No. 2~4 at Duurlig Nars in Mongolia*, *Journal of Conservation Science*, 2012, 28（2）, pp. 175-184.

③ Paolo Parrini, Edilberto Formigli, Mello E, *Etruscan Granulation*: *Analysis of orientalizing Jewelry from Marsiliana*, *American Journal of Archaeology*, 1982, 86（1）, pp. 118-121.

④ 黄维、陈建立、王辉等：《马家塬墓地金属制品技术研究: 兼论战国时期西北地区文化交流》，北京大学出版社，2013 年。

⑤ 谭盼盼、纪娟、杨军昌等：《新疆哈密巴里坤西沟遗址 1 号墓出土部分金银器的科学分析》，《文物》2016 年第 5 期，第 85—91 页。

⑥ Stark S, *Nomads and networks: elites and their connections to the outside world*, in Stark S, Rubinson K. S,（eds.）, *Nomads and networks: the ancient art and culture of Kazakhsta*, Princeton（NJ）: Princeton University Press; 2012, pp. 107-138.

⑦ 谭盼盼、张翠敏、杨军昌：《大连营城子汉墓出土龙纹金带扣的科学分析与研究》，《考古》2019 年第 12 期，第 106—115 页。

⑧ 员雅丽：《北齐韩祖念墓出土鎏金铜器和金银器的无损检测研究》，《文物保护与考古科学》2018 年第 30 卷第 2 期，第 89—100 页。

⑨ 魏秋萍：《试析两晋南北朝时期的金戒指》，《文物世界》2014 年第 6 期，第 9—12 页。

⑩ Northover P, La Niece S, *New thoughts on niello*, *From mine to microscope: Advances in the study of ancient technology*, Oxbow Books, Oxford: Oxbow Books, 2009, pp. 145-154.

⑪ British Museum, Department of British and Mediaeval Antiquities, and Dalton O. M, *Catalogue of the finger rings, early Christian, Byzantine, Teutonic, Mediaeval and later bequeathed by Sir Augustus Wollaston Frank*”, London: Order of the Trustees, 1912.

⑫ Oddy W. A, La Niece S, *Byzantine gold coins and jewellery: A study of gold contents*, *Gold Bulletin*, 1986, 19（1）, pp. 19-27.

史君墓出土的戒指的起源目前尚无法给出定论，但可以确定的是乌银镶嵌在北朝之前是一项完全外来的技术。本文的科技检测数据为未来的相关研究提供了更为丰富的材料。

结　论

北周史君墓出土的黄金饰件包含了多样的制作技术和创新的工艺方法。成分分析结果显示金耳环和金戒指由高纯度的黄金制成。金耳坠分析结果表明，工匠制作金耳坠依据构件的功能选择了不同的焊接技术。高 Ag 的 Au–Ag–Cu 合金用于焊接耳坠主体的两部分，形成高强度的焊缝；金珠环 1 的焊接使用熔焊技术，金珠环 2 的焊接使用钎焊技术，不同的焊接技术使得 2 个金珠环具有不同的尺寸。金戒指上戒托两侧黑色“V”形图案的显微分析、成分检测及 XRD 物相分析表明黑色装饰是使用乌银镶嵌技术制成，通过在戒托上的凹槽内加入银粉和硫粉原位加热形成。这枚金戒指是目前中国境内出土的第一个使用乌银镶嵌技术的实物证据。

然而，由于缺乏同时期萨珊与拜占庭更多的数据对比，目前这两件金饰的产地很难明确。从风格与技术（珠化和乌银镶嵌）的角度，两件金饰受到了多元文化的影响，具有新月形主体和金珠环的金耳坠在 5—9 世纪的中国北方地区广泛分布，并且其原型可以追溯到萨珊。公元前 4 世纪中国西北地区的珠化金饰通常使用 Au–Ag–Cu 合金焊料焊接金珠，公元 1 世纪中原地区更加复杂精巧的珠化金饰使用熔焊技术焊接金珠，至北周这两种焊接技术被用于史君墓出土的金耳坠上。因此，金耳坠很有可能是模仿外来风格的本土制作。本文另一个重要的发现是金戒指表面的乌银镶嵌技术，它使用了不同于西方的乌银镶嵌技术。在未来的工作中，研究者需要进一步结合金耳坠上的珍珠和金戒指上的绿松石进行综合研究，以明确这两件史君墓出土的金饰的来源。

基于 CiteSpace 可视化分析的敦煌壁画研究现状与进展

任党利　谢　洋　苗志超

（西安建筑科技大学图书馆）

2019 年 8 月 19 日，习近平总书记在敦煌研究院座谈时指出，“敦煌文化展示了中华民族的文化自信”。[①]敦煌是世界四大文明的交汇地，敦煌壁画作为石窟内壁的绘画遗产，所刻画的社会生活，所反映的精神境界，所构想的彼岸景观，所描摹的造型变形，题材多样、物景繁多、意蕴丰富，展现了中华民族的文化自信和开放包容。因此，敦煌壁画研究成为敦煌研究中参与人数最多、学术取向最广、成果最为丰硕的综合性研究。

壁画作为绘画的一个类型，是指绘制在土、砖、木、石等各种介质载体上的画作。敦煌壁画特指中国敦煌石窟内壁的绘画作品，包括敦煌莫高窟、西千佛洞、安西榆林窟等 522 个石窟历代的壁画作品，这些画作总面积 5 万多平方米，属于世界文化遗产。敦煌石窟壁画内容博大精深，包罗万象，被中外学者誉为“墙壁上的博物院”[②]。敦煌壁画的题材、类别、造型、风格、保护、文创和数字化等，成为很多学者和业界聚焦的研究对象。千百年来，敦煌石窟壁画由于受所处气象环境诸因素、壁画制作及结构、壁面所依附岩体的矿物组成及水文环境等因素的影响，壁画产生了多种类型的病害。这些病害中对壁画损坏最严重，且最难治理的是壁画地仗酥碱、起甲剥离及壁画颜料的变色、褪色[③]。保护好、传承好历史文化遗产是对历史负责、对人民负责。在中华民族伟大复兴历史进程中，必须守住民族之魂、留住民族之根，敦煌壁画的多元研究因此具有更重要的意义和价值。

为此，本研究利用 CiteSpace 软件，通过导入敦煌壁画研究的有关数据，用可视化方法对

---

① 习近平：《在敦煌研究院座谈时的讲话》，《中国文物科学研究》2020 年第 1 期，第 2—3 页。
② 樊锦诗：《敦煌石窟研究百年回顾与瞻望》，《敦煌研究》2000 年第 2 期，第 40—51 页。
③ 李最雄：《敦煌石窟保护工作六十年》，《敦煌研究》2004 年第 3 期，第 10—26 页。

敦煌壁画研究的整体状况进行分析，绘制出敦煌壁画研究的发文量趋势图、作者合作网络图谱、关键词共现图谱、关键词聚类时间线图谱、作者共被引聚类图谱、期刊（图书），共被引聚类图谱等，揭示出敦煌壁画研究的学术轨迹和知识关联，并盘点出当下和未来敦煌壁画研究的热点和趋势，以期为繁荣敦煌壁画研究提供一定的支持。

一 研究方法

敦煌壁画研究是一个庞杂而丰富的研究领域，在敦煌学中独树一帜。最近几年，CiteSpace 软件成为不同学科分析研究的重要科学计量工具，通过量化统计的方法挖掘数据，以分析学科在一定时期发展的趋势和动向，形成若干研究前沿领域的演进历程。CiteSpace 软件在不断发展中，版本不断更新迭代，本研究使用的是 V6.1R6 版本。其以 Java 语言为基础，以 CNKI（中国知网）、CSSCI（中文社会科学引文索引）等数据库为知识来源，将符合条件的文献数据导出，进行数据整合并转换格式后导入 CiteSpace，通过参数的设置能便捷地获取可视化的知识图谱，直观呈现相关研究情况。因此，借助 CiteSpace 软件能够直观了解学科领域研究路径的演化，通过绘制可视化的图谱，有助于深入分析学术演化及发展趋势。

本研究以 CNKI 知识库为文献来源，以主题词“敦煌壁画”在中国知网 CNKI 总库中进行高级检索，检索范围设置为学术期刊、会议论文、学位论文、图书，时间截至 2022 年 12 月 31 日，共获取 4967 篇有效文献，其中期刊论文 3693 篇，学位论文 1183 篇，会议论文 81 篇，图书 5 本。借助 CiteSpace 可视化文献计量分析软件，从著者、关键词两个方面，分别绘制知识图谱，以呈现国内 1951—2022 年对“敦煌壁画”的研究状况和轨迹变化。

二 研究呈现

（一）发文量的变化轨迹

CNKI 知识库是一个不断扩容的系统，目前收录文献的起点为 1915 年，但由于数据录入和技术处理等原因，以“敦煌壁画”为主题词检索的最早文献为 1951 年。实际上，对敦煌壁画的研究文献远早于 1951 年。通过对检索到的文献发文量进行统计，可以看到这些年相关研究的变化轨迹（图 1）。

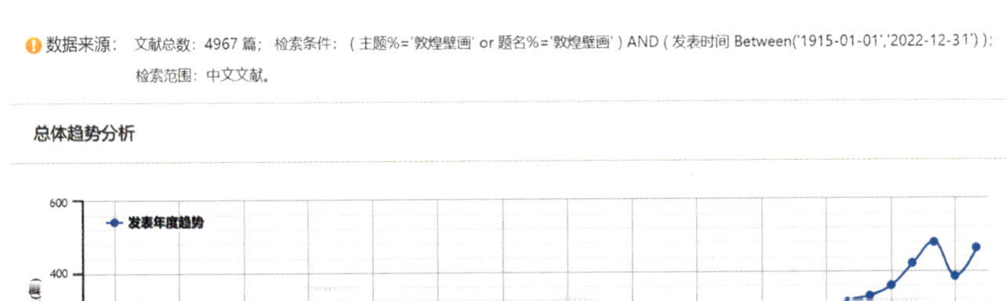

图 1 发文趋势

就敦煌壁画研究而言，七十多年的历程可以分为三个阶段：1951—1979 年，初步形成阶段，发文量缓慢平稳，共发表以“敦煌壁画”为主题词的学术文献 36 篇，主要集中在考古、旅游、美术、书法、雕塑、摄影、音乐、舞蹈等领域。1980—2002 年，基础发展阶段，发文量平稳增长，共发表以“敦煌壁画”为主题词的学术文献 586 篇，主要集中在考古、旅游、美术、书法、雕塑、音乐、舞蹈、宗教等领域。2003—2022 年，发文量高速增长，共发表以“敦煌壁画”为主题词的学术文献 4347 篇，领域大幅度增加。主要集中在考古、旅游、美术、书法、雕塑、音乐、舞蹈、宗教、文创、数据处理等领域。其中 2021 年敦煌壁画研究达到最高峰，共计 478 篇，与举办“中国敦煌活动年”“故宫敦煌展”等亦有关系。

（二）著者共现知识图谱

研究成果的产出离不开具体的研究者，这些研究者构成了一个个学术共同体，这些学术共同体所构成的社会网络能够揭示出独特的学术生态。换句话说，通过研究作者的合作网络，可呈现出敦煌壁画研究的核心作者及作者之间的合作强度和互引关系[①]。

在 CiteSpace 软件中，将时间跨度设置为 1951—2022 年，单个时间切片为 1 年，以知识单元 g-index 提取，以余弦（Cosine）算法，从而绘制出敦煌壁画研究的作者合作网络知识图谱。其中，发文越多的作者，节点越大，年轮环的颜色代表不同年份，年轮环的宽窄代表该作者该年发文的篇数多少。节点之间的连线表示两个作者之间的合作关系，连线越粗，表明共现次数越多，合作关系越紧密。（图 2）

根据作者发文情况统计表（表 1），以发表文章最多的王进玉为例。王进玉共发表关于敦煌壁画研究的学术论文 23 篇，第一篇是发表在

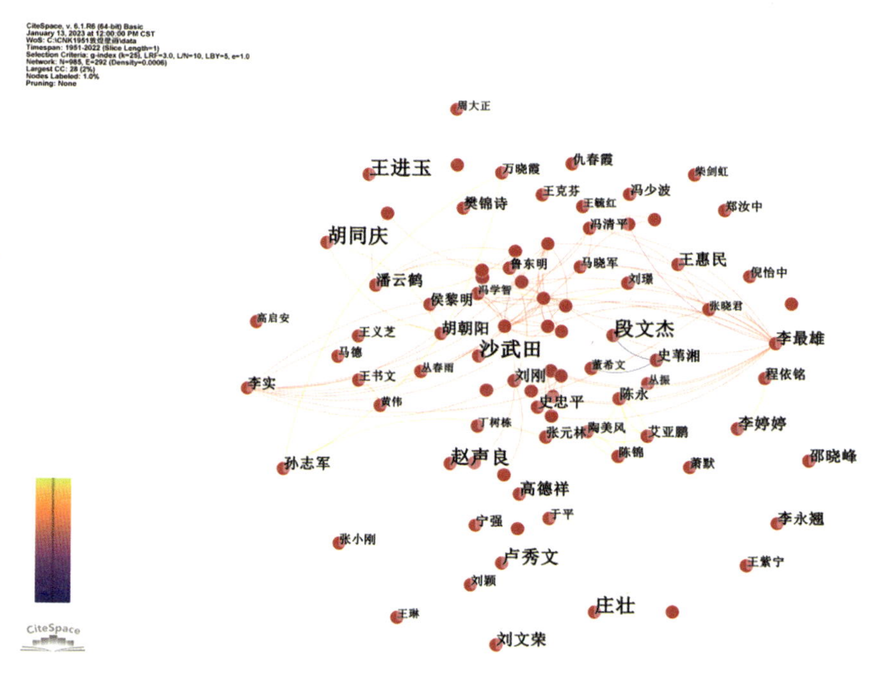

图 2　著者共现知识图谱

① 胡泽文、孙建军、武夷山：《国内知识图谱应用研究综述》，《图书情报工作》2013 年总第 57 卷第 3 期，第 131—137 页。

表 1　作者发文情况统计表

作者名	发文量	首次发文时间
王进玉	23	1985
沙武田	21	1998
胡同庆	19	1985
庄壮	18	1985
段文杰	18	1951
赵声良	16	1990
卢秀文	14	1989
刘文荣	10	2013
高德祥	10	1988
李婷婷	9	2010
李最雄	9	1988
王惠民	9	1990
胡朝阳	9	2003

《农业考古》1985 年第 2 期中的文章《敦煌壁画中农作图实地调查》，其被引最多的文章是发表在《文物保护与考古科学》2003 年第 3 期中的文章《敦煌石窟艺术应用颜料的产地之谜》。但从合作网络图谱来看，王进玉、沙武田和别的作者联系并不紧密，是因为王进玉、沙武田很多文章都是独立署名。而中心性最高的是李最雄、孙志军、万晓霞，也是合作性最高的研究者。

（三）关键词共现图谱

研究文献中出现最多的词语昭示了一种表征，关键词的共现就是对文献中作者提供的关键词进行提取和分析。通过数据处理和数据清洗，在 CiteSpace 软件中将时间跨度设置为 1951—2022 年，单个时间切片为 3 年，以知识单元 g-index 提取，以余弦（Cosine）算法，从而绘制关键词共现知识图谱。（图 3）

在图谱中，关键词节点越大表示出现频次越高。节点之间的联线显示共现关系。节点环的颜色代表关键词出现的年份，宽窄代表出现的多少，带紫色外环的节点说明该关键词具有高中介中心性，起着桥梁的作用。中心性可测度主题的重要程度，中心性大于等于 0.1 的词则为高中心性词，具有高中心性的词通常是连接不同领域的关键纽带。

统计结果显示，出现频次最高的 20 个关键词由强到弱分别是：敦煌壁画、敦煌、张大千、壁画、敦煌石窟、敦煌艺术、色彩、唐代、莫高窟、敦煌舞蹈、敦煌舞、经变画、飞天、敦煌文化、佛教、造型、段文杰、常书鸿、传承、山水画。当然，这些关键词存在一定的交叉部分，但作为一个整体词语，能够揭示出研究对

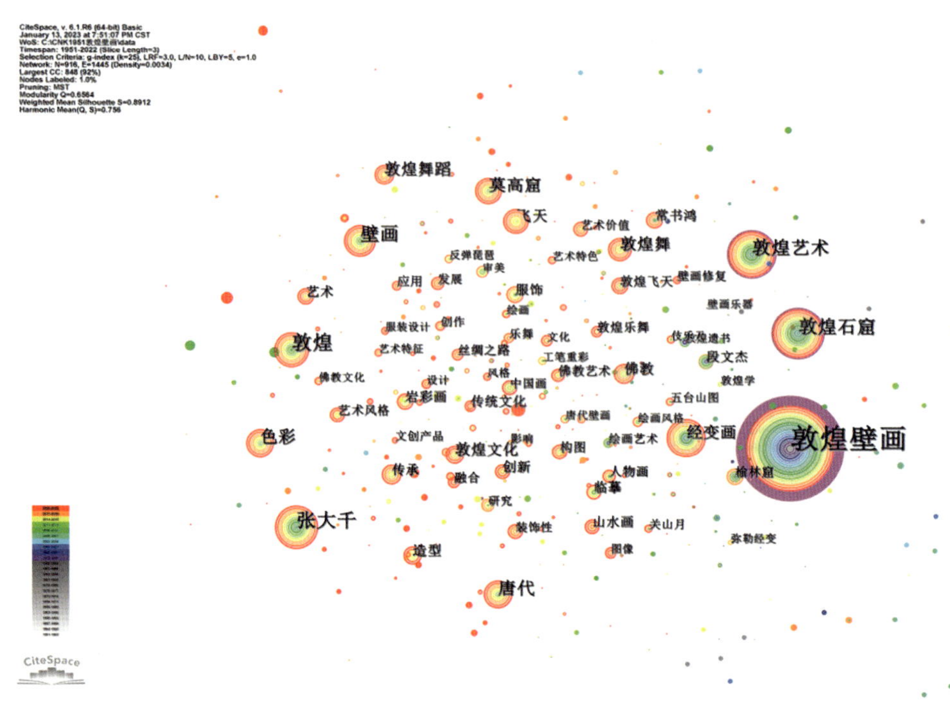

图 3　关键词共现知识图谱

象的热度。

统计结果显示，具有高中介性和桥梁作用的关键词由强到弱为：敦煌壁画、敦煌石窟、敦煌艺术、张大千、唐代、经变画、敦煌遗书、服饰、艺术价值、敦煌学、敦煌、壁画、创新、唐代壁画、数字化、烟熏壁画、莫高窟、敦煌文化、佛教、常书鸿。（表 2）从关键词的中介性数值能够呈现出研究对象之间的连接状况，从而揭示出不同研究领域之间的逻辑关系。

（四）关键词聚类时间线图谱

时间是历史研究的一个重要维度。本研究对关键词选取共同特征进行聚类，选取最大的 9 个聚类形成关键词聚类时间线图谱。（图 4）通过时间线知识图谱，可以清晰展现各聚类中成员的数量，从而判断该聚类所占的重要性，得出某一研究主题的兴起、繁荣和衰落的全生命过程，可以探析聚类所反映的研究主题的时间特征①。

聚类名敦煌壁画是最大的集群，聚类族群有 82 个成员。该聚类群中频次最高的关键词是：敦煌壁画、佛教美术、中国化。该集群主要施引文献为李洋、吴滢 2019 年在《民族艺林》刊发的《北朝敦煌石窟壁画中的山水元素比较研究》一文。该文认为敦煌的石窟壁画在北朝时期也出现了许多作为装饰背景的山水点缀，这些壁画的遗存填补了早期山水画发展的图像资料，但又与传统认识中的山水创作具有很大区别。

聚类名色彩是第二大集群，聚类族群有 64 个成员。该聚类族群中频次最高的关键词是：

① 李杰、陈超美：《CiteSpace：科技文本挖掘及可视化》，首都经济贸易大学出版社，2017 年，第 158 页。

表 2 关键词中心值

关键词	首次出现年	中心性值
敦煌壁画	1951	1.11
敦煌石窟	1951	0.16
敦煌艺术	1982	0.12
张大千	1980	0.1
唐代	2006	0.08
经变画	1982	0.08
敦煌遗书	1988	0.07
服饰	2007	0.06
艺术价值	2005	0.06
敦煌学	1989	0.06
敦煌	1994	0.05
壁画	1991	0.05
创新	1993	0.05
唐代壁画	1956	0.05
数字化	2003	0.05
烟熏壁画	1991	0.05
莫高窟	2005	0.04
敦煌文化	2006	0.04
佛教	2001	0.04
常书鸿	1984	0.04

唐朝、色彩、飞天。该集群的主要施引文献为李红妍 2013 年在《2013 中国流行色协会学术年会论文集》中刊发的《奏响色彩的乐章——盛唐时期敦煌壁画色彩艺术研究》一文，该文通过选择和提取盛唐时期壁画中的图案，分析盛唐时期敦煌莫高窟壁画色彩的艺术特色，进而探究我国传统艺术中的色彩配置及其应用规律。

聚类名敦煌舞，聚类族群有 62 个成员。该聚类群中频次最高的关键词是：莫高洞、敦煌舞乐、敦煌舞。该集群的主要施引文献为段文杰 1987 年在《敦煌研究》刊发的《飞天——乾闼婆与紧那罗——再谈敦煌飞天》，该文章认为敦煌飞天不是印度飞天的翻版，也不是中国羽人的完全继承。敦煌飞天是以歌舞伎为蓝本，大胆吸收外来艺术营养，充分展现了新的民族风格。

聚类名张大千，聚类族群有 53 个成员。该聚类群中频次最高的关键词是：张大千、山水画、临摹。该集群的主要施引文献为杨仁礼1956年在《美术》刊发的《论王逊对民族绘画问题的若干错误观点》一文，文中概述了敦煌壁画中唐代山水画和卷轴画由魏晋到唐代的发展过程。

聚类名敦煌艺术，聚类族群有52个成员。该聚类群中频次最高的关键词是：敦煌石窟、敦煌艺术、常书鸿。该集群的主要施引文献为龙山2010年在《人才开发》刊发的《与敦煌同辉的四才杰》一文，该文章从人物传记的角度书写了叶昌炽、李丁陇、张大千、常书鸿四人与敦煌的故事。

聚类名经变画，聚类族群有55个成员。该聚类群中频次最高的关键词是：经变画、榆林窟、弥勒经变。该集群的主要施引文献为王进玉2000年在《寻根》刊发的《中国古代科技的形象展示》一文。该文主要内容是，敦煌石窟浩如烟海的壁画中，描绘了不少古代科学技术发展演变以及中西交流方面的历史画面，如医疗卫生图画、化学工艺、纺织技艺、交通工具、度量衡器等。

聚类名壁画，聚类族群有47个成员。该聚类群中频次最高的关键词是：壁画、应用、工笔重彩。该集群的主要施引文献为杨国学1999年在《西域研究》刊发的《西凉伎与西域乐舞的渊源》一文。该文指出，现存文献史料和敦煌壁画证明，《西凉伎》虽然产生并流行于河西走廊而且以“西凉”命名，但其渊源却在西域，它是古代西域音乐、歌舞进入阳关、玉门两关以后，在敦煌、酒泉、张掖、武威等地长期流传过程中吸收了部分汉族文化而定型的。

聚类名服饰，聚类族群有41个成员。该聚

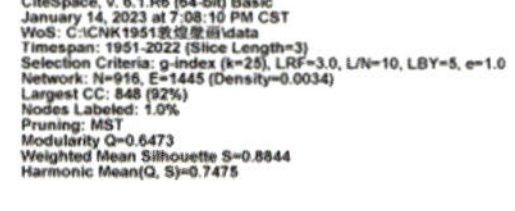

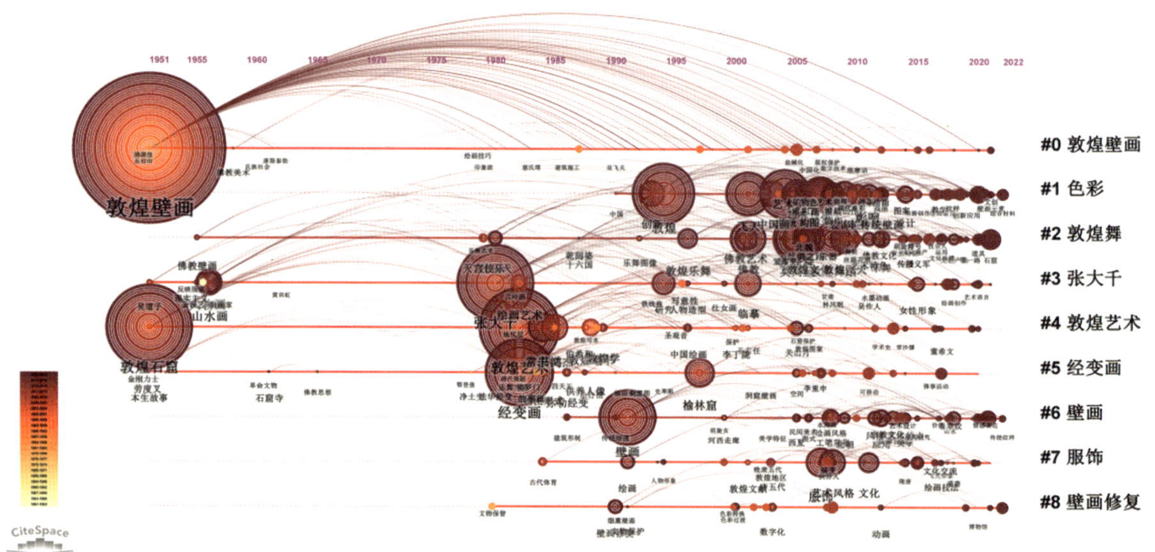

图4 关键词聚类时间线图谱

类群中频次最高的关键词是：服装、艺术风格、文化。该集群的主要施引文章为连振祥 2008 年在《今日科苑》刊发的《千年回放：敦煌壁画中的现代体育影子》一文，该文认为，在敦煌壁画中的古代体育运动图案中能够找到许多奥运项目的影子和源头，不少图案与现代奥运会体育项目相对应。

聚类名壁画修复，聚类族群有 23 个成员。该聚类群中频次最高的关键词是：壁画修复、数字化、动画。该集群的主要施引文章为温乔桐 1980 年在《南京艺术学院学报（音乐与表演版）》刊发的《中国古代绘画研究报刊文章编目》一文，该文对 1949—1979 年之间敦煌壁画研究等文献进行了集纳梳理。

图谱中带有紫色外环的关键词表示该词是高中介中心性词。从图谱可以探测到 1951—2022 年时间切片内，敦煌壁画学科排在前 10 的高中介中心词分别是：敦煌壁画、敦煌石窟、敦煌艺术、张大千、唐代、经变画、敦煌遗书、服饰、艺术价值、敦煌学。

图谱中红色的圆点代表某个时间点，关键词的研究出现频率快速上升，从关键词时间线

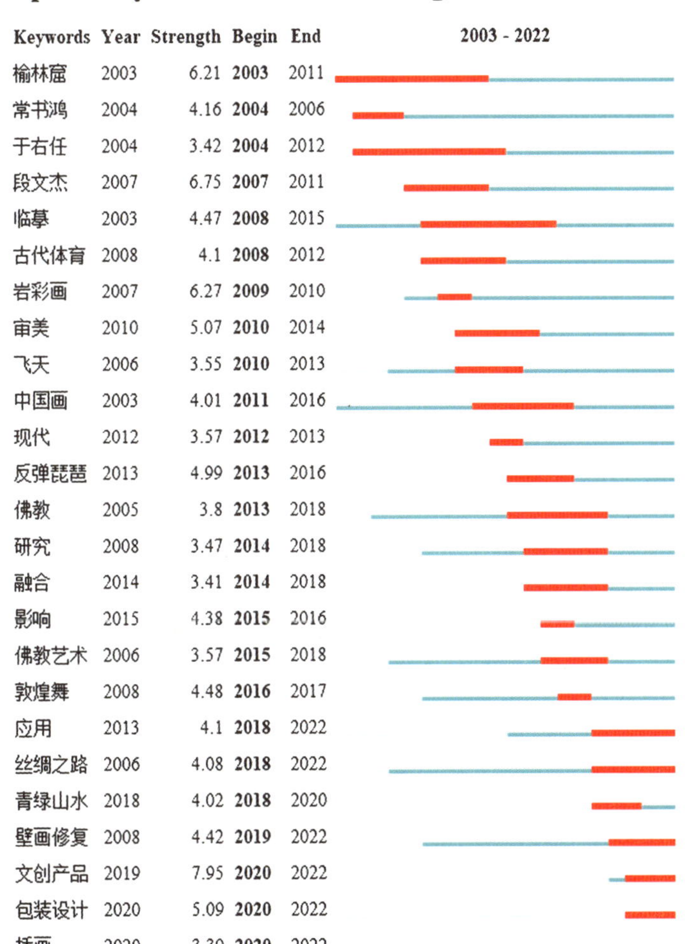
Top 25 Keywords with the Strongest Citation Bursts

Keywords	Year	Strength	Begin	End	2003 - 2022
榆林窟	2003	6.21	**2003**	2011	
常书鸿	2004	4.16	**2004**	2006	
于右任	2004	3.42	**2004**	2012	
段文杰	2007	6.75	**2007**	2011	
临摹	2003	4.47	**2008**	2015	
古代体育	2008	4.1	**2008**	2012	
岩彩画	2007	6.27	**2009**	2010	
审美	2010	5.07	**2010**	2014	
飞天	2006	3.55	**2010**	2013	
中国画	2003	4.01	**2011**	2016	
现代	2012	3.57	**2012**	2013	
反弹琵琶	2013	4.99	**2013**	2016	
佛教	2005	3.8	**2013**	2018	
研究	2008	3.47	**2014**	2018	
融合	2014	3.41	**2014**	2018	
影响	2015	4.38	**2015**	2016	
佛教艺术	2006	3.57	**2015**	2018	
敦煌舞	2008	4.48	**2016**	2017	
应用	2013	4.1	**2018**	2022	
丝绸之路	2006	4.08	**2018**	2022	
青绿山水	2018	4.02	**2018**	2020	
壁画修复	2008	4.42	**2019**	2022	
文创产品	2019	7.95	**2020**	2022	
包装设计	2020	5.09	**2020**	2022	
插画	2020	3.39	**2020**	2022	

图 5　研究热点的起至时间

图谱中可以获悉，某段时间的研究热度和研究趋势。图 5 则是 2003—2022 年研究热点的起始时间。这些热点领域主题与时间轴一起构成了敦煌壁画研究的微观说明。

（五）发文机构知识图谱

发文机构作为学术研究重镇和学术共同体的重要载体，在研究中起着重要的支撑作用。由于 CiteSpace 软件在数据处理中根据相同字符加以归纳计算，敦煌壁画研究中相关研究机构发文知识图谱呈现出多元的样貌。（图 6）多年来这些机构对敦煌壁画的研究投入了大量人力和物力，取得了丰硕的成果。（表 3）CiteSpace 软件在统计分析中将“西北师范大学”和“西北师范大学美术学院”，“兰州大学”和“兰州大学敦煌学研究所”，“西北民族大学”和“西北民族大学舞蹈学院”分别标注为不同的研究机构。如果将它们同类合并后，则研究机构发文量最多的三家单位分别为：西北师范大学、兰州大学、敦煌研究院。这表明甘肃是敦煌壁画研究的第一重镇。

三 补充研究

为进一步揭示敦煌研究的文献共被引关系，以 CSSCI 为基本知识库，检索策略选择所有字段出现“敦煌壁画”的文献，共获取文献 489 篇，导出 CSSCI 关于丝绸之路所有文献的文本格式，获取可用于分析的有效文献 489 篇，有效参考文献 6769 篇。将这些数据经过处理导入 CiteSpace，进行可视化文献计量，绘制出作者共被引聚类图谱、文献共被引聚类图谱、期刊（图书）聚类共被引图谱。

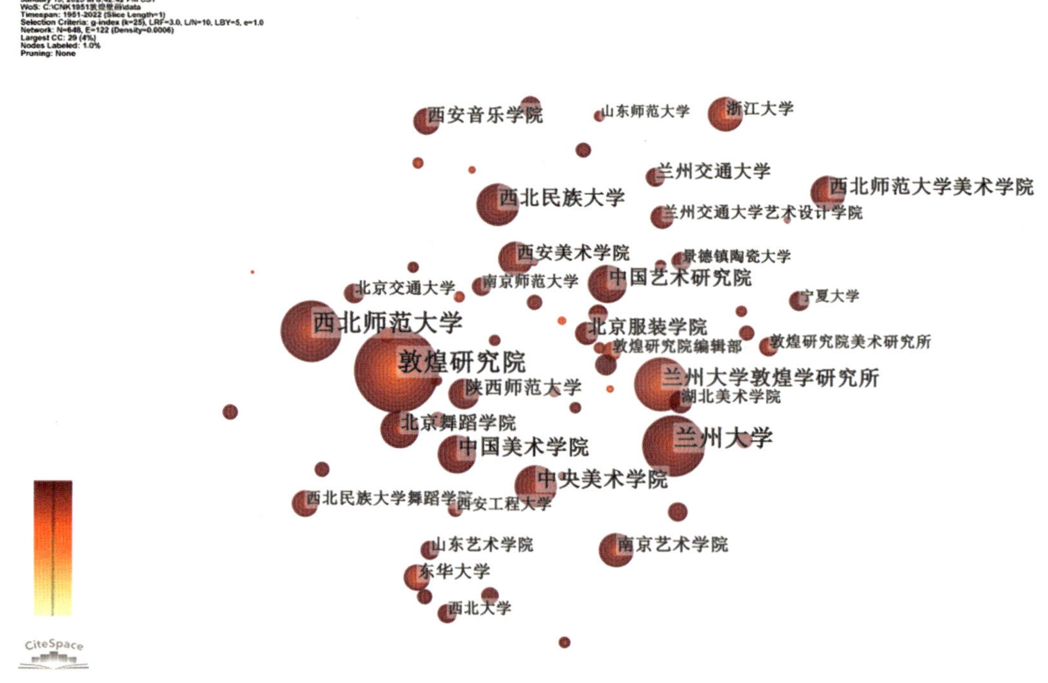

图 6　发文机构知识图谱

表 3 研究机构发文量

发文机构	发文量
敦煌研究院	116
西北师范大学	102
兰州大学	84
中国美术学院	51
中央美术学院	50
兰州大学敦煌学研究所	45
西北民族大学	43
中国艺术研究院	40
西北师范大学美术学院	38
北京服装学院	36
北京舞蹈学院	33
陕西师范大学	33
西安音乐学院	33
兰州交通大学	28
西安美术学院	28
东华大学	27
南京艺术学院	25
山东艺术学院	22
浙江大学	20
西北民族大学舞蹈学院	19

表 4 著者共被引 TOP10

序号	引用计数	共被引著者
1	49	敦煌研究所， 2001
2	37	李最雄，1998
3	35	季羡林， 2001
4	29	段文杰， 2004
5	25	敦煌文物研究所，2003
6	24	樊锦诗， 2000
7	21	贺世哲，1999
8	18	沙武田，2000
9	18	汪万福，2002
10	16	宿白，1999

表 5　著者共被引表

研究领域	作者	关键词
敦煌壁画	贺世哲、段文杰、郑炳林	敦煌壁画、金刚经变、敦煌禅宗、造像题材、洞窟形制
石窟壁画	李最雄、汪万福、段修业	石窟壁画，克孜尔石窟，hplc（高效液相色谱）分析，胶结材料，布达拉宫东大殿
北朝壁画	刘昫、欧阳修、司马光	敦煌壁画、北朝壁画、乐舞壁画、射箭图像、敦煌临画
内容分析	胡同庆、任继愈、谭蝉雪	敦煌壁画、内容分析法、层次模型、数字图像、深度语义标注
河西石窟	季羡林、彭杰、宫治昭	河西石窟、涅槃经变、西夏界画、唐代佛教音乐美学、数字图像
文化遗产	宿白、王进玉、NANCY	文化遗产、数字化采集、色彩复原、开凿年代、交互设计
二次维修工程	沙武田、张彦远、WANG	二次维修工程、西夏壁画、莫高窟第 464 窟、砷铅矿族矿物、科学分析
图像处理	刘永增、樊锦诗、赵声良	敦煌壁画、计算机信息系统、图像处理、敦煌石窟、华尔纳敦煌壁画

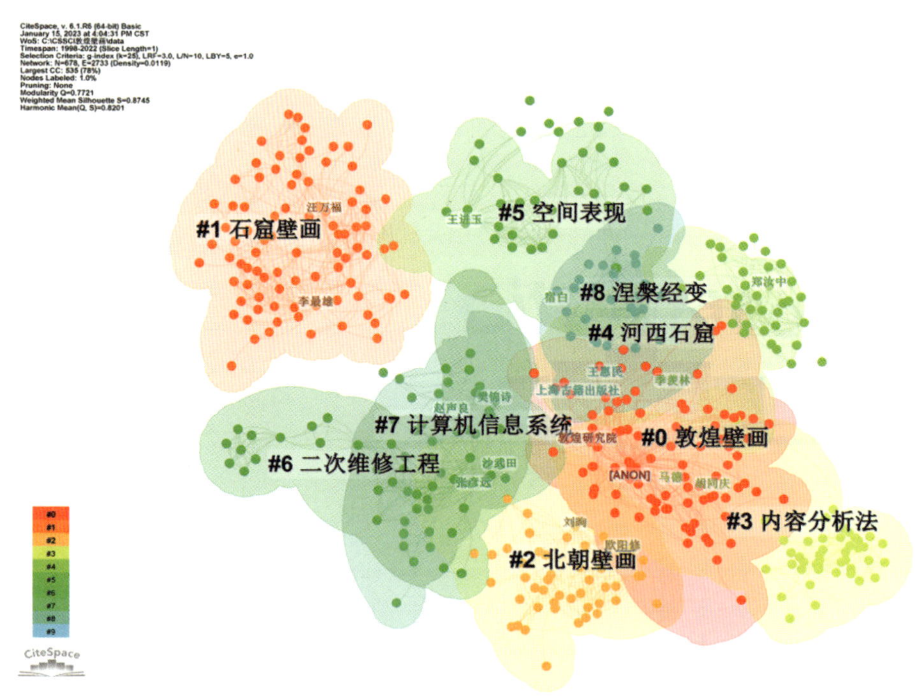

图 7　作者共被引聚类图谱

（一）作者共被引

作者的共被引是从文献的参考文献中析出的作者信息题录。作者的共被引即同时出现在一篇文献的参考文献里的作者，两两形成被共引关系。作者的共被引分析不仅可以得到某个领域中高被引作者的分布，确定该领域有影响力的作者，而且可以通过作者共被引聚类，能够了解相似作者的研究主题及其研究领域的分布。

在以敦煌壁画为研究对象的作者共被引聚类中，选取最大的 9 个聚类形成作者共被引聚

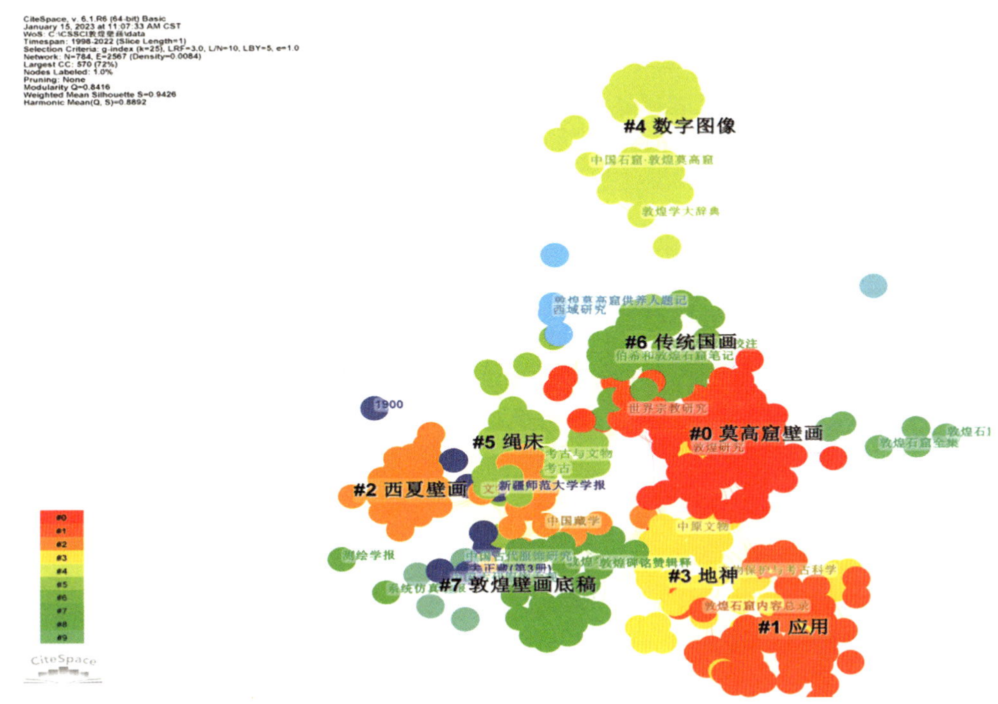

图 8　期刊（图书）共被引聚类图谱

类图谱。（图 7）按引用次数排名最高的是敦煌研究院 （2001），引用次数为 49 次；第 2 位是第 1 组中的李最雄 （1998），引用次数为 37；第 3 位是第 4 组中的季羡林 （2001），引用次数为 35 次；第 4 位是第 0 组中的段文杰 （2004），引用次数为 29 次；第 5 位是 Cluster #0 中的敦煌文化研究所 （2003），引用次数为 25 次；第 6 位是樊锦诗 （2000），在 Cluster #7 中，引用次数为 24 次；第 7 位是贺世哲 （1999），在 Cluster #0 中，引用次数为 21 次；第 8 位是第 6 组中的沙武田 （2000），引用次数为 18；第 9 位是汪万福 （2002），在 Cluster #1 中，引用次数为 18 次；第 10 位是宿白 （1999），在 Cluster #5 中，引用次数为 16 次。（表 4）

表 5 在每个研究领域选取了最具影响力的三位作者和出现频次最多的关键词。（表 5）

（二）期刊（图书）共被引

期刊（图书）共被引分析提供了某一个领域中的重要的知识来源期刊，可以帮助分析该领域的研究引用期刊的名称以及这些期刊之间的联系，期刊共被引聚类形成的知识领域如何分布等问题。（图 8）

引用次数排名最高的是《敦煌研究》（1998），引用次数为 237 次；第二位是《文物》 （1998），引用次数为 59 次；第三位是《敦煌学杂志》 （1999），引用次数为 31 次；第 4 位是《文献保护与考古科学》 （2000）；第 5 位是《考古》 （2000）；第 6 位是《敦煌学大辞典》（2006）；第 7 位是《敦煌石窟内容总录》（2008）；第 8 位是《考古与文献》 （2004）；第 9 位是《中国藏学》 （2001）；第 10 位是《大唐西域记校注》 （2002）。（表 6）

表 6 期刊（图书）共被引 TOP10

序号	共被引计数	期刊	集群编号
1	237	《敦煌研究》，1998	0
2	59	《文物》，1998	2
3	31	《敦煌学杂志》，1999	7
4	19	《文物保护与考古科学》，2000	3
5	18	《考古》，2000	5
6	13	《敦煌学大辞典》，2006	4
7	13	《敦煌石窟内容总录》，2008	1
8	11	《考古与文物》，2004	5
9	10	《中国藏学》，2001	2
10	8	《大唐西域记校注》，2002	6

表 7 期刊（图书）共被引

研究领域	被引期刊（图书）名称	被引期刊（图书）名称	被引期刊（图书）名称
敦煌石窟，莫高窟壁画	《敦煌研究》	《世界宗教研究》	《文物参考资料》
壁画病害，拉曼光谱	《应用化学》	《光谱与光谱学分析》	《兰州大学学报（自然科学版）》
西夏壁画，二次维修工程	《文物》	《中国藏学》	《新疆考古三十年》
佛教艺术，古代壁画，美学特征	《文物保护与考古科学》	《中原文物》	《故宫博物院院刊》
敦煌壁画，敦煌文献	《考古》	《考古与文物》	《中古佛教史》
传统国画，敦煌竹画	《大唐西域记校注》	《伯希和敦煌石窟笔记》	《大正藏》
敦煌壁画底稿，佛学思想	《敦煌学辑刊》	《敦煌碑铭赞辑释》	《敦煌艺术宗教与礼乐文明》

上面图表是敦煌壁画有关研究领域以及研究领域最具影响力的期刊（图书）分布，每个研究领域选取了共被引频次最高的三种文献来源。

结 语

本文主要以 CNKI 和 CSSCI 收录的敦煌壁画研究相关的期刊论文或图书及其参考文献为研究样本，借助 CiteSpace 软件进行数据分析，绘制出发文量趋势图、作者合作网络图谱、关键词共现图谱、关键词聚类时间线图谱、作者共被引聚类图谱、期刊（图书）共被引聚类图谱等可视化图表，这些数据图表在一定意义上能够说明敦煌壁画研究的学术样貌和状态分布。

“敦煌壁画”聚类中的关键词“敦煌壁画”首次出现在 1951 年，从 CNKI 收录来看，1951

年共发表敦煌壁画主题的期刊论文 6 篇。20 世纪 80 年代，乘着中国改革开放之风，敦煌艺术研究从涓涓细流变成了滔滔洪流，大量成果不断涌现，涉及绘画、雕塑、书法、音乐、舞蹈、纺织、服饰等方面，并影响社会相关领域[①]。目前的峰值是 2021 年共刊发敦煌壁画主题的期刊论文 478 篇。新时代以来，敦煌壁画研究呈现显著涨势，与中华民族伟大复兴之路上文化自信息息相关。2019 年，习近平总书记赴甘肃考察，首站就是敦煌莫高窟。习近平总书记在《在敦煌研究院座谈时的讲话》中指出，推动敦煌文化研究服务，共建"一带一路"。[②]文化交流和文明互鉴是构建人类命运共同体的必要路径，敦煌是世界四大文明的交汇处，敦煌壁画研究是重要的表征。敦煌壁画本来是一个小众的研究领域，但是由于舞剧《丝路花雨》和"数字敦煌"以及媒体报道等原因，敦煌莫高窟成为旅游热点，敦煌壁画进入到公众传播领域，成为民众熟知的内容，社会的关注度反过来也推动了敦煌壁画的专业研究。显然，历史责任、政策引导和公众传播等原因成为敦煌壁画研究勃兴的重要推动力。

在敦煌壁画研究中，学术共同体之间在基础性研究方面合作甚多，但是在延伸方面的研究则是多为个体性的。在大型的壁画文献学范式研究中，如壁画集与数字化保护等，许多学者参与其中，分工合作，体现出集团作战的合力。但是在历史壁画学范式研究中，学者的个性特征明显，其史学、史识、史才与画学、画识、画才影响到敦煌壁画研究的学术走向，单兵作战居多。作为一项人文研究，敦煌壁画的个体性阐释是其研究品质的重要保证，也是其研究成果的价值所在。作为复杂的多学科交叉研究，敦煌壁画研究的视角拓展和范式创新后，有组织的科研必须依赖学术共同体的有效合作。

在学术阵地的分布上，敦煌壁画研究的区域性特色显著。甘肃是敦煌壁画研究的第一重镇，显然这与敦煌位于甘肃省有很大的关系，利用其得天独厚的优势发展起敦煌壁画等相关研究，成绩斐然。北京、西安等地也是敦煌壁画研究的重镇。北京和西安作为中华文化的代表性城市，也是中华文化研究的重要基地，也会聚焦到敦煌壁画的研究。上海、杭州、南京等地也有一些学者潜心于敦煌壁画的研究。这些机构之间并没有充分开展有效的合作，难以保持长期稳定的合作关系，难以形成相关研究团队。总的来说，敦煌壁画的研究有很好的基础，但是这座富矿还有许多地方值得挖掘和拓展。

在基础性研究取得重要成果后，敦煌壁画研究开枝散叶，不同领域的学者加入，开辟出新范式和新视角，向多元化和应用性方向转变。从知识图谱中可以推测，像敦煌壁画、敦煌石窟、色彩、敦煌舞、壁画修复等研究是逐渐趋热的，而人物画、岩彩画等研究逐渐趋冷，这是本学术领域大致的演变过程。未来敦煌学的

① 赵声良：《百年敦煌艺术研究的贡献和影响》，《中国社会科学》2021 年第 8 期，第 157—165 页。
② 习近平：《在敦煌研究院座谈时的讲话》，《中国文物科学研究》2020 年第 1 期，第 2—3 页。

发展，还要积极探索用新的范式和新视角来开辟新的研究领域①。在基础性综合性研究方面，壁画全集、考古报告、历史考证、艺术研究等仍然需要继续发力，出版大型而精要的成果。对于社会和技术的发展，敦煌壁画在信息化、数字化、虚拟化等方面有很多空间值得进一步探索。特别是结合社会需求，在文物保护、文创开发、文化传播等方面有许多新的领域值得探索。

毋庸讳言，本研究方法存在一定的局限性。首先，对于敦煌壁画的研究数据仅仅从论文有关数量上进行统计而没有质性类别的定位。期刊论文数量上的多寡，不一定完全能够反映学术论著的真正价值和地位，或者说，论文的多寡与学者的学术贡献、学术影响力不一定呈正相关关系，一篇宏文论著在价值上远大于二三流的十篇之作。这种类别的文章带有同行评议的主观判断，难以通过有关数据加以甄别。特别是学术生态内卷的情况下，高质量的论著一时之间难以完全展现并不在少数。第二，本研究对象主要是期刊论文，涉及的专著很少，从而导致结论不能完全反映敦煌壁画研究的全貌。从英国人斯坦因 1921 年出版的《千佛洞：中国西部边境敦煌石窟寺所获之古代佛教绘画》，到敦煌研究院推出大型图录丛书《中国石窟·敦煌莫高窟》（共 5 卷）、《敦煌石窟艺术》（共 22 册）、《中国敦煌壁画全集》（共 11 卷），再到《敦煌石窟全集》等，这些资料汇总、考古考证、高清图片等基础性集纳性成果为敦煌壁画研究奠定了厚实的基础。改革开放以来，一批杰出的中国学者先后对敦煌壁画中的经变画、故事画、佛教史迹画等内容进行深入考证和剖析，取得许多丰硕的成果。如贺世哲《敦煌图像研究——十六国北朝卷》、王惠民《敦煌佛教图像研究》、张元林《北朝——隋时期敦煌法华图像研究》等。这些关于敦煌壁画的论著与期刊论文是有机一体的，共同构成了敦煌壁画研究的学术样貌，期待后续研究有关学者能够加以完善。

---

① 郝春文：《用新范式和新视角开辟敦煌学的新领域》，《敦煌研究》2020 年第 6 期，第 17—19 页。

英文摘要

Arts and Crafts in Contact: Early Animal Style Gold Ornaments in north-west China and the Eurasian Steppes

Liu Yan[1]; Yu Jianjun[2]; Arman Beisenov[3]

(1.Research Center of Material Science and Archaeology, Institute of Culture and Heritage, Northwestern Polytechnical University;

2.Xinjiang Institute of Cultural Heritage and Archaeology, Urumqi;

3.Institute of archaeology n.a. A.Kh. Margulan, Almaty, Kazakhstan.)

Abstract: In the current research, the technological and iconographical features of early 'animal style' gold artifacts have been analyzed in the light of recent discoveries at the Dongtalede and Xigou burial sites in Xinjiang Autonomous Region and other places in north-west China in a broader Eurasian context. We conducted multispectral non-invasive analyses on the selected samples and discovered that the animal-style gold ornaments in northwest China were made with the mould-pressing (matrix hammering) technique. Such a specific manufacturing technique, the animal-style gold artefacts, and the burial practice of using prestigious gold as body adornment constitutes a shared set of material expressions of the status and power of nomadic or semi-nomadic elites in north-west China, Kazakhstan and southern Siberia. The archaeological inquiry into technological practice of gold craftworking industry throws new light on the study of early civilizations along the steppe roads, as well as cultural interaction and technology transfer in Eurasian antiquity.

Archaeological achievements and preliminary understanding of the Jialekule Cemetery in Nilka County in 2023

Lu Lipeng; Lu Yanfeng(Xinjiang Institute of Culture Relics and Archaeology)

Abstract: From August 9th to November 16th in 2023, Xinjiang Institute of Cultural Relics and Archaeology excavated 70 ancient tombs and unearthed about 135 pieces or groups of funerary objects. The arrangement of tombs is very regular, basically arranged horizontally and vertically. They are from the sunny slope of the eastern part of the mountain ridge to the mountaintop. Meanwhile, these tombs have some new features in terms of burial customs and burial systems and add new information for our study of the archaeological culture in the Yili River Basin.

A discussion of the relationship between Kushan kingship and Kapisa-style statue

Zhang Fucheng(School of Historical Culture and Tourism, Xi' an University)

Abstract: The Kapisa-style statue is an important part of Gandhara art,with its strong mystical overtones and emphasis on the sacredness and majesty of the statues. This paper argues that the Kapisa-style statue are not only a reflection of Buddhist teachings of the time but may also allude to the struggle for legitimacy within the Kushan ruling class.The mystical statues that were popular in the Kapisa region were actually able to provide support for the religious convictions of those contending for the legitimacy of the Kushan kingship.The reason for the connection between the Kushan kingship and Kapisa-style statues in the second and third centuries AD can be answered by the Kushan kingship types and the development of Kushan kingship art.

The Construction and Patrons of Cave Temples in Longdong Area in Northern Wei Dynasty

Chen Yuexin (School of History Capital Normal University)

Abstract: In the Longdong area, Cave Temples dating back from the Northern Wei Dynasty have 18 locations at Wangmugong Cave Temples in total, Nanbei Cave Temples, Shigongsi Cave Temples, and Chenjiadong Cave Temples. Archaeologically, they can be divided into three periods. The first period started by about 494 A.D., when the capital moved to Luoyang, and lasted till the end of the Taihe Period (500 A.D.). The Buddha figures were mainly affected by the dressing styles of Yungang Grottoes.The second period was from the 2nd to 3rd year of the Yongping Period (509—510 A.D.).The dressing style from Longmen Cave Temples and Qixiashan Cave Temples of the Southern Dynasty influenced the second period, directly or indirectly. The third period was during the reign of Empress Dowager Hu (516—528 A. D.).The dressing style followed the former styles mostly while still showing variations at the lower end of a robe. This variation was a local feature that may have been formed by the influence of the Southern Dynasty, which was also found in cave temples nearby, for example, Maijishan Cave Temples and Binglingsi Cave Temples.

As for patronage, Baoyi, the prefectural governor of Jingzhou and a favored eunuch of Empress Dowager Feng is considered as the donor of large caves of the first period. Similarly, large caves of the second period were funded by Xi Kangsheng, a noble from Luoyang who was also the prefectural governor of Jingzhou. In the third period, large caves seem to be supported by senior local officials, whereas small and medium—sized caves seem to be donated by general officials.

The spread of Buddhist clothes in the Han Buddhist cultural circle

Fei Yong(Nanjing University of the Arts)

Abstract: From the end of the 5th century to the middle of the 6th century, there were two large-scale cross-regional style changes in Buddhist statues in the Han area. The first one was "elegant skeleton and delicate features" and "easy robe and chest-rounded ribbon style", and the latter was "short and bright face" and "easy robe and chest-rounded ribbon evolutionary style". Both of these types of Buddhist robes were introduced to the Korean Peninsula and Japan, and became one of the most important Buddha statues in the Haidong region at the time of the formation of the Han Buddhist cultural circle. This paper examines the transmission trajectories of three types of Buddha clothes during the Three Kingdoms period on the Korean Peninsula and the Asuka and Hakuho periods in Japan,base on ancient documents and statues.

The Differences of the Mainstream Images in Dunhuang and Yungang Grottoes of the Northern Wei Dynasty

Yu Xiangdong(Southeast University) Bao Mengrong(Tongji University)

Abstract: The construction activities of Dunhuang and Yungang Grottoes in the Northern Wei Dynasty were very prosperous, but there are significant differences between the mainstream images, which are specifically reflected in the subjects and contents, image combinations and design ideas. These differences not only reflect that the mainstream Zen and meaning thoughts of the two places are not the same, but also show that the construction of Grottoes are closely related to the regional political, social and cultural background. The Yungang Grottoes show the spirit of inclusiveness and continuous innovation. The design not only reflects the appeals of the sangha's Fahua faith and the strong ideals of upholding the Dharma, but also takes into account the wishes of the royal family nobles, and other providers to pray for blessings and eliminate disasters, while the Dunhuang Grottoes in the same period mainly reflect the needs and belief demands ofZen monks to practice the Dharma base or ancient documents and statues.

On the double king system of Gaoche state

Wang Weiyi (School of Hostory Capital Normal University)

Abstract: The tribe of Gaoche, as a nomad in the vast areas of the north, South and northwest of China's desert from the fourth century to the sixth century, is another powerful nation after the Huns and Xianbei. The dual king system implemented in the early days of the founding of the people's Republic of China was actually the origin of the large and small Khan system implemented by the Turkic Khanate that later dominated Central Asia. Although the double king system was a flash in the pan in Gaoche State, its historical status is unshakable and plays an important role in connecting the preceding with the following.

A Preliminary Study of Grape Culture in Kucha During the Jin and Tang Dynasties

Chen Xigang(Institute of History and Archaeology, Henan Academy of Social Sciences)

Abstract: The large-scale ruins of wine vats unearthed in Kucha reveal the actual situation and application of wine-blending fermentation techniques in the ancient western regions, thus, the source of this technique in Xiongmengxiang's collection of lost records of Analysisjinzhi in the Yuan dynasty was found. The application of the technology of mixed fermentation of wine in brick-and-stone pottery urn was not earlier than that in Tang dynasty, but later than that of wine separation fermentation, and compared with that of wine separate fermentation, a much smaller number are confined to masonry. The Kucha region is rich in wine storage, and pottery urn are the wine brewing equipment, are also widely used in wine storage, and developed into a unit of wine measurement, followed by the Northern Song dynasty. At the same time, it reflects the spread of the urn as a wine measurement unit among the instruments of Kucha, Turpan and Dunhuang. In Kucha, the trade and consumption of grape processing products, such as Protectorate General to Pacify the West, monasteries, banquets, wine trading and consumption. Grape has many aspects and far-reaching influence in social culture, including language, literature, art, medical science and technology, religion, daily life and so on. For example, the distinctive drinking utensil, originally used in Kucha as a measuring instrument and a unit of measurement, is now commonly used as a wine utensil after it was introduced into the country along with prescription documents. The type used for drinking wine is called the “Vine-shaped”, and the earliest known examples of this type of earthenware wine appear. In a word, the diversity of grape culture carrier, the significance of grape cultural relics, the typicality of grape culture communication, fusion, innovation and dissemination, revealed the important historical status of the grape culture in Kucha during the Jin and Tang dynasties in the history of our country's grape culture.

A study on the images of Cintamani in Mogao Grottoes from the Northern Dynasty to the Sui and Tang Dynasties

Shen xingzhou(School of Culture Heritage, Northwest University)

Abstract: The images of cintamani seen in Mogao Grottoes from the Northern Dynasty to the Sui and Tang dynasties were further transformed, innovated and developed on the basis of the previous dynasties. In the shape of the cintamani , polygonal and spherical coexisted from the Northern Dynasty and Sui Dynasty, and it was fixed to the spherical in the Tang Dynasty. In the outer shape of the cintamani, the body light shape and flame shape coexisted in the Northern Dynasty and Sui Dynasty, and the flame shape is dominent in proportion in the Tang Dynasty. In terms of the position of cintamani and the combination with other elements, the combination amang cintamani and lotus flowers, gods, auspicious animals, etc. in the Northern Dynasty and Sui Dynasty mostly has the significance of Huasheng.While in the Tang Dynasty, it is more common on the Bodhisattva crown, Buddha and Bodhisattva canopy, as well as on the buildings and furnishings, emphasizing Buddha's light shining everywhere. The development and evolution of cintamani images in the Mogao Grottoes from the Northern Dynasty to the Sui and Tang dynasties reflect the Sinicization of "Mani" in ancient India.

Taoist Grotto Statues In Tongchuan, Shaanxi

Chen Xiaojie; Dong Caiqi; Ren Xiaohu(Tongchuan Museum)

Abstract: Taoist grotto statues emerged in Tongchuan the influence of Buddhism. As an important Taoist activity area in Shaanxi, 15 Taoist Grotto preserved statues from the Northen dynasties to Ming and Qing dynasties. Tianzun (Heavenly Worthy) was the main statue from the Northern dynasties to the Tang dynasties, beliefs in GuanYu and SunSimiao became relatively popular after the Song dynasty. Early Taoist caves were often mixed with Buddhist statues, which were the same as the form of Buddhist statue caves during the same period.

"Huideng hangs high in the cool world, and Falun rotates to bless people": a study on the Buddhist scriptures of the revolving bookcase in Tayuan Temple of Mount Wutai

Gu Xinchun(Fine arts School of Shan Dong University)

Abstract: Mount Wutai Tayuan Temple in Mount Wutai is famous both at home and abroad for its large white pagoda with bowl covering structure built in the center of the temple. According to its history, it can be traced back to one of the 84000 Buddhist stupas built by Ashoka in India. Empress Dowager

Cisheng, the mother of Ming Wanli, prepared for the Dharma Society to pray for the heirs of the country and renovated Tayuan Temple, elevating it to a royal temple. This paper takes the revolving bookcase of Tayuan Temple built by Deqing in Hanshan Mountain as the research object. On the one hand, it searches the literature and analyzes the shape and significance of the hexagonal revolving bookcase seen by the Japanese monk Yuanren in Mount Wutai's Vajra Cave; On the other hand, the focus is on analyzing the important role played by Han Shan Deqing, who was deeply favored by the Empress Dowager of Mercy, in the political context of the "Empress Consort" party struggle in the Wanli Dynasty. In order to echo and flatter the Empress Dowager of Mercy, he raised silver to build the revolving bookcase, which played an important role in the Prayer Society. And based on the follow-up tracking of the Tayuan Temple revolving bookcase, the historical changes in the layout of the Sutra Pavilion are sorted out, and the religious implications of the revolving bookcase in different historical time and space are discussed.

A Study on issues related to Xuanzang´s Losing the Way to Mohe Yanqi Gobi

Zhang Kun（Collaborative Research Centre for Archaeology of the Silk Roads, Shaanxi Provincial Cultural Heritage Administration）

Abstract: This research is based on satellite images, literature materials and field surveys, and conducted research on Xuanzang's itinerary from Yumen Pass to Yiwu. It has comprehensively restored the problems related to Yumen Pass, the Fourth Beacon, Yema Spring, Unknown Water Grass and Xuanzang's subsequent journey, basically restoring Xuanzang's journey through Mohe Yanqi gobi.

Analysis of frescos restoration in Tuyuhun Murong zhi´s Tomb

Huang Feixiang; Liu Bingbing(Gansu Provincial Institute of Cultural Relics and Archaeology)

Abstract: The tomb of King Murong Zhi of Hunxi in Tugu, Gansu Province, was excavated in Nanshan Mountain in Wuwei, Gansu Province, and it is the only well-preserved and rich high-grade Tang Dynasty tomb excavated so far. The mural remains in the tomb are the first case of Tang tomb mural in Hexi area and have important reference significance. Therefore, this paper attempts to restore the complete image of the mural pattern by observing the details of the remaining pictures, and on this basis, restore and analyze the layout and local characteristics of the mural in the entire tomb chamber.

Surmise on the cave commemorating Tuyuhun people in the Dunhuang Grottoes during the Tubo Period

Qiao Zitong; Cai Yiyuan; Sha Wutian (School of History and Culture, Shaanxi Normal University)

Abstract: Well-documented history shows that from the early Tang Dynasty to the Song Dynasty and in the Five Dynasties, there have been a large number of Tuyu Hun people's activities in the Hexi Corridor. Through the scattered records in the tombs, ruins and historical documents of the Tuyu Hun people, we can also get a glimpse of the Buddhist beliefs of the Tuyu Hun people in Qinghai, Hexi and other places. Considering the geographical proximity between Tuyu Hun's hometown and Dunhuang and the fact that different ethnic groups participated in the construction of the Dunhuang Grottoes, there is reason to believe that there were caves construction activities by the Tuyu Hun people in the Dunhuang Grottoes.After research, it can be basically concluded that Yulin Caves 12 is the family cave of the Tuyu Hun Murong family in the Five Dynasties. In the late Tang Dynasty and the Five Dynasties, there were also Tuyu Hun people appearing in the caves in the form of donor figures. Based on this idea, combined with the existing research in the academic circle and the empirical evidence of some images in the caves, we can further infer that Mogao Cave 159 during the Tubo period was the cave commemorating Yan Yingda, the envoy of the Tuyu Hun and Tongjia tribes who followed Zhang Yichao to overthrow Tubo Dynasty.

A Study on the References of the Wall Paintings and the Thoughts of Designing in Mogao Cave No. 323

Lin Han (Dharma Drum Institute of Liberal Arts)

Abstract: There are nine groups of original wall paintings in Mogao Cave No. 323, and each of them can be found in several buddhist scriptures. This paper argues that each group of the paintings might have referenced to one or several of the buddhist scriptures in the design processes. The evidence suggests that the design of the nine groups of the original wall paintings are mainly based upon the Brahmā 's Net Sutra, the Great Tang Dynasty Record of the Western Regions, the Biographies of Eminent Monks, the Continued Biographies of Eminent Monks, Reports on the Spread of Buddhism in the Regions, the Chronicle of King A s'oka and the Account of the Avadā na of the Transmission of the Dharma Treasury. It is very likely that the designer of Mogao Cave No. 323 was an eminent monk of doctrinal study instead of a monk of the Vinaya school. Through the wall paintings, the designer conveyed the method of protecting the religion and the thoughts of protecting the Dharma, and emphasized the importance of the sinicization and localization of Buddhism.

Investigating White Parrot Images: A Case Study Based on the Visualization Sutra Illustration in Mogao Cave 148

Yu Sau Ling(Centre of Buddhist Studies, The University of Hong Kong)

Abstract: The Dunhuang murals are abundant in bird images, including an exceptional pair of white parrots in the Visualization Sutra illustration in Mogao Cave 148. Through examining the archaeological materials, textual evidence and ornithological knowledge of possible species, this dissertation argues that this pair of white parrots, probably the earliest depiction of such species in Chinese painting, likely refers to the true white cockatoos originated from the region in modern Indonesia and surrounding areas, paid as tributes to the Chinese royal courts. In addition, the spread of the white parrot images from Chang'an to Dunhuang in the Tang Dynasty is related to the paintings on the legendary stories of Yang Guifei, Emperor Xuanzong's concubine, and her pet white parrot, Xueyinv, reflecting how the diplomatic relations between China and surrounding regions introduced these exotic species in medieval times and how interdisciplinary research supplement evidence for investigating Dunhuang murals.

The New Interpretation on the Document from Dunhuang Or.8212

Hong Yongming(College of Chinese language and literature, Xinjiang Normal University)

Abstract: Taking the historic linguistics theories as the foundation, with the comparison of history and language, the article again interprets the old Turkic writ from Dunhuang 17th cave, and then in detail expounds the writing master, time, background of the writ, in order to restore Qarluq activities and relations to other nationalities。 At the same time, old Turkic documents also show that the Dunhuang area was a great stage for exchanges and integration of various ethnic groups and a base for the formation of Chinese Volksgemeinschaft.

Rediscussion on "Three-colored Melon Dish" from Shaanxi History Museum

——Research on the Planting History of Muskmelon in the Western Regions

Zhang Chi(South China Normal University)

Abstract: The Tang Dynasty "Three-colored Melon Dish" from Shaanxi History Museum once caused an academic debate whether the China introduced watermelons in the Tang Dynasty.Based on the analysis of the records of Duda'im in Persian and Arabic historical materials, combined with the Turpan Documents and the archaeology remains of muskmelon in Xinjiang,?it is believed that the prototype of "Three-colored Melon Dish" in the Tang Dynasty is not watermelon, but probably the Duda'im from the Silk Road.

Study on the images of confession and incense burner in Dunhuang murals

Zhu Xiaolan(School of History and Civilization, Shaanxi Normal University)

Abstract: With the introduction of Buddhism and the spread of its supporting culture, incense burners, which were originally used for indoor incense or celestial worship in China, gradually acquired Buddhist religious attributes. In Dunhuang murals, incense burners used as Buddhist offerings are often painted in various sutra paintings, and their position is generally fixed on the offerings in front of the Buddha or Bodhisattva seat, and most of the time there are two small offerings on the side. This pattern began to appear in the early Tang Dynasty and was already mature in the flourishing Tang Dynasty. The appearance of the offering pattern of the combination of such offering and incense burner should be related to the sketch sample of Chang 'an.

Pagoda temple pattern and Taidian pattern seen in ancient Yutian Buddhist site

Shi Haocheng(Minzu University of China,School of Ethnology and Sociology)

Abstract: Ancient Yutian area is located in the southern edge of Tarim Basin, south of the Silk Road, since ancient times has become an important channel of economic and cultural exchanges between the east and the west, and the early Buddhism also spread eastward into the Central Plains from here. The shape and structure of buddhist sites in this region is mainly based on pagoda temple pattern and taidian pattern, and the integration of cultural system factors of West Asia and South Asia, gradually forming a Buddhist architecture system with its own cultural characteristics. Therefore this paper existing buddhist relics in ancient khotan area as the research object, through the analysis of its layout form, explore the culture behind the system on its construction system, and expand to the buddhist architectural layout by buddhist east to the cultural interaction, thereby affecting the central plains han buddhist temple layout form, both influence each other, toward the temple courtyard type buddhist temple layout change.

Sogdians in Khotan

Auttor:Zhang Zhan

Translator:Mahmutjan ·Khadir（Xinjiang academy of social sciences history research institute）

Abstract: Sogdians, famous for their mercantile activities along the Silk Road, left traces in Khotan and its neighboring sites along the southern rim of the Tarim Basin as early as the fourth century CE. Due to the scarcity of the sources, we know little about them apart from their existence. A close reading of the Khotanese documents from Khotan, however, can illuminate in greater detail the Sogdians' roles in Khotan, especially in finance, taxation, and administration. This paper first give an overview of the sources concerning Sogdians in Khotan, including those in Kharoshti, Sogdian, Chinese, and Khotanese, then examine two previously misunderstood key terms in Khotanese: *jäd-/jista- "to borrow,"and jirma/järma "borrowed, owed." In light of this new understanding, this paper proceed to discuss the Sogdians' roles as money lenders, tax-collectors, and administrators in Khotan and the entire Tarim Basin in the eighth century CE.

Russian explorer C.F.Oldenburg´s three expeditions to Xinjiang and its Interruption——Centered on the newly discovered russian archives in St. Petersburg

Zheng Liying(Dunhuang Academy; Institute of Dunhuang Studies, Lanzhou University)

Abstract:C.F.Oldenburg was the initiator and organizer of the investigation activities in Xinjiang of China at the end of the 19th century and the beginning of the 20th century. He planned five investigation activities in Turpan and Kuche (1893, 1901, 1904, 1909, 1914) in his life. Limited by objective conditions, the first three inspection plans were not realized. Based on the meeting minutes of the Committee for the Preservation of Russia in St. Petersburg, the archives of Oldenburg's unpublished letters and Chinese historical materials, this paper clarified the beginning and end of Oldenburg's three expeditions to Xinjiang. This paper holds that Oldenburg's three expedition plans collected the map of Kuche, optimized the expedition route and personnel composition, greatly increased the budget, accumulated experience, and were the preparation and prototype of Oldenburg's expedition activities in Xinjiang in 1909-1910.

Technological characterization of gold jewellery from the Sogdian tomb of Shi Jun（d. 579 CE）in Xi'an, Shaanxi Province

Panpan Tan[1, 3]; Junchang Yang[2]; Yan Liu[2]; Yaozheng Zheng[3], Junkai Yang[4]

（1. College of Humanities & Social Development, Northwest A&F University;

2. Institute of Culture and Heritage, Northwestern Polytechnical University;

3. School of Materials Science and Engineering, Northwestern Polytechnical University;

4.Xi'an Institute of Conservation and Archaeology on Cultural Heritage.）

Abstract: Northern Dynasties (386—581 CE) of China witnessed extensive cultural contacts with the outside world. Several gold objects of this period indicate multiple cultural influences. However, very few of them were testified by metallurgic analysis. The gold jewelry including a finger ring and an earring with exotic features were uncovered from the joint elite Sogdian tomb of Shi Jun and his wife of the Northern Zhou dynasty (557—581 CE) in Xi'an. The current study applied multiple non-destructive analyses to investigate the decorative techniques and materials of the two objects. The results showed that both ornaments were made of refined gold. Autogenous welding and brazing were employed to join the granules of the earring, indicating different technical choices. More interestingly, niello made of silver sulfide was identified as an innovative technology to decorate the finger ring, presenting the earliest evidence of niello inlay in ancient China. It is noteworthy that powders of silver and sulfur were applied separately, differing from the traditional method of silver sulfide being synthesized before being used. These findings help us gain insights into understanding the technical features of early Medieval gold jewelry, as well as the goldsmith's methods and intentions.

The House of literature and history of Timurid Dynasty in Central Asia and its influence on the development of historiography——The influence of Chinese culture on Timurid dynasty

Hebibulla Tursun（Department of History, Peking University）

Abstract: Since the founding of the Timurid dynasty, historians and the House of Literature and History have diligently compiled historical books to record the Timurid dynasty's monarchs, historical events, important activities, etc., which have the characteristics of authenticity and objectivity. The House of Literature and History mainly compiled the historical books of the current dynasty and the books (Nāmä) named after the kings. Meanwhile, the policy of governing the country, or autobiography written by the king himself, was also a component of the historiography of the Timurid dynasty. In this way, a relatively systematic historical institution and a tradition of compiling books in the name of the king were gradually formed. On the one hand, artists (painters), litterateurs (poets), Mirab (water officials), Qazi (judges), and other amateurs from different fields outside the House of Literature and History, who specialize in writing books, participated in the compilation of historical books and created a large number of magnificent works on the history of the Timurid dynasty in Persian and Chagatai.?On the other hand, in the historical works of the Timurid dynasty, the influence of Chinese book culture on the Timurid dynasty's historical style is demonstrated, from the material forms used, such as origami and ink, as well as illustrations and decorative covers, the naming methods of the works, and the logic of recording time. These all contributed to the development of the Timurid historiography. Under this favorable creation environment, people from all walks of life in Timurid dynasty jointly created the prosperity of Timurid court historiography.

Research status and progress of Dunhuang murals based on CiteSpace visual analysis

Ren Dangli; Xie Yang; Miao Zhichao （Xi'an University of Architecture and Technology library）

Abstract: As a carrier of visual communication, the study of Dunhuang murals has become an important academic growth point in Dunhuang studies. This paper takes the journal articles and their references related to Dunhuang mural painting research included in CNKI and CSSCI as the research samples. In this paper, scientometrics, data and information visualisation were analysed with the help of CiteSpace, which in turn led to the development of a trend map of the volume of publications, an author co-occurrence knowledge graph, a keyword co-occurrence knowledge graph, a keyword clustering timeline knowledge graph, an author co-citation clustering knowledge graph, and a journal co-citation clustering knowledge graph. Finally, this study will further reveal the academic trajectory and knowledge graph of Dunhuang mural painting research, and find that the restoration and conservation of Dunhuang mural paintings, digitisation, and cultural and creative development have become hotspots and trends in research.

征稿启事

一、刊物简介及征稿内容

为促进丝绸之路历史文化学术交流，不断提高本刊办刊质量，《丝绸之路研究集刊》热忱欢迎学术界同行的支持。本刊为半年刊，由陕西师范大学历史文化学院、陕西历史博物馆、陕西师范大学人文科学高等研究院联合主办，由甘肃教育出版社于每年6月和12月出版。宗旨是集同道之力，深入挖掘丝路历史、地理、民族、宗教、语言、文字、考古、艺术等方向的新材料，尤其欢迎与丝绸之路有关的文物、考古、艺术、图像的相关研究，倡导“图像证史”“以图证史”的研究方法和“图像皆史”“图像亦是历史文献”的学术理念，试图透过历史文物、考古遗迹、艺术史作品，探索丝路上“人”的历史。

二、稿件要求

稿件请采用电子文本投稿，若以打印稿投稿，请同时提供电子文本。稿件字数一般不超过2万字（优秀稿件不限制字数）。本刊编辑部有权对稿件进行修改，如不同意请在投稿时注明。本刊审稿周期为三个月，实行匿名双审制度，如逾三个月未收到用稿通知，作者可自行处理稿件。因本刊人手有限，来稿恕不退还，请作者自留底稿。来稿文档或邮件信封请注明“投稿”二字。

投稿请提供200—300字左右中英文题目、作者、单位、摘要，附于文末。

稿件图版除正文插入以外另请单独发送，注明图版序号、名称及出处。

投稿格式体例请参照稿件格式规范，另请提供作者信息“姓名、单位、地址、电话、邮箱”附于文末，便于编辑部联系。

本刊出版后，即致稿酬、出版刊物（2本）。

本刊已加入“中国学术期刊全文数据库”（CNKI）及CNKI系列数据库，凡在我刊发表论文者（特别声明者除外），均视为同意授权编入相关数据库，我刊所付稿酬已包括此项费用。

凡转载、引用本刊文章及信息者，敬请注明出处。

三、投稿方式

来稿地址：陕西省西安市长安区西长安街 620 号陕西师范大学历史文化学院

邮编：710119

收件人：沙武田 先生

电话：18292870965

投稿邮箱：shawutian@163.com

敬祈 惠赐大作以为本刊增色，不胜感激。

《丝绸之路研究集刊》编辑部

2024 年 12 月 10 日

稿件格式规范

一、稿件格式

（一）文稿内容

1.标题（宋体，小二号，加粗）；

2.作者（楷体，小四号），单位（楷体，五号）；

3.正文（汉字：宋体，五号；外文：Times New Roman，五号）；

4.英文翻译：题目、作者、单位、摘要的中英文翻译（字体：Times New Roman，200—300字）。

（二）正文注释

1.脚注：正文采用脚注，每页重新编号，正文中的注释序号和脚注序号均用①②③……按序标识。

2.注释序号标注位置：正文中的注释序号统一置于包含引文的句子（有时候也可能是词或词组）之后、标点符号之前的左上角，如：注释格式说明①。若引用部分出现引号，则应置于引号之后的右上角，根据引号与标点的组合方式，可分为：“注释格式说明”①。或者：“注释格式说明。”①

3.大段引用典籍文献原文：请单独另起一段落，楷体（字号不变），引用符号置于标点符号之后右上角。

（三）标点符号

1.常规标点：文中采用新式标点符号，破折号（——）、省略号（……）占两格，其余符号占一格。

2.括号

（1）朝代：古代朝代名称用圆括号（）；

（2）国籍：正文用圆括号（），注释部分用方括号［］。

（3）古代帝王的年号：应在括号内标注公元纪年（公元前可省略为“前” 公元后可省略“公元”），如：唐贞观元年（627）。

（4）国外的地名、人名：首次出现时应用括号标注外文名字，如尼罗河（Nile）、阿尔卑斯山（Alps）、斯坦因（M. Aurel Stein）。

二、文内数字使用

（一）使用汉字情况

1.中国朝代的年号及干支纪年：如：元鼎七年；雍正十一年。

2.数字的惯用语：如：十之八九；四分五裂。

3.表述几千年的数字：如：三千年；四千年。

4.古籍文献中的数字和卷数：如：《晋书》卷一一《天文志上》："古旧浑象以二分为一度，凡周七尺三寸半分。"

（二）使用阿拉伯数字情况

1.公历世纪、年代、年、月、日：如：20世纪90年代等 。

2.公制的度量衡单位计数与计量：包括正负数、分数、小数、约数和百分比，各种物理量的值。

3.表的顺序号、数据及计量单位：均用阿拉伯数字。

4.引用敦煌写本：用"S.""P.""Φ.""Дx."、千字文、大谷等缩略语加阿拉伯数字形式，如：S.0012、P.4524、Φ.098、Дx.00034等。

三、脚注标注格式

（一）书籍

1.专著

作者姓名+责任方式：书名，出版者，出版年，起止页码（起止页码之间用短连接符"—"）。责任方式为著或撰时，"著、撰"可省略，其他责任方式不可省略。涉及年代国籍的，朝代请用（），外国国籍请用方括号［］，在作者姓名前注明。

如：陈垣：《元也里可温考》，商务印书馆，1923年，第34—35页。

敦煌研究院编：《敦煌莫高窟供养人题记》，文物出版社，1986年，第123页。

2.译著

引用翻译书籍时，将译者作为第二责任者置于文献题名之后。

如：［法］戴密微：《吐蕃僧净记》，耿昇译，甘肃人民出版社，1984年，第20页。

3.古籍

如果引用点校过的古籍，点校或校注者放在书名后面；朝代请用（），外国国籍请用方括号［］，在作者姓名前注明。

如：（东晋）袁宏：《后汉纪》卷一五《孝殇皇帝纪》，张烈点校，中华书局，2002年，第301页。

第二次及以上引用同一古籍文献时，只需注明书名+卷数（汉语数字）+篇名、页码。

如：《后汉纪》卷一五《孝殇皇帝纪》，第301页。

对正史文献的引用，不需要标注校注者相关信息。

如：（汉）司马迁：《史记》卷七《项羽本纪》，中华书局，1982年，第10页。

（二）期刊、集刊

1.期刊

作者姓名：篇名，刊名+发表年份+卷（期），起止页码。

如：王尧、陈践：《敦煌藏文写本PT1083、1085号研究》，《历史研究》1984年第5期，第45—46页。

引用译文时，将译者作为第二责任者置于文章题名之后。

如：［德］弗兰兹·伯恩哈德：《犍陀罗语与佛教在中亚的传播》，姚崇新译，《西域研究》1996年第4期，第61—66页。

2.集刊

作者姓名：篇名，刊名+辑/期，出版社，出版年，起止页码。

如：沙武田：《丝路艺术的地方镜像——敦煌石窟于阗系绘画表达的区域历史与信仰需求》，《丝绸之路研究集刊》第七辑，社会科学文献出版社，2021 年，第 109—133 页。

（三）论文集

析出文献作者姓名：析出文献篇名，原文献题名，编著者，论文集名，出版社，出版年，析出文献起止页码。

如：荣新江：《萨保与萨薄：北朝隋唐胡人聚落首领问题的争论与辨析》，氏著《粟特人在中国——历史、考古、语言的新探索》，中华书局，2005 年，第 49—71 页。

施萍婷、贺世哲：《敦煌壁画中的法华经变初探》，敦煌文物研究所编：《中国石窟·敦煌莫高窟》第五卷，文物出版社、平凡社，1987 年，第 177—191 页。

（四）电子文献

作者姓名：电子文献名，电子文献的出处或可获得地址，发表或更新日期。

如：张俊民：《居延汉简册书复原研究缘起》，简帛网 http://www.jianbo.sdu.edu.cn/info/1013/1148.htm，2006 年 9 月 21 日。

（五）未出版文献

1.学位或会议论文

作者姓名：文献篇名，获取学位学校及类型，文献形成时间，起止页码。

如：张元林：《北朝——隋时期敦煌法华艺术》，兰州大学博士学位论文，2009 年，第 1—5 页。

沙武田：《文明对话语境下的空间营造——莫高窟第 275 窟阙形龛与洞窟功能思想》，《文明对话语境下的图像与艺术学术研讨会论文集》，2023 年，第 63—77 页。

2.手稿、档案文献

文献标题，文献形成时间，卷宗号或其他编号，藏所。

如：《傅良佐致国务院电》，1917 年 9 月 15 日，北洋档案 1011-5961，中国第二历史档案馆藏。

（六）外文论著（字体：Times New Roman，页码：单页用“p.”，多页用“pp.”，起止页码之间用短连接符“-”）

1.专著

作者，书名（斜体），出版社，出版地：出版年，页码.

如：Wu Hung，*The Double Screen: Medium and Representation in Chinese Painting*，Chicago: University of Chicago Press，1997，pp.12-14.

第二次及以上引用相同的英文专著时，仅需要注明作者，书名（斜体）和页码即可。

如：Wu Hung，*The Double Screen: Medium and Representation in Chinese Painting*，pp.12-14.

2.论文

（1）期刊

作者，文章名（斜体），In: 期刊名（斜体），卷数，年份，页码.

如：Lawrence Stone，*The Revival of Narrative: Reflections on a New old History*，In: *Past and Present*，Vol.3，1979，pp.22-32.

第二次及以上引用相同的英文期刊论文时，仍需要注明期刊及相关完整信息。

如：Lawrence Stone，*The Revival of Narrative: Reflections on a New old History*，In: *Past and Present*，Vol.3，1979，pp.22–32.

（2）论文集

作者，文章名（斜体），In: 论文集名（斜体），ed.，编著者，出版地: 出版年，页码.

如：Georgios T. Halkias，*The Enlightened Sovereign: Buddhism and Kingship in India and Tibet*，In: *A Companion to Buddhist Philosophy*，ed.，Steven M. Emmanuel，Hoboken: Wiley-Blackwell，2013，pp.491–511.

第二次及以上引用相同的英文论文集中的论文时，只需注明作者、文章名（斜体）、论文集名（斜体）、编著者和页码。

如：Georgios T. Halkias，*The Enlightened Sovereign: Buddhism and Kingship in India and Tibet*，In: *A Companion to Buddhist Philosophy*，*ed.*，Steven M. Emmanuel，pp.491–511.

四、关于图版

本刊欢迎作者随文配附相应的能够说明文字内容的各类图版，在正文相应位置标注清楚图版序号（图 1、图 2、图 3）。

如：功德主的身份区别很大，有高级官吏（图 6），也有普通的老百姓（图 7），地位尊贵者和地位卑微者的造像功德愿望往往没有区别。

图版标题为叙述式，简洁明了，图版质量在 300dpi 以上，并要求注明图版无版权问题。图版须与文本内容保持一致，除正文插入外另需单独发送。

如：图 1　陕西历史博物馆藏唐韩休墓出土《乐舞图》（采自程旭：《唐韩休墓〈乐舞团〉属性及相关问题研究》，《文博》2015 年第 6 期，第 21 页）

图 2　敦煌莫高窟西魏第 285 窟主室南壁五百强盗成佛图（敦煌研究院版权所有）。

五、课题基金项目标注

若是课题研究项目，请在文中标明：课题来源、课题名称、课题编号等。题名右上角加注星号 *，内容标注在脚注①前面。